本书是国家社科基金重点项目（15AZD032）结项成果

四书学的思想世界

——宋学的经典转型与思想重建

朱汉民 著

中国社会科学出版社

图书在版编目（CIP）数据

四书学的思想世界：宋学的经典转型与思想重建／朱汉民著．――北京：中国社会科学出版社，2024．7．
ISBN 978－7－5227－3812－3

Ⅰ．B222.15

中国国家版本馆 CIP 数据核字第 20248S5558 号

出 版 人	赵剑英
责任编辑	孙　萍
责任校对	苗祎琦
责任印制	王　超

出　　版	中国社会科学出版社
社　　址	北京鼓楼西大街甲 158 号
邮　　编	100720
网　　址	http：//www.csspw.cn
发 行 部	010－84083685
门 市 部	010－84029450
经　　销	新华书店及其他书店

印　　刷	北京明恒达印务有限公司
装　　订	廊坊市广阳区广增装订厂
版　　次	2024 年 7 月第 1 版
印　　次	2024 年 7 月第 1 次印刷

开　　本	710×1000　1/16
印　　张	32
字　　数	508 千字
定　　价	168.00 元

凡购买中国社会科学出版社图书，如有质量问题请与本社营销中心联系调换
电话：010－84083683
版权所有　侵权必究

目 录

导论 "四书"的学术转型与思想重建 …………………………（1）

上 篇
早期儒学与"四书"探源

第一章 早期儒学的学术形态 …………………………………（15）
 第一节 作为六经之学的儒学 ………………………………（16）
  一 儒家、六经与三代文明 ………………………………（16）
  二 诸子学派与经典诞生 …………………………………（22）
  三 儒学与"六经"的相互生成 …………………………（25）
 第二节 作为"四书"之学的儒学 …………………………（31）
  一 "四书"原始形态:"六经"以外立说的子学 ………（32）
  二 "四书"的思想主体:士 ……………………………（36）
  三 "四书"的核心价值:道 ……………………………（40）
 第三节 作为传记之学的儒学 ………………………………（45）
  一 儒家的历史意识和现实关怀 …………………………（46）
  二 传记之学:整合六艺与诸子 …………………………（49）
  三 子学转化为传记 ………………………………………（53）
  四 传记转化为经典 ………………………………………（57）

第二章 士人政治态度与"四书"的政治思想……(61)

第一节 先秦士人的政治态度与诸子思想……(61)
一 先秦士人的政治态度和人生选择……(61)
二 依附王权的法家……(65)
三 疏离王权的道家……(69)
四 与王权合作的儒家……(72)

第二节 "四书"与政道……(74)
一 儒家诸子与士君子……(75)
二 "四书"的仁政理念……(79)
三 "四书"的民本思想……(83)
四 "四书"的政治理想和人格理想……(87)

第三节 儒家诸子与治术……(91)
一 儒家诸子的双重身份：士人与大夫……(92)
二 不同身份认同的孟荀之争……(95)
三 儒家诸子学及其衍化……(102)

第三章 儒家经学与两汉政治……(106)

第一节 天人三策：儒生与帝王的共识与盟约……(107)
一 儒家士大夫与汉朝君主寻求合作……(107)
二 "天人三策"的政治协商……(109)
三 "天人三策"的历史意义……(115)

第二节 董仲舒《春秋》大义与西汉政治……(116)
一 儒家士大夫及其汉代经学……(116)
二 《春秋》大义与伸君之法……(121)
三 《春秋》大义与屈君之法……(125)

第三节 《白虎通义》：政典和经典的结合……(129)
一 《白虎通义》：政典与经典的结合……(129)
二 作为帝国政典的《白虎通义》……(133)
三 作为儒家经典的《白虎通义》……(138)

第四节 两汉奠定的治理结构：儒法互补……(144)

一　三代王朝的政治经验：霸道兼王道 …………………（145）
二　儒家民本的治理思想 ………………………………（147）
三　法家君本的治理思想 ………………………………（150）
四　两汉儒法治理结构的奠定 …………………………（153）

中　篇
四书学成形与儒家思想传统的重建

第一章　宋儒的主体意识与宋学的内圣外王之道 ……………（159）
　第一节　作为文化主体的宋代士大夫 ……………………（159）
　　一　"唐宋变革论"的反思 ……………………………（160）
　　二　宋代士大夫的身份转化 …………………………（164）
　　三　宋代士大夫推动学术转型 ………………………（168）
　　四　宋代士大夫的文化主体意识 ……………………（173）
　第二节　作为政治主体的宋代士大夫 ……………………（178）
　　一　士大夫参与建构的"祖宗家法" …………………（179）
　　二　宰相、经筵与士大夫 ……………………………（184）
　　三　宋代士大夫的追求：道统主导政统 ……………（189）
　第三节　宋学旨趣与内圣外王之道 ………………………（192）
　　一　当代"宋学"之辨 …………………………………（193）
　　二　明清学者论"宋学" ………………………………（195）
　　三　宋学学者的学术旨趣 ……………………………（198）
　　四　士大夫主体性与内圣外王之道 …………………（204）
　第四节　宋代义理之学与内圣外王之道 …………………（207）
　　一　"义理"辨义 ………………………………………（208）

二　宋儒义理之学与内圣外王之道 ……………………………（211）
　　三　宋儒义理之学与宋学诸领域 ……………………………（215）

第二章　理学的内圣之道与四书学 ………………………………（222）
　第一节　内圣之道与宋儒的身心之学 …………………………（222）
　　一　"学以成圣"与宋学转向 …………………………………（223）
　　二　内圣之道与身心之学 ……………………………………（227）
　　三　宋儒的四书诠释与身心工夫 ……………………………（231）
　第二节　内圣之道与宋儒的性理之学 …………………………（236）
　　一　六经的信仰：天 …………………………………………（237）
　　二　四书原典理性化信仰："天道" …………………………（242）
　　三　宋儒的天理论建构 ………………………………………（247）
　　四　四书诠释与性理之学 ……………………………………（251）
　第三节　四书的忧乐情怀与宋儒的内圣之道 …………………（254）
　　一　四书的忧患意识与宋儒的社会关切 ……………………（254）
　　二　四书的孔颜之乐与宋儒的精神超越 ……………………（258）
　　三　宋儒的忧乐意识与内圣之道的哲学建构 ………………（262）

第三章　宋儒四书学对仁学的重建 ………………………………（267）
　第一节　六经之礼与四书之仁 …………………………………（267）
　　一　六经以礼为本 ……………………………………………（268）
　　二　四书以仁为本 ……………………………………………（274）
　　三　六经之礼与四书之仁的互补与紧张 ……………………（278）
　第二节　宋儒仁学：人格精神与宇宙法则 ……………………（283）
　　一　早期儒家的仁与天道 ……………………………………（283）
　　二　北宋诸儒的新仁学 ………………………………………（287）
　　三　南宋新仁学的完成 ………………………………………（294）
　第三节　天理论体系的新仁学 …………………………………（301）
　　一　天理论诠释的四书学 ……………………………………（301）
　　二　天理论仁学的理论特色 …………………………………（304）

三　天理论仁学的反思 …………………………………………（308）

第四章　宋儒四书学对中道的重建 ………………………………（311）
　第一节　早期儒家的中道 ……………………………………………（311）
　　一　六经原典的尚中思想 …………………………………………（312）
　　二　早期儒家的中庸之道 …………………………………………（318）
　　三　早期儒家中庸之道的特点 ……………………………………（323）
　第二节　宋儒《中庸》学的思想发展 ………………………………（327）
　　一　《中庸》学与汉宋学术 ………………………………………（327）
　　二　《中庸》的理学化诠释 ………………………………………（331）
　　三　"礼—中—理"与儒学演进 …………………………………（336）
　第三节　朱熹《中庸》学对中庸之道的拓展 ………………………（340）
　　一　从知行一体拓展出知识理性 …………………………………（340）
　　二　从主客互动中拓展出主体精神 ………………………………（346）
　　三　从天人境界建构出天理哲学 …………………………………（349）

第五章　宋儒四书学的道统论 ……………………………………（354）
　第一节　儒家道统的思想探源 ………………………………………（354）
　　一　先王之道的核心思想 …………………………………………（355）
　　二　先王之道的传承谱系 …………………………………………（359）
　　三　先王之道的文献典籍 …………………………………………（363）
　第二节　宋儒道统论与士大夫主体意识 ……………………………（366）
　　一　儒、佛、道并起，谁是中国文化的正统？ …………………（367）
　　二　儒学学统四起：谁是正学？ …………………………………（371）
　　三　道统与政统，该谁主导政教秩序 ……………………………（375）
　第三节　四书经典化与儒家道统建构 ………………………………（380）
　　一　道统论与四书经典体系 ………………………………………（380）
　　二　四书学与道统人物谱系 ………………………………………（385）
　　三　四书学与道统核心思想 ………………………………………（390）

下 篇
四书学思想的社会整合

第一章 四书学与宋代士人思想的整合 ……………………（397）
  第一节 从学统四起到理学独尊 ……………………………（397）
    一 宋学兴起及其学术旨趣 ………………………………（398）
    二 两宋的学统四起与朋党政治 …………………………（400）
    三 理学定于一尊 …………………………………………（404）
    四 理学的哲学、经典与道统 ……………………………（408）
  第二节 四书学教育与士人思想整合 ………………………（411）
    一 理学初兴与书院教育 …………………………………（411）
    二 南宋书院的四书教育 …………………………………（415）
    三 四书学的教育宗旨 ……………………………………（418）
    四 宋代士人的思想整合 …………………………………（423）

第二章 四书学与帝王学的整合 ……………………………（428）
  第一节 经筵制度与四书学 …………………………………（428）
    一 学以求治的经筵制度 …………………………………（429）
    二 从"贵知为治之道"到"君德成就" ………………（433）
    三 四书学的新帝学意义 …………………………………（438）
  第二节 四书学整合中道统与政统的博弈 …………………（442）
    一 南宋四书整合中的君、师博弈 ………………………（442）
    二 元明清四书官学化与王、圣合一 ……………………（447）
    三 四书学整合中的师道独立与君权批判 ………………（453）

第三章　四书学与民间思想的整合 ……………………（459）

第一节　四书学与蒙学教育 ……………………………（459）
　　一　宋代蒙学与四书学 ………………………………（460）
　　二　元明清的蒙学教材与四书学 ……………………（466）
　　三　蒙学教材体现的四书学思想特点 ………………（470）

第二节　四书学与家训家规 ……………………………（475）
　　一　四书学向家族文化渗透 …………………………（475）
　　二　两宋时期的四书思想与家训家规 ………………（477）
　　三　明清时期的四书思想与家训家规 ………………（481）
　　四　家训家规中四书学思想的特点 …………………（486）

结语　四书学：儒家思想传统的重建与整合 ……………（491）

主要参考文献 ………………………………………………（496）

导 论

"四书"的学术转型与思想重建

"四书"是指《论语》《大学》《中庸》《孟子》这四部书的合称，这些著作开始写作、编撰年代较早，大体是在春秋战国时期。但是将它们合编为四书而成为一套新经典体系，却是由宋代朱熹完成的。南宋时期朱熹将原本分散的《论语》《大学》《中庸》《孟子》合集并注释，完成了《四书章句集注》的新经典体系，也代表了新儒学形态的建构完成。此后，中国经学史上出现了一个与"五经"系统并列的"四书"系统，后世开始将专门训释四书的经学著作称为"四书学"，并影响到中国传统的知识分类与学术科目。《明史·艺文志》专立"四书"一门，进一步确立了四书学在传统知识系统中的独立地位。清代乾隆年间的《四库全书总目》，在经部中立"四书类"，将此前历代学者对《论语》《大学》《中庸》《孟子》的注解之作归类其中。

如果从学术形态原始意义而言，早期儒学包括三种学术形态：六经、诸子、传记。"六经"是三代先王治理国家的政典文献，"诸子"是春秋战国时期儒家学者的讲学记录，"传记"是从春秋战国到两汉儒家学者对六经的传述阐发。六经、诸子、传记区别明显，不仅文献形态不同，而且学术地位也有极大差别，一般而言，六经最高，传记次之，诸子又次之。但是，在儒学史上，《论语》《大学》《中庸》《孟子》四书的文献形态先后发生过极大变化，春秋战国时期它们是诸子之学，两汉经学时代又成为六经的传记之学，到了两宋时期，它们发展成为与"六艺"地位同等的"四书"之学。也就是说，《论语》《大学》《中庸》《孟子》在不同历史时期，曾经体现为诸子之学、传记之学与四书经典的不同形态。宋代四书学确立后，开始成为宋学的标志性经典体系。

在千年儒学史上，"四书"的学术形态不断发生变化，与之相关的思想形态也发生了重要变化。探讨儒家四书及其四书学的学术演变，可以发现儒学学术体系与思想建构的特点和路径，进一步挖掘学术变迁背后的思想史意义。

一 "四书"的先秦学术形态：诸子学

如果考察春秋战国时期的《论语》《大学》《中庸》《孟子》的原初形态，会发现这些文献原本是所谓诸子之学。

自从孔子打破学在官府而开创民间讲学以来，春秋战国时期出现了诸子并起、百家争鸣的局面。儒学是诸子百家的一个大学派，儒家诸子的讲学记录、学术论述就成为儒家诸子学，各家各派的诸子著作汇聚发展成为诸子学的学术类型和典籍部类，并且一直延续两千多年。诸子学著作的基本特点是民间士人的独立立说，而记录讲学的"语"、讨论问题的"论"是儒家"自六经以外立说者"的重要典籍形式之一。《论语》是关于孔子及其弟子讲学之语的记录。关于《论语》的内容及命名的由来，《汉书·艺文志》谓："《论语》者，孔子应答弟子时人及弟子相与接闻于夫子之语也。当时弟子各有所记。夫子既卒，门人相与辑而论纂，故谓之《论语》。"① "论"意指编撰、编订，"语"就是"夫子之语"，孔子与门人讲学而留下大量"语"。事实上，"语"后来成为诸子学的一种著作形态，人们还将诸子著作泛称为"百家语"。《史记·秦始皇本纪》中记载说："天下敢有藏《诗》《书》、百家语者，悉诣守、尉杂烧之"②，"《诗》《书》"就是"六经"，"百家语"则是"诸子"，可见，"百家语"也是诸子书的通称之一。尽管《论语》在后来的地位特别，但是其原初的学术形态就是诸子，所以蒋伯潜这样说："弟子纂述其师说，以成专书，始于《论语》，《论语》一书，如不别立书名，则亦可题曰《孔子》矣。"③

孔子去世后，儒分为八。《韩非子·显学》记载："自孔子之死也，

---

① 班固：《汉书》卷30，《艺文志第十》，中华书局1962年版，第1717页。
② 司马迁：《史记》卷6《秦始皇本纪》，中华书局1982年版，第255页。
③ 蒋伯潜：《诸子通考》，上海古籍出版社2013年版，第4页。

有子张之儒，有子思之儒，有颜氏之儒，有孟氏之儒，有漆雕氏之儒，有仲良氏之儒，有孙氏之儒，有乐正氏之儒。"[1] 在《汉书·艺文志》中著录了大量孔门弟子的子学著作，其中大多是以"子"学命名。如《汉书·艺文志·诸子略》的"儒家类"，著录的儒家诸子包括《子思》《曾子》《漆雕子》《宓子》《景子》《世子》《公孙尼子》《孟子》《孙卿子》《芈子》。这些著作均以某"子"命名，而"四书"体系中的《大学》《中庸》《孟子》，其原初形态就是这些儒家诸子学著作。

其中《孟子》一书就是直接以诸子学的学术形态呈现出来的典籍。有关《孟子》的成书，历来有不同说法，但是大多肯定《孟子》是孟子本人与他的门人所共著。如司马迁《史记·孟子荀卿列传》说："孟轲，邹人也。受业子思之门人。道既通，游事齐宣王，宣王不能用。适梁，梁惠王不果所言，则见以为迂远而阔于事情。……退而与万章之徒序《诗》《书》，述仲尼之意，作《孟子》七篇。"[2] 也有学者认为《孟子》一书为孟子自撰，如赵岐《孟子注》中的《题辞》称：孟子"退而论集所与高第弟子公孙丑、万章之徒难疑答问，又自撰其法度之言，著书七篇"[3]。但是，本书认可《孟子》一书是孟子为主、弟子参与记录、编撰的一部诸子著作。《孟子》一书鲜明体现出春秋战国时期诸子学著作特点，即士人往往通过民间讲学、论学的方式，对现实政治、思想文化问题表达自己的思想。《孟子》一书记载了孟子提出的仁政论、心性论、修养论、义利观等方面的思想学说，也记录了他与其他诸子的争辩以及对现实政治批判的内容。《孟子》一书在进入四书体系之前，主要是作为儒家诸子学的著作。

《论语》《孟子》基本上是先秦的原始形态，即一开始就呈现为诸子学形态。而《大学》《中庸》二书在进入四书体系之前，曾经是儒家传记类著作《礼记》的篇章之一，即是附属于六经的传记之学。在儒家六经之中，"礼"是《仪礼》，而《礼记》是诠解礼义的传记之学。所以，

---

[1] 王先慎撰，钟哲点校：《韩非子集解》卷19《显学》，中华书局1998年版，第456页。
[2] 司马迁：《史记》卷74《孟子荀卿列传》，中华书局1982年版，第2343页。
[3] 《孟子注疏·孟子注疏题辞解》，见李学勤主编《十三经注疏》第11册，北京大学出版社1999年版，第9页。

《礼记》本来是西汉初年搜集和发现的儒家礼类著作的汇编，当然也包括儒家诸子学。由于儒家诸子学有一个重要特点，就是将三代文献典章的"述"与解决现实问题的思想学术之"作"是紧密联系在一起的，孔子以来其实一直是既"述"而又"作"。故而儒家子学著作往往是既以儒者个人讲学的形式表达自己对思想文化、国家治理、天下统一的政治主张，又注重吸收三代文献资源，往往通过传述三代原典的经文而表达自己解决学术问题的思想方案。所以这些早期儒家子学的著作，往往又可能成为儒家经典的传记之学。一部分七十子及七十子弟子的著作保留在儒家经典的传记中，如《小戴礼记》之《缁衣》《中庸》《坊记》《表记》等被认定为出于《子思子》，《小戴礼记》之《乐记》出于《公孙尼子》，《小戴礼记》之《大学》《曾子问》出于《曾子》。

尽管现代学界对《礼记》中具体篇章的儒家诸子来源问题还有很大分歧，但是均肯定《大学》《中庸》在先秦的原始形态也是儒家诸子学著作。虽然由于秦始皇焚书坑儒而导致先秦文献散佚，《大学》《中庸》的作者和年代无明确记载。《大学》的作者在汉代就不能实指为何人，《礼记》郑玄注仅谓"《大学》者，以其记博学可以为政也"[①]。他并没有指明作者。一直到宋代朱熹作《大学章句》，提出《大学》首章为经，其后十章为传，并认为经"盖孔子之言而曾子述之"，而传则为"曾子之意而门人记之也"[②]。朱熹之说的理由是"出于古昔先民之言也，故疑之而不敢质"。此后，关于《大学》一文的作者问题，一直是一个有争议的问题。清代乾嘉时期一些学者因门户之争，故而认为《大学》不是先秦时期的作品，而是晚至西汉时期才完成。但是，现代学界随着研究的深入，特别是近年的出土简帛材料的发掘、解读，许多学者通过对出土材料的研究，否定了《大学》晚出的观点，重新肯定《大学》作者是先秦儒家子学。并对曾子作《大学》之说再次予以肯定。如梁涛在对《大学》晚出说的几种论据进行辩驳之后，论证了《大学》出于曾子或其弟子之手

[①] 孔颖达：《礼记正义》卷60《大学》，见李学勤主编《十三经注疏》第6册，北京大学出版社1999年版，第1859页。

[②] 朱熹：《四书章句集注·大学章句》，中华书局1983年版，第4页。

的可能性。①李学勤则在研读出土文献的基础上,进一步肯定朱熹对《大学》经传的区分,他认为:"《大学》的传应认为曾子作品。曾子是孔子弟子,因而经的部分就一定是曾子所述孔子之言。"②退一步说,即使关于《大学》直接就是源于《曾子》与否尚须进一步证实,但是《大学》一书源于先秦儒家的诸子学,确是可以确定无疑的事实。

从文献学意义上讲,《中庸》是西汉戴圣辑录而成的《礼记》49篇中的一篇。郑玄在《三礼目录》中提出:"名曰《中庸》者,以其记中和之为用。庸,用也。孔子之孙孔伋作之,以昭明圣祖之德。"③可见,《中庸》是属于"通论"礼学的著作,而且是通论作为礼之内在心性依据的"中和"。这一种"论"也是诸子学的表达形式,作为礼学的通论,必须重点讨论什么是礼之本的问题。关于《中庸》的作者,司马迁《史记·孔子世家》明确说:"子思作《中庸》",《孔丛子》中亦有"子思作《中庸》四十九篇"之说,郑玄也认为《中庸》是"孔子之孙子思伋作之,以明圣祖之德"④。历史上一直将《中庸》看作子思的著作。一些新出土的文献中发现了大量孔子后学的子学著作。1993年湖北荆门市郭店战国楚墓中出土的竹简中,其中包括儒家文献11种14篇。当代学者考证,这些文献应为《子思子》《公孙尼子》《世子》等孔子后学的子学著作。如李学勤先生认为竹简儒家典籍的发现"证实了《中庸》出于子思"⑤。

二 "四书"的汉学形态:传记之学

春秋战国时期,是中国学术史的诸子学时代,这个时期的《论语》《大学》《中庸》《孟子》原来均是儒家的诸子学著作;但到了两汉时期,中国学术进入经学时代,许多原本是儒家诸子学文本的学术形态发生了

---

① 梁涛:《〈大学〉早出新证》,《中国哲学史》2000年第3期。
② 李学勤:《从简帛佚籍〈五行〉谈到〈大学〉》,《孔子研究》1998年第3期。
③ 孔颖达:《礼记正义》卷52《中庸》,见李学勤主编《十三经注疏》第6册,北京大学出版社1999年版,第1422页。
④ 孔颖达:《礼记正义》卷52《中庸》,见李学勤主编《十三经注疏》第6册,北京大学出版社1999年版,第1422页。
⑤ 李学勤:《先秦儒家著作的重大发现》,《中国哲学》第20辑,辽宁教育出版社1999年1月版。

变化，逐渐被汉代经师归类到儒家经学的传记学范畴。

传记之学原本是儒家创立的一种专门的经学体例。早期儒家在整理《诗》《书》《礼》《乐》《易》《春秋》的原典时，同时撰写了包括《易传》《书传》《礼记》《诗传》《春秋传》之类的传记著作，以传述、阐发、解释这些原本是三代先王之政典的经文的思想意义。在后来的儒家经学体系中，这些传记总是与经文紧密联系而一体不分，经文与传记合为一体，完整构成经学的核心价值、思想内涵，给后世人们以思想观念、政治秩序、生活意义方面的指导。西汉确立的政治化、制度化的经学，逐渐将传记之学提升到了经典的地位。在西汉的五经系统及其官学体制中，五经的"传"与"经"一体，并获得与"经"非常接近的地位。

追溯学术渊源，经与传记均源于孔子。孔子不仅是儒家"六经"的确立者、"诸子"独立讲学的创始人，同时也是六经"传记之学"的开创者，也就是说，中国古代典籍的"六经""诸子""传记"三种形态，其实均起源于孔子。司马迁在《史记》的《孔子世家》中，对孔子创"传记之学"作了充分肯定，他说：

> 孔子之时，周室微而礼乐废，《诗》《书》缺。追迹三代之礼，序《书传》，上纪唐虞之际，下至秦缪，编次其事。……故《书传》《礼记》自孔氏。①

司马迁指出，孔子以原本是属于王官之学的《诗》《书》《礼》《乐》《易》《春秋》教育民间求学者，这些文献经他整理后成为经典；与此同时，孔子在从事经典的整理与教育时，也融入了自己对经典意义的理解，故而孔子的《书传》《礼记》等传记文献同时出现。

一般而言，儒家的诸子、传记是两种不同类型的文献，二者的区别是十分明显的。儒家子学是诸子通过讲学、议论、答问的形式表达个人观点，并且也是学者个人编纂的书，这些文献就是前面所述的《论语》（即《孔子》）、《曾子》、《子思子》、《孟子》等，这些文献的本来形态均是为子学。但是，儒家诸子不同于墨、道、法、兵等诸子，他们往往

---

① 司马迁：《史记》卷47《孔子世家》，中华书局1982年版，第1935—1936页。

是以三代先王的政典文献为创造思想的依据，其个人讲学往往离不开"六经"之学。这样，他们的个人讲学著作也往往具有"转受经旨，以授于后"的功能，体现出尊经、解经的学术传统。从这个意义上说，儒家的诸子、传记之间又有相通之处。到了西汉确立了儒家经学的主体地位之后，这些原本是儒家诸子的《论语》《曾子》《子思子》《孟子》等诸子的文献，往往被汉代经师作为经典的传记之学。

首先看《论语》。尽管《论语》原本是典型的诸子学著作，其内容、形式均具有诸子学的特点。皇侃说："然此书之作，适会多途，皆夫子平生应机作教，事无常准。"[①] 这正是诸子学兴起时的学术、讲学的特点，所以，在许多诸子学研究著作中，《论语》被认为是子学的开端。但是，在西汉确立了"罢黜百家，表章六经"之后，朝廷正式在太学设立"五经"博士。在孔子创立的儒家学说受到特别尊崇之后，《论语》的地位当然也得到极大提升，但最初并没有直接当作经书，而被看作五经的传记之学。故而汉代就有"经莫大于《易》""传莫大于《论语》"[②] 的说法。所以，汉武帝"表彰六经"的过程，最初就是《论语》由子学著作而演变为传记之学的过程。所以东汉赵岐在《孟子题辞》中谓："《论语》者，五经之錧辖，六艺之喉衿也。"[③] 赵岐将《论语》理解为掌握五经思想的纲领和关键，可见汉代经学家多以《论语》作为五经的传记之学，来凸显《论语》的学术地位。但是，作为儒学经典的"经"，实际上是一个开放的、动态的系统。随着汉代经学的不断发展，经典的范围也在不断拓展，其中一些重要的传记之学，又在逐渐转换为经典系统。这时，作为"传记"中有着最重要地位的《论语》，就被纳入经书范围。在最早的文献分类中如《汉书·艺文志》中，《论语》并没有被列入"诸子略"中，而是列入"六艺略"的经学体系之中。

尽管《孟子》一直是儒家诸子学范围的子学典籍，在汉唐的大部分时期内，它也一直被看作儒家子学的著作。但是由于《孟子》受到许多

[①] 皇侃：《论语义疏》卷1《论语义疏自序》，见《儒藏（精华编）》，北京大学出版社2007年版，第9页。

[②] 班固：《汉书》卷87下《扬雄传》，中华书局1962年版，第3583页。

[③] 《孟子注疏·孟子注疏题辞解》，见李学勤主编《十三经注疏》第11册，北京大学出版社1999年版，第9页。

儒家士大夫的推崇，所以它在汉代的地位往往高于一般的儒家子书。在一些特别的历史时期，《孟子》一度也获得过传记之学的地位。据赵岐《孟子题辞》所说："孝文皇帝欲广游学之路，《论语》《孝经》《孟子》《尔雅》皆置博士，后罢传记博士，独立五经而已。讫今诸经通义，得引《孟子》以明事，谓之博文。"① 可见，孝文帝时期，《孟子》一书与《论语》《孝经》《尔雅》一样，作为五经的传记之学的《孟子》，也以"传记博士"置于太学。后来汉武帝罢传记博士，独立五经博士，所以《孟子》等传记之学不再设太学博士。但是在汉代之初，《孟子》也一度具有传记之学的地位。

《大学》《中庸》二书在进入四书体系之前，就是儒家传记类著作《礼记》的篇章之一，作为正式附属于六经的传记之学。如前所述，在春秋战国时期，《大学》《中庸》的原始形态应该是孔门的"七十子后学"的儒家诸子学，即可能就是《曾子》《子思子》的部分篇章。班固说："'记'百三十一篇，七十子后学者所记也。"② 班固认为《礼记》选编的文章很大一部分为先秦诸子之文，如《礼记》的《中庸》等篇章就选自《子思子》，《大学》等篇章就选自《曾子》。因为这些篇章中，体现出儒家诸子通过讲学、议论、答问的形式，表达儒者个人对礼义的观点。他们针对现实社会的"礼崩乐坏"，主张恢复、重建礼乐文明。在《子思》《曾子》的诸子著作中，他们系统地论述了礼乐文明的价值、意义和必然性。我们可以看到，《礼记》所阐释礼义和儒家诸子一脉相承。

由于传记之学与儒家诸子原本就有着密切的渊源关系，这是儒家诸子学被汉代经师转化为传记之学的根本原因。所以，春秋战国时期还是诸子学的《论语》《大学》《中庸》《孟子》，到了汉代就演变成五经的传记之学，反映了汉帝国时代对儒学学术的要求也发生了变化，原本是民间诸子学的儒学也在改变自身的学术形态，并完成了将儒家子学的思想创造与传记之学的文化传承结合起来的一贯学术追求。

本来，在经学形成的战国时代，"经""传""子"是三种不同学术

---

① 《孟子注疏·孟子注疏题辞解》，见李学勤主编《十三经注疏》第11册，北京大学出版社1999年版，第9页。

② 班固：《汉书》卷30《艺文志第十》，中华书局1962年版，第1709页。

形态，它们产生的时代不同，"经"制作于夏商周三代，"传""子"制作于春秋战国时期；它们的制作主体也不同，"经"的制作主体是"先王""圣王"，"传""子"的制作主体是儒家诸子。但是，儒学的"经""传""子"又是可以转化的，一些儒家诸子后来转变为"传""记"，一些"传""记"又可以转换为"经"。如在汉代，五经之外，又增加《论语》《孝经》两书为"小经"，就出现了"七经"。唐朝时列《春秋》"三传"提升为经，"三礼"为经，原来的经典体系又增加了《左传》《公羊传》《穀梁传》《礼记》等，这些均是以传为经的例子。这六部经、传并列的书再加上原来的《易》《书》《诗》，并称为"九经"，均立于学官，用于开科取士。唐文宗时期，再加上《论语》《孝经》《尔雅》，形成了"十二经"。到了宋代《孟子》的地位不断提高，故而又增加了《孟子》，总共十三种儒家文献，共同取得"经"的地位，合称"十三经"。从经学体系的归属而言，经典数量增加其实只是原来五经体系在范围方面的拓展，总体而言，它仍然是汉学型的经、传一体的经典体系。

三 宋学形态的四书学

到了两宋时期，中国学术史进入宋明理学时期，也是儒学史上的所谓宋学时期。《论语》《大学》《中庸》《孟子》的学术形态再次发生重大变化，它们逐渐被理学家结集为一套新的经典体系，被称为四书学。

儒家经典其实是一个开放的体系，从两汉延续到唐宋，儒家的经典从"五经"拓展为"七经""九经""十三经"，《论语》《大学》《中庸》《孟子》先后以不同形式进入这一经典体系。但是，南宋朱熹最终将《论语》《大学》《中庸》《孟子》单独合集，尽管从表面上看，此四书的文献版本、文字训释、思想观念，前后仍然有着历史联系与学术传承。但是，以历史的眼光来考察四书合集的前后，恰恰反映出中国儒学史的深刻历史转型。学术史之所以将《论语》《大学》《中庸》《孟子》独立结集而形成的四书体系，并将其看作是宋学新经典体系，肯定这是一个新经典时代的到来，其原因主要有两个。首先从文献形式上看，这是一个完全是以先秦诸子学（尽管汉代又转化为传记之学）为主体的经典体系，它们的制作时代与主体已经不同，六经源于上古时期的"先王"，四书源于轴心文明时代的"士人"。其次从文献的思想内容来看，六经原本是三代先王之治的政典，其思想旨趣是礼乐刑政的政制治术；四书原本是孔孟圣贤的为己之学，其思想旨趣实现"天下有道"的人文化育。特别是宋儒对四书体系又做出了全新的诠释，在此经典体系的基础上建构了一套道中庸而又极高明的思想体系。此后，四书体系成为新文明体系的核心经典，取代了"五经"体系作为核心经典的地位，体现了中国经典体系、思想体系的重大变化。

当然，四书体系的建立有一个渐进的过程。唐宋变革以来，这几部儒家文献被看作是与六经同等重要的经典，越来越受到学者们的关注和重视。北宋开始，《论语》地位进一步提高，"半部《论语》治天下"的说法就形成此时。特别是这一段时期《孟子》地位进一步升格，出现了所谓《孟子》由诸子变为经典的升格运动。加之宋儒将《大学》《中庸》从原来的《礼记》中抽出，宋儒对它们做出重新诠释，使其思想内容发生了重大变化。北宋以来逐渐有学者将《论语》《大学》《中庸》《孟子》看作是一套思想系统联系而理论学说自洽的经典体系。因此，《论语》《大学》《中庸》《孟子》成为宋代儒家学者抵御释老、复兴儒学、建构新儒学体系的最重要的思想学术资源。

到了南宋，理学思潮走向集大成阶段，以四书学为代表的新经典体系也在这个时期完全定型。朱熹是理学集大成的完成者，同时也是第一位正式将《大学》《论语》《孟子》《中庸》结集，编撰了以《四书章句集注》为代表的一系列四书学著作，从而奠定了与原来的五经学体系并列的一套新经典体系的四书学，推动了中国经学史、儒学史、学术史的重大转型。尽管这些文献典籍的原典文本并没有发生变化，但是，四书体系越来越被宋儒看作是一套思想系统联系而理论学说自洽的经典体系，这与原来单篇的《大学》《论语》《孟子》《中庸》的意义已经不同。譬如，《大学》《中庸》来自《礼记》，而《礼记》一书早在唐代就立于学官，成为"九经"之一。汉唐时期《大学》《中庸》在《礼记》中，其实是被纳入以先王治理为目标的六经体系。而宋明时期的《大学》《中庸》经理学家的诠释，已经回归儒家思孟学派的"为己之学"，成为宋儒以内圣之学为目标的四书体系。特别是经过宋儒天理论、心性论、工夫论的经典诠释之后，其思想体系进一步发生了重要变化和发展。所以《四库全书总目提要》的《经部》对二者的区别有一个特别的说明："训释《大学》《中庸》者,《千顷堂书目》仍入'礼类',今并移入四书,以所解者四书之《大学》《中庸》非《礼记》之《大学》《中庸》。学问各有渊源,不必强合也。"①

顺着《四库全书总目提要》所谓五经与四书"学问各有渊源"的说法,会发现它们不仅仅是两套不同学问体系的交替,还是两套不同思想体系的转型。

首先,六经与四书是两套不同学问体系的交替。先秦儒家整理了六经体系,而自西汉正式"罢黜百家,表彰六经",作为三代先王政典的六经在中国学术史上获得了至高无上的崇高地位,也成为汉唐时期学术界重点研究、必须学习的最重要知识。而早期儒家创作的诸子之学、传记之学,均只是为了学习六经之学的辅助手段,掌握六经原典才是学问的终极目的。所以,无论是学术宗旨,还是学术地位,六经原典永远高于儒家子学与传记之学。但是,四书产生后,六经之学的至高无上地位发生了变化。宋儒认为,一切读书人必须首先以四书为本,即应该以四书的义理去贯通五经之学。这一主次地位的变化,其实是思想内容的巨大变化。二程提出:"学者当以《论语》《孟子》为本。"② 他凸显了《论语》《孟子》在儒家经典体系中"为本"的重要地位。而且,这些诸子之学、传记之学不是理解六经的辅助手段,而直接就是表达圣人"义理"的圣典。所以二程进一步将六经与四书的地位倒过来,认为四书应该处于更加重要与优先的地位。二程说:"且先读《论语》《孟子》,更读一经,然后看《春秋》,先识得个义理,方可看《春秋》。《春秋》以何为准?无如《中庸》。"③ 朱熹将《大学》《论语》《孟子》《中庸》结集之后,也是更加强调四书体系是整个儒家经典中义理系统的奠基地位和核心地位。朱熹认为四书在儒家经典体系中应该居于更加重要与优先的地位,他说:"必使之用力乎《大学》《论语》《中庸》《孟子》之言,然后及乎六经。盖其难易远近大小之序,固如此而不可乱也。"④ "《语》《孟》

---

① 永瑢撰等:《四库全书总目》卷21《经部》,中华书局1965年版,第176页。
② 程颢、程颐著,王孝鱼点校:《二程集》,中华书局2004年版,第322页。
③ 程颢、程颐著,王孝鱼点校:《二程集》,中华书局2004年版,第164页。
④ 朱熹:《书临漳所刊四子后》,《朱文公文集》卷82,《朱子全书》第24册,上海古籍出版社2001年版,第3895页。

《中庸》《大学》是熟饭,看其它经,是打禾为饭。"① "四书"为什么是"熟饭"?因为它们直接集中了全部的天地万物之理,朱熹说:"《大学》《中庸》《语》《孟》四书,道理粲然。人只是不去看。若理会得此四书,何书不可读!何理不可究!何事不可处!"② 朱熹进一步认为,六经之义理与宋代人有"隔",他说:"《诗》《书》是隔一重两重说,《易》《春秋》是隔三重四重说。"③ 可见,朱熹不仅是重视"四书",而且认为其重要性要超过"六经"。这里,体现出中国学术史的一个重大变化。

其次,宋儒建构的四书学体系,体现出中国思想体系的重大变化。因为学术史变革的背后,一定是思想史的变革。六经与四书不仅仅是经典体系的差别,更是思想主体、思想观念的重大差别。六经的思想体系是以礼为本。司马迁在《史记·孔子世家》中,对孔子为了复兴西周礼乐文明而编六经的过程作了论述。而《礼记·经解》一文,认为六经之教的目的就是礼教和礼治。南朝皇侃因此说:"六经其教虽异,总以礼为本。"④ 如果说六经系统是以礼为本的话,那么四书系统则是以仁为本。孔子及其早期儒家的四书体系,主要是一个以"仁"为中心的思想体系,既包括志士仁人的人格精神,也包括仁民爱众的人道秩序。孔子认为礼的社会秩序实现,必须建立在个人具有内在仁德的基础之上。应该说,儒家的六经体系与四书体系是互补的,即六经的礼乐政制思想与四书的仁义道德思想是一种互补关系。但是,六经体系与四书体系的差别也是十分明显的。汉儒重视六经之学的研究,故而强调以礼为本的外王之术,将六经之学与国家治理、典章制度紧密结合起来,强调学术直接为现实政治服务。宋儒重视四书学研究,故而强调重视以仁为本的内圣之道,他们往往是强调道统高于政统,喜欢以儒家道统的道德理想去批判现实政治权力。从汉学的六经学演变为宋学的四书学,体现出中国思想史的重大变革。

---

① 黎靖德编,王星贤点校:《朱子语类》卷19,中华书局1986年版,第429页。
② 黎靖德编,王星贤点校:《朱子语类》卷14,中华书局1986年版,第249页。
③ 黎靖德编,王星贤点校:《朱子语类》卷104,中华书局1986年版,第2614页。
④ 孔颖达:《礼记正义》卷50《经解》,见李学勤主编《十三经注疏》第6册,北京大学出版社1999年版,第1368页。

上 篇

早期儒学与"四书"探源

第 一 章

早期儒学的学术形态

我们都注意到一个历史事实：两千多年的儒家经学传统对中华文明的建构、发展影响深远。多年以来，中国思想界常常将中华文明近代落后归结为儒家及相关经学的思想僵化、文化保守。但是，我们如果深入考察漫长的中国历史演进过程，也许会发现：中华文明能够在历史环境的巨大变迁中获得思想文化的传承与创新能力，而这种文明的传承和发展能力总是与儒家士大夫的经学传统的建构与发展有密切的互动关系。

儒家士大夫为什么可以通过不断地诠释经典、建构经学，以实现中华文明的传承和创新？我们应该回到孔子及其早期儒家学者建构知识和思想的时代。我们会看到，那些饱读诗书的儒家学者往往是通过"经""传""子"的不同学术形态，以满足他们对核心价值、思想观念和知识体系的要求，解决他们面临的文明继承和时代创新的重大课题。由于儒学的"经""传""子"三种学术形态各有其特定的思想特点和文化功能，因而为了实现文明继承和时代创新的目标，他们不把"经""传""子"三种学术形态凝固化，而看作是一个开放的、动态的知识系统。这样，儒家学派能够在传承文明的时候，总是保持文明更新的活力，这是儒家经学能够在两千多年的历史变迁中，一直居于中国思想文化核心地位的重要原因。

儒家经学如何既可以使以儒家为核心的中华文明绵延不绝，又能够体现出"与时偕行"蓬勃生命力？在这里，我们通过儒学的学术形态："经""传""子"及其相互关系的探讨，试图来解释这一问题。

第一节　作为六经之学的儒学

儒学和"六经"是什么关系？通常人们会说"六经"是儒学的思想源泉，是儒家的文化母体。这一普遍的看法有一些道理，《史记》早就提出"夫儒者以六艺为法"①。此说也反映了这一个重要事实：儒家是通过学习、效法"六经"中先王的思想，继承三代的文化传统，才创立了儒家学派。

但是，我们还应该注意另一个事实，作为学派的儒家，是在春秋战国时期才逐步产生的，而作为经典的《诗》《书》《礼》《乐》《易》《春秋》，完全是由一代代儒家学者不断整理、诠释才能够逐步成形的。所以，我们应该进一步追问：儒家和"六经"究竟是一种什么关系？是"六经"孕育了儒家，还是儒家建立了"六经"？

一　儒家、六经与三代文明

我们发现，儒家与"六经"其实均是春秋战国时期同时形成的。如果要追溯文化渊源，二者均以三代文明为其共同的思想文化依据。

儒家与"六经"的思想文化均渊源于三代文明。一方面，儒家士人是源于三代时期官师一体的王官贵族；另一方面，作为经典的《诗》《书》《礼》《乐》《易》《春秋》，是由三代王官之学演变而成。也就是说，"六经"与儒家其实均是以三代文明为母体，"六经"与儒家同源。

为了说明"六经"与儒家同源，我们首先考察"儒家"与三代文明的渊源关系。

三代时期，学在官府，那个时期文化知识的主体是由王室贵族垄断的王官之学。春秋战国时期，文化下移，产生了脱离贵族文化垄断的诸子百家之学。诸子百家之学与夏商周王官是什么关系？这一个问题引发了历史学家延续两千多年的学术思考和思想论战。历史上诸多学者均认为，春秋战国诸子之学源于夏商周王官之学。班固在《汉书·艺文志》中早就提出，儒家、道家、阴阳家、法家、墨家、纵横家、杂家、农家

---

① 司马迁：《史记》卷130《太史公自序》，中华书局1982年版，第3290页。

等均与三代王官之学有密切联系，三代职官有不同的专业知识，这种王官之学下移到民间就是春秋战国诸子之学。

儒家是指春秋时期由孔子创立的学派，儒家源于三代王官之学。关于"儒家"的起源，汉初时即为史家所讨论，认为"儒家"直接起源于官师一体的"司徒之官"。据班固所著《汉书·艺文志》的解释：儒家出于司徒之官，儒家学者"游文于六经之中，留意于仁义之际，祖述尧舜，宪章文武"①，是因为他们与西周社会主要从事教化的"司徒之官"有密切关系。根据《周礼·地官·司徒》载："惟王建国，辨方正位，体国经野，设官分职，以为民极。乃立地官司徒，使帅其属而掌邦教，以佐王安扰邦国。"② 司徒之官即为履行国家的教化职能的官员。值得注意的是，这些教务之职与儒家教育学说之间确有着重要联系，如《大司徒》之职中"十二教"就与"六经"的礼乐教化思想十分接近：

因此五物者民之常，而施十有二教焉：一曰以祀礼教敬，则民不苟；二曰以阳礼教让，则民不争；三曰以阴礼教亲，则民不怨；四曰以乐礼教和，则民不乖；五曰以仪辨等，则民不越；六曰以俗教安，则民不愉；七曰以刑教中，则民不暴；八曰以誓教恤，则民不怠；九曰以度教节，则民知足；十曰以世事教能，则民不失职；十有一曰以贤制爵，则民慎德；十有二曰以庸制禄，则民兴功。③

而且，大司徒从事教化的内容，是将六德、六行、六艺合成的"乡三物"，这也是后来儒家倡导的社会政治的教化内容：

以乡三物教万民而宾兴之：一曰六德，知、仁、圣、义、忠、和；二曰六行，孝、友、睦、姻、任、恤；三曰六艺，礼、乐、射、

---

① 班固：《汉书》卷30《艺文志第十》，中华书局1962年版，第1728页。
② 《周礼注疏》卷9《地官司徒》，见李学勤主编《十三经注疏》第4册，北京大学出版社1999年版，第223页。
③ 《周礼注疏》卷10《大司徒》，见李学勤主编《十三经注疏》第4册，北京大学出版社1999年版，第246页。

御、书、数。①

十分明显，儒家的教育思想、教学内容，即源于大司徒之职的相关规定中，由此看出儒家、儒学与司徒之职的渊源关系。

金文中的职官与《周礼》有许多相合处，这就证明《周礼》一书有文献依据的，故而是我们考证儒家起源的重要文献资料。《周礼》一书中关于"司徒之职"的记载，确能揭示"儒家"起源。由于儒家起源于西周时期被称为师、儒的教职人员。这一切，恰好反映出西周社会"学在官府""政教合一"的特点。

由此可见，儒家重视教育并整理"六经"，是有其历史原因的，与三代文明有着紧密的联系。儒家从"三代"的文献档案、王官之学选取、整理出"六经"，确实是与"司徒""师儒"的文化传承、思想影响相关。儒家重视教育的思想和信念，是与"司徒"相关的长期治理和教化的历史经验有关。"司徒""师儒"常讲的"有德行以教民者""有六艺以教民者"② 以及"三德""三行"等，成为儒学建构"六经"的主要思想宗旨和学术旨趣。所以，为了让三代文明能够长久地保留下来，儒家将西周贵族教育的礼、乐、射、御、书、数的"六艺之学"，发展为儒家士人教育的《诗》《书》《礼》《乐》《易》《春秋》的"六艺之学"，也就是将一种贵族的技能素质教育发展为士人的经典文化教育。

"儒家"与三代文明有密切的渊源关系，"六经"同样如此。现在我们进一步探讨"六经"与三代时期的皇室文献档案、王官之学的文化渊源关系。

我们已经谈到，"六经"作为经典体系成形于春秋战国时期，但是，"六经"经文本身却来自上古历史时期的三代文明。在孔子以前的漫长历史时期，是中华文明的孕育时期，也是学者们称为"前轴心文明"时期。这相当于历史文献记载的从尧舜禹到夏商周的三代时期，时间大约是距

---

① 《周礼注疏》卷10《大司徒》，见李学勤主编《十三经注疏》第4册，北京大学出版社1999年版，第266页。

② 《周礼注疏》卷2《大宰》，见李学勤主编《十三经注疏》第4册，北京大学出版社1999年版，第45页。

今4000多年前至2500年前左右。这个时期正是华夏文明的奠基时期，华夏民族的物质文明、制度文明、精神文明均取得了重大进步。三代时期留下了许多文献典籍，作为历史经验、知识积累留给后世，它们成为上古三代文明的载体而保存下来。正如《尚书·五子之歌》中所记载的："明明我祖，万邦之君。有典有则，贻厥子孙。"[①] 夏商周三代的天子、君主在治理天下时，遗留了记载历朝历代各种典章制度、政治经验、宗教信仰、道德观念等大量文献典籍。三代文明遗留的"典"与"则"，就是孔子及其儒家学派建构"六经"的文献基础。"六经"与三代皇室文献档案的"典""则"有着文化传承、思想影响的渊源关系。

孔子及其儒家学者一直对三代文献档案的"典""则"有着特别的关注，他们为了传承三代文明创造的思想传统、文化精华，倡导"述而不作"的原则，从三代文明留下的浩繁档案文献中，以"司徒之官"的政治经验、思想视角挑选出一些体现三代君主道德理性、政治经验的典籍。他们将这些典籍整理为《诗》《书》《礼》《乐》《易》《春秋》的不同类型的文献典籍。儒家学者强调这些典籍是三代先王留下来的，是承载先王治世大法、恒常之道的典籍，故而将它们称为"经"。

孔子及其后学是如何通过整理三代王室的文献档案，从而创立中华经典体系？

首先来看"群经之首"的《周易》。《周易》是由《易经》《易传》两个部分构成，分别代表三代王室的历史文献和春秋战国时期孔子及其后学的思想诠释。《易经》文本的来源十分悠久。早在新石器时代晚期，中国土地上的先民就开始盛行各种占卜的巫术了，而《周易》的筮占只是诸多占卜术的一种，与其他龟卜、骨卜等占卜形式相比较，筮占是根据蓍草的数字排列等变化来预测吉凶的，它因在形式上的系统性、有序性、完整性具有特殊的优势，获得了进一步演进发展的机会。殷周之际产生的卦辞、爻辞的文字符号出现，使得每一卦、每一爻均有了确切而丰富的思想文化意义，包含了那个时代的政治观念、道德思想、宗教信仰、哲学智慧。殷周之际产生的卦辞、爻辞是很多的，儒家学者从这一

[①] 《尚书正义》卷7《五子之歌》，见李学勤主编《十三经注疏》第2册，北京大学出版社1999年版，第179页。

些档案、文献中选取、整理一部分特别具有思想价值的内容，加以整理和系统化，就是后来《易经》的经文部分。

其他几部经典的成形也是如此。譬如《书》，也是上古时期国家政治文献档案的汇编。早在上古时期，记载王朝君主言行的史官文化就很发达，正如《汉书·艺文志》所说："古之王者世有史官，君举必书，所以慎言行，昭法式也。左史记言，右史记事，事为《春秋》，言为《尚书》。"[1] 史官包括记事与记言的不同，故而留下分门别类的档案文献，这些记载帝王言行的文献档案大量收藏在王室，向来为君主帝王所重视。在孔子以前，这一类"记言"的"书"一类文献就具有很高的地位，它们是历代君王的政治经验、思想文化的累积，为后代王朝特别重视。如周代商，也接收了商代《书》一类的历史文献，所以就有"周公旦朝读《书》百篇"[2]。到了春秋战国的文化下移时代，孔子和儒家学派在从事民间教育的时候需要教材，他们面临大量记载帝王言行的"书"一类的文献档案，他们从这一类"书"的文献档案中选取、整理出一部分，作为他们的民间讲学之用。这就是后来所称的《尚书》。《孔子世家》载："孔子之时，周室微而礼乐废，《诗》《书》缺。追迹三代之礼，序《书传》，上纪唐虞之际，下至秦缪，编次其事。"孔子收集、整理的《书》只是历朝历代众多"书"中的极少一部分，他们选取、整理的标准就是"司徒""师儒"的"有德行以教民者""有六艺以教民者"，故而主要选取唐、虞、夏、商、周各朝代的那一些能够代表、体现先王的德治、王道思想的诰言、誓辞和大事记等。儒家学派从浩繁的三代文献中仅仅选取了很少的一部分"书"，认为这一部分文献代表了先王的政治理念、文化思想，故而是后代王朝必须学习、效法的经典。

再说《礼》《乐》。三代时期的政治生活、社会生活均以"礼"为核心，特别是周公的"制礼作乐"，进一步推动了西周礼乐文明的建设。所以，礼、乐一直是三代王官之学的重要内容，并大量保留在王室的档案文献中。"儒"在三代时是"司徒之官"和"师儒"，他们从事"六艺以教民"，故而特别重视礼教，熟悉相关礼的各种典籍。春秋战国时期，孔

---

[1] 班固：《汉书》卷30《艺文志第十》，中华书局1962年版，第1715页。
[2] 吴毓江撰，孙启治点校：《墨子校注》卷12《贵义》，中华书局2006年版，第687页。

子及其弟子以三代礼乐文明为国家政治的典范，重视有关"礼"的文献收集和整理。现存的《周礼》《仪礼》，就是孔子及其门人收集、整理的"礼"的文献。《周礼》又名《周官》，搜集周王室官制和战国时期各国制度，并根据儒家政治思想作了一些修订。《周礼》一书作者，历史上就意见不一，但是其中包含有大量西周礼制的文献是可以确认的，因为《周礼》的一些内容可以与西周青铜器铭文相互印证。《仪礼》简称《礼》，又称《礼经》或《士礼》，系从西周到春秋战国时期一部分礼制的汇编，共17篇。《乐》经没有保留下来，但是它和《礼》一样，是西周礼乐文明的文献记载。儒家学者推崇的《礼》《乐》经典，应该是三代文明特别是西周礼乐文明的文化遗存，具有深厚的历史文化基础。

《诗》也是如此。从来源来说，"诗"是西周礼乐文明的重要组成部分，周公的"制礼作乐"包括了"诗"，"诗"在贵族的政治社会生活中一直占有十分重要的地位，体现西周王朝观风俗、重礼乐、崇教化的礼治精神。为了保存这些诗歌，从西周开始就有许多诗集保留下来，一直延续到春秋战国时期。顾颉刚在谈到春秋战国时期的诗与乐关系的变化时说："从西周到春秋中叶，诗与乐是合一的，乐与礼是合一的。"① 先秦时期流行的《诗》，后来能够列为儒家经典称《诗经》，是孔子及其弟子对西周留下的大量诗歌不断收集、整理的结果。也就是说，儒家学者整理的《诗经》，同样是三代文明特别是西周礼乐文明的文化遗存。

最后讲《春秋》。《春秋》本来是中国古代第一部编年体史书，它按年代记载了春秋时期自鲁隐公元年（前722年）至鲁哀公十四年（前481年）的历史。三代史官文化发达，《汉书·艺文志》认为"左史记言，右史记事，事为《春秋》，言为《尚书》"②。可见"春秋"在当时是一类史书的通名。《墨子·明鬼篇》有"周之春秋""燕之春秋""宋之春秋""齐之春秋"的提法。《孟子·离娄下》也记载："晋之《乘》，楚之《梼杌》，鲁之《春秋》，一也。"③ 本来，"春秋"是一类史书的通名，但是

---

① 顾颉刚：《〈诗经〉在春秋战国间的地位》，《古史辨》第三册下编，上海古籍出版社1982年版，第366页。
② 班固：《汉书》卷30《艺文志第十》，中华书局1962年版，第1715页。
③ 杨伯峻译注：《孟子译注》，中华书局1960年版，第192页。

孔子及其弟子的儒家主要形成于鲁国，鲁史为儒家素所特别重视，孔子整理了"鲁之《春秋》"。随着儒家影响扩大，"春秋"也就逐渐成了鲁史的专名。孔子对鲁之《春秋》的整理，不是一般的历史记录和文献整理，而是通过对鲁国的历史记录和文献整理，达到对西周礼乐文明的继承和弘扬。

由此可见，上述的《易》《书》《礼》《诗》《春秋》等经典，均是孔子及其门人通过收集、整理才建立起来的，其经文的文本原本是三代时期的王室的文献档案。与儒家源于三代王官一样，儒家经典则渊源于三代的王官之学。

二 诸子学派与经典诞生

春秋战国时期是古代中国的轴心文明时代，亦被称为"哲学突破"的时代，在这一个时代，思想界、学术界和社会各界都在强烈地呼唤，就是要建立作为价值信仰、思想依据的"经"。

什么是"经"？"经"是具有普遍性、恒常性价值的重要典籍的特称。《释名·释典艺》解释说："经，径也，常典也，如经路无所不通，可常用也。"在儒、道、墨、法等诸子学派创立初期，当时还没有将某一些书称为"经"的说法。但是，到了诸子学派进一步发展的战国时代，诸子各家学派的思想体系均已经发展成熟，其中一个特别鲜明的标志，就是逐步形成了代表各自价值体系、思想依据的重要著作，即形成了各自的经典体系。

我们不妨列举道家、墨家、法家、儒家等诸子学派对经典的确立。

墨子很早就在历史上提出圣王传道，是通过"书之竹帛，镂之金石，传遗后世子孙，欲后世子孙法之也"的观念，但是，有一个矛盾的现象，就是墨子学派对儒家重视历史文献整理十分不满，《墨子·耕柱》载："公孟子曰：吾子不作，术（述）而已。子墨子曰：不然，……今之善者则作之，欲善之益多矣。"[①] 墨子学派主张"善者则作之"，所以，墨子学派不重视对三代历史文献研究和整理，这可能与墨子学派的成员大多已经是"农与工肆之人"的庶民社会身份有关。墨子学派似乎并没有兴

---

① 吴毓江撰，孙启治点校：《墨子校注》卷11《耕柱》，中华书局2006年版，第660页。

趣去做整理历史文献，不赞成从王官之学中寻求治国思想，而是针对现实社会问题而系统建立自己的思想体系。墨子后学在编辑墨子的著作时，往往将墨子的著述称为"经"。据《庄子·天下》："相里勤之弟子，五侯之徒，南方之墨者苦获、己齿、邓陵子之属，俱诵《墨经》而倍谲不同，相谓别墨。"① 这里出现了《墨经》之名。因为《墨子》一书中有《经上》《经下》《经说上》《经说下》，许多以此为《墨经》。但是学界还有不同意见，认为《墨经》还要加上《大取》《小取》，或者还要加上《兼爱》《非攻》等。不管《墨经》具体所指是哪些文献，但均是墨家后学确立的墨子的著作，是为了提升墨子著作的地位。即如谭戒甫《墨辩发微·墨经证义》所说："大抵经名之起，疑尚在三墨晚年；其时弟子众多，龙象卓越，结集群议，尊以经名，且决定后之墨者俱诵此经。"墨子后学确立的经典，体现出墨家学派对具有普遍、恒常价值的相关典籍的认同。

道家也是如此。道家的代表人物是老子、庄子，和墨子的庶民出身不同，老子与王官之学有着密切联系。据《汉书·艺文志》记载："道家者流，盖出于史官，历记成败存亡祸福古今之道。"② 老子本人就是周室史官。但是，老子的道家思想与他作为史官记载的历史典籍不完全是一回事。他已经对历史的成败、存亡、祸福、古今之变作了深入的思考，他探寻并通过独立的著述论述了这一主宰历史的"成败、存亡、祸福、古今之道"，最终由老子后学完成的《老子》，后来又称《道德经》。《史记》说："老子修道德，其学以自隐无名为务……著书上下篇，言道德之意五千余言而去，莫知其所终。"③ 最初，《老子》这一部书还不是以"经"名。随着《老子》的逐步完善和地位进一步提升，《老子》成为《道德经》，可见《道德经》是道家将这一部书经典化以后的书名。

法家也是如此。据《汉书·艺文志》记载："法家者流，盖出于理官，信赏必罚，以辅礼制。"④ 理官在历史上是主持狱讼的官员，可见，

---

① 陈鼓应注译：《庄子今注今译》，中华书局1983年版，第863页。
② 班固：《汉书》卷30《艺文志第十》，中华书局1962年版，第1732页。
③ 司马迁：《史记》卷63《老子韩非列传》，中华书局1982年版，第2141页。
④ 班固：《汉书》卷30《艺文志第十》，中华书局1962年版，第1736页。

法家与王官之学也有密切联系。但是，法家形成学派比较晚，由于战国时代社会动荡，社会政治秩序十分混乱，许多诸侯国君主为了加强统治力，大力加重刑罚，故而形成了十分重视法治在国家治理中作用的法家。显然，法家的兴趣在社会现实中刑罚对国家治理的效能上，对整理历史典籍没有兴趣。法家的代表著作有《李子》《商君》《申子》《韩子》，均和三代文献没有直接关系，而是涉及具体的刑罚制度、君权之术，是子学著作。但是，后来的法家为了张扬自己的学术主张，将法家的创始人李悝的著作称为《法经》。所谓"法经"，其实就是李悝"集诸国刑典"①而成。《晋书·刑法志》载：李悝"撰次诸国法，著《法经》。以为王者之政，莫急于盗贼，故其律始于《盗》《贼》。盗贼须劾捕，故著《网》《捕》二篇。其轻狡、越城、博戏、借假不廉、淫侈逾制，以为《杂律》一篇，又以《具律》具其加减。是故所著六篇而已，然皆罪名之制也。商君受之以相秦。"②可见，李悝的《法经》提升为法家的经典，完全是法家后学所为。

先秦诸子比较普遍崇拜上古时期的"圣王""圣人"，墨家学派提出："圣王之道，天下之大利也。"③"圣人之德，盖总乎天地者也。"④道家学派提出："圣人者，原天地之美，而达万物之理。"⑤法家学派提出："圣人之所以为圣人者，善分民也。圣人不能分民，则犹百姓也。于己不足，安得名圣？"⑥"谨修所事，待命于天，毋失其要，乃为圣人。"⑦尽管先秦诸子普遍崇拜"圣王""圣人"，但是他们并没有将圣王与传经联系起来。只有儒家还将圣人崇拜和三代典籍结合起来。儒家意识到，圣王传道的文献才是"经"，故而必须将圣王与传经联系起来。先秦儒家认为，真正的经典必须来自先王，即唐虞和夏商周时期的"圣王""圣人"之言。所以，先秦儒家一方面也十分崇拜上古时期的"圣王""圣人"。

---

① 长孙无忌等撰：《唐律疏义》，中华书局1983年版，第2页。
② 房玄龄等撰：《晋书》卷30《刑法志》，中华书局1974年版，第922页。
③ 吴毓江撰，孙启治点校：《墨子校注》卷16《节用上》，中华书局2006年版，第248页。
④ 吴毓江撰，孙启治点校：《墨子校注》卷2《尚贤中》，中华书局2006年版，第79页。
⑤ 陈鼓应注译：《庄子今注今译》，中华书局1983年版，第563页。
⑥ 黎翔凤撰，梁运华整理：《管子校注》卷1《乘马》，中华书局2004年版，第102页。
⑦ 王先慎撰，钟哲点校：《韩非子集解》卷2《扬权》，中华书局1998年版，第45页。

《论语》末篇《尧曰》称颂尧、舜、汤、武等圣王的"保民而王",说"四海困穷,天禄永终"。子贡曾经问孔子:"如有博施于民,而能济众,何如?可谓仁乎?"孔子回答:"何事于仁,必也圣乎!尧、舜其犹病诸。"① 孟子也十分向往尧舜的圣人之道,提出:"尧舜既没,圣人之道衰,暴君代作。"② 另一方面,孔孟儒家认为经典必须来自三代时期"圣王",故而希望从"三代圣王"留下的文献中寻求普遍意义的大道,并且将这些载道的典籍称为"经",这正是儒家之"经"产生的思想基础。

可见,在春秋战国时期的诸子百家中,只有孔子及其儒家学派是通过收集、整理三代时期的档案材料、历史文献来建立自己的经典体系和学术思想的。从传世文献和出土文献来考察,《诗》《书》《礼》《乐》《易》《春秋》,就是经孔子及其弟子的整理后,后来才逐步成形并被合称为"六经"。也就是说,在夏商周的前轴心时代,"六经"建构的主体即儒家士人还没有产生,只有官师一体的王官贵族;被视为有着恒常价值和普遍意义的载道之"经"也没有产生,只有被皇室收藏的各种文献档案。中华原典的《诗》《书》《礼》《乐》《易》《春秋》虽然有着十分久远的历史文化源头,但是它们定形为"六经"的经典体系,却是孔子及其儒家建构起来的。

由此可见,"经"是春秋战国时期诸子百家产生以后才出现的一种文化现象。尽管其他学派也与三代王官之学有一些联系,但是他们并不重视对三代文献的研究整理,而往往是脱离三代留下的珍贵文献档案,忙于独立建立自己的学术思想体系。道、墨、法诸家的宗师们针对现实问题而提出自己的学说,各家学派的弟子们均是将本学派创始人的重要原创典籍称为"经"。但是,儒家学派却能够有一种华夏文化的自觉意识,主动从三代文献中寻求历史智慧、价值理念、文化传统,直接整理出代表华夏思想文化传统的经典来。

三 儒学与"六经"的相互生成

如上所述,在春秋战国以前,既无"六经",又无儒学;春秋战国以

---

① 杨伯峻译注:《论语译注》,中华书局1980年版,第65页。
② 杨伯峻译注:《孟子译注》,中华书局1960年版,第154页。

后,"六经"与儒学同时产生。当我们从文化渊源角度来考察"六经"与儒学,它们均是三代文明的产物;当我们从思想建构角度来考察"六经"与儒学,则会将"六经"与儒学看作是一种相互生成的关系。

为什么说"六经"与儒学的思想、学术的历史建构是一种相互生成的关系?我们可以从两个方面来理解。

一方面可以说,是"六经"原典的思想文化孕育、滋养了儒家。儒家学者是通过整理、学习上古文献,深受三代文明的道德精神、人文理性的影响而形成的,没有三代历史文献的文化知识、价值信仰的浸染,也就没有儒者,没有"游文于六经之中,留意于仁义之际,祖述尧舜,宪章文武"的儒家学派。春秋战国时期,以孔子为代表的儒家以"述而不作"为宗旨,从三代文明留下的浩繁档案文献中汲取思想营养,他们特别崇尚那一些能够表达三代先王的道德理性、政治智慧、历史经验的各类文化知识的典籍。司马迁在《史记·孔子世家》中说:"孔子布衣,传十余世,学者宗之。自天子王侯,中国言六艺者,折中于夫子,可谓至圣矣!"① 孔子等早期儒家通过不断地学习这些文献典籍,即从《诗》《书》《礼》《乐》《易》《春秋》经文的原始文献典籍获得精神文化的源泉。他们强调这些典籍是三代圣王留下来的,他们以这些"六经"典籍为自己的思想依据、学术基础,从而形成了以三代礼乐文明为文化母体的儒家学派。

另一方面也可以说,是儒家学派建构了"六经"的经典体系。三代文明留下的浩繁档案文献、王官之学,恰恰是由于儒家士人的收集、选择、整理、诠释,使得这些浩繁的档案文献最终演变为中华文明的"经典",故可以说儒家是"六经"的建构主体。也就是说,没有儒家学者对"六经"的原始形态即文献档案的收集、选择、整理、诠释,就没有"六经"的经典形成,不能够产生代表三代文明的"六经"系统。在孔子及其儒家学派已整理这些经典之前,这些典籍不过是三代时期的巫史、王官留下的各种文献档案。这些典籍的文献形式包括了各种典章、公文、档案、实录等,这些典籍的思想内容则是各类杂芜的政治经验、宗教信仰、社会观念。但是,这些具有深厚华夏文化使命感的儒家学者,却又

---

① 司马迁:《史记》卷47《孔子世家》,中华书局1982年版,第1947页。

具有强烈社会关怀的思想革新精神,他们坚持以三代文明留下来的历史文化为出发点,从那些浩繁的文献档案中选取一些思想精华的典籍,整理成可供当代人学习文化、建设文明的经典文本,即成为《诗》《书》《礼》《乐》《易》《春秋》的六经。为了将这些经典与治理天下、文化建设的现实需求结合起来,儒家对这些原典做出了创造性的诠释,使"六经"的文化传承和时代创新结合起来。孔子赋予了"六经"一系列新的价值和意义,他说:"六艺于治一也。《礼》以节人,《乐》以发和,《书》以道事,《诗》以达意,《易》以神化,《春秋》以义。"①"入其国,其教可知也。其为人也温柔敦厚,《诗》教也。疏通知远,《书》教也。广博易良,《乐》教也。洁静精微,《易》教也。恭俭庄敬,《礼》教也。属辞比事,《春秋》教也。"②"经"之所以能够在后世继续发挥那么大的作用,就在于它承载了儒家赋予的思想意义和建构的价值体系。所以也可以说,是孔子及其儒家学派创建了"六经"的经典体系。儒家学派的最大特点,就在于他们通过"六经"的建构,自觉地完成了"六经"作为"恒常之道""治世大法"的思想创造和文化建构。

由此可见,"六经"与儒学是一种相互生成的关系。为了能够使我们获得对"六经"与儒学关系的进一步理解,下面,我们从"六经"与儒学的形成过程,以说明"六经"与儒学这种相互生成的关系。

首先说《周易》。孔子对《易》有着浓厚的兴趣,帛书《要》篇提供了孔子晚年"好《易》"的新证据:"夫子老而好《易》,居则在席,行则在囊。"③《易》为卜筮之书,孔子晚年对《易》产生兴趣,使他的弟子感到不解,孔子意识到这可能也让后人感到困惑。《要》记载说:子赣曰:"夫子何以老而好之乎?……夫子曰:子言以矩方也。前祥而至者,弗祥而好(?)也。察其要者,不诡其德。《尚书》多于(阙)矣,《周易》未失也,且有古之遗言焉。予非安其用也。"子赣又问:"夫子亦信其筮乎?"孔子回答说:"史巫之筮,向之而未也,好之而非也。后世

---

① 司马迁:《史记》卷126《滑稽列传》,中华书局1982年版,第3197页。
② 《礼记注疏》卷50《经解》,见李学勤主编《十三经注疏》第6册,北京大学出版社1999年版,第1368页。
③ 陈松长、廖名春:《帛书〈二三子问〉〈易之义〉〈要〉释文》,见陈鼓应主编《道家文化研究》第三辑,上海古籍出版社1993年版,第434页。

之士疑丘者，或以《易》乎？吾求其德而已，吾与史巫同涂而殊归者也。"① 可见，孔子在《易经》的原始文本中，他的态度和见解是"不安其用而乐其辞"，即不沉迷于卜筮，而是深入思考和追求其"德义"。他提出《易》乃"古之遗言焉"，这一个"古之遗言"就是指周文王通过《易经》的原始文本而表达的德义。在孔子看来，"文王仁，不得其志以成其虑。纣乃无道，文王作。讳而辟咎，然后《易》始兴也"。孔子为"求其德"而阅读、整理了《易经》，他这样做的结果是双重的：一方面，孔子从《易经》的"古之遗言"文本中吸收了大量人文价值和生活智慧，即所谓"吾求其德而已"，《易经》的许多观念正是儒家学派的思想基础、学术依据。另一方面，孔子在阅读、学习这些历史文献的同时，整理了这些"古之遗言"的原始文本，并且对这一些经文做出了创造性的诠释，使《易经》的"德义"更加理性化、系统化，故而成为后来儒家学者通用崇尚的《易经》。孔子及其儒家通过对经文的整理和诠释，使得原来是"卜筮之学"原型的筮占符号和卦辞爻辞，最终演变为儒家学者普遍崇尚的"群经之首"。可见，《周易》与儒学是一种相互生成的"共生"关系：一方面，孔子能够从《易经》的"古之遗言"文本中获得"德义"的精神营养，使得儒学的许多重要的哲学智慧、价值观念、思维方式得益于原本是"卜筮之学"的《周易》；另一方面，那些原本只是为考察、证明卜筮灵验而保留下来的文献档案资料，经过孔子及其儒家学者的文献整理、思想提升，其学术价值、思想内涵均发生了质的飞跃，没有儒家学者的整理、诠释，《周易》则不可能成为经典。

再说《尚书》。孔子及其儒家学者编纂《尚书》的过程，也体现儒学与《尚书》的一种相互生成的"共生"过程。一方面，孔子及其门人通过对上古先王们留下的文献典籍学习，获得了先王的政治、道德方面的王道思想和政治智慧，唐、虞、夏、商、周的先王在这些文献典籍中表现出来的"以德配天""民为邦本"的道德思想、政治理念，为儒家学派提供了一整套关于治理国家、平定天下的指导思想，奠定了儒家治学、讲学的思想基础。另一方面，孔子和儒家士大夫通过收集唐、虞、夏、

---

① 陈松长、廖名春：《帛书〈二三子问〉〈易之义〉〈要〉释文》，见陈鼓应主编《道家文化研究》第三辑，上海古籍出版社 1993 年版，第 434—435 页。

商、周代的部分诰言、誓辞等政治文献,将其中那些对后代帝王有借鉴、告诫、警示作用的文献整理出来而作为重要经典,希望后代帝王从中学习治国、修身的指导思想、伦理观念以及各种历史文化知识,这就是《尚书》产生的历史因缘。可见,儒家学者通过对三代王朝档案文献的学习,从而形成了自己的治国理念,《尚书》原典中丰富的政治观念奠定了儒家学派的思想基础。与此同时,三代王朝留下了浩繁的档案资料、历史文献,而成形的《尚书》却只有数十篇文献能够被选入而成为经典,则又是儒家学者根据自己的思想立场、政治视域而建构起来的。

同样,孔子编纂《礼》《乐》的过程,也体现儒学与《礼》经的一种相互生成的"共生"过程。孔子及其儒家本来就是西周礼乐文明陶冶出来的士人群体,故而又是礼乐文化的继承者。孔子之所以反复强调"生,事之以礼;死,葬之以礼,祭之以礼",就是因为他们是一个浸润西周礼乐文化的士人群体。所以,他们的思想体系就是建立在礼乐文化的基础上;他们的学术体系,就是围绕礼乐文化而展开的。可以说,没有西周礼乐传统,就没有儒家学派。同样,没有孔子等儒家学者的整理三代的礼乐文献,也没有《礼》《乐》经典。《史记·儒林列传》称:"《礼》固自孔子时而其经不具,及至秦焚书,书散亡益多,于今独有《士礼》,高堂生能言之。"[1]《周礼》《仪礼》作为学校教学的内容,主要能提供与儒家价值理想相契合的一整套规范系统,包括中国古代的礼仪制度、政治制度。它们是后代学习了解中国古代的礼制、学制、封国、职官、田赋、乐律、刑法、名物、占卜等人文知识的重要典籍。

另外,与西周礼乐文明相关的还有《诗经》,体现出儒学与《诗经》也是一种相互生成的"共生"过程。《诗》本来就是礼乐文化的产物,是礼乐文化的重要组成部分。所以,一方面,儒家士人群体是由西周时期的诗歌陶冶出来的士人群体,特别是诗歌与周公礼乐文明有紧密关系,故而儒家学者又通过"诗"而得到道德意义、政治意义、文化修养的熏陶,"诗"已经成为他们的个人素养、社会交往、政治生活方面的重要组成部分,在先秦的儒家文献中,我们会看到儒家学者常常在自己的社会交往、政治生活和文章写作中经常引用《诗》,可见诗歌对儒家士人群体

---

[1] 司马迁:《史记》卷121《儒林列传》,中华书局1982年版,第3126页。

形成重要影响。另一方面，儒家是《诗经》的收集、整理者，特别是对《诗经》的经典化起到了重要的推动作用，儒家成为收集、整理、编定一个合乎儒家价值理念的《诗经》的完成者。关于孔子如何整理《诗》，孔子自己有一个简略的叙述："吾自卫反鲁，然后乐正，《雅》《颂》各得其所。"① 而司马迁对孔子编《诗》有一个更详细的论述，他说："古者《诗》三千余篇，及至孔子，去其重，取可施于礼义，上采契后稷，中述殷周之盛，至幽厉之缺，始于衽席，故曰《关雎》之乱以为《风》始，《鹿鸣》为《小雅》始，《文王》为《大雅》始，《清庙》为《颂》始。三百五篇孔子皆弦歌之，以求合《韶》《武》《雅》《颂》之音。礼乐自此可得而述，以备王道，成六艺。"② 《诗》的编纂经历了一个由"三千余篇"到"三百余篇"的简化过程，经孔子编订的《诗经》只有305篇，分为《风》《雅》《颂》三大类，主要是从周初至春秋中期作品。经孔子编订的《诗》才被列为儒家经典。孔子对《诗》的文化价值、教育功能提出了一系列新的见解。孔子说："《诗》三百，一言以蔽之，思无邪。"③ "《诗》可以兴、可以观、可以群、可以怨。迩之事父，远之事君；多识于鸟兽草木之名。"④ "不学《诗》，无以言。"⑤ 孔子所云的《诗》继承了西周文明以"诗"作为礼乐文化的意义，同时更进一步提升出《诗》道德意义、政治意义及其各种人文价值，其"诗教"就具有了经典教育的意义。故而也可以说，没有《诗》的礼乐教育传统，就没有儒家学派；同样，没有孔子等儒家学者的整理，也没有能够体现儒家道德意义、政治意义的《诗经》。儒学和《诗经》也是在相互生成中获得新的意义。

最后，谈谈《春秋》与儒学的相互生成关系。《春秋》是如何产生的？学界历来有不同看法。从孟子以来，儒家就把孔子与《春秋》紧紧地联系在了一起。孟子说："世衰道微，邪说暴行有作，臣弑其君者有之，子弑其父者有之。孔子惧，作《春秋》。《春秋》，天子之事也，是故

---

① 杨伯峻译注：《论语译注》，中华书局1980年版，第92页。
② 司马迁：《史记》卷47《孔子世家》，中华书局1982年版，第1936—1937页。
③ 杨伯峻译注：《论语译注》，中华书局1980年版，第11页。
④ 杨伯峻译注：《论语译注》，中华书局1980年版，第185页。
⑤ 杨伯峻译注：《论语译注》，中华书局1980年版，第178页。

孔子曰：'知我者其惟《春秋》乎！罪我者其惟《春秋》乎！'"又说："孔子成《春秋》，而乱臣贼子惧。"① 孟子肯定孔子"作《春秋》"，但是这一个"作"是什么意义？后来有学者解释是孔子"笔削"《春秋》。"春秋"是周朝一种比较普遍的编年史，各诸侯国均有自己的编年史名"春秋"。而后来成为儒家经典的《春秋》是鲁之《春秋》。其实，鲁之《春秋》应该是鲁国史官所为，但是孔子作了"笔削"的整理工作，给鲁《春秋》赋予了许多新的道德意义和政治意义。《史记·孔子世家》说："孔子在位听讼，文辞有可与人共者，弗独有也；至于为《春秋》，笔则笔，削则削，子夏之徒不能赞一辞。"② 《春秋》之所以成为儒家经典，主要是由于《春秋》经孔子加"笔削褒贬"。这种"褒贬"则充分体现出儒家人文价值的取向，后代儒生学习《春秋》，就是要从那种历史叙述中领悟这种价值取向。可见，孔子及其儒家学派是《春秋》经的制作者、确立者。但是，孔子创立的儒家学派的道德观念、政治思想的形成，其实恰恰离不开包括《春秋》在内的各种史官记载历史文献，这些历史文献记载了夏、商、周三代先王的政治、道德方面的王道思想和政治智慧，恰恰是儒家产生的文化基础和思想渊源。如《汉书·艺文志》所云"古之王者世有史官，君举必书，所以慎言行、昭法式也。"③ 其实，这些史官留下的"春秋"类史书，恰恰是儒家思想的源头。儒学和《春秋》史书也是一种相互生成的关系。

第二节　作为"四书"之学的儒学

孔子创建了以"六艺"为核心的"经学"体系，又开创了"六经以外立说"的"子学"体系。《四库全书总目提要》云："自六经以外立说者，皆子书也。"④ 在汉代确立的典籍和知识的分类中，诸子百家的著作和学说属于"子学"。而在"子学"的二级分类中，儒家位列诸子学之

---

① 杨伯峻译注：《孟子译注》，中华书局1960年版，第155页。
② 司马迁：《史记》卷47《孔子世家》，中华书局1982年版，第1944页。
③ 班固：《汉书》卷30《艺文志第十》，中华书局1962年版，第1715页。
④ 永瑢等撰：《四库全书总目》卷91《子部总叙》，中华书局1965年版，第769页。

首。而宋儒集注的"四书",在先秦的原初学术形态其实是儒家诸子之学。

可见儒学既是六艺之学,又是"四书"之学,"六艺"与"四书"除了典籍形式的不同,二者在思想旨趣方面的差异是什么?

一 "四书"原始形态:"六经"以外立说的子学

从刘歆《七略》到班固《汉书·艺文志》,他们所确立的中国典籍和知识的分类中,儒家典籍被分到"六艺略""诸子略"的两个不同部类中。这种典籍分类法似乎隐含着一个知识学分类的矛盾:"儒学"到底是"六艺之学"还是"诸子之学"?梁启超在作于1902年的《论中国学术思想变迁之大势》中,对《汉书·艺文志》的分类法提出了质疑:"《艺文志》亦非能知学派之真相者也。既列儒家于九流,则不应别著《六艺略》;即崇儒于六艺,何复遗其子孙以侪十家,其疵一也。"[①] 梁启超的质疑或许是有一些道理的。作为中国传统学术形态的儒学,为什么要分割到两个不同的知识部类中去?

但是,刘歆、班固所确立的典籍和知识的分类确实又有其道理,特别是他们关于经学、子学的分类,更是为后代学者所普遍接受,后来的中国典籍和知识的基本分类就是经、史、子、集的四部分类,而儒学仍然被分布在经部、子部以及史部、集部的不同部类。

儒家建立经学的目的是全面总结、继承夏商周三代的文明体系。孔子自称对上古文献是"述而不作",这一个"述而不作"的学术宗旨所表达的恰恰是儒家建立经学的特点和要求。《礼记·乐记》云:"作者之谓圣,述者之谓明。"孔颖达疏:"明者,辨说是非,故修述者之谓明,则子游、子夏之属是也。"三代礼乐文明、典章制度是"先王""圣人"创造出来的,故而谓"作";儒家通过整理、传播"六经",以继承三代时期"先王""圣人"创造的优秀华夏文化传统,所以只是"述"。"述而不作"的学术宗旨催生了儒家的"经传"之学,"经"就是指三代"先王""圣人"创造出来的原典,"传"则是后世儒家、士人对"经"的传播、传递,"经传"合起来就是经学。

[①] 梁启超:《新史学》,商务印书馆2014年版,第145页。

然而，儒家不仅仅有"作"与"述"的"经传"体系，还有"自六经以外立说"的文献，即儒家子学的典籍。应该说，经学、子学的区分本来就是十分明显的，即所谓"官"与"私"的区别。"六艺"原本为"官书"，只为王官撰修、保存、传播；"子书"本为"私书"，则是为私人聚徒讲学而撰修，主要由私学弟子记录、编纂、保存、传播。其实，在先秦时期就将这些不同性质的典籍作了区分，它们作为典、册的竹书在形制上就因尺寸大小不一样而区别明显。可见，刘歆《七略》、班固《汉书·艺文志》的典籍和知识分类又有其明显的合理性。

孔子是开创春秋战国讲学的第一人，其创立的学派也是诸子百家的第一家，同时，记录他讲学的《论语》也是他"自六经以外立说"的第一本儒家子学著作，因为它是为孔子私人聚徒讲学而纂修，主要由孔门弟子编纂、保存、传播。正如蒋伯潜先生所说："弟子纂述其师说，以成专书，始于《论语》，《论语》一书，如不别立书名，则亦可题曰《孔子》矣。"① 尽管在汉代确立的经学体系中，《论语》逐步被提升为"经"，并且与其他"五经"一样设立博士；宋代以后，《论语》又列为"四书"之首。但是，从最初《论语》的思想内容和典籍形式来看，它应该是儒家子学的第一本书。班固《汉书·艺文志》认为："《论语》者，孔子应答弟子时人及弟子相与言而接闻于夫子之语也。当时弟子各有所记。夫子既卒，门人相与辑而论纂，故谓之《论语》。"② 班固认为"论"即编撰、编订之义，"语"则是"夫子之语"，即孔子通过与学生谈话而"立言"。尽管后来还有一些对《论语》书名的新的解释，但是班固的解释还是比较准确的，由此也正好体现出《论语》作为儒家子学著作的特点。我们可以考察《论语》书名为什么要用"语"字。班固以"孔子应答弟子时人及弟子相与言而接闻于夫子之语也"说"语"，体现的正是子学著作的特点。"六经"的经文属于三代圣王的国家政典、经世大法的记录，而诸子学的典籍则是民间士人和弟子们一道论学、讲学之语的记录。所以，春秋战国时期留下了大量"语""论"等一类的子学著作。与"六经"典籍不同，子学著作的基本特点是民间士人的独立立说，而

---

① 蒋伯潜：《诸子通考》，上海古籍出版社2013年出版，第4页。
② 班固：《汉书》卷30《艺文志第十》，中华书局1962年版，第1717页。

"语""论"正是这一种"自六经以外立说者"的著作和典籍。这些以"语""论"形式立说、论证的著作和典籍，被统称为"子学"。儒家不仅有《论语》，另外还有《孔子家语》《新语》等记录私人讲学的子学著作，宋以后许多儒家学者讲学的著作称为"语录"，亦是属于这一类子学著作的延续。还有很多虽然没有以"语"命名的著作，而是直接以"子"命名的书，如《子思子》《孟子》等，其实仍然是记录儒家学者讲学的"语"书。另外，还包括其他诸子学派的著作也是以"子"命名。所以先秦的诸子学著作往往可以称为"百家语"。《史记·秦始皇本纪》中记载秦时焚书，"非博士官所职，天下敢有藏《诗》、《书》、百家语者，悉诣守、尉杂烧之"①，这里所说的"《诗》《书》"即是"六经"，"百家语"则是"诸子"。我们注意到，从儒家的《论语》到司马迁的"百家语"，应该说"语"是诸子书的通称之一。与"作""述"的"六经之学"相区别，"语"是诸子针对各种问题发表自己的议论和见解的讲学记录。

与"语"接近的是"论"。儒家诸子的大量著作，又均是以"论"的文体，对问题发表自己个人的看法。"语"字的本义是谈论、议论、辩论。许慎《说文》云："语，论也。"但是，作为文体的"语""论"又有一些区别。"语""论"均是"立言"，"语"是记录诸子与弟子的议论而"立言"，"论"则往往是诸子自己对某些问题的议论而"立言"。《论语》《孟子》主要是"语"，而《荀子》主要是"论"，如《荀子》中有《天论》《礼论》《乐论》等。另汉代贾谊有《过秦论》，王充有《论衡》。王充在《论衡·对作篇》中，解释自己《论衡》之"论"的含义："[非]作也，亦非述也，论也。论者，述之次也。五经之兴，可谓作矣。太史公《书》、刘子政《序》、班叔皮传，可谓述矣。桓君山《新论》、邹伯奇《检论》，可谓论矣。"可见，"作""述"的著作属于"经""传"，而"论"的著作则是诸子所著的"子学"。

儒学本来就是春秋战国时期兴起最早、规模最大、影响最深的诸子百家中的一个学派，孔子去世后，儒分为八。《韩非子·显学》记载："自孔子之死也，有子张之儒，有子思之儒，有颜氏之儒，有孟氏之儒，

---

① 司马迁：《史记》卷6《秦始皇本纪》，中华书局1982年版，第255页。

有漆雕氏之儒，有仲良氏之儒，有孙氏之儒，有乐正氏之儒。"①《荀子·非十二子》中，曾经还记载荀子极力称颂子弓之儒，猛烈批判子思之儒、孟轲之儒、子张之儒、子夏之儒、子游之儒，亦反映了儒家内部分派的事实。他们也按照老师"自六经以外立说"的私人讲学的方式，留下了大量被列为"子书"的著作典籍。在《汉书·艺文志》中，著录了大量孔门弟子的子学著作，其中大多是以"子"学书命名。在《汉书·艺文志·诸子略》的"儒家类"，著录了许多孔子后学的著作，包括《子思》23篇、《曾子》18篇、《漆雕子》13篇、《宓子》16篇、《景子》3篇、《世子》21篇、《李克》7篇、《公孙尼子》28篇、《孟子》11篇、《孙卿子》33篇、《芈子》18篇。这些著作大多以某"子"命名，即使其中一些著作没有以"子"命名，其实也是子书，因为它们也是儒家诸子与弟子的讲学记录。《汉书·艺文志》在自注中对这些书的作者身份作了介绍，如子思名伋，为孔子孙；曾子名参，孔子弟子；宓子名不齐，字子贱，孔子弟子；漆雕子为孔子弟子漆雕启之后；景子说宓子语，似宓子弟子；世子名硕，为七十子之弟子；李克为子夏弟子；公孙尼子为七十子之弟子；孟子名轲，子思弟子；孙卿子即荀况，齐国稷下祭酒；芈子名婴，七十子之后。②

由于秦始皇"焚书坑儒"及其战乱等各种原因，除了有少部分传世儒家诸子如《孟子》《荀子》外，《汉书·艺文志·诸子略》著录的孔子后学的子学著作大多没有保留下来。所幸，一些新出土的文献中发现了大量孔子后学的子学著作。1993年湖北荆门市郭店战国楚墓中出土的竹简中，有字简730枚，总字数经整理得1.3万余字，其中包括儒家文献11种14篇，分别为《缁衣》《鲁穆公问子思》《穷达以时》《五行》《唐虞之道》《忠信之道》《成之闻之》《尊德义》《性自命出》《六德》各1篇，《语丛》4篇。当代学者考证，这些文献应为《子思子》《公孙尼子》《世子》等孔子后学的子学著作。另外，一部分七十子及七十子弟子的著作保留在儒家的经典的传、记著作中，如《小戴礼记》之《缁衣》《中庸》《坊记》《表记》等被认定为出于《子思子》，《小戴礼记》之《乐

---

① 王先慎撰，钟哲点校：《韩非子集解》卷19《显学》，中华书局1998年版，第456页。
② 班固：《汉书》卷30《艺文志第十》，中华书局1962年版，第1724—1725页。

记》出于《公孙尼子》,《小戴礼记》之《大学》《曾子问》出于《曾子》。

所以,从孔子开始,儒学发展出了一个子学的学术类型和典籍部类,并且一直延续下来。后来所谓的"四书"在先秦其实都是子学著作,不仅《论语》《孟子》是子学,《郭店简》也表明《大学》来源于《曾子》,《中庸》来源于《子思子》。尽管两汉确立了儒家"五经"在中国学术史、文化史上的正统地位,但是,两千多年来,儒家学者一直作为思想主体,继续对各种历史和现实的各种问题独立思考并发表自己的看法,从事与弟子们的相关讲学论学。儒家在"经学"的学术体系之外,一直还有一个"子学"的学术体系。

二 "四书"的思想主体:士

儒家子学的特点不仅仅体现在与文献类型相关的学术形态上,而且追根溯源则是与这些文献的思想主体不同有关。与儒家经典比较而言,"四书"等子书的思想差别首先体现为思想主体的转换。"六经"是以三代先王为思想主体,而儒家子书转换为以儒家士人为思想主体。所以,"语""论"只是儒家诸子学的典籍形式特征,子书不同于"六经"的经书,尤其应该是儒家子学"立说"的思想主体是不一样的。而思想主体的差异,导致两种文献体例在思想内容方面的重大差异。

"六经"是夏商周三代时期国君、天子治理国家、天下而遗留下来的王室档案、国家政典,制定这些档案、文献、政典的是居于天子、国君之位的王者,故而"六经"的思想主体就是天子、国君。而儒家子学是春秋战国时期在民间讲学的普通士人"立说",编撰这些典籍、文献的是民间士人,这样,儒家子学的思想主体则发生了一个重大变化,即由有位有权的天子、国君,转换为独立思考的民间士人。

我们首先讨论"六经"的思想主体。我们说"六经"的思想主体是天子、国君,因为"六经"本来就是"王官之学",即均是记载天子、国君治理国家过程中留下的文献和档案,记录、留下这些文献档案是为了保存历代君王治理国家的历史经验,为后世的君王治国提供借鉴。显然,三代君王是这些文献和档案的主体,而君王身边的史官则是这些文献和档案的执笔者。本来"六经"的主要内容与记录君王的史官文化有关,中国上古时期记载王朝君主言行的史官文化很发达，正如《汉书·艺文志》所说："古之王者世有史官，君举必书，所以慎言行，昭法式也。左史记言，右史记事，事为《春秋》，言为《尚书》。"① 史官包括记事与记言的不同，故而留下分门别类的档案文献，这些记载帝王言行的文献档案大量收藏在王室，为后来的君王治理国家、国子教育提供政治教科书。《周易》《尚书》《春秋》等经典就是史官记载唐、虞、夏、商、周各朝代的天子、国君治理国家的历史文献和档案。

因此，"六经"的思想主体是天子、国君，"六经"记载的治理国家的政治经验、典章制度，均是以天子、国君的视角、立场形成的，故而必然会以王官之学的方式保留下来。儒家学者也总是强调，"六经"均是与有权位的"圣王"有关，包括尧、舜、禹、汤、文王、武王、周公等等。"六经"记言、记事的主体主要是天子、国君。唐孔颖达《尚书正义序》云："夫《书》者，人君辞诰之典，右史记言之策。古之王者事总万机，发号出令，义非一揆：或设教以驭下，或展礼以事上，或宣威以肃震曜，或敷和而散风雨，得之则百度惟贞，失之则千里斯谬。"② 所以，在《尚书》各篇均是"人君辞诰之典，右史记言之策"，故而其"言"、其"行"均是人君、王者思想的表达。如《甘誓》记载夏朝君王启之言："嗟！六事之人，各有军事，故曰六事。予誓告汝：有扈氏威侮五行，怠弃三正。天用勦绝其命，今予惟恭行天之罚。"③ 商王盘庚说："明听朕言，无荒失朕命。呜呼！古我前后，罔不惟民之承。保后胥戚，鲜以不浮于天时。"④ 周武王之言："呜呼！我西土君子，天有显道，厥类惟彰。今商王受，狎侮五常，荒怠弗敬。自绝于天，结怨于民。"⑤ 这都是从夏商周三代的天子君王的视角、立场的讲话，表达了居于君主之位的先王

---

① 班固：《汉书》卷30《艺文志第十》，中华书局1962年版，第1715页。
② 《尚书正义·尚书正义序》，见李学勤主编《十三经注疏》第2册，北京大学出版社1999年版，第2页。
③ 《尚书注疏》卷7《甘誓》，见李学勤主编《十三经注疏》第2册，北京大学出版社1999年版，第173页。
④ 《尚书注疏》卷9《盘庚中》，见李学勤主编《十三经注疏》第2册，北京大学出版社1999年版，第235页。
⑤ 《尚书注疏》卷9《泰誓下》，见李学勤主编《十三经注疏》第2册，北京大学出版社1999年版，第279页。

的思想和意志。

　　儒家诸子的思想主体是"士"。在夏商周三代时期，天子、国君与大夫、士均是建立在共同血缘关系基础上的贵族阶层，他们共同主导了三代政治共同体的思想文化。到了春秋战国时期，作为西周贵族社会中最低的等级的"士"流落民间，成为社会中的平民阶层，但是，他们又拥有西周贵族才有的文化知识。另外，还有许多平民社会中的成员，因为努力学习而成为士的群体。战国时代的许多诸侯王为争霸的需要，形成了一种养士的风气。"士"有明显的双重性。一方面，"士"大多来源于西周贵族社会，他的思想总是和君王治理的王官之学有一些内在联系；另一方面，春秋战国时代的"士"已经演变为平民，"士"是一个具有相对独立性的阶层。孟子说："无恒产而有恒心者，惟士为能。"① 所以，他们的政治思考又具有自己超越于现实政治权力的独立立场。春秋战国时期诸子并起，其实就是那些演变为平民的"士"所推动的文化思潮，胡适认为："诸子自老聃孔丘至于韩非，皆忧世之乱而思有以拯济之，故其学皆应时而生，与王官无涉。"② 诸子之学的兴起是源于春秋战国时期出现的政治、社会问题，这些已经脱离贵族统治集团士人为了解决这些问题，进而提出不同的解决方案，就形成了儒家、道家、阴阳家、法家、墨家、纵横家、杂家、农家的不同学派。尽管这些不同学派的思想观念、救世方案不同，但是均是具有自己独立立场的士人的政治思考和价值追求。

　　早期儒学诸子包括"四书"之学。儒家诸子的代表著作《论语》《曾子》《子思子》《孟子》的文体形式、思想内容已经不完全是站在国君、王官的立场立言，而是士人集团针对春秋战国历史时期的现实政治、社会问题，提出自己的系统思想和治国方略。如奠定儒家学派思想基础的《论语》，本来就是孔子及其弟子在具体的历史情境中，就现实中的社会、政治问题做出"应世随感"的思考与讨论。皇侃曾说，"夫圣人应世，事迹多端，随感而起，故为教不一"；"然此书之作，适会多途，皆

---

　　① 杨伯峻译注：《孟子译注》，中华书局1960年版，第17页。
　　② 胡适：《诸子不出于王官论》，载欧阳哲生主编《胡适文集》第2册，北京大学出版社1998年版，第185页。

夫子平生应机作教，事无常准。"① 由此可见，《论语》显然不同于《易》《书》《礼》《诗》等六经那样"皆先王之政典也"②。《论语》具有"事迹多端，随感而起"的个人讲学论学的特点，其思想的主体是儒家士人，故而就其思想特点、文献类型来说应该属于"子学"。孔子去世后，作为民间学术的儒家学派又进一步分化为子张之儒、子思之儒、颜氏之儒、孟氏之儒、漆雕氏之儒、仲良氏之儒、孙氏之儒、乐正氏之儒，并且留下了《子思》《曾子》《漆雕子》《宓子》《景子》《世子》《李克》《公孙尼子》《孟子》《孙卿子》《芈子》等著作。孔门弟子继承了孔子"事迹多端，随感而起"的个人讲学论学的特点，这些著作的思想主体、文献类型更是具有"子学"的特点，故而均直接以"子"名书。

儒家诸子的思想主体是儒家士人，儒家子学记载的是儒者个人对国家治理、社会秩序、个体人格的独特思考，均是以儒者个人的视角、立场形成的，故而完全是个人讲学的方式被弟子记录和传播下来。在《论语》《子思》《曾子》《漆雕子》《宓子》《景子》《世子》《李克》《公孙尼子》《孟子》《荀子》《芈子》这一些重要著作中，记录了儒家诸子作为民间士人的"事迹多端，随感而起，故为教不一"的思想特点。孔子在讲学中坦诚地说自己是"非生而知之者，好古，敏以求之者也"。"三人行，必有我师焉。择其善者而从之，其不善者而改之。"而他作为士人在国家政治体系的地位完全取决于国君，只能是"用之则行，舍之则藏"③。在儒家的子学著作中，常常可以读到君主、儒者的对话，但是真正的思想主体是儒家士人，而君主则是被劝说、教育与批评的对象。《孟子·梁惠王上》记载：

> 梁惠王曰："寡人之于国也，尽心焉耳矣。河内凶，则移其民于河东，移其粟于河内。河东凶亦然。察邻国之政，无如寡人之用心者。邻国之民不加少，寡人之民不加多，何也？"孟子对曰："王好

---

① 皇侃：《论语义疏》卷1《论语义疏自序》，《儒藏（精华编）》，北京大学出版社2007年版，第9页。
② 章学诚著，叶瑛校注：《文史通义校注》卷1《易教上》，中华书局1985年版，第1页。
③ 杨伯峻译注：《论语译注》，中华书局1980年版，第68页。

战,请以战喻。填然鼓之,兵刃既接,弃甲曳兵而走,或百步而后止,或五十步而后止。以五十步笑百步,则何如?"曰:"不可。直不百步耳,是亦走也。"曰:"王如知此,则无望民之多于邻国也。"①

"五经"记载的是君主之位者的思想和意志,而《孟子》通过对君王的批评和指导,表达的是士人的思想和意志。儒家诸子的内容和形式有一些差异,但是有一个共同的特点,就是系统地提出自己对文化建设、国家治理、天下统一的目标和途径,通过指导君主、培养士人而实现自己的政治主张和文化理想。

儒家诸子的思想主体是儒家士人,其思想视角具有鲜明的个体士人的特点,故而还有一个特别突出的特点,就是能够不仅仅关注社会政治问题,还能够关注个体生命问题,能够独立地表达出儒者对生命意义、个体人格的独特思考,后来他们还提出了一系列关于心性情的系统理论。《论语》记载了孔子对生活理想的独特看法,即"吾与点也"的理想生活:"莫春者,春服既成,冠者五六人,童子六七人,浴乎沂,风乎舞雩,咏而归。"② 这一种生活理想、生命境界与社会政治没有关系。儒家思孟学派特别强调个体人格、终极关怀等问题,建构了一系列心性思想、人格哲学的系统思想。这恰恰体现出士人作为思想主体的特点。

三 "四书"的核心价值:道

儒学所建构的价值体系是由"道""治"构成,二者有密切联系,但是又有自己的相对独立性。先王的"六经"与士人的"子学",由于其制作者的政治身份、思想主体不同,故而其思想的核心有了很大差异,如果说"六经"的思想核心在君王之治的话,那么,儒家子学的思想核心则追求天下有道。

当然,无论是三代的"先王",还是春秋战国时代的"诸子",他们有许多共同点。譬如,他们均有非常强烈的政治忧患意识,也有非常务实的政治功利追求,因而他们均关心建立、维护一个和谐的、长久的政

---

① 杨伯峻译注:《孟子译注》,中华书局1960年版,第5页。
② 杨伯峻译注:《论语译注》,中华书局1980年版,第119页。

治秩序，希望完成国家治理的目标。也就是说，他们都关心"治"。与此同时，他们也均意识到道德、民意在国家治理中的重要性，故而在追求政治功利之"治"的同时，也表现出对政治治理原则之"道"的追求。但是，如果进一步比较六经原典与儒家诸子，可以发现二者之间的显著区别：六经原典以"治"为目标，而儒家诸子则是以"道"为目标。

毫无疑问，"六经"是以天子、国君为主体而建构的治理国家的政治经验与典章制度，而且是以王官之学的方式保留下来。司马迁在《滑稽列传》中引孔子的话说："六艺于治一也。礼以节人，乐以发和，书以道事，诗以达意，易以神化，春秋以义。"① 中国传统的"六经"均以"治"为中心。所以，"六经"一般是与君王权位有关的国家治理的政治文献。"六经"记言、记事的对象主要是天子、国君，其思想目标、主要内容是与国家治理有关的王官之学。既然"六经"记载的是先王之治的政治经验，而夏商周三代君主为了征服和统治天下，维持对国家的有效治理，往往离不开以霸道为特征的"以力服人"，既包括对外族的军事征讨、暴力征服，又包括对部族内部的强权统治、严酷刑罚。"六经"经文中有大量这一类体现"以力服人"的记载，即使那些被看作是"圣王"的天子也是如此。如殷王盘庚说："我乃劓殄灭之，无遗育，无俾易种于兹新邑。"② 对不忠的人要赶尽杀绝。武王伐商时对作战不力的也要杀掉："尔所弗勖，其于尔躬有戮。"③ 三代先王还建立了"五辞""五刑""五罚""五过"刑罚原则，落实下来"墨罚之属千，劓罚之属千，剕罚之属五百，宫罚之属三百，大辟之罚其属二百，五刑之属三千"④。国家治理必须讲效率，而三代先王形成严酷刑罚、暴力征服相结合的"霸道"治理方式显然是有效率的。

夏商周三代的先王们在王朝轮替、历史变革的过程中，意识到不能

---

① 司马迁：《史记》卷126《滑稽列传》，中华书局1982年版，第7384页。
② 《尚书注疏》卷9《盘庚中》，见李学勤主编《十三经注疏》第2册，北京大学出版社1999年版，第241页。
③ 《尚书注疏》卷11《牧誓下》，见李学勤主编《十三经注疏》第2册，北京大学出版社1999年版，第286页。
④ 《尚书注疏》卷19《吕刑》，见李学勤主编《十三经注疏》第2册，北京大学出版社1999年版，第546页。

够仅仅依赖暴力和天命，统治者的德性、被统治者的民意在维护国家的治理秩序、维持王朝祚命方面居于重要地位。儒家推崇一些具有这种政治理性的"先王"，包括尧、舜、禹、汤、文、武、周公，就是这样一批能够推行王道的有德者。特别是周人从商的覆灭中认识到"天命靡常"，意识到必须"敬德""保民"才能够维持王朝祚命。《尚书》记载太保召公之语："呜呼！天亦哀于四方民，其眷命用懋，王其疾敬德，相古先民有夏"①"皇天无亲，惟德是辅。"② 特别是西周王朝看到了人民的武装倒戈，才使自己打败了商王朝，故而他们把民意与天命联系起来，将民意的力量理论化为天命。周召公提出："我受天命，丕若有夏历年，式勿替有殷历年，欲王以小民受天永命。"③ 皋陶将天人关系概括为："天聪明，自我民聪明。天明畏，自我民明威。"④ 他们相信天与民相互通达。所以，统治者强调以真心善待民众，认为"天惟时求民主"⑤，"民之所欲，天必从之"⑥，"天视自我民视，天听自我民听"⑦。这些敬德、保民思想，开启了春秋战国时期儒家子学的仁政、民本思想。

但是，"六经"所记载的三代先王的政治思想，无论是刑罚、暴力的"霸道"治理方式，还是敬德、保民的"王道"治理方式，其目的都是一样的，就是建立王朝的统治、延续王朝的祚命。也就是说，在"六经"的政治思想中，三代先王的思想核心、政治使命并不是"德"，也不是"民"，而是维护王朝的治理、延续王朝的祚命的"治"。我们不妨看看这

---

① 《尚书注疏》卷15《召诰》，见李学勤主编《十三经注疏》第2册，北京大学出版社1999年版，第395—396页。

② 《尚书注疏》卷17《蔡仲之命》，见李学勤主编《十三经注疏》第2册，北京大学出版社1999年版，第453页。

③ 《尚书注疏》卷15《召诰》，见李学勤主编《十三经注疏》第2册，北京大学出版社1999年版，第402页。

④ 《尚书注疏》卷4《皋陶谟》，见李学勤主编《十三经注疏》第2册，北京大学出版社1999年版，第109页。

⑤ 《尚书注疏》卷17《多方》，见李学勤主编《十三经注疏》第2册，北京大学出版社1999年版，第458页。

⑥ 《尚书注疏》卷11《泰誓上》，见李学勤主编《十三经注疏》第2册，北京大学出版社1999年版，第274页。

⑦ 《尚书注疏》卷11《泰誓中》，见李学勤主编《十三经注疏》第2册，北京大学出版社1999年版，第277页。

些"先王"自己的表述。周召公说：

> 我不可不监于有夏，亦不可不监于有殷。我不敢知：曰有夏服天命，惟有历年；我不敢知：曰不其延。惟不敬厥德，乃早坠厥命。我不敢知：曰有殷受天命，惟有历年；我不敢知，曰不其延，惟不敬厥德，乃早坠厥命。今王嗣受厥命，我亦惟兹二国命，嗣若功。①

召公辅助周武王灭商，但是，他已经从殷商的灭国中，意识到"不可不监于有殷""惟不敬厥德，乃早坠厥命"。显然，周作为统治者，特别关注如何维护王朝的治理。对于如何延续王朝的祚命，正是这些王公贵族确立的政治目标。他们之所以"能保惠于庶民，不敢侮鳏寡"，并非是为了一种合乎道德的政治理想，而是基于维护王朝的"享国"。他们担心的是："自时厥后立王，生则逸。生则逸，不知稼穑之艰难，不闻小人之劳，惟耽乐之从。自时厥后，亦罔或克寿。或十年，或七八年，或五六年，或四三年。"② 对人民反抗、国祚不长的担心、惊恐，才是这些先王倡导敬德、保民的精神动力。

儒家诸子继承了三代先王的敬德、保民思想，但是他们作为一个独立的士人集团，不仅能够超越某一具体王朝及其统治秩序，有时甚至还能够超越具体的政治集团或社会阶层的利益诉求，而追求一个体现社会共同体的秩序、理想，也就是他们所说的"道"。与三代先王的思想核心、政治使命是维护王朝的治理、延续王朝祚命的"治"不同，儒家诸子的思想目标、政治使命是社会共同体的秩序、理想的"道"。所以，尽管儒家士人集团十分推崇三代先王，以他们的国家治理为政治典范，但是，儒家士人与三代先王的思想核心是大不一样的。在三代先王眼中，君主的权力与王朝的祚命是最重要的；而在孔子及其门人那里，"天下有道"才是最重要的。孔子这样表述自己的政治使命和文化使命："天下有

---

① 《尚书注疏》卷15《召诰》，见李学勤主编《十三经注疏》第2册，北京大学出版社1999年版，第399页。

② 《尚书注疏》卷16《无逸》，见李学勤主编《十三经注疏》第2册，北京大学出版社1999年版，第433页。

道，丘不与易也。"① 儒家学者通过"子"的学术形态建构，来解决春秋战国时代出现的"天下无道"的政治社会问题。虽然儒学与"六经"紧密相连，但是，由于儒家子学著作主要是"六经以外立说者"，故而最能够代表儒家学术创新、思想锋芒的恰恰是儒家的子学著作。他们希望通过"天下有道"的文化理想和政治理想，来建立一种新的人伦关系、国家秩序，这一个"道"表达了儒家士人理想的价值体系、社会秩序，它永远超越于国君的政治权力之上。儒家的这些思想，是通过《论语》《曾子》《子思子》《孟子》等系列子学著作表达的。

从儒家诸子之学所欲解决的问题意识考察，儒家建立子学也表现出非常强烈的社会忧患意识和非常务实的政治功利追求。但是，这一种社会忧患意识和政治功利追求最终走向"道"的实现。这里仍然引孟子与梁惠王的一段对话：

> 孟子见梁惠王。王曰："叟！不远千里而来，亦将有以利吾国乎？"孟子对曰："王何必曰利？亦有仁义而已矣。王曰：'何以利吾国？'大夫曰：'何以利吾家？'士庶人曰：'何以利吾身？'上下交征利，而国危矣。万乘之国，弑其君者必千乘之家。千乘之国，弑其君者必百乘之家。万取千焉，千取百焉，不为不多矣。苟为后义而先利，不夺不餍。未有仁而遗其亲者也，未有义而后其君者也。王亦曰仁义而已矣，何必曰利？"②

梁惠王的政治思想，和三代时期的君王一样，考虑的是非常务实的政治功利即"利吾国"，因为他的政治立场、政治目标就是维护君主的权力与王朝的祚命。而孟子的政治立场、政治目标则是继承孔子"天下有道"，即追求"仁义而已"。从孟子与梁惠王的对话中可以看出来，子书记载的儒家士人的政治思想与"六经"记载的"先王"们的政治思想相比发生了重大变化，已经由"先王"的以"治"为目的而转化为儒家士人的以"道"为目的。

---

① 杨伯峻译注：《论语译注》，中华书局1980年版，第194页。
② 杨伯峻译注：《孟子译注》，中华书局1960年版，第1—2页。

所以，尽管民本思想源于"六经"记载的"先王"的政治思想，但是，"先王"的"保民"思想是因为监于有殷的"早坠厥命"，而儒家诸子的民本思想则是基于"天下有道"。所以，只有儒家士人才能够提出系统的以民为本的民本政治思想。他们坚持一切政治权力的依据来源于人民。《孟子·尽心下》说："民为贵，社稷次之，君为轻。是故得乎丘民而为天子，得乎天子为诸侯，得乎诸侯为大夫。"[①] 《荀子·大略》载："天之生民，非为君也；天之立君，以为民也。"[②] 君主总是将自己获得的统治权力归结为上天的赋予，但是孟子、荀子则强调"天之立君"的真正宗旨是为了人民，而"民贵君轻"就成为早期儒家重要的政治思想命题。早期儒家的民本政治强调，政治权力合法性的依据是人民，人民的政治地位永远高于国家与君主。他们强调只有人民才是政治权力的基础，也是维护政治稳定的条件。孟子还说："得天下有道，得其民，斯得天下矣。得其民有道，得其心，斯得民矣。"[③] 他强调人民力量在"得天下"过程中的重要性。早期儒家这一套系统的民本思想，体现出儒家士人能够超越某一具体君主、王朝的政治利益，而努力追求体现社会共同体之"道"的政治理想。

由于六艺和诸子的思想有较明显差异，故而儒家需要将二者的思想整合起来的。儒家学者早就发明了一种将六经和诸子经学结合起来的学术形态，就是"传记之学"。通过"传记之学"，儒家学者将"经""子"两种学术形态整合为一个有机的整体。

第三节　作为传记之学的儒学

儒家是以上古三代的文献档案为其建构知识、创造思想、形成学派的依据，故而是"六经之学"的创建者、确立者；但是，儒家也是"六经以外立说者"，故而儒家又是先秦诸子之学的开拓者，并成为诸子百家中重要的一家。应该说，无论是从思想内容还是从知识形式来看，儒家

---

① 杨伯峻译注：《孟子译注》，中华书局1960年版，第328页。
② 北京大学《荀子》注释组注释：《荀子新注》，中华书局1979年版，第458页。
③ 杨伯峻译注：《孟子译注》，中华书局1960年版，第171页。

的经学和子学是有很大差别的。

但是,儒学必须是一个系统的、完整的思想体系,故而儒家必须将经学和子学整合起来的。儒家学者早就发明了一种将经学和子学结合起来的学术形态,就是"传记之学"。儒家学者通过"传记之学",将"经""子"两种学术形态整合为一个有机的整体。探讨儒学"经""传""子"三种学术形态的内在联系,能够使我们理解儒学为什么既保留了深厚的文化传统意识,又具有思想创新精神。

一　儒家的历史意识和现实关怀

夏商周是中华文明的孕育时代,三代时期形成的思想学术对后来的中华文化演变、发展均产生了很深的影响。夏商周三代,学在官府,文化知识的主体是由皇室贵族垄断的王官之学;春秋战国时期,文化下移,产生了脱离皇室贵族垄断的诸子百家之学。自汉代以来,学术界有一个影响很大的学术观点:诸子百家之学出于西周王官之学。班固《汉书·艺文志》转引刘歆《七略》提出了诸子百家可能是来源于周朝官守的学问,儒家、道家、阴阳家、法家、墨家、纵横家、杂家、农家等均与西周王官之学有知识学问上的渊源关系。西周时期官师合一,不同职官拥有不同的专业知识,到了春秋战国时期这种不同职官之学下移到民间就形成了不同学术主张的诸子之学。

但是,近代以来,这一观点受到了挑战。梁启超在《论中国学术思想变迁之大势》中,对诸子学来源西周王官之学提出怀疑。特别是胡适在他的《中国哲学史》一书中,由章太炎的"诸子出于王官"和"九流皆出王官"说,进一步上溯到刘歆《七略》和班固《汉书·艺文志》,针锋相对地提出"诸子不出于王官论"。他认为诸子之学的产生是由于春秋战国时代出现的政治、社会问题,已经脱离贵族统治集团士人为了解决这些问题,进而提出不同的解决方案,就形成了儒家、道家、阴阳家、法家、墨家、纵横家、杂家、农家的不同学派。他说:

> 吾意以为诸子自老聃孔丘至于韩非,皆忧世之乱而思有以拯济之,故其学皆应时而生,与王官无涉。诸子既群起,乃交相为影响,虽明相攻击,而冥冥之中已受所攻击者之薰化。……故诸子之学皆

春秋战国之时势世变所产生。其一家之兴,无非应时而起。及时变事异,则向之应世之学,翻成无用之文,于是后起之哲人乃张新帜而起。①

胡适的观点影响很大,成为近代以来有关先秦诸子起源的一个代表性的学术主张。

其实,当我们考察诸子起源问题时,会发现近代以来学界将诸子起源简单归结为"诸子出于王官之学"和"诸子不出于王官论"这两种对立的观点,其实是并不合适的。班固《汉书·艺文志》在谈到各家著述后,提出这些学派可能源于周朝官守。但是,《汉书·艺文志》在论述诸子可能出于王官的同时,又提出诸子学产生的社会条件和政治背景:"诸子十家,其可观者九家而已,皆起于王道既微,诸侯力政,时君世主,好恶殊方,是以九家之术蜂出并作。"② 可见,《汉书·艺文志》也并没有将诸子学的起源完全归结为王官之学,诸子学的起源确实还与"王道既微,诸侯力政,时君世主,好恶殊方"的现实社会问题相关。也就是说,王官之学只是为诸子学提供了学术文化资源,但是诸子学所欲解决的问题还是来自现实的社会政治。

因而,从学术资源、文化背景来考察诸子之学,应该说春秋战国的诸子之学确实是源于西周的王官之学。春秋战国时期诸子百家兴起不是凭空而起的,夏商周时期所创造的精英化的知识、思想和信仰,均集中和体现为王官之学,春秋战国时期的"士",就是这些王官之学及其思想文化的掌握者。儒家、道家、阴阳家、法家、墨家、纵横家、杂家、农家等不同学派的知识基础和文化渊源,离不开王官之学的学术文化母体。从这个意义上说,"诸子之学出于王官"的说法是有一些依据的。但是另一方面,从诸子之学所欲解决的问题意识、建立理论体系的思想焦点来考察诸子之学,可以发现他们提出的问题和解决的方案,均是与春秋战国时代的政治动荡、社会失范、诸侯争霸的现实关怀有关,诸子之学提

---

① 胡适:《诸子不出于王官论》,见欧阳哲生主编《胡适文集》第2册,北京大学出版社1998年版,第185页。

② 班固:《汉书》卷30《艺文志第十》,中华书局1962年版,第1746页。

出的思想有很强的现实针对性。从这个意义上说，亦可以说"诸子之学不出于王官"。

而这一个视角特别能够说明儒家的起源。强调"诸子之学出于王官"，是肯定儒家诸子之学有深厚的历史文化、思想学术的渊源；强调"诸子之学不出于王官"，是肯定儒家诸子之学有着非常强烈的社会忧患的关切和对政治功利的追求。春秋战国时期儒家之学形成，是离不开这两个方面的考察和探寻，这也是先秦儒家及其诸子之学不同于古希腊思想家的重要原因。

由此可以发现，在先秦诸子中，真正能够将西周时期的王官之学与春秋战国时期的诸子之学结合得最好的，其实正是儒学。儒学既是西周时期的王官之学，因为儒学推崇的"六艺之学"，其实就是源于三代时期的王官之学；儒学又是春秋战国时期的诸子之学，因为儒学本来是诸子百家中的一家，儒家那些最为杰出代表人物的代表著作，其实就是儒家子学。将儒家的六艺之学与诸子之学结合起来，才构成完整的儒学。以这个观点来考察儒学，可以发现儒学之所以能够在诸子百家中取得最大的成功，一方面是因为儒家学派是最为重视对夏商周的文明体系继承的学派，他们自称"述而不作"，通过"六艺之学"的整理、传播，继承了三代时期的优秀华夏文化传统。另一方面，儒学又有非常强烈的社会忧患意识和非常务实的政治功利追求，他们希望通过切近的血缘观念、家族伦理来建立维护社会关系、国家秩序、天下安泰的价值体系、文化理想。与春秋战国时期的其他学派比较，儒家学派是对文化传统继承最多、对政治现实关怀最切的学派。

由此可见，儒家的"经"与"子"各有自己的思想特点和文化功能。从文化的渊源与地位来说，"经"是文化根本，"子"不过是文化枝叶，因为儒家文化是从三代文明孕育出来的；但是，从思想创新与建构来说，"子"是思想主体，而"经"则不过是思想资源，"经"的思想是儒家建构起来的。和其他诸子学派比较而言，儒家很好地解决了历史文化传承和时代思想创新的结合。以这个观点来考察儒学，可以找到儒学能够在中华文明体系中居于核心地位的重要原因。

在儒家的学术体系中，经学主要表达儒家对三代文明体系与思想传统的继承，子学则主要表达儒家因社会政治关切而追求思想创新。但是，儒学作为一个知识体系和价值体系的整体，必须要在学术上将经学和子学统一起来，在思想上将"王官之学"与"士人之学"统一起来，在政治上将三代先王的天下之治与春秋战国士人的天下之道结合起来。因此，儒学在建构自己的学术思想体系的时候，需要同时考虑传统意识和现实关怀的问题，故而面临如何将经典的思想继承与子学的思想创新结合起来的问题。

二　传记之学：整合六艺与诸子

儒家是如何将经学的思想继承与子学的思想创新结合起来？儒家学者创造性地利用了"传""记"等经典诠释的学术形态。虽然说，"六经"在儒学体系中具有崇高的地位，但是经典的丰富意义、深刻内涵，却需要以后的儒者对"经文"的不断诠释才能够彰显出来。作为"先王之政典"的"六经"，如果没有"师儒讲习为传"的"传记之学"，经文中的"常道""常典""常法"就只是一种潜在的意义，那么，这些三代文献就不可能成为中华经典。在两千多年的经学发展过程中，产生了许许多多解释经文的文献，这些文献往往是以不同体例出现，包括传、记、章句、注、解、诂、训、集解、义疏、讲义等。在经学发展的不同阶段，均有经学家们创造出一些新的经解体例，以表达他们对"经"的理解和解释。尽管儒家学派是吸收三代文明的乳汁而成长起来的，是三代文明孕育了儒家学派；但是也可以反过来说，儒家学派是三代文明的开拓者，没有孔子及其儒家学派对三代历史文献的整理和诠释，三代留下的文献档案就不可能成为中华文明的经典。孔子及其儒家不仅整理、建立《诗》《书》《礼》《乐》《易》《春秋》的经典体系，他们还通过"传""记""序"等体例，阐发了能够指导后世的"常道""常典""常法"，最终使六经获得了垂教万世的意义。

什么是"传"？《释名·释典艺》云："传，传也，以传示后人也。"先秦儒家诠解、传授经典的主要体例是"传""记"之学，其目的是"以传示后人""转受经旨，以授于后"。儒家诸子通过"传"的形式，不仅是将三代先王留下来的历史文献、王室档案保存下来，而且将其中的政治智慧、道德观念、宗教信仰、社会礼仪等思想传示后人。所以儒家经学不仅包括原来属于三代王官典藏的经文，同时还包括春秋战国以来儒家诸子对经文的诠解。正因为儒家通过一系列传记之学而展开经典诠释，才可能真正建立起中国经学。这种经、传一体的经学体系的成形，才真正完成了儒教文明的价值系统和知识系统的建构。

可见，"经"离不开"传"，"传"的出现才真正确立了经学的价值系统和知识系统。但是，"传"的思想和学术又离不开"子"，正是"子"的现实关怀和思想创新，才使得儒家之"传"具有建构新的价值系统、知识体系的能力。儒家学者总是在"转受经旨，以授于后"的同时，将子学的社会关切和思想创新融入对经学的诠释和传授中去。可见，传记之学的学术形态出现，既标志着经学的成型，也体现了子学的成熟，更是实现了"经"的文化传承与"子"的思想创新的结合。

所以，如果我们考察历史，可以发现儒家传记之学与儒家经典建构、儒家子学思想的形成，几乎是一个同时态的历史建构过程。

孔子就是在整理三代文献、建立仁学思想的同时，开始了儒学传记之学的建构。史家大多认同，孔子不仅是儒家文献的"经"的确立者、"子"的创始人，同时也是"传"的开创者，也就是说，中国古代典籍的"经""子""传"，其实均开拓于孔子。司马迁在《史记》的《孔子世家》中，对孔子创"传记之学"作了充分肯定。他说：

> 孔子之时，周室微而礼乐废，《诗》《书》缺。追迹三代之礼，序《书传》，上纪唐虞之际，下至秦缪，编次其事。……故《书传》《礼记》自孔氏。[①]

司马迁指出，孔子创立的虽然是私学，但是他仍然是以原本是属于王官之学的《诗》《书》《礼》《乐》教育弟子，《诗》《书》《礼》《乐》经过他的整理后成为经典，他在从事经典教育的时候，同时也融入了自己对经典的理解，故而有《书传》《礼记》等传记之学的出现。

为什么现代学者看不到孔子《书传》《礼记》等传记之学的原始古本？其实，孔子的讲学、传经主要是口讲言传，由弟子记录下来而成为"语""言""传""记"。应该说，记载孔子口讲言传的子学著作《论

[①] 司马迁：《史记》卷47《孔子世家》，中华书局1982年版，第1935—1936页。

语》类文献，也经历了很长的历史形成过程，开始是由学生记录他私人讲学的语录，后来经历了战国、秦汉才能够最终成形。孔子开拓的六经传记之学，同样是经历了春秋战国，一直到秦汉之际才最终成形。孔安国在《孔子家语后序》中曾经论述说："孔子既没而微言绝，七十二弟子终而大义乖。"① 到了战国时代，儒门诸弟子手中主要有孔子及其七十二弟子包括经传类、子语类的各种讲学记录，这些亦可以看作儒家经学和子学的原始底本或古本，但还不是后来在西汉初年成形的经学和子学的典籍。关于这一点，孔安国《孔子家语后序》中作了进一步解释："六国之世，儒道分散，游说之士各以巧意而为枝叶，孟轲、孙卿守其所习。当秦昭王时，孙卿入秦，昭王从之问儒术，孙卿以孔子之语及诸国事、七十二弟子之言凡百余篇与之，由此秦悉有焉。"② 战国时期的荀子手中的"儒术"，其实就是"孔子之语及诸国事七十二弟子之言凡百余篇"的讲学记录，即所谓"孔子之语""七十二弟子之言"的讲学、传经，并由他们的弟子记录下来，而成为"语""言""传""记"类的"凡百余篇"的文献。应该说，它们仍然还只是秦汉之际成型的《论语》类和经传类的原始古本之一。这是因为，孔子之后，儒家后学一直在继承孔子的合经文、传记、诸子为一体的儒学思想体系和学术体系的建构。

经秦始皇的"焚书坑儒"，早期儒家的经书、传记、诸子类的典籍均遭到严重破坏。但是，西汉初逐渐恢复的儒家经书、传记、诸子各类典籍，加上郭店战国楚简、上博战国楚简等出土文献的不断被发现，当代学者仍然能够看到早期儒学的文献体系和儒学思想学术的大体建构过程。这一个时期修订完成的儒家经典传记之学，包括《周易传》《尚书大传》《大戴礼记》《礼记》《韩诗外传》《春秋三传》。这些传记之学的典籍与经文联系紧密，它们主要是诠解六经经文的讲学记录和文章，后来成为经典不可分割的组成部分。在现存的"五经"传记之学中，包括下列三个重要的组成部分。

---

① 孔安国：《孔子家语后序》，载杨朝明、宋立林主编《孔子家语通解》，齐鲁书社2009年版，第578页。
② 孔安国：《孔子家语后序》，载杨朝明、宋立林主编《孔子家语通解》，齐鲁书社2009年版，第578页。

第一，保留有大量孔子讲学的记录和传经的遗文。在现存的《尚书大传》《礼记》《大戴礼记》《韩诗外传》等代表性传记之学中，保留了大量孔子讲学的记录，这些讲学记录表达了孔子历史与现实、文化与政治的个人见解，其实就是《论语》类文献，亦可以看作孔子的子学文献。当然，这些讲学记录也包括孔子诠解六经经文的内容，故而一部分亦可以看作经典传记的文献。另外如《易传》的十篇传文，司马迁认为均是孔子所作。虽然自从宋代欧阳修《易童子问》提出疑问后，学界不再将《易传》作者完全归为孔子，但是，当代学界仍然比较普遍地肯定《易传》是孔子及其弟子所作。传世的《易传》中保留有大量孔子讲学的记录和传经的遗文，正体现了孔子及其弟子们不断思考、讲学、修订、完善儒家传记之学的历史建构过程。

第二，保留有许多孔门七十二子的讲学的记录和传经的遗文。孔子逝世后，孔门七十二子继续讲学、传经，亦留下了许多讲学的记录和传经的遗文。在《周易传》《尚书大传》《礼记》《大戴礼记》《韩诗外传》《春秋三传》中，除了一部分孔子本人的言论和著作的文献外，其他大量文献则是孔门弟子及其后学的言论和著作。司马迁说"《书传》《礼记》自孔氏"确是事实，现存的《尚书大传》《礼记》等经传确实保留了少部分孔子传经的内容，而其他大量文献则是孔门弟子的子学著作。现代学者均肯定，《小戴礼记》之《缁衣》《中庸》《坊记》《表记》等被认定为出于《子思子》，《小戴礼记》之《乐记》出于《公孙尼子》，《小戴礼记》之《大学》《曾子问》出于《曾子》。这些著作既可以看作是孔门弟子及其后学的子学文献，也可以看作他们留下的经传文献，由此也可以看出儒家子学与经传的密切联系。

第三，保留有秦汉以来那些最后成书的儒家学者讲学和传经的言论。现存的"六经"传记之学的成形，基本上是在汉代。随着儒学地位的不断提高，儒学文献也日益受到重视，汉儒大量收集、整理孔子以来的各类文献，编成了儒学的经学、子学文献，其中的经学文献就包括了经文和传记。但是，汉儒在编辑这些不同文体的儒家文献时，也加进了自己的一些著作，其中一些著作还托名孔子及其门人。这样，在"六经"的传记中，其实还有相当一部分汉儒的文献。

通过对上述《周易传》《尚书大传》《大戴礼记》《礼记》《韩诗外

传》《春秋三传》等传记之学的分析,我们看到,孔子及其儒家后学一直在做合经文、传记、诸子为一体的儒学思想体系和学术体系的建构。在这个儒家文献的建构过程中,传记之学其实就是一种连接三代经典和春秋战国子书的重要典籍。一方面,这些传记之学的典籍原本主要是孔子及其弟子们的个人讲学记录,这些个人讲学表达了儒家学者对历史与现实、文化与政治的个人见解,就其思想内容来说大多可以归类于子学文献。另一方面,这些传记之学的典籍从形式上又依附于经,作为与经典连为一体的文献,传记之学承担着解释经典、传播经典的重大使命,三代原典的本来意义、思想内涵,均是由这些传记之学来规定的。这样,我们看到的"经"与"子"的重要区别,"王官之学"与"士人之学"重要区别,先王的天下之治与士人的天下之道的重要区别,均被传记之学消解了。有了这些传记,人们不容易在儒学文献典籍中发现这些重要区别。不仅是古代人不容易看到这些区别,现代学者也不容易发现它们的重要区别。

另外,对于儒家学者来说,他们通过传记之学诠释经典,实现了文化传承和思想创新的结合。那些直接诠解六经经文的传、记、序的文体,包括《易传》《书传》《礼记》的一部分,以及《乐记》《诗序》《春秋传》等,它们作为传记的主要文化使命就是诠解经文、转受经旨。而经过他们诠释的原典,其思想内容已经发生了巨大而深刻的变化。我们会发现,《易传》《书传》《礼记》《乐记》《诗序》《春秋传》等传记之学,一方面表达儒家鲜明的文明传承意识,他们希望上承三代先王的政治经验、道德理念、礼乐制度,使华夏文明发扬光大;另一方面则充分表达春秋战国儒家诸子的非常强烈的社会忧患意识,他们希望建立一套既合乎理想又非常务实的"天下有道"的人文世界。也就是说,这些直接诠解六经经文的传、记、序的文体,完成了一种将子学的思想创造与经学的文化传承结合起来的追求。

三 子学转化为传记

儒学体系的"经""传""子"三种学术形态的关系,是一个值得进一步探讨的话题。一方面,"传""子"三种学术形态的差别是严格的,因为三种学术形态产生的时代不同,"经"的制作于尧舜和夏商周三代,

"传""子"制作于春秋战国以后的"经"时代；同时，三种学术形态的制作主体也不同，"经"的制作主体是"先王""圣王"，"传""子"的制作主体是"儒者""儒士"。后来的许多学者一直强调，"经""传""子"的这一差别是必须严格遵循而不能够改变的。但是另一方面，儒家"经""传""子"的分别又不太严格，譬如，一些由"儒师""学士"的讲学记录、撰述著作，最初归为"子学"范围，但是以后其文献类型又转变为"传""记"，其中一些还可能转变为"经"。

应该说，儒家经、传、子的分别不太严格，是由儒家经学建构的方式和特点决定的。儒家"经""传""子"三种学术形态的明确划分和不断转换，涉及中国经学史演变的历史进程、学术理路、思想演变等重要问题。儒家学者往往是通过"经""传""子"三种学术形态，以不断地诠释、建构和发展自己的学术思想体系，他们总是通过经学的不断建构来解决文明继承和现实关怀的结合。所以，探讨儒学体系中的"经""传""子"的演变规律，可以深入把握儒家经典体系变化的学术理路，还可以进一步对中国思想史、中华文明史的种种问题做出合理的解释。

这里，我们首先简要探讨，儒家子学如何转化为传记之学的？

如果我们以"六艺之学"的学术形态理解儒学的话，应该说儒学的"传记""诸子"的形成，其实均与经学建构有密切关系。儒家学者通过整理三代文献档案而建立起"经"的体系，他们还必须通过"传"来阐发经义。儒家的"传记"之学实现了文化传承与思想创新的结合，这些"传记之学"之所以能够做到这一点，则是源于"传记之学"与"子学"的内在联系。

我们认为，儒家传记之学与子学有三种类型的学术思想联系：其一，子学文献整体作为经典的传记；其二，子学文献部分篇章转化为经典的"传"或"记"；其三，以子学的思想融入传记之学来解释经典。

首先，讨论子学文献整体作为经典的传记。儒家子学文献通常是指那些由儒家诸子通过讲学、议论、答问的形式表达作者个人的观点并且最后由学者个人编纂的书，这些书包括《论语》《曾子》《子思子》《孟子》等，这些文献最初往往列为子学的文体。但是，儒家诸子本来就是以三代先王的经文为思想依据的，同时他们的个人讲学有不少诠解

"六经"经文的内容，这样，尽管他们是以个人讲学的形式留下了子学著作，但是这些著作仍然具有"转受经旨，以授于后"的功能，体现出尊经、解经的学术传统。尽管这些著作本来是子学文献，后来的儒家为了提升这些子学著作的地位，也将其中一部分文献归类于传记之学。

子学转化为传记之学在儒学中比较普遍，从孔子留下的讲学记录《论语》开始，到孔门七十子的不同子学著作，诸如《子思》《曾子》《漆雕子》《公孙尼子》《孟子》《荀子》等，这些都属于儒家子学著作，因为它们均是儒者私人讲学、论学的记录，由其弟子编辑成书，故而这些著作均以子学名书。作为子学著作，这些典籍的内容和形式有一个重要特点，就是充分而系统地表达儒者个人对文化建设、国家治理、天下统一的政治主张和思想观念，并且希望通过指导君主、培养士人而实现这些思想。但是另一方面，儒家诸子在讲述自己思想的过程中，又特别注重吸收传统文化资源，他们不仅明确表达自己的思想是传承三代先王的遗言，并且在讲学中大量传述三代原典的经文，这一类文献在后来成为儒家经典的传记之学，其实就在于它们能够将子学的思想创造与经典的文化传承结合起来。

儒家子学文献整体转化为传述经典的传记之学，往往直接以某一些儒家子学著作为经典的"传"。譬如，《论语》本身完全是一部子学著作，其内容、形式均具有子学著作的特点，在许多诸子学研究著作中，《论语》均被认为是子学的开端。[①] 但是，在最早的文献分类中如《汉书·艺文志》中，《论语》并没有被列入"诸子"中，而是被当成儒家经典的传记。故而汉代就有"经莫大于《易》""传莫大于《论语》"[②]的说法。《论语》的编撰过程，就是一个由子学著作而演变为传记之学的过程。《孟子》也属子书，但是它在汉代的地位逐渐高于一般的儒家子书，获得了传记的地位。据赵岐《孟子题辞》所说："孝文皇帝欲广游学之路，《论语》《孝经》《孟子》《尔雅》皆置博士，后罢传记博

[①] 蒋伯潜：《诸子通考》，上海古籍出版社2013年版，第225页。
[②] 班固：《汉书》卷87下《扬雄传》，中华书局1962年版，第3583页。

士，独立五经而已。讫今诸经通义，得引《孟子》以明事，谓之博文。"① 可见，孝文帝时《孟子》作为传记之学已经与《论语》《孝经》《尔雅》一道置博士。后来汉武帝罢传记博士，《孟子》始不立学。汉代学者讲学，往往征引《孟子》之言以阐明"诸经通义"。这些均证明，《孟子》在汉代一度由子学著作转变为传记之学的著作。

其次，讨论子学文献部分篇章转化为经典的"传"或"记"。这一点以《礼记》最为突出。《礼记》是一部先秦到秦汉时期的礼学文献汇编。作为《礼》经的传记之学，其内容包括对《仪礼》所进行的思想诠释，大多是对礼学所进行的通论，这也是《礼记》一书的精义之所在。唐代孔颖达撰《五经正义》时将《礼记》列入经书之中，取代了《仪礼》自战国以来在儒家经典中不祧之祖的地位。虽然后来《仪礼》和《周礼》仍被列为科举考试的科目，学者们还是以《仪礼》为经，但是《礼记》在儒家经典中的主导地位一直没有改变。《礼记》的书名就是阐述《礼》的意义、精神的传记之学的著作。近几十年来，随着出土文献的大量出现，《礼记》的来源问题变得愈来愈清晰。结合出土文献和传统文献的记载，《礼记》的来源有三：一是诸子之说；二是先秦到秦汉时期礼学家的"记"文；三是《礼古经》。先秦时期，礼学家们编写的"记"，重点是为了对《仪礼》进行意义的诠释。这些"记"，在先秦时期是很多的，非一人一时之作，而是累世相传。郭店竹简和上博竹简中关于《礼记》这类文献正是这些以单篇形式流传的"记文"。班固云："'记'百三十一篇，七十子后学者所记也。"② "七十子后学"的时间跨度很大，班固虽然未能明确指出各篇的撰者，《礼记》选编的材料中很大一部分为先秦诸子之文，如《礼记》的《坊记》《中庸》《表记》《缁衣》等选自《子思子》，《大戴礼记》的《曾子立事》等十篇选自《曾子》。

最后，以子学的思想融入传记之学来解释经典。儒家传记之学与子学的渊源关系，还有一种就是以子学的思想融入传记之学来解释经典。儒家的传记之学中，大量是直接为诠释经典而作，其知识旨趣似乎在历

---

① 《孟子注疏·孟子注疏题辞解》，见李学勤主编《十三经注疏》第 11 册，北京大学出版社 1999 年版，第 9 页。

② 班固：《汉书》卷 30《艺文志第十》，中华书局 1962 年版，第 1709 页。

史文献而不是现实社会，故而这些传记之学往往与作为三代文献的六经经文密切相关。但是，这些直接为诠释经典而作的传记，其思想观念、人文关怀均是源于儒家诸子的思想，体现出儒者对文化建设、国家治理、天下统一的政治主张和思想观念。譬如《礼记》，其精义在于阐释礼义，《礼记》的很多篇目是对《仪礼》所进行的阐释，如《冠义》《昏义》《乡饮酒义》《射义》等篇分别是对《仪礼》的《冠礼》《昏礼》《乡饮酒礼》《射礼》所记载的礼仪进行的阐释与发挥，从中探寻古人行冠、婚、乡、射诸礼的深义。《仪礼》重在记录礼仪，《礼记》重在阐释礼义，二者互相发明。《礼记》所阐释的礼义来源于哪里呢？在孔子及其七十二子的诸子文献中，我们看到儒家诸子通过讲学、议论、答问的形式，表达儒者个人对礼义的观点。他们针对现实社会的"礼崩乐坏"，主张恢复、重建礼乐文明。但是，他们思考礼乐的依据，却从巫术、鬼神转化为人情、人伦、天道。在《论语》《子思》《曾子》《孟子》《荀子》的儒家诸子著作中，我们可以看到孔子及其儒门后学在系统地探讨礼乐的意义。他们分别从人的情感表达、社会秩序的维护、宇宙天道的必然，论述了礼乐文明的价值、意义和必然性。我们可以看到，《礼记》阐释礼义，和儒家诸子一脉相承，由此可见，传记之学与儒家诸子有着密切的渊源关系，儒家子学的思想可以广泛地融入解释经典的传记之学中。

四　传记转化为经典

现在，我们进一步探讨儒家传记又是如何转化为经典的。

"经"本来是代表中华核心价值的权威典籍。由于中华文明是一种延续时间长而一直没有中断的文明，其核心价值体系也是处在一个不断地丰富、发展、完善的过程中，故而，中华经典体系也在不断地演变和发展。中国学术史上出现过"六经""五经""七经""九经""十三经"和"四书"的不同经典体系，儒家士大夫通过不断地回归经典、重建经学，以实现中华文明的传承和创新。一方面，上古时代中华先民所形成的价值观念、思维方式、民族性格等各种文化基因，往往通过儒家经典文本而固定保存，并不断传播开来；另一方面，中华文明也在不断地发展、演变和变革，中华文化的知识、价值和信仰也需要不断地发展、演变和变革，中华民族的创新精神也是通过士大夫不断地重新诠释经典、重建经学来完成的。所以，从儒学的起源来说，儒学的"经""传""子"三种学术形态有明确的思想特点和文化功能。但是，从儒学的流变来说，"经""传""子"的具体文体却经常发生转换，"子"转换为"传"，"传"又可以转换为"经"。作为儒学经典的"经"，实际上是一个开放的、动态的系统。

"传"为什么可以转化为"经"？其实这也是由经学体系形成阶段"传记之学"的性质、特点、地位所决定的。早期儒家在建构《诗》《书》《礼》《乐》《易》《春秋》的经典体系时，同时建构了包括《易传》《书传》《礼记》《诗传》《春秋传》之类的经典传记之学。这些传记本来就是与经文紧密联系而一体不分的，对经文包含的核心价值、思想内涵的理解，必须依赖于传记文本。这样，传记不仅仅是经学的组成部分，甚至是更加重要的部分。在经典体系的价值建构、思想建构中，传记之学承担了更加重要的角色。

譬如，"群经之首"的《周易》是由"易经"和"易传"两部分构成的，即由卦爻象、辞而成的《易经》与由"十翼"而成的《易传》共同构成的《周易》。《易传》通过对《易经》的创造性诠释，使这部原来是以卜筮记录为主的巫术记录发展为解释天地万物的义理学著作。从表面上看，《易经》具有崇高的文化地位，因为八卦、六十四卦、卦辞、爻辞这些文本要素是经过了上古以来的代代圣人如伏羲、神农、黄帝、尧、舜、文王、周公的制作完成的，而儒家学者的《易传》则只是为了上达古圣人之意而对《易经》做出解释而已，故而是传依托经，传的思想文化意义来源于经；但从实际上看，正由于有《易传》的解释发挥，使原来只是作为卜筮之用的占卜符号、记录获得了思想文化层次的全面提升，"经"的思想文化意义又依赖于"传"。不仅仅是《周易》，其他的《诗》《书》《礼》《乐》《春秋》的经典也是如此，这些经文经过儒家学者的"传""记""序"的诠释，而阐发了能够指导后世的"常道""常典""常法"，使经文获得了垂教万世的意义。故而，"经"的思想文化意义的拓展依赖于"传"。这正是中国古代经典形成和诠释的重要思想文化特色，后来的诠释者不仅仅是丰富了原典的意义与文化内涵，甚至可以说，当后来的诠释者将原典纳入一个全新的文化视域、观念体系、思想层面时，其实是在重建一种新的思想文化。

因此，西汉确立的政治化、制度化的经学，其实同时将传记之学提升到了经典的地位。在西汉的五经系统及其官学体制中，五经的经、传是一体的。这个时候，"传"与"经"一体而获得与"经"相同的地位。随着中国思想史、学术史、文化史的发展，许多原本是传记之学的典籍，逐步独立为经典。最早由传升经的是《论语》《孝经》。《论语》本来是孔门弟子整理出来的孔子私人讲学的记录，在后来的儒学史上，它又被认为是传三代先王文献典章的"大传"，特别是孔子被汉儒确立为"圣人"，故而《论语》在西汉时期就逐渐成为经典，成为"七经"之一，与三代文献的《诗》《书》《礼》《易》《春秋》并列为经。《孝经》在汉代被认为是孔子为曾子陈孝道的著作。《史记·仲尼弟子列传》说："孔子以为能通孝道，故授之业，作《孝经》。"① 《汉书·艺文志》也说："《孝经》者，孔子为曾子陈孝道也。"② 所以，《孝经》与《论语》一样，在西汉时期就逐渐成为"七经"之一的经典。

在经典的演化过程中，一些本来是为经文而撰写但是其本身又有一定相对独立性的传记文献，逐步转化、提升为独立经典，与原来的"五经"并列。唐朝时列《春秋》"三传"，即《左传》《公羊传》《穀梁传》；《礼经》分为"三礼"，即《周礼》《仪礼》《礼记》，均是以传为经的例子。这六部经、传并列的书再加上《易》《书》《诗》，并称为"九经"，均立于学官，用于开科取士。唐文宗时期，再加上《论语》《孝经》《尔雅》，就是"十二经"。到了宋代，《孟子》的地位不断提高，故而又增加了《孟子》，总共十三种儒家文献，共同取得"经"的地位，合称"十三经"。由于"十三经"整合了从汉至宋的长期经典体系的演变和发展，具有较大的包容性，故而成为一个比较稳定的经典体系，一直延续到清代。清代《十三经注疏》成为经学体系的标准范本。儒家经典体系经历了一个相当长的演变而终于定型，在儒家经典体系不断扩充的过程中，可以发现，儒家经典的拓展，其实就是不断地将儒家的传记之学提升为"经"的过程。一些原本是"传"的文献获得了"经"的地位。

---

① 司马迁：《史记》卷67《仲尼弟子列传》，中华书局1982年版，第2205页。
② 班固：《汉书》卷30《艺文志第十》，中华书局1962年版，第1719页。

尤其值得特别说明的是，宋代"四书"的出现，标志着儒家经典体系发展到一个新的阶段。"十三经"是一个经、传一体的经典体系，而"四书"则完全是一个以传记之学取代"五经"的经典体系，体现了中国经典体系的重大变化。北宋中期，《论语》地位进一步提高，特别是《孟子》地位的升格，加之宋儒对《大学》《中庸》的重新认识与选择，《论语》《大学》《中庸》《孟子》这四部书受到了特别的重视。《论语》《大学》《中庸》《孟子》成为宋代儒家学者抵御释老、复兴儒学、建构新儒学体系的最重要的思想学术资源。各派思想家都曾对这一学术资源进行了充分挖掘。不同思想倾向的儒家学者从不同角度、不同方面所进行的阐释，推动了四书学形成和发展。南宋时期，四书学继续繁盛、发展，并且逐渐代替五经成为最重要的儒家经典。宋代四书学的定型，与著名儒家学者朱熹的贡献分不开。朱熹认为四书代表了儒家的道统，包含了天地万物之理。他说："《大学》《中庸》《语》《孟》四书，道理粲然。人只是不去看。若理会得此四书，何书不可读！何理不可究！何事不可处！"[1] "《语》《孟》《中庸》《大学》是熟饭，看其它经，是打禾为饭。"[2] "《诗》《书》是隔一重两重说，《易》《春秋》是隔三重四重说。"[3] 可见，朱熹不仅是重视"四书"，而且认为其重要性要超过"五经"。这里，体现了一个重大的学术史、思想史的转变。看起来，这是传记之学的重要性超过经典本身，其实也可以说，是儒家士人的子学著作的重要性要超过三代先王的经典文本！

中华文明具有更新的活力，就在于两千多年一直居于核心地位的儒家经学能够依据中国思想文化的演变发展需要，而不断改变自己的学术形态。

---

[1] 黎靖德编，王星贤点校：《朱子语类》卷14，中华书局1986年版，第249页。
[2] 黎靖德编，王星贤点校：《朱子语类》卷19，中华书局1986年版，第429页。
[3] 黎靖德编，王星贤点校：《朱子语类》卷104，中华书局1986年版，第2614页。

第二章

士人政治态度与"四书"的政治思想

儒学产生于春秋战国的子学时代。儒家学者是最早从事民间讲学的士人群体，儒家子学典籍一般是儒家士人与弟子们的讲学记录，或者是他们表达自己独立见解的著述。这些子学著作的特点是民间士人的独立立说，故而在思想上具有不同于三代时期以君王意志为主导的"王官之学"，体现了儒家士人的独立思想。

如果说儒家的六经之学，主要是整理三代先王的王官之学的话，那么，儒家子学的产生，则奠定了儒家士人之学的思想传统。这一传统在中国思想文化史上，延续了两千多年，是儒家文明的重要组成部分。

第一节 先秦士人的政治态度与诸子思想

儒家子学是先秦诸子之一。要探讨儒家子学及其士人思想传统，必须将其纳入先秦诸子思潮中去。这里，我们试图通过对先秦诸子学派不同的政治态度的分析，进一步比较先秦诸子的学术思想，以厘清儒家子学的思想特点，进而深入探讨儒家士人的思想传统。

一 先秦士人的政治态度和人生选择

夏商周三代时期，学在官府；春秋战国时期，文化下移。东周以来，原本属于贵族等级的"士"，到了春秋战国则因为逐渐失去了原来的政治、经济特权，只能在民间社会创办私学，从事知识的生产与传播，推动了春秋战国时期的文化教育下移，从而导致诸子学兴起。

毫无疑问，从中华文明史的角度来看，丰富多彩的诸子学推动了中华文明的创造性转化和创新性发展，建构了文明史上具有重要地位的中华轴心文明。为什么诸子学能够创造出如此丰富多彩的思想文化？现代学者均高度赞赏这一个时期思想文化的创造者——士。士是中国所特有的一个社会阶层，在西周，士原本是指贵族阶层。西周社会的贵族阶层由五部分构成，即天子、诸侯、卿、大夫、士，"士"是西周贵族社会中最低的等级。到了春秋战国时期，一方面，原本是贵族阶层的士因失去政治特权而成为拥有文化知识的平民；另一方面，又有许多平民因获得文化知识而成为士。总之，"士"是那些没有政治经济特权而拥有西周贵族才有的文化知识的人。春秋战国时期西周封建制解体，出现了许多凭借自己的经济、军事实力而称霸一方的诸侯国。这些诸侯国君需要一批帮助他们开拓霸业、治理国家的官僚群体。显然，那些具有争霸能力的诸侯逐渐意识到，原来那种血缘封建制的严重局限，他们纷纷形成一种养士、用士的风气。春秋战国时期的"士"，往往是那些游离于贵族集团的知识群体，他们希望通过自己掌握的文化知识、特殊才能而进入各诸侯王主导的官僚体系之中，变成既有文化资源又有政治资源的"士大夫"。

战国时期诸子的社会身份大多都是"士"，虽然他们均是士，但是他们创造的知识、思想却丰富多彩、千差万别，并且形成诸子百家的不同学派。诸子百家同是出身于士，为什么会有这么大的思想差异？这确实与士所拥有的政治态度和人生选择有关。

本来，在春秋战国时期，"士"的社会政治身份就体现出多元化的特点。一方面，他们可能与诸侯君主保持密切的政治联系。无论最初是作为贵族阶层成员流落民间社会的"士"，还是在春秋战国时期新产生的"士"，他们均作为一种重要的文化资源、政治力量，是各诸侯霸主"养"和"用"的对象，所以他们均可能成为诸侯统治集团的成员。另一方面，他们也可能与现实政治、君主权力保持一定的距离，由于士大多已经失去原来的贵族身份，他们或者已经成为相对独立自由的个体，与君主政体并无必然联系；或者他们游走、归属于不同的诸侯国家、不同的君主，而并不属于某一个固定的政治集团。

"士"的身份体现出来的多元化特点，使得他们的政治态度和人生选择呈现出多样化的状态。具体而言，士人会因自己的价值观念不同，故而在面对王权时产生不同的政治态度，同时产生不同的政治选择和人生选择。如果我们要将诸子百家对王权的政治态度做一基本分类的话，大体上有三种类型：依附型、疏离型、合作型。

所谓依附型，就是指士人在参与政治时往往将投靠君主、依附王权作为根本目的，愿意放弃士人的独立性立场与主体性思想，自觉成为王权政治的附庸。这一种依附型的士人群体，许多已经由"士"转变为"大夫"，有的甚至成为"一人之下、万人之上"的国相，他们能够心甘情愿成为王权政治的组成部分，并以自己丰富的政治经验、深入的政治思考服务君主。这种依附型的士人群体有一个共同的信念：王权政治的建立和稳定是国家治理的根本条件，士人参与政治也必须以维护王权为根本目的。所以，他们认可的国家治理就是君主的独裁政治，士人参与政治不是要追求自己的政治理想，而是必须知道自己只是君主权力的工具。这一种依附型士人群体所提出的政治思想，都是站在君王的政治立场，处处为君主权力着想，全部政治思想均是围绕如何巩固君王的权力、延长王朝的祚命。由于他们是在王权之外的士人的政治思考，故而对政治的真相、权力的实质有着更为深刻的体认。这样，他们显然是一批自觉成为王权附庸的士人群体。

所谓疏离型，就是指那一些因不愿成为王权政治附庸、故而采取一种疏离王权政治态度的士人群体。这一类士人群体强调个体存在、精神自由的价值高于一切，他们坚持自己作为士人的独立性立场与主体性思想，将国家、君主等权力体系看作是独立性个体存在的对立物，希望自己不要与王权政治有什么密切的联系。他们为了保障自己的人身安全和精神自由，主张疏离王权政治，决不愿意成为王权的附庸。这一种疏离型的士人群体，尽管可能有满腹经纶，是那些求贤若渴的诸侯君王"养"和"用"的对象，但是，他们并不愿意进入以王权为核心的政治系统中去。所以，疏离型士人群体大多并不关心富国强兵、国家治理的政治思考，而是更为关心作为个体存在的士人的身心快乐、精神自由。这样，他们往往对人的个体价值、生命意义有深入的思考，并且提出了"不为物累""全性保真""逍遥"等人生哲学。可见，他们是一批与疏离王权、与政治保持距离的士人群体。

所谓合作型，就是在上述两种类型的士人群体的极端政治态度和人生选择中，选择、追求一条中庸的道路。一方面，他们愿意成为王权政治的臣僚，主动参与到王权政治体系中，并且竭力维护以王权为中心的政治秩序，将维护、巩固现有政治秩序作为参与政治的初步目标。另一方面，他们仍然坚持士人的独立性立场与主体性思想，以天下为公、天下有道为最高政治目标，为了实现这一目标，他们强调士人的个体人格和精神自由，而绝不能成为王权的附庸。主张这一条中庸道路的士人群体，对现实政治体系的王权，主张采取一种合作的态度。他们往往既有依附型士人群体的参与政治的热情，又对王权保持距离并始终坚持自己的价值理想；他们既有疏离型士人群体对人格尊严、思想独立的追求，但是又不忘记自己的社会责任和政治热情。他们与现实的君主政治保持一种合作态度，以最大可能实现自己的政治理想和人生理想。

春秋战国时期的士人群体与诸侯王权分别有上述的依附、疏离、合作等三种类型的关系。我们认为，先秦时期的诸子思想，其实均可以划分到上述的不同类型之中。在诸子百家中，其政治思想影响最为深远的是法家、道家、儒家，他们的政治思想非常典型地体现为上述的依附、疏离、合作等三种类型。法家思想是以君主的"势治"为目标，强调士人必须以君王的权势为重心而推动富国强兵，故而他们自愿做"人主之爪牙"，显然是一种典型的依附型政治态度。道家思想（主要是杨朱学派、庄子学派）是以士人的生命安全、身心快乐、精神自由为目标，主张不受国君的政治权力及其相关的道德法律的主宰，是一种典型的疏离型政治态度。而儒家思想主张对现实王权采取一种合作的态度，他们既有参与经世、与君主合作的政治愿望，但是他们又强调保持自己独立的价值理想和政治诉求。他们希望加强与诸侯王权的合作，以实现自己的政治目标和文化理想。儒家士人的独立思想，往往通过与君主的合作而表现出来，故而体现出与道家、法家不同的政治态度。他们在追求与现实政治系统合作的过程中，倡导和坚持一种儒家士大夫精神的传统：一方面，他们表现出一种独立性的道德理想主义精神，敢于对现实君主政治的专横、暴力进行严厉的批判；另一方面，他们又表现出实用理性主义态度，希望进入政治体系而成为君王的臣僚，实现经世致用的政治追求。

但是，上述三种政治态度类型其实是一种理想型的分类。无论是群体还是个体，实际历史中的士大夫的政治态度并不是单一的，他们总是学习、吸收诸子学派的不同思想学说，这往往会使得士大夫个体会形成依附、疏离、合作等多样化的政治态度。由于历史的不断演变，各个诸子学派也在相互吸收对方的思想学说，秦汉以后就不再有纯粹的儒家学派、道家学派、法家学派，各个诸子学派在吸收其他不同的思想学说。这时，作为群体的诸子学派和作为个体的士大夫，也往往在复杂的政治局势中，体现出多样化的政治态度。如后世的儒家学派就分化出庙堂儒学和山林儒学，庙堂儒学是儒家学者与君主权力政治合作的产物，但是庙堂儒学必然会吸收法家学派的思想学说，并且体现出依附王权的政治倾向。山林儒学则体现出儒家学者追求精神独立性、政治理想性的特点，坚守山林儒学的儒家士大夫总是会吸收道家学派的思想学说，并且体现出疏离王权的政治倾向。

二 依附王权的法家

法家是一个由众多士人组成的思想家、学者群体，著名者包括有李悝、商鞅、慎到、申不害、韩非。其中韩非是法家思想的集大成者，其政治思想涉及法家的法、术、势三个方面。所以，我们在此重点谈谈韩非的政治思想，以探讨法家依附王权的政治思想。

在先秦诸子中，法家对王权表现出一种典型的依附型政治态度。这一种政治态度，决定了法家思想是以君主的"势治"为根本。法家异常突出地强调了君主"势治"的重要性和必然性，同时主张在政治体系的君、臣、民三者的关系中，臣、民必须绝对服从君王的权势。

法家为何要依附王权？他们作为春秋战国时期已经具有一定独立社会地位的士大夫，为什么会放弃自己的独立性，而如此心甘情愿地依附王权，站在君王的政治立场，处处为君主权力着想，全部政治思想均是围绕如何巩固君王的权力、延长王朝的祚命？

这首先与他们的政治经历和政治地位有关。有一个值得注意的现象，法家作为一个士人群体，他们大多有一个重要的人生经历，即都居于政治权力的核心，担任过君主的宰相、王傅，或者得到君主的特别重任，通过君权的强制权力而推动变法，所以他们能够对君主制的政治制度有十分深刻的认同。譬如，李悝曾经担任魏文侯之相，在魏国推行变法，著《法经》；商鞅深得秦孝公的信任，被委以重任并主持秦国的变法，并获得封侯；慎到曾经担任楚襄王的王傅；申不害担任韩昭侯之相十九年，卒于相位；韩非子曾经担任韩国重臣，后来又深得秦始皇的厚爱。法家之所以如此依附王权，放弃自己士人、士大夫的独立人格，与他们个人的政治经历有关，他们已经成为君主政治的组成部分，成为君主政治的共同体。

其次，法家之所以心甘情愿地依附王权，还与法家的一个普遍性政治认知与政治信念有关。一般来说，法家人物比较普遍地强调君主"势治"的重要性和必然性。他们有一个普遍看法，君主有效的集权和权势是国家治理的核心和根本。韩非子指出："事在四方，要在中央。圣人执要，四方来效。"[1] 国家治理的根本就是让君主（圣人）有效地控制政治权力，他们普遍认为君王必须大权独揽。韩非子完全不相信所谓的贤能政治能够治理好国家，他之所以推崇权势政治，就在于他坚信国家治理必须依赖一个强势的君主控制的权力体系。他继承和发扬了慎到的重势的思想，特别指出在国家的治理结构中，贤能政治与权势政治是相互矛盾而不相容的。他曾经说了一个著名的"矛盾"寓言，就是要证明君主政治就是依赖君主的权势而实现国家治理，这和寄希望于贤能君主或将其归结为贤能治理是矛盾的。他认为："夫尧、舜生而在上位，虽有十桀、纣不能乱者，则势治也；桀、纣亦生而在上位，虽有十尧、舜而亦不能乱者，则势治也。故曰：'势治者则不可乱，而势乱者则不可治。'"[2] 他在这里所讲的"势"，就是指君王独立掌控的权势。他认为："君持柄以处势，故令行禁止。柄者，杀生之制也；势者，胜众之资也。"[3] 所以，韩非子一以贯之地坚持"以势治天下"的重要性和必然性。

韩非子强调"势治"的必然性，其政治思想也就特别关注君、臣、

---

[1] 王先慎撰，钟哲点校：《韩非子集解》卷2《扬权》，中华书局1998年版，第44页。
[2] 王先慎撰，钟哲点校：《韩非子集解》卷17《难势》，中华书局1998年版，第391页。
[3] 王先慎撰，钟哲点校：《韩非子集解》卷18《八经》，中华书局1998年版，第431页。

民之间的关系，他有关君、臣、民之间关系的探讨就成为其政治思想体系的重要内容。

首先，韩非子特别探讨了君、臣之间的关系问题。他反对儒家将君、臣之间看作是仁爱忠义的道德关系和相互依赖的政治合作关系，而直截了当地将君、臣之间看作是一种相互争斗、彼此算计的政治对立关系。他说："爱臣太亲，必危其身；人臣太贵，必易主位……千乘之君无备，必有百乘之臣在其侧，以徙其民而倾其国；万乘之君无备，必有千乘之家在其侧，以徙其威而倾其国。"① 韩非子冷静地分析了君、臣之间对立和争斗的严酷事实。尽管韩非子本人是为人臣者，但是，他并没有站在臣子等士大夫群体立场，而是完全站在君主的立场上，处处以维护君主的权力、利益着想，主张在君、臣争斗中，君主应该牢牢地控制各种权力，绝不允许臣子争夺自己控制的权力。他说："臣闭其主则主失位，臣制财利则主失得，臣擅行令则主失制，臣得行义则主失名，臣得树人则主失党。此人主之所以独擅也，非人臣之所以得操也。"② 所以，他反复强调："人主之所以身危国亡者，大臣太贵，左右太威也。"③ 他处处站在维护君主权势的立场上，认为君主一旦发现臣下有结党擅权的举动时，就应该严加提防、严厉打击。在《韩非子》的著作中，大量篇幅均是告诫君主如何控制权力、抑制臣下，表达出他依附王权的政治态度和立场。

其次，韩非子也探讨了君、民之间的关系问题。儒家继承了三代先王的民本思想，倡导爱民、富民，反对苛政严刑。但是，韩非子反对儒家的民本政治，坚持君本的立场。他仍然是从维护君主权势的立场出发，坚决反对爱民富民的国家政策，坚持苛政严刑以维护君权。他针对爱民有益于国家治理的说法质疑道："今先王之爱民，不过父母之爱子；子未必不乱也，则民奚遽治哉！"④ 既然爱民不能够帮助君主治国，而寡恩严刑才能够有助于君主的势治，他就坚决反对爱民。同样，他反对富民足民，他认为老百姓会永远不知足，故而"虽足民何可以为治也"⑤。他所

---

① 王先慎撰，钟哲点校：《韩非子集解》卷1《爱臣》，中华书局1998年版，第24页。
② 王先慎撰，钟哲点校：《韩非子集解》卷1《主道》，中华书局1998年版，第29页。
③ 王先慎撰，钟哲点校：《韩非子集解》卷20《人主》，中华书局1998年版，第469页。
④ 王先慎撰，钟哲点校：《韩非子集解》卷19《五蠹》，中华书局1998年版，第446页。
⑤ 王先慎撰，钟哲点校：《韩非子集解》卷18《六反》，中华书局1998年版，第422页。

追求的治理目标并不是富民，而是通过苛政严刑的治理，实现"使民以力得富，以事致贵，以过受罪，以功致赏而不念慈惠之赐"的"帝王之政"①。

韩非子在君、臣、民的政治关系上，特别突出地强调君主权势的重要性，并且进一步探讨要如何维护君主的绝对权力，那就是拥有"势"的君王，必须掌握"法"与"术"这两个关键的手段。他说：

> 人主之大物，非法则术也。法者，编著之图籍，设之于官府，而布之于百姓者也。术者，藏之于胸中，以偶众端，而潜御群臣者也。故法莫如显，而术不欲见。②

韩非子认为，拥有了"势"的君王，还要将"法"与"术"很好地结合起来，肯定二者均是"帝王之具"。故而，一切高明的君王必须善于"操术以御下"。由此可见，虽然法家提出了法、术、势的系统学说，并且被称为"法家"，但是其政治思想的核心是"势"，"法"与"术"均是拥有"势"的君王维护王权、治理国家的手段。

正由于韩非子的政治思想是以君主之权势为目的、为核心，故而其政治态度必然是依附君王。那么，士大夫参与政治，就只能是悉心揣摩君主的心思，绝对服从君主的意志。他在一篇著名的《说难》的文章中，告诉一切臣子应该如何与君王相处。正如王先谦先生解释《说难》的题意所说："夫说者有顺逆之机，顺以招福，逆而招祸。失之毫厘，差之千里，以此说之，所以难也。"③ 韩非子既然肯定"以势治天下"的必然性，故而必须告诫那些进入君主政治权力体系的士大夫，应该绝对服从君主的"势治"。因此，如何揣摩君主的心思、顺从君主的意旨，就成为一切进入政治系统的士大夫必须遵循的政治法则。儒家士大夫有"说大人，则藐之，勿视其巍巍然"④，而韩非子的《说难》则强调："故谏说

---

① 王先慎撰，钟哲点校：《韩非子集解》卷18《六反》，中华书局1998年版，第422页。
② 王先慎撰，钟哲点校：《韩非子集解》卷16《难三》，中华书局1998年版，第380页。
③ 王先慎撰，钟哲点校：《韩非子集解》卷4《说难》，中华书局1998年版，第85页。
④ 杨伯峻译注：《孟子译注》，中华书局1960年版，第339页。

谈论之士，不可不察爱憎之主而后说焉。"① 其实，这正十分生动体现了法家依附君王的政治态度。

三 疏离王权的道家

春秋战国时期产生了各种治国安邦、统一天下的社会政治思想，但是也产生了以个体存在为中心的思想学说，最有代表性的是杨朱、庄子的学说。杨朱、庄子均轻视君臣父子的名教秩序，轻视治国安邦的政治功利，而是将个体的生命存在、精神自由看得高于一切，故而在思想观念上一脉相承，均属于道家学派。道家是一个由众多不同政治态度、价值取向的思想家们构成的大学派，其中既有以自然之道为帝王南面之术的黄老道家，又有以自然之道为个人身心快乐、精神自由的杨朱、庄子派道家。这里重点探讨那些疏离王权型政治态度的道家，故而主要是探讨杨朱、庄子派的政治态度。

杨朱属于道家学派，他提出的思想主张和庄子有相通的地方，如《淮南子》中所说"全性保真，不以物累形，杨子之所立也"②的思想，就和庄子有内在联系。杨朱的政治态度是十分鲜明的，就是为了个体存在的价值和自由，他坚持一种疏离王权的政治态度。杨朱强调个体自我的最高价值，故而与其他诸子以君王、国家、天下为最高目标的政治态度完全不同，他坚持的"不拔一毛""不以物累形"，均鲜明地体现出其疏离王权的政治态度。其他学派总是标榜国家治理、天下统一的政治目标，而杨朱则旗帜鲜明地强调"为我""贵己"，他希望士人们建立起以"为我"为中心的价值观，以利于士人在社会动荡、诸侯争霸的战乱中的个体人身安全，他们坚持将个体生命存在的意义置入最高的地位。史籍记载了杨朱的种种言行："杨子取为我，拔一毛而利天下，不为也。"③"今有人于此，义不入危城，不处军旅，不以天下大利易其胫一毛。"④ 战国初年，杨朱的言行在当时影响很大，当时有所谓"杨朱、墨翟之言盈

---

① 王先慎撰，钟哲点校：《韩非子集解》卷4《说难》，中华书局1998年版，第94页。
② 陈广忠等译注：《淮南子译注》卷13《氾论训》，上海三联书店2014年版，第261页。
③ 朱熹撰，朱杰人、严佐之等主编：《孟子集注》卷13《尽心上》，《朱子全书》第6册，上海古籍出版社、安徽教育出版社2002年版，第434页。
④ 王先慎撰，钟哲点校：《韩非子集解》卷19《显学》，中华书局1998年版，第459页。

天下。天下之言，不归杨，则归墨"之说，反映了春秋战国时期在宗法政治秩序受到严重冲击时候自我意识的觉悟与个体存在意义的高扬。

杨朱坚持"不拔一毛""不以物累形"的个体生命自保的价值观念，而庄子不仅仅是要求个体生命的自保，而且还希望个体生命的自由，他提出了一系列如何达到精神自由的人生哲学。司马迁为庄子立传时，生动具体地记载了特别能体现庄子政治态度的生平事例：

> 楚威王闻庄周贤，使使厚币而迎之，许以为相。庄周笑谓楚使者曰："千金，重利；卿相，尊位也。子独不见郊祭之牺牛乎？养食之数岁，衣以文绣，以入大庙。当是之时，虽欲为孤豚，岂可得乎？子亟去，无污我。我宁游戏污渎之中自快，无为有国者所羁，终身不仕，以快吾志焉。"①

杨朱、庄子均彰显个体存在的意义，杨朱主要是倡导"不入危城，不处军旅"，以求个体生命的自保，而庄子则连千金之重利、卿相之尊位也拒绝，将个体存在的意义从生命形体的保护发展为精神自由的追求，进一步表达了他疏离王权的政治态度。

由于庄子坚持疏离王权的政治态度，所以，他们与其他诸子学派不一样，对君权表示了极度的鄙视，并严厉地批判了君主政治的非道德性。庄子的理想社会是人们普遍遵循自然之道的"至德之世"，而进入文明时代的一切东西，包括人们最为追求的科技、道德和国家政治，均是违背自然之道的。人类进入的文明社会，人们普遍推崇帝王、君主、圣王。但是，在庄子眼里，这些帝王、君主无非是一些窃国大盗。在《胠箧》一篇中庄子提出了一个非常著名的观点："彼窃钩者诛，窃国者为诸侯，诸侯之门而仁义存焉。"② 这些尊贵的诸侯国君的权力来源于哪里？庄子认为他们多是依靠偷盗、抢劫而获得，他们对国家的统治权力并不具有合法性。庄子认为，只有那些并不希望统治人们、放弃统治权力的"天德"之士，才具有国家统治权力的合法性，而这一种人恰恰是生活在没

---

① 司马迁：《史记》卷63《老子韩非列传》，中华书局1982年版，第2145页。
② 陈鼓应注译：《庄子今注今译》，中华书局2009年版，第290页。

有君主统治的"至德之世"的。他说:"君原于德而成于天。故曰,玄古之君天下,无为也,天德而已矣。"① 他对"无为之君"的推崇,其实是否定了君主的政治权力。既然现实政治中的国君都是一些窃国大盗,一切高明之士就应该疏离王权,放弃卿相之位的名利追求。

庄子疏离王权的真正目的是"全身""全生"的个体存在意义和价值。庄子特别喜欢讲"保身""全生",他说:"为善无近名,为恶无近刑。缘督以为经,可以保身,可以全生,可以养亲,可以尽年。"② 而且,庄子讲的"保身""全生",总是兼及形、神两个方面。庄子说:"执道者德全,德全者形全,形全者神全。神全者,圣人之道也。"③ "必静必清,无劳女形,无摇汝精,乃可以长生。目无所见,耳无所闻,心无所知,汝神将守形,形乃长生。"④ 庄子总是兼顾个体身、心两个方面,以凸显个体存在的价值和意义。当然,庄子之所以特别强调疏离王权的政治态度,既是"保身""全生"的生命安全考虑,更是因为强调精神自由的追求。庄子真正对后来的士大夫思想产生最大影响的,恰恰是他提出的追求精神自由的"逍遥""游心""齐物":

> 故曰,至人无己,神人无功,圣人无名。⑤
> 游心于淡,合气于漠,顺物自然而无容私焉。⑥

庄子向往的"逍遥""游心""齐物",其实不仅仅是摆脱了政治权力的强制、社会关系的羁绊,更尤其是在精神上摆脱了功利欲望的诱惑、名誉地位的吸引,达到了一种完全无所依赖的"无待"的"逍遥"之境,这是一种完全的精神自由。达到这一种精神境界的人,当然只能是完全疏离王权的道家士人。

---

① 陈鼓应注译:《庄子今注今译》,中华书局2009年版,第320页。
② 陈鼓应注译:《庄子今注今译》,中华书局2009年版,第104页。
③ 陈鼓应注译:《庄子今注今译》,中华书局2009年版,第345页。
④ 陈鼓应注译:《庄子今注今译》,中华书局2009年版,第304页。
⑤ 陈鼓应注译:《庄子今注今译》,中华书局2009年版,第18页。
⑥ 陈鼓应注译:《庄子今注今译》,中华书局2009年版,第235页。

四　与王权合作的儒家

与法家依附王权、道家疏离王权的政治态度不同，儒家追求与现实王权的一种合作态度。所以，儒家往往既会执着地向君主权力集团靠拢，希望取得君王的信任，以进入权力体系中去，参与国家治理的政治活动；与此同时，儒家亦会坚持自己的政治原则和价值理想，并不会因此放弃自己的政治主张，一味地取悦于君主，像法家那样完全成为王权的依附者。

儒家本来只是春秋战国时期的民间士人，他们希望成为与王权合作的政治家，他们凭借什么去与君王们合作？或者说，君王如何可能与他们合作？儒家士人并没有掌握任何硬实力，既无军队，又无财富。他们唯有帮助君王治国理政的一套观念和方法，即所谓的"道术"。但是，儒家之"道"不过是一套有关政治的价值理念，儒家之"术"则不过是贯彻这一套价值理念的治国方法和手段，他们这一套"道术"既不同于法家，又不同于道家，儒家却殷切地盼望以这一套"道术"完成与君王的政治合作。对于那些急于富国强兵、开拓霸业的诸侯君主，他们需要并且愿意采用儒家这一套道术吗？

如果进一步分析，我们发现儒家所谓的"道术"，其实是包含着政治理想主义的"道"和具有政治现实主义的"术"的结合。一方面，儒家是一种独立的士人群体，他们拥有超越现实政治、超越王权治理的政治目标，他们追求的政治目标就是"天下有道""仁政"。所以，他们的政治思想往往是理想主义的，他们设计了一整套理想化的政治价值、政治制度，并且用这一套理想化的政治价值、政治制度，作为规范政治、约束君主的政治道德准则，也作为衡量政治权力合法性的依据。应该说，对于那些急于富国强兵、开拓霸业的诸侯君主来说，儒家这一套道的价值理想、道德标准既无实际用处，又太高远而难以企及，所以他们不愿意也不可能接受儒家所谓的"道术"。所以，儒家士大夫如果坚持自己独立的价值理想，坚持自己的政治诉求，则常常会受到君主的冷落而成为"丧家之犬"，或者是和君主权力产生冲突而"以身殉道"。

但是，另一方面，儒家是一个参与君主政治的士大夫群体，他们必须与现实政治的王权系统密切合作，实现国家治理的政治目标。作为积极参与现实政治、与君王合作的儒家士大夫群体,他们拥有现实政治运作的政治手段,掌握、倡导一套实用理性的"治术"。儒家士大夫的"治术"不仅包括有关礼治秩序、礼乐教化,还特别提出了富国、爱民、举贤、足兵等一系列富强之治术。后来,儒家的经世之学,发展出了包括"礼乐""兵刑""食货""吏治""兵赋"等有关国计民生的治国之术。他们以此作为国家治理的方法和手段,以完成对政治功利的现实追求。儒家学者一旦成为"大夫",他们就会将自己掌握的政治现实主义的"治术"付诸政治实践,这也是后世出现大量"儒臣"并受到君主欢迎的重要原因。

儒家应该是一个有共同价值信仰的士人群体,但是儒学毕竟是一套入世的思想体系和价值信仰,当儒学拓展到社会的各个层面,就成为一个由众多不同社会身份、不同政治诉求、不同思想趋向的人们组合起来的庞大社会群体。这样,儒家士大夫的思想角度十分多元,层面十分多样,儒家思想的内容十分丰富并不断演变发展。所以,当我们今天考察儒家士大夫群体、儒学思想体系时,应该特别注意某一个时代的儒家政治思想与作为两千多年的儒学整体的区别和联系,注意某一个儒家学者的政治思想与作为体系化的儒学思想的区别和联系,注意某一个儒家政治思想或命题与儒学全体政治思想的区别和联系。所以,我们应该肯定:孟子是儒家,荀子也是儒家;董仲舒是儒家,王充也是儒家;王安石是儒家,邵雍也是儒家;许衡是儒家,刘因也是儒家;倭仁是儒家,康有为也是儒家。我们还应该注意到,每一个具体的儒家学者,都是儒学基本思想、信仰的追随者,但是每一个具体的儒家学者,又只是儒家部分思想的遵循者、实践者。儒学系统需要这些不同类型、不同旨趣、不同道路的实践者,才能够更好地推动儒家思想体系、儒家文明体系的建构,更加充分发挥儒家文化的功能,更加全面完成儒家文明的奠定。

事实上,儒家士大夫在其具体的历史条件、政治背景时,他们与君主的合作的政治态度、思想追求又表现出很大区别。一方面,同一儒家学派的不同学者,他们的个人经历、思想性格、学术旨趣不同,故而往往可以归类到不同政治倾向的士人群体之中。譬如,儒家士人选择与国君的合作后,其内部又产生了有很大思想差别的孟子学派和荀子学派。尽管他们都是与王权合作的儒家学者,但是孟子的道德理想主义和荀子的政治现实主义就有很大差别。另一方面，同一个具体的儒家士大夫个体，可能会在不同的历史时期，因不同人生阶段的思想观念变化，因在朝和在野的不同人生处境，他们会形成多样化的政治态度。在历史上，那些强调政治现实主义和经世致用的儒家人士，甚至可能在与王权合作的过程中转化为对王权的依附。虽然他们的思想仍然是以儒家为主体，但是他们的政治态度、政治行为却可能体现出依附型士人的转变。而那些坚持独立的价值理想和政治诉求的儒家学者，可能在与王权合作失败后转化为对王权的疏离，走入出世的道路而亲近佛、道。

同时，由于儒家对王权的政治态度是合作型的，他们希望与君主政治的这一种政治合作能够取得成功，所以他们努力兼顾"道"与"术"两个方面，即自己独立的价值理想与君主政治的现实治理。与此相关，儒家在学术思想上追求两种不同的学术旨趣和思想目标，故而在后来的学术史上作为整体的儒学又分化出来两个不同的学术体系，逐渐形成了两种不同类型的学术传统。一种被称为"内圣之学"的学术传统，另一种往往被称为"外王之学"的学术传统。在政教合一的传统中国，"内圣之学"与"外王之学"常常融合为一体，但是在实际的学术建构、思想整合的历史过程中，不同历史时期的不同学术思潮、同一历史时期的不同儒学学派、不同儒家学者，会有对"内圣之学"或"外王之学"的不同倾向。当代学者在研究中国学术史、中国思想史时，可以通过考察这种学术与思想的基本立场、问题意识、最终目的是"内圣"还是"外王"，从而将其思想特征作"内圣之学"或"外王之学"的分疏。一般来说，"外王之学"的思想目标、学术旨趣在经世治国，故而这一种学说的问题意识均是维护礼治秩序、强化王权治理、追求富国强兵。"内圣之学"的基本立场、问题意识是实现合乎价值理想的道德人格，其最终目标是"成圣成贤"。传统中国的"外王之学"和"内圣之学"之间相互渗透，在政治问题上有许多交叉和合作，但是梳理他们之间的差异则是有着十分重要的思想史意义。

第二节 "四书"与政道

春秋战国是一个诸侯争霸的时代，儒家诸子往往具有"士大夫"身份，故而要承担"士"和"大夫"两个不同的社会职能。一方面，儒家诸子有"卿大夫"的经世热情，愿意参与到诸侯之间的政治竞争和政治斗争中去；另一方面，他们又保持"士"的独立思考和思想创新，强调自己独立的价值理想。儒家诸子提出的一整套独特的政治理念和人格理念，均与其士大夫身份有关。儒家诸子学奠定了士大夫的思想传统，成为儒家文明的重要组成部分。

由于儒家"士大夫"具有"士"和"大夫"的不同社会身份，他们往往又有不同的身份认同，故而儒学体系内部也表现出不同思想的差异。儒家诸子作为一种士人之学，最为鲜明地体现在其密切联系的人格理想与政道思想两个方面，这一节，我们探讨儒家士人之学有关的士君子人格理想与仁政的政道思想。

一　儒家诸子与士君子

儒家诸子的社会身份首先是"士"。儒家诸子之所以能够具有知识和思想的创新能力，能够独立承担和倡导独立的文化价值，与他们具有的士人身份和追求的君子人格有密切关系，人们称为"士君子"。

春秋战国时期形成的士人集团，源于西周的贵族集团较低阶层，到了东周的社会剧变时，他们成为一批失去贵族身份、流落民间社会的文化人。他们既希望与国家政治、君主权力保持着各种各样的联系；但是他们又是相对独立自由的个体，并不依附于某一个固定的、具体的君王。正由于儒家士人的这一个特别身份，使他们能够既关心政治、参与政治，又能够超越具体的政治集团而提出独立的政治思想。

儒家士人靠什么参与政治并且与强势的君王合作？他们既无经济实力又无军事实力，他们最大的资源只是文化知识的占有。他们只能够依靠自己的聪明才智和独立思考，掌握一套治国平天下的政道和治术，而那些诸侯君主正需要这一批文化人提供政道和治术，为他们实现自己的政治野心服务。但是，不像法家、兵家、纵横家等依附于君主的"游士"，能够为君主的霸业提供一套掌控权力、治军打仗的治术，而儒家士人总是强调一套让君王做不到或不想做的"德治""仁政"的政道。儒家士人一整套独特的政治理念难以得到争霸心切的诸侯王的认同，他们的经世理想必然面临种种困难，故而，儒家学者必须首先塑造并追求一种独立坚守自己理念的君子人格。

儒家学派从产生起，就一直标榜一种独立的人格。早期儒家无不推崇这一种人格精神，并往往是以"士""君子""贤人""圣人"代表他们在实现道的过程中要达到的精神境界和人格层次。在浩繁的儒学著作中，儒家谈得最多的除了他们的政治理念外，就是人格理想的修炼了。在儒家诸子学体系中，儒家是如何确立理想人格的独立性的？我们看到，儒家推崇的士君子，其实就是具有独立性道德人格的知识群体，他们作为一个独立的存在，必须在精神上不受天命鬼神的主宰，在社会上不受政治权势的胁迫，在人生选择上不受自然利欲的支配。也就是说，能够决定他们的思想和行动的根本动力，只能够是他们自主选择的"道"的精神追求，即是孔子所说的"士志于道"。

首先，早期儒家追求的"士君子"之所以是一个独立的存在，就在于他们已经摆脱了三代时期占据统治地位的天命鬼神主宰，能够独立地追求自己选择的以"道"为核心的价值和信仰。上古时期，人们的精神世界主要是受天命鬼神的支配和主宰的，从根本上决定人们的思想和行动的是这些天命鬼神。虽然其中一些先觉的"先王"能够表现出一些人文理性的觉醒，但是那一个时期的思想形态整体仍然是以天命鬼神的信仰为主导的。到了春秋战国时期，那些从贵族阶层脱离出来的士人群体，其中许多就是能够从天命鬼神支配下独立出来的理性化知识群体。在诸子学创始时期，儒家学派孔子就坚决排斥历史遗留的天命鬼神之类的神秘文化，"子不语怪，力，乱，神"[1]，"未能事人，焉能事鬼？"[2] 孔子坚信"仁者，人也"，他总是在人类社会中寻求人文价值和终极意义，在天地自然中探寻普遍法则和理性精神，而不把这一切归之于天命鬼神的主宰。儒家士人提出了"道""天道"，以表达他们对人类社会中人文价值、终极意义和天地自然中普遍法则、终极实体的看法。"道""天道"代表了轴心时期中华文化的思想核心，孔子说："朝闻道，夕死可矣。"[3] 从此，决定"士君子"终极目标的只能够是人文价值、宇宙法则的"道"，

---

[1] 杨伯峻译注：《论语译注》，中华书局1980年版，第72页。
[2] 杨伯峻译注：《论语译注》，中华书局1980年版，第113页。
[3] 杨伯峻译注：《论语译注》，中华书局1980年版，第37页。

而不会是神秘化的天命鬼神。

其次,早期儒家的"士君子"之所以是一个独立的存在,就在于他们能够不受现实政治中君王权势的控制,在任何险恶的政治环境下坚持以"道"为核心的价值和信仰。尽管儒家士君子选择"以道事君",但是现实政治秩序则要求士大夫绝对服从君主的政治权力,所以,每一个参与政治、进入权力体系的士君主,往往会遇到一个严峻的选择:服从道的价值目标,往往就会有失去权位甚至生命的危险;而盲目服从君主权力,就会违背士君子的道德、损坏士君子的人格尊严。这样,早期儒家诸子建立了一个重要的共识:士大夫在面临必须选择是服从君主的政治权力,还是服从道的价值信仰时,必须坚守自己的独立人格,坚决服从道的价值信仰。孔子说:"以道事君,不可则止。"[1] 他特别强调:"三军可夺帅也,匹夫不可夺志也。"[2] 作为士君子志向的"道"永远是第一位的,必须坚守自己的政治原则和人格独立。如果不能秉持自己的价值理想,士君子可以有两种选择,或者是"无道则隐"[3] 的消极态度,或者是"杀身以成仁"[4] 的积极态度。以后,孔门弟子一直强调对"道"的追求和坚守,他们均强调士君子必须坚守"道"的政治理念和人格理想,这形成了一种士君子的思想传统和人格精神传统。战国时期的孟子,就是一位特别弘扬士君子个体人格的儒家学者,他倡导一切士君子均要秉持自己的独立人格,他说:"富贵不能淫,贫贱不能移,威武不能屈,此之谓大丈夫。"[5] 士大夫在面对君主"无道"的政治权力时,必须要成为"威武不能屈"的"大丈夫"。士大夫在面对政治上无比强势的君主时,必须敢于"格君心之非"[6]。当然,儒家士君子的这一种思想和行动是很危险的,所以孟子强调士君子必须做好两种准备:"天下有道,以道殉身;天下无道,以身殉道。"[7] 孟子的这一种思想主张,在先秦诸子那里

---

[1] 杨伯峻译注:《论语译注》,中华书局1980年版,第117页。
[2] 杨伯峻译注:《论语译注》,中华书局1980年版,第95页。
[3] 杨伯峻译注:《论语译注》,中华书局1980年版,第82页。
[4] 杨伯峻译注:《论语译注》,中华书局1980年版,第163页。
[5] 杨伯峻译注:《孟子译注》,中华书局1960年版,第141页。
[6] 杨伯峻译注:《孟子译注》,中华书局1960年版,第180页。
[7] 杨伯峻译注:《孟子译注》,中华书局1960年版,第321页。

是十分普遍的。与他的政治思想差别很大的荀子，在谈到士君子与君王的关系时同样强调，士大夫在面临道的正义和君主的权势发生冲突时，应该坚持"从道不从君"①的原则，这一种思想和孟子完全是一致的。

最后，早期儒家的"士君子"之所以是一个独立的存在，就在于他们能够不受自然利欲的支配和主宰，坚持以"道"的核心价值和最高信仰。士君子在价值选择过程中能够摆脱利欲而坚守"道"，其实就是坚持自己的独立人格。孔子说："士志于道，而耻恶衣恶食者，未足与议也。"②"君子谋道不谋食"……"君子忧道不忧贫"③。孔子强调士君子应该能够从富贵享受、颠沛痛苦中追求"道"，以实现自己的精神超越。他还说："富与贵，是人之所欲也；不以其道得之，不处也。贫与贱，是人之所恶也；不以其道得之，不去也。君子去仁，恶乎成名？君子无终食之间违仁，造次必于是，颠沛必于是。"④ 士应该追求君子的理想人格，当他面临富贵与仁道只能择一的处境时，必然会追求和完成仁道。孟子从性善论出发，肯定仁道完全是士君主的自我追求，他主张"求则得之，舍则失之……求在我者也"⑤。而且，仁道的选择往往体现了主体意志对一种更高价值的自由追求，孟子在论述士君主的主体自由选择时说："鱼，我所欲也，熊掌亦我所欲也；二者不可得兼，舍鱼而取熊掌者也……生亦我所欲，所欲有甚于生者，故不为苟得也；死亦我所恶，所恶有甚于死者，故患有所不辟也。"⑥ 在生命与道义"不可得兼"的价值选择中，士君子应该选择道义而放弃生命，这是因为在士君子的价值体系中，道义的价值高于生命的价值。

儒家士人虽然主张与诸侯国君合作，但是他们认为儒家士人参与政治之前，首先必须能够具有一种独立性的人格精神，这样，他们在与权力集团合作时，才能够坚持自己的政治主张，并且敢于对现实政治、诸侯君主展开严厉的批判。儒家士人在追求与诸侯国君的合作过程中，创

---

① 北京大学《荀子》注释组注释：《荀子新注》，中华书局1979年版，第213页。
② 杨伯峻译注：《论语译注》，中华书局1980年版，第37页。
③ 杨伯峻译注：《论语译注》，中华书局1980年版，第168页。
④ 杨伯峻译注：《论语译注》，中华书局1980年版，第36页。
⑤ 杨伯峻译注：《孟子译注》，中华书局1960年版，第302页。
⑥ 杨伯峻译注：《孟子译注》，中华书局1960年版，第265页。

造了一个儒家士大夫追求独立人格的思想传统。

二 "四书"的仁政理念

儒家诸子能够独立地提出了系统的政治思想，但是这些政治思想是有久远的文化渊源的。他们整理、诠释的"五经"，其实就是从三代先王的政治思想中总结、提取的文化资源。这里，我们重点讨论西周的政治思想，它们是儒家思想的主要源头。

三代时期的社会意识形态是由宗教主导的。三代时期的君王们大多相信自己之所以能够统治天下，是由至高的主宰——上帝、皇天决定的，所以，他们总是以上帝、皇天的名义向被统治者发号施令，通过神权和政权的合一以强化自己的政治统治。但是，周人在以"小邦周"而灭掉"大国殷"以后，他们开始思考和反省这一种传统的政治观和宗教观："呜呼！皇天上帝，改厥元子，兹大国殷之命。"[①] 这既是一场政治意义上的改朝换代，又是一场宗教意义上的"革命"。如何对这一场宗教意义上的"革命"做出合理的解释？这就促使他们做了一场重大的宗教改革，从而推动了宗教的理性化进程。西周统治者的宗教改革思想最主要有两点：其一，建构"以德配天"的道德理性化的宗教观念；其二，提倡"民意即天"的政治理性化的宗教观念。这两个重大的宗教观念改革，均对后来形成的儒家思想产生了深刻的影响。

这里，我们首先讨论西周人"以德配天"的道德化宗教产生，如何对儒家的"为政以德""仁政"产生深刻影响。

西周初年，当周人在以"小邦周"而灭掉"大国殷"以后，统治者开始意识到，完全依赖"皇天""上帝"这一个宗教至上神是不可靠的，"皇天""上帝"并不会任意帮助、福佑任性的君王。作为一国之主的君王必须是一个有德行的人，必须通过敬德、明德、修德，才能够得到"皇天""上帝"的帮助和福佑。这样，"皇天"的意志融入了人的道德理性。

在儒家学者收集、整理的《尚书·周书》中，就保留了大量的文献

[①]《尚书正义》卷15《召诰》，见李学勤主编《十三经注疏》第2册，北京大学出版社1999年版，第394页。

资料可以证明这一点。周人发现,"皇天上帝"只会眷顾、帮助那些有德行的人,在上面引述的《召诰》中,周人这样说道:

> 呜呼!天亦哀于四方民,其眷命用懋。王其疾敬德,相古先民有夏。①
> 我不可不监于有夏,亦我不可不监于有殷……惟不敬厥德,乃早坠厥命。②
> 肆惟王其疾敬德。王其德之用,祈天永命。③

除了《周书·召诰》外,在《周书》的其他篇章中,以及其他如《诗经》《周易》《春秋》等许多儒家经典中,我们都可以读到西周君王有关"以德配天"的宗教改革思想。这一新的宗教思想,将一种具有道德理性的观念融入迷信"皇天上帝"的早期中国宗教,确实具有重大的思想史意义。

尽管西周人能够将道德理性融入"皇天上帝"的宗教信仰之中,但是其局限也是十分明显的。在西周人的思想体系中,"皇天上帝"的宗教信仰仍然占据主导地位,敬德、明德、修德均只能够依托于"皇天上帝"的意志,这一种道德理性仍然具有"他律"道德的特征,这就大大地限制了道德理性的作用和发展。

春秋战国时期,儒家学派通过整理、讲习六经,深入挖掘了西周先王的思想传统,特别是传承了西周的道德理性、人文价值的思想精华,为道德失范、精神困扰的春秋战国时代寻求文化资源。但是,儒家不仅仅是挖掘、传承西周先王的思想传统,更加重要的是,他们将西周人提出但是依附于"皇天上帝"的敬德、明德、修德思想,从宗教意识形态中解放出来,建立了一种真正以"自律"的道德理性为基础的德治、仁

---

① 《尚书正义》卷15《召诰》,见李学勤主编《十三经注疏》第2册,北京大学出版社1999年版,第395—396页。
② 《尚书正义》卷15《召诰》,见李学勤主编《十三经注疏》第2册,北京大学出版社1999年版,第399页。
③ 《尚书正义》卷15《召诰》,见李学勤主编《十三经注疏》第2册,北京大学出版社1999年版,第400页。

政的思想体系，从而真正建构了中华文化的轴心文明。

在西周人的精神世界中，"德"是依附于"天"的，而到了早期儒家时代，"德"与"天"的关系发生了逆转，"天"逐渐开始依附于"德"，道德理性开始进入思想文化的核心。就在儒家创始时期，孔子就排斥三代遗留的天命鬼神之类的神秘文化，并且开始在人本身寻求修德、为仁方面的自主性、自觉性。孔门后学进一步强化人的道德自主性、自觉性，并且进一步从人类社会和人的本性中寻求人文价值和终极意义，其道德理性精神得到进一步强化，而天命鬼神信仰几乎是同步弱化，最终使得宗教信仰的"天"逐渐依附于道德理性"德"，人文性的道德理性取代宗教信仰的地位而逐渐进入思想文化的核心。

当然，儒家思想的这一变化，首先体现在士人的思想自觉、道德自主。西周建构的"以德配天"的道德化宗教，主要是作为统治者的西周君王基于政治经验、历史教训而形成的道德理性因素，而春秋战国时期的儒家学派的敬德、明德、修德思想，已经从"皇天上帝"的宗教意识形态中解放出来，首先成为儒家士人的思想自觉、道德自主。春秋战国时期的儒家士人是一个具有政治自主性、精神独立性的知识群体，他们因思想自觉而不依赖于"皇天上帝"，因道德自主而不依附于帝王权力。孔子在论仁时，尽管曾经从规范的意义上谈到人们必须服从仁，但是，他又坚持认为，主体在道德生活中具有意志自由，仁的追求和仁的实现，完全是主体自由意志的自我实现。孔子说："为仁由己，而由人乎哉？"[①] "仁远乎哉？我欲仁，斯仁至矣。"[②] 显然，仁作为一种道德规范，不是外在权威的规定和强制，而是主体自由意志的自觉追求，每一个人都有这种自由意志，因而每一个人都可以实现仁德。孔子说："有能一日用其力于仁矣乎？我未见力不足者。"[③] 这种自我选择的过程本身就体现出个体的意志自由，这种"力"即是主体自身的意志力量，而运用主体自己的意志力量而实践仁德的过程本身，就体现出个体的自由意志。

儒家学者在建构起这一种士人的思想自觉、道德自主后，竭力将其

---

① 杨伯峻译注：《论语译注》，中华书局1980年版，第123页。
② 杨伯峻译注：《论语译注》，中华书局1980年版，第74页。
③ 杨伯峻译注：《论语译注》，中华书局1980年版，第36页。

用于政治思想和政治实践中去。孔子明确表明他倡导的政治就是"为政以德",他说:"为政以德,譬如北辰,居其所而众星共之。"① 孔子所说的"德政",首先是指掌握国家权力的君主应该是一个自觉敬德、明德、修德的人,这样,君主的品德会产生一种巨大的示范效应,让全国所有的臣民都能够仿效他,如此就会建立一个完美的国家。孔子说:"君子之德风,小人之德草。草上之风,必偃。"②"政者,正也。子帅以正,孰敢不正?"③ 其次,孔子所推崇的"德政",是指为政者应该以道德教化为国家治理的主要手段,而不能够依赖严酷的政令刑法去统治人民。孔子说:"道之以政,齐之以刑,民免而无耻;道之以德,齐之以礼,有耻且格。"④ 孔子从国家治理的目的和手段两个方面,强调了德治的必要性。而且,二者是相关的,他说:"子为政,焉用杀?子欲善而民善矣。"⑤ 就是说,君主采用作为手段的德治,最终会实现社会共同体的普遍之善。很显然,孔子要求的"为政以德",继承了西周统治者的敬德、明德的思想,但是,主导孔子"为政以德"的思想依据、信仰基础却发生了重大变化。孔子不再依附于"皇天上帝"的外在神灵,而完全是从士人的"为仁由己""我欲仁,斯仁至矣"的道德自觉,以及社会共同体的普遍之善,来说明"为政以德"必要性和可能性。

孔子仅仅是开了一个头,孔门弟子在此基础上进一步探讨德治问题,思考如何让那些掌握国家最高权力的君主能够成为一个自觉敬德、明德、修德的人,其中影响最大的是孟子的仁政思想。孟子所说的"仁政",当然也与孔子一样,是对三代先王敬德、明德政治思想的继承和发展。孟子自己明确地将"仁政"与三代的"王道""先王之道"联系起来。他说:"三代之得天下也以仁,其失天下也以不仁。国之所以废兴存亡者亦然。"⑥ 显然,孟子的这一思想是受《尚书》的影响,因为西周王朝确实将"得天下""失天下"与统治者的修德联系起来。但是,在西周统治者

---

① 杨伯峻译注:《论语译注》,中华书局1980年版,第11页。
② 杨伯峻译注:《论语译注》,中华书局1980年版,第129页。
③ 杨伯峻译注:《论语译注》,中华书局1980年版,第129页。
④ 杨伯峻译注:《论语译注》,中华书局1980年版,第12页。
⑤ 杨伯峻译注:《论语译注》,中华书局1980年版,第129页。
⑥ 杨伯峻译注:《孟子译注》,中华书局1960年版,第166页。

的思想中，统治者个人修德能够产生"得天下""失天下"的重大后果，与皇天、上帝的神秘意志有关；而孟子认为统治者个人修德能够产生得、失天下的严重后果，完全是因为失德本身会造成的后果。孟子并不是从神秘的天意，而是从政治理性的进度论述修德、得道与平治天下的关系。他说："得道者多助，失道者寡助。寡助之至，亲戚畔之；多助之至，天下顺之。"① 孟子所坚持的，是一种道德信念。他认为统治者的道德是合乎人的普遍性情感、普遍性理性的要求，故而必然能够"得天下"。所以他不断地强调："夫国君好仁，天下无敌。"② "以不忍人之心，行不忍人之政，治天下可运之掌上。"③ 孟子倡导的以统治者的道德自觉为基础的仁政思想，体现了春秋战国时期的道德理性已经取代了三代的宗教观念，是和西周的"以德配天"思想很不一样的。

三 "四书"的民本思想

我们现在讨论第二点：儒家学派如何在继承西周人政治理性化的"民意即天"的基础上，进一步将这一种政治理性化的宗教思想发展为一种民本主义政治哲学。

现代政治学总是将政治权力的民意基础作为政治合法性的主要依据，但是在中国传统政治思想史上，思想家们很早就探讨了这一个问题，并且提出了很深刻的政治思想。应该说，西周统治者是上古中国最早系统提出民意是国家权力基础的政治家群体，特别有价值的是，他们将这一种民意为本的政治思想融入他们的"皇天上帝"的宗教信仰中，建构了一种民意即天的宗教观。三代时期本来是一种"君权神授"的宗教观，许多君王倚仗掌控的政治权力和"皇天上帝"的威严，在人世间欺压百姓而为所欲为，这种政治行为的最终结果是国家动荡、政权不保。西周统治者意识到民意基础是国家稳定、王朝延续的根本，它是一个唯一可靠的政治依据。

所以，西周君王将民意的政治基础与"皇天上帝"的宗教信仰统一

---

① 杨伯峻译注：《孟子译注》，中华书局1960年版，第86页。
② 杨伯峻译注：《孟子译注》，中华书局1960年版，第168页。
③ 杨伯峻译注：《孟子译注》，中华书局1960年版，第79页。

起来，建构了一种"民意即天"的政治化宗教观念，这成为三代最重要的政治文化和思想文化的遗产。在"武王伐殷"的《泰誓》中，他们系统地表达了这一思想：

> 天佑下民，作之君，作之师，惟其克相上帝，宠绥四方。有罪无罪，予曷敢有越厥志？……商罪贯盈，天命诛之。予弗顺天，厥罪惟钧。①
>
> 天视自我民视，天听自我民听。百姓有过，在予一人。②

周王征伐殷商，其政治行动具有合法性的依据有两个：一是"天"，由于是殷人之罪使得"皇天震怒，命我文考"③，周王是代表天意去征伐殷商的，即"商罪贯盈，天命诛之"，周王不过是奉天之命去讨伐殷人。一是"民"，商人之罪不仅仅是"自绝于天"，而且也是"结怨于民"，由于殷统治者对民众的残暴统治使得民不聊生，周王也是代表民意去讨伐殷人的。然而，西周王朝的最大思想贡献，就是将"天"与"民"这两个政治合法性依据统一起来。在周人创造的思想世界中，"民意"的重要性恰恰是因为它体现和代表了"天命"："天矜于民，民之所欲，天必从之。"④ 这样，西周人已经建立了一个民意与天命合一的宗教思想。无论是政治制度的设立依据，还是政治运行的治理过程，民意均是其中最坚实的基础、最根本的支柱，因为民意表达的就是天意。相信"天"本来是一个宗教信仰的意识形态，但是在西周人创造的政治思想中，民意可以体现天意的政治理念，使得政治理性能够转化为一种宗教信仰，又使得宗教信仰进一步强化政治理性。

春秋战国的儒家学派，同样是通过整理、讲习六经，深入挖掘了

---

① 《尚书正义》卷11《泰誓上》，见李学勤主编《十三经注疏》第2册，北京大学出版社1999年版，第272—273页。

② 《尚书正义》卷11《泰誓中》，见李学勤主编《十三经注疏》第2册，北京大学出版社1999年版，第277页。

③ 《尚书正义》卷11《泰誓上》，见李学勤主编《十三经注疏》第2册，北京大学出版社1999年版，第272页。

④ 《尚书正义》卷11《泰誓上》，见李学勤主编《十三经注疏》第2册，北京大学出版社1999年版，第274页。

西周先王"民意即天"的思想传统,将西周人提出"民意即天"政治思想从宗教意识形态中解放出来,建立了一种以民意为本的思想体系,从而真正建构了一种民本主义的政治哲学。先秦儒家虽然继承了西周人将民意的政治基础与"皇天上帝"的宗教信仰统一起来的思想,吸收了他们"天视自我民视"思想中所包含的民本思想内涵,但是又能够淡化其中对"皇天上帝"的宗教信仰,剔除其君王自保的思想视角,从士人的立场和视角,建构了一种深刻的民本主义政治思想体系。在西周人的政治哲学中,"君""民"均是附属于"天"的,而到了早期儒家时代,儒家士人强调"民""民意"才是政治的核心、国家的根本,建立了一种不附属于"皇天上帝"的民本主义政治思想。

先秦儒家的政治态度是与君主合作,所以他们并不否认君主在现实政治活动的行政权力,孔子所讲的"君君,臣臣,父父,子子",也是肯定君臣之间的相互权利和义务关系。尽管儒家学者肯定了君主统治权力主导的政治秩序,但是又对君主权力的来源、君主权力的目的等几个方面做出"民意"的限制,建构了一套以民为本的民本主义政治思想,表达了儒家士人的政治立场和思想视角。

首先,儒家强调君主权力来源于民。君主权力来源问题,涉及政治权力合法性的依据,是儒家政治哲学十分关注的重要问题。三代王朝的君主们普遍认为,君主的权力来源于"皇天上帝",他们也因此而具有天命的合法性。但是,在儒家子学的不同学派的著作中,均提出了君主权力来源于民意的民本思想。在孔门弟子诸多学派中有子游一派,《礼记》中的《礼运》篇,就是子游一派的著作,这一本书十分鲜明地表达了儒家民本思想的政治立场。《礼运》说:"故君者所明也,非明人者也。君者所养,非养人者也。君者所事也,非事人者也。……故百姓则君以自治也,养君以自安也,事君以自显也。"[1] 一方面,君主掌握国家权力,人民必须服从君主,君主也应该被人民所奉养;但是另一方面,君主的权力来自人民,人民奉养、服从君主的目的和理由,是为了"自治""自

---

[1] 孔颖达:《礼记正义》卷22《礼运》,见李学勤主编《十三经注疏》第6册,北京大学出版社1999年版,第686—687页。

安""自显"。这就肯定了人民是国家权力的最终来源。孟子在讨论尧舜禅让的问题时,表达了自己不赞成的态度,也涉及君主的政治权力的来源问题。孟子说:"使之主祭,而百神享之,是天受之;使之主事,而事治,百姓安之,是民受之也。天与之,民与之。故曰,天子不能以天下与人。"① 他认为君主并无权力私自将天下转让他人,因为这一个神圣的政治权力不是他自己的,而是"天与之,民与之",虽然这里仍然谈到君主的权力是"天与之",但是这个"天与之"只是指祭天的神权,而真正国家治理的政治权力则主要是"民与之"。孟子认为,君主不可以将"民与之"的政治权力私自转让他人。

其次,儒家强调君主权力的目的是为人民。君主掌握权力的目标问题,涉及政治权力正义性的依据,也是儒家政治哲学十分关注的重要问题。从孔子开始,儒家学派一直强调一切政治权力,必须以人民的利益和福祉为目标。要如何凸显人民利益的重要性,孟子提出了一个十分重要的思想,他说:"民为贵,社稷次之,君为轻。是故得乎丘民而为天子,得乎天子为诸侯,得乎诸侯为大夫。"② 这里,孟子将政治目标的重要程度、政治价值的等级系列,做了一个十分大胆而鲜明的排序:人民第一,社稷次之,君主更次之。这一个排序恰恰是和孟子时代的现实政治相反。从夏商周三代,到春秋战国时期,一切刀光剑影的战场厮杀、礼乐刑政的国家治理,无不是将君主权力、社稷江山的夺取和巩固作为一切军事、政治的目标之首,而人民的生命、财产,则成为那些政治野心家获取权力的手段。正如孟子所批判的政治现实:"争地以战,杀人盈野;争城以战,杀人盈城。"③ 孟子旗帜鲜明地提出,在政治目标的重要程度、政治价值的等级系列里,人民是最为珍贵、最为重要的。儒家诸子的其他学者,也同样坚持君主权力的目的是为人民的思想。譬如荀子说:"天之生民,非为君也;天之立君,以为民也。"④ 虽然荀子肯定君主的权势,肯定其"势位至尊"⑤,但是,君主权力的目的仍然是人民。

---

① 杨伯峻译注:《孟子译注》,中华书局1960年版,第219页。
② 杨伯峻译注:《孟子译注》,中华书局1960年版,第328页。
③ 杨伯峻译注:《孟子译注》,中华书局1960年版,第175页。
④ 北京大学《荀子》注释组注释:《荀子新注》,中华书局1979年版,第458页。
⑤ 北京大学《荀子》注释组注释:《荀子新注》,中华书局1979年版,第293页。

儒家在肯定君主权力实际运作的前提下，提出了君主权力来源于人民、君主权力的目的是为了人民的民本思想，建构了一套以民本主义为价值基础的政治哲学。

四 "四书"的政治理想和人格理想

儒家士大夫首先是"士"，即是从事知识、思想的创造与传播的文人学者。儒家学者坚持"士"的独立思考和思想创新，提出一整套独特的政治理念和人格理念，努力建构一套与之相关的价值体系，作为自己的奋斗目标。我们注意到，价值体系内部是存在等级差别的，总是存在一个不同价值的序列和排序。价值体系内部的序列和排序，既可以是以重要程度的排序，也可以是时间先后的排序。

"四书"及其儒家诸子均是以"道"作为价值体系的核心与主干。什么是"道"的价值体系呢？它并不是一个单一层面的东西，而是一个不同价值的序列和排序。从传世文献和出土的先秦儒家子学著作来看，可以看到儒家士人的内心，总是存在两个价值世界。一方面，儒家士人基于"天下无道"的严峻现实，希望恢复一个"君君、臣臣、父父、子子"的礼治秩序，儒家之道所包含的道德价值，就表达了他们对现实社会的价值追求。儒家学派其实是一个非常现实的士人群体，他们的文化忧患、政治忧患完全是基于现实政治秩序的实现，故而希望积极参与政治，争取在现实社会建立起一个有序的社会。另一方面，儒家之"道"代表着一个理想的价值世界。儒家学派是一个追求理想的士人群体，从孔子创立儒家学派开始，就向往一个理想的"尧舜之世"，《中庸》说："仲尼祖述尧舜，宪章文武。"[①] 他所祖述的尧舜时代，是一个"天下为公"的完善道德时代，是一个"选贤与能"的完善政治时代，也是一个"协和万邦"的世界和平时代。儒家学者往往将这个时代赞誉为"大道之行"的时代。所以，在儒家子学著作中，同样是讲"道"的价值实现，既可能是"亲亲有等"的"天下为家"的社会，也可能是"平等博爱"的"天下为公"的社会。

对儒家之道的不同价值的序列和排序，儒家经典《礼记·礼运》分

---

① 王文锦译解：《礼记译解》，中华书局2001年版，第796页。

别以"大同""小康"两个时代,来表达其价值体系的依据,使儒家的价值序列与上古时代的历史阶段统一起来。为方便起见,引述这一较详的相关文献:

> 孔子曰:"大道之行也,与三代之英,丘未之逮也,而有志焉。""大道之行也,天下为公,选贤与能,讲信修睦。故人不独亲其亲,不独子其子。使老有所终,壮有所用,幼有所长,矜寡孤独废疾者,皆有所养。男有分,女有归,货恶其弃于地也,不必藏于己,力恶其不出于身也,不必为己。是故谋闭而不兴,盗窃乱贼而不作。故外户而不闭,是谓大同。""今大道既隐,天下为家。各亲其亲,各子其子,货力为己。大人世及以为礼,城郭沟池以为固。礼义以为纪,以正君臣,以笃父子,以睦兄弟,以和夫妇,以设制度,以立田里,以贤勇知,以功为己。……是谓小康。"①

这段话是否记录孔子的原话,尚有争议,但是重要的是,这一段话充分反映了早期儒家的价值体系。一方面,儒家倡导的"礼义以为纪",希望实现正君臣、笃父子、睦兄弟、和夫妇的社会和谐,恰恰是"大道既隐"后的"小康"之世的道德价值,是儒家学者从现实出发的不得已的主张。另一方面,他们内心真正向往的是那个"天下为公,选贤与能,讲信修睦""人不独亲其亲,不独子其子"的"大同之世",这是以孔子为首的士人群体所向往的最高社会理想和价值理想。

所以,两千多年来,在内心世界中真正抱有对儒家之道的价值信仰者那里,总是拥有两套相关的价值系统。一套是立足于"小康"世界的现实价值系统,他们希望遵循儒家礼义的要求,在现存的君臣父子兄弟夫妇的社会等级制、权力世袭制的"小康"社会中建立和谐的社会秩序。另外一套是立足于"大同"社会的理想价值体系,即内心世界盼望出现一个没有世袭制、等级制的平等、自由、博爱的理想社会,真正能够实

---

① 孔颖达:《礼记正义》卷21《礼运》,见李学勤主编《十三经注疏》第6册,北京大学出版社1999年版,第656—661页。

现"天下为公，选贤与能""老吾老，以及人之老；幼吾幼，以及人之幼"①。两千多年以来，儒家士大夫追求的"天下有道"的价值体系，一直包含着这个理想与现实的两个不同层面。譬如，儒家学派所处的春秋战国时代，已经是一个"天下为家"、贵贱有等的不完善社会，如何防止不同家族、不同个人的利益争斗呢？孔子及儒家学派又将"君君、臣臣、父父、子子"看作是合乎"天下有道"的社会。显然，这个"天下有道"的君权等级社会的价值体系，不同于"大道之行，天下为公"的平等、博爱的价值体系。

同样，儒家推崇的"道"的价值体系，也体现在他们的人格追求的多重性。儒家坚持"士志于道"的精神，但是，儒家之道不仅体现为社会政治形态的"大同"与"小康"的区别，也可以体现为个体人格形态的"圣贤"与"君子"以及相关的"博爱"与"亲亲"的区别。因此，我们可以通过儒家的仁爱精神，来进一步探讨儒家诸子的人格理想及其相关的价值体系。

毫无疑问，"仁"是儒家的核心价值，仁学也是儒家的思想核心。儒家学者在诠释"仁"的道德内涵和价值意义时，鲜明地表达出儒家推崇的价值体系的序列，同时亦体现出儒家理想人格、精神境界追求的多重性。

首先，儒家仁学是指人的血缘关系的亲爱情感。自从孔子提出"仁"的道德并系统地论述仁学以来，儒家一直将有血缘的亲人之间的爱作为其基本的含义。孔子说："君子务本，本立而道生。孝弟也者，其为仁之本与！"② 孝、弟表达的正是父母与子女、兄与弟之间的亲爱，这一种爱是天然的情感，这恰恰是为"仁"之本。尽管孔子谈论仁很多，但是这里是从"务本"而言仁的。以后，孔门弟子均是从"务本"的角度，谈到仁的价值本源意义。如子思说："仁者，人也，亲亲为大。"③ 孟子说："亲亲，仁也。"④ 他们均是将"亲亲"作为仁爱本身或者是最重要的仁

---

① 杨伯峻译注：《孟子译注》，中华书局1960年版，第15页。
② 杨伯峻译注：《论语译注》，中华书局1980年版，第2页。
③ 王文锦译解：《礼记译解》，中华书局2001年版，第784页。
④ 杨伯峻译注：《孟子译注》，中华书局1960年版，第307页。

爱。可见，"仁"虽然在后来理解为广泛的爱人，但是，血缘的亲亲之爱是其本义，因为亲亲之爱是最强烈、最真实、最自然的爱，同时也是最重要的爱。加之古代中国的社会结构又是以血缘家族为基础建立起来的，这就进一步强化了仁爱的亲亲价值，使亲亲成为仁学的第一义的价值。

其次，儒家仁学是从人的亲亲之爱中提升出来人人之爱。儒家并没有将仁爱局限在亲亲之间，而是主张推广这一种亲亲之爱，即由亲亲之爱拓展到邻里、国人、天下。所以，早期儒家在论述仁爱时，往往都超越了亲亲之爱，成为一种人与人之间的爱。所以，《论语》载："樊迟问仁。子曰：'爱人。'"① 孔子在这里说的"爱人"，是指人人之间的广泛之爱，即是孔子曾经说的："弟子入则孝，出则悌，谨而信，泛爱众，而亲仁。"② 这一个"泛爱众"，就是从亲亲之爱拓展而来。孟子也讲到从人的亲亲之爱提升到人人之爱："君子之于物也，爱之而弗仁；于民也，仁之而弗亲。亲亲而仁民，仁民而爱物。"③ 君子应该由"亲亲"而拓展到"仁民"，即对民众有广泛的仁爱之心。

最后，儒家仁学是一种不依赖于亲亲之爱，同时也没有差别等级的博爱精神。亲亲之爱以及亲亲之爱中提升出来的人人之爱，均是一种有等差的爱，儒家承认这一种等差之爱是合理的，是士君子之所当为。但是，儒家还提出一种仁爱是可能超越亲亲之爱的"博爱"（与儒家有学源关系的墨家将其发展为"兼爱"），达到这一种博爱境界和人格的是所谓"圣人"。《论语》载：

子贡问："如有博施于民而能济众，何如？可谓仁乎？"子曰："何事于仁！必也圣乎！尧舜犹病诸！"④

能够做到"博施于民而能济众"的爱，显然是一种"博爱"，孔子认为达到这一种爱，是超越了亲亲之仁的爱，故而是"圣"者才能够做到的。

---

① 杨伯峻译注：《论语译注》，中华书局1980年版，第131页。
② 杨伯峻译注：《论语译注》，中华书局1980年版，第4—5页。
③ 杨伯峻译注：《孟子译注》，中华书局1960年版，第322页。
④ 杨伯峻译注：《论语译注》，中华书局1980年版，第65页。

正由于孔子从仁的价值中拓展出一种普遍之爱,孔门后学也就一直在继续拓展这一种普遍性仁爱。孟子认为这一种泛爱众的仁爱之心,源于人皆有之的"恻隐之心",他说:"恻隐之心,人皆有之,……恻隐之心,仁也。"① 而《易传》则将仁爱拓展为一种更为普遍的宇宙精神:"天地之大德曰生,圣人之大宝曰位。何以守位曰仁。"② 宋儒张载在《西铭》一文中,所阐发的就是这一种博爱的精神:"乾称父,坤称母;予兹藐焉,乃混然中处。故天地之塞,吾其体;天地之帅,吾其性。民吾同胞,物吾与也。大君者,吾父母宗子;其大臣,宗子之家相也。尊高年,所以长其长;慈孤弱,所以幼吾幼。圣其合德,贤其秀也。凡天下疲癃残疾、惸独鳏寡,皆吾兄弟之颠连而无告者也。"③ 张载的《西铭》深受宋儒的广泛赞誉,就在于它揭示了儒家价值体系中包含的一种超越亲亲之爱的"博爱"精神。当然,也有一些目光狭隘的儒者并不理解《西铭》的价值意义,故而批评《西铭》不合乎儒家亲亲之爱的原则。

儒家的社会理想和人格理想是相互关联的。在"大道既隐,天下为家。各亲其亲,各子其子"的"小康"社会,人与人的爱是亲亲有等的,因此,这也是士君子人格所追求的仁道。然而,在"大道之行也,天下为公"的时代,那是一个圣人的时代,整个社会处在一个和谐美满的时代:"选贤与能,讲信修睦。故人不独亲其亲,不独子其子。使老有所终,壮有所用,幼有所长,矜寡孤独废疾者皆有所养。"对于儒家士大夫来说,尽管这一个时代没有到来,但是每一个希望做圣贤的士君子,仍然可以追求那样一个精神境界。

第三节 儒家诸子与治术

儒家士大夫需要承担"士"和"大夫"两个不同的社会职能,故而他们留下的子学著作既追求理想又关注现实。一方面,儒家士大夫首先是"士",即是从事文化知识创造和传播的学者群体,作为学者文人,他

---

① 杨伯峻译注:《孟子译注》,中华书局1960年版,第259页。
② 周振甫译注:《周易译注·系辞下传》,中华书局1991年版,第256页。
③ 张载著,章锡琛点校:《张载集》,中华书局1978年版,第62页。

们往往追求超越现实的政治理想和文化价值，致力于有关政道的思考。另一方面，他们还是"大夫"，他们特别希望与君王的政治合作，有志于参与君主主导下的政治体系与经世治国，又留下了大量治术的探讨。所以，在儒家的子学著作中，除了关怀超现实的政治理想、人格理想之道外，还涉及儒家士大夫关怀的经邦治国的实用理性，他们的学术思想包括有关治国平天下的治国之术。

这一节，我们从儒家诸子的"士大夫"身份出发，进而探讨儒家学者的治术思想。

一　儒家诸子的双重身份：士人与大夫

儒家诸子的社会身份首先是"士"，儒家诸子之所以能够具有独立思考和思想创新能力，提出和倡导独立的价值理想，与他们的士人身份和士君子的人格追求有关。"士"在春秋战国时期属于民间学者，故而他们秉持的思想视角、政治倾向往往是民间的；作为知识群体，他们的政治观念、思想形态也往往是理想主义的。

但是，儒家士人总有一个强烈愿望，就是能够有机会进入国家权力体系而成为"大夫"。因为他们只有参与到治国平天下的政治活动中，才有可能实现"天下有道"的政治理想和文化理想。儒家士人一旦成为"大夫"以后就是朝廷命官，就可以分享君主控制的政治权力，故而也需要参与社会和政治治理并承担相应的责任。这样，他们所处的社会身份、思想视角发生了重要的转变，他们的政治观念、思想倾向就会变化。作为"大夫"，他们必然追求现实功利和实用理性的"治术"。

所以，先秦时期的儒家士人群体一方面与隐士群体很不一样，隐士群体（如杨朱、庄子）总是躲避政治、疏离君主，而儒家士人群体则总是盼望得到天子、诸侯的重用，获得卿大夫一类的重要政治身份，以完成他们的社会理想和政治事业。尽管许多儒家学者一开始是以个人身份从事学术研究和思想传播，但是他们又确实盼望早日在政治上显达，并往往表现出对君主认可的期盼。但是另一方面，儒家士大夫群体又不同于法家、纵横家，法家、纵横家等完全依附君主、逢迎君王，仅仅是帮助君王掌控政治权力和延长朝廷祚命，并无超越现实权力的政治目标，而儒家诸子则坚持超越现实权力的政治目标，总是有自己独立的"志于道"的政治理想与文化使命。

早期儒家诸子大多具有士大夫的社会身份,他们努力追求"士"的思想创造与"大夫"经邦济世的统一。如儒家学派开创者孔子,他一生追求"士"的思想创造与文化传承,其精力大部分花在整理文献与讲学方面。与此同时,孔子也有"大夫"的人生经历,尽管他做官的时间不长,地位也不是特别重要,但是他一直在寻找继续从政治国的机会。他带领弟子周游列国,其实就是希望得到诸侯国君的认可和重用。他心中念念不忘的是:"夫召我者,而岂徒哉?如有用我者,吾其为东周乎?"[1] 孔子如此,孟子也是如此。尽管孟子是一个独立意识很强的士人学者,但是他仍然具有很强的从政意识。他也有"大夫"的政治地位,只是一直没有掌控权力的实职,他十分向往能够得到重要政治地位并掌握实质政治权力,他自己认为:"如欲平治天下,当今之世,舍我其谁也?"[2] 孔门后学的众多学者中,无论是那一些在仕途上兴旺发达者,还是另一些终身读书教书者,往往均是将出仕做官作为自己理想的人生道路。在两千多年的历史变迁中,"学而优则仕"一直是儒家士人希望和追求的标准化人生目标。以后,由于中国选士的制度化,逐渐形成了一种特有的士大夫社会阶层,他们不仅在文化思想的创造和传播方面居于主体地位,同时在推动社会发展、实施国家治理方面也发挥了重要的作用。

从春秋战国到两汉,儒家士大夫的社会阶层和知识群体逐渐形成。此后,儒家士大夫在中国传统社会的地位日渐重要,并且成为中国传统政治体系中的清流。尽管儒家士大夫为了实现与君王的政治合作,首先要肯定君主主导的国家政治权力,要维持"君君、臣臣、父父、子子"的政治秩序,这是实施国家治理的必要前提条件。但是,儒家诸子又明确反对君主的政治独裁,倡导君臣互信、君臣共治的政治合作。他们认为:"故正义之臣设,则朝廷不颇;谏、争、辅、拂之人信,则君过不远……故明主好同而暗主好独,明主尚贤使能而飨其盛,暗主妒贤畏能而灭其功。"[3] 也就是说,君臣之间合作必须秉持的道义精神是朝廷稳定、

---

[1] 杨伯峻译注:《论语译注》,中华书局1980年版,第182页。
[2] 杨伯峻译注:《孟子译注》,中华书局1960年版,第109页。
[3] 北京大学《荀子》注释组注释:《荀子新注》,中华书局1979年版,第214—215页。

国家安泰的保证。那些能够与群臣互信、群臣共治的君主才是"明主",而那些大权独揽的"好独"者则是"暗主"。而且,儒家士大夫倡导君臣互信、君臣共治的政治合作,有一个根本的政治前提,就是天下并不是君主一人的天下,而是天下人的天下。所以,儒家的政治哲学在讨论政治权力的来源时,总是坚持民本原则。正如荀子所说:"天之生民,非为君也;天之立君,以为民也。"[1] 所以,儒家士人参与到国家政治事务中,虽然在中国传统政治制度中士大夫是隶属于君主的臣下,必须服从君主的权力。但是,他们又总是强调,儒家士人掌握着治国之道并拥有国师的道统地位,故而并不能够完全成为君王的附庸。当君主违背道义时,儒者不应该是完全依从君王的臣下,而应该表现出"从道不从君"[2] 的士大夫独立人格。早期儒家士人的思想理念和政治实践,建构出一种独特的士大夫独立人格的精神传统。

既然儒家诸子兼有"士"与"大夫"的不同社会身份,这些不同的身份认同会导致不同的价值取向与思想视角,由此形成不同的思想形态和思想组合,形成一种影响深远的士大夫文化传统。由于儒家士大夫是传统社会的精英阶层,在传统中国的思想文化方面均占据主导性地位,对中国传统的政治形态与中国思想文化的建构,均可能产生了积极正面的历史影响。一方面,从中国传统的政治形态方面来说,当儒家士人以"大夫"身份进入权力体系并从事国家治理时,往往会受到其作为士人身份所特有的社会视角、思想观念的影响,儒家士人所信奉的以民为本、为政以德的政治理念,可能会对他们的政治人生产生影响。儒家士人本来倡导"以道事君",他们步入仕途而成为"大夫"之后,仍然会受到儒家基本的政治理念与价值信仰的影响,其中一些还会表现出儒家士大夫特有的人格精神和价值信仰。另一方面,从中国思想文化的建构方面来说,当儒家士大夫作为"士"的身份从事思想文化的创造时,会充分考虑自己所要承担社会管理和政治治理的"大夫"责任,故而他们要求自己的思想文化创造总是具有很强的社会政治实用性,他们特别强调务实的实用理性精神。儒家学派从产生开始就表现出经世致用的功利追求,

---

[1] 北京大学《荀子》注释组注释:《荀子新注》,中华书局1979年版,第458页。
[2] 北京大学《荀子》注释组注释:《荀子新注》,中华书局1979年版,第213页。

这一点，深刻地影响了两千多年的中国学术传统和士大夫思想传统。在中国学术史上，无论是非常严肃专门的经学研究，还是浩繁史籍的史学研究，甚至是表现情感的诗词歌赋，儒家学者均是将其与治国安邦、经世致用的政治功用统一起来。由于儒家士大夫思想传统的影响，使得两千多年的中国传统学术，形成和发展了经学的通经致用、史学的资治通鉴、子学的政道治术、文学的文以载道，奠定了中国思想学术的经世致用及其务实传统。

当然我们也应该看到，儒家士大夫的身份认同差导致的不同价值倾向和思想视角，也可能产生一些负面影响的组合。儒家士大夫作为文人学者要承担知识创造、思想建设与文化传播的职能，但是他们又不得不参与政治而从事国家治理，他们如何在"士"与"大夫"差别甚大的不同社会身份之间取得平衡？这有时可能成为一个不容易解决的难题，有时还会使他们陷入困境。儒家士大夫要从事国家治理，就必须参与到君主主导的政治体系，成为服从君主的臣下。他们往往会陷入"从道"还是"从君"的选择，其实大夫"从君"往往是一种常态，这就可能使他们难以在知识、思想领域坚持其独立性、公正性的立场，可能会影响到他们成为社会良知与人类理性的代表，影响到他们应有的求真的知识理性、求善的价值判断、求美的艺术创造、求圣的精神超越。另外，"士"的浪漫理想和独立思想，也可能使儒家士大夫难以成为一个追求务实、卓有成效的行政官员。他们作为优秀士人的诗词歌赋的文学才华、诘经考史的学术精神、身心性命的义理思辨，可能与他们的国家治理、政治周旋的行政官员身份没有内在联系，有时还会对他们的政治治理的能力和效率产生负面影响。

二 不同身份认同的孟荀之争

由于儒家士大夫兼有"士"与"大夫"的不同社会身份，每一个具体的个人往往会产生身份认同的差别，进而形成"士"或"大夫"的不同价值取向和思想视角，导致他们学术旨趣的差别，并引发儒学学派的外在分化。孔子逝世后"儒分为八"，特别是后来形成孟子、荀子两大不同学派，尽管他们均属于儒家，但是仍然在许多重要思想上产生分歧。孟子、荀子两大学派之所以会有这么大的思想分歧，可以追溯到儒家士大夫的身份认同的差别，特别是作为"士"的理想性追求与"大夫"的现实性追求的不同取向，影响了后世两千年儒学的演变和发展。

我们知道，"士"与"大夫"拥有不同社会职能、思想视角。"士"应该是一个追求文化理想、思想独立的知识群体，故而形成了孔子所讲的"士志于道"的理想追求。而"大夫"属于朝廷的官僚群体，他们必须立足于现实，围绕实际的政治治理问题而提出一套有效的治术，故而他们总是念念不忘"平治天下"的政治功利。所以说，"士"与"大夫"的理念、目标是有区别的，"士"特别关注政治的道德目标、文化理想，"大夫"则更为关注政治的治理能力与现实功效。然而，作为一个完整的阶层群体必须实现"士"与"大夫"的合一，这样，理想形态的儒家士大夫往往是既关心"天下有道"的价值理想，又关心"天下大治"的治理能效。

所以，儒家诸子的思想内容十分广大和丰富多彩，并且形成了思想差别很大的不同儒学派别，其实他们思想分歧根源于其士大夫的身份认同。孟荀之争当然可以从思想、学术等各种不同的视角展开研究和讨论，以探讨早期儒学的演变和发展。同时，我们也可以顺着"士"与"大夫"的不同功能、不同立场，重点从"士"的理想性追求与"大夫"的现实性追求的不同取向，简要地将先秦儒家分为重"天下有道"的理想派和"天下大治"的务实派，前者以孟子为代表，后者以荀子为代表。

同样是儒家子学，孟学和荀学确实有很大的区别。他们的思想为什么会形成这么大的区别？这里，我们可以考察孟学、荀学思想差异的几个重要方面，进而指出其思想各异的原因。

第一，良知自觉与礼法制度。

社会秩序如何建立起来？国家治理的关键在哪里？由于"士"与"大夫"的不同思想视角与政治理念，儒家学者形成了不同的经世观点。一般来说，儒家士人的思想视角与政治理念比较偏重思想道德，他们强调国家的政治秩序、治理效能的关键是道德，故而必须重视人的德性的培养教育，特别是统治者的良知自觉更是其中的关键。而"大夫"的政治经验和思想视角则比较偏重于政治法律制度，特别重视法律政治制度的建设和实施，坚持礼法制度才是维护政治秩序、获得治理效能的关键。

孟子显然秉持"士"的政治立场和思想视角，他重视德性的培养教育，强调个体的良知自觉在社会秩序、国家治理中的作用。在《孟子》一书中，我们可以读到孟子的理想化的"仁政"蓝图，为实现合乎儒家仁政理想的目标，孟子不仅强调士人的修身，还强调君王必须以修身为本。由于君主权力至高无上，所以孟子特别强调对君主的德性培养，强调必须不断启发、拓展君王的"不忍人之心"。他提出，君主一旦"以不忍人之心，行不忍人之政"，就可以"治天下可运之掌上"①。孟子坚持士人的独立性人格和价值理想，提出了一种典型的政治浪漫主义的理想国——仁政，他的这种政治理想是建立在对人性的理想主义的想象和乐观主义的信念之上。孟子强调人性本善，因为人人先天就有恻隐之心、羞恶之心、辞让之心、是非之心。国家治理最重要的手段是德性教育，首先士人应该以修身为本，成为道德典范的君子、贤人；其次，士人应该启发君主的道德本性，说服君主"以不忍人之心，行不忍人之政"；其三，士人、君王要推行教化，使天下之人归心，《礼记·学记》将其概括为"建国君民，教学为先"。显然，孟子倡导统治者以道德自觉为基础的仁政思想，希望以温和的道德手段实现政治的道德目的，充满了儒家士人理想化的政治浪漫主义色彩。孟子的政治思想体现出政治目标的完美性、政治治理的温和性、政治人格的道德性。在儒家子学中，孟子凸显了战国时期士人的独立性人格，表达了儒家士人的价值理想。孟子的政治思想是最能够体现士人理想主义精神气质的。

而荀子则表现得现实多了。荀子思想偏重于儒家"大夫"的社会追求，表现了他们有志于治国平天下的务实精神。在《荀子》一书中，我们可以读到作为儒学大家的荀子对战国时期的国家治理、天下统一的冷静而务实的思考。他的《王制》《富国》《王霸》《君道》《臣道》《致仕》《议兵》诸篇，从篇名就可以看到一个儒家士大夫对国家治理、权力运作的精心思考，对政治功业的强烈追求。荀子显然没有孟子对人性的理想主义憧憬和乐观主义信念，他完全从历史和现实的事实出发，坚持对人性的经验判断和现实理解。所以，荀子坚持从经验事实来考察人性，认为人性无非是"目好色，耳好声，口好味，心好利，骨体肤理好愉佚，

---

① 杨伯峻译注：《孟子译注》，中华书局1960年版，第79页。

是皆生于人之情性者也"①。既然人生有欲则必争，争则乱，如何建立一个稳定的秩序？对人性的经验判断和现实观察，使得荀子相信必须依靠外在的社会制度、规范，才能够达到国家治理、天下安泰的政治目的，而这一套国家制度、社会规范就是礼法制度。荀子并不认为通过个人的仁心可以完成国家治理，而是将希望放在礼法制度的建设和执行上。他说："《礼》者，法之大分，类之纲纪也。"②"君法明，论有常，表仪既设民知方。进退有律，莫得贵贱孰私王？"③显然，荀子的政治思想有更加清醒的现实思考、更加冷峻的政治理性、更加具有操作性的治理方法，总之，荀子的政治思想更加具有现实主义特色，这些思想其实均源于"大夫"的政治经验和思想视角。

第二，王道与霸道、法先王与法后王。

春秋战国时期，儒家倡导和继承三代先王的王道政治。但是，由于"士"与"大夫"的不同社会身份和思想视角，儒家士大夫同样面临对三代先王的王道与霸道、法先王与法后王的不同理解和评价。

孟子的政治思想还有一个突出的特点，就是大讲三代先王的王道政治，将其政治浪漫主义的仁政，归结为三代先王创建的"王道"，并且将"王道"和"霸道"作为两种对立的政治路线。孟子将"以力服人者"称为"霸道"，行"霸道"者对外靠军事力量，对内靠严刑峻法。孟子认为推行"霸道"虽能暂时获得诸侯政治权力、维持国家治理，但决不可能真正得天下，他说："不仁而得国者，有之矣；不仁而得天下者，未之有也。"④他强调只有推行"王道"者才能得天下，因为行"王道"者讲仁政、重德治、行"文德之教"，和"以力服人"的"霸道"不一样，这是一种"以德服人"的"王道"，它是使天下百姓"中心悦而诚服也"⑤，他心目中的先王就是靠"王道"才获得天下的。他严厉批判战国时期的争霸战争，说："五霸者，三王之罪人也；今之诸侯，五霸之罪人

---

① 北京大学《荀子》注释组注释：《荀子新注》，中华书局1979年版，第393页。
② 北京大学《荀子》注释组注释：《荀子新注》，中华书局1979年版，第7—8页。
③ 北京大学《荀子》注释组注释：《荀子新注》，中华书局1979年版，第424页。
④ 杨伯峻译注：《孟子译注》，中华书局1960年版，第328页。
⑤ 杨伯峻译注：《孟子译注》，中华书局1960年版，第74页。

也；今之大夫，今之诸侯之罪人也。"① 在这里，孟子对那些推动诸侯之间的兼并战争的"大夫"给予了最为严厉的斥责。孟子反复强调仁道所具有的巨大力量，远远要超过军事、政治，所以孟子反复强调："仁人无敌于天下。"② 孟子是儒家士人的代表，他所谓"王道"不过是士人的理想主义政治价值的表现。人们难以在实际历史中找到这种理想化的王道政治，而只能够在儒家士人的诸子学中，才能够看到这种王道政治的细致描绘，因为它代表的恰恰是儒家士人向往的政治理想。

荀子作为一个儒家士大夫，既是理想主义的士人，十分推崇"王道"；又是一个务实主义的大夫，同样也欣赏"霸道"。在他的观念中，"王道"和"霸道"不是两种对立的政治立场，而只是政治家在具体历史条件下采用不同的策略而已。他说：

> 王夺之人，霸夺之与，强夺之地。夺之人者臣诸侯，夺之与者友诸侯，夺之地者敌诸侯。③
> 故用国者，义立而王，信立而霸，权谋立而亡。④
> 王者富民，霸者富士。⑤

荀子肯定王道，也肯定霸道，只是他对那一种仅仅是依赖暴力、权谋而夺地立国者持否定态度。与此相关，荀子对孟子的法先王也提出不同的意见，曾经批评孟子"略法先王而不知其统"⑥。荀子在法先王与法后王方面，提出了自己独立的见解，他说："略法先王而足乱世；术谬学杂，不知法后王而一制度。"⑦ 表面看来，荀子似乎反对"法先王"，其实，正如荀子是对"王道"和"霸道"并举，他对"法先王"与"法后王"也同样推崇。他反对的是"俗儒"的那一种粗略的"法先王"之

---

① 杨伯峻译注：《孟子译注》，中华书局1960年版，第287页。
② 杨伯峻译注：《孟子译注》，中华书局1960年版，第325页。
③ 北京大学《荀子》注释组注释：《荀子新注》，中华书局1979年版，第120页。
④ 北京大学《荀子》注释组注释：《荀子新注》，中华书局1979年版，第162页。
⑤ 北京大学《荀子》注释组注释：《荀子新注》，中华书局1979年版，第119页。
⑥ 北京大学《荀子》注释组注释：《荀子新注》，中华书局1979年版，第67页。
⑦ 北京大学《荀子》注释组注释：《荀子新注》，中华书局1979年版，第105页。

说,那是将先王之道作了不当的理解。而他既推崇"雅儒"那一种"法后王,一制度,隆礼义而杀诗书,其言行已有大法矣"①。他同样推崇"大儒"那一种"法先王,统礼义,一制度。以浅持博,以古持今,以一持万,苟仁义之类也"②。有学者认为荀子的思想矛盾,其实,荀子对"王道"和"霸道""法先王"与"法后王"的同样推崇,恰恰是基于他的务实主义的政治态度,表达的是儒家士大夫的综合性社会身份和思想视角。

第三,为师与为臣。

儒家士人参与政治,成为朝廷的官僚即大夫,由于他们希望成为"以道事君"的儒家士大夫,故而和君主的关系有一些复杂。一方面,他们是"道"的承担者,他们具有引君于道的政治使命,故而是君主的师长;另一方面,他们在君主主导的政治体系中是朝廷的臣僚,他们必须成为臣服于君主,认同自己的臣僚身份。儒家士大夫一旦入仕,总是要面临一种既为师又为臣的困扰。一般来说,那些强调"士"的身份认同者,其思想中的理想主义色彩比较突出,故而强调其为师者的身份;而那些具有"大夫"的务实性追求者,往往强调其为臣者身份,从而产生了不同的思想取向和政治主张。

孟子是一个理想主义的儒家士人,在他的思想深处,总是特别强调儒家士人的师长身份和师道尊严。他认为儒家学者的最高境界是圣人,"圣人,百世之师也"③。譬如孔子,就是"自生民以来,未有盛于孔子也"④。至于当朝的儒家士君子,则应该是当朝君王的师长,承担教诲君王的职责。孟子本人就坚持自己必须以传道的师长身份,参与到君主主导的政治事务中。他对齐国君王说:"我非尧舜之道,不敢以陈于王前。"⑤但是,在国家权力体系中,持道的士君子只是君王的臣子,必须忠诚、服从君王的权力。当王权与道统对抗时怎么办?孟子坚持理想主义的士人人格精神,他在讨论士君子面对君主强权时,强调士君子应该

---

① 北京大学《荀子》注释组注释:《荀子新注》,中华书局1979年版,第105页。
② 北京大学《荀子》注释组注释:《荀子新注》,中华书局1979年版,第105页。
③ 杨伯峻译注:《孟子译注》,中华书局1960年版,第329页。
④ 杨伯峻译注:《孟子译注》,中华书局1960年版,第64页。
⑤ 杨伯峻译注:《孟子译注》,中华书局1960年版,第89页。

坚持一种独立人格精神。他说："居天下之广居，立天下之正位，行天下之大道；得志，与民由之，不得志，独行其道。富贵不能淫，贫贱不能移，威武不能屈，此之谓大丈夫。"① 孟子还强调："说大人，则藐之，勿视其巍巍然。"② 由此可见，孟子作为一个理想主义的儒家士人，坚持士大夫必须要"以道事君"，特别强调儒家士人的为师者的身份，强调士大夫在君王前面应该坚持自己的独立人格和师道尊严。

荀子作为儒家士大夫，虽然也认同儒家学者的师长身份，主张士君子从政时应该坚持"从道不从君"③ 的原则，希望士君子在从政时，能够"道义重而轻王公"。这些均是儒家思想的基本价值信念。但是，荀子又是一个坚持现实线路的大夫，作为一个具有务实性追求的儒家士大夫，他不得不冷静面对君主主导下的政治体系，面对不臣服于君主而带来的严重后果。所以，和孟子乐观地相信"仁人无敌于天下"④ 不同，荀子充分认识到君主政治制度的所以然和所当然，并且意识到君主权势的巨大威力。他说：

> 天子者，势位至尊，无敌于天下。⑤
> 君者，何也？曰：能群也。能群也者，何也？曰：善生养人者也，善班治人者也，善显设人者也，善藩饰人者也。⑥

他相信，君主是人类社会不能够缺少的制度设计，他是建立社会秩序、实现国家治理的必然条件。与孟子理想中道德人格的"仁人无敌于天下"不同，荀子遵从现实中君主权力的"势位至尊，无敌于天下"。所以，荀子认为儒家士大夫必须承认这一个政治现实，认同、遵循这种君主政治权力的支配。荀子所讲的"臣道"，就不是孟子倡导的"富贵不能淫，贫贱不能移，威武不能屈"的独立人格。相反，荀子认同参与政治、进入

---

① 杨伯峻译注：《孟子译注》，中华书局1960年版，第141页。
② 杨伯峻译注：《孟子译注》，中华书局1960年版，第339页。
③ 北京大学《荀子》注释组注释：《荀子新注》，中华书局1979年版，第213页。
④ 杨伯峻译注：《孟子译注》，中华书局1960年版，第325页。
⑤ 北京大学《荀子》注释组注释：《荀子新注》，中华书局1979年版，第293页。
⑥ 北京大学《荀子》注释组注释：《荀子新注》，中华书局1979年版，第197页。

权力系统的士大夫的追求自保策略的"臣道",他在《臣道》一文中讲道:"事圣君者,有听从无谏争;事中君者,有谏争无谄谀;事暴君者,有补削无挢拂。追胁于乱时,穷居于暴国,而无所避之,则崇其美,扬其善,违其恶,隐其败,言其所长,不称其所短,以为成俗。"① 荀子认同士大夫服侍不同君主可以采取不同的"臣道",特别是在"无所避之"的特殊时期,作为臣子的士大夫甚至可以见机行事,将逢迎君主作为一种可以采用的策略。这一种思想,显然不是孟子追求"士"的师道尊严,而是具有实用理性色彩的"大夫"的为臣策略。

三 儒家诸子学及其衍化

儒家诸子学的主体是士大夫,故而也可以将儒家诸子学视为儒家的士大夫之学。从孔子开始到西汉初的约三百年间,是儒家士大夫之学的奠基期。儒家诸子为重建社会秩序和文化价值,通过对上古王道政治、文化理想的追求,以淑世的精神参与社会,开展对现实政治的批判和文明的重建,从而构成儒家士大夫之学的重要思想传统。

儒家士大夫之学有什么特点呢?显然,儒家士大夫之学与其他先秦诸子之学有显著不同。春秋战国时期还有道家、墨家、法家、纵横家、兵家等不同学派,当其他学派采取依附君主、疏离君主的政治态度时,儒家坚持采取与君主的政治合作态度。所以,儒家士大夫群体不会依附、逢迎君王的争霸野心,不会完全以君王的政治目标为自己的政治目标,而是一个追求理想、思想独立的知识群体,能够坚持"士志于道"的政治理想与文化使命。同时,儒家士大夫也不会躲避政治、疏离君主,而是积极参与以君权为核心的政治体制,成为臣服于君王的官僚群体,他们是一个立足于现实政治,追求"平治天下"的政治效能的"大夫"。无论是在思想学术的研究领域,还是在国家治理的实际过程,他们均坚持一种与君王合作的政治态度。

早期儒家诸子之学留下了大量的子学著作,他们通过自由讲学和独立著书,反复倡导仁爱、忠恕、中和、王道、仁政、民本、大同等一系列思想理念,均表现出儒家士大夫之学的思想特点。他们采取与君主的

---

① 北京大学《荀子》注释组注释:《荀子新注》,中华书局1979年版,第215页。

合作态度，希望将自己倡导的仁爱、王道、仁政、民本融入君王主导的政治制度、意识形态、经世实践之中，以建构出儒家士大夫之学的政治理念、道德理性、文化理想及其思想传统。儒家士大夫往往会因他们过于关注政治的理想性、道德性，故而常常与君王产生矛盾、形成冲突；又因为他们总是追求政治的务实性、有效性，故而也可能与君王建立起密切的合作关系。

尽管儒家诸子具有同样的价值体系，具有同样的入世情怀，但是仍然因不同的思想视角、偏于不同的价值理念，最终导致儒学内部的思想分歧和学派差异。所以，儒家士大夫并不是一个思想观念完全一致的社会群体，他们在思想观念、社会职能上往往会有很大差别，并且形成了内部分歧很大的不同思想和派别。儒学内部的思想分歧和学派差异，其实是根源于儒家士大夫对其"士"与"大夫"两种不同社会身份认同的偏重而已。

在后来两千多年的儒学衍化过程中，出现了许多思想与学术的分野，产生了不同形态的儒学，如果追溯源头，均可能与其"士"与"大夫"的不同社会身份偏重有关。在这里我们列举几个。

第一，庙堂儒学与山林儒学。

汉代以后，随着儒学得到统一帝国的认可，开始步入庙堂，获得独尊的地位。与此同时，儒学形态也开始分化，无论是儒家学者群体，还是儒家学术思想，均可以分成两种差别很大的形态。"独尊儒术"只是让一部分儒者步入庙堂，成为帝国政治的组成部分，那些儒家学者获得卿大夫之职，他们的学术思想成为国家学术和官方意识形态，使儒学最大限度地发挥其社会政治功能。而另一部分儒家学者、儒家学术则留在民间，他们主要在民间继续从事儒学的研究和传播。这一种民间儒学既是士人们创造的精神世界，又是他们安身立命的精神支柱，它们能够特别表现出一种思想创造力和文化批判精神。学者们分别称其为庙堂儒学与山林儒学。

显然，庙堂儒学与山林儒学的分野表现出儒家士大夫对其"大夫"与"士"的不同职责的强调。庙堂儒学的学者倾向于其"大夫"的政治责任，所以，他们关注儒学的政治功能和经典建构，注重儒学体系中有关典章制度、国家治理、社会教化等涉及经邦济世的经学典籍。如西汉董仲舒及其今文经学,就是这一种庙堂儒学的显著代表。董仲舒为太学的博士,他给汉武帝的"天人三策",深得汉武帝的赏识,被任命江都王相。他的《春秋》公羊学为汉帝国建立了国家学术和意识形态。而东汉王充则是两汉时期民间儒学的典型代表。民间儒学的学者倾向于其"士"的学术情怀,所以,他们关注儒学的思想创造和文化批判。王充一辈子在民间从事学术研究,他的诸子学著作《论衡》,对两汉流行的天人感应的种种虚妄迷信做了系统的批判,充分继承了先秦儒家士人和子学的文化批判精神。

第二,心性儒学与政治儒学。

在先秦儒家诸子那里,就可以发现儒学已经分为两种不同的学术兴趣和思想形态。一些儒家学者追求注重个体精神信仰问题,关注个体心性修养,偏爱义理思辨,人们把这一种儒学称为心性儒学。而另一些儒家学者则注重社会政治问题,关注经世致用,偏爱政治制度考察,人们把这一种儒学称之为政治儒学。这一种心性儒学与政治儒学分野,可能与学者个人的知识兴趣有关,但是其主要原因,仍然是与他们对"士"与"大夫"的不同社会身份偏重有关。

魏晋时期的学术界,就鲜明体现出这两种不同的学术兴趣和思想形态的分野。魏晋时期风流名士的突出特点是个体意识的觉醒,无论是"正始名士",还是"竹林名士",或是"中朝名士",他们有一个共同特点,就是表现出对个体生命的关注与个性情感的张扬。这种个体意识的觉醒,使得魏晋名士全面关注一种与个体存在相关的一切价值。魏晋名士通过对儒家经典和道家经典的诠释,建构了一种新的学说。魏晋名士们热衷于讨论"玄理",他们以《易》《老》《庄》"三玄"为思想资料,清谈"性情""名教与自然""心性"等一系列心性儒学的问题。而另一方面,魏晋时期的官方学术则仍然是沿袭两汉以来以经学为主体的、服务于现实政治的儒学。魏晋时期官方设置的经学博士,仍然沿袭两汉的政治化了的经学。如西晋的官学制度:"太学有石经古文先儒典训。贾、马、郑、杜、服、孔、王、何、颜、尹之徒,章句传注众家之学,置博士十九人。"[①] 魏晋时期出现了经学大家王肃之学,其学足以与郑学抗衡,

---

① 房玄龄等撰:《晋书》卷75《荀崧传》,中华书局1974年版,第1977页。

故有郑学、王学之争。但是，他们作为与国家典章制度相关的政治化儒学的特点是一样的。王肃在论述自己为什么"以见异于前人"时说："是以撰经礼，申明其义，及朝论制度，皆据所见而言。"① 他在学术上申明新的经义，其实是与朝廷的政治制度、国家治理联系在一起的。

---

① 王肃：《孔子家语序》，见杨朝明、宋立林主编《孔子家语通解》，齐鲁书社2009年版，第582页。

第 三 章

儒家经学与两汉政治

两汉以后的帝王与士大夫通过政治合作而建构的政治制度和治理结构，并不是一种理性设计与自觉选择，而是经历了艰难的历史探索和政治妥协才出现的结果。从西周贵族政治的解体，到秦汉帝国政治的建立，经历了数百年的痛苦过程和艰难摸索。在这一历史过程中，掌握军政权力的帝王和拥有文化权力的儒家士人之间有一个相互认识、相互利用、相互磨合的过程。一直到西汉以后，才形成了君主与儒家士大夫共治天下的政治制度、治理结构及其相关的思想学说。

自汉武帝实行"罢黜百家，表章六经"[1]，儒家士大夫与帝王开始建立起一种新的政治合作关系，同时建立起以六经为核心的思想共识与政治制度。六经既体现为君主主导的政治体系、国家制度，也是儒家士大夫的政治理念与学术思想的经典依据。所以，六经之学成为儒学士大夫学术研究、文化教育的主体，是帝王支持下的王官之学与意识形态。儒家士大夫与帝王之间的政治合作和思想共识的建立经历了一个漫长的历史过程，深刻影响了儒家经学形态的思想特点，同时也深刻影响了中国传统国家治理结构的定型。

这一章，我们试图探讨汉帝国为何会接受与儒家士大夫的政治合作？儒家士大夫如何通过经学形态来建立与汉代帝王的思想共识？他们是如何完成一个"君主—士大夫"一体的政治共同体，进而建立起特有的政治治理结构并影响后世？

---

[1] 班固：《汉书》卷6《武帝纪》，中华书局1962年版，第212页。

第一节　天人三策：儒生与帝王的共识与盟约

在中国政治史和思想史上，西汉时期的"天人三策"是一个重大的标志性事件。董仲舒给汉武帝的"天人三策"，是君臣之间的庙堂应对？还是师生之间的传道解惑？历来就有不同的解读。其实，我们还可以有另外一种解读，即"天人三策"还可以理解为西汉时期士大夫与君王之间为开启政治合作的一场对话，从"天人三策"到"《春秋》大义"，其实表达了以董仲舒为代表的儒家士大夫与以汉武帝为代表的帝王之间在开展政治合作过程中达成的思想共识与政治盟约。

一　儒家士大夫与汉朝君主寻求合作

西汉的国家制度是承秦朝而来，但是，秦帝国的迅速灭亡，又给了继承秦制的汉代帝王一个严重的警告和深刻的借鉴，即不能够完全是依赖法家思想治理国家。西汉初年，朝廷逐渐意识到法家思想的严重缺陷，特别是汉武帝以来汉代国家实力空前强盛，他们亟须建立一个与强大帝国相适应的思想文化体系。显然，这一套思想文化必须要能够满足汉帝国的国家治理、社会秩序、思想统一的政治需要，而儒家倡导的王道政治、礼乐文化、纲常伦理等一系列国家治理思想，恰恰能够在一定程度上满足这一个时代的需要。许多儒家士大夫看到了这一千载难逢的机会。因此，儒家士人希望与汉代朝廷确立一种新的合作关系，通过共同倡导儒家学说以能够达到这一目的。那些有机会接近君主的儒家士大夫利用各种机会，向当朝的君主推广其儒家学说。汉初以来，就有叔孙通、陆贾、申公、贾谊、韩婴、董仲舒、胡毋生、辕固生等向君王宣讲儒学，他们在争取与君王合作的同时，其儒学思想也同时做出相应的改变，即改变春秋战国时期民间士人儒学的思想视角和价值立场，建立一个君王与士人均能够接受的儒学形态。叔孙通对汉高祖说："夫儒者难与进取，可与守成。"[①] 贾谊《过秦论》也是从"攻守势异"的角度劝说汉文帝采

---

① 司马迁：《史记》卷99《刘敬叔孙通列传》，中华书局1982年版，第2722页。

用儒家学说。显然，汉代的儒者为了取得与君王合作的机会，他们的价值体系、思想观念发生了变化，在依然保留儒家的基本政治理念的同时，由高调理想主义的"道"转变为现实功利主义的"治"，这是儒家士大夫寻求与君王合作的重要调整和实际代价。

汉武帝以后朝廷开始推行"罢黜百家，表章六经"的政策，但是两汉的国家制度、治理方法仍然是王霸并用、儒法兼容。许多学者曾经以"阴法阳儒"来描述君主政治的文化特征，即将君王推崇儒家的"仁政""德治"看作是一种政治上的手段，用以欺骗、愚弄被统治者。我们认为这一种观点是偏激的，也是非历史的。其实，汉王朝的"罢黜百家，表章六经"，可以看作以汉武帝为代表的帝王与以董仲舒为代表的儒家士大夫之间在开展政治协商、政治合作的基础上达成的思想共识与政治盟约。所以，我们可以进一步考察汉武帝与董仲舒之间的有关"天人三策"的一场对话。他们的对话，表现出帝王和儒家士大夫之间如何协调王道霸道而实现儒法之间的互补，最终达成国家治理的思想共识，并以这些思想共识为基础而共同制定的政治盟约。

两汉以来确立了中国传统政治形态。这是一种什么政治形态？主流的观点将其确定为君主政治，或者说是中央集权的君主专制政治。因为自秦以后，传统中国就确立了君主的世袭制度和以君主为核心的中央集权的政治制度。但是，我们会发现中国传统政治体系中并不完全是按照君主的意志建构起来的，相反，还有另外一种强大的力量在左右着政治制度的设计、政治治理的实施、政治趋势的发展，那就是儒家士大夫的文化主导力量。所以，钱穆先生曾经将中国传统政治形态确定为士人政治，认为主导中国古代的行政权力和国家治理的大权其实是掌控在以宰相为首的士人集团手中。[①] 钱先生对中国传统政治的见解独特，拓展了我们对中国传统政治形态的认识和理解。

应该说，汉以后的中国传统政治形态，既不完全是君主专制的政治形态，也不完全是士人政府的政治形态，而应该理解为君主与士大夫通过政治妥协、政治合作而建构起来的政治共同体。传统中国确实建立了君主的世袭制度和以君主为核心的中央集权的政治制度，但是，如果没

---

① 钱穆：《国史新论》，生活·读书·新知三联书店 2005 年版，第 69 页。

有士大夫的政治参与、思想主导，就不可能成功地建立起限制君权的权力制衡、选贤与能的人才选拔等体现君主与士大夫通过权力妥协、政治合作而建构起来的政治制度，同时，也就没有中国传统政治形态的强大国家治理能力，中华文明形态也不可能在人类文明史上那么强大并延续达几千年之久。

先秦儒家学者本来是从事民间讲学的士人群体，体现了儒家士人的独立思想。由于他们会执着地希望与君主合作，以进入王朝的权力体系中去，参与国家治理的政治活动，因此，源于民间讲学的儒学，就具有了演变为官学或意识形态的可能性。我们知道，从上古封建制的贵族政治解体，到中古建立起君主与士大夫的政治合作，经历了数百年的艰难摸索。一直到汉武帝"独尊儒术"以后，君主与士大夫共同治理国家的政治制度、治理结构才得以逐渐定型。

我们可以将汉武帝采取"罢黜百家，表章六经"的政策奠定儒家经学作为王官之学的重大历史事件，看作是汉代士大夫与君主在谋求政治合作过程中努力追求思想共识与政治盟约。这里，我们要进一步从汉武帝与董仲舒之间的有关"天人三策"的一场对话中探讨帝王与士大夫的政治盟约是如何能够建立起来的。

二　"天人三策"的政治协商

西汉建元六年，太皇太后窦氏驾崩，具有开拓精神、宏伟抱负的汉武帝全面掌控政治大权，他急切盼望能够在内外政策上进行一系列变古创制、更化鼎新。元光元年，汉武帝令郡国举孝廉，策贤良，他在当年策贤良文学诏中向董仲舒问道。董仲舒就武帝在天道、人世、治乱等三个方面的问题，一一从容作答，史称"天人三策"。

"天人三策"从表面上看是汉武帝向董仲舒策问治国大略，但是其实质却是君主、儒生寻求文化共识、政治协商的对话，其目的是确立君主与儒家士大夫合作的政治盟约。文化共识的对话者、政治盟约的制定者均是汉武帝与董仲舒，他们分别代表帝王与儒生，他们需要通过对话建立文化思想的统一与共识，通过合作而实现政治治理与国家强盛。虽然说汉武帝与董仲舒的关系是多重的：其一，他们是君臣关系，汉武帝拥有君主的政治权力，董仲舒承担臣下的政治义务，这首先是一场君臣之间有关治国方略的庙堂应对；其二，他们是师生关系，董仲舒是拥有知识权力的儒师，汉武帝则是急于获得长治久安之道的求教者，其次也可以看作是一场师生之间有关天人之际重大问题的传道解惑；其三，其实还可以将汉武帝与董仲舒的"天人三策"看作是一种寻求政治合作的协商与对话，汉武帝与董仲舒分别代表帝王与儒生，他们为了实现汉朝国家强盛、长治久安，均以尊重对方为前提而开展政治对话与政治合作。

从政治建构的视角来看，汉武帝与董仲舒的第一种、第二种关系是表面的、外在的，第三种关系才是实质的、历史的。汉武帝与董仲舒的"天人三策"之所以实质上是一种政治合作关系，是因为帝王与儒生本来就各有自己的利益、立场和观点。如果他们各执自己的立场，显然不能够真正维持好他们的君臣与师生的双重关系。所以，汉武帝与董仲舒双方均以一种政治协商与政治合作的态度，通过对话而希望建立一种共识或盟约。汉武帝并不因为君主掌握了政治权力而认为自己也掌握了文化资源的天人之道，他愿意听从、遵循董仲舒的文化权力，即他掌握的天人之道。汉武帝《制》曰：

> 朕获承至尊休德，传之亡穷，而施之罔极，任大而守重，是以夙夜不皇康宁，永惟万事之统，犹惧有阙。故广延四方之豪俊，郡国诸侯公选贤良修洁博习之士，欲闻大道之要，至论之极。今子大夫褒然为举首，朕甚嘉之。子大夫其精心致思，朕垂听而问焉。①

汉武帝表达了自己"欲闻大道之要，至论之极"的恭敬态度，也就是承认、尊敬儒生董仲舒的文化权力。同样，董仲舒也并不因为自己掌握了文化权力而否定帝王的政治权力，他愿意服从、遵循汉武帝为代表的中央集权的帝王政治权力。他对汉武帝表示：

> 臣闻天之所大奉使之王者，必有非人力所能致而自至者，此受命之符也。天下之人同心归之，若归父母，故天瑞应诚而至。《书》曰"白鱼入于王舟，有火复于王屋，流为乌"，此盖受命之符也。周

---

① 班固：《汉书》卷56《董仲舒传》，中华书局1962年版，第2495页。

公曰"复哉复哉",孔子曰"德不孤,必有邻",皆积善累德之效也。①

董仲舒肯定汉代朝廷能够建国,是因为有"非人力所能致而自至者"的"天意"合法性,所以他愿意服从、遵循汉武帝的政治权力,并且为这一政治权力的长治久安而效力。显然,当汉武帝与董仲舒双方均愿意尊重对方权力而不偏执于自己单方面权力时,这样,他们才有可能开展政治协商与政治合作。

既然双方已经确认了对方的权力和利益,这就要看董仲舒提出的方案和条件。董仲舒虽然明确表示自己尊重、服从君主的政治权力,在共同致力于汉帝国的长治久安的基础上,进一步提出自己主张的治国方略、大道之要。他强调要传承三王的王道政治,通过"更化"而确立德治、教化作为汉代的治国之道。他说:

> 故汉得天下以来,常欲善治而至今不可善治者,失之于当更化而不更化也。古人有言曰:"临渊羡鱼,不如退而结网。"今临政而愿治七十余岁矣,不如退而更化;更化则可善治,善治则灾害日去,福禄日来。《诗》云:"宜民宜人,受禄于天。"为政而宜于民者,固当受禄于天。夫仁谊礼知信五常之道,王者所当修饬也;五者修饬,故受天之祐,而享鬼神之灵,德施于方外,延及群生也。②

董仲舒特别强调,汉代"更化"而确立德治、教化的治国之道,其实来源于尧、舜、禹"三圣相受"之道,也是夏、商、周代代相传之道,其旨意是在强调儒家士大夫之道的权威性,既有文化的权威,也有政治的权威,因为尧、舜、禹、文、武均是"圣王"。他说:

> 夏因于虞,而独不言所损益者,其道如一而所上同也。道之大原出于天,天不变,道亦不变,是以禹继舜,舜继尧,三圣相受而

---
① 班固:《汉书》卷56《董仲舒传》,中华书局1962年版,第2500页。
② 班固:《汉书》卷56《董仲舒传》,中华书局1962年版,第2505页。

守一道，亡救弊之政也，故不言其所损益也。繇是观之，继治世者其道同，继乱世者其道变。今汉继大乱之后，若宜少损周之文致，用夏之忠者。①

董仲舒在此特别指出，他给汉武帝提出的治国方略、大道之要，其实是有着十分久远的来源，是尧、舜、禹"三圣相受"之道，也是夏、商、周一直贯彻、执行的"三代先王之道"。

董仲舒不仅为汉武帝提出了经世治国的大道之要，他又进一步提出了相关的方略和条件。他强调，为了保证汉帝国能够稳定而长久地坚持德治、教化的治国之道，他要求汉武帝必须独尊"六艺之科、孔子之术"，他说：

《春秋》大一统者，天地之常经，古今之通谊也。今师异道，人异论，百家殊方，指意不同，是以上亡以持一统；法制数变，下不知所守。臣愚以为诸不在六艺之科孔子之术者，皆绝其道，勿使并进。邪辟之说灭息，然后统纪可一而法度可明，民知所从矣。②

他还提出在教育制度上确立对儒家士人的培养，在政治制度上让儒家士人进入国家官僚队伍，这样才能够确保后代的帝国政治永远能够继续与儒家士大夫开展政治合作，共治天下。他说：

夫不素养士而欲求贤，譬犹不琢玉而求文采也。故养士之大者，莫大乎太学；太学者，贤士之所关也，教化之本原也。今以一郡一国之众，对亡应书者，是王道往往而绝也。臣愿陛下兴太学，置明师，以养天下之士，数考问以尽其材，则英俊宜可得矣。今之郡守、县令，民之师帅，所使承流而宣化也；故师帅不贤，则主德不宣，恩泽不流。③

---

① 班固：《汉书》卷56《董仲舒传》，中华书局1962年版，第2518—2519页。
② 班固：《汉书》卷56《董仲舒传》，中华书局1962年版，第2523页。
③ 班固：《汉书》卷56《董仲舒传》，中华书局1962年版，第2512页。

这一系列主张，可以看作是董仲舒对汉武帝开展政治合作、建立政治盟约而提出的合作条件或盟约条款。他提出，汉武帝必须采纳他的合作条件，在政治制度上确定儒生在体制内地位，并进一步实现"量材而授官，录德而定位"的儒生选拔方式，这样才能够保证汉帝国的长治久安。

但是，有一个问题，董仲舒给汉武帝提出了这一些重要的政治合作条件和建议，如何能够保证他们建立的政治盟约能够有效地执行呢？董仲舒为了确立他和汉武帝的政治盟约是有效的，必须找到一个双方均认可、敬畏的监督者，来承担这一政治盟约的强力推动和监督执行，他找到了这一个有力量的监督者——"天"。所以，董仲舒在其"天人三策"中，其实首先就要确立"天"的崇高权威。他强调说：

> 臣谨案《春秋》之中，视前世已行之事，以观天人相与之际，甚可畏也。国家将有失道之败，而天乃先出灾害以谴告之，不知自省，又出怪异以警惧之，尚不知变，而伤败乃至。以此见天心之仁爱人君而欲止其乱也。自非大亡道之世者，天尽欲扶持而全安之，事在强勉而已矣。强勉学问，则闻见博而知益明；强勉行道，则德日起而大有功：此皆可使还至而有效者也。①

董仲舒特别指出，儒生和君主的政治合作是建立在"天人相与之际"的基础上，故而"天"会通过天瑞、谴告的方式，来监督帝王一方对政治盟约的执行，以保证董仲舒提出的政治盟约条件能够有效地完成，特别是保证尧、舜、禹和夏、商、周一直贯彻、执行的"先王之道"能够得以继承和延续。

我们注意到，在汉武帝、董仲舒的"天人三策"对话过程中，"天"并不是政治对话的参与者，而始终是这一个政治盟约的公证者、监督者、裁决者。而且，根据董仲舒《春秋》公羊学的话语体系，他多次表述的"《春秋》之法"，君、民、天是这样一种关系："《春秋》之法：以人随

---

① 班固：《汉书》卷56《董仲舒传》，中华书局1962年版，第2498—2499页。

君,以君随天。……故屈民而伸君,屈君而伸天,《春秋》之大义也。"①在这里,出现了"屈民""伸君""屈君""伸天"几个十分重要的观念。说到这里,人们自然会问:与先秦时期的"天"相比较,董仲舒所说的"天"发生了什么重大变化?到底应该如何理解这一段话中的"天"?

在儒家话语体系中,"天"具有"天神"与"义理"双重含义。在三代时期的六经原典中,"天"的主导意义是宗教性的"天神",但是那些具有人文理性的先王又在努力探索"天"背后的"义理"意义;而在春秋战国早期儒家的思想中,"天"的"义理"意义凸显而成为思想主导,而其"天神"的意义已经淡化。我们会发现,在两汉的主流思想文化中,"天"似乎回归三代时期,呈现为"天神"的主导意义,董仲舒似乎在强化"天神"作为人格神的崇拜和信仰,而儒家"义理"只能够通过"天神"的意志而间接地表达出来。董仲舒说:"天者,百神之大君也。事天不备,虽百神犹无用也。"② 显然,这里的"天"是一个具有情感和意志的、人格化的神灵。董仲舒心目中的"天",还与人一样具有喜怒哀乐的不同情感:"天亦有喜怒之气、哀乐之心,与人相副。"③ 他认为"天"的情感会通过自然现象表现出来,他以喜气、怒气、乐气、哀气来描述"天"的情感变化。同时,"天"也是一个具有意志的大神,总是会通过自然界的万物生长来表达他的仁爱,譬如他说:"五谷食物之性也,天之所以为人赐也。"④ 可见,在以董仲舒为代表的汉儒这里,"天"似乎重新成为"天神""天意"的人格神,与夏商周三代时期的宗教信仰一致。这一点,反映了儒家士大夫文化在与王朝政治文化结合时,儒家士大夫的精神信仰发生了重要变化,他们不再将儒家政治伦理归结为人类的普遍情感心理,归结为士人的精神追求。这一种主体性道德精神对士大夫精英群体或许有一定效力,但是要对拥有极高政治权力的帝王发挥作用是很困难的。对于拥有无限权力的帝王来说,让他们能够遵循政治盟约的最有力的精神压力是人格意志的"天",也就是董仲舒在"天人三

---

① 董仲舒撰,张世亮等译注:《春秋繁露》,中华书局2012年版,第30页。
② 董仲舒撰,张世亮等译注:《春秋繁露》,中华书局2012年版,第536页。
③ 董仲舒撰,张世亮等译注:《春秋繁露》,中华书局2012年版,第445页。
④ 董仲舒撰,张世亮等译注:《春秋繁露》,中华书局2012年版,第599页。

策"所说的"国家将有失道之败,而天乃先出灾害以谴告之,不知自省,又出怪异以警惧之,尚不知变,而伤败乃至"。

所以,董仲舒将"天"宗教化为"天神""天意"的人格神,其最终目的还是在汉代政治体系中的人。对于迫切盼望与朝廷合作的《春秋》公羊学家来说,他们固然要借助"天神"的崇拜以"伸君",就是将"三纲"提升为天道以致"屈民而伸君";同样要借助于"天神"的崇拜以"屈君",即所谓"屈君而伸天"。这就是董仲舒的"《春秋》之大义"。

三 "天人三策"的历史意义

由此可见,董仲舒与汉武帝的"天人三策",确实是西汉时期士大夫与君王为开启政治合作的一场对话。从"天人三策"到"《春秋》大义",表达了汉武帝与董仲舒开展的政治合作。而董仲舒开出的"《春秋》之法"的整体方案,表达了儒家士大夫政治理念和合作构想。为了实现儒家士大夫与君主的合作,董仲舒必须首先肯定"屈民而伸君",这是实现政治合作的前提条件,但是,董仲舒又要求"屈君而伸天",这样才能够保证董仲舒提出的政治盟约条件能够有效地执行。在董仲舒与汉武帝的政治盟约中,"以人随君"与"以君随天""屈民而伸君"与"屈君而伸天"是一个整体。

历史事实证明,汉武帝采纳了董仲舒提出的合作条件,并且遵循了"天人三策"提出的政治盟约及其相关条款。汉武帝很快推动、实行了"独尊儒术"的文化政策,建立了以儒家经典为核心的博士制度;同时还推动了以儒家思想为主导的太学和地方官学体系的建立和完善,完善了儒生的体制化培养和选拔的机制。这一切,有效地确立了政治化、制度化的儒学,最终奠定了中华儒教文明的基础。后来历代朝廷也按照汉武帝奠定的政治形态和文化模式,尊重、服从儒学价值体系以及相关的文化权力,以维护儒教文明的稳定和发展。

在中国政治史上,汉武帝与董仲舒讨论"天人三策"是一个重大历史事件,其蕴含的历史意义本来就是多维的。我们当然可以将其看作是一个君臣之间的庙堂应对,也可以看作是儒学师生的传道解惑,但是我们更加可以将其看作是君主与儒者之间的政治盟约。汉武帝与董仲舒之所以能够通过"天人三策"而达成思想共识，是与他们之间的君臣关系、师生关系有关。作为君臣关系，董仲舒为汉武帝提供了最重要的治国方略；作为师生关系，董仲舒为汉武帝传授了最深刻的天人之道；但是，我们更应该将汉武帝与董仲舒看作是政治合作关系，拥有最高政治权力的帝王与拥有文化权力的儒生终于实现了具有国家建构目标的政治合作，从而不仅为汉朝的国家强盛、长治久安奠定了基础，同时也为中华儒教文明的成型奠定了坚实的基础。

第二节 董仲舒《春秋》大义与西汉政治

两汉经学的形成，推动了儒学与帝国政治的结合，强化了儒学的社会功能，同时奠定了儒教文明的格局。儒家经典的原始文本产生于上古三代特别是西周，而作为经典体系的成形则是在春秋战国，只是到了汉武帝实行"罢黜百家，表章六经"的政策以后，"五经"才列入国家制度体系而成为王官学。

《春秋》公羊学是汉代经学的代表著作，也是汉代形成的政治化儒学的典型形态。董仲舒的《春秋》公羊学从政治制度、思想信仰、知识形态的不同方面，实现了儒学与政治的密切结合。应该说，以《春秋》公羊学为代表的汉代经学是儒家士大夫与汉代朝廷开展政治合作的文化思考与政治建议。虽然儒家在合作过程中是有所得和有所失，但是其历史后果则是鲜明的：一个儒家文明中国的成形。

一 儒家士大夫及其汉代经学

"两汉经学"是中国学术文化的重要阶段和特别形态。两汉学界能够取得这样杰出的学术成就，既不仅仅是汉代帝王的文化政策，也不仅仅依靠儒家士大夫思想文化创造，而应该说是汉代儒家士大夫与汉代帝王开展政治合作的结果。

早在春秋战国时期，儒家士人开始整理三代先王留下的历史文献。到了汉武帝实行"罢黜百家，独尊儒术"的历史时期，经学已经基本形成。上古时期的先王是经典原始文本的制作者，他们因为文明开拓、国家治理、精神信仰的需求，创造并保留下来大量的文献、档案。先王留下这些原始文本的文献档案，既可以作为王官之学的教学材料，供王室贵族弟子学习先王的政治经验；同时也是一种历史文献资料的保存，以备后代朝廷参考借鉴。春秋战国时期，早期儒家学派收集、整理了上古先王留下来的文献，就是《诗》《书》《礼》《乐》《易》《春秋》的"六经"系统。早期儒家不仅整理出这些典籍，还通过"传""记"的体裁讲述和解释"六经"，对"六经"原典的形式、内涵、意义、价值做出了一系列创造性的诠释。

但是，人们讲春秋战国的标志学术仍然只讲诸子之学，而将儒家"经学"归之于"两汉"。为什么历史学家要将儒家经学归之于"两汉"呢？

我们应该从时代的学术思潮来考察。研究中国思想学术发展史，每一个重要的社会历史的变革时期，均会产生相关的时代思潮和学术形态。所以，后来的历史学家根据不同历史时期所需要解决的重大问题以及相关的时代思潮，将中国学术思想史表述为先秦诸子、两汉经学、魏晋玄学、隋唐佛学、宋明理学、清代考据学等不同学术形态。"六经"文本及其思想体系的真正成形，是在轴心文明时期的春秋战国年代，儒家学派通过整理和诠释才建立了"六经"。但是，春秋战国时期在当时影响最广、对历史影响最深的主流学术，还是诸子百家之学。春秋战国时期所需要解决的重大历史问题，其实就是在三代封建制的政治解体、人们面临"礼崩乐坏"的文化剧变，天下的未来向何处去？这成为那个时代的核心问题。由于春秋战国文化下移，士人群体思想空前活跃，诸子百家兴起，引发知识界的思想大解放。诸子百家之学能够成为这一个时代的主流学术思想，是因为他们从不同角度探讨那个时代的核心问题，并且做出了具有开创意义的回答。显然，这时儒家还只是诸子之一，而经学则只是儒家思想的依据，还不可能成为主导这一个历史时期的主流学术思想。丰富多彩的诸子百家之学，基本上奠定了中国思想文化的基础和格局。所以，历史学家以"先秦诸子"称呼这一段时期的思想学术是非常合适的。

到了两汉时期，儒家经学成为主流的学术思潮。两汉是中国古代一个非常重要的社会历史的变革时期，这是一个从三代以血缘为基础的封建制过渡到秦汉帝国集权制的时代。儒家士大夫需要通过与帝王的合作，建立起适应这一个时代的国家意识形态和国家学术制度的需要，儒家建立的经学满足了那个时代的文化需求。

汉代经学的形成背景是儒家士大夫希望与帝王开展政治合作。

从儒家士大夫方面来说，以儒学立国正是他们追求的目标。儒家士大夫迫切希望与朝廷合作，才有可能建立起以儒学为核心的意识形态和文化体系。本来，将儒学从儒家学派的文献典籍、师生讲学，转变为国家的政治制度层面，落实于社会政治实践，这一直是儒家士大夫的终生奋斗目标。从孔子创立儒家学派，到战国到秦汉之际，孔门弟子一方面积极传播、重建儒学，另一方面也在不断说服各国的君王和权臣，希望他们能够采纳自己的儒家学说。但是，早期儒家对政治目标过于追求理想、对政治秩序过于依赖道德、对君主权力过于严厉苛责，使得他们在争霸时代的春秋战国找不到愿意采纳其主张的君王。秦国的强大是他们采用法家思想的结果。但是，强大的秦国顷刻之间灭亡，又给了儒家说服汉代帝王的一个极好机会。西汉初年，那些有机会接近君主的儒家士大夫利用各种机会，向当朝的君主推广其儒家学说，其中著名的包括叔孙通、陆贾、申公、贾谊、韩婴、董仲舒、胡毋生、辕固生等。作为儒家士大夫，他们也逐步意识到在向君王宣讲儒学、争取与君王的合作时，其思想视角、政治目标必须做出改变，即建立一个君王能够接受的儒学。叔孙通对汉高祖说："夫儒者难与进取，可与守成。"[①] 贾谊《过秦论》也是从"攻守势异"的角度劝说汉文帝采用儒家学说。显然，汉代的儒者为了取得与君王合作的机会，他们的价值体系、思想观念发生了变化，在依然保留了儒家的基本政治理念的同时，由高调理想主义的"道"转变为现实功利主义的"治"，这是儒家士大夫寻求与君王合作的重要调整和必要代价。

从汉代帝王方面说，儒教的建构满足了他们关于国家治理以及长治久安的希望。一方面，西汉朝廷继承了秦朝中央集权的政治制度，也建立起具有强势的军事、政治控制能力的庞大汉帝国；另一方面，西汉朝廷也逐渐意识到法家思想的严重缺陷，故而急需建立一个与强大帝国相

---

① 司马迁：《史记》卷99《刘敬叔孙通列传》，中华书局1982年版，第2722页。

适应的思想文化体系。显然，这一套思想文化必须要能够满足汉帝国的国家稳定、社会和谐、思想统一的政治需要，儒家倡导的礼乐文化、民本思想、道德教化等一系列国家治理思想，恰恰能够最大程度上满足这一个时代的需要，代表了这一个相关历史时期的时代思潮和学术形态。秦帝国的迅速灭亡，给了继承秦制的汉代帝王一个严重的警告和深刻的借鉴，即不能够完全是靠军事力量、战争谋略而实现国家稳定、社会和谐、思想统一，他们必须借助于与儒家士人的合作，通过倡导儒家学说才能够达到这一目的。

所以，汉代儒家经学与先秦儒家子学有了很大变化，因为汉代经学的成形，正是儒家文化权力与朝廷的政治权力相互磨合的结果。先秦儒家子学的思想基础、政治目标是"道"的理想，而汉代经学的思想基础、政治目标不得不淡化"道"的理想，而强化满足朝廷"治"的功利需要。同时，汉代经学的思想视角正好与三代先王重"治"的思想视角一致。后来的历史学家根据汉代历史时期所需要解决的重大问题，以及根据这一个历史时期所已经解决了问题的时代思潮，将其称为"两汉经学"。

汉代经学的成就是多方位的，而最能够代表汉代经学的学术特点、思想创造、政治影响的，则是董仲舒的《春秋》公羊学。与两汉的其他几部经学研究比较，董仲舒的《春秋》公羊学与汉帝国的政治制度、政治实践的联系最为密切，同时也对中国传统的政治制度、政治思想、政治实践产生了最为深刻的影响。与先秦的《春秋公羊传》比较，董仲舒的《春秋》公羊学提出了许多新的思想观念，包括孔子素王说、《春秋》新王说、通三统说等。毫无疑问，西汉的公羊学思想是与西汉王朝的大一统政治密切相关的，董仲舒通过对《春秋公羊传》的诠释而阐发的"《春秋》之义""《春秋》之道""《春秋》之法"，其实就是汉王朝必须要建立的新君王之道。[①]

可以说，汉代经学表达了儒家士大夫希望与汉代帝王合作的学术思考，所以，所谓"《春秋》之义""《春秋》之道""《春秋》之法"，其政治立场、思想视角并不完全是士大夫的，而是士大夫在经过与君主的权力纠缠、思想磨合、心理试探之后的政治思想成果。以董仲舒为代表

---

① 参见黄开国《公羊学发展史》，人民出版社 2013 年版，第 115、195 页。

的汉代士大夫通过《春秋》大义的发明，希望在保障汉代帝王的政治利益、思想诉求的前提下，必须能够充分表达儒家士大夫的政治理念。对儒家士大夫来说，汉代经学确实是一个十分艰难的学术创新、思想建构。

儒生董仲舒的《春秋》公羊学尽管体系庞大、思想丰富，建立了各种各样的话语体系，但是其根本任务则是要既能够保障君王的权力，又能够实现民本的理念，这是从原始儒家到汉代儒学均普遍认同的政治理念，也是儒家关于国家治理目标的核心思想。在董仲舒《春秋》公羊学的话语体系中，这一个核心思想是通过君、民、天的关系来表述的。董仲舒多次表述的"《春秋》之义""《春秋》之法"，反复强调的正是这一点：

> 《春秋》之法：以人随君，以君随天。……故屈民而伸君，屈君而伸天，《春秋》之大义也。①

在这里，出现了"屈民""伸君""屈君""伸天"几个十分重要的观念。到底应该如何理解这一段话？学界历来就有不同的看法。主张董仲舒的"《春秋》之法"完全是维护君主专制政治制度的学者，无不引用董仲舒的"以人随君""屈民而伸君"这一些话，以证明董仲舒及其汉代经学是汉代君主专制政治的工具。而主张董仲舒的"《春秋》之法"完全是表达儒家士大夫政治理念的学者，则认为"屈民而伸君"是虚，而"屈君而伸天"才是董仲舒真正要表达的思想。其实，在董仲舒《春秋》公羊学中，"以人随君""屈民而伸君"与"以君随天""屈君而伸天"是一个整体，即儒家士大夫普遍认同的政治理念，要既能够保障君王的权力，这是实现政治合作的前提条件；又能够表达儒家的德治、民本的政治理念，这是儒家士大夫的政治思想原则。他们通过"以人随君""屈民而伸君"以充分保障君王的政治权力；同时，他们又通过"以君随天""屈君而伸天"，将儒家思想传统及儒家士大夫倡导的德治理念、民本思想转化为"天"的精神权威。

---

① 董仲舒撰，张世亮等译注：《春秋繁露》，中华书局2012年版，第30页。

二 《春秋》大义与伸君之法

我们首先探讨第一点：董仲舒的"《春秋》大义"是如何体现为"伸君"之法的重要内容。

显然，董仲舒所"伸"的君，已经不是春秋战国时期儒家诸子所面对的诸侯国君，而是秦汉以后已经确立的中央集权政治制度中核心地位的帝王。这些强势的帝王依赖自己的军事力量，从"马上得之"政治大权并已经实际上掌控了整个国家。而这时的董仲舒，还只是希望这些有政治实力的帝王能够确立儒家理念立国的士大夫，他应该首先认清并承认自己所面临的历史现实和政治前提。董仲舒希望儒家思想能够为现实所用，得到强势帝王的认可，他必须首先肯定帝王的政治权力。所以，董仲舒的"《春秋》之义"，必须要在精神信仰的领域树立君主的权威，在现实政治的领域确立帝王的权力，这就是"《春秋》大义"的"伸君"之法。

首先，我们考察董仲舒在精神信仰领域对君主权威的树立。

在夏商周三代时期的思想文化中，最高精神权威是人格化的"天"。到了春秋战国时期的儒家士大夫的思想传统中，"天"逐渐演变为"天道""天理"，成为人文法则与宇宙法则的统一。但是，到了汉代董仲舒的《春秋》公羊学中，"天"似乎重新成为三代时期国家宗教的"天神""天意"的人格神及其意志。董仲舒等汉儒为了张扬帝王的政治权威，强化帝王权力的神圣性，故而在他们阐发的"《春秋》之义"中，将帝王和"天"的精神权威结合起来。

在两汉的官方政治文化和士大夫思想文化中，"天"仍然是呈现为"天帝""天神"的至上人格神，体现为一种神灵崇拜和宗教信仰。董仲舒在论述帝王和"天"的信仰结合时，往往淡化儒学对"天道""天理"的道德理性精神，而强化对"天帝""天神"作为人格神的崇拜和信仰。董仲舒通过《春秋》公羊学而提倡"天神""天意"的人格神及其意志，他说："天者，百神之大君也。事天不备，虽百神犹无用也。"[1] 显然，这里的"天"是一个具有情感和意志的、人格化的神灵。董仲舒心目中的"天"，与人一样具有喜怒哀乐的不同情感，他说：

---

[1] 董仲舒撰，张世亮等译注：《春秋繁露》，中华书局2012年版，第536页。

>天有寒有暑。夫喜怒哀乐之发与清暖寒暑，其实一贯也。喜气为暖而当春，怒气为清而当秋，乐气为太阳而当夏，哀气为太阴而当冬。①

>天亦有喜怒之气、哀乐之心，与人相副。②

他认为"天"的情感会通过自然现象表现出来，他以喜气、怒气、乐气、哀气来描述"天"的情感变化。同时，"天"也是一个具有意志的大神，总是会通过自然界的万物生长来表达他的仁爱，譬如他说："五谷食物之性也，天之所以为人赐也。"③ 他认为人生存所依赖的五谷食物之生长，其实是有意志的人格神的恩赐。可见，在以董仲舒为代表的汉儒这里，"天"似乎重新成为"天神""天意"的人格神，与夏商周三代时期的宗教信仰一致，反映了儒家士大夫精英文化在与王朝政治文化结合时，他们的精神信仰发生了重要变化。

当然，董仲舒在《春秋》公羊学中将"天"宗教化为"天神""天意"的人格神，其最终目的还是在人。特别是对于迫切盼望与朝廷合作、以儒学经邦致世的《春秋》公羊学家来说，则是在居于国家权力顶端、掌控天下的帝王。所以，董仲舒公羊学的《春秋》大义，特别要借助"天神""天意"的神灵崇拜以"伸君"的思想旨趣。为了"伸君"，以必须充分强化君王的政治权威，董仲舒的《春秋》大义需要将帝王的政治权力与人格神的"天""天意"结合起来。他说：

>唯天子受命于天，天下受命于天子，一国则受命于君。君命顺，则民有顺命；君命逆，则民有逆命。④

他强调君主是受命于天的天子，其掌控国家、号令天下的政治权力来源于"天"。这样，受命于天的君主不仅仅是具有了合法性的身份，尤其是

---

① 董仲舒撰，张世亮等译注：《春秋繁露》，中华书局2012年版，第423页。
② 董仲舒撰，张世亮等译注：《春秋繁露》，中华书局2012年版，第445页。
③ 董仲舒撰，张世亮等译注：《春秋繁露》，中华书局2012年版，第599页。
④ 董仲舒撰，张世亮等译注：《春秋繁露》，中华书局2012年版，第400—401页。

使其政治权力获得了一种神圣性的光环。董仲舒还以"天道"来解释"王",他说:"古之造文者,三画而连其中,为之王。三画者,天、地与人也,而连其中者,通其道也。取天地与人之中以为贯而参通之,非王者孰能当是?"① 显然,这也是以"王者唯天之施"的"天意"来证明王权的神圣性。

同时,董仲舒还通过这一种神秘化的天人关系,阐释君、臣、民之间的关系,进一步论证君权的至高无上,继续表达其"屈民而伸君"的政治思想。董仲舒为了"伸君",在大力提高帝王权威的同时则不断贬低士人和民众。他说:

> 受命之君,天意之所予也。……士者,事也;民者,瞑也。②

董仲舒在讨论君、臣、民的关系时,一方面以"天意之所予"来说明君权的神圣性,另一方面又提出"士者,事也;民者,瞑也",以贬低士人的精神人格,更贬低民众的思想觉悟,鲜明地表现出一种"屈民而伸君"的政治态度。董仲舒在他的"五行之义"中,以土为五行之主,特别推崇土德,其实也是要求臣民能够像"土"一样:"土之事天竭其忠"③ 所以,董仲舒从"土之事天"的天道原理,引申出臣民忠君的政治道德,他说:"事君,若土之敬天也,可谓有行人矣。"④ 其实,这也是以"天"的精神权威来表达其"屈民而伸君"的政治思想。

董仲舒《春秋》大义的"伸君"之法,还特别体现在现实政治的领域,即通过"大一统"经义而强化、提升帝王的政治权力。《春秋公羊传》中一直倡导"大一统"的思想,但是,董仲舒阐发的《春秋》大义,对"大一统"思想作了一系列重要发展。这一发展首先体现在对帝王政治权力的强化上。《春秋》"大一统"是以政治上的"一统"为大,夏商周三代时期的"一统",就是要实现天子对天下的统一治理;而到了

---

① 董仲舒撰,张世亮等译注:《春秋繁露》,中华书局2012年版,第420页。
② 董仲舒撰,张世亮等译注:《春秋繁露》,中华书局2012年版,第368页。
③ 董仲舒撰,张世亮等译注:《春秋繁露》,中华书局2012年版,第405页。
④ 董仲舒撰,张世亮等译注:《春秋繁露》,中华书局2012年版,第407页。

西汉时期要强化中央集权的政治制度，更是要确立君主至高无上的"一元"政治权力。所以，董仲舒强调说："君人者，国之元，发言动作，万物之枢机。……君人者，国之本也者，夫为国，其化莫大于崇本。崇本则君化若神，不崇本则君无以兼人。"① 在这里，董仲舒特别指出君主为国家的"元""本"，表达了《春秋》大义的"大一统"思想。

董仲舒为何要"贵元"？他强调的"贵元"，就是希望确立他所谓的"王道"政治，他理解的"王道"首先是强调君王主导的中央集权的政治制度及其在国家的核心地位。董仲舒在《春秋繁露》提出的"王道"思想，就是通过诠释《春秋》"元年春王正月"时而提出了"贵元"，他说："《春秋》何贵乎元而言之？元者，始也，言本正也；道，王道也；王者，人之始也。"② 他在这里明确将"贵元"与"王道"联系起来，特别凸显了"王者"在人类社会中的核心地位。他在另一段话中表述得更为明确："《春秋》谓一元之意，一者万物之所以始也，元者辞之所谓大也。谓一为元者，视大始而欲正本也。《春秋》深探其本，二反自贵者始。故为君主者，正心以正朝廷，正朝廷以正百官，正百官以正万民，正万民以正四方。"③ 这里所讲的"一元"，进一步凸显了"王者"在国家政治中的核心地位。

与此相关，董仲舒之所以要强调"崇本"，也是为了确立君主权力在中国传统政治体系中的至高无上地位，这显然与秦汉帝国的政治制度密切相关。譬如，《荀子·礼论》讲礼有三本："天地者，生之本也；先祖者，类之本也；君师者，治之本也。"但是，董仲舒的"崇本"，已经明确没有先祖、师长，在人类社会中唯一就只有君主。于是，我们似乎发现一个严重的事实，董仲舒的"崇本"之说，其实质不过是要维护皇权下的大一统。④ 所以，董仲舒非常明确地表达了他的"伸君"思想："国之所以为国者，德也；君之所以为君者，威也。故德不可共，威不可分。德共则失恩，威分则失权，失权则君贱，失恩则民散，民散则国乱，君

---

① 董仲舒撰，张世亮等译注：《春秋繁露》，中华书局 2012 年版，第 193 页。
② 董仲舒撰，张世亮等译注：《春秋繁露》，中华书局 2012 年版，第 103 页。
③ 班固：《汉书》卷 56《董仲舒传》，中华书局 1962 年版，第 2502—2503 页。
④ 黄开国：《公羊学发展史》，人民出版社 2013 年版，第 115、212 页。

贱则臣叛。"① 显然，他在这里反复强调帝王政治权威的"君威"，其实就是希望通过"伸君"而强化帝王的政治权力。

三 《春秋》大义与屈君之法

在董仲舒的《春秋》公羊学中，不仅仅是提出"屈民而伸君"的"伸君"之法，同时也倡导"屈君而伸天"的"屈君"之法。这样，董仲舒的"天"并不仅仅是"天神"的人格神，还具有原始儒家的道德化、理性化的"天道""天理"意义。所以，我们要继续探讨：董仲舒为什么还要追求"屈君而伸天"的重要思想？"《春秋》大义"是如何体现"屈君而伸天"的？

董仲舒是以儒家士大夫的身份倡导"《春秋》大义"，以寻求与君主的政治合作。虽然他们以政治务实的态度充分肯定中央集权的君主政治，并以"伸君"作为与帝王开展政治合作的条件，但是如果他仅仅是主张"以人随君""屈民而伸君"以充分保障君王的政治权力，他们就只是一群依附王权而没有独立人格的投靠者。但是，董仲舒等人还是一批追求精神人格的儒家士大夫，他们不仅希望承担两汉朝廷"大夫"的政治责任，还有儒家士人的道德情怀。他们清楚地知道，身居王位的帝王并不合乎儒家的政治要求和道德理性，他们完全可能是一些狭隘、贪婪、偏见、自私之徒。所以，董仲舒不仅提出"伸君"的"《春秋》大义"，还特别倡导"屈君"的"《春秋》大义"。而所谓"屈君"，就是要将君主及其控制的政治权力纳入儒家倡导的道德规范、政治责任范围内。如何能够让手握大权、不可一世的君王们屈服于儒家道德、民本政治？董仲舒等儒家士大夫没有去寻找其他力量，而是将希望寄托于最高的精神权威——天。

董仲舒提出的"屈君而伸天"，就是基于这样一个非常务实的对君王权力限制的政治要求。董仲舒《春秋》公羊学的这个"天"，并不是一个超然的独立意志，也无特殊的宗教价值的诉求，而主要是现实政治的实际需求。现代政治理论讲的政治权力的政治责任、民意基础，是政治权力的合法性来源，也是限制政治权力的思想依据和制约方法，在董仲舒这里，

---

① 董仲舒撰，张世亮等译注：《春秋繁露》，中华书局2012年版，第204页。

统统都是通过"天"的巨大精神权威来实现的。前面我们已经谈到,董仲舒在《春秋》公羊学中将"天"宗教化为"天神"的人格神,其最终目的是在人世间,特别是居于国家权力顶端的帝王,故而无论是讨论"伸君",还是讨论"屈君",均是与"天神"的人格神联系在一起的。

　　董仲舒《春秋》公羊学中的"屈君"思想,来源于先秦儒家诸子的政治理念。先秦儒家诸子本来就继承了三代先王的敬德、保民思想,但是他们能够在此基础上,进一步提出超越具体王朝及其政治集团利益的仁政、民本思想。董仲舒提出"屈君而伸天",这一个"天",其实就是先秦儒家的仁政、民本要求。汉儒的"崇本"旨在张扬君主的政治权力,而没有儒家士人的一席之地,所以,他们只能够婉转地通过"天"来表达先秦儒家士人直接提出的为政以德、以民为本的政治要求。

　　首先,董仲舒的《春秋》公羊学提出一切君主必须"以德配天",以说明君王政治权力的合法性来源。也就是说,他总是将君德与"天"结合起来论证君王政治权力的合法性,这正如他所说的:"德侔天地者称皇帝,天佑而子之,号称天子。"① 显然,"德侔天地"并不完全是为了维护现实的汉代君主的政治权威,因为并不是一切有"天子"之位的人就一定有德,董仲舒强调说:"故天子命无常,唯命是德庆。"② "天命"只奖赏、保护那些有德的君主,而会抛弃、惩罚那些无德的帝王。那么,君主必须服从的"德"是什么内容呢?其实就是先秦儒家提出的仁、义、礼、智、信的道德规范。汉儒的特点,就是将先秦儒家从人的角度谈的道德规范,看作"天"的神灵意志。所以,董仲舒的《春秋》大义总是从"天""天意"的角度论述君主必须具有的德性:

　　　　《春秋》之道,大得之则以王,小得之则以霸。……霸王之道,皆本于仁。仁,天心,故次之以天心。③

　　董仲舒的《春秋》大义一直以早期儒家的仁学作为国家治理的根

---

① 董仲舒撰,张世亮等译注:《春秋繁露》,中华书局2012年版,第243页。
② 董仲舒撰,张世亮等译注:《春秋繁露》,中华书局2012年版,第229页。
③ 董仲舒撰,张世亮等译注:《春秋繁露》,中华书局2012年版,第186页。

本道德准则,即所谓"《春秋》之所治,人与我也,所以治人与我者,仁与义也"①。君主之所以必须遵循仁义,是因为它就是"天心"。董仲舒将早期儒家所倡导的仁义、忠信、礼义均看作是"受命之君,天意之所予也"②的"天命""天意"。由此可见,董仲舒提出的"屈君而伸天",其实就是要让拥有至高无上权力的君主,必须屈服于儒家的德治和仁政。

其次,董仲舒的《春秋》公羊学提出,必须坚持"以民为本"的政治原则,并以民本来源于"天""天意",以说明君王政治权力的依据和基础。本来,将民意与天道结合的思想源于西周,早期儒家将这一思想发展为民本的政治思想。董仲舒则继承了上述双重的思想资源,包括西周和早期儒家的民本思想,但是又作了进一步的思想发展,以使民本思想能够适应西汉中央集权的政治制度。所以,在董仲舒的《春秋》公羊学中,民本与"天""天意"联系在一起。他说:

> "天之生民,非为王也;而天立王,以为民也。"故其德足以安乐民者,天予之,其恶足以贼害民者,天夺之。……王者,天之所予也;其所伐,皆天之所夺也。③

董仲舒引用并吸收了荀子以天为依据的民本思想,但是,在荀子的政治思想中,"天"不是一个人格神,只是表达一个最崇高、最终极的依据,而董仲舒所说的"天之所予""天之所夺"的"天",则是一个具有喜怒哀乐情感和仁义道德意志的人格神。这样,董仲舒追求"屈君而伸天"的重要思想,又包含着"屈君而伸民""屈君而伸儒"的实际意义。

董仲舒不仅以"天"来论述先秦儒家为政以德、以民为本的政治思想,以说明君王政治权力的合法性来源,而且还通过"天"的监督以实现对君王政治权力的制约。在董仲舒这里,对君王政治权力的制约主要

---

① 董仲舒撰,张世亮等译注:《春秋繁露》,中华书局2012年版,第314页。
② 董仲舒撰,张世亮等译注:《春秋繁露》,中华书局2012年版,第368页。
③ 董仲舒撰,张世亮等译注:《春秋繁露》,中华书局2012年版,第277页。

是通过"天"的巨大精神权威来实现的。董仲舒在论述"天"的意志时，特别关注"天意"包含的政治意义，强调"天"会监督掌握国家最高政治权力的帝王。譬如，"天"总是会通过祥瑞，表达对帝王的赞赏；更会通过灾异，表达对做坏事的帝王的"谴告"。

董仲舒的《春秋》公羊学强调的"屈君"，主要就是要将君主及其控制的政治权力纳入儒家倡导的以德治国、民本政治的范围内，他总是通过自然灾异现象来说明神灵之"天"对人间帝王做坏事的"谴告"。董仲舒说：

> 凡灾异之本，尽生于国家之失。国家之失乃始萌芽，而天出灾害以谴告之；谴告之而不知变，乃见怪异以惊骇之；惊骇之尚不知畏恐，其殃咎乃至。①

董仲舒的《春秋》公羊学强调的"屈君"，在其关于"天"之"谴告"学说里表现得最为充分。初看起来，董仲舒倡导的是"屈君而伸天"，但是，"天"的"谴告"只是一种至高无上精神权威的表达形式，而"天"的实质内容则是儒家的政治道德理念，同时也是人民的利益需求。可见，董仲舒的"屈君而伸天"的政治思想，确实是融入了儒家诸子学的价值思想。

按照董仲舒"屈君而伸天"的政治主张，一个君主必须是"德侔天地"，才能够使得"天佑而子之"；反之，一个君主如果是悖逆道德、残害人民，必然会受到"天"的惩罚。而且，"天"的惩罚可能通过"人"的暴力来完成，故而他认为臣民可以代替上天来诛杀无道的君主。所以，董仲舒又接受、融入了孟子的一个重要思想：商汤流放夏桀、武王讨伐商纣是合理的，臣民可以诛杀无道的君主。董仲舒说："王者，天之所予也；其所伐，皆天之所夺也。……故夏无道而殷伐之，殷无道而周伐之，周无道而秦伐之，秦无道而汉伐之。有道伐无道，此天理也，所从来久矣，宁能至汤、武而然耶？"②虽然董仲舒仍然是以"天之所夺也"来肯

---

① 董仲舒撰，张世亮等译注：《春秋繁露》，中华书局2012年版，第171页。
② 董仲舒撰，张世亮等译注：《春秋繁露》，中华书局2012年版，第277页。

定臣民诛杀无道君主的行动，但是这一个"天"是"天道""天理"，其包含着的正是儒家的道德理念、人民的生存利益。这样，董仲舒的"屈君而伸天"，"屈"的是拥有"无道"政治权力的"君"，"伸"的是作为儒家道德与民众利益象征的"天"。

第三节 《白虎通义》：政典和经典的结合

《白虎通义》是汉代一部儒家经典与帝国政典结合为一的重要大典。如果说，董仲舒《春秋繁露》是汉代士大夫为了与君主建立合作关系而提出的文化思考与政治建议；那么，《白虎通义》则是士大夫与君主在合作过程中成形的文化共识与政治盟约。

儒家经典的原始文本产生于上古三代特别是西周，而作为经典体系的成形则是在春秋战国。只是到了汉武帝实行"罢黜百家，独尊儒术"的政策以后，儒家经典才列入国家制度体系而成为王官学，进而全面进入到国家的政治法律制度而成为政典。《白虎通义》是汉代的儒家经典与帝国政典结合的政治成果和学术成果。由于儒家经典与帝国政治的结合，既强化了儒家文化的政治功能，又增加了帝国政治的文明元素，为中华儒家文明的成型奠定了基础。

一 《白虎通义》：政典与经典的结合

我们为什么说，《白虎通义》是汉代的士大夫与君主在合作过程中达成的文化共识与政治盟约？这一点，首先是从《白虎通义》的成书过程体现出来。

自从汉武帝实行"罢黜百家，表章六经"政策以后，儒家经典就逐渐成为汉代的国家制度、法律条文、治国原则、社会道德的思想源泉、文本依据。但是，儒家学者在建构经学知识体系的时候，因经典文本的不同、对经典理解的不同、师承关系不同，故而对经义的理解和解释存在很大的分歧；另外，由于儒家经学的文献典籍过于庞大，给国家治理的实际运用带来了困难，不利于学术化经典向治术化政典的转化。为了解决经典理解的不统一、学术化经学与治术化政典的相互配合等问题，汉代朝廷举办过两次在历史上有重大影响的御前经学会议，一次是西汉宣帝主政时期的石渠阁会议，一次是东汉章帝主政时期的白虎观会议，两次会议均产生并且留下了将儒家经典和汉代政典结合起来的相关文本。《石渠议奏》就是石渠阁会议中帝王与士大夫达成的政治盟约与文化共识，《白虎通义》是白虎观会议中帝王与士大夫达成的政治盟约与文化共识，由于《石渠议奏》已经遗失，我们能够看到的《白虎通义》就特别珍贵。

白虎观会议既可以说是一场由汉章帝召集各方卿大夫参加的讨论制定国家政典的政治协商会议，也可以说是皇帝出席、东汉众多经学名家参加的最高等级的御前经学会议。当时白虎观会议就留下会议记录《白虎议奏》，后来由著名儒家学者班固作进一步整理形成现有的《白虎通义》，又称《白虎通德论》或《白虎通》。《白虎通义》不完全是一部国家政典，也不纯粹是一部经学学术著作，而应该说是汉代经典和政典的结合。

首先，《白虎通义》应该看作一部汉代的国家政典。中国古代的"政典"就是实施国家治理、建立典章制度方面的书籍。《尚书·胤征》载："政典曰：先时者杀无赦。"孔传："政典，夏后为政之典籍。"[①] 人们往往将天子、君主主持制定与实施的有关国家政治及其典章制度方面的书籍称为政典。据《后汉书·章帝本纪》的记载，汉章帝四年下诏召开的讲论五经异同的白虎观会议，参加人员包括太常、将、大夫、博士、议郎、郎官及诸生、诸儒等，由汉章帝"临制亲决"。可见，这一次会议的参加者主要是汉代朝廷负责国家典章、礼乐制度等方面顾问应对的政要和经学领域相关文化教育官员，他们要为汉朝的政治制度、礼仪规范、意识形态、文化教育承担责任。所以，这一次会议所讨论的问题，首先是与汉朝的政治制度、国家治理、礼乐典章、法令刑律、经典思想、宗教信仰、教育体系、宗法制度等相关的国家政典的制定确立。《白虎通义》共四十四篇，其篇章分类明显是按照国家政典所要解决的问题，而不是经学学术的篇章分类。《白虎通义》的四十四篇包括的政典大事依次是：第一卷论爵；第二卷论号、谥、五祀；第三卷论社稷、礼乐；第四卷论封公侯、京师、五行；第五卷论三军、诛伐、谏诤、乡射；第六卷

[①] 《尚书正义》卷7《胤征第四》，见李学勤主编《十三经注疏》第2册，北京大学出版社1999年版，第183页。

论致仕、辟雍、灾变、耕桑、封禅、巡狩；第七卷论考黜、王者不臣、蓍龟、圣人、八风、商贾；第八卷论瑞贽、三正、三教、三纲六纪、情性、寿命、宗族；第九卷论姓名、天地、四时、衣裳、五刑、五经；第十卷论嫁娶、绋冕；第十一卷论丧服、崩薨等。这四十多个政典大事的每一件又包含许多具体的问题。如第一卷论爵有十章，包括"天子为爵称""制爵五等三等之异""天子诸侯爵称之异""王者太子称士"等十个问题。显然，《白虎通义》作为汉章帝"临制亲决"并希望解决的是政治制度、君主施政、国家治理、社会礼仪、意识形态等重大实际政治事务，故而《白虎通义》首先是汉代的国家政典。

其次，《白虎通义》又应该看作汉代的重要经典著作。儒家"五经"作为汉代朝廷确立的经典，本来就与三代先王的君主施政、国家治理、制礼作乐等政治事务密切相关。汉代采用的"表章六经"方略，其实就是以儒家经典为依据确立国家的典章制度、治理方法。汉章帝下诏召开的白虎观会议，就是通过五经经义的经学讨论，以探讨汉朝的政治制度、国家治理等相关的国家政典问题。所以，参加白虎观会议的不仅是汉代朝廷负责国家典章、礼乐制度等方面顾问应对的官员政要，同时他们也是当时经学领域的学术大家。参加白虎观研讨会议的十多位士大夫，其实均是当时学术地位甚高的经学家。同时，考察白虎观研讨会议的学术成果《白虎通义》，这一部大典的显著特点是大量引用儒家经典而论证、确立汉代政典。有学者做过统计，《白虎通义》四十四篇，引《尚书》及传八十四条，引《三礼》等礼类著作一百七十四条，《春秋》经传一百零八条，《论语》六十三条，《诗经》类六十九条，《易》学经传二十三条，《论语》六十三条，《孝经》九条，《尔雅》九条，各类纬书三十三条。[①]从《白虎通义》引证的儒家经典，可以看出班固及其入会的经学家们的学术旨趣、经学思想。正如清代经学家皮锡瑞所评价，《白虎通义》"集今学之大成"[②]。可见，《白虎通义》是两汉今文经学的集大成著作，集中体现了两汉今文经学的学术思想。

---

① 姜广辉主编：《中国经学思想史》第二卷，中国社会科学出版社2003年版，第386页。
② 皮锡瑞：《经学历史·经学极盛时代》，见吴仰湘校点《皮锡瑞集》，岳麓书社2012年版，第1162页。

将东汉班固的《白虎通义》与西汉董仲舒的《春秋繁露》做一比较，也是一个十分有意义的视角。因为这两本书有许多共同点：它们均是汉代士大夫在与君主合作过程中而达成的文化共识，既表达了士大夫的政治思想、政治诉求，也体现出君主向往的国泰民安和长远的政治利益；它们既是汉代士大夫的今文经学代表著作，又在政治史上有重要政治影响。而且，《白虎通义》与《春秋繁露》的许多思想、学术观点完全一致，东汉班固的《白虎通义》学习、继承了西汉董仲舒的《春秋繁露》的思想观点，这包括王道三纲来源于天、灾异谴告说、性情阴阳说等。

但是，《白虎通义》与《春秋繁露》又是两部不一样的典籍，它们从形式到内容均有一些区别。

第一，《白虎通义》与《春秋繁露》在著作形式上有重要区别。董仲舒的《春秋繁露》是一部儒家学者个人的经学著作，作者董仲舒是一位经学大师，汉景帝时代的经学博士，终生潜心研究《春秋》公羊学。根据《汉书·董仲舒传》的记载，董仲舒"说《春秋》事得失，《闻举》《玉杯》《蕃露》《清明》《竹林》之属，复数十篇，十余万言"[1]，后人将他的著作编成文集，初名《董子春秋》，后将其首篇《蕃露》列入书名，遂成董子《春秋繁露》。《春秋繁露》可以说是董仲舒以《春秋》公羊学为主、兼及其他的政治化经学的专著，也是他的经学代表著作。董子的《春秋繁露》的最大特点，就是从儒家经典中引申出经世致用的原则和方法，为汉代朝廷建构出国家典章、礼乐制度、经世大法的政典。而《白虎通义》则是由汉章帝召集汉代朝廷负责国家典章、礼乐制度等方面的政要和文化教育的官员参加的一次国家政典的协商、讨论大会，汉章帝本人"临制亲决"。可见，如果说《春秋繁露》是董仲舒以《春秋》公羊学中引申、建构国家典章、礼乐制度、经世大法的话，《白虎通义》则是君主主持、士大夫参与制定的国家治理、典章制度方面的政典。只是为了确立这些国家典章、礼乐制度、经世大法的历史合理性，故而大量引用儒家经典来论证这些政典。所以，《春秋繁露》是从儒家经典中引申出国家典章制度、经世大法的政典，而《白虎通义》的特点是由国家典章制度、经世大法的政典溯源经典。

---

[1] 班固：《汉书》卷56《董仲舒传》，中华书局1962年版，第2525—2526页。

第二，《白虎通义》与《春秋繁露》在内容方面亦有区别。尽管《白虎通义》与《春秋繁露》均是汉代士大夫与君主在合作过程中达成的政治盟约与文化共识，但是它们在表达士大夫与君主的话语体系、价值立场上还是有一些差别的。《春秋繁露》是董仲舒的《春秋》公羊学为主的经学代表著作，主要表达儒家士大夫在与君主合作时的话语体系、价值立场。所以，《春秋繁露》虽然体现出士大夫与君主合作时的政治妥协态度，但是仍然充分体现、强调了士人的德治思想和民本精神。而《白虎通义》作为汉代王朝的政典，是汉章帝召集汉代士大夫参加但是由汉章帝本人"临制亲决"的一次有关国家政典的协商、讨论大会，必然会体现出君主在兼容儒家士大夫思想时的强势态度。譬如，《春秋繁露》虽然在与君主合作时充分肯定君主的政治权力，将他们称为"天子"，但是不会称为"圣人"。《白虎通义》作为汉章帝召集并"临制亲决"的汉朝的政典，却在卷7《圣人》章专门探讨"何以知帝王圣人也？"①虽然《白虎通义》主要引《论语》《周易》，论证伏羲、神农、黄帝、尧、舜帝王为"圣人"，但是其目的十分明显，就是为当朝的帝王是圣人提供历史和理论依据。

二　作为帝国政典的《白虎通义》

《白虎通义》是汉代士大夫与帝王在合作过程中而达成的政治盟约与文化共识，它首先突出地表现出帝国政治的要求，故而可以说是一部汉代帝国政治的政典。作为帝国政治的政典，它的根本目的是确立帝国的政治制度、治理原则、礼乐文化等基本制度和重大原则。

《白虎通义》作为帝国政治的政典，主要体现在以下几个方面。

第一，必须首先确立帝王在国家的至高无上政治权力。

作为汉朝国家宪章的《白虎通义》，在卷1、卷2的最重要位置，通过对爵、号、谥的规定，首先确立了以帝王权力为核心的至高无上政治权力。《白虎通义》在卷1《爵》章规定：

> 天子者，爵称也。爵所以称天子者何？王者父天母地，为天之

---

① 陈立撰，吴则虞点校：《白虎通疏证》卷7《圣人》，中华书局1994年版，第336页。

子也。故《援神契》曰："天覆地载谓之天子，上法斗极。"《钩命决》曰："天子，爵称也。"帝王之德有优劣，所以俱称天子者何？以其俱命于天，而王治五千里内也。《尚书》曰："天子作民父母，以为天下王。"何以知帝亦称天子也？以法天下也。《中候》曰："天子臣放勋。"《书·逸篇》曰："厥兆天子爵。"何以言皇亦称天子也？以其言天覆地载，俱王天下也。故《易》曰："伏羲氏之王天下也。"①

《白虎通义》在卷2《号》章规定：

> 帝王者何？号也。号者，功之表也，所以表功明德，号令臣下者也。德合天地称帝，仁义合者称王，别优劣也。《礼记·谥法》曰："德象天地称帝，仁义所生称王。"帝者天号，王者五行之称也。皇者，何谓也？亦号也。皇，君也，美也，大也。天人之总，美大之称也。时质，故总称之也。号言为帝者何？帝者，谛也。象可承也。王者，往也。天下所归往。《钩命决》曰："三皇步，五帝趋。三王驰，五伯骛。"号之为皇者，煌煌人莫违也。②

《白虎通义》在卷2《谥》章规定：

> 天子崩，臣下至南郊谥之者何？以为人臣之义，莫不欲褒大其君，掩恶扬善者也。故之南郊，明不得欺天也。故《曾子问》："孔子曰：天子崩，臣下之南郊告谥之。"③

《白虎通义》关于天子、帝王的一切爵、号、谥的规定，其目的十分明确，就是要在政治制度、思想观念、治理活动中确立帝王的至高无上政治权力。这一些所谓的爵、号、谥，包括天子、帝、皇、王等，均是为

---

① 陈立撰，吴则虞点校：《白虎通疏证》卷1《爵》，中华书局1994年版，第1—5页。
② 陈立撰，吴则虞点校：《白虎通疏证》卷2《号》，中华书局1994年版，第43—45页。
③ 陈立撰，吴则虞点校：《白虎通疏证》卷2《谥》，中华书局1994年版，第72页。

了"接上称天子者,明以爵事天也;接下称帝王者,得号天下至尊言称,以号令臣下也。……所以尊王者也。以天下之大、四海之内,所共尊者一人耳"①。

第二,必须进一步确立三纲六纪的社会政治秩序。

帝王虽然是天子,代表"天"实施对天下的统治和治理,但是天子不可能一个人统治天下,他需要三公、九卿、二十七大夫、八十一元士等诸多士大夫一道实施、完成对天下的治理。《白虎通义》强调,君王立三公、九卿等以治理天下,既是帝王的政治安排,也是对天意的顺从。《白虎通义》卷4《封公侯》载:

> 王者所以立三公九卿何?曰:天虽至神,必因日月之光。地虽至灵,必有山川之化。圣人虽有万人之德,必须俊贤。三公、九卿、二十七大夫、八十一元士,以顺天成其道。司马主兵,司徒主人,司空主地。王者受命为天地人之职,故分职以置三公,各主其一,以效其功。一公置三卿,故九卿也。天道莫不成于三:天有三光,日、月、星;地有三形,高、下、平;人有三尊,君、父、师。故一公三卿佐之,一卿三大夫佐之,一大夫三元士佐之。②

君主除了需要三公、九卿、二十七大夫、八十一元士来实施对天下的治理外,根据家国同构的原理,在家庭、家族中,是由父、夫实施对家庭、家族治理。这样,《白虎通义》卷8《三纲六纪》中,确立三纲六纪的社会政治秩序:

> 三纲者,何谓也?谓君臣、父子、夫妇也。六纪者,谓诸父、兄弟、族人、诸舅、师长、朋友也。故《含文嘉》曰:"君为臣纲,父为子纲,夫为妻纲。"又曰:"敬诸父兄,六纪道行,诸舅有义,族人有序,昆弟有亲,师长有尊,朋友有旧。"何谓纲纪?纲者,张

---

① 陈立撰,吴则虞点校:《白虎通疏证》卷2《号》,中华书局1994年版,第47页。
② 陈立撰,吴则虞点校:《白虎通疏证》卷4《封公侯》,中华书局1994年版,第130—131页。

> 也。纪者，理也。大者为纲，小者为纪。所以张理上下，整齐人道也。人皆怀五常之性，有亲爱之心，是以纲纪为化，若罗网之有纪纲而万目张也。……
>
> 君臣，父子，夫妇，六人也，所以称三纲何？一阴一阳谓之道。阳得阴而成，阴得阳而序，刚柔相配，故六人为三纲。三纲法天、地、人，六纪法六合。君臣法天，取象日月屈信，归功天也。父子法地，取象五行转相生也。夫妇法人，取象人合阴阳有施化端也。六纪者，为三纲之纪者也。师长，君臣之纪也，以其皆成已也；诸父、兄弟，父子之纪也，以其有亲恩连也。诸舅、朋友，夫妇之纪也，以其皆有同志为己助也。①

《白虎通义》所确立的三纲六纪秩序，既是君主政治主导下的人伦秩序，同样是效法天道的宇宙秩序。

第三，确立汉代国家治理的基本方法和手段：王霸并用。

《白虎通义》作为君主政治的政典，必须确立国家治理的重大原则和方法。《白虎通义》在讨论上古先王的名号时，特别是通过对三王、五霸名号的文化意义诠释，肯定了汉代国家治理的基本方法和手段是王道和霸道并用。《白虎通义》这样解释"三王"之王道：

> 所以有夏、殷、周号何？以为王者受命，必立天下之美号以表功自克，明易姓为子孙制也。夏、殷、周者，有天下之大号也。百王同天下，无以相别，改制天子之大礼，号以自别于前，所以表著己之功业也。必改号者，所以明天命已著，欲显扬己于天下也。已复袭先王之号，与继体守文之君无以异也。不显不明，非天意也。故受命王者，必择天下美号，表著己之功业，明当致施是也。所以预自表克于前也。②

---

① 陈立撰，吴则虞点校：《白虎通疏证》卷8《三纲六纪》，中华书局1994年版，第373—375页。

② 陈立撰，吴则虞点校：《白虎通疏证》卷2《号》，中华书局1994年版，第56页。

《白虎通义》又这样解释"五霸"之霸道：

> 五霸者，何谓也？昆吾氏、大彭氏、豕韦氏、齐桓公、晋文公也。昔三王之道衰，而五霸存其政，率诸侯朝天子，正天下之化，兴复中国，攘除夷狄，故谓之霸也。昔昆吾氏，霸于夏者也；大彭氏、豕韦氏，霸于殷者也；齐桓、晋文，霸于周者也。或曰：五霸，谓齐桓公、晋文公、秦穆公、楚庄王、吴王阖庐也。霸者，伯也，行方伯之职，会诸侯朝天子，不失人臣之义。故圣人与之。非明王之张法不张。霸犹迫也，把也。迫胁诸侯，把持其政。《论语》曰："管仲相桓公，霸诸侯。"《春秋》曰："公朝于王所。"于是知晋文之霸也。《尚书》曰"邦之荣怀，亦尚一人之庆"，知秦穆之霸也。楚胜郑，而不告从，而攻之，又令还师，而佚晋寇。围宋，宋因而与之平，引师而去。知楚庄之霸也。蔡侯无罪，而拘于楚，吴有忧中国心，兴师伐楚，诸侯莫敢不至。知吴之霸也。①

《白虎通义》通过对先秦时期的"三王""五霸"的诠释，为汉代国家治理确立了王道和霸道并用的治理原则。所以，在《白虎通义》的政典中，既贯穿了王道政治"以德治国"治理原则和"以德服人"治理方法，同时也贯穿了霸道政治"以刑治国"的治理原则和"以力制人"的治理方法。

因下一节会重点讨论汉代推崇的王道政治、以德治国，这里主要讲讲汉代君主政治同样推崇的"以刑治国"和"以力制人"的霸道政治。《白虎通义》卷5论述《诛伐》时说：

> 诛不避亲戚何？所以尊君卑臣，强干弱枝，明善善恶恶之义也。《春秋传》曰："季子煞其母兄，何善尔？诛不避母兄，君臣之义也。"《尚书》曰："肆朕诞以尔东征。"诛弟也。
> ……诸侯之义，非天子之命，不得动众起兵诛不义者，所以强干弱枝，尊天子，卑诸侯也。《论语》曰："天下有道，则礼乐征伐

---

① 陈立撰，吴则虞点校：《白虎通疏证》卷2《号》，中华书局1994年版，第60—65页。

自天子出。天下无道，则礼乐征伐自诸侯出。"上无天子，下无方伯，诸侯有相灭者，力能救之，则救之可也。《论语》曰："陈恒弑其君，孔子沐浴而朝，请讨之。"王者诸侯之子，篡弑其君而立，臣下得诛之者，广讨贼之义也。《春秋传》曰："臣弑君，臣不讨贼，非臣也。"又曰："蔡世子班弑其君，楚子诛之。"①

《白虎通义》卷9论述《五刑》时说：

> 圣人治天下，必有刑罚何？所以佐德助治，顺天之度也。故悬爵赏者，示有劝也。设刑罚者，明有所惧也。……科条三千者，应天地人情也。五刑之属三千，大辟之属二百，宫辟之属三百，腓辟之属五百，劓、墨辟之属各千，张布罗众，非五刑不见。劓、墨何其下刑者也。腓者，脱其膑也。宫者，女子淫，执置宫中，不得出也。丈夫淫，割去其势也。大辟者，谓死也。
>
> 刑不上大夫何？尊大夫。礼不下庶人，欲勉民使至于士。故礼为有知制，刑为无知设也。庶人虽有千金之币，不得服。刑不上大夫者，据礼无大夫刑。②

这就是汉代君主政治同样推崇的"以刑治国"和"以力制人"的霸道政治。由此可见，《白虎通义》作为汉代君主政治的政典，确立了君主政治的国家治理一定是王道和霸道并用的原则。

三 作为儒家经典的《白虎通义》

《白虎通义》作为儒家士大夫与帝王合作而达成的政治盟约与国家政典，表达的不仅仅是帝王的政治诉求，同样也表达了士大夫的政治理念。我们应该看到，《白虎通义》作为汉代士大夫与君主合作而达成的文化共

---

① 陈立撰，吴则虞点校：《白虎通疏证》卷5《诛伐》，中华书局1994年版，第211—215页。

② 陈立撰，吴则虞点校：《白虎通疏证》卷9《五经》，中华书局1994年版，第437—442页。

识，它不仅是按照汉代帝王要求制定的汉王朝的政治制度和意识形态，同时也是汉代士大夫有关两汉今文经学集大成的学术著作和思想形态。

如果说，《白虎通义》作为汉代士大夫与帝王合作而达成的政治盟约，其政治利益、政治视角必须首先确立以帝王为首的帝国政治立场的话，汉代士大夫与帝王之间能够达成文化共识，则是因为他们确立了以士大夫为主体的文化理念、思想形态。东汉时期这些杰出的士大夫如此集中地参与了白虎观会议并制定了《白虎通义》，这些士大夫群体就是希望说服君主，能够接受儒家士大夫的政治思想与文化理念。因此，《白虎通义》通过大量引证儒家经典来表达士大夫的政治思想与文化理念时，使得《白虎通义》在内容和形式上均具有儒家经学著作的特点，是汉代士大夫的思想表达。

《白虎通义》作为士大夫的政治诉求与思想表达，主要体现在以下几个方面：

首先，汉代士大夫在《白虎通义》中确立了儒家经典的神圣地位。儒家思想是通过整理、诠释上古先王留下的经典而建构起来的，汉代儒家士大夫希望在具有政典地位的《白虎通义》中确立儒家思想的主导作用，就必须确立儒家"五经"的思想地位。所以，《白虎通义》卷9专列《五经》一章，以确立"五经"的地位和价值：

> 经所以有五何？经，常也。有五常之道，故曰五经。《乐》仁、《书》义、《礼》礼、《易》智、《诗》信也。人情有五性，怀五常不能自成，是以圣人象天五常之道而明之，以教人成其德也。
>
> 五经何谓？谓《易》《尚书》《诗》《礼》《春秋》也。《礼经·解》曰："温柔宽厚，《诗》教也。疏通知远，《书》教也。广博易良，《乐》教也。洁静精微，《易》教也。恭俭庄敬，《礼》教也。属词比事，《春秋》教也。"①

《白虎通义》确立"五经"的崇高地位，是为了强调以"五经"的"五

---

① 陈立撰，吴则虞点校：《白虎通疏证》卷9《五经》，中华书局1994年版，第447—448页。

常之道"完全能够解决现实政治的"纲散纪乱，五教废坏"问题。《白虎通义》对孔子定"五经"的政治意义作了充分肯定："孔子所以定五经者何？以为孔子居周之末世，王道陵迟，礼乐废坏，强凌弱，众暴寡，天子不敢诛，方伯不敢伐。闵道德之不行，故周流应聘，冀行其道德。"[①]《白虎通义》确立了儒家经典在汉代国家政治中的重要地位，明确了儒家经典对汉代政典的指导关系，与此同时，《白虎通义》也凸显了掌握儒家经学话语权的士大夫的重要地位。

所以，《白虎通义》不仅仅是汉章帝主持制定的政典，由于这一部政典的依据全部来源于儒家经典，故而它又是一部依托经典的政典。《白虎通义》确立的全部政典大事，包括爵、号、谥、五祀、社稷、礼乐、封公侯、京师、三军、诛伐、谏净、致仕、辟雍、灾变、封禅、巡狩、考黜、王者不臣、三纲六纪、五刑、五经、崩薨等，它们得以确立、规范的思想基础、历史依据全部来源于儒家经典。汉代士大夫就是通过引用"五经"的经传以及《论语》《孝经》等汉儒尊崇的儒家经典，来确立汉代政治制度、国家治理的合理性与合法性。由于政典和经典完全合为一体，儒家士大夫可以将他们的政治理念、文化思想融入《白虎通义》的政典中去。

其次，汉代士大夫在《白虎通义》中确立了以儒家礼乐为中心的政治文明、治理方法。儒家创始人孔子继承、发展了西周礼乐文明，倡导建立一个合乎礼乐文明的政治秩序、治理方法。《白虎通义》卷3专设《礼乐》章，从政治秩序的目的、国家治理的功效方面，确立了礼乐的重要性：

> 礼乐者，何谓也？礼之为言履也。可履践而行。乐者，乐也。君子乐得其道，小人乐得其欲。王者所以盛礼乐何？节文之喜怒。乐以象天，礼以法地。人无不含天地之气，有五常之性者。故乐所以荡涤，反其邪恶也。礼所以防淫佚，节其侈靡也。故《孝经》曰："安上治民，莫善于礼。""移风易俗，莫善于乐。"……礼所揖让何？

[①] 陈立撰，吴则虞点校：《白虎通疏证》卷9《五经》，中华书局1994年版，第444—445页。

所以尊人自损也,揖让则不争。《论语》曰:"揖让而升,下而饮,其争也君子。"故"君使臣以礼,臣事君以忠。""谦谦君子,利涉大川。"以贵下贱,大得民也。屈己敬人,君子之心。故孔子曰:"为礼不敬,吾何以观之哉?"夫礼者,阴阳之际也,百事之会也,所以尊天地,傧鬼神,序上下,正人道也。①

《白虎通义》所讲的礼治秩序就是"三纲六纪"的政治社会秩序,维护这一种"礼乐"秩序既是目的又是手段。其实,整个《白虎通义》作为一部国家政典,涉及爵、号、谥、五祀、社稷、礼乐、封公侯、京师、五行、三军、乡射、致仕、辟雍、封禅等,几乎无不是儒家礼乐文明、礼治秩序的体现。

再次,汉代士大夫在《白虎通义》中确立了以儒家为政以德、以民为本、限制君权的政治理念。汉代儒家思想源于先秦原始儒家,原始儒家学者目睹诸侯争霸、民生涂炭的严峻现实,为限制君权、反对暴政,故而系统地提出了为政以德、以民为本的政治思想。汉代儒家士大夫在与君主的政治合作过程中,虽然认同"三纲六纪"的政治社会秩序,但是对君主滥用政治权力一直非常警惕,主张限制君主、大臣的各种政治权力。所以,《白虎通义》中体现出儒家士大夫倡导的为政以德、以民为本的政治理念,它十分巧妙地将君主、大臣拥有的政治权力、社会荣誉与相应的政治责任、道德义务统一起来。《白虎通义》对"爵""号""谥"包含的政治权力、社会荣誉均做出了相应的政治责任、道德义务的规定,如卷1对五等爵位政治责任、道德义务的规定:

《王制》曰:"王者之制禄爵,凡五等。"谓公侯伯子男也。此据周制也。所以名之为公侯者何。公者通公正无私之意也。侯者,候也。候逆顺也。《春秋传》曰:"天子三公称公,王者之后称公,其余大国称侯,小者称伯子男也。"《王制》曰:"公侯田方百里,伯七十里,子男五十里。"②

---

① 陈立撰,吴则虞点校:《白虎通疏证》卷3《礼乐》,中华书局1994年版,第93—95页。
② 陈立撰,吴则虞点校:《白虎通疏证》卷1《爵》,中华书局1994年版,第6—7页。

公卿大夫者，何谓也？内爵称公卿大夫何？爵者，尽也，各量其职，尽其才也。公之为言公正无私也。卿之为言章也，章善明理也。大夫之为言大扶，扶进人者也。①

《白虎通义》卷2《号》章对五帝三王的名号也做出政治责任、道德义务的解释与规定：

夏者，大也。明当守持大道。殷者，中也。明当为中和之道也。闻也，见也，谓当道著见中和之为也。周者，至也，密也。道德周密，无所不至也。……五帝无有天下之号何？五帝德大能禅，以民为子，成于天下，无为立号也。或曰：唐、虞者号也。唐，荡荡也。荡荡者，道德至大之貌也。虞者，乐也，言天下有道，人皆乐也。《论语》曰："唐、虞之际。"帝喾有天下，号高辛。颛顼有天下，号曰高阳。黄帝有天下，号曰有熊。有熊者，独宏大道德也。高阳者，阳犹明也，道德高明也。高辛者，道德大信也。②

《白虎通义》中《谥》一章也对帝王做出政治责任、道德义务的引导：

谥，何也？谥之为言引也，引列行之迹也。所以进劝成德，使上务节也。……死乃谥之何？《诗》云："靡不有初，鲜克有终。"言人行终始不能若一，故据其终始，后可知也。③

从帝王政治确立政典的需要出发，《白虎通义》关于"爵""号""谥"规定包含着对帝王的政治权力、政治荣誉的规定，是对君主权力的肯定；但是从儒家士大夫的政治理念出发，关于"爵""号""谥"规定则包含着对帝王的政治责任、道德义务的规定，是对君主权力的限制。

《白虎通义》不仅仅是通过名号包含的政治责任、道德义务来限制君

---

① 陈立撰，吴则虞点校：《白虎通疏证》卷1《爵》，中华书局1994年版，第16—17页。
② 陈立撰，吴则虞点校：《白虎通疏证》卷2《号》，中华书局1994年版，第57—60页。
③ 陈立撰，吴则虞点校：《白虎通疏证》卷2《谥》，中华书局1994年版，第67—68页。

权，儒家士大夫还要通过朝议、进谏的政治制度设计，来实现为政以德、以民为本的思想理念和政治目的。《白虎通义》为了限制君权，对汉代朝廷的朝议、进谏等政治制度及其意义做了进一步的阐发。在《白虎通义》卷5《谏诤》章记载："天子置左辅、右弼、前疑、后承，以顺。左辅主修政，刺不法。右弼主纠，纠周言失倾。前疑主纠度定德经。后承主匡正常，考变失，四弼兴道，率主行仁。夫阳变于七，以三成，故建三公，序四诤，列七人，虽无道不失天下，杖群贤也。"[1] 天子建三公、序四诤的目的，就是要将天子置于士大夫群体的政治限制之中，以保证无道的君主也能够做到重民而不失天下，即所谓"明王所以立谏诤者，皆为重民而求已失也"。谏诤的政治制度设计，一方面要求天子应该接受士大夫的谏诤，不能够以言放逐臣子："或曰：天子之臣，不得言放。天子以天下为家也。亲属谏不待放者，骨肉无相去离之义也。"[2] 另一方面，士大夫必须承担谏君之义："臣所以有谏君之义何？尽忠纳诚也。《论语》曰：爱之能无劳乎？忠焉能无诲乎？"[3] "必三谏者何？以为得君臣之义。必待放于郊者，忠厚之至也。冀君觉悟能用之。"[4]《白虎通义》在《谏诤》章中还认为："诸侯诤，不从得去何？以屈尊申卑，孤恶君也。"[5]

为了更加有力地限制君权，使君主能够自觉承担政治责任、道德义务，汉代士大夫特别强调"天"通过灾变而对君主发出"谴告"，间接以"天"的宗教性权威来限制君权。《白虎通义》卷6《灾变》一章说："天所以有灾变何？所以谴告人君，觉悟其行，欲令悔过修德，深思虑也。"[6] 与此同时，"天"还会通过"符瑞"来表彰有德、重民的君王，《白虎通义》说："天下太平，符瑞所以来至者，以为王者承天统理，调和阴阳，阴阳和，万物序，休气充塞，故符瑞并臻，皆应德而至。"[7] 应该说，

---

[1] 陈立撰，吴则虞点校：《白虎通疏证》卷5《谏诤》，中华书局1994年版，第227—228页。

[2] 陈立撰，吴则虞点校：《白虎通疏证》卷5《谏诤》，中华书局1994年版，第231—232页。

[3] 陈立撰，吴则虞点校：《白虎通疏证》卷5《谏诤》，中华书局1994年版，第226页。

[4] 陈立撰，吴则虞点校：《白虎通疏证》卷5《谏诤》，中华书局1994年版，第229页。

[5] 陈立撰，吴则虞点校：《白虎通疏证》卷5《谏诤》，中华书局1994年版，第228页。

[6] 陈立撰，吴则虞点校：《白虎通疏证》卷6《宰变》，中华书局1994年版，第267页。

[7] 陈立撰，吴则虞点校：《白虎通疏证》卷6《封禅》，中华书局1994年版，第283页。

"天"的意志其实就是表达儒家士大夫的政治理念、文化思想，士大夫无非是希望严格要求帝王，让他们能够按照儒家的为政以德、以民为本的政治思想与文化理念去要求自己，成为合乎儒家道德理想的君王。《白虎通义》强调"天"崇高权威，通过灾变而对悖德的君主发出"谴告"、通过符瑞而对有德的君主做出表彰，其实是表达士大夫的文化思想与政治要求。

最后要特别说明，民本、德治思想虽然源于西周，早期儒家将西周的民本、德治思想作了进一步发展，但是二者的区别还是明显的。西周的民本、德治思想是君王对政治后果的恐惧、担心，故而提出"欲王以小民受天永命"①。而早期儒家的民本思想，则是从国家共同体的和谐、君主权力的合法性的思想高度来阐发民本思想。《白虎通义》作为汉代国家政典，在有关国家制度、政治治理的不同方面，均贯穿着民本思想。显然，《白虎通义》的民本思想，不局限于统治者对政治后果的恐惧、担心，而更加强调儒家士大夫关于政治共同体和谐与权力合法性的思想。《白虎通义》继承了先秦儒家的民本思想，故而特别强调设官为治的民本意义，提出："王者即位，先封贤者，忧人之急也。故列土为疆非为诸侯，张官设府非为卿大夫，皆为民也。"② 与此同时，《白虎通义》的民本思想也体现在对诸侯的考核上："诸侯所以考黜何？王者所以勉贤抑恶，重民之至也。"③《白虎通义》的民本思想，显然是以儒家士大夫的民本思想为主导的。

第四节　两汉奠定的治理结构：儒法互补

现代政治学特别关注国家政治的两个方面：治理能力和民意实现。④

---

① 《尚书正义》卷15《召诰》，见李学勤主编《十三经注疏》第 2 册，北京大学出版社 1999 年版，第 402 页。
② 陈立撰，吴则虞点校：《白虎通疏证》卷 4《封公侯》，中华书局 1994 年版，第 141 页。
③ 陈立撰，吴则虞点校：《白虎通疏证》卷 7《考黜》，中华书局 1994 年版，第 302 页。
④ 美国当代政治学家福山将政府的统治能力看作"国家建构"的目标，同时强调民意是政府的"政治责任"。参见［美］弗朗西斯·福山《政治秩序的起源：从前人类时代到法国大革命》，广西师范大学出版社 2014 年版。

显然，治理能力和民意实现不仅是国家建构的政治目标，也是国家具有政治合法性之依据，同时还是国家权力系统得以稳定和延续的基本条件。无论是传统国家还是现代化过程中的国家，政治治理的能力和民意之间，即政治学家亨廷顿所说的"政体能力"和"政体类型"之间，往往是既可能相互补充、促进，又可能相互影响、干扰。如何满足国家治理的两个基本条件，其实也是古今中外政治家和政治学家关注之重点。

两汉时期完成的国家建构，其治理思想与原则主要由儒、法两家构成，并且在政治实践中形成了儒法互补、王霸并用的国家治理结构。在中国传统政治历史上，国家的长期稳定，往往是因为这一套独特的儒法互补的治理方式，能够在一定程度上满足国家治理的能力和民意的两个基本要求；与之相反，国家出现政治动乱，往往又是由于儒法互补的国家治理结构的失衡或瓦解。这一套儒法互补治理结构，其实是有源远流长的上古三代的政治经验和历史教训，特别是经历了轴心文明时期不同思想家对政治和历史的深刻反思和理性创造，才推动传统中国建构完成了十分早熟的国家治理能力，能够使文明的发达繁荣延续两千多年之久，这在世界文明史上确实是一个罕见的现象，值得当代学者的进一步深入思考。

一　三代王朝的政治经验：霸道兼王道

中国传统国家政治经历了夏商周三代分封的王国政治和秦汉以后的中央集权的帝国政治。尽管夏商周和秦汉以后的政体形式不同，但是这两个阶段的国家治理理念与实践有相通的地方。夏商周三代实行以血缘为依据分封的封建制，为了维持共主、诸侯的长久统治，各个时期的朝廷或王国积累了霸道和王道相结合的治理经验。

一方面，夏商周三代推行霸道的国家治理。夏商周三代的霸道治理，首先是指对外族的军事征讨、暴力征服。夏商周能够建立以血缘为依据的封建制，其首要条件是通过对外族的军事征讨、暴力征服来实现的，夏商周的王朝更迭与王朝对周边民族的征服都体现三代统治的霸道内涵。夏商周推行霸道的国家治理，同时也是指共主、诸侯对内部臣民的严酷刑罚、暴力统治。盘庚说："我乃劓殄灭之，无遗育，无俾易种于兹新邑。"① 对不忠的人要赶尽杀绝。武王伐商时对作战不力的也要杀掉，他说："尔所弗勖，其于尔躬有戮！"② 夏商周三代建立了"五辞""五刑""五罚""五过"刑罚原则，落实下来"墨罚之属千，劓罚之属千，剕罚之属五百，宫罚之属三百，大辟之罚其属二百，五刑之属三千"③。这一系列刑罚，可以强化王权治理的暴力统治。夏商周三代以刑罚制度建构王权统治基础，形成严酷刑罚、暴力征服相结合的"霸道"治理方式。

另一方面，夏商周三代政治也推行王道。在后来儒家推崇的"先王"谱系中的尧、舜、禹、汤，均是能够推行王道的有德者，特别是周人从商的覆灭中认识到"天命靡常"，看到了人民的武装倒戈，才使西周打败了商王朝，故而产生了民本思想。他们把民意与天命联系起来，将民意的力量理论化为天命，客观上制约着王权统治。太保论证殷商灭亡说："天亦哀于四方民。"④《尚书·康诰》强调天命在于"惟人"。皋陶将天人关系概括为："天聪明，自我民聪明。天明畏，自我民明威。"⑤ 认为天与民相互通达。所以统治者强调"施实德于民"，以真心善待民众，认为"民之所欲，天必从之"⑥，"天视自我民视，天听自我民听"⑦。这些民本思想，来自统治者认识到民众力量后的道德觉悟，所以他们继而提出"皇天无亲，惟德是辅"⑧，强调"敬德"而可以"保民"。这一王道的治

---

① 《尚书正义》卷9《盘庚》，见李学勤主编《十三经注疏》第2册，北京大学出版社1999年版，第241页。

② 《尚书正义》卷11《牧誓》，见李学勤主编《十三经注疏》第2册，北京大学出版社1999年版，第286页。

③ 《尚书正义》卷19《吕刑》，见李学勤主编《十三经注疏》第2册，北京大学出版社1999年版，第546页。

④ 《尚书正义》卷15《召诰》，见李学勤主编《十三经注疏》第2册，北京大学出版社1999年版，第395页。

⑤ 《尚书正义》卷4《皋陶谟》，见李学勤主编《十三经注疏》第2册，北京大学出版社1999年版，第109页。

⑥ 《尚书正义》卷11《泰誓》，见李学勤主编《十三经注疏》第2册，北京大学出版社1999年版，第274页。

⑦ 《尚书正义》卷11《泰誓》，见李学勤主编《十三经注疏》第2册，北京大学出版社1999年版，第277页。

⑧ 《尚书正义》卷17《蔡仲之命》，见李学勤主编《十三经注疏》第2册，北京大学出版社1999年版，第453页。

理方式开启了春秋战国时期民本思想的先河。

西周王朝关于霸道和王道相结合的治理经验，其实就是一种治理能力和民意表达达成相对平衡的机制，这是三代王朝能够维持长久统治的原因。但是，这种治理效能和民意表达的平衡总是相对的，历史上许多暴君迷信权力，只讲国家的治理能力而不顾社会的民意表达，甚至有一些君主统治既无治理能力，又不能表达民意，故而导致国家政权快速崩溃。与此同时，我们要注意夏商周三代积累的霸道和王道相结合的政治经验，还只是三代诸侯、共主在相互占领土地、争夺财富、寻求政治权力过程中的自发行为。他们并没有将其提升为一种政治思想、理论思考。这一点，必须要使历史进入轴心文明时期、在思想文化领域产生一批专门从事知识生产的职业读书人之后，才有可能将这一些政治经验提升为一种政治思想、学术思考。

春秋战国时期社会急剧变化，诸子百家均在为未来的世界探寻治理天下国家的方案。其中对后世产生重大影响、提出最为重要的治理国家天下方案的是儒家和法家。他们分别侧重继承了夏商周三代王道和霸道的治理经验，在民意表达和国家的治理能力两个方面，分别提出不同的国家治理目标、政治合法性依据，以及国家政权稳定与持续的条件。

二 儒家民本的治理思想

孔孟儒家继承了夏商周三代王道政治的德治经验，将三代先王的民意为天、以德配天的观念发展为儒家的民本和仁政的政治思想体系。先秦儒家提出"法先王"的主张，将三代先王的民意为天、以德配天的观念，发展为系统的民本思想。他们提出的民本思想，包含着一系列表达"民意"的政治价值理念。

第一，"立君为民"的权力来源政治依据。无论是三代封建制还是秦汉以后的中央集权制，均是君主独揽国家的政治权力的制度。为了说明君主统治权力的合法性，他们强调君主权力来源于天，故而君主又自称为"天子"。但是，原始儒家在君主统治权力来源的问题上，则是主张"立君为民"。他们坚持一切政治权力的依据来源于人民。孟子说："民为贵，社稷次之，君为轻。"① 荀子说："天之生民，非为君也；天之立君，以为民也。"② 在历史上，尽管一切朝廷、君主总是主张上承天命、立君御民以使自己的政治权力得到合法性，但是，原始儒家强调"立君"的政治依据是为了人民。

第二，"民为邦本"的政治基础。儒家提出"民惟邦本，本固邦宁"，强调人民利益是国家和政治基础，认为统治者必须以人民的利益与意志为出发点，才能保证国家政权的稳定和延续。原始儒家反复告诫统治者，必须充分认识到人民的意志和力量在国家治理体系中的重要性，以民为国家治理的根本。孟子说："得天下有道，得其民，斯得天下矣。"③ 儒家继承了西周王朝"民之所欲，天必从之"的治国理念，强调决定国家权力稳定的基础是人民的利益和意志，民心不稳就必然导致国家崩溃。

第三，"爱民养民"的治理目标。儒家虽然对于富国强兵持肯定态度，但是并不认为这是国家治理的根本目的，而是强调"爱民养民"才是国家治理的根本目的。他们推崇"博施于民而能济众"④ 的理念，希望以此作为国家治理目标。孟子也强调："得天下也以仁，其失天下也以不仁。"⑤ 仁政的本质是爱民，他说"仁者爱人"⑥，而"失天下也，失其民也。失其民者，失其心也"⑦。要获得民心就要施行仁政。仁政的内涵是：首先，制民之产。"明君制民之产，必使仰足以事父母，俯足以畜妻子，乐岁终身饱，凶年免于死亡。"⑧ 其次，轻徭薄赋。"薄税敛，深耕易耨"⑨ "易其田畴，薄其税敛"⑩。最后，顺应民意。用人行政都要遵从民意："国人皆曰贤""然后用之"；"国人皆曰不可""然后去之"；"国人

---

① 杨伯峻译注：《孟子译注》，中华书局1960年版，第328页。
② 北京大学《荀子》注释组注释：《荀子新注》，中华书局1979年版，第458页。
③ 杨伯峻译注：《孟子译注》，中华书局1960年版，第171页。
④ 杨伯峻译注：《论语译注》，中华书局1980年版，第65页。
⑤ 杨伯峻译注：《孟子译注》，中华书局1960年版，第166页。
⑥ 杨伯峻译注：《孟子译注》，中华书局1960年版，第197页。
⑦ 杨伯峻译注：《孟子译注》，中华书局1960年版，第171页。
⑧ 杨伯峻译注：《孟子译注》，中华书局1960年版，第17页。
⑨ 杨伯峻译注：《孟子译注》，中华书局1960年版，第10页。
⑩ 杨伯峻译注：《孟子译注》，中华书局1960年版，第311页。

皆曰可杀""然后杀之"①。还要满足民心,实现"天下之士皆悦""天下之商皆悦""天下之旅皆悦""天下之农皆悦""天下之民皆悦"②,孟子仁政的核心即是爱民。

总之,"民本"思想深刻揭示了政治治理目标的"民意"要求,儒家希望能够通过民本的政治原则而限制君主的政治权力,最终能够顺应和表达"民意"。如何才能实现民本的理念,让民意主宰政治权力?如何提升国家的治理能力,落实以民为本的治理目标?儒家继承了西周的"以德配天"的思想,提出让君主成为理想的"圣王",让士人成为"君子"。总之,这是要求统治阶层自上而下地自觉追求圣贤、君子化的道德理想人格,最终实现"敬天保民""仁民爱民"的国家治理目标。譬如孟子认为君子、大人、士均代表这种道德人格,故而能够推动"民惟邦本""民贵君轻""敬天保民""仁民爱民"的国家治理目标。孟子理想的仁政,就是建立在这种由圣贤、君子治理国家的基础之上。

因此,儒家政治理想的实现必须依靠自上而下的道德力量。其一,孔子强调统治阶层的道德自觉性。孔子指出君子"为仁由己",认为仁者应"非礼勿视,非礼勿听,非礼勿言,非礼勿动"③,自觉遵循礼的规范。孔子还强调"君子无终食之间违仁"④,通过人格的升华,达成对德性的自觉。其二,儒家特别强调统治者的道德表率作用。孔子说:"道之以政,齐之以刑,民免而无耻。道之以德,齐之以礼,有耻且格。"⑤ 主张上位者应为道德表率,引导民众自觉遵循周礼。孔子对为政的理解:"政者,正也。子帅以正,孰敢不正。"⑥ 故而孔子强调为政者的道德修养,他说:"其身正,不令而行;其身不正,虽令不从。"⑦ 又说:"苟正其身矣,于从政乎何有?不能正其身,如正人何?"⑧ 孔子对统治者提出严格的道德要求,从而实现自上而下的对德治的示范与推行。

---

① 杨伯峻译注:《孟子译注》,中华书局1960年版,第41页。
② 杨伯峻译注:《孟子译注》,中华书局1960年版,第77页。
③ 杨伯峻译注:《论语译注》,中华书局1980年版,第123页。
④ 杨伯峻译注:《论语译注》,中华书局1980年版,第36页。
⑤ 杨伯峻译注:《论语译注》,中华书局1980年版,第12页。
⑥ 杨伯峻译注:《论语译注》,中华书局1980年版,第129页。
⑦ 杨伯峻译注:《论语译注》,中华书局1980年版,第136页。
⑧ 杨伯峻译注:《论语译注》,中华书局1980年版,第138页。

为论证君主、士人的德性自觉的必然性，孟子提出了性善论来论证儒家道德。孟子说"君子所性，仁义礼智根于心"①"仁义礼智，非由外铄我也，我固有之也"②，认为仁义礼智乃是人之天赋本性。仁义礼智之性与口目耳鼻之性的关系上，孟子说"口之于味也，目之于色也，耳之于声也，鼻之于臭也，四肢之于安佚也，性也，有命焉，君子不谓性也。仁之于父子也，义之于君臣也，礼之于宾主也，知之于贤者也，圣人之于天道也，命也，有性焉，君子不谓命也。"③尽管孟子不否定人普遍具有的自然之性，但他认为君子应该有天命的承担，故不以口目耳鼻之欲为性；仁义礼智本君子承担的天命，故以天命而言仁义礼智为性。对君子而言，仁义礼智是天命之性，体现君子人格的道德规定。孟子强调"所欲有甚于生者，所恶有甚于死者。非独贤者有是心也，人皆有之，贤者能勿丧耳"④，认为仁义礼智之性人皆有之，贤者能够做到不失而已，强调君子、士人的德性自觉。

儒家的国家治理思想强调了政治的民意基础和治理目标，但是在诸侯争霸的春秋战国时代，并不能为统治者所接受，因为它是一种并不关注国家治理效能的学说。春秋战国时期诸侯争霸，这是一个诸侯国家参与竞智角力的时代，一个崇尚实力而追求富国强兵的时代，一个依赖军事征讨、暴力征服而获得权位的时代，一个躲避道德而崇尚霸道和权谋的时代。这个时代完全不具备推行儒家王道的政治环境，儒家重民意、讲仁政的国家治理思想，只能成为一种理想主义的政治学说。

三 法家君本的治理思想

法家继承了夏商周三代先王的霸道治理经验，他们在国家治理目标即治理"效能"方面发展出不同于儒家的国家治理目标和政治合法性依据的理论。法家将三代先王对外族的军事征讨、暴力征服和对内部臣民的严酷刑罚、暴力统治的治理经验，发展为法家的富国强兵、君本政治、

---

① 杨伯峻译注：《孟子译注》，中华书局1960年版，第309页。
② 杨伯峻译注：《孟子译注》，中华书局1960年版，第259页。
③ 杨伯峻译注：《孟子译注》，中华书局1960年版，第333页。
④ 杨伯峻译注：《孟子译注》，中华书局1960年版，第266页。

严刑峻法的政治思想。法家思想在国家治理目标即治理的能力和效率方面有着特别的优势，对正在争霸的诸侯国有着极大的吸引力。法家系统地提出了法、术、势的学说，其实就是一种强调国家治理能力和效率的政治理论。许多学者指出，这个学派虽然以"法家"命名，但是在法、术、势三个方面，"势"才是这个学派的核心，因为"势"就是君主治理国家的能力和效率的体现。

法家特别重视"势"。"势"是指君主的权力、权势、威势。法家为什么推崇"势"？因为传统中国的政治制度就是君主政治，君主的治理能力、治理效率是国家稳定、发展的根本条件。在法家看来，"势"是君主治理能力的体现，也是国家治理具有效率的保证。所以，《商君书》特别指出"先王不恃其强而恃其势"[1]、"先王贵势"[2]。韩非子说："君持柄以处势，故令行禁止。柄者，杀生之制也；势者，胜众之资也。"[3] "凡明主之治国也，任其势。"[4] 他把"势"看成统治者"胜众之资"即治理能力的体现。韩非比较了"德"与"势"在治国效率上的差别："圣人德若尧舜，行若伯夷，而位不载于势，则功不立名不遂。"[5] 他认为，"势"是统治者国家治理具有效率的保证，君王之所以能够"制贤""王天下"，是因为他拥有"势"，故而能够有效地治理国家。

法家也特别重视"法"，因为"法"是维护"势"的重要手段，严刑峻法是君主治理能力的体现，是君主治理国家的有效性保证。韩非子强调明主必须"执柄以处势"，"明主之所导制其臣者，二柄而已矣。二柄者，刑、德也。"[6] 严刑峻法能够使得"行刑重其轻者，轻者不至，重者不来，是谓以刑去刑。"[7] 通过严刑峻法而减少犯罪，能够体现君主治理国家的能力。韩非不认同孔子以忠顺孝悌之道去管理社会、治理国家，他说："孔子本未知孝悌忠顺之道也"[8]。韩非认为倡导仁爱孝悌是君主缺

---

[1] 蒋礼鸿撰：《商君书锥指》卷5《禁使》，中华书局1986年版，第132页。
[2] 蒋礼鸿撰：《商君书锥指》卷5《禁使》，中华书局1986年版，第133页。
[3] 王先慎撰，钟哲点校：《韩非子集解》卷18《八经》，中华书局1998年版，第431页。
[4] 王先慎撰，钟哲点校：《韩非子集解》卷16《难三》，中华书局1998年版，第379页。
[5] 王先慎撰，钟哲点校：《韩非子集解》卷8《功名》，中华书局1998年版，第209页。
[6] 王先慎撰，钟哲点校：《韩非子集解》卷2《二柄》，中华书局1998年版，第39页。
[7] 王先慎撰，钟哲点校：《韩非子集解》卷20《饬令》，中华书局1998年版，第473页。
[8] 王先慎撰，钟哲点校：《韩非子集解》卷20《忠孝》，中华书局1998年版，第466页。

乏治理能力的结果，而他相信君主掌握严刑峻法才能获得治理效率："其治国也，正明法，陈严刑，将以救群生之乱，去天下之祸，使强不凌弱，众不暴寡，耆老得遂，幼孤得长，边境不侵，君臣相亲，父子相保，而无死亡系虏之患。"① 可见，法家认为，君主能够制定和推行刑罚，其实是反映了君主治理国家的能力和效率。

法家特别重视"术"。法家认为"术"也是维护"势"的重要手段，故而也是国家治理能力的体现，是政治治理具有效率的保证。韩非指出高明的君王必须善于"操术以御下"。他认为君臣之间的利益必然是冲突的，"主利在有能而任官，臣利在无能而得事；主利在有劳而爵禄，臣利在无功而富贵；主利在豪杰使能，臣利在朋党用私"，② 故而君主必须善于"操术"，韩非子特别强调："术者，因任而授官，循名而责实，操生杀之权，课群臣之能者也，此人主之所执也。"③ 总之，法家以"术"作为君主治理国家能力的体现和保证。

韩非认为，一个君主掌握了法、势、术，就可以治人而不治于人，就是"明君"。韩非的治理理论以自然人性为基础，认为"夫民之性恶劳而乐佚"④，民之性"饥而求食，劳而求佚，苦则索乐，辱则求荣"⑤，"夫安利者就之，危害者去之，此人之情也"⑥。"好利恶害，夫人之所有也"⑦。法家认为人性是趋利避害的，其行为皆出于利益而已，而人际关系也是一种利益交换："君以计畜臣，臣以计事君，君臣之交，计也。"⑧ "臣尽死力以与君市，君垂爵禄以与臣市"⑨，君臣在进行"死力"与"爵禄"交易。因为趋利避害的人性特征，所以"凡治天下，必因人情。人情者有好恶，故赏罚可用"⑩ "赏莫如厚而信，使民利之；罚莫如重而

---

① 王先慎撰，钟哲点校：《韩非子集解》卷14《奸劫弑臣》，中华书局1998年版，第102页。
② 王先慎撰，钟哲点校：《韩非子集解》卷4《孤愤》，中华书局1998年版，第84页。
③ 王先慎撰，钟哲点校：《韩非子集解》卷17《定法》，中华书局1998年版，第397页。
④ 王先慎撰，钟哲点校：《韩非子集解》卷20《心度》，中华书局1998年版，第474页。
⑤ 蒋礼鸿撰：《商君书锥指》卷2《算地》，中华书局1986年版，第45页。
⑥ 王先慎撰，钟哲点校：《韩非子集解》卷14《奸劫弑臣》，中华书局1998年版，第98页。
⑦ 王先慎撰，钟哲点校：《韩非子集解》卷15《难二》，中华书局1998年版，第369页。
⑧ 王先慎撰，钟哲点校：《韩非子集解》卷5《饰邪》，中华书局1998年版，第128页。
⑨ 王先慎撰，钟哲点校：《韩非子集解》卷15《难一》，中华书局1998年版，第352页。
⑩ 王先慎撰，钟哲点校：《韩非子集解》卷18《八经》，中华书局1998年版，第430页。

必,使民畏之"①,"赏厚则所欲之得也疾,罚重则所恶之禁也急"②,厚赏重罚立足于人的逐利本性,"是以国安而暴乱不起"③,从而达成天下治理的最终目标。

与儒家强调国家治理的民意基础和治理目标完全不同,法家强调君主的治理能力和治理效率。春秋战国恰恰是诸侯争霸的竞智角力的时代,法家关于治理能力和治理效率的政治思想,能够满足诸侯国家对富国强兵、军事权谋、争权夺利的霸道需求。法家思想特别获得秦国国君的认同,经过一系列变法之后,秦国空前强大起来,并且很快统一六国,建立了中国历史上第一个中央集权的强大帝国。

四 两汉儒法治理结构的奠定

春秋战国时期,儒家与法家分别继承了三代先王的王道和霸道。儒家特别强调"王道"与"霸道"的区分,孟子说:"以力假仁者霸,霸必有大国;以德行仁者王,王不待大。"④ 王与霸体现出儒、法两家的不同国家治理模式。儒家的理想政治是以仁义道德作为国家治理原则,提倡满足人民利益的民本思想,故而是"王道";法家的政治思想则是以君主、朝廷为中心的政治原则,总是以强化君主对国家的掌控能力为政治目的,故而是"霸道"。儒家的政治治理思想强调了政治的民意基础和治理目标,但是非常缺乏治理能效而不为任何诸侯国所采用;而法家继承三代先王的霸道,主张富国强兵以统一,严刑峻法以制民,这适应了诸侯国希望统一天下、强化集权的政治需求,故而在秦国得到有效的实践。

但是,法家和秦帝国太迷信政治权力,片面地以国家治理能力为政治的目的,完全蔑视普遍民意在国家治理体系中的根本地位,否定道德与文化的作用。秦王朝蔑视普遍民意的政治意义,推崇暴力,崇尚霸道,让法律、权术成为专制皇权的工具,证明法家片面强调效率是有严重缺陷的。秦王朝统一中国后却突然崩塌,这与其政治治理结构的严重缺陷

---

① 王先慎撰,钟哲点校:《韩非子集解》卷19《五蠹》,中华书局1998年版,第448页。
② 王先慎撰,钟哲点校:《韩非子集解》卷18《六反》,中华书局1998年版,第419页。
③ 王先慎撰,钟哲点校:《韩非子集解》卷14《奸劫弑臣》,中华书局1998年版,第105页。
④ 杨伯峻译注:《孟子译注》,中华书局1960年版,第74页。

和失衡有关。正如历史学家所说："秦王怀贪鄙之心，行自奋之智，不信功臣，不亲士民，废王道，立私权，禁文书而酷刑法。"①秦始皇强化国家治理能力反而激化了政治矛盾："设刑罚，为车裂之诛，以敛奸邪，筑长城于戎境，以备胡、越，征大吞小，威震天下，将帅横行，以服外国，蒙恬讨乱于外，李斯治法于内，事逾烦天下逾乱，法逾滋而天下逾炽，兵马益设而敌人逾多。秦非不欲治也，然失之者，乃举措太众、刑罚太极故也。"②秦王朝之所以迅速灭亡，因为全社会出现了"奸邪并生，赭衣塞路，囹圄成市，天下愁怨，溃而叛之"③的政权局面。可见，在中国传统的国家治理体系中，仅仅是儒家或法家任何一方，均不能建构有效的国家治理体系。

汉以来的历代帝国，开始探索儒法互补的治理方法，这种治理体系能够相对维持长期有效的国家治理。所以，我们在此对汉以后儒法互补的国家治理体系的建构过程，做一简要的考察。

汉代吸取秦亡教训，推动儒法互补的国家治理体系建构的结构，当然，汉朝的国家治理体系的建构是在政治实践中摸索出来的。一般来说，国家治理方法在推翻旧王朝的"攻"的阶段和建立新王朝的"守"的阶段是不同的。"攻"和"守"的不同阶段，往往会有不同的治理目标，故而采取不同的治理手段。具体来说，在推翻旧王朝的"攻"的阶段，必须依赖政治、军事、经济等硬实力，必须拥有这些硬实力才能够在血腥的暴力和权势的争夺中征服政敌、开创霸业。故而"攻"的阶段推崇暴力、权势、强兵的法家更有吸引力，作为国家治理手段也更有效率。秦始皇采用法家学说治理国家并且取得统一六国的胜利，其原因在此。但是，到了新王朝建立以后，国家逐渐进入社会稳定的"守"的阶段，这时就必须倡导社会和谐、人心安定、人文化成等软实力，儒家的国家治理方法，更有益于稳定民心、维护秩序、巩固政权。秦始皇之所以能够成功地成就辉煌的霸业，与他采用法家的政治治理学说有密切关系。但是，由于他在建立统一帝国后仍然迷信暴力和权势，实行严刑酷法、横

---

① 司马迁：《史记》卷6《秦始皇本纪》，中华书局1982年版，第283页。
② 王利器撰：《新语校注》卷上《无为》，中华书局1986年版，第62页。
③ 班固：《汉书》卷23《刑法志》，中华书局1962年版，第1096页。

征暴敛、以吏为师等法家政策，造成强大帝国很快被农民起义所推翻的严重后果。西汉政治思想家贾谊在《过秦论》中对此作了深刻分析，他强调开创霸业的战争年代和维护王朝的和平年代，国家采用的治理策略是不同的。他在分析秦王朝迅速灭亡的原因时说："秦王怀贪鄙之心，引自奋之智，不信功臣，不视士民，废王道，立私权，禁文书而酷刑法，先诈力而后仁义，以暴虐为天下始。夫并兼者高诈力，安定者贵顺权，此言取与守不同术也。秦离战国而王天下，其道不易，其政不改，是以其所以取之也，孤独而有之，故其亡可立而待也。"① 法家与儒家的国家治理手段是不同的，贾谊认为是"攻守之势异"，政治治理既包括攻，又包括守，因而需要儒、法两家学说相互补充，这实际上就是儒法互补的问题。

到了汉武帝时代，统治者和儒生们的国家治理思想进一步成熟。汉武帝接受了董仲舒的建议，采取了"罢黜百家，独尊儒术"文化政策，将儒家治理思想提高到一个重要的地位。汉武帝崇尚三代先王的国家治理理念，他推崇儒家五经，正是希望建构一种新的国家治理体系。但是，西汉名义上是"罢黜百家，独尊儒术"，其实在有关国家治理方法方面是融通儒家、法家等不同的政治思想，奠定了"儒法互补""王霸杂之"的新的国家治理结构。汉武帝所确立的意识形态和国家治理结构，是将儒家、法家的不同政治思想融为一体，他们希望以法家的政治理念去制约臣民与保障王权，以儒家的道德理念去制约王权与体现民意，达成了相对平衡稳定的国家治理体系。所以，汉在秦统治基础之上建构起多元一体的治理模式。

汉代形成儒法互补、王霸杂之的多元一体的治理体系，奠定了中国古代国家治理的基本模式。汉帝国建构起相对稳定的治理秩序，其国家治理模式贯穿了传统中国两千多年。以后，历代统治者在严峻的政治现实中认识到儒法互补的重要性。东汉初年的桓谭意识到国家治理必须采用"王霸并用"的原则，一方面，必须"先除人害，而足其衣食；然后教以礼仪，使知好恶去就"；另一方面，他强调"尊君卑臣，权统由一，

---

① 贾谊撰，阎振益、钟夏校注：《新书校注》卷1《过秦论》，中华书局2000年版，第14页。

政不二门，赏罚必信，法令著明，百官修理，威令必行"①。"王道"关心民意；"霸道"保证权位，"王道"和"霸道"须并用。三国时曹操提出："治定之化，以礼为首；拨乱之政，以刑为先。"② 也是"王道"和"霸道"并用的主张。儒、法互补在自发地调节着王朝的建立与国家的建构。唐初魏徵也主张："德、仁、功、利，……兼而行之。"③ 德、仁、功、利兼行，其实就是王霸并用。

政治家们在国家治理的实践中推动了儒法互补、王霸杂之的治理方法，而儒家学者也在思考、讨论"王霸并用"问题，他们从国家治理的角度肯定了"王霸并用"的必要性。南宋时期，事功学派特别坚持"王霸并用"的政治治理，陈亮认为"霸道"是和"王道"联系在一起的。他提出，禹、汤、文、武等三代先王如果没有征伐、谋位的"霸道"，则无法成就其"王道"。而汉唐以来的君主虽然是推行"竞智角力"的霸道，但是"其德义又真足以君天下"④，可见，"王霸并用"是一切有作为的君子在国家治理体系中必须是兼而有之的。与事功学派不一样，理学家在对历史上的汉唐君主的评价不同，他希望对政治上的君主们的霸道保持警惕。所以，理学家朱熹批评汉唐以来君主推行"霸道"。尽管如此，理学在本质上要求"内圣"与"外王"统一起来，所以，理学家们一讨论实际的国家治理，也不能不是"王霸并用"。如朱熹在论述具体的政治问题时也强调："政者法度也，法度非刑不立，故欲以政道民者，必以刑齐民。"⑤ 可见，朱熹在有关现实政治治理方法上，他并不反对王道霸道并用。

---

① 桓谭撰，朱谦之校辑：《新辑本桓谭新论》卷2《王霸》，中华书局2009版，第3页。
② 陈寿撰：《三国志》卷24《高柔传》，中华书局1982年版，第683—684页。
③ 吴兢撰，谢保成集校：《贞观政要集校》卷3《君臣鉴戒》，中华书局2003年版，第153页。
④ 陈亮撰：《陈亮集》卷3《问答》，中华书局1974年版，第32页。
⑤ 朱熹撰，朱杰人、严佐之等主编：《朱子全书》第22册，《晦庵先生朱文公文集》卷41《答程允夫》，上海古籍出版社、安徽教育出版社2002年版，第1865页。

中 篇

四书学成形与儒家思想传统的重建

第 一 章

宋儒的主体意识与宋学的内圣外王之道

唐宋之际不仅仅是朝代的更替，而且还在政治制度、经济结构、科学技术、学术思想、文化教育等不同领域均发生了重大变革，体现出重要历史变革和社会转型的特点。所以，中外历史学家均肯定唐宋之际发生的重大变革，日本汉学家还在一百多年前提出"唐宋变革论"的历史假说，影响十分深远。

唐宋历史转型不仅成就了宋代士大夫回归原典、重建思想的文化主体性，同时也凸显了他们治国平天下的政治主体性。在唐宋变革中的儒学发生了深刻的变化，学术史家将汉唐儒学称为"汉学"，将宋代兴起的儒学称为"宋学"；汉学的核心经典是五经，而宋学的核心经典逐渐转变为四书。宋儒对新经典体系四书做出重新诠释，推动了宋学的形成和发展。由于宋代士大夫不仅是思想重建的主体力量，也是政治重建的主体力量，故而宋学发展成为一种新的内圣外王之道。

第一节 作为文化主体的宋代士大夫

"唐宋变革"的历史转型，导致一批具有主体性精神的士大夫群体崛起。与汉唐士大夫比较，宋代士大夫群体的政治地位、社会声望、精神风貌焕然一新，他们无论在政治领域还是思想领域，均表现出历史上十分难得的精神气质——一种主体意识的崛起。如果要对宋学及其四书学的学术旨趣、思想内涵有深入的认识和准确的理解，对宋代之所以形成的思想文化做出合理的诠释和评价，我们必须首先探讨一个与此相关的重要历史问题，即唐宋之际发生了什么重大的历史转型和发展。

其实，我们今天思考的焦点不是唐宋之际是否发生了变革，而是对这一变革的性质的看法和评价。我们关注的是，如何透过"唐宋变革论"的历史现象和问题意识，思考唐宋之间究竟发生了什么性质的变革？我们借此进一步探讨，究竟是什么社会力量在推动唐宋之际的变革？他们推动唐宋变革的历史原因和思想动力究竟是什么？

一 "唐宋变革论"的反思

中国传统史学是按照朝代划分的，唐代、宋代是中国历史的两个重要朝代。但是，历史学家早就发现，唐代、宋代不仅仅是发生了改朝换代，而且在政治制度、社会组织、学术思想、文化教育等各个领域均发生了重大变革，故而有可能将这一系列变化理解为更重要的历史性变革。譬如，明代陈邦瞻发现这两个朝代之间发生了许多历史变迁，故而将唐、宋作为历史分期的重要转折点，他在《宋史纪事本末·叙》中云："宇宙风气，其变之大者三：鸿荒一变而为唐虞，以至于周，七国为极；再变而为汉，以至于唐，五季为极；宋其三变，而吾未睹其极也。"[①] 他认为中国历史分为三个历史时期，发生了三个巨变的转折点：鸿荒之世到春秋战国、汉朝到唐五代、宋明以后。他将唐宋之间的变化看作是中国历史三个时期巨变的一个重要的转折点。

一百多年前日本京都学派内藤湖南也将唐宋看作是中国历史三个时期巨变转折点的看法，似乎是与陈邦瞻的看法遥相呼应。在内藤湖南提出的历史分期中，中国史也被划分为"三个时代"和"两个过渡期"。前者包括从开天辟地到后汉中期的"上古时代"、东晋到唐代中期的"中世时代"、宋以后的"近世时代"。这就是内藤湖南著名的"唐宋变革论"。但是，内藤湖南提出"唐宋变革论"，其历史视角、学术内涵却发生了重大的变化。"唐宋变革论"体现了近代日本历史学界希望突破传统史学，进一步从世界史的视野创建新史学的追求。内藤湖南所谓的"变革""近世"，其内涵显然参照了近代西方史学对欧洲历史的"上古""中古"

[①] 陈邦瞻：《宋史纪事本末》，中华书局1977年版，第1191页。

"近世"的划分,他认为唐和宋之间发生的划时代历史变化,与欧洲历史上发生的近代化变革是相同的。他提出,唐代是中国"中世时代"的结束,宋代是中国"近世时代"的开端,这不仅确立了中国也有西方历史上发生的近代化运动,而且将中国的近代化历史大大提前。内藤湖南"唐宋变革论"的历史假说提出来以后,在学界产生了很大的影响,同时很快也影响了欧洲、美国的汉学家对中国历史的研究,故而在近百年的汉学界居于重要地位。从宋代文化中寻找西方近代文化相通的内容,成为欧洲、美国许多汉学家的重要工作。

今天来看,内藤湖南的"唐宋变革论"的提出,鲜明地体现出两个重要学术意义。其一,"唐宋变革论"打破了孤立地看待中国历史的传统史学视野,将中国历史纳入世界历史的框架来看待,使得中国历史能够融入人类文明史中,有益于将中华文明与其他文明特别是欧洲文明作比较研究,有益于学界在多样化的国别史、文明史中寻找共同的文化价值,探寻相通的历史演变规律。其二,内藤湖南用近代的眼光解释中国历史上的"唐宋变革"现象,使我们重新认识、理解唐宋之际发生的一系列政治、社会、文化变革的现象,故而我们能够对那一段历史形成了一系列新的认识。"唐宋变革论"的历史假说,特别是能给从事宋代思想文化史的学界,提供了许多十分重要的启示。内藤湖南提出中国近世开始于宋代说,特别关注从"中世"的唐代到"近世"的宋代之间一系列历史的重要转变,能够给我们带来许多新的启示。确实,当我们将宋代历史与16、17世纪欧洲比较的话,可以发现二者之间在政治、经济、社会的历史变迁中竟然存在许多相似的特点。而特别值得注意的是思想文化的历史变迁,我们可以在宋代思想文化中,找到许多与西方近代文化相通的内容,譬如在宋代思想文化方面的一系列创新发展,使我们可以找到许多与西方文艺复兴、宗教改革一系列相似的内容。所以,我们应该特别关注和深入思考唐宋之间发生的政治变革、社会变革、文化变革,因为这些历史变化不是一般意义的历史变迁,而是中国历史一场重大的历史变革。

但是,我们也应该指出,内藤湖南的"唐宋变革论"提出,确实也还存在许多问题,或者说他对"唐宋变革"的一些解释又增加了一些新的问题。我们必须首先承认,世界文明史的演变发展本来就是十分多元的，只有在充分研究不同文明历史的基础上，通过对多元文明史的不同道路的艰难而深入的研究基础上比较不同文明，这样才能够进一步探寻不同文明历史演变轨迹的可比性问题，进而寻找彼此可以融通的文化价值。所以，我们并不能首先预设不同文明必须遵循一个先验的、目的性的演变进程，更不能将某一种文明演进的过程和结果生硬地套在其他诸多的文明史上。其实，早在民国初年，几乎就在内藤湖南提出"唐宋变革论"的同时，就有胡适、梁启超等就将清代学术看作是欧洲文艺复兴相近的近代思想。当然，他们中有许多在后来的学术研究中不再作这样的比附，他们逐渐意识到中国历史的演变发展有自己的独特道路。所以，笔者赞同当代许多中国学者的见解，即研究中国历史的阶段划分，要充分考虑中华文明的独特演变轨迹和文化价值，"这是一个文明自身的历史走向，不具有必然指向以地中海为模式的现代性为最终归宿的目的性特征。"[①] 由此出发，我们反观内藤湖南的"唐宋变革论"，发现其中至少也存在两个问题。其一，"唐宋变革论"希望将中国历史纳入世界历史的框架来看待，而实际上是将中国历史纳入西欧文明史演变的特殊"轨道"，即"指向以地中海为模式的现代性为最终归宿的目的性特征"，人类文明史可能存在一些相似的历史轨迹，也可能存在一些相通的价值追求，但不会完全遵循某一种文化模式与发展轨道的过程和结果。其二，内藤湖南用西方近代的眼光解释中国历史上的"唐宋变革"现象，其实，欧洲各国自中世纪走上近代，因产业革命、文艺复兴、宗教改革而使得社会整体发生了巨大的变化。如果与欧洲近代历史进行比较研究，宋代与之差距甚大，宋代无论是在政治结构、经济关系还是思想文化上具有不同于近代欧洲的一系列特点。在我们看来，宋代的君主政治、小农经济、儒学复兴，与欧洲的君主政治、市民社会以及古希腊文化复兴之间的区别是很大的，如果仅仅是对中国在唐宋之际出现的一些与欧洲近代史中一些相似的历史现象作简单的比附，就会忽略了其中更大的差别而显得有十分牵强。也就是说，"唐宋变革论"注意了宋代与西方近代之间的同，而没有充分关注二者之间的差异更大。

所以，我们一方面应该充分肯定，唐宋之际中国确实发生了重要的

[①] 张国刚：《"唐宋变革"与中国历史分期问题》，《史学集刊》2006年第1期。

历史演变，自1909年内藤湖南首创"唐宋变革说"这一历史假说，在延续百年至今仍然能够引发学界浓厚的兴趣，显然，内藤湖南的宏大历史视角与深刻问题意识，使得他的历史假说具有持续生命力。但是另一方面，内藤湖南完全用西方近代的眼光解释"唐宋变革"现象，也暴露出许多严重缺陷。将宋代儒学复兴与欧洲文艺复兴、宗教改革作简单比附，并不能够完全解释宋元明清以来中国历史的演变发展。因此，我们今天的学术思考已经不是简单地肯定或者否定"唐宋变革说"，而是要透过内藤湖南"唐宋变革论"的问题意识，进一步思考唐宋之间的中国到底发生了什么性质的变革？

中国历史的变迁，往往通过社会整体的不同方面体现出来，当然主要是通过最关键的政治、经济、文化的变迁体现出来。唐宋之际发生变革的问题，首先体现在政治上，汉代以来的门阀士族主导的贵族政治衰落和终结，代之以平民出身的士大夫政治力量强化，一种新的所谓"士大夫与君主共治天下"的政治格局形成。其次，唐宋变革体现在经济上，经济关系的重组、平民地位的提高，相对自由的农民与地主的租佃制关系取代门阀士族主导农奴制而逐步居于支配地位。最后，唐宋变革体现在文化上，宋代出现了文化教育的下移、学术思想的转型、科学技术的发展、文学艺术的世俗化等一系列重要的特点。

但是，宋代历史的这一系列变化，究竟应该如何理解？唐宋之际发生什么性质变革的问题，我们如果不简单地套用欧洲历史的"原始社会—奴隶社会—封建社会—资本主义社会—社会主义社会"五阶段，或者是"上古—中古—近世"三阶段，而是从中国古代历史的演变轨迹出发，寻找中国历史自身的变迁发展的历史阶段，应该可以找出其中历史演进的特点进而形成中国历史的分期。我们可以根据中国古代史的特点，参考世界史的一般历史分期，同样可以将中国的历史分为上古、中古、近古。之所以以"近古"代替"近世"，就在于唐宋之间虽然发生了重要变革，但是仍然属于中国古代史的组成部分。为什么这么说？我们可以做一个简单的中国古代史的历史分期。先秦阶段是中国古代历史的上古时期，其政治、经济、文化均是依托于宗法贵族分封制。秦汉以后到明清是中国古代历史的中古、近古时期，其政治、经济、文化均是依托于中央集权的帝国政治。虽然同样是中央集权的帝国政治，唐宋之际发生了一些重要的变革。汉唐的中央集权的帝国政治是与门阀贵族联系在一起的,而宋以后的中央集权的帝国政治是与平民出身的士大夫联系在一起的。钱穆先生对这一个问题发表的看法值得关注,他说:"秦前,乃封建贵族社会。东汉以下,士族门第兴起。魏晋南北朝定于隋唐,皆属门第社会,可称为是古代变相的贵族社会。宋以下,始是纯粹的平民社会。除蒙古满州异族入主,为特权阶级外,其升入政治上层者,皆由白衣秀才平地拔起,更无古代封建贵族及门第传统的遗存。故就宋代而言之,政治经济、社会人生,较之前代莫不有变。"① 张国刚先生也有相近的主张:"我把唐宋变革看成是中古前期向中古后期(或称近古)的变化(先秦是上古时期)。我虽然也采取了上古与中古的提法,但是,与内藤湖南的看法并不相同。我只是把上古、中古作为一个时间概念,没有社会性质的内涵。我把汉唐时代定位为中古,与内藤湖南把汉代作为上古不同。我观察到中古的变化内涵乃是,士族门阀形成并走向解体,中国传统文化从思想经典形态逐渐演变成社会行为规范。"② 他们均以唐代贵族政治的消亡为标志,认为原有的贵族与皇权共治的局面已经逐步凋零,取而代之的则是宋代平民出身的士大夫的兴起,并且进入君主政治体系之中。这样,宋代的政治、社会、文化的所有领域都发生了重大变化。

二 宋代士大夫的身份转化

我们关注的问题是,在唐宋转型的过程中,谁是这一转型的主要推动者?我们发现,在这一转型过程中,一直有一个十分重要的群体对转型起到非常关键的作用,就是"士大夫"群体。宋代士大夫群体是一个具有许多新的因素的社会力量,他们才是唐宋变革的主要力量。唐宋之际发生的一系列变革,包括宋代的政治、经济、文化的重要变迁,其实均与宋代士大夫群体密切相关。

钱穆先生在讨论历史分期时,十分重视每一历史时期中处于核心地位的士大夫社会阶层和政治群体,将他们分别称呼为"封建贵族""士族门第""白衣秀才"。其实,这三大群体恰恰就是"士大夫"的不同历史

---

① 钱穆:《理学与艺术》,《宋史研究集》第7辑,台北:台湾书局1974年版,第2页。
② 张国刚:《"唐宋变革"与中国历史分期问题》,《史学集刊》2006年第1期。

阶段，他们处在不断演化过程中而拥有上述不同社会身份。在夏商周历史时期，"士大夫"就是那时的"封建贵族"；到了汉唐历史时期，"士大夫"就是当时的"士族门第"；而到了宋代以来，士大夫就成为这时的"白衣秀才"。由于"士大夫"是一个处在不断演化过程中的社会群体，恰恰是在宋代以后，士大夫才真正演变为古代中国独立而成熟的政治力量和社会群体。

在中国古代史的三个不同历史时期，不同政治身份和社会身份的"士大夫"既有共同点，又有不同点。

我们首先考察"士大夫"在中国古代史中不同阶段的共同点。"士大夫"概念其实是由士、大夫两个词组成的。在西周，士、大夫均是指贵族阶层，西周贵族身份是由他们的血缘关系决定的。"士"是西周贵族社会中最低的等级，到了春秋战国时期，他们已经流落民间而成为社会中的平民阶层，但他们拥有西周贵族才有的文化知识，后来泛称民间的读书人为士。而春秋战国时期的"大夫"由贵族身份而演变为官僚泛称，从战国时期一直延续下来。春秋战国以后的"士"被选入官僚体系，就变成了所谓"士大夫"。"士大夫"是中国古代史一直存在的一个非常重要的精英群体，他们往往是每一个历史时期政治资源、经济资源、文化资源的掌握者、分享者，故而他们是将政治精英、经济精英、思想文化精英集于一身的人，这是士大夫的相同点。当然，最为重要的是，士大夫一直是文化知识的掌握者、创造者、传播者，他们往往决定着中国传统思想文化的演变和发展，特别是承担精英文化的建设和发展。

我们再进一步考察"士大夫"在中国古代史不同阶段的差异，这恰恰是引起文明特别关注的中国古代历史分期的重要依据之一。钱穆先生所说的"封建贵族""士族门第""白衣秀才"，其实就是"士大夫"在中国历史上的三个阶段的政治身份，也就是他们在不同历史阶段曾经分别体现为贵族、士族、庶族三种有差别的社会身份。而且应该说，宋代士大夫才是中国古代独立士大夫群体的完成形态，真正演变为古代中国独立而成熟的政治力量和社会群体。我们可以从社会资源占有途径的依据、运用各种权力方式的差异、社会流动性的不同等方面来证明这一点。为简约起见，这里我们主要从社会流动性来考察这三种政治身份和社会身份的特点，进而探讨为什么"士大夫"在中国历史上不同身份会导致中国古代史不同阶段的差异。

"封建贵族"以西周的"分封制"为基础,这是一个以与"天子"的血缘关系而确立的政治结构和社会阶层,血缘亲疏决定了一个人具有诸侯、卿、大夫、士的不同身份。诸侯、卿、大夫、士是一种没有任何流动性的社会群体和政治阶层,一个人能否进入这一个群体以及在这一个群体中地位,完全是由他的先天的血缘关系决定了的,与他的才华品德、军政功业的后天努力没有任何关系。到了春秋战国时期,贵族底层的"士"才开始成为一个社会流动性知识群体,他们推动了诸子百家的兴起,并且有可能形成一个与血缘没有关系的"士大夫"阶层。但是,汉帝国的政治结构、社会结构稳定以后,"士族门第"又在固化他们的地位,又开始形成一种流动性在逐渐凝固的"士族门第"的政治等级和社会阶层。与三代的"封建贵族"相比,最初的"士族门第"的形成以及后来的升迁,曾经与他们个人或者家族的才华品德、军政功业有一定联系,故而其社会流动性没有分封制那么固化。但是,钱穆先生又提出这是"古代变相的贵族社会",因为"士族门第"总是努力固化自己个人、家族的政治等级和社会阶层,以固化他们对政治资源、经济资源、文化资源的掌控。汉代以来的荐举制、庇荫制、九品中正制、经学的师法和家法制度等一系列政治制度、选士制度、学术制度的结果,均是在进一步固化这一个"准贵族社会"或"变相的贵族社会"。从宋代开始,士大夫才能够完全成为一个社会流动性较强的知识群体,"白衣秀才"是一个主要依赖个人追求才华、品德、功业努力而成为跃居政治核心的士大夫。宋代士大夫能够成为社会精英而掌控政治资源、经济资源、文化资源,不能够完全依赖他们的血缘、门第,而是必须坚持对知识、道德和功业的不懈追求,即使是"白衣秀才"也有可能成为社会的精英人物。

唐宋变革的最重要原因,就在于宋代已经打破汉唐的"士族门第"的政治等级和社会阶层,真正形成一个主要通过科举制而实现社会流动性的时代,形成了一个来自民间社会但又能够集政治精英、社会精英、文化精英为一体的士大夫群体。他们虽然出身于"白衣秀才",而正由于他们不是贵族、士族而是庶族的身份,使得他们必须具有更加宏伟的志向、更加杰出的才华、更加努力的付出,才可能成为社会精英。而且,由于他们从社会底层进入社会上层,故而对整体社会政治有更加深入的认识；他们来自白衣秀才而更少政治包袱，故而对各种弊端有深入的洞察，所以，能够成为推动唐宋之间政治变革、社会变革、文化变革的社会力量，使宋代出现了如欧洲近代历史阶段出现的一系列社会现象、文化成就。宋代出现的一系列政治改革的推动、经济效率的提升、科学技术的发展、儒家经典的普及、书院教育的兴盛、宗教的世俗化，其实均与宋代士大夫群体的有关，他们才是那一个时代最有思想活力、最有开拓精神、最具广泛影响、最有人格力量的社会群体。所以，宋代士大夫群体是"唐宋变革"的主体，他们推动了唐宋在政治领域、经济领域、文化教育领域、学术思想领域的一系列重大变革。

毫无疑问，宋代士大夫群体是两宋时期政治、经济、文化、教育等一系列重要领域的主导者，同时也是在这一系列领域推动"唐宋变革"的主体力量。这里，我们要进一步说明，宋代士大夫群体作为主体力量，是如何推动唐宋之际思想文化的变革。

自从汉武帝以来，儒家文化确立为中国文化的主体和核心，并且全面渗透到政治、法律、学术、教育、文艺等思想文化领域。宋代思想文化领域发生了重大变革，必然首先体现为占据中华文化主导地位的儒学发生重大转型。为了推动这一场学术思想的转型，宋代儒家士大夫高扬儒家士大夫的主体意识，回归先秦儒学的政治批判与文化批判精神，他们大胆质疑、批判汉唐儒家以章句训诂、典章制度为学术特征的经学，倡导建构一种以阐发义理为特征的新经学和新儒学的宋学形态。考察宋学兴起和发展的过程就可以发现，推动宋学思潮的主体完全是宋代士大夫群体。为了说明这一点，可以比较一下汉学与宋学兴起和发展过程的区别，而这恰恰是中国古代儒学发展的两个重要阶段和两大学术形态。汉代学术思想的兴起是儒家士大夫与帝王合作的结果，完全离不开朝廷的政治推动。因为汉代儒学的兴起首先依赖于帝王主宰的庙堂推行"罢黜百家，独尊儒术"，通过自上而下的国家学术制度，才建立起一种不同于先秦儒学的新的学术形态，即汉代儒学。所以，汉代儒学的学术旨趣和思想主流，完全是直接服务于帝国政治的五经学及其相关的典章制度之学。汉代思想文化的资源是五经，即以三代帝王的国家治理经验、典章制度为蓝本，为汉帝国的国家治理提供思想与学术资源。如汉代经学著作《白虎通义》，就是儒家经典与帝王政典结合的产物。而宋代学术思想的兴起完全是由于相对独立的儒家士大夫群体，宋学的形成首先是通过自下而上的民间学术和民间教育（如书院），故而其学术主流是直接表达宋代士大夫精神追求、思想理念的四书学及其相关的身心性命之学。比较典型的宋代经学著作《四书章句集注》，完全是宋代士人选取、注释先秦士人的子学著作而成。宋代思想文化的资源是四书，主要是春秋战国时期儒家士人的诸子、传记之学，表达的是民间士人对君主政治、社会理想以及士人的社会责任、精神修炼的系列思想和方法。

宋代士大夫群体作为主体力量而推动宋代思想文化的变革，确实为宋学的兴起和发展带来了巨大的思想活力，形成了一种在中国思想学术史上影响深远的宋学。宋学是一种有儒家经典依据又有创造性哲学思辨、既有现实政治功利追求又有超越宗教情怀的新的学术形态，在现代又被称为新儒学。内藤湖南用西方近代的眼光解释历史上的"唐宋变革"现象，来源于"白衣秀才"的宋代士大夫推动的唐宋变革，导致宋代出现了与西方文艺复兴、宗教改革相似的儒学复兴、儒学改革运动，宋代的儒学复兴、儒学改革运动推动了文化教育下移、学术思想转型等一系列重要变革，表现出历史转型所特有的文化现象。宋代士大夫推动宋代儒学的蓬勃发展，建构一种适应时代变革需求的新儒学思想体系，表达了源于"白衣秀才"的宋代士大夫群体的创造力。从宋代开始，士大夫通过自己的才华、品德和奋斗精神，成为跃居政治核心和文化中心的知识群体，他们不同于依赖家族出身、缺乏创造动力的"封建贵族""士族门第"，而是一个通过自己的天下责任、个人德能而提升自己并促进社会流动性的知识群体，他们可以依赖于个人读书、修身的努力，来实现齐家、治国、平天下的宏伟抱负。

三 宋代士大夫推动学术转型

"唐宋变革"在思想文化领域的最突出表现，就是完成了儒家学术思想的历史转型。作为唐宋之际思想文化转型的主体力量，是儒学史上最具有创新精神的宋代士大夫。宋代士大夫不仅仅批判了汉唐儒家士大夫的学术思想，对汉唐儒家的经学体系提出质疑，还强调回归先秦儒学，致力于对儒家经典的重新诠释，推动了宋代儒学的创新发展。宋代士大夫完成一种新的学术形态即"宋学"建构，创造了一种适应新时代需要的学术体系和文化形态。

宋代士大夫的学术创新精神、思想开拓气质以及对千年儒学的创造性转化的完成,确实能够使人联想到近代欧洲那些同样具有创新精神、开拓气质的文艺复兴、宗教改革运动中的知识群体和宗教人士。自1909年内藤湖南首创"唐宋变革说",用西方近代的眼光解释历史上的"唐宋变革"现象,并在其"支那近世史"备课笔记的"绪言"中,指出宋代学术思想的新倾向,与西洋的文艺复兴、宗教改革相似,虽以复古主义为名,实为自由探索的奠基和张本。[①] 但是,欧洲知识界、宗教界之所以推动了文艺复兴、宗教改革,十分明显与欧洲的商品经济、市民社会及近代化思潮有关。我们在前面已经指出,宋代的政治体制、经济结构、思想文化不同于近代欧洲,宋代的君主政治、小农经济、儒学复兴与欧洲的政治、经济、文化区别是很大的。所以,我们需要进一步考察:宋代士大夫群体推动唐宋文化转型的历史原因和思想动力究竟是什么?这一个问题,恰恰能够引导我们进一步思考:在中国古代史发生重要转折的历史时期,处于政治、经济、文化核心地位的宋代士大夫群体发生了什么变化?他们所要承担的社会角色、政治责任、文化情怀及其相关的历史使命是什么?

我们还是从宋代士大夫群体的历史形态说起,考察他们既有中国历史上的"士大夫"共同点,又有宋代"白衣秀才"出身的不同点。

宋代士大夫群体作为推动唐宋之际学术思想、文化教育转型的重要社会阶层和文化群体,具有中国古代史上"士大夫"的共同特点。他们作为推动中国历史发展和转型的社会阶层和文化群体,与上古、中古的士大夫一样,是中国古代史上的精英群体。"士大夫"作为古代长期存在的重要精英群体,他们往往是每一个历史时期政治资源、经济资源、文化资源的掌握者、分享者,故而他们是将政治精英、经济精英、文化精英多重身份集于一身的人,这是不同历史阶段士大夫的相同点。所以说,士大夫是中国古代史上特别重要的社会阶层和政治群体。具体来说,他们往往因掌控政治资源而能够影响或决定政治权力的运行,无论是三代

[①] 参见牟发松《"唐宋变革说"三题——值此说创立一百周年而作》,《华东师范大学学报》(哲学社会科学版)2010年第1期。

时期获得分封的"封建贵族",还是享有政治特权的"士族门第",或者是进入庙堂的"白衣秀才",他们均是当时政治权力的分享者,并且他们因参与国家的治理而能够决定政治权力的运行。他们也因掌控经济资源能够成为经济生活的主导,中国古代是以农业经济为基础,故而土地资源的占有是社会生产的基本条件,在古代中国的不同历史时期,无论是土地国有还是土地私有,士大夫也往往是土地资源的重要掌握者和受益人。他们更是文化思想的创造者、传播者。无论是"学在官府"的三代时期,还是官学、私学并行的春秋战国以后,士大夫一直是文化知识的创造者、传播者,决定着中国传统思想文化的演变和发展,特别是一直承担精英文化的建设和发展。

但是,宋代士大夫群体又具有其所处历史阶段的不同特点。我们发现,虽然春秋战国时期就形成了士大夫,但是最初的士大夫还有比较浓厚的贵族背景,以后,士大夫离其原来的贵族出身就越来越远了,到了宋代,才真正形成一种主要是庶族出身的士大夫。所以说,中国历史上"士大夫"经历过"封建贵族""士族门第""白衣秀才"的不同历史形态,他们在历史上曾经拥有贵族、士族、庶族的不同政治身份。但是只有宋代士大夫群体,才是主要由一个庶族、"白衣秀才"出身的士大夫群体组成,体现出由"士"转变、提升为"大夫"的特点。因此,宋代士大夫群体明显区别于"封建贵族""士族门第"。其一,从拥有资源的先后顺序、重要程度而言,"封建贵族""士族门第""白衣秀才"对政治资源、经济资源、文化资源掌控是不同的。作为"封建贵族"的士、大夫,他们首先必须掌握国家的政治资源,然后方可掌握经济资源与文化资源,故而对他们而言掌控政治资源是最为重要、第一序列的。汉唐的"士族门第",他们对政治资源、经济资源、文化资源的掌控似乎是相等的、同时序的。对于"白衣秀才"的宋代士大夫而言,他们首先必须掌握文化资源,然后方可掌握政治资源与经济资源,故而对他们而言掌控文化资源是最为重要、第一序列的。其二,从他们的社会流动性而言,"封建贵族""士族门第""白衣秀才"也是一个由稳固到变动的历史过程。"封建贵族"完全以血缘亲疏决定社会阶层和政治地位,这是一个社会身份十分固化、最没有流动性的社会政治群体,其社会政治的稳定必然带来统治集团和精英阶层的退化。"士族门第"本来是一个有一定流动性的社会阶层，但是经过两汉以来一系列不完善的政治制度和文化体制，使得"士族门第"进一步固化成一个"准贵族社会"，逐渐成为一个流动性很差的社会群体。宋代士大夫才是一个社会流动性最强的社会群体，"白衣秀才"是一个特别强调追求知识、人格和功业的社会群体，每一个人均可以经过个人的努力而成为知识精英、政治精英、社会精英的士大夫。他们作为一批不依赖他们的血缘、门第，而是坚持对知识、道德和功业的不懈追求，最终成为社会的精英群体。

所以，宋代士大夫能够表现出一种政治和文化的创新精神，从而推动了宋学的兴起和发展。钱穆先生对"宋学精神"有一段论述，他说："宋学精神，厥有两端：一曰革新政令，二曰创通经义，而精神之所寄则在书院。"① 钱先生也肯定，推动宋代士大夫从事"革新政令""创通经义"、兴办书院等一系列政治、学术、教育变革的主体力量，就是宋代士大夫，那么，所谓的"宋学精神"其实也就是宋代士大夫精神。比较一下推动欧洲文艺复兴、宗教改革的西方近代知识精英群体，他们建构近代思想的历史原因和精神动力源于欧洲已经发展出来的工商经济、市民社会、权利意识，因而欧洲文艺复兴、宗教改革的原因与动力源于其社会内部市民阶层、资本力量的近代化追求。而宋代士大夫推动的"革新政令""创通经义"、兴办书院等一系列政治、学术、教育变革，只是中古史向近古史转型过程中的政治、经济、文化的变迁，主要是源于平民的"白衣秀才"能够成为政治、经济、文化领域主导力量的士大夫，掌控了宋代的政治资源、经济资源、文化资源。与此同时，他们似乎拥有更大的政治权力和文化权力，能够在宋代提出"与君主共治天下"的豪迈思想。而且，由于"白衣秀才"出身的宋代士大夫已经不同于以前"封建贵族""士族门第"，他们掌控的权力资源不是来自于家族血缘的先天规定，而完全是依赖于"白衣秀才"的学习文化的后天努力。因为他们掌握了文化资源，拥有经典解释、"道统"自命的文化权力，并且能够因此而进入权力核心，成为宋代政治的核心力量。由于"白衣秀才"身份的宋代士大夫群体，已经能够通过对文化资源的掌控，进一步拥有更大的政治权力、经济权力，故而引发了宋代思想文化一系列重要变化。

---

① 钱穆：《中国近三百年学术史》，商务印书馆1997年版，第7页。

这里列举与宋学相关的两个变化。

其一，宋代士大夫身份的历史变化，导致宋学的学术旨趣发生了重大变化。汉学依赖于朝廷政治权力而推行"罢黜百家，表章六经"，依赖于太学确立的五经博士制度，才有两汉经学的兴起和发展。所以，汉代经学的立场和视角是朝廷的、帝王的，汉学为了满足秦汉建立中央集权的帝国政治，其学术旨趣总是与帝国政治的礼法制度、国家治理相关。而宋代学术的立场和视角是士大夫的，宋代士大夫经历了从民间士人到庙堂士大夫的上升过程，故而宋学的学术旨趣发生了很大变化。他们更加喜欢将先秦儒家士人作为自己的思想源泉、人格典范，所以春秋战国时期的儒家子学著作受到了他们的特别推崇。而且，宋代儒家士大夫更加喜欢孟子而不喜欢荀子，孟子的思想立场和视角是士人的，而荀子思想的立场和视角是庙堂的，应该说孟子的思想内容、精神气质与宋代士大夫更加契合。所以，宋学兴起是士大夫的文化自觉，他们往往最先是在民间讲学，推动宋学的兴起。宋儒的学术旨趣，一方面仍然关怀现实、心忧天下，希望实现博施济众的经世事业，故而仍然关注国家制度、政治治理；另一方面，他们似乎更加关注个体人格的心性之学，表达出士大夫向往安乐、自在的心态，希望具有从容洒落的人生，表达宋代士大夫的精神追求。宋代士大夫学术旨趣的重心已经从汉代的"外王"转向宋儒的"内圣"。"内圣"既是一种崇高的道德境界，也是一种追求精神自由的宗教境界。

其二，宋代士大夫身份的历史变化，还导致宋学的经典文本即相关的经典诠释方法发生重大变化。汉代儒学的经典依据是五经，其实，五经的思想主体是天子、国君，均是以三代时期天子、国君治理国家的政治经验、典章制度，并且以王官之学的方式保留下来。所以，汉学的经典诠释的目的就是从三代文献中，寻找与帝国政治相关的典章制度、治理方法。这一种从五经寻找治理国家、典章制度的汉代经学，就是政治意义的经典诠释方法。宋学的经典依据发生重大变化，宋代士大夫更加重视先秦儒家子学著作的《论语》《子思子》《孟子》，并且将原本是子学、传记之学的儒学著作提升为经典，让它们成为儒学体系的核心经典。宋代士大夫重建经典的目的，是希望通过对新经典的诠释，建立一整套新的思想体系。宋学的经典诠释是希望在先秦儒家诸子中诠释和建构一套将经邦济世与身心性命结合起来，故而他们的经典诠释方法往往是义理的，即努力从道义德性与政治治理的兼顾中提升出一种形而上之天道、天理。

但是，宋代士大夫群体推动唐宋文化转型、建立宋学的思想动力，完全是来自他们内心"得君行道"的政治责任和文化情怀。所以，宋代士大夫仍然是士大夫，而不是工商社会市民、近代知识分子，他们不会也不可能像西方近代知识群体那样提出政治上的权利观念。他们推动唐宋文化转型的历史原因，恰恰就是他们作为士大夫的社会政治身份。他们既可能会因为坚持"道"的理想而与帝王君主产生冲突，也可能会因为参与皇权的"共治天下"过程中而沦为皇权的附庸。

四 宋代士大夫的文化主体意识

人们将那些处于精神上的自觉、自主、自由状态而从事思想文化的创造者，看作是一种主体性精神的表现。学者们一般肯定，儒家士大夫是一批具有文化主体性的社会群体。士大夫在从事知识、价值、信仰相关的文化创造、传播活动时，他们具有自主与自觉的文化意识。如果我们从价值意义的视角对宋代士大夫做出评判，学界比较认同他们是一种具有主体性精神的存在。

我们需要将士大夫的文化主体问题，放到历史的长河中去思考。自春秋战国开始，士人开始从原来的宗法政治体制中脱离出来，成为以知识、价值的创造、传播、运用的独立群体。当一部分士人进入官僚体制中成为"大夫"时，"士大夫"阶层逐渐形成。虽然这是一个兼有"士"与"大夫"两种职能的社会群体，但是其"士"的身份是本原性的，即一个人必须首先是"士"，然后才成为士大夫。而所谓"士"，往往就是文人学者的统称，"士"的角色和功能主要承担传统中国的知识、价值、信仰的创造、运用与传播。中国有着源远流长、丰富多彩的传统精英文化，主要是由士人创造出来的。作为士人，他们应该能够在知识、价值、信仰的思想文化领域表现出创造的自觉性、自主性。一个精神上真正独立的"士"，他们当然也会追求文化思想创造的自觉性、自主性。"自觉"是理性与智慧，"自主"是精神与意志，这是士人从事文化创造和建构的必要条件。

其实，早在春秋战国时期，当"士"从西周的封建贵族集团游离出来，他们在民间社会以知识技能为职业，成为诸侯国召唤、聘请的谋士时，"士"开始了民间的知识与价值的创造、传播活动。士人的文化创造的自主性与自觉性，成就了春秋战国时期的诸子学派兴起，形成了百家争鸣的思想学术繁荣。从秦汉到明清的两千多年时间内，尽管中国思想文化在不断演变和发展，但是春秋战国时期诸子百家的学术思想总是不断为后来学术思想发展提供了源源不绝的思想文化资源。所以，春秋战国的诸子百家思想文化成为中华民族历史和世界文化历史的"轴心文明"。

春秋战国时期形成的早期儒家学派，虽然他们"游文于六经之中，留意于仁义之际，祖述尧舜，宪章文武"①，但是早期儒家士人特别"留意于仁义之际"，体现出轴心时期儒家士人对文化之道的自主性与自觉性。早期儒家的"士君子"作为一个独立的知识群体，能够坚持以"道"作为自己的核心价值和最高信仰。孔子说："士志于道，而耻恶衣恶食者，未足与议也。"②"君子谋道不谋食"，"君子忧道不忧贫"③。孔子强调士君子应该追求"道"，他说："以道事君，不可则止。"④ 作为士君子志向的"道"永远是第一位的，必须坚守自己的政治原则和人格独立。孟子强调士君子必须做好两种准备："天下有道，以道殉身；天下无道，以身殉道。"⑤ 即使与孟子政治思想差别很大的荀子，在谈到士君子与君王的关系时也强调，士大夫应该坚持"从道不从君"⑥ 的原则。

应该说，"士志于道""从道不从君"，均非常鲜明体现出春秋战国时期儒家士人对文化之道的自主性与自觉性。但是，儒家士大夫对儒家之道的自主性与自觉性，并不是一个恒常不变的现象。相反，在中国古代历史上，由于君主政治制度的推行，儒家士大夫的主体性受到很大限制。这一点，在两汉以后表现得十分明显。这里，我们可以简单回顾一下汉

---

① 班固:《汉书》卷30《艺文志第十》，中华书局1962年版，第1728页。
② 杨伯峻译注:《论语译注》，中华书局1980年版，第37页。
③ 杨伯峻译注:《论语译注》，中华书局1980年版，第168页。
④ 杨伯峻译注:《论语译注》，中华书局1980年版，第117页。
⑤ 杨伯峻译注:《孟子译注》，中华书局1960年版，第321页。
⑥ 北京大学《荀子》注释组注释:《荀子新注》，中华书局1979年版，第213页。

代就可以了。自从西汉确立了"罢黜百家、独尊儒术"的文化政策,儒家士人开始大量进入中央集权的君主政治体系之中而成为"士大夫"。以后,士大夫政治群体完全成型,对中国古代政治产生了极大影响。从表面上看,西汉以后,儒家士大夫的主体性应该得到更大的张扬,他们对文化之道的自主性与自觉性应该更强。但是在实际的历史过程中,儒家士大夫的主体性反而受到很大限制。

汉武帝采取"罢黜百家,表章六经"的政策,奠定了儒家经学成为王官之学、儒家士大夫进入君主主导的政治系统的历史格局。虽然可以将此看作是汉代士大夫与君主在谋求政治合作过程中达成的思想共识与政治盟约,但是,这却是儒家士大夫做出重大思想调整和观念修正而换来的。董仲舒给汉武帝提出的"天人三策",实质上是通过思想调整和观念修正而换来的一种政治结盟关系。董仲舒在他的"五行之义"中,以土为五行之主,特别推崇土德,其实也是要求臣民能够像"土"一样:"土之事天竭其忠"[1]。所以,董仲舒从"土之事天"的天道原理,引申出臣民忠君的政治道德,他说:"事君,若土之敬天也,可谓有行人矣。"[2] 可见,他们与早期儒家士人追求的"志于道""说大人,则藐之""从道不从君"比较,汉代士大夫虽然政治地位更高,但是其文化主体性则大大弱化,他们更为缺乏文化创造的自主与自由。这是汉代儒家士大夫为了让儒家之道与现实政治结合而付出的重要代价,即士大夫付出了先秦时代曾经作为文化主体性的代价。

我们认为,与汉唐儒家士大夫群体比较而言,宋代士大夫前所未有地表现出文化主体性的特征。

首先,宋代士大夫推动儒家文化的复兴和发展,完全是一种士大夫主体性的文化自觉。

从中唐以后,特别是北宋以来,中国思想文化界兴起一股回归先秦儒学、复兴儒家文化的文化思潮。韩愈为了复兴儒学,专门作《原道》,以明确儒家之"道"与佛、老之"道"的根本区别。韩愈指出儒家之道的核心是"仁义",这是儒与佛、老区别的根本。他特别强调,儒家之道

---

[1] 董仲舒撰,张世亮等译注:《春秋繁露》,中华书局2012年版,第405页。
[2] 董仲舒撰,张世亮等译注:《春秋繁露》,中华书局2012年版,第407页。

不仅源于中华本土，同时还有一个源远流长的授受谱系："尧以是传之舜，舜以是传之禹，禹以是传之汤，汤以是传之文、武、周公，文、武、周公传之孔子，孔子传之孟轲。"①韩愈强调儒家仁义有着十分悠久的文化根基。因此他所谓"原道"，就是要从悠久的中华文明历史脉络中确立以儒家"仁义"为核心的中华之道。他由此表明了自己将要继承儒家道统、复兴儒学的文化使命。韩愈的"道统论"论，集中表达了儒家士大夫复兴儒学的文化主体意识。复兴儒家文化的士大夫文化主体意识，到北宋更进一步强化，形成了一股普遍的社会思潮。宋初著名儒家士大夫胡瑗、孙复、石介、欧阳修等人，他们纷纷提出复兴儒家文化思想。面对魏晋、隋唐以来佛学、道教盛行，他们意识到会因此失去中国文化的主体性。所以，他们大力批判佛道宗教，特别是为批判佛学的法统而反复强调儒家的道统，其实是一种中国文化的主体性自觉。如石介的《中国论》，恰恰是宋代士大夫的文化主体性自觉。他说："夫中国者，君臣所自立也，礼乐所自作也，衣冠所自出也，冠婚祭祀所自用也，缞麻丧泣所自制也，果蓏菜茹所自殖也，稻麻黍稷所自有也。"②石介的《中国论》以广泛的文明视角确立儒家文化的主体性地位。他因此有继续倡导儒家文化源远流长的道统渊源。到了南宋，道学家朱熹、张栻等人确立了从先秦孔孟到两宋的周敦颐、二程的道统学说，进一步强化了儒家文化的道统论。朱熹提出了"尧舜—孔曾子孟—程朱"的道统系列，还进一步从儒学的经典文本、授受脉络、思想内涵三个方面，全面确立了新历史时期的儒学道统论。

其次，宋代士大夫对儒家学术的建构和发展，完全是士大夫作为文化主体的自主完成。

汉学的兴起和发展，完全是借助于董仲舒向汉武帝建议的"天人三策"，汉武帝采取"罢黜百家、表章六经"的国家政策，并且在太学设定"五经博士"。所以，汉代经学的建构基本上是在朝廷的主导下推动、发

---

① 韩愈著，马其昶校注，马茂元整理：《韩昌黎文集校注》卷1《原道》，上海古籍出版社1986年版，第18页。
② 石介著，陈植锷点校：《徂徕石先生文集》卷10《中国论》，中华书局1984年版，第116页。

展起来的。特别是代表汉代思想文化典范的《白虎通义》，主要是汉帝主持的一场御前学术会议的学术成果。汉代士大夫在相关的文化思想创造、学术知识建构的过程中并不具有精神上的自主性，而必须依从帝王的宰制权力，与现实政治权力达成一种妥协。而宋学的兴起和发展，则完全是宋代士大夫作为文化主体性的自主建构、完成过程。宋学的兴起、发展，包含着自上而下和自下而上的两种不同思想文化建构过程和学术思想形态。但是，宋代士大夫在这两个过程中均保持士大夫的文化自主性，而明显不同于汉代士大夫主要受制于王权的学术。

首先，宋代士大夫通过自下而上的民间社会讲学、治学而推动宋学与宋代思想文化的建构。宋代学术地位甚高，学界一直比较关注宋代士大夫推动的唐宋学术转型，创造出这一种崇尚"明体达用"的义理之学，以表达他们的政治诉求和文化诉求，学术史上将这一种学术形态称为"宋学"，以区别汉唐时期另一种被称为"汉学"的学术形态。其实，宋学学术形态的重大变化，源于士大夫的精神风貌、学术旨趣的重大变化，宋儒普遍追求"学以成圣"，特别强调每个士大夫均要以成圣成贤作为自己毕生追求的人生目标，他们希望通过学术变革来实现价值理想，故而推动了一场最早起于民间社会的学术变革运动，创造出具有"有体有用""义理之学"特点的宋学形态。由此可见，宋学及其宋学精神的成型，源于唐宋变革时期宋代士大夫的人格理想、精神境界发生的重大变化。在不同历史背景、社会政治环境下，士大夫的精神风貌、道德追求、人格特质会有很大差别。两宋时期形成和发展起来的宋代士大夫精神与四书学的形成有密切联系，宋代士大夫热衷于《论语》《大学》《中庸》《孟子》有关学术问题的思考和讨论，恰恰是与宋代崛起的士大夫精神追求联系在一起。可以说，宋代崛起的士大夫精神推动了四书学的兴起，反过来说，四书学为这一时期士大夫精神的形成提供了重要的经典依据和学术资源。宋代士大夫普遍追求一种"圣贤气象"的理想人格，但是，四书体系的"圣贤"和六经体系的"圣王"系列似乎不一样。六经体系的"圣人"，无论是伏羲、神农、黄帝，还是尧、舜、禹，或者是夏禹、商汤、文王、武王，他们作为圣人的标志主要是与外在的政治功业联系在一起：既包括农耕工艺、建立王朝、制礼作乐的文明创造，也包括领军征战、国家治理的军功政绩。而四书体系的"圣贤"标识发生了变化，作为圣人的首要标志是与内在的精神气象联系在一起，宋代士大夫特别关注"圣贤"的不是外在功业，而恰恰是内在精神的"德性""气象"。以《论语》为代表的四书体系，则为这一种士人类型的"圣贤气象"及其修养工夫提供了新的经典文本。

其次，我们进一步考察宋代士大夫自上而下地推动宋学的兴起、发展。利用宋朝的文治国策，通过经筵讲学的制度创新，在主动与君王的交流、沟通、互动中，致力于引君于道，重视君德养成，确立和完善了宋学的义理之学与心性之学。他们不像汉代士大夫通过向帝王上策建言、思想妥协而建立现实功利主义的"治道"，形成儒法互补的君主政治和治理结构，而是以"帝师"的身份和"圣道"的"名臣"，参与到"革新政令"与"创通经义"的政治、文化活动之中，特别是参与到经筵讲学的制度建构和学术活动中去。因而，通过对宋代经筵制度、经筵讲义的探讨，可进一步挖掘宋学缘起、演变的过程和特点。[①] 宋代士大夫则是通过"创通经义"的学术重建，确立了一种体现为士大夫之学的孔孟之道。他们一方面以政治主体的身份，推动了"庆历新政""熙宁新政"等一系列"革新政令"的政治改革；另一方面又以文化主体的身份，致力于"有体有用""内圣外王""义理之学"的宋学建构。

第二节 作为政治主体的宋代士大夫

唐宋变革发生的历史转型，推动了宋代政治领域的重大变化，出现了士大夫与帝王"共治天下"的思想共识与政治格局。与此相关，宋代士大夫群体的政治地位、社会声望、精神风貌空前提升，出现了历史上十分难得的士大夫成为政治主体的局面。因此，宋代士大夫不仅是学术思想重建的文化主体，同时也是与帝王"共治天下"的政治主体。宋代士大夫积极参与政治、推动政治改革，表现出前所未有的政治主体性的自觉意识，他们拥有的政治主体性又深刻影响了他们在学术思想领域的

[①] 参见姜鹏《北宋经筵与宋学的兴起》，上海古籍出版社2013年。宋代经筵制度对宋学的兴起演化起到了重要作用，但是思想学术的兴起发展是一个十分复杂的现象，从唐宋变革的大历史来看待宋学、理学的出现，是一个重要视角。

价值理念。

宋代士大夫成为政治主体，既体现在他们参与建构"祖宗家法"的过程和内容上，也体现在他们通过宰相、经筵的政治制度而发挥更加重大的政治作用，反映了掌握"道统"的宋代士大夫还在努力追求成为主导"政统"的政治主体。

一　士大夫参与建构的"祖宗家法"

我们要了解宋代独特的政治生态和共治格局，必须首先回到中国历史的"周秦之变"。由西周建立而完善的"周政"，主要是一种礼乐制度，这一制度的最大特点，是政统、血统、道统的高度统一，这是稳定性高而进化慢的一种制度安排。取而代之的"秦政"，只保留了皇权的政统、血统合一，而辅助皇权的庞大官僚系统却是采取制度化竞争机制来选拔的。比较而言，"秦政"有较高的国家治理效率，但是拥有无限权力的皇权因缺乏"道统"的制约，"最终，其弊政被归结为缺乏一个能够同时承担道义、教化和规谏之责的君子贤人集团"[1]。西汉武帝时代重视儒家礼乐教化，尽管汉代在中央集权的官僚政治方面是"汉承秦制"，但是西汉朝廷通过"表彰六经"，又确实弥补了"秦政"的不足。所以，武帝以后，汉帝国政治体系开始了"尊崇儒教，与民为惠，兴复礼乐，开道求谏，礼敬儒生，察举贤德，充兴太学"[2]。于是在某种程度上，西汉王朝形成了一个新的权力格局：掌握最高政治权力的帝王是"君"，能够驾驭包括士大夫在内的官僚和百姓；而掌握儒经解释权力的儒生则是"师"，他们成为"承担道义、教化和规谏之责的君子贤人集团"。这其实是儒家理想的权力格局：帝王虽然是政治主体，但儒家士大夫则应该是文化主体。当然，如果我们真正进入中国的历史世界，就会发现儒家的政治理想是不容易实现的，因帝王和士大夫之间的具体情况，往往复杂得多。帝王不仅仅掌控政治权力，还坚持主导经典的解释权，即掌控"道"的文化权力。而儒家士大夫集团很难成为"帝师"，他们可以教化普通百姓或官员，却很难履行教化帝王的职责。

---

[1]　阎步克：《士大夫政治演生史稿》，北京大学出版社1996年版，第324页。
[2]　阎步克：《士大夫政治演生史稿》，北京大学出版社1996年版，第324页。

就以汉代来说，帝王不仅实际掌控政治权力，还希望主导诸如《白虎通义》的经典解释权。而儒家士大夫集团往往并不满足仅仅参与经典话语的解释，还希望进一步成为庙堂权臣而主导国家治理，故而往往会在庙堂之上与权臣、宦官、外戚展开激烈的权力斗争。尽管西汉时期在思想文化领域确立了儒家经学的独尊地位，但是在政治领域并不会否定帝王与士大夫之间的主从关系。董仲舒大讲"屈民而伸君"的政治思想，提高帝王权威的同时而贬低士人："受命之君，天意之所予也。……士者，事也；民者，瞑也。"① 这些言论其实是当时政治文化的体现。这一"伸君"之法，是为了阐扬"大一统"思想而强化、提升帝王的政治权力。

与汉唐政治制度、政治文化显著不同，而宋代的政治制度、政治文化有一个最为突出的现象，就是帝王与士大夫之间逐渐形成了"共治天下"的政治共识与政治生态。由于历史的机缘与条件，宋代历史产生了一个能够充分体现士大夫政治主体性的"祖宗之法"。本来，宋代王室所谓的"祖宗家法"，既是以血统为基础的帝王之家的家法，又是代表政统的国家法典。我们发现，史书记载的宋代王室"祖宗家法"的主要内容，包括了宋代朝廷对士大夫群体采取一种特别优厚、宽松的政策，让他们进入国家权力体系以与帝王"共治天下"。这一让士大夫共治天下的"祖宗之法"，能够体现出宋代皇室对士大夫的特别仁厚和破格重用。但是，我们其实还可以发现，宋代朝廷的"祖宗家法"，其实还是一个士大夫参与建构的国家法典。要了解宋代的士大夫政治，需要对此做出进一步的探讨。正如邓小南所指出的："'祖宗之法'并非祖宗行为举止与创制措施原原本本的反映，而是经过士大夫筛选、寄寓着士大夫理念、有赖于士大夫们整合阐发而被认定为祖宗之制的。"②

对"祖宗之法"的思考涉及两个问题：其一，宋代士大夫为什么可以参与原本是宋代的皇室"家法"与国家法典为一体的"祖宗之法"的

---

① 董仲舒撰，张世亮等译注：《春秋繁露·深察名号第三十五》，中华书局 2012 年版，第 368 页。
② 邓小南：《祖宗之法：北宋前期政治述略》，生活·读书·新知三联书店 2006 年版，第 517 页。

筛选、整合与阐发？其二，宋代士大夫究竟参与了哪些重要"祖宗之法"的筛选、整合与阐发？应该说，这两个问题本身就包含了宋代士大夫集团是否拥有实际的政治权力。

宋代开国皇帝宋太祖以及视为创制"祖宗之法"的北宋早期几位皇帝均有一个共同特点，就是对文治特别偏好，对武人格外防范："艺祖皇帝用天下之士人，以易武臣之任事者，故本朝以儒立国。而儒道之振，独优于前代。"① 虽然宋太祖出身军阀，因龙袍加身而登基做皇帝，但是他们绝没有汉高祖以天下是"马上得之"故而应"马上治之"的想法。所以，从宋太祖获得政权开始，就致力于推行文治的基本国策。当然，这一方面是因为对武臣、军阀的防范意识，避免重蹈覆辙；但是另一方面通过提升儒家士大夫的政治地位，确实又是宋太祖高瞻远瞩的政治卓见。宋太祖自己刻苦读书，同时要求身边武将、权臣读书学习。他的开国功臣赵普"少习吏事，寡学术。及为相，太祖常劝以读书"②。赵普虽然读书少，但是他强调以"半部《论语》治天下"的思想，却对当时的社会政治产生重要影响。同时，宋太祖相关决策更加重要的影响，是提出了"宰相须用读书人"的思想。尽管这一史实的真实性受到一些怀疑，但是这一重要的"祖宗之法"一直受到后来的儒家士大夫们的不断复述、书写，并且出现许多与之相关的"祖宗之法"的记载。所以，后来的儒家士大夫一直在复述中，被认定为宋代的"祖宗之制"。譬如，南宋陈傅良就提出：

> 窃迹本朝家法不详，究观列圣心传之要，规模一以经术，事业付之书生。③

陈傅良所说的宋朝"家法"体现为"事业付之书生"的说法，代表了两宋时期诸多士大夫的观念。事实上，越来越多的儒家士大夫进入宋朝的

---

① 脱脱等撰：《宋史》卷436《陈亮传》，中华书局1977年版，第12940页。
② 脱脱等撰：《宋史》卷256《赵普传》，中华书局1977年版，第7377页。
③ 陈傅良：《止斋集》卷30《乾道壬辰进士赐第谢太上皇帝表》，《景印文渊阁四库全书》第1150册，台北：商务印书馆1986年版，第740页。

权力核心,包括范仲淹、王安石等致力于从中央到地方的全面推动全国变法的宰相权臣。这一种情况,是此前的历史时期很少有的。

我们可以考察宋代士大夫持续参与筛选、整合与诠释的一条重要"祖宗之法",就是太祖对"道理最大"的认可。两汉时期,儒家士大夫往往是通过人格化"天"来制约帝王权力,而宋儒开始则坚持要帝王服从理性化原则、规范的"道理"。其实,"道理最大"确立为后代帝王必须遵循的"祖宗之法",其意义不仅仅是确立了一个高于王权的"道理",同时也是确立了这一个最有权力诠释这一"道理"的士大夫的权力与权威,为宋代士大夫表达其政治主体性打开了大门。关于这一段史实的文献资料,最早见于《梦溪笔谈·续笔谈十一篇》:"太祖皇帝尝问赵普曰:'天下何物最大?'普熟思未答,再问如前,普对曰:'道理最大。'上屡称善。"这一段话对后世影响很大,被看作是一个重要的"祖宗之法"。但是值得注意的有两点:其一,这一句话是宰相赵普所说,只是得到太祖的赞同,可见此话源于宋代儒臣而不是帝王;其二,这一段话在北宋影响并不很大,但是到了"理学""道学"大盛的南宋,却不断被理学士大夫所普遍复述和诠释,并且作为一条重要的"祖宗之法"。可见,"道理最大"能够在后来的宋代政治文化中发挥重要作用,确是宋代士大夫持续参与筛选、整合与诠释的结果,最后演变、发展为一条重要的"祖宗之法"。[①]

作为"祖宗之法"重要内容的"道理最大",似乎为后来理学的诞生创造了重要的政治条件。理学奠基人程颢、程颐将此最大的"道理",拓展为一种以"天理"为核心哲学系统,他们强调:"天理云者,这一个道理更有甚穷已?"[②] 可见,"天理"就是强调这一个"道理"的至高无上。持"天理论"的宋儒又自称是掌握了"道"的道学家,他们当然是这一"最大道理"的掌握者、传播者。可见,汉儒推崇"天"是为了限制君权一样,但是他们只能够以大自然灾异的"天象"来劝说皇帝,而宋儒推

---

① 参见邓小南《祖宗之法:北宋前期政治述略》第六章第三节之二,生活·读书·新知三联书店2006年版,第498页。

② 程颢、程颐著,王孝鱼点校:《二程集》,《河南程氏遗书》卷2(上),中华书局2004年版,第31页。

崇"天理"来限制君权，却可以直接以儒家经典特别是四书中的"道理"来劝说、教训帝王的一切违反"天理"的思想和行为。我们看到，在贯穿两千多年的帝王与士大夫的紧张关系中，一个自称掌握"天理""道统"的理学家群体之所以出现，其本身即是政治主体性的表现，他们的"天理""道统"具有限制君主权力的重要政治功能。正因为如此，南宋以后的理学士大夫，必须使"天理"的哲学与信仰具有现实政治的权威性，故而需要追溯"天理论"与"道理最大"的"祖宗之法"之间的联系。在理学不断提升为儒学正统的南宋后期，这一要求也更加迫切。这里引一段于南宋宝祐元年（1253）姚勉的廷对："艺祖皇帝问赵普曰：'天下何物最大？'普对曰：'道理最大。'此言一立，气感类从，五星聚奎，异人间出；有濂溪周敦颐倡其始，有河南程颢程颐衍其流，有关西张载翼其派；南渡以来，有朱熹以推广之，有张栻以讲明之。于是天下之士亦略闻古圣人之所谓道矣。"① 由这些言论可以看到，南宋后期随着理学的发展和地位提升，朝廷的主流话语已经在一步步演变，即那些理学家、道学家掌握的"道"或"理"，也就是宋太祖愿意遵循、服从的"最大"的"道理"。

于是，另外一条关于帝王应该"与士大夫共治天下"的政治条规，也同时在宋代士大夫持续参与筛选、整合与阐发中形成，成为宋代政治文化中的一条重要"祖宗之法"。既然宋代帝王必须依理行事，循道执政，"道理最大"成为朝廷治理国家必须遵循的政治理性、道德理性的原则，而讲述、掌握"道理"的士大夫就有了更大主导权，君主与士大夫"共治天下"的局面就成为必然的政治共识。北宋熙宁四年，宋神宗、文彦博和王安石三人的一段对话，文彦博说了一段特别值得关注的话，即所谓帝王"为与士大夫共治天下，非与百姓治天下也"②。宋代士大夫能够在皇帝面前讲帝王应该"与士大夫共治天下"，确实是一个十分少见的历史现象。其实，从宋初开始就一直流传许多关于开国皇帝优待士大夫的"故事"，就是为了确立"与士大夫共治天下"的"祖宗之法"。譬

---

① 姚勉：《雪坡集》卷7《策·癸丑廷对》，《景印文渊阁四库全书》第1184册，台北：商务印书馆1986年版，第35页。

② 李焘：《续资治通鉴长编》卷221，中华书局2004年版，第5370页。

如，宋初皇帝在改革完善科举制度的同时，又不断增加科举取士的名额，其目的也是十分明确："艺祖皇帝有言曰：'设科取士，本欲得贤以共治天下。'"① 关于宋代士大夫政治主体意识问题，成为关于宋史研究领域的一个普遍关注的重要问题。无论是先秦还是两汉的士大夫，他们均将自己看作是文化价值的承担者。只有到了宋代，士大夫在朝廷的政治地位发生了重大变化，故而开始提出"以天下为己任"的政治责任。朱熹表彰宋代士大夫典范范仲淹时说："且如一个范文正公，自做秀才时便以天下为己任、无一事不理会过。"② 宋代出现的士大夫"以天下为己任"，并不是一个单一的现象，而是具有普遍性。其实，宋代士大夫之所以能够担当这一种"以天下为己任"政治责任，表现出一种政治主体性的自觉，就在于它是宋代士大夫参与诠释和建构一条重要"祖宗之法"，故而也就成为宋代政治文化中的一个重要共识。

宋代士大夫参与筛选、整合与阐发的"祖宗之法"有许多条目，包括上述的以文治国、宰相须用读书人等各种为人们所熟知的宋代朝廷的基本国策。其实，对于确立、提升宋代士大夫的政治权力，宋代士大夫还参与了许多重要"祖宗之法"的筛选、整合与阐发。宋代士大夫集团作为政治与文化的双重主体，推动了君主与士大夫共治天下的政治格局形成。

二 宰相、经筵与士大夫

两宋士大夫通过参与"祖宗之法"的筛选、整合与诠释，进一步提升了他们的政治权力，对强化宋代士大夫的政治主体性发挥了重要作用。在这一政治背景下，宋代士大夫的政治主体性得到了充分的展现，他们积极参与政治、推动政治改革，表现出前所未有的主体性自觉。北宋宰相文彦博与宋神宗提出帝王应该"与士大夫共治天下"，确实，这句话充满了一代士大夫的自豪与自信，也能够表达出宋代士大夫与君主政治关系的重要变化，甚至可以说在一步步靠近早期儒家提出的"君臣以义合"

---

① 陈亮著，邓广铭点校：《陈亮集》，附录"陈亮言行录"，河北教育出版社2003年版，第426页。

② 黎靖德编，王星贤点校：《朱子语类》卷129，中华书局1986年版，第3088页。

的政治理想。①

本来，在中央集权的君主政治体制下，帝王视士大夫为王权的附庸、臣下，是没有独立性的政治工具。但是，宋代士大夫却能够在强势、集权的帝王面前，坚持一种儒家一直向往但是难以真正获得的政治自主，以与帝王建立"共治"的政治格局。程颐应邀担任哲宗的经筵讲官时，曾经对宋代士大夫政治提出了两条重要标志性原则。他认为，宋代政治应该达到这样一个理想状态，即"天下治乱系宰相，君德成就责经筵"②。应该说，这是宋代士大夫政治主体性最重要的两条标志。一方面，程颐强调士大夫在国家政治系统、权力体系中的核心地位，即士大夫身份的宰相应该是国家权力运行的实际掌控人；另一方面，士大夫还要通过经筵讲席的制度，承担对君王道德品质的政治责任，即从权力源头上堵住滥用权力的可能性。这是宋代士大夫实现"共治天下"的两项重要举措，是宋代士大夫政治主体性的鲜明表达。

首先，我们考察"天下治乱系宰相"的思想，以此探讨宋代士大夫的政治主体意识。为了说明宋代士大夫形成了政治主体性，我们需要做一点简单的回溯。士大夫形成于春秋战国到两汉时期，从这一阶层产生开始，就面临一个如何事君的问题。而早期儒家所面对的是诸侯国王，早期儒家一直强调君臣之间的相互权利、义务关系。孔子提出的"君君、臣臣、父父、子子"，重点并不是等级观念，而是强调不同身份拥有不同的责任和义务，即君要承担君的责任、臣要承担臣责任，君、臣承担的责任和义务关系是相互的。秦汉以后建立的中央集权帝国体制，一直在强化君主的至高无上的权力。在秦汉以来的帝国政治体系中，帝王从来就是唯一拥有国家政治权力的人，"天下治乱系君王"几乎是帝国的核心政治理念。但是，由于帝国治理是一项无法想象的复杂而繁重的劳动，帝王个人不可能有能力并且愿意来承担这么繁重的国家政务，他必须委托一位宰相来协助他管理百官、处理国家大事。宰相就成为帝国政治中

---

① 参见王瑞来《将错就错：宋代士大夫"原道"略说——以范仲淹的君臣关系论为中心的考察》，《学术月刊》2009年第4期。
② 程颢、程颐著，王孝鱼点校：《二程集》，《河南程氏文集》卷6《论经筵第三劄子》，中华书局2004年版，第540页。

的一人之下、万人之上的核心人物。皇帝是国家权力所有者，具有国家最高统治权；宰相是国家权力的执行者，具体行使国家权力。由于宰相一直处于位高权重的地位，相权就有可能对本来是至高无上的君权产生冲击，所以，中国政治历史一直就存在君权和相权之间的矛盾。南宋洪咨夔论述皇权与相权的关系时说："臣历考往古治乱之原，权归人主，政出中书，天下未有不治。权不归人主，则廉级一夷，纲常且不立，奚政之问？政不出中书，则腹心无寄，必转而他属，奚权之揽？"① 这里清晰论述了君权与相权的关系，强调虽然皇帝是国家权力的所有者，而宰相则是国家权力的执行者，君主与宰相应该是各司其职，才能够完成国家的治理。

中国传统官僚政治体系还有一个突出特点，就是儒家士人参与到君主主导的帝国政治，所谓"士大夫"就是以"士"的身份进入帝国政治体系的官僚群体。士大夫群体虽然成形于两汉时期，但是，汉代士大夫不仅希望以文化主体参与到国家的典章制度与学术文化的建设，还希望作为政治主体成为分享国家权力的官僚或权臣。帝王希望能够有效治理国家、实现国泰民安，所以他们完全离不开这些熟读经史子集、掌握治国道术、代表政治理性的士大夫群体。随着士大夫阶层的形成和发展，士大夫在君主的庙堂政治体系中越来越居于主导地位，国家权力执行者的宰相也大多数由士大夫官员担任。特别是到了两宋时期，科举制度进一步完善，士大夫成为宋代政治体系中的主导力量。学界认为到了宋代，士大夫政治才真正成型。柳诒徵先生说："盖宋之政治，士大夫之政治也。政治之纯出于士大夫之手者，惟宋为然。"② 就是说，在帝王主导的官僚政治体系中，只有到了宋代才形成了君主与士大夫共治天下的政治格局，因为宋代士大夫的政治主体性得到凸显。宋代士大夫政治的特点，就是他们开始作为一个独立的政治主体，参与到与帝王"共治天下"的政治格局。

宋代历史上帝王与士大夫的关系，往往可以通过皇权和相权的关系体现出来。由于两宋时期士大夫数量激增，而且大量进入庙堂掌握国家

---

① 脱脱等撰：《宋史》卷406《洪咨夔传》，中华书局1977年版，第12265页。
② 柳诒徵编著：《中国文化史》，东方出版中心1988年版，第516页。

重要权力，特别是庆历新政、熙宁新政以来，以范仲淹、王安石为代表的士大夫成为主导政治改革的宰相，更加激发了士大夫的政治责任意识。所以，程颐强调要将"天下治乱"的首要责任归之于士大夫之首的"宰相"，不仅仅是表明士大夫敢于担责的政治情怀与政治主体意识，同时也是宋代实际形成的士大夫政治格局的表述。以程颐为代表的士大夫却将"天下治乱"的责任归之于"宰相"，证明在宋代的政治现实中，以宰相为代表士大夫群体已经获得实际的政治权力。[①] 宋代实现皇帝"与士大夫治天下"，最初由范仲淹点出"士大夫以天下为己任"的政治责任意识，特别是经过熙宁变法的划时代转变，皇帝"与士大夫治天下"在政治实践中进一步具体化。但是，我们注意到，宋代士大夫的政治主体意识高扬，其实是一个并不常有的历史现象。所以，尽管程颐理学在后世的地位很高，但是他提出的帝王应该"天下治乱系宰相"这一句话，却受到了后代帝王的严厉批判。清乾隆皇帝说："且使为宰相者居然以天下之治乱为己任而目无其君，此尤大不可也。"[②] 由此看出帝王与士大夫之间的政治矛盾与权力角力的复杂关系，同时也进一步反映出宋代士大夫的政治主体性是如何突出。

其次，进一步考察"君德成就责经筵"体现的士大夫政治主体性意义。宋代士大夫之所以成为政治主体，不仅仅体现在他们能够进入朝廷中枢、充任要职，还体现在许多儒生士大夫能够以帝王之师的身份，承担教化帝王的职责，进而影响、主导王朝政治。北宋初年建立完善的经筵讲学制度，就在制度上确立了士大夫为帝王之师的地位。宋代士大夫在经筵的地位，不同于汉代士大夫的贤良方策，汉儒只能通过上策向帝王提出建议。汉代士大夫自己不能够限制、规劝缺乏道德自觉的帝王，他们只能够借助于"天"的权威威胁、吓唬帝王。而宋代士大夫却能够以道自居，特别是他们还能够以掌握道统的名义，通过经筵讲学而"引君当道"。所以，他们特别强调"师道尊严"，在经筵讲堂上儒家士大夫

[①] 张其凡：《"皇帝与士大夫共治天下"试析——北宋政治架构探微》，《暨南学报》（哲学社会科学版）2001年第6期。

[②] 《清代诗文集编》编纂委员会编：《清代诗文集汇编》第330册，《御制文二集》卷19《书程颐论经筵劄子后》，上海古籍出版社2010年版，第404页。

和帝王的关系是一种传道的关系。王安石、程颐均希望通过经筵讲学，强调"师道尊严"。王安石在熙宁元年在经筵还发生过立讲与坐讲的争论，王安石等认为经筵官负有阐发经典中所蕴含的尧舜先王之道，以引导帝王修齐治平的职责，"师"之所传乃"道"之所在，因而"道之所存，礼则加异"，经筵官以坐讲为宜。程颐应邀担任哲宗的经筵讲官，同样提出经筵官以坐讲为宜，并特别强调这是为了让帝王能够"知道畏义"。经筵讲学制度建立起来以后，经历了一个从"贵知为治之道"到"君德成就"的演变发展过程。从这一演变过程可以深入观察宋代思想史、学术史演变的过程和原因。

从北宋初期到南宋后期，士大夫对经筵教育的目标与功能不断调整，使得帝王学习的重点由原来的治术学习转变为君德成就。与此相应，经筵讲学教材的选择由原来以探寻治术为主的史书与五经的诠释，逐渐转变为以修身为本的《论语》《孟子》《大学》《中庸》等典籍的讲读与诠释，甚至出现了与经筵讲学与帝学发展相适应的一种新的经学体例——经筵讲义的创作。如杨时的《论语经筵讲义》、朱熹的《大学经筵讲义》、程俱的《孟子经筵讲义》等。其中对《大学》的讲读与诠释无疑是宋代儒家士大夫建构帝王之学，成就君德，实现尧舜之道与三代之治王道理想的核心经典。早在宋哲宗元祐五年（1090），就有右正言刘唐老向朝廷进言："伏睹《大学》一篇，论入德之序，愿诏经筵之臣训释此书上进，庶于清燕之闲、以备观览。从之。"[①] 这可能是较早记录的以《大学》为经筵教材。同年，还有范祖禹进呈《帝学》的记录，这里的"帝学"就是《大学》。范祖禹说："故学者所以致知、诚意、正心、修身、齐家、治国、明明德于天下，尧舜之道是也。帝王之学，所以学为尧舜也，尧舜亦学于古先圣王也。"[②] 他认为《大学》之道就包含着尧、舜、禹、汤、文、武、周公、孔子等圣圣相传之"正道"。所以，他倡导以《大学》为帝王学习"正道"的基本教材。这一新的思想，其实是当时士大夫的普遍共识。其实在此之前，还有程颢程颐也将《大学》作为修身入德的重要教材，也希望以《大学》作为君主与士大夫的重要教材。司马

---

① 李焘：《续资治通鉴长编》卷446，中华书局2004年版，第10742页。
② 范祖禹撰，陈晔校释：《帝学校释》，华东师范大学出版社2015年版，第31—32页。

光也作《大学广义》，体现出当时学界对《大学》的普遍重视。

三 宋代士大夫的追求：道统主导政统

谈到宋代士大夫的主体性，不得不提出一个问题：什么是主体性？其实，所谓"主体性"，并不是一种历史客观对象性质的事实判断，而是现代人对发生在历史进程中的人物与他们的生活世界关系的一种价值判断。因为人本质上是一种有自我意识的自觉、自主的主体存在，当代人会从价值意义的视角考察历史人物是否具有这一特征而做出价值评判。以知识、价值的创造与传播为职业和使命的传统士人，本应该是具有主体性自觉的个体存在与社会群体。但是历史条件可能限制了他们的自觉、自主的追求，而一旦他们能够充分表现出思想和政治的自主追求时，我们会评价他们是一种主体性存在。

作为一种特殊的社会群体，"士大夫"总是兼有"士"与"大夫"两种职能，在中国历史上发挥着十分重要的作用。所以，理想范型的士大夫群体，应该体现在政与学两个方面，即在"道统"与"政统"两个领域体现出来的主体性自觉。但是，士大夫在政与学、"道统"与"政统"两个领域的自主追求并不是分离的，不能够在学术思想领域大讲士人价值理想的"道"，而到了实际政治领域又仅仅是追求君王功利的"治"，必须坚持以"道统"驾驭"政统"，这一自觉追求才是士大夫主体性的自觉的完整实现。

以这一种观念去考察宋代士大夫的主体性，其实也就是考察他们作为历史上一个重要社会群体的精神活动和实践活动，是否在参与"道统""政统"领域主导作用，特别是要考察他们在"道统"驾驭"政统"的理念与实践是否表现出主体性精神。考察宋代历史时我们会发现，宋代士大夫不仅是推动儒学重建的文化主体，是参与帝国国家事务而"共治天下"的政治主体，同时他们还特别表现出一种道治一体的理想追求，表现出以道统主导政统的主体性精神，这是宋代士大夫特别不一样的地方。我们对此做一具体分析。

首先，在思想文化领域，宋代士大夫继承、复兴了先秦儒家士人的独立精神传统，他们坚持文化主体的自主创造而实现宋代思想学术的更新。与汉唐儒家士大夫群体比较而言，宋代士大夫前所未有地表现出文化主体性的特征。宋学的兴起、发展过程，其实完全是宋代士大夫作为文化主体性的自主建构、完成过程。宋学的兴起、发展，包含着自下而上与自上而下的两种不同思想文化建构过程和学术思想形态。但是，宋代士大夫在这两个过程中均保持士大夫的文化自主性，而明显不同于汉代士大夫主要受制于王权的学术。一方面，宋学兴起是一场士大夫在民间社会推动的自下而上的儒学重建学术运动，由于他们在民间社会的讲学、治学，导致"庆历之际，学统四起"的宋学兴起。另一方面，宋代士大夫也自上而下地通过朝廷的政治力量推动宋学的发展，他们推动、利用宋朝文治国策，通过经筵制度致力于引君当道，确立和完善了宋学的义理之学完善和发展。特别是宋儒能够特别坚守自己首先作为士人的本分，即遵循孔子提出的"士志于道"的精神信仰和文化认同，在此基础上，他们提出了一种弘扬士大夫精神的"道统论"。譬如朱熹建构的以四书为经典文献依据、以仁义中正为核心思想、以尧舜孔孟程朱为授受谱系的道统论。朱熹四书学的道统论，建构了一个从孔孟到程朱授受道统的士大夫谱系，凸显了从孔子到宋代士大夫的文化主体地位，这是汉唐五经体系所不具有的士大夫主体性表达。

其次，在现实政治领域，宋代士大夫积极参与政治、推动政治改革，表现出前所未有的主体性自觉。与秦汉以来的君臣关系不同，宋代士大夫努力追求在强势、集权的帝王面前，获得儒家一直向往的政治主体性，他们一直向往与帝王建立"共治"的政治格局。宋代士大夫逐渐意识到，在已经确立的帝国政治体制中，士大夫要能够真正参与"共治"，需要在两个方面加强：其一，在现存的国家权力体系中，必须强化士大夫身份的宰相的政治权力，皇帝固然是国家权力的主体，但宰相应该是国家权力的实际执行人；其二，对国家权力主体的帝王，士大夫还应该承担"引君当道"的政治责任。宋代士大夫提出这两个观点，是宋代士大夫政治的重要标志。如前所述，两宋士大夫通过参与"祖宗之法"的筛选、整合与诠释，进一步提升了他们的政治权力，对强化宋代士大夫的政治主体性发挥了重要作用。在这一政治背景下，程颐提出"天下治乱系宰相，君德成就责经筵"，明显体现出宋儒如何以"大夫"与"帝师"的双重身份，在政治领域体现出士大夫群体的政治主体性。

最后，宋代士大夫的主体性自觉，还有更加重要的表现，就是强调以"道统"驾驭"政统",建立一个道治合一的政治理想。对于士大夫来说,他们总是会在学术和政治两个不同的领域发挥作用。但是,学术的目标是追求"道",而政治的目标是维护君主主导的"治",那么士大夫在学术和政治两个不同领域应该遵循不同的原则。早期儒家坚持士人的主体性精神,他们讨论过"道"与"势"的关系问题,追问士大夫群体是应该首先坚守自己价值信仰的"道",还是应该首先服从君主权力的"势"的问题。早期儒家坚持士大夫应该坚守"道"。孔子强调"士志于道",孟子也以道自任。可以说,在汉代实行"独尊儒术"以后,汉代儒家士大夫希望能够将"道"与"治"结合起来,他们希望将儒家思想文化之道,落实于家国天下之治。但是,在秦汉以来确立的君主主导的中央集权的政治体系中,士大夫可以在文化上大讲仁义之道,而在现实政治领域则必须服从帝王之"势"。如果士大夫希望在政治领域推行"道",就会出现陷入十分尴尬的处境:或者是像汉代士大夫那样面临"正直废放,邪枉炽结"①的艰难选择,或者是像魏晋士大夫那样采取"夫圣人虽在庙堂之上,然其心无异于山林之中"②的双重人格。也就是说,士大夫总是面临学术和政治、"道统"与"政统"的二元对立。但是,两宋时期的士大夫的地位发生了重大变化,他们既是学术文化的主体,又是国家政治的主体,所以他们更加迫切盼望实现早期儒家"天下有道"(孔子)、"得天下有道"(孟子)的理想,能够实现以"道统"驾驭"政统",建立一个道治合一的政治理想,这一个理想就是复兴先秦儒家理想的内圣外王之道。在整个宋学学者群体中,尽管存在对道统与政统、内圣与外王的时间先后、轻重衡量有差别,但是强调二者的统一却一直是相同的。宋学中理学派,被明清儒者认为是只讲内圣而不讲外王,其实是对他们的严重误解。理学派大讲内圣、道统,最终均是要落实在外王、治统。无论是北宋的周程,还是南宋的朱张,他们努力奋斗的目标均是一样。如张栻论述到周敦颐、二程推动理学的根本目标和意义时说:

---

① 范晔撰:《后汉书》卷97《党锢列传》,中华书局2000年版,第2187页。
② 郭庆藩辑,王孝鱼整理:《庄子集释》卷1(上)《逍遥游注》,中华书局1961年版,第28页。

> 自秦汉以来，言治者汩于五伯功利之习，求道者沦于异端空虚之说，而于先王发政施仁之实，圣人天理人伦之教，莫克推行而讲明之。故言治者无预于学，而求道者反不涉于事。……惟先生崛起于千载之后……于是五伯功利之习无以乱其真，异端空虚之说无以申其诬，求道者有其序，而言治者有所本。①

尽管周敦颐讲了那么多的无极太极、阴阳五行等宇宙论、心性论的抽象哲学道理，但是，他们的最终目的仍然是非常明确的，就是要实现"求道者有其序，而言治者有所本"，即实现以"道统"驾驭"政统"，建立一个道治合一的政治理想。所以，宋代士大夫拥有的两种权力是互助的：他们逐步占有的政治权力，能够巩固他们本有的文化权力；而他们掌控的文化权力，可以进一步强化他们的政治权力。

第三节　宋学旨趣与内圣外王之道

唐宋时期发生的重大历史变革，导致宋代士大夫身份的改变，进而引发新的学术思潮，特别是推动了儒家经学及其相关学术旨趣的重大改变。宋代士大夫更加重视先秦儒家子学，将原本是子学、传记之学的典籍提升为新儒学的核心经典。宋代士大夫重建经典并确立新的学术旨趣，恰恰是宋代士大夫主体性强化的思想表达。

在中国学术史上，"宋学"是一个并没有完全厘清的学术概念。"宋学"究竟是指一种断代的学术史，还是指一种跨代的学术范式的知识形态？它仅仅是涉及儒家经学的学术领域，还是广泛涉及宋代的全体学术，包括史学、文学甚至是佛学与道教？这在当代学术界仍有不同的理解。这里，我们需要对"宋学"概念做一学术史的梳理，然后通过唐宋历史变革、宋代士大夫主体意识强化的历史背景，以探讨宋学的学术形态和学术旨趣。

---

① 张栻著，杨世文点校：《张栻集》，《南康军新立濂溪祠记》，中华书局2015年版，第915—916页。

第一章　宋儒的主体意识与宋学的内圣外王之道　/　193

一　当代"宋学"之辨

当代研究中国古代历史与文化的学人，几乎都要提到"宋学"，但是"宋学"是概念究竟何所指，具体内涵和外延是什么？学者们却有差异很大的看法。我们首先按其概念的外延，从小至大作一论述。

第一，"宋学"即是指宋代创建的道学或理学学派，其代表人物、学派是指濂、洛、关、闽及陆王之学。这是一种历史上通行的观点。这种看法由来已久，到清代进一步强化。元明学者最早将"宋学"与理学联系起来，清代乾嘉学者为标榜自己的学术旨趣、学术范式与宋代道学、理学的差异，进一步将自己崇尚的考据训诂之学称为"汉学"，以区别于喜讲道德义理之学的"宋学"。宋以后学者所指的"宋学"主要就是指濂、洛、关、闽的理学学派。这一点，在清代学人的论著中体现得特别明显，《四库全书总目》对此有明确的论述。加之近代以来许多著名学者在总结中国学术史时将其分为先秦诸子、两汉经学、魏晋玄学、隋唐佛学、宋明理学，就以"理学"为代表的宋明之学，这就进一步强化了宋学即理学的观念。在当代学术界，往往一讲到宋学，也就联想到理学，即濂、洛、关、闽的性理之学，其原因即在于此。当然这是外延最小的"宋学"概念。

第二，"宋学"是指宋代以义理解经的经学学术形态。在整个宋代学者群体中，被称为"理学""道学"的群体只是宋代学者的一部分，还有许多十分重要的学派、学者并不是属于这个群体，包括诸如范仲淹、王安石、苏轼、欧阳修、胡瑗、孙复、石介、薛季宣、陈傅良、叶适、陈亮等，他们还往往受到理学家群体的激烈批评，但是他们在学术上往往重视以义理解经。事实上，明清时期的一些学者所说的"宋学"，有时是包括上述学者、学派在内的。当代一些历史学家如邓广铭、漆侠等人所讲的"宋学"，其实就是指整个宋代这种注重以义理解经的学术思潮。值得注意的是，这个"宋学"的概念不仅是比理学、道学的外延大得多，更加重要的是，这个"宋学"概念激发了我们对宋学的内部分派及宋学思潮的整体思考。当代学界从清儒界定的"宋学"走出来，开始倡导一种更有历史整体感，而外延更大的"宋学"概念，应该说具有重要学术意义。

第三,"宋学"是指宋代建构、但是延续到元明清的一种新的学术范式、知识旨趣、学术形态。这样,"宋学"的外延有了双重的拓展。首先是空间上的拓展。前面所述的宋学概念主要是指儒家的经学,即一种以阐发经典中"义理"为学术特征的经学,而这里所言的宋学除了经学之外,还包括儒家学者的史学、诸子学、文学。宋代学者不仅推动了经学思想、经学形态的变化,同时其"义理"的思维方式、价值概念还渗透到他们的史学、子学、文学的学术文化领域中去,从而形成一种异于两汉、魏晋、隋唐士大夫群体的学术风尚、知识旨趣、人格追求、文化心理。其次,是时间上的拓展。这种新的学术范式、知识旨趣的"宋学"不仅仅局限于宋朝,而且延伸到明清时期。如清代学者推崇的这种以"义理"为宗旨的学术均被称为"宋学"。这样,历史上所讲的"宋学"就被看作宋代形成、建构起来的并一直延续到清朝的学术形态与学术范式,这个"宋学"概念的外延又大于前面的两种看法。

第四,还有一种"宋学"概念,即是指今人研究宋代历史文化的学术叫"宋学"。这个"宋学"概念并无学术史的渊源,而是当代学者提出来的,故而又称为"新宋学"。首先提出"新宋学"概念的是著名历史学家陈寅恪,他将现代史学家展开对宋代历史文化研究也称为"宋学""新宋学"。这个"新宋学"的概念在史学界影响较大,得到了不少学者的呼应。当代许多史学家就是这一"宋学"概念的呼应者,他们认为"宋学"就是研究宋代学问,所以,宋学不仅仅研究宋代儒学,还应该包括研究宋代的佛教、道教,甚至包括宋朝时期中原地区的辽、金、夏、元统治区域的学术思想。[①] 这些"宋学"的定义显然均是异于历史上早有的"宋学"概念,属于与新史学相关的"新宋学"。与原来的"宋学"相比较,这个"新宋学"的概念发生了两个重要的变化。其一,"宋学"的主体不同,即"宋学"之"宋"的内涵不同。历史上宋学之"宋",是指宋朝学人的学问,或者是宋人创立并对后来产生影响的学术范式,总之,宋人是宋学的创立主体。而在"新宋学"中,创建这一学术体系的主体是现代学人,以"宋"为标识的人物与历史文化只是被研究的对象。其

---

① 参见龚延明《新宋学 旧宋学》,《光明日报》(国学版)2015年3月23日。《宋学漫谈》,《宋学研究集刊》第1集,浙江大学出版社2008年版,第3页。

二,"宋学"所建构的知识体系很不同,即"宋学"之"学"的外延大大拓展。历史上"宋学"的"学"主要是指"理学",再拓展也是指传统的经史之学或儒学,而"新宋学"除了指传统的经史之学、儒学外,还要包括对宋代的考古学、佛学、道教,甚至还包括辽、夏、金、元历史文化的研究。倡导这一"新宋学"概念的主要是当代宋史研究的学者。

上述不同内涵与外延的四种"宋学"定义,各有其历史与学理的依据,故而各有自己的合理性。但是,我们主张以历史上已经形成的"宋学"概念及其内涵为基础。也就是说,我们要探讨"宋学",应基于"宋学"由历史赋予的具体含义及其演变,首先要考察出现"宋学"概念的元明清时期,看看那些历史上提出"宋学"概念的学者的看法。其次,我们特别要看看宋代学者本人是如何表述他们的学术宗旨、学术形态的,这一点,对当代学者定义"宋学"尤其重要。我们只有在此历史考察的基础上,再进一步探讨"宋学"具有的独特学术范式、独立学术形态特有的内涵,特别是作为一种儒学的学术形态特有的内涵。总之,我们主张当代"宋学"研究须以历史实际存在的"宋学"为前提和基础。

二 明清学者论"宋学"

我们认为要对"宋学"的内涵与外延有一个清晰的认识,就必须回到历史。我们首先回到"宋学"命名、定义、研究的历史,即宋以后的元明清学者在提出"宋学"概念时,究竟是如何看待"宋学"的。

显然,宋代学者自己不可能将其学术命名为"宋学",后代的学人研究、总结宋代学者的学术时,意识到宋代学术的独特性,往往以"宋学"命名这种独特的学术形态。我们发现,元、明、清学者对"宋学"的基本看法,其主导型的学术见解,往往是将"宋学"与宋代兴起的"理学"思潮联系起来。也就是说,将"宋学"与宋代理学联系起来,并不像有些文章所说,是现代学者的片面,也不是清代四库馆臣的偏执,而是有更为久远的历史原因和文献依据。

这一点,首先与宋以后理学占据学术思想、意识形态主导地位有密切关系。南宋后期,推崇心性义理的理学思潮主导了当时的学界。所以后来的学者提出"宋学"就马上会与这一历久弥新的理学思潮联系起来。元、明时期,学者在论述宋朝学术时提出"宋学"概念,并且总是将宋学与理学思潮联系起来。

其中最早提出"宋学"概念的,有元代吴澄与明代唐枢、刘去非、刘宗周等人。元代吴澄是一名崇尚宋代理学的学者,他在为故县尹肖君撰写墓志铭时,称其季子肖士资"器识超异,绍宋学、文艺最优"①。显然,吴澄本人就他所讲的"宋学",其实就是宋儒之理学,他自己就是一位著名理学家。

明代学者唐枢进一步提出"宋学"之名。唐枢著有《宋学商求》一书,据《四库全书总目》记载:"《宋学商求》一卷,《附录》一卷,明唐枢撰。……此编皆评论宋儒,大抵近于禅者则誉,不近于禅者则毁。不足与辨是非。"②唐枢没有明言他所说的"宋学",但是他评论的宋儒"大抵近于禅者则誉",则显然是以宋代重"明心见性"的理学家群体为主体。

明代学者刘去非、刘宗周,就进一步更加明确地将"宋学"等同于宋代占主导地位的理学学派。晚明时期心学殿军人物刘宗周著有《圣学宗要》一卷,这本书是在他的友人刘去非所著《宋学宗源》的基础上增益与诠解。刘去非著《宋学宗源》,其"宋学"就是指理学五子之学,刘宗周在作重要增补和诠解时说:"偶友人刘去非示我以《太极图说》《西铭》《定性书》《已发未发说》,题之曰《宋学宗源》。辄洒然有当于心,爰益以《识仁》《东铭》及'已发未发全说',又合之以阳明子与程、朱相发明者二,则改题曰《圣学宗要》。盖亦窃取去非之意云耳。"③从这段话可见,其一,刘去非、刘宗周心目中的"宋学"就是以周敦颐、张载、二程、朱熹为代表的宋代理学;其二,他们所理解的"宋学"也就是"圣学",刘宗周为标明学术宗旨,改书名为《圣学宗要》,这和宋代理学家对自己的学术理解相一致;其三,刘宗周因增加了明代王阳明的学术,将"宋学"改为"圣学"则可淡化"宋学"的断代意义。可见明儒还是将"宋学"视为一种与学术范式相关的断

---

① 吴澄:《故县尹萧君墓志铭》,《全元文》(15)卷517,凤凰出版社2005年版,第528页。
② 永瑢等撰:《四库全书总目》卷124,中华书局1965年版,第1070页。
③ 刘宗周撰,戴琏璋、吴光主编:《刘宗周全集》,台北:"中研院"中国文哲研究所1996年版,第265—266页。

代学术。所以，在《明儒学案》中江右王门刘阳传中，也有所谓"宋学门户，谨守绳墨"①之说，黄宗羲既认为"宋学"是宋人的断代学术，又肯定这一种学术形态有自己的"绳墨"，即学术范式。由此可见，元明时期的学者所说的"宋学"，均是在元明时期已经占据主导地位的宋代理学。

明清之际的学术风尚发生重大转变，宋明理学在学术界受到广泛的质疑、批判，特别是清代乾隆、嘉庆时期，曾经被宋儒批判的汉儒经注之学受到特别的推崇，他们重新倡导汉儒的家法、师法，并标榜自己的学术为"汉学"，将宋儒的学术归为"宋学"。所以到了清代乾嘉以后，"宋学"的概念得到了特别的强化和普遍的运用，汉学、宋学之争一直延续到清末。清代学者所说的"宋学"概念，继承了元明以来对宋学即宋代理学的基本看法，但又更加明确地从学术范式的意义上强调"宋学"的特点，即以宋学为"义理"之学而区别于汉学的"考据"之学。由于清儒强化了宋儒的学术范式意义与学术形态特点，故而淡化了"宋学"的断代学术外延。"汉学"已经成为从汉延续至清的跨朝代的、以训诂考据为特点的学术形态，"宋学"也成为了从宋延续到清的一种跨时间的学术范式意义的学术形态。

可见清代汉学的兴起，特别是汉宋之争的延续，反而强化了对"宋学"的学术思考，客观上凸显了"宋学"的学术地位。四库馆臣在《经部总叙》中有一段总结语，其论到"宋学"时说：

> 洛闽继起，道学大昌，摆落汉唐，独研义理。凡经师旧说俱排斥，以为不足信，其学务别是非。……宋学具有精微，读书者以空疏薄之，亦不足服宋儒也。②

四库馆臣所言"宋学"，在清代学者中有广泛的影响，是一种很有代表性的观点："宋学"的特征及学术范式是"摆落汉唐，独研义理"，并且在

---

① 黄宗羲，沈芝盈点校：《明儒学案》卷19《江右王门学案四》，中华书局2008年版，第442页。
② 永瑢等撰：《四库全书总目》卷1《经学总叙》，中华书局1965年版，第1页。

义理建构上"具有精微"的长处。所以清代学者在议论到"宋学"的学术范式及评价"宋学"短长时,总是与"宋学"的独研义理、形而上者、心性修养等特点联系在一起。如清学者袁枚曾致书汉学大家惠栋说:"足下与吴门诸士厌宋儒空虚,故倡汉学以矫之,意良是也。第不知宋学有弊,汉学更有弊。宋偏形而上者,故心性之说近玄虚;汉偏于形而下者,故笺注之说多附会。"① 袁枚是比较早比较宋学、汉学的学术范式并各自利弊的人物。乾嘉以后的学者大多认同这种对宋学、汉学的学术范式的表述及各自利弊,许多学者主张兼综汉学、宋学,就是为了集汉、宋之长。

由上可见元、明、清学者对"宋学"的基本看法,他们往往是将"宋学"与元、明、清时期占据思想文化统治地位的"理学"联系起来,这确实有其历史的原因,因为他们心目中的"宋学",已经被南宋后期道学家群体建构的道统体系所固化。当代学术在研究"宋学",也主要将"理学""道学"的学术群体列入"宋学"的范围来研究,其历史因缘即在于此。

三　宋学学者的学术旨趣

要对"宋学"的内涵与外延有一个清晰的认识,必须回到宋代学者那里。首先应该联系到宋代文化的背景与学术发展的趋势,考察在这一文化背景、学术趋势中宋代学者是如何标榜自己的学术形态、学术宗旨。而这一点,对理解"宋学"的内涵与外延十分重要。

一种新的学术思潮、学术范式、学术形态的建立,往往是基于对旧的学术形态、学术范式、学术旨趣的不满与批判。一方面,宋代学者当时面临儒学外部的论敌,也就是倡导世界为"空""无"的释老之学;另一方面又面临儒学内部的论敌,即汉唐以来儒家学者沉溺的章句训诂之学和辞章之学。所以,宋代学者必须标榜一种新的学术宗旨,建构一种新的学术形态,以使他们的学术既要区别于作为儒学外部之"异端"的释老之学,又要区别于作为儒学内部"俗学"的训诂、辞章之学。尽管宋代学者群体内部分为许多不同学术流派,但这些"宋学"内部的不同

---

① 袁枚著,王英志主编:《袁枚全集》第2册,《小仓山房文集》卷18《答惠定宇书》,江苏古籍出版社1993年版,第306页。

学术流派，似乎又表现出十分相近或相通的学术宗旨、知识旨趣，创建十分一致的学术范式。从宋代学者所张扬倡导的学术宗旨与所建构的学术形态中，可以发现，尽管他们把自己的学术标榜成不同名称的学术宗旨、学术形态，但是仔细分析，却会发现其中的一致。

宋代学者自我标榜的学术宗旨、知识形态的命名很多很复杂，包括"明体达用之学""为己之学""实学""圣学""内圣外王之学""道学""理学""义理之学""性理之学"等。但是从大体上说，可以分为以下几种类型。

第一，"明体达用之学"，或者是"有体有用之学""全体大用之学"。宋儒喜称自己的学术是"明体达用之学"。将"体""用"两个对应范畴合用，在宋以前就已经出现在儒、佛、道诸家的文本之中。但是，明确提出将自己的学说标榜为"明体达用之学"，并以"体"与"用"的结合作为自己的学术宗旨追求、学术形态特点的则是两宋学者的突出特点。"宋学"的先驱人物胡瑗早就标榜儒学就是"明体达用"之学，他认为学校教育不是为了让学生获得辞章训诂之学，而是要培养明体达用之材。所以，他首倡的"苏湖教法"，就是以"经义""治事"分斋教学，经义斋重明体，而治事斋重达用。由于胡瑗"以明体达用之学授诸生。夙夜勤瘁，二十余年，……故今学者明夫圣人体用，以为政教之本，皆臣师之功。"[①] 把儒家圣人之学、圣人之道理解为一种有体有用之学，已经成为宋学学者的普遍共识，故而所有的宋学学者，均是将"明体达用""有体有用"作为学术的根本宗旨、人格的最高追求。正如真德秀所说：

> 臣闻圣人之道，有体有用。本之一身者，体也；达之天下者，用也。尧、舜、三王之为治，六经《语》《孟》之为教，不出乎此。而《大学》一书，由体而用，本末先后，尤明且备。[②]

[①] 黄宗羲原著，全祖望补修：《宋元学案》卷1《安定学案》，中华书局1986年版，第25页。

[②] 真德秀：《西山先生真文忠公文集》卷13《召除户书内引札子四》，商务印书馆1937年版，第231页。

宋学学者将儒家经学、先秦圣道均归之于一种有体有用之学，他们认为佛老之学有体而无用，而俗儒俗吏则是有用而无体，这种"体用殊绝"的方式完全违背了有体有用的圣人之道。所以，他们对宋代学者的表彰推崇，也总是赞誉为"有体有用""明体达用"，甚至是"全体大用"。如朱熹之后的学者赞誉朱子之学说："惟文公之学，圣人全体大用之学也。本之身，心为德行，措之国家天下则为事业，其体有健顺仁义中正之性，其用则有治教农礼兵刑之具，其文则有《小学》《大学》《语》《孟》《中庸》《易》《诗》《书》《春秋》《三礼》《孝经》《图书》《西铭》传义及《通鉴纲目》《近思录》等书。"① 可见，宋学学者喜欢标榜自己的学术是一种"明体达用"或者"有体有用""全体大用"之学。

第二，"内圣外王之学"，因为宋代已经将"圣学"看作是儒学的代称，故而宋代以来学界普遍称呼以成圣为目标的儒学为"圣学""圣贤之学""圣贤之道"等。宋以前的儒家学者很少以"圣学""圣贤之学"自称，而两宋时期，儒家学者反复标榜自己的学术是"圣学""圣贤之学"，这一方面是为了区别佛教、道家道教以出世为宗旨、以成佛成仙为目标的佛老之学；另一方面也是区别汉唐士大夫沉溺训诂、辞章的俗学。如南宋时期，就有自我标榜为"有宋学者"的杨简（陆九渊的弟子，重心性之学）说："然则圣人之旨，亦得而赞明之乎？有宋学者四明杨某，起敬起恭，而为之言。"杨简在这里表达出宋儒已经自觉将"有宋学者"与追求回归"圣人之旨"的宋代理学思潮联系起来了。张栻推崇理学开山周敦颐之学即弘扬了儒家的"圣学"，他认为汉唐时期，"圣学不明，语道者不睹夫大全，卑者则割裂而无统，高者汗漫而不精"②。他所说的"卑者则割裂而无统"自然是批判汉唐士大夫的训诂之学、辞章之学；而他所说的"高者汗漫而不精"，则是批判佛老之学或受佛老影响的儒家士大夫。而张栻心目中的"圣学""圣贤之道"，则应该是一种"文理密察，本末该贯"③的"大全"之学。这其实是宋代学者的一个普遍观念，

---

① 熊禾：《熊勿轩先生文集》卷3《考亭书院记》，商务印书馆1936年版，第30页。
② 张栻著，杨世文点校：《张栻集》，《新刊南轩先生文集》卷33《通书后跋》，中华书局2015年版，第1272页。
③ 张栻著，杨世文点校：《张栻集》，《新刊南轩先生文集》卷33《通书后跋》，中华书局2015年版，第1273页。

如朱熹也说"圣人之学，其实通上下而言，学者亦可用力。圣学渊源几无余蕴矣"①。这里所说的"通上下而言"的"圣学"，其实就是将超越的形而上之道与日常的形而下之器结合起来，就可以防止步入追求虚无之体的佛老之道和追求功利之用的治术或空疏的章句训诂之学。显然，"内圣外王之学""圣学""圣贤之学""圣贤之道"是与"明体达用之学""有体有用之学""全体大用之学"一以贯之的。

第三，宋代学者喜欢称自己的学术形态、学术范式为"义理之学"。并由"义理之学"进一步简化为"理学"，明清之后的学术史进一步将这种名称定型。宋学学者为了使自己的学术形态区别于汉唐，故而总是称自己的学术形态是"义理之学"或"理学"。现代学者往往将"义理之学"与"理学"的外延进行区分，而在宋学学者的话语中，"义理之学"与"理学"之间是没有严格的区别的。宋学内部的不同学派既以"义理之学"为追求的目标，同时也称自己的学术形态为"理学"。一方面，宋学学者将自己的学术宗旨、学术形态称为"义理之学"，张载《经学理窟》专设"义理"章，并标榜"义理"之学，他说："义理之学，亦须深沉方有造，非浅易轻浮之可得也。盖惟深则能通天下之志，只欲说得便似圣人，若此则是释氏之所谓祖师之类也。"②"义理之学"既要深入思考体知方可进入，又要能够"通天下之志"，其实这就是有体有用的学说。朱熹在为理学中人宋若水撰墓志铭时称其"为学勤恪不懈，既脱场屋，益玩意于圣贤义理之学。近自周、程、张、马之言以达于经"③。他不但以周敦颐、二程、张载之学为"道学""理学"，又称之为"义理之学"，可见他也是以"义理之学"自称的。

宋儒真德秀曾说"自淳熙后，义理之学日明"④，在他看来"义理之学"与"理学"的内涵与外延是一致的，他也是既称自己的学说为"理

---

① 朱熹撰，朱杰人、严佐之等主编：《晦庵先生朱文公文集》卷39《答范伯崇》，《朱子全书》第22册，上海古籍出版社、安徽教育出版社2002年版，第1778页。
② 张载撰，章锡琛点校：《张载集》，中华书局1978年版，第273页。
③ 朱熹撰，朱杰人、严佐之等主编：《晦庵先生朱文公文集》卷93《运判宋公墓志铭》，《朱子全书》第25册，上海古籍出版社、安徽教育出版社2002年版，第4302页。
④ 真德秀：《西山先生真文忠公文集》卷46《朝奉大夫赐紫金鱼袋致仕滕公墓志铭》，商务印书馆1937年版，第827页。

学",又自称为"义理之学"。另外,宋学学者称自己的学术形态为"理学",这个"理学"实际就是"义理之学"。如象山学派宗师陆九渊说"惟本朝理学,远过汉唐,始复有师道"①,他所说的"本朝理学"就是针对汉唐儒者沉溺章句训诂之学而使得"学绝道丧",此"理学"即宋学的"义理之学"。除了纳入"道学""理学"谱系的宋学学者,那些被认为是与理学对立的事功学派也自称"理学",如南宋永嘉学派陈谦说:"当庆历、皇祐间,宋兴来百年,经术道微,伊洛先生未作,景山(王开祖)独能研精覃思,发明经蕴,倡鸣'道学'二字,着之话言,此永嘉理学开山祖也。"② 北宋王开祖之学、南宋永嘉学派均可视为宋学的"义理之学",并且后来的学人均不将其列入理学家群体,但陈谦却均以"理学"称之,可见他们心目中,"理学"就是"义理之学"。所以,南宋末年宋学学者黄震说:"本朝之治,远追唐虞,以理学为之根柢也。义理之学独盛本朝,以程先生为之宗师也。"③ 黄震以程颐为宋代"义理之学"的宗师,是带有本门派的看法,但是将"理学"等同于"义理之学"却反映了宋代学人的普遍看法。

以上所列举的宋代学者对自己学说的几种相关的名称、定义,诸如"明体达用之学""内圣外王之学""义理之学",其目的是凸显宋代儒学与汉唐儒学的差异,同时也凸显宋代儒学与佛老之学的差异。

其实,宋代学者自我标榜的学术宗旨、知识形态,以体现宋代学术文化的重大特色,这既可能是文化功能意义上的,又可能是学术范式意义上的。当宋儒标榜自己的学说是一种"明体达用之学""内圣外王之学"时,他们旨在强调自己所追求的学术在解决现实的人心世道、经世治国的文化功能意义。儒学本质上不是一种脱离现实的纯粹知识,而是基于"天下无道"的严峻现实,希望以这种学问完成"修己治人""修身齐家治国平天下"的文化使命。而汉唐儒家沉溺文字训诂、章句之学,将儒学变成与现实生活无关联的僵死知识。佛老之学虽能讲高深义理,

---

① 陆九渊著,钟哲点校:《陆九渊集》卷1《与陈省干》,中华书局1980年版,第14页。

② 王开祖:《儒志编》,《景印文渊阁四库全书》第699册,台北:商务印书馆1986年版,第803页。

③ 黄震:《黄氏日抄》卷91《跋尹和靖家传》,《景印文渊阁四库全书》第708册,台北:商务印书馆1986年版,第986页。

但是只关注个人的生死，背弃对家庭、社会、国家的道德义务，均不能完成儒学"明体达用""内圣外王"的文化功能。

当宋儒将自己的学术称为"义理之学"时，则是强调自己学术范式、知识旨趣上的特点，即他们并不把学问看作对经典中的文字、章句的训释，而是要探寻经典中能够实现"明体达用""内圣外王"文化功能的"义理"。如朱熹就是从两个方面看待"义理之学"的，一方面，他说："至谓义理之学不必深穷，如此则几何而不流于异端也耶？"① 另一方面他又强调"必能率励生徒，兴于义理之学，少变奔竞薄恶之风"②。朱熹认同儒家"义理之学"与佛老异端之学的差别，其与功利之学的对立，则恰恰在于这种"义理之学"同时是"明体达用"之学。只是，宋儒希望凸显自己的学术体系中"理""道"在"明体达用之学"的重要性、优先性，故而将自己的学术称为"理学"或"道学"。

其实，宋学学者对宋学学术旨趣的表述，才是有关"宋学"学术形态、学术宗旨的准确表述。无论是"明体达用之学"，还是"内圣外王之学"，或者是"义理之学"，其实均表达了宋学的根本追求和主体内容。所以，一个明确学理内涵的"宋学"概念，必须既考察历史事实，又有逻辑分析。

尽管元、明、清学者对"宋学"的基本看法，往往是将"宋学"与宋代兴起的"理学"联系起来。但是，"理学"主要是宋代"义理之学"发展到南宋以后产生很大影响的一个主要学派而已。在宋代所特有的文化背景、学术思潮之中，理学家和其他宋儒一样，同样标榜自己的学说是"明体达用之学"（有体有用之学）、"圣学"（为己之学、内圣外王之道）、"义理之学"（"理学""性理之学""道学"）。而且，这种"明体达用之学""义理之学"，所追求的学术在于解决现实的人心世道、经世治国的文化功能意义。"宋学"是一个宋代儒学与汉代儒学分疏的概念，宋代儒学的共性恰恰就是"宋学"的共性，"道学""理学"则是"宋

---

① 朱熹撰，朱杰人、严佐之等主编：《晦庵先生朱文公文集》卷33《答吕伯恭》，《朱子全书》第21册，上海古籍出版社、安徽教育出版社2002年版，第1437页。

② 朱熹撰，朱杰人、严佐之等主编：《晦庵先生朱文公文集》卷20《举柯翰状》，《朱子全书》第21册，上海古籍出版社、安徽教育出版社2002年版，第897页。

学"在追求"义理"的学术范式时，凸显"道""理"的根本性、主宰性并将其发展到极致的"义理之学"。

所以，对"宋学"的理解要以历史上的"宋学"概念，特别是整个宋代学人自己定位的学术宗旨、学术形态为思考问题的起点，通过思考"宋学"这个概念的形成、演变过程，探讨人们赋予这个概念的各种含义，再进一步探讨作为一个学科或研究领域概念所具有的学术范式、知识旨趣、文化功能等方面的丰富历史意义。

当代学术在研究"宋学"时，确实应该将宋代诸多不同学派的学者群体，即除了"理学""道学"的群体外，诸如范仲淹、王安石、苏轼、欧阳修、胡瑗、孙复、石介、薛季宣、陈傅良、叶适、陈亮等，均是"宋学"的重要学派和学者，均应列入"宋学"的范围来研究。将全体宋学学者的学术全部综合起来，才能够完整表达"宋学"的学术旨趣。

四　士大夫主体性与内圣外王之道

应该说，我们在前面讨论"宋学"的明体达用、内圣外王的学术旨趣，恰恰是源于宋代士大夫群体具有政治与文化双重主体性的特点。获得双重主体性的宋代士大夫，他们在积极参与当代的国家治理和学术创造时，表达出一个相关的追求：他们对秦汉到唐宋以来的政治状况、学术状况均非常不满，而非常向往理想化了的三代之世。他们总是不断表彰三代的政治，认为那是儒家理想的政治，即所谓"三代之治"，他们推动的政治改革往往是以"复三代之治"为目标；同样，他们也十分向往三代的思想，认为那是"尧舜之学""圣人之道"，故而宋学的兴起就是通过重新诠释经典以发掘义理，重建儒学的内圣外王之道、有体有用之学。

所以，宋学思潮的起点，就是源于具有文化与政治双重主体性的宋代士大夫对"三代之治"与"圣人之道"的追求。二者虽然是国家治理与经典学术的不同领域，但是在宋代士大夫这里，却完全是一体不分的。

我们可以首先考察为什么宋代士大夫特别推崇三代之治与圣人之道。由于宋代士大夫的政治地位大大提升，故而能够表达自己独立的思想见解和政治主张。中国向来有很浓厚的历史意识，宋初开国，朝廷的帝王和士大夫均在考虑同一个问题：大宋应该以历史上的哪一个朝代为自己的典范？从开拓疆土、富国强兵的标准而言，汉唐确实是历代君王甚至士大夫向往的帝国典范。但是，从崇文重教、道德风尚来讲，"二帝三代"才是儒家士大夫向往的文明典范。所以宋初士大夫一度将"三代"与"汉唐"列为自己学习、效法的对象，即所谓："国家鉴三代典章，采汉唐故事，文质彬彬，不远中道。"① 夏竦从"中道"的角度希望将"三代"与"汉唐"结合起来，即是将"三代典章"表达的文明理想与"汉唐故事"体现的政治功业结合起来。但是，从儒家士大夫的内心世界、价值层次而言，他们真诚信仰、内心向往的一定是"三代典章"。所以宋初朝廷推行重文崇儒政策，使得宋初君主能够在士大夫的引领下，也十分向往回归"三代"。这样，宋初的社会各界均认同国家目标、政治理想不是汉唐盛世而是三代之治。就士大夫内心的价值评判而言，"三代典章"的文明典范、价值理想永远是高于"汉唐故事"的。所以，宋初的士大夫们，总是以"二帝三代"之治的理想引导宋代的几位君王。正如朱熹所追溯的："国初人便已崇礼义，尊经术，欲复二帝三代。"② 其实，所谓"三代典章"，不仅仅是指"三代之治"的典章制度，同时还包括"先王之道"的价值理想。所以，所谓"三代典章"，首先是指三代先王制作出来可以供宋代朝廷仿效的政治、经济、社会、教育等领域的典章制度与礼乐文明。宋初士大夫在他们的著作中，大谈"三代"的典章制度是如何完善。如石介说："夫井田，三王之法也；什一，三王之制也；封建，三王之治也；乡射，三王之礼也；学校，三王之教也；度量以齐，衣服以章，宫室以等，三王之训也。"③ 由于秦以霸道统治天下，并推行郡县制；汉承秦制，使秦汉以后的中央集权的政治制度一直沿袭下来，而三代之典章制度断绝千年。宋代士大夫大讲"三代之治"，就是希望恢复三代的典章制度。其次，"三代典章"还包括了从尧舜到孔孟的"先王之道"

---

① 夏竦：《文庄集》卷13《慎爵禄》，见《景印文渊阁四库全书》第1087册，台北：商务印书馆1986年版，第162页。

② 朱熹撰，朱杰人、严佐之等主编：《朱子语类》卷129，《朱子全书》第18册，上海古籍出版社、安徽教育出版社2002年版，第4020页。

③ 石介著，陈植锷点校：《徂徕石先生文集》卷10《汉论·上》，中华书局1984年版，第111页。

的价值体系。宋初儒家士大夫经常论述的"道统",就是希望继承孔孟倡导的"三代之道"。孙复说:"所谓夫子之道者,治天下,经国家,大中之道也。其道基于伏羲,渐于神农,著于黄帝、尧、舜,章于禹、汤、文、武、周公。"① 他们认为治理中国必须复兴三代先王的"圣人之道"。

可见,宋代士大夫之所以复兴儒学、重新诠释儒家经典,就是为了回归"三代":既包括三代时期"先王之治"的典章制度,又包括三代时期"圣人之道"的价值体系。到哪里去寻找这些典章制度与圣人之道?显然,只能够到记载"二帝三代"之道的经典那里去寻找。所以,宋儒强调摆脱汉唐经学的传注,直接回归经典,以探寻"三代之治"与"圣人之道",这就是宋学确立的重建经学的学术目标与方向。虽然从汉武帝时代实行"罢黜百家、独尊儒术"以来,儒家经学一直在中国传统学术中占据重要地位,并且留下了许许多多经学成果。但是,宋代士大夫认为,汉唐儒家经学并没有解决"三代之治"与"圣人之道"的继承问题。因为汉唐儒家学者或者是将自己的学术精力耗费在对经典的章句训诂上,或者是过分依附帝王的政治权力而成为王权的附庸。他们既不能沿用"三代之治",更不能继承"圣人之道",导致汉唐时代经学虽兴,而"三代之治""圣人之道"均失传。特别是隋唐以来确立的以辞赋取士的科举制度,更是败坏士风,使"三代之治"不可见,"三代之道"不能行。范仲淹说:"卿大夫之职废既久矣,今诸道学校如得明师,尚可教人六经,传治国治人之道。而国家专以辞赋取进士,以默义取诸科,士皆舍大方而驱小道,虽济济盈庭,求有才有识者十无一二。"② 儒家经学能够为国家天下提供治理国家典章制度和安身立命的道德性命,但是士大夫"皆舍大方而驱小道",加剧了儒学的衰落。

所以,宋代士大夫推崇三代之治与圣人之道是密切联系在一起的。从宋初开始,学界就兴起一股复兴儒学、重建经学以求"圣人之道"的学术思潮。宋儒否定汉唐的传注经学,而希望自己"舍传求经"。《四库

---

① 孙复:《孙明复小集》,见《景印文渊阁四库全书》第 1090 册,台北:商务印书馆 1986 年版,第 172 页。

② 范能濬编集:《范文正公政府奏议》卷上《答手诏条陈十事》,《范仲淹全集》,凤凰出版社 2004 年版,第 478 页。

全书总目提要》评价说："舍传求经，实导宋人之先路，生臆断之弊，其过不可掩；破附会之失，其功亦不可没也。"①他们敢于"舍传求经""攻传之不合经"，敢于对汉唐传注经学表示怀疑和提出挑战。陆游曾论述过这种疑经风气的兴起，他说："唐及国初，学者不敢议孔安国、郑康成，况圣人乎？自庆历后，诸儒发明经旨，非前人所及，然排《系辞》，毁《周礼》，疑《孟子》，讥《书》之《胤征》《顾命》，黜《诗》之序，不难于议经，况传注乎！"②唐中叶赵匡等疑经，主要是对汉唐之传注的怀疑。到了宋庆历之后，学者们不仅敢于怀疑汉唐经师们所作的注疏及所阐发的经义，进而对部分经典的作者乃至于经典本身的真伪提出疑问。北宋庆历之后，儒家学者在疑经风气盛行的同时，还热衷于对儒经中义理的探求。被称为庆历士大夫集团的范仲淹、胡瑗、石介、孙复等，他们均是北宋初年以义理解经的著名儒家学者。范仲淹的《易义》、胡瑗的《周易口义》以及石介的《易》学著作，均重视阐发儒家的心性义理之道，是以义理说《易》的重要著作。而孙复著有《春秋尊王发微》，则是宋人以义理解《春秋》的重要著作。王安石也批评汉唐经学的训释考辨，而注重阐发儒经中的性命之理，他说："先王之道德，出于性命之理，而性命之理出于人心，《诗》《书》能循而达之。"③所以，"宋学"形成之初就张扬一种新的学术旨趣，虽然宋学内部会存在思想观念不同，他们会在内圣与外王、明体与达用、道义与事功的优先性、重要性方面明显有不同看法。但是，宋学总是包括内圣与外王、明体与达用、经义与治事、世道人心与经世致用、创通经义与革新政令两个方面。

第四节　宋代义理之学与内圣外王之道

清代学者总结中国学术史，既有所谓汉学、宋学之分，又有所谓考

---

①　陆淳：《春秋集传纂例》卷1《提要》，《文津阁四库全书》第142册，商务印书馆2006年版，第220页。

②　王应麟著，栾保群、田松青、吕宗力校点：《困学纪闻》卷8《经说》，上海古籍出版社2008年版，第1094页。

③　王安石：《临川文集》卷82《虔州学论》，《文津阁四库全书》第1109册，商务印书馆2006年版，第585页。

据之学与义理之学之别，而宋学往往又被称为"义理之学"。宋代义理之学是一种独特的学术形态，代表了儒家义理之学发展的最高阶段。但是，历史上一直对宋代义理之学存有偏见，似乎宋学、宋代义理之学就是一种对抽象道理的思辨、空虚道德的体悟，义理之学成为与脱离实际、空疏无用的知识学问。这其实和历史上义理之学的本义以及宋代义理之学的本义是不相符的。

从"义理"的本义，到宋儒建构的义理之学，其思想体系本身包含着的创通经义与革新政令、世道人心与经邦济世的双重目标，其实也就是宋学内圣外王之道的展开。所以，为了进一步论述宋学体现的内圣外王之道精神，我们还需要探讨宋儒义理之学的丰富思想内涵。

一 "义理"辨义

当清代学者将宋学定义为"义理之学"时，是为了与他们心目中的"汉学"区别开来。他们主要是以知识学意义上的学术范式差异来理解"义理之学"的"宋学"，即将"宋学"视为一种以道德义理的诠释、思辨为重点的义理之学，以区别于以文字、文献和典章制度为重点的考据之学。但是这与宋儒自己所理解的"义理之学"是有很大区别的。当宋儒称自己的学说为"义理之学""理学"时，其意义首先是学术的社会使命与文化功能意义上的，即他们旨在恢复原始儒学的社会文化功能，旨在恢复与建构一种"有体有用之学""内圣外王之学""圣学"以解决社会的人心世道、经邦治国的问题。其次，"义理之学""理学"当然也是学术范式、知识形态意义上的，"义理之学"的目的是要恢复这种"明体达用之学""圣学"的文化功能，故其学术范式才必须采取道德义理的诠释、思辨为重点的义理之学的学术形态。

要从社会功能、学术范式的双重意义上考察宋儒"义理之学"，我们必须首先厘清：这个在文献典籍上耳熟能详的"义理之学"的历史意义是什么？所以，我们必须进一步探讨"义理之学"中"义理"的历史含义。

"义理之学"是宋代出现的，而"义理"或者"理义"则在先秦文献中大量出现；同时在双字词"义理""理义"出现之前，就已经出现了"理""义"的单字词，并且有了确切的哲学含义；至于单字"理""义"

组合而成的"义理""理义",则是其哲学含义的深化。

在先秦文献中,"义"是一个出现频率很高的词,其词义也较丰富。但是,其主要意思是正义、道义、德义相关的道德概念,涉及的是与人的道德价值相关的精神世界。人们既可以把它看作是诸多道德准则、道德范畴的一种,如仁义礼智信"五德"之一;也可以将其看作是诸多德行、规范的根本准则。如郭店楚简《性自命出》所说:"义也者,群善之蕰也。"①

在先秦文献中,"理"也是一个重要的概念。与"义"主要是一种道德意义的价值概念不同,"理"最初就是一种法则意义的客观规律概念。据学者邓国光考订,"理"最早见于典籍是动词"整理""治理"的意思,"与治国的'疆理天下'的重大事件相关"②。由动词的"理"转化出名词的"理",就具有了客观法则的意义。对于古人来说,客观法则的"理"可以是自然法则,即所谓"物成生理"③"万物殊理"④"凡理者,方圆、短长、麤靡、坚脆之分也。故理定而后物可得道也。故定理有存亡,有死生,有盛衰。"⑤也可以是社会法则的理,即所谓"仁人以其取舍是非之理相告"⑥。"故礼者,谓有理也"⑦。

在先秦文献中,当独立的"义"字、"理"字出现以后,又产生了将"义"和"理"连用的"义理"或"理义"。这种连用的"义理"的结合一般形成三种词组结构,并形成三种不同的含义。其一,是"理"与"义"并列义,如《墨子·非儒》有"不义不处,非理不行"⑧,就是一种"义"与"理"的并列。所以《管子·形势解》说:"明主之动静得理义,号令顺民心。"⑨ 同时又指出:"乱主之动作失义理,号令逆民

---

① 荆门市博物馆编:《郭店楚墓竹简》,文物出版社1998年版,第179页。
② 邓国光:《经学义理》,上海古籍出版社2011年版,第6页。
③ 陈鼓应注译:《庄子今注今译》,中华书局1983年版,第309页。
④ 陈鼓应注译:《庄子今注今译》,中华书局1983年版,第692页。
⑤ 王先慎撰,钟哲点校:《韩非子集解》卷6《解老》,中华书局1998年版,第148页。
⑥ 吴毓江撰,孙启治点校:《墨子校注》卷9《非儒下》,中华书局2006年版,第438页。
⑦ 黎翔凤撰,梁运华整理:《管子校注》卷13《心术》,中华书局2004年版,第770页。
⑧ 吴毓江撰,孙启治点校:《墨子校注》卷9《非儒下》,中华书局2006年版,第438页。
⑨ 黎翔凤撰,梁运华整理:《管子校注》卷20《形势解》,中华书局2004年版,第1173页。

心。"① 这里分别出现"理义"和"义理",说明其"理"(法则)与"义"(道义)并列关系。其二,是以"理"定义"义"的偏正结构。如孟子向来重视道义,多讲"义",但偶尔也说"理义",他说"心之所同然者,何也?谓理也,义也。圣人先得我心之所同然耳,故理义之悦我心,犹刍豢之悦我口"②。孟子所说的"理义",旨在强调"义"的内在必然性,故以"理"修饰"义"。其三,是以"义"修饰"理"的偏正结构。《管子·心术》说:"理也者,明分以谕义之意也。故礼出乎义,义出乎理,理因乎宜者也。"③《管子》重"理",故而他说的"理"是社会法则,他特别强调"理"的法则必然决定"义"的道义应然。

在先秦诸子中,大多都要讲"义""理"或者"义理"。但是,先秦儒家重道义故而主要讲"义";而先秦道家、法家重自然法则或社会法则,故而主要讲"理"。一般而言,那些重视人文理想的学者、学派偏重道义(义)的重要性,而重视现实功利的学者、学派则偏重法则(理)的重要性。

对于以典籍知识为职业的读书人来说,读书、写书的目标就是探求和表达"义理",即确立道义与法则。至于古人留下来的经典,其根本要旨就是承载、传播"义理"。所以,在"义""理"观念形成的同时,如何在经典中寻求义理就是其读书人的首要目标。《周易》是群经之首,先秦儒者就是希望探求圣人表达的"义理",故而提出圣人作《易》时,"和顺于道德而理于义,穷理尽性以至于命"④,孔颖达《疏》云:"以治理断人伦之正义。"这确是体现出儒家的义理观,即以"正义"的道德价值去"治理"现实的政治秩序。所以,两汉时期确立了儒家经典在国家意识形态的地位以后,如何在经典文献中探寻义理观就成为儒家经学的使命。这时,与经学相关的概念大量出现,诸如:

夫儒生之业,五经也。南面为师,旦夕讲授章句,滑习义理,

---

① 黎翔凤撰,梁运华整理:《管子校注》卷20《形势解》,中华书局2004年版,第1173页。
② 杨伯峻译注:《孟子译注》,中华书局1960年版,第261页。
③ 黎翔凤撰,梁运华整理:《管子校注》卷13《心术》,中华书局2004年版,第770页。
④ 周振甫译注:《周易译注》,中华书局1991年版,第281页。

究备于五经，可也。①
世儒说圣人之经，解贤者之传，义理广博，无不实见。②
其明经各试所习业，文、注精熟，辨明义理，然后为通。③

汉唐时期的儒家经师、学者，以研究经典的文辞章句为业，但他们也意识到，研习经学的训诂章句，旨在"辨明义理"，即探明"义"的应然道义与"理"的必然法则。

正由于儒家的"义理"包含着"义"与"理"的法则，所以，尽管"义理之学"的兴起本身是一种学术范式的重要转折，即由汉唐的章句训诂之学转换成两宋的义理之学，但这种学术范式发生转换的内在动力、思想根源是复兴儒学的文化功能、政治使命。这种文化功能、社会使命是双重的：一方面，要阐发儒学的道义价值内涵，激励儒家士大夫追求"道"的文化理想；另一方面，则是要推动儒学治理社会的实用功能，能够指导儒家士大夫在治国平天下活动中建功立业。

二 宋儒义理之学与内圣外王之道

"宋学"所具有的"义理之学"形态，绝不是许多学者所批评的那样，是一种空谈义理的学说，相反，它从产生之时起，就旨在创建一种明体达用，内圣外王的学说。宋儒从儒家经典中阐发义理，一开始就包含着创通经义与革新政令、世道人心与经邦济世的实学旨趣。

从历史事实来看，那种将宋学等同于宋代理学的传统看法显然是不够的，因为在两宋时期的学术思潮中，涌现出各种不同的学术主旨的观点与流派，以"道学""理学"自命的伊洛之学只是诸多学派中的一派，其他还有荆公新学、苏氏蜀学、永嘉之学、永康之学等。这些诸多的学者、学派不仅均活跃于宋代学术思想界，而且他们的学术旨趣、思想观念具有"宋学"的"义理之学"的共同特点，就是所谓明体与达用、创

---

① 王充著，张宗祥校注，郑绍昌标点：《论衡校注》卷12《谢短》，上海古籍出版社2010年版，第256页。

② 王充著，张宗祥校注，郑绍昌标点：《论衡校注》卷28《书解》，上海古籍出版社2010年版，第556页。

③ 李林甫等撰，陈仲夫点校：《唐六典》卷2，中华书局1992年版，第45页。

通经义与革新政令、世道人心与经邦济世统一的特点。

首先，宋学学者均希望通过对儒家经典的义理探求，建构出一种道德性命之道，以解决世道人心的价值体系问题。其实，宋学学者的不同派别均重视义理之学，他们之所以强调经典的义理重于训诂章句，就在于义理是解决人心世道的价值建设。在宋学的义理之学中，"义"的儒家道义价值重振，一直是宋学学者所普遍关注的核心问题。推动宋学初兴的范仲淹，即是一位执着于复兴儒家道义价值的士大夫，他"慎选举，敦教育"，主张"宗经则道大，道大则才大，才大则功大"[1]，倡导"举通经有道之士"，在科举中将经义置于章句之上，均是为了整顿士风、重振儒家道义。被称为宋学奠基人的"宋初三先生"，即胡瑗、孙复、石介，均是在宋初主张重振儒家道义的著名学者。胡瑗主张学术、教育应该坚持"有体、有用、有文"，其"有体"就是"君臣父子、仁义礼乐"的儒家伦理、道义的价值信仰；孙复研究《春秋》学以求本义、大义，此"义"也就是仁义礼乐的道义价值，他希望在宋初能够重振儒家道义；石介倡道统论，这个"道"也就是儒家推崇的道义价值，所谓"道于仁义而仁义隆，道于礼乐而礼乐备，道之谓也"[2]。另外，王安石所创立的荆公新学，同样一直是以复兴"先王之道德"为己任，重振儒家道义价值作为其学术的根本。他说："先王之道德，出于性命之理，而性命之理出于人心。诗书能循而达之，非能夺其所有而予之以其所无也。"[3] 他主张儒家道义价值的"性命之理"是人心本有的，从而为复兴"先王之道德"确立形而上的前提。与荆公新学同时崛起的洛学、关学等"道学"学派，更是以重振儒家道义价值为己任。他们重新诠释儒家经典，建构性与天道相通的义理之学，其目的就是重振儒家伦理，推动仁义礼智信的道义价值建构。如朱熹特别推崇《大学》《论语》《孟子》《中庸》四部书，就在于四书包括了儒家伦理的核心价值，他说："秦汉以来，圣学不传。儒者惟知章句训诂之为事，而不知复求圣人之意，以明夫性命道

---

[1] 范仲淹：《范仲淹全集》，《范文正公文集》卷10《上时相议制举书》，四川大学出版社2002年版，第237页。

[2] 石介著，陈植锷点校：《徂徕石先生文集》卷20《移府学诸生》，中华书局1984年版，第245页。

[3] 王安石：《临川先生文集》卷82《虔州学记》，中华书局1959年版，第859页。

德之归。"① 由此可见，在宋学学者群体中间，无论是哪一派学者，他们希望复兴三代先圣、先秦儒家道德思想、价值信仰似乎完全是一致的。

其次，宋学学者均有很强的经世致用追求，无论是通过经典诠释而建构义理之学，还是直接从历史、现实中探讨经世之学、治世之方，宋学均十分关注并希望最终解决宋代政治、经济、军事、教育、法律问题，包括革新政令、抗击外侮、民生日用的治国平天下问题。宋学作为一种纠正汉唐以来"惟知章句训诂之为事"的学术思潮，与那种纯知识化的章句之学有完全不同的学术旨趣，就是更加关注社会现实，更加注重经世致用。前面所述的那些复兴儒家学说、推崇道义价值的宋学学者，恰恰也是有着强烈的经世济民追求、致力于革新政令事务的士君子。宋学的开拓者范仲淹就是北宋"庆历新政"的推动者，他的经义创发、师道推崇、士风重振的道义关怀，其实均与改革弊政、富国强兵、选拔人才的经世致用目的联系在一起。范仲淹在《答手诏条陈十事》提出黜陟、抑侥幸、精贡举、择官长、均公田、厚农桑、修武备、减徭役、覃恩信、重命令等十项新政，所表达的正是宋学革新政令的经世追求。宋学开创之初的"三先生"胡瑗、孙复、石介，其创发经义的道义关怀，也是与革新政令的经世追求是一体的。胡瑗强调"明体达用"，其"用"就是"举而措之天下"②的经世追求，他在湖州时创"经义""治事"二斋分科教学，其"治事"斋要求"治民以安其生，讲武以御其寇，堰水以利田，算历以明数是也"③。孙复的《春秋》大义其实就是基于现实的经世追求，即如欧阳修所说，是"明于诸侯大夫功罪，以考时之盛衰，而推见王道之治乱，得于经之本义为多"④。在北宋时期，创发经义、革新政令方面产生巨大影响的无疑是王安石。王安石的"经术"与"经世"是

---

① 朱熹撰，朱杰人、严佐之等主编：《晦庵先生朱文公文集》卷75《中庸集解序》，《朱子全书》第24册，上海古籍出版社、安徽教育出版社2002年版，第3640页。
② 黄宗羲原著，全祖望补修：《宋元学案》卷1《安定学案》，中华书局1986年版，第25页。
③ 黄宗羲原著，全祖望补修：《宋元学案》卷1《安定学案》，中华书局1986年版，第24页。
④ 欧阳修著，李逸安点校：《欧阳修全集》，《居士集》卷27《孙明复先生墓志铭》，中华书局2001年版，第458页。

统一的，他对神宗说"经术正所以经世务"①，由此推动的熙宁变法，恰恰是他创就经义的目的。应该说熙宁新政是继庆历新政之后一场更加重大的革新政令的运动，充分体现了宋学所具有的强烈经世追求。同样，宋学中其他学派，诸如关学、洛学、闽学等，虽然对经义道德、心性修养、形而上思辨方面更加关注，并且更加标榜自己的学说是"内圣之学""义理之学"，但是他们作为宋学的最重要力量，仍然表现出十分强烈的经世追求。张载著名四句教："为天地立心、为生民立命、为往圣继绝学、为万世开太平"，恰恰是道义情怀与经世追求的统一，他所希望的恰恰是长治久安、太平之世的"三代之治"。二程反对王安石变法，其实只是他们的政治主张与王安石不同，但他们均主张以经术经世务，以治国平天下为学术最终目的。

所以说宋学所追求的"义理之学"，其"义理"的含义正好包括了道义关怀的"义"与治理天下的"理"。几乎所有宋学学者、宋学学派，其实均是内圣与外王、明体与达用、经义与治事、道与治、道义与事功、世道人心与经世致用、创通经义与革新政令的统一。当然在宋学内部形成了许多不同的学派与学者，他们除了对经义有不同理解，对政令有不同主张外，还有一个重大区别，就是在内圣与外王、明体与达用、道义与事功关系上，更加偏重于将某一个侧面看得更为重要。也即是在他们所共同追求的"义理之学"中，究竟是"义"的道义决定"理"的政治治理，还是"理"的政治治理统摄"义"的思想道义？两宋时期最大的学派之争，就有北宋王安石新学与二程洛学，还有南宋朱熹的考亭学派与陈亮永康学派之争。他们的分歧并不是"明体达用""内圣外王""义理之学"，而是道义价值、政治事功两者中谁最根本、更优先。二程、朱熹重道义价值、内圣修养，认为必须首先解决道义价值、内圣修养的问题，然后即可实现经世治国、外王事功，前者是后者的充分条件。而王安石、陈亮则相反，他们特别强调注重经世治国、外王事功，强调经世治国、外王事功才是思想道义的前提与目的，道义价值、道德理想最终只能通过治国安邦、外王事功方能得以实现。朱熹和陈亮的学术争辩，就触及这个问题的核心层面。朱熹认为只有三代时期的内圣道德与外王

---

① 脱脱等撰：《宋史》卷327《王安石传》，中华书局1977年版，第10544页。

事功才是统一的,秦汉以来尽管出现了汉高祖、唐太宗等杰出的英雄豪杰,能够治国安邦、创造事功,但是他们均无内圣道德。他说:"但以儒者之学不传,而尧、舜、禹、汤、文、武以来转相授受之心不明于天下,故汉唐之君虽或不能无暗合之时,而其全体都只在利欲上。此其所以尧舜三代。自尧舜三代,自汉祖、唐宗,终不能合而为一也。"①三代君主皆是由内圣而外王、由道德而事功,故而才合乎儒家理想的王道政治、三代之治。但是陈亮的看法恰恰不一样,他肯定汉祖、唐宗的治国安邦之政治事功的道义价值,他说汉祖、唐宗"终归于禁暴戡乱,爱人利物而不可掩者,其本领宏大开廓故也。……此儒者之所谓见赤子入井之心也。"②朱熹等理学家坚持道义价值、内圣修养是义理之学的根本,三代王道理想的实现首先就在于诸位圣王坚守了道义的价值与内圣的修养,至于治国安邦、外王事功则只是内圣道德的自然结果。而陈亮则以治国安邦、外王事功作为根本,认为"赤子入井之心"必须依托、呈现在这种治国安邦、外王事功之中。由此可见,尽管朱熹、陈亮均追求内圣外王之道、有体有用之学,均属于义理之学为学术旨趣、学术形态的"宋学",只是他们在内圣与外王、明体与达用、道义与功利方面有不同起点与侧重,从而构成宋学内部的学派之争。虽然程朱学派在当时及后世被称为"理学",其实他们所推崇的"理"主要是道义的价值,故而是"以义为理";而荆公新学、浙东学派则强调治理国家的功利目标及现实法则,即所谓"教人就事上理会,步步着实,言之必使可行,足以开物成务"③,他们的义理之学应该是"以理为义"。

三 宋儒义理之学与宋学诸领域

宋学的义理之学追求明体达用、内圣外王,故而宋学学者、学派显然不仅仅指宋代理学家、理学学派,而应包括宋代各儒家学者与学派,而且其所涉及的学术研究领域当然是十分多样化的。宋学学者的著作分

---

① 朱熹撰,朱杰人、严佐之等主编:《晦庵先生朱文公文集》卷36《答陈同书》,《朱子全书》第21册,上海古籍出版社、安徽教育出版社2002年版,第1558页。
② 陈亮:《陈亮集》卷28《又乙巳春书之一》,中华书局1987年版,第345—346页。
③ 黄宗羲原著,全祖望补修:《宋元学案》卷52《艮斋学案》,中华书局1986年版,第1696页。

布在经史子集的不同知识部类中，涉及哲学、宗教、伦理、政治、法律、军事、经济、教育、文学乃至农、林、医、艺等不同学科。所以，许多学术史叙述将宋学窄化为理气心性的抽象义理，其实不是宋学学者的学术视野狭窄，而是后来学人的学术偏见。在宋学的这些研究领域中，均包含着儒家内圣外王之道的丰富内容。

宋学作为义理之学，首先体现为对儒家经学诠释的学术创新。在中国学术史上，人们往往将宋学理解为宋代经学。这种理解，其实与经学是中国传统学术的基础与核心有关。在古代中国，一切思想演变、学术发展、文化转型，均要体现为儒家经学的变革与创新。宋学作为一种新兴的学术思潮和重要的学术形态，首先体现为一场经学的变革。正如清学者钱大昕所评述的："当宋盛时，谈经者墨守注疏，有记诵而无心得，有志之士若欧阳氏、二苏氏、王氏、二程氏，各出新意解经，蕲以矫学究专己守残之陋。"[①] 欧阳修、苏轼苏辙兄弟、王安石、程颢程颐兄弟等均是宋学的开拓者，他们的共同特征是"各出新意解经"，这一"新意"也就是经学史上反复称谓的"义理之学"。他们特别重视儒家经典《诗》《书》《礼》《易》《春秋》，但他们与汉唐诸儒究心于经典的章句训诂不同，特别重视对经典的义理探寻。上述的欧阳修、二苏、王安石、二程等宋学开拓者，其实均是以义理解经而获得突出成就者，他们的经学著作，如欧阳修专注"六经"："长于《易》《诗》《春秋》，其所发明多古人所未见"[②]，故而成为了宋代义理之学的开拓者。王安石也是如此，南宋赵彦卫说："王荆公为《新经》《说文》，推明义理之学。"[③] 王安石《三经新义》包括对《周官》《尚书》《诗经》三部经典进行解释的义理之学。二程亦是以义理解经的大家，程颐的《伊川易传》即是宋学以义理解《周易》的代表作。

宋学不仅通过对传统"五经"的创发，建立了新的学术范式的义理之学，他们同时也是新的经典体系的创建者，建立了以《大学》《论语》

---

① 钱大昕：《嘉定钱大昕全集》第 9 册，《潜研堂文集》卷 26《重刻孙明复小集序》，江苏古籍出版社 1997 年版，第 411 页。

② 欧阳修著，李逸安点校：《欧阳修全集》附录卷 3《神道碑》，中华书局 2001 年版，第 2713 页。

③ 赵彦卫撰，傅根清点校：《云麓漫钞》卷 8，中华书局 1996 年版，第 135 页。

《中庸》《孟子》为中心的新经典体系，并对这四部经典作了系统的诠释，使宋学的哲学观念、政治思想、修身工夫等理学思想与"四书"经典紧密联系而成为一个整体。经过宋学学者的经典建构，中国传统经典体系就不仅有"五经"体系，还有一个与之并列、甚至地位更高的"四书"体系。

宋学作为一种为强化儒学明体达用、内圣外王文化功能的新兴学术思潮，推动了宋代以义理之学为学术范式的知识建构，最终目的仍然离不开推崇道义价值、经世事功两个方面。首先，宋学强调经典在奠定人的道义情怀、价值信仰中的根本作用。宋代学人对汉唐经学的不满，首先就在于汉唐学人将经学看成是一种纯粹知识性的章句训诂之学，经典在塑造个体道德心灵、建构社会伦常秩序、奠定价值信仰的根本宗旨被忽略了。所以，宋学的开拓者将学术重心放在重新诠释经典上，就是希望发挥经学在塑造个体道德心灵、维护社会伦常秩序、重建道德价值信仰上发挥重大作用。他们在经典中所阐发的义理，首先就是这种道德及其性命之理。王安石认为"先王所谓道德者，性命之理而已"[①]，他的"性命之理"的内容和二程所讲是一样的。程颐阐发《周易》的义理之学就是社会道义价值，他在为《艮卦·象传》作传时说："不失其时，则顺理而合义。在物为理，处物为义。……夫有物必有则，父止于慈，子止于孝，君止于仁，臣止于敬，万物庶事莫不各有其所，得其所则安，失其所则悖。"[②] 所以，宋学从经典中阐发的"义理之学"特别强调社会伦理的道义价值。其次，宋学还特别追求经学的经世功能，他们希望从经典中建构起一种能够对经世治国有实际作用的义理之学。所以，所有宋学学派、学者，无不将经学视为经世致用之学。那些以改革政令、经世治国为主导的范仲淹、王安石、陈亮、叶适，通过经典的义理诠释，以为现实的政治改革、经世致用服务。同样，那些强调身心修养、道德义理的理学家们，也是将治国平天下作为义理经学的目标。如南宋初年胡安国、胡宏父子均为二程理学传人，但是，他们研究经学、建构宋学义

[①] 王安石：《临川先生文集》卷82，中华书局1959年版，第858页。
[②] 程颢、程颐著，王孝鱼点校：《二程集》，《周易程氏传》卷4，中华书局2004年版，第968页。

理之学的目标则在于经世致用。胡安国终生从事《春秋》学研究，著有理学家治《春秋》的代表著作《春秋传》，便主张"《春秋》经世大典，见诸行事，非空言比。"① 而胡宏也强调"学"与"治"是一体的，他说"学者，所以学为治也。讲之熟，则义理明；义理明，则心志定；心志定，则当其职，而行其事无不中节，可以济人利物矣。"② 正由于所有宋学学者均强调明体与达用、内圣与外王的统一，故而宋代的经学就是一种将道义价值与功利价值、人格修养与经世致用统一起来的义理之学。

宋学不仅是指宋代的经学，同时还包括宋代的史学。陈寅恪认为"中国史学莫盛于宋"③。宋代史学的发达繁荣，同样与宋学学者追求的道义价值、经世目的有密切关系。义理之学的价值理想是宋学推动经学发展的精神动力，同样是他们推动宋代史学繁荣的精神动力。那些具有开拓精神的宋学学者们，往往既是经学家又是史学家；即使有很多学者完全是历史学者，但他们的史学观念仍属于宋学，其从事史学研究的思想基础、精神动力仍是宋儒义理之学的价值理想与文化功能。宋代学者热衷史学研究、著有大量史学名著，其动力之一就是探讨历史治乱盛衰的规律，为当代政治人物提供治理社会国家的原则、方法、策略。司马光的《资治通鉴》是宋朝也是中国历史上最重要的史学著作之一。然而从这部著作的书名上看，就表明这部史学著作的目的是供当代朝廷"资治"之用。司马光将历史看作是"叙国家之兴衰""著生民之休戚"，而其目的则是总结历史治乱兴衰及生民休戚的经验，满足当朝人物取鉴资治的执政需要。他最终编撰成的《资治通鉴》，就是一部提供当代朝廷资治的著作。所以，本书很快就得到当朝皇帝神宗的肯定与赞誉，他认为这部书的重大价值就是"其所载明君、良臣，切摩治道，议论之精语，德刑之善制，天人相与之际，休咎庶证之原，威福盛衰之本，规模利害之效，良将之方略，循吏之条教，断之以邪正，要之于治忽，辞令渊原之体，箴谏深切之义，良谓备焉。"④ 司马光这种希望通过史学而探寻治乱之原、

---

① 脱脱等撰：《宋史》卷435《胡安国传》，中华书局1977年版，第12913页。
② 胡宏著，吴仁华点校：《胡宏集》，中华书局1987年版，第128页。
③ 陈寅恪：《陈垣明季滇黔佛教考序》，见《陈寅恪集》，生活·读书·新知三联书店2001年版，第272页。
④ 司马光：《资治通鉴》，中华书局1956年版，第33页。

提供治国之鉴的想法，在宋代历史学家那里是十分普遍的。那些以理学为主导的学者是这样的，如与司马光同时代宋学大家程颐也将史学看作是探讨治乱、安危、兴衰、存亡的学问，他说："凡读史，不徒要记事迹，须要识治乱安危兴废存亡之理，且如读《高帝》一纪，便须识得汉家四百年终始治乱当如何，是亦学也。"① 程颐以义理经学见长，而他的史学观与司马光等历史学家相同，即希望从史学著作中满足当朝执政的需求。另外，那些专门从事史学研究的宋学学者，亦普遍持这种史学观。如南宋婺学学派吕祖谦以历史文献研究见长，他说："大抵看史见治则以为治，见乱则以为乱，见一事则止知一事，何取？观史当如身在其中，见事之利害，时之祸患，必掩卷自思，使我遇此等事，当作如何处之，如此观史，学问亦可以进，知识亦可以高，方为有益。"② 可见，吕祖谦以历史文献研究见长，其动机目标也是希望通过史学来探讨治乱之原，为现实政治提供借鉴。

宋代史学还有一个突出的特点，就是对儒家伦理的道义价值的重视。宋代史学探讨治乱兴衰的原因和规律时，特别强调儒家伦理之道能够影响、决定国家的治乱兴衰，这样，宋学学者在史学领域特别关注价值与政治的结合。儒家政治理论的基础本来就是德治、仁政，将天下国家的治乱兴衰归之于道义人心。所以，宋儒的史学著作特别强调道义人心对历史治乱兴衰的决定性作用，他们希望通过写史以对朝廷、百官起到一种劝诫的作用。如北宋唐史名家孙甫的史学观就是如此，他以《尚书》《春秋》为史，认为："《尚书》记治世之事，使圣贤之所为传之不朽。为君者、为臣者，见为善之效，安得不说而行？此劝之之道也。其间因见恶事致败乱之端，此又所以为戒也。"③ 以历史人物的道德善恶来说明政治治乱兴衰，以强调道义的正面价值和历史影响，最后达到对当朝君臣、士大夫的劝诫，是宋代史学的重要特点。这一特点在宋儒那里明

---

① 程颢、程颐著，王孝鱼点校：《二程集》，《河南程氏遗书》卷18，中华书局2004年版，第232页。

② 吕祖谦：《吕祖谦全集》第2册，《丽泽论说集录》卷8《门人集录史说》，浙江古籍出版社2008年版，第218页。

③ 孙甫：《唐史论断序》，《文津阁四库全书》第685册，商务印书馆2006年版，第620页。

显得到进一步强化。司马光《资治通鉴》的特点就是"专取关国家盛衰，系生民休戚，善可为法，恶可为戒者"①。他明确将历史的国家盛衰、生民休戚与当朝君臣的善恶戒劝结合起来。吕祖谦的婺学偏重史学，与考亭学派以性理见长不同，但其史学仍然将"择善""儆戒"置于首位。他说："看史须看一半便掩卷，料其后成败如何，其大要有六：择善、警戒、阃范、治体、议论、处事。"②

宋学的学术领域除了经学史学之外，文学亦是一个重要的领域。中国传统的"文学"比现在仅仅作为艺术形式之一的文学的外延更大，指以文字、文章及典籍为载体而表达作者的观念、思想、情感的学科，既包括塑造形象、表达情感的艺术类文学，也包括通过思想陈述、逻辑推理以表达思想观念的论说类文章。宋学的兴起，与文学领域的一场重要转型或革命的发生是同步的，即唐宋之间发生的古文运动。宋学的形成和发展，承唐中叶以后的儒学复兴运动发展而来；同样，宋代的古文运动亦是承接唐中叶以来韩愈、柳宗元的"文以载道"的古文运动而来。韩愈、柳宗元为抵御唐初文学的"六朝淫风"，力倡"修其辞以明其道"③"文者以明道"④，以复兴儒学家之道在政治上、思想上的主导地位。北宋时期推动宋代义理之学的领袖人物，恰恰均是古文运动的领袖人物。可见复兴原始儒学的宋学思潮，是推动古文运动的根本力量。从晚唐五代至北宋初年，人们在文坛发现"古道息绝，不行于时已久"的局面。一大批古文运动领袖如王禹偁、穆修、范仲淹、孙复、石介、欧阳修、苏轼等重倡"文以载道"的文学主张，他们希望通过推动古文运动，以复兴儒家之道。其实，宋代古文运动领袖所倡导的"文以载道"的追求，与宋儒所追求的明体达用、内圣外王的义理之学精神是完全一致的。

古文运动倡导"文以载道"，主张以新文体取代旧文体，其新文体包

---

① 司马光：《资治通鉴》，中华书局1956年版，第9607页。
② 吕祖谦：《吕祖谦全集》第2册，《丽泽论说集录》卷10《门人所记杂说二》，浙江古籍出版社2008年版，第257页。
③ 韩愈：《韩昌黎全集》卷14《争臣论》，世界书局1935年版，第219页。
④ 柳宗元：《柳河东集》卷34《答韦中立论师道书》，上海人民出版社1974年版，第542页。

含的"道"恰恰体现为道义关怀与经世追求、内资修德与外济经世的统一，这正是宋学所追求的学术精神。古文运动领袖欧阳修说："君子之于学也务为道。为道必求知古，知古明道，而后履之以身，施之于事，而又见于文章而发之，以信后世。其道，周公、孔子、孟舸之徒常履而行之者是也；其文章，则六经所载至今而取信者是也。"① 无论是学者学术追求的"道"，还是文章所要表达的道，均是必须能够"履之以身，施之于事"的明体达用之道、内圣外王之道。其实，这一观念，恰恰是宋代学者文人的共识。譬如胡瑗主张为文、为学均得"以体用为本"，他坚持"君臣父子，仁义礼乐，历世不可变者，其体也"。"举而措之天下，能润泽斯民，归于皇极者，其用也"②。他认为一切文所载之"道"，就是这种"仁义礼乐"的道义信仰与"措之天下"的经世之具。石介推崇的"文"也是如此："必本于教化仁义，根于礼乐刑政，而后为之辞。"③ "教化仁义"是明体之事、内圣之德，"礼乐刑政"是达用之功、外王之业，但均要通过文辞而表达、传播。又如李觏也认为："贤人之业，莫先乎文。文者，岂徒笔札章句而已，诚治物之器焉。其大则核礼之序，宣乐之和，缮政典，饰刑书。"④ 他推崇的这种"文"，也包含着全体大用、内圣外王之道。

---

① 欧阳修著，李逸安点校：《欧阳修全集》，《居士集》卷47《与张秀才第二书》，中华书局2001年版，第978页。
② 黄宗羲原著，全祖望补修：《宋元学案》卷1《安定学案》，中华书局1986年版，第25页。
③ 石介著，陈植锷点校：《徂徕石先生文集》卷12《上赵先生书》，中华书局1984年版，第135页。
④ 李觏：《李觏集》卷27《上李舍人书》，中华书局2011年版，第288页。

第二章

理学的内圣之道与四书学

宋代儒家追求的内圣外王之学，其实可以分解为"内圣之学"与"外王之学"，二者虽然有密切关联，但是又有重要区别。"内圣之学"是关于个体道德修身、人格理想、生命存在及其终极关怀的学问，这一套学问就是所谓"身心性命之学"；而"外王之学"是关于礼乐刑政、士农工商、家国天下及相关治理的一套学问，儒家往往称为"经邦济世之学"。

北宋时期兴起的宋学思潮，是儒学的全方位复兴和转型，即希望重新建构儒家的内圣外王之学。但是，宋学在发展过程中，越来越多的儒家学者认为"内圣"与"外王"的关系是一种本与末、体与用的关系，内圣受到更多的重视，故而逐渐发生一种内在化转向。从北宋后期到整个南宋时期，宋学逐渐由内圣外王并重转向为以内圣为重心，以内圣为根本的理学日益繁荣发达，故而这个时期宋儒在学术创造方面的最大贡献恰恰是在理学。南宋时期走向集大成的理学，特别关心道德修身、人格理想、个体生命及其终极关怀"身心性命之学"方面，与此相关，作为内圣之道的经典学术的四书学，到南宋时期已经完全成型，逐渐成为当时儒家学者普遍尊崇的核心经典。宋学的内圣之道与四书学紧密联系在一起。

第一节 内圣之道与宋儒的身心之学

宋学希望解决两宋时期急迫的人心世道和国家治理问题，所以，宋学及其义理之学的精神旨趣，可以说是一种内圣外王之道。宋学的义理追求，一方面包括内圣之道，即通过自我修身和社会教化，以解决人心世道的思想道德问题；另一方面包括外王之道，即通过政令改革和国家治理，以解决政通人和的国家富强问题。

然而，宋学经历了一段时间的演变和发展，从王安石熙宁新政以后，特别是到了南宋时期，思想文化界出现一个重要的思想潮流和学术趋向，就是越来越强调内圣之道的重要性和根本性，认为必须首先解决君主、士大夫的道德思想问题，才可以进一步考虑国家政治、社会治理问题。宋儒将这一种内圣之道解读为所谓"身心性命之学"，与两宋时期形成和发展起来的四书学有密切关系。宋代士大夫对内圣问题的关注，推动了四书学的发达，而四书学也是宋代士大夫身心性命之学的经典依据和学术源泉。

两宋时期内圣之道的学术宗旨，就是宋儒在当时表述的"身心性命之学"，其所指具体包括两个相关问题的学问：一个是"身心之学"，其思考的重点是与自我相关的身体与精神，涉及个体存在及其生命意义问题；一个是"性命（理）之学"，其思考的重点是普遍性人性与天道，涉及人生与宇宙的终极依据问题。可见，内圣之学其实包括"身心之学"与"性命之学"两个既有关联又有区别的问题。有关"性命之学"的内圣之道，在下一节专门论述，这里重点讨论"身心之学"的问题。

一 "学以成圣"与宋学转向

由于两宋的士大夫群体既是文化主体又是政治主体，所以从总体上说，他们推动的宋学思潮往往兼顾"内圣"与"外王"，"明体"与"达用"两个方面，他们并不需要强调一个方面而否定另一个方面。作为一种"义理之学"的宋学，其"义理"既包括"明体""内圣"的道义关怀，也包括"达用""外王"的家国富强。应该说，宋学思潮中产生的不同学者、学派，其实均希望兼顾内圣与外王、明体与达用两个方面。而他们后来之所以会分裂成有争端的不同学派、建构不同学术体系，主要是在内圣与外王、明体与达用、道义与事功的先后、主次的问题上，有着明显的差别。在宋学的演变、发展过程中，经历了以北宋时期范仲淹、王安石为主导的外王型儒学，转型到北宋二程、张载、邵雍开其端，南宋朱熹、张栻、吕祖谦、陆九渊等进一步发展的内圣型儒学。由于两宋时期的政治环境、学术生态逐渐发生重要变化。南宋以后，内圣型儒家学者在学界已经越来越居于宋学主导地位。特别是理宗以后，理学、四书学已经成为主流的学术思潮。

许多研究宋学的学者均会关注这一问题：两宋儒学为什么会发生这么大的变化？这一种学术文化变迁的历史原因是什么？

宋学包括许多不同学派，但是影响最大的学派和学者应该包括外王派王安石与内圣派程朱——尽管作为宋学学派，他们均努力从儒家经典中寻找义理，而且都是为了实现一个共同的目的。刘子健在《中国转向内在：两宋之际的文化转向》中认为，王安石、朱熹其实有一个类似的共同点：他们均对宋代现实强烈不满，故而均致力于儒学重建以满足现实改革的需求。但是，他们之间存在一个根本区别："王安石重视并谋求建立一个运行高效的政府，新儒家则渴望建立一个具有自我道德完善能力的社会。"[1] 所以，王安石从《周官》《尚书》《诗经》中寻求的义理，表现出对"达用""外王"等政令改革、国家治理的特别关注，其"义理之学"主要是为了"建立一个运行高效的政府"提供改革政令的依据。而朱熹则从《论语》《大学》《中庸》《孟子》中寻求义理，体现为"明体""内圣"的道义关怀，其"义理之学"是为士大夫这一社会精英甚至帝王获得"自我道德完善能力"而提供的哲学依据。

宋学因现实政治问题而起，故而宋儒的思想关注也是从解决国家治理的外王之道开始的。从宋开国以来，为了防止类似唐末的藩镇割据发生，故而采取了强化中央集权、文官治国、发展科举取士、军队改制等一系列新的政策。但是，宋初的治国方略，又积累起许多政治积弊，使得宋代社会出现了机构臃肿、财政困难、军队涣散、吏治腐败等种种严重问题。从范仲淹到王安石，均希望通过自上而下的一系列政治改革，建立一个具有治理效率和统治能力的政府。尽管他们同时也关注政治精英阶层的道德问题，但是他们的学术重点和思想核心却是经世致用的问题。从"庆历新政"到"熙宁变法"，宋学其实一直与现实政治紧密联系。进入权力核心的儒家士大夫在皇帝的支持下，共同推动了政治、经

---

[1] ［美］刘子健：《中国转向内在：两宋之际的文化转向》，江苏人民出版社 2012 年版，第 46 页。

济、文化方面的系列改革，然而，这一系列改革均以失败而告终。这些轰轰烈烈的变法，虽然针对现实的政治弊端而起，最初也得到了帝王的重视和肯定，但是仍然难以成功，其原因其实还是在于改革者本人及其改革方案。譬如王安石及其"熙宁变法"，其本身就存在种种问题，包括改革目的是为富国强兵但其结果却扰民害民，整个改革过程因急功近利而顾此失彼，加之王安石本人因树敌太多而政令难以执行，等等。"熙宁变法"惨遭失败后，使得后来的儒家士大夫群体对这一种以利益调整为手段的变法持否定和批判态度，他们致力于改变现状的方案不再是"重视并谋求建立一个运行高效的政府"的外王之道，而相信道德人心才是一个国家社会是否政通人和的根本，故而由部分士大夫的政治主张而变成比较多人开始转向为"渴望建立一个具有自我道德完善能力的社会"。结果很快，如何建构和实践儒家内圣之道、使广大的士大夫群体甚至帝王均能够具有高尚的道德品质和精神风貌，就成为儒家士大夫的思想主流，使倡导"建立一个具有自我道德完善能力"的理学成为时代主流思潮。

　　理学家群体的首要任务，就是开展对外王型儒学王安石的批判。王安石推动熙宁新政而颁行新法时，荆公新学也成为思想学术的主流，儒家士大夫群体因政见不同、学术差异，引发了新党和旧党、新学与理学的党派之争、学派之争。在熙宁变法失败后，王安石的荆公新学受到更加普遍的怀疑、否定和批判。特别是二程的诸弟子、后学，更是将北宋衰落、宋室南渡的责任均归之于王安石的荆公新学。他们在总结荆公新学的严重问题时，认定荆公新学就是管、商的外王之学：

　　　　安石挟管、商之术，饰六艺以文奸言，变乱祖宗法度。当时司马光已言其为害当见于数十年之后。今日之事，若合符契。其著为邪说，以涂学者耳目，败坏其心术者，不可缕数。[1]

杨时认定王安石的荆公新学无非是"管、商"之流的外王之术而非儒家的"圣学"，这一种外王之术，看起来是为了实现士大夫十分关注的"富

---

[1] 杨时撰，林海权点校：《杨时集》卷1《上钦宗皇帝七》，中华书局2018年版，第29页。

国强兵",但是其推行过程中却起到一种败坏"人主之心术"、腐蚀士大夫之品德的效果,故而是一种"邪说"。正如南宋初年理学家胡宏所说:"丞相王安石轻用己私,纷更法令,不能兴教化、弭奸邪心以来远人,乃行青苗,建市易,置保甲,治兵将,始有富国强兵、窥伺边隅之计,弃诚而怀诈,兴利而忘义,尚功而悖道。"① 理学派有一个主导的思想:治国平天下的根本是所谓"人主之心术",故而提出"正君心"作为治道的根本,而王安石的新政、新学却引导君主、士大夫走入一条"弃诚而怀诈,兴利而忘义,尚功而悖道"的错误道路,这不仅是新政必然失败的根本原因,同时也引发了士大夫群体对宋学如何发展的反思。

于是,理学家在批判外王型儒家的同时,更加强调内圣型儒学的正确性和重要性。在北宋儒家士大夫群体中,普遍强调内圣与外王的统一。随着对王安石的政治批判和学术怀疑不断加剧,他们越来越认识到内圣的重要性和根本性。在中国的历史传统中,政治思想与经典学术紧密相关。既然外王的政治线路不可取,不能够走王安石从五经中寻求富国强兵的功利主义国家治理方案,那么,如何实现理学家倡导的以内圣作为"大根本"的思想路线,就成为北宋后期和南宋儒林普遍关注和思考的大问题。正如朱熹说:"天下万事有大根本,而每事之中又各有要切处。所谓大根本者,固无出于人主之心术,……此古之欲平天下者所以汲汲于正心诚意以立其本也。"② 按照朱熹的看法,君主、士大夫共治天下时,必须坚持按照《大学》所说,首先作格物致知、正心诚意的内圣工夫,这是治理国家的"大根本"。

从北宋后期一直到整个南宋时期,致力于儒学重建以满足现实改革的内圣型儒家士大夫在朝廷政争中失利,于是他们不再采取自上而下的政治路线来推广其思想学说。他们开始改变策略,开始采取自下而上的思想实践,他们主要在民间社会致力于新儒学的建构和聚徒讲学,以实现他们"建立一个具有自我道德完善能力"的社会理想。首先,他们进一步强化士大夫的文化主体身份,以道统掌握者的身份自居,并希望推

---

① 胡宏著,吴仁华点校:《胡宏集》,中华书局1987年版,第88页。
② 朱熹撰,朱杰人、严佐之等主编:《晦庵先生朱文公文集》卷25《答张敬夫三》,《朱子全书》第21册,上海古籍出版社、安徽教育出版社2002年版,第1112页。

动宋代社会的进一步学术转型、思想变革。他们往往在民间社会创办书院，从事理学研究和思想传播。其次，他们也并不放弃政治主体的追求，如在熙宁变法时期，强调"学以成圣"的理学家群体也是一种政治力量，他们成为反对王安石变法的旧党集团，也在政治领域与新党展开斗争。随着变法的失败和王安石的离世，反对变法的道学群体日益活跃，他们更加热衷于在民间社会推动文化教育下移、从事道德批判活动。南宋乾道、淳熙年间理学学术大盛，涌现出朱熹、张栻、吕祖谦、陆九渊等"一代学者宗师"，四位均是当时的著名理学家；他们利用民间书院从事理学研究和讲学活动，并且形成了岳麓书院、白鹿洞书院、丽泽书院、象山书院等"南宋四大书院"。这四所著名书院，其实均以聚集、培养一代代理学家而闻名。

两宋时期从最初的内圣、外王兼顾，后来转型为以内圣为"大根本"，思想的改变必然会影响经典的选择。王安石企图从六经中寻求富国强兵的功利主义国家治理方案，故而建构了《三经新义》的经学体系。而理学家群体以"正心诚意以立其根本"，故而他们希望建构一套新经典体系，即四书学。他们开始以四书为核心经典，希望国家精英以四书为指导，为当世成就一大批圣贤、君子，从而建设一个理想的社会。尽管这些理学家的个人性格、学术主张有很大差别，但是他们重建儒学的最终目的和最高理想均是"学以成圣"，强调每个士大夫均要以成圣成贤作为自己毕生追求的目标，推动了一场以求圣为目标的理学运动。从宋代开始，士大夫群体开始普遍向往、追求"圣贤气象"的人格理想。宋代士大夫提出了"圣贤气象"这样高大上的人格要求，大大推动了一种新的学术追求，同时开始启动了一种新经典体系的建构，也就是四书学的成形。

北宋后期越来越强盛的"学以成圣"思潮，以及进一步发展和定型的四书学，其实均表明宋代思想史的一场重大变革，即宋学的内在化转向和身心之学的形成。

二 内圣之道与身心之学

宋学的内在化转向，导致四书学越来越成为核心经典，并形成"身心之学"的学术旨趣。本来，宋儒的"内圣之道"其实就是一套道德修身、人格理想、个体存在以及终极关怀的学问。但是，宋儒往往将这一套有关内圣的学问称为"身心之学"，因为他们通过诠释四书，将内圣之道的根本看作是一种自我的身心修炼，以解决个体人格、社会理想以及安身立命的问题。四书之所以逐渐成为宋儒的核心经典，恰恰就在于四书是一整套如何成为君子、圣贤等理想人格的身心工夫。

我们沿着四书原典的思想体系和学术旨趣，继续探讨其作为学术主旨的内圣之道和身心之学。

孔子创立早期儒学的最大思想特点，就是将礼学与仁学结合起来。礼学是一整套有关国家治理、政治秩序、人伦关系的典章制度之学，是儒家外王之学的主体内容，它们体现在六经体系之中；仁学是一整套有关心性情感、道德意志、人文理性的精神人格之学，是儒家内圣之学的思想核心，它们主要体现在四书体系之中。孔、曾、思、孟等早期儒家既是六经文献典籍的诠释者，又是通过自由讲学而成为儒家子学的创建者。从儒家经典体系的建构和文献性质而言，六经原典才是"经"，而孔、曾、思、孟的言论、著述只是转述经义的"传""记"。但是，从思想内容来说，六经所载礼学是上古先王治理国家的文献档案，是以礼为中心的典章制度，属于儒家外王之学的范围；而四书所载是孔、曾、思、孟讲学记录，是以仁为核心的精神人格之学，属于儒家内圣之学的范围。

儒家经典与其他宗教经典有一个重大区别：其他文明的基础是宗教经典，这些经典是上帝、真主思想和意旨的载体；而中华文明的经典是人文经典，儒家的六经四书是圣人人文思想的载体。"圣人"区别于上帝，他们也是凡俗世界的人，只是他们是能够通过自己的人文德性而表达"天命"的人。但是，在儒家经典体系中，六经与四书的"圣人"又有很大差别。因六经本来是上古时期的政典，所以六经中的"圣人"，无论是伏羲、神农、黄帝，还是尧、舜、禹，或者是商汤、文王、周公，他们作为圣人的标志主要是与文明创造、国家治理、社会和谐等外在的事功联系在一起：无论是兵农医艺的物质文明、礼乐刑政的制度文明，还是南征北战的军功、国家治理的政绩，圣人必须通过他们的社会事功才能呈现其人文德性。四书是孔、曾、思、孟的讲学记录，他们作为士人是知识的掌握者和价值的诠释者，他们主要通过精神文化的创造和传播而成圣。早期儒家学者倡导"仁义""礼教"等以身心修炼为重点的道德价值和人文知识，儒家一直认为身心修炼应该是从自我做起的一套"为己之学"的学说。

四书是以仁为核心的"为己之学"，这一个"己"既是自我的身体存在，也是自我的意识存在。《郭店楚简》中的"仁"，是由上身下心构成的一个字，即"息"字，经当代学者研究考证，这个字原来就是"仁"的本字。我们理解《论语》中的"为仁由己"，这一个"己"恰恰是身心的结合。可见，先秦儒家文献中同时存在两个不同构形的"仁"字。一个"仁"字的含义是"从人从二"，表达"相人偶"之意；另一个"息"字是"从身从心"，表达的是身心之学的追求。早期儒学之"仁"由"身"与"心"构成，正反映了儒家仁学也是一种身心之学。因此，孔子之所以认为"为仁由己"，"仁""己"既体现出"心"的能动性，又离不开"身"的活动。士人在实践仁道的过程中，"心"与"身"之间的相互作用，才能够使仁自觉实现。《论语》提出的仁学及其身心问题，在《大学》《中庸》《孟子》中得到进一步发展。

《大学》原为汉儒结集《礼记》中的一篇，朱熹认为是曾子所作。《大学》提出了著名的"八目"与"三纲"，恰恰是以"身"与"心"为核心建立起来的。在《大学》的"八目"中，格物、致知、诚意、正心，均属于"心"的工夫，而从"修身"以后，则是身的实践。所以，《大学》提出："古之欲明明德于天下者，先治其国；欲治其国者，先齐其家；欲齐其家者，先修其身；欲修其身者，先正其心；欲正其心者，先诚其意；欲诚其意者，先致其知；致知在格物。物格而后知至，知至而后意诚，意诚而后心正，心正而后身修，身修而后家齐，家齐而后国治，国治而后天下平。"其中的关键在"欲修其身者先正其心""心正而后身修"的环节。"三纲"也包括"明明德"的心的工夫，和"新民""止于至善"的身的工夫。所以《中庸》提出所谓"此谓诚于中，形于外，故君子必慎其独也"。"富润屋，德润身，心广体胖，故君子必诚其意"。在宋儒的经典体系中，《大学》之所以成为四书体系的核心经典，因为它确立了从内圣到外王的思想框架，建构了以身心之学为核心的思想体系。

《中庸》也与《大学》类似，原本是《礼记》的一篇，宋儒将其独立出来并作为四书的核心经典之一，其原因也是如此。《中庸》的主题是思考中道，什么是"中"？作为《礼记》的篇章，当然认为合乎"礼"的行为才是"中"，故而"中"首先是身体合乎规则、礼仪、准则。然而，《中庸》强调"身"之"中"源于"心"之"中"。所以，《中庸》的身心之道，也是将"心"之"中"放在更加重要的位置。《中庸》反复强调："唯天下至诚，为能尽其性；能尽其性，则能尽人之性；能尽人之性，则能尽物之性；能尽物之性，则可以赞天地之化育；可以赞天地之化育，则可以与天地参矣。"① 这一点，和《大学》从心到身、从内圣到外王是完全一致的。所以，《中庸》说："道也者，不可须臾离也，可离非道也。是故君子戒慎乎其所不睹，恐惧乎其所不闻。莫见乎隐，莫显乎微，故君子慎其独也。喜怒哀乐之未发，谓之中；发而皆中节，谓之和；中也者，天下之大本也；和也者，天下之达道也。"② 只要密切关注"心"的喜怒哀乐未发之中、发而中节之和，就可以实现"天地位、万物育"的外王事业。

《孟子》一书也包含大量存心、养气、践形的身心之学。孟子的丰富心性哲学思想总是与身体哲学联系在一起，他说："君子所性，仁、义、礼、智根于心。其生色也，睟然见于面，盎于背，施于四体。四体不言而喻。"③ "形色，天性也。惟圣人，然后可以践形。"④ 但是，在心性与身体的主从问题上，孟子坚持"心"是根本，他将"心"称之为"大体"，而将形体之身称为"小体"，认为"大体"可以主宰"小体"，他说："心之官则思，思则得之，不思则不得也。此天之所与我者，先立乎其大者，则其小者弗能夺也。"⑤ 孟子甚至将"心"提高到与"天"并举的重要地位，故而说："尽其心者，知其性也。知其性，则知天矣。"⑥ 那

---

① 王文锦译解：《礼记译解》，中华书局2001年版，第790页。
② 王文锦译解：《礼记译解》，中华书局2001年版，第773页。
③ 朱熹撰，朱杰人、严佐之等主编：《孟子集注》卷13《尽心上》，《朱子全书》第6册，上海古籍出版社、安徽教育出版社2002年版，第432页。
④ 朱熹撰，朱杰人、严佐之等主编：《孟子集注》卷13《尽心上》，《朱子全书》第6册，上海古籍出版社、安徽教育出版社2002年版，第439页。
⑤ 朱熹撰，朱杰人、严佐之等主编：《孟子集注》卷11《告子上》，《朱子全书》第6册，上海古籍出版社、安徽教育出版社2002年版，第407页。
⑥ 朱熹撰，朱杰人、严佐之等主编：《孟子集注》卷13《尽心上》，《朱子全书》第6册，上海古籍出版社、安徽教育出版社2002年版，第425页。

么,在"践形"的修身工夫活动中,孟子主张学者的修身重点是尽心、知心、养气等精神修炼方面的工夫,因为"心"是主宰、决定"身"的。

由此可见,尽管儒学可以归结为一整套"内圣外王之道",四书原典的思想体系也体现出这一完整的"内圣外王"追求,但是,四书的学术旨趣与思想倾向,却是内圣之道及其相关的身心之学。所以,当宋儒在内圣与外王、明体与达用、道义与事功的先后、主次的问题上,越来越表现出对内圣、明体、道义问题的强调和偏好。他们之所以对《论语》《大学》《中庸》《孟子》表现出特别的兴趣,完成了四书学经典体系的诠释与建构,恰恰在于四书原典拥有内圣之道及其相关的身心之学的丰富思想资源。

六经被儒家称为"圣学",但六经之学记载的是三代先王治理天下而"成圣",所以,尽管汉唐儒家士人、士大夫普遍崇拜圣人,但是他们心目中的"圣人"是六经体系中"先王"式的"圣人"即"圣王",故汉唐士大夫不可能以这一种"圣人"自我期许。而四书记载的是士人通过自我修身而成就为理想人格的圣学。宋代士大夫群体的思想世界、社会风尚发生了很大变化,一个最为突出的变化,就是儒家士大夫相互劝勉和自我期许要成为"圣人"。宋代士大夫普遍追求一种"圣贤气象"的理想人格,并且将这一种"圣贤气象"看作是一种主体精神的表达,即一种心忧天下和孔颜乐处,恰恰来自于《论语》《大学》《中庸》《孟子》的原典。宋代士大夫特别推崇的四书体系,为这一种士人类型的"圣贤气象"提供了新的经典文本。由此可见,宋代士大夫的内圣化追求推动了宋学思潮的转向,与此同时也推动了四书学的建构。

三 宋儒的四书诠释与身心工夫

宋代儒家士大夫追求"学以成圣",不仅与两宋政治历史背景有关,也与隋唐佛教提倡"学以成佛"的刺激和挑战有关。但是,宋儒内圣之道的理论建构与学以成圣的修身工夫等思想资源,则主要来自于四书体系。正因为宋代士大夫人格理想发生重大变化,与此相关的经典体系也会发生重大变化。六经体系的"圣人"是三代先王政治功业的理想化,而四书体系却强调"人皆可以为尧舜",所以宋儒建构的四书学完全是士人精神人格的表达。宋代士大夫向往的"圣贤气象",其最直接的形象代表、思想资源就来自于四书记载的士人理想。宋代士大夫将四书中表达的士人理想人格和价值理念提升为一种"圣贤气象",如《论语》中记载的孔子及其弟子颜回、曾参等儒家士人的志向、情怀、德性,往往是宋儒普遍认可的"圣贤气象"的典范。二程将《论语》中记载的孔子、子由、颜子等人表现出来的人文关怀与政治承担的精神,统统理解为"圣贤气象"。孔子、子由、颜子等人表现出来的是士人的人文关怀与道义责任,但是二程将其提升为一种"圣贤气象",以作为士大夫效法的人格典范。程颐说:"学者不学圣人则已,欲学之,须熟玩味圣人之气象,不可只于名上理会。"[1] 宋代士大夫重视《孟子》一书,其地位之所以不断提升,其实也与宋代士大夫精神的崛起息息相关。宋代士大夫特别钟爱《孟子》,因为其鲜明表达出一种"大丈夫"的独立人格、"浩然之气"的内圣精神、士人的道德情操。由此可见,四书体系之所以被宋儒如此重视,确实是由于它们能够为宋代崛起的士大夫精神提供丰富的思想资源,而这一切,恰恰不是六经典章制度之学所能够胜任的。

对于理学家来说,所谓"内圣"问题,就是学习如何通过身心工夫而学以成圣的问题。《大学》提出:"自天子以至于庶人,壹是皆以修身为本。""成圣"是自天子以致庶人皆要追求的目标,而如何成圣的"工夫"论,恰恰是理学"身心之学"的主体内容。朱熹强调说:

大凡为学最切要处在吾身心。[2]

理学家特别喜欢将博大而多维的儒学体系,归结为一种德性工夫的"身心之学",因为宋代儒者逐步形成了一个基本的思想理念与学术共识:天下的知识学问虽然丰富多彩、博大精深,但是均可以归结为两大类:体与用、本与末。他们相信解决问题必须从"体""本"的根本入手,其"用""末"就可以迎刃而解。在关于"内圣外王之学"的问题上,理学

---

[1] 程颢、程颐著,王孝鱼点校:《二程集》,《河南程氏遗书》卷15,中华书局2004年版,第158页。

[2] 朱熹撰,朱杰人、严佐之等主编:《朱子语类》卷114《朱子十一》,《朱子全书》第18册,上海古籍出版社、安徽教育出版社2002年版,第3611页。

家强调"内圣"是"体",而"外王"只是"用",那么,与"内圣"相关的"身心之学"就成为儒家内圣外王之道的关键。所以,理学家一直将学术重点放在"内圣"工夫的身心之学。

理学家关注的"身心之学"问题,在以三代典章制度为主体的五经之礼的学术体系中并没有多少资源,而恰恰是以仁释礼的四书体系的学术重点。所以,理学家如此重视四书学,朱熹甚至以毕生精力从事四书的研究和诠释,其根本原因就在于四书是教育人成为君子、圣人的一整套身心的工夫。所以,在宋儒的义理之学转为内向的"身心之学""内圣之学"的时候,四书学逐渐得到空前的发展,以朱熹为代表的理学家特别强调四书学具有"身心之学""内圣之学"的丰富内涵。理学家特别热衷于《大学》的"三纲八目",是因为《大学》提出了"内圣"工夫的纲目。朱熹总是将《大学》作为四书学的整体纲目,并将其列入四书之首,是因为《大学》完整、系统地展示了四书学与儒家身心工夫的序列。至于其他几本书的身心工夫,均可纳入这个体系中来。正如朱熹所说:"《大学》是为学纲目。先通《大学》,立定纲领,其他经皆杂说在里许。通得《大学》了,去看他经,方见得此是格物致知事,此是正心诚意事,此是修身事,此是齐家治国平天下事。"① 《大学》一书包括明明德、新民、止于至善,以及格物、致知、正心、诚意、修身等"身心之学"的工夫,它们被称为"三纲八目",其核心和重点就是身心之学的"内圣"工夫。宋儒强调,明明德、新民、止于至善,以及格物、致知、正心、诚意、修身才是关键,至于齐家、治国、平天下的外王之学,只是"体"的实践运用和自然结果。《大学》之外,《论语》《孟子》《中庸》也无不是关于身心修养的工夫,即如朱熹所说:"《论语》之书,无非操存涵养之要;《七篇》之书,莫非体验扩充之端。"② 当然,《论语》《孟子》对身、心各有不同侧重,"孔子教人就事上做工夫,孟子教人就心上做工

---

① 朱熹撰,朱杰人、严佐之等主编:《朱子语类》卷14《大学》,《朱子全书》第14册,上海古籍出版社、安徽教育出版社2002年版,第422页。

② 朱熹撰,朱杰人、严佐之等主编:《朱子语类》卷19,《朱子全书》第14册,上海古籍出版社、安徽教育出版社2002年版,第664页。

夫"①,《论语》的"事上做工夫"其实是身的工夫,而《孟子》讲"尽心"其实是"教人就心上做工夫"。《中庸》之"中"本来就是对实践主体掌控身体以和"礼"的方法,以在"过"与"不及"的两端中寻求适度、合宜的行为方式。理学家强调,君子、圣贤之所以能够保持身体的中道,源于其心的工夫,朱熹称之为"心法",他说:"此篇乃孔门传授心法,子思恐其久而差也,故笔之于书,以授孟子。"② 朱熹认为《中庸》是一部重点谈"心法"的书。

所以,在朱熹及其理学家那里,四书就是关于教人如何成为君子、圣贤的身心工夫的儒家经典。既然"内圣"是体,"外王"是用,那么,士人应该先读四书,再读五经,因为四书才是儒家经典体系的核心和根本,是一切士人学习"内圣外王之道"的起点和重点。

许多研究者都指出,以四书为核心经典的宋代儒家,其内圣之学显然受到佛道思想的影响,特别是佛道的心性之学深刻影响了宋代儒学的内在转向。虽然宋儒的身心之学确实受到佛道的影响,但是我们认为四书原典为宋儒身心之学奠定了思想基础,所以宋儒的身心之学仍然具有儒家思想的基本特点。关于这一点,我们可以作进一步的论述说明。

其一,四书学是儒家的内圣之学,儒家君子、圣贤离不开家国情怀、社会礼仪的道德典范和社会实践,其"内圣"最终还需要走向"外王",故而新儒家的内圣之学不是一种追求纯精神宁静的心学,而是强调身的工夫与心的工夫互动的工夫,而显然不同于佛道仅仅强调"明心见性"的修心工夫。

譬如,佛道的修身工夫特别讲主静,在佛道经典中往往大讲"静""净"。但是在理学家的涵养工夫中,"居敬""主敬"则越来越重要。朱熹曾在各种场所反复强调"敬"的工夫,他说:

---

① 朱熹撰,朱杰人、严佐之等主编:《朱子语类》卷19,《朱子全书》第14册,上海古籍出版社、安徽教育出版社2002年版,第645页。
② 朱熹撰,朱杰人、严佐之等主编:《中庸章句》第1章,《朱子全书》第6册,上海古籍出版社、安徽教育出版社2002年版,第32页。

> "敬"字工夫，乃圣门第一义，彻头彻尾，不可顷刻间断。①
> "敬"之一字，真圣门之纲领，存养之要法。一主乎此，更无内外精粗之间。②

在朱熹看来，"敬"是"圣门第一义"，"圣门之纲领，存养之要法"，可见它在朱子的身心之学中的重要地位。朱熹认为"敬"是圣圣相传的身心工夫，曾子、子思等虽少讲"敬"字，但《中庸》的"致中和""尊德性""道问学"，《大学》的"明明德"，《孟子》的"求放心""存心养性"，同样可以包括在"敬"的工夫之中。朱熹特别从心与身的特点及互动关系来考察"敬"。在他看来，"敬"首先是心的工夫，体现为"心"的调控与主宰，是一种精神领域的心法，朱熹说："敬，只是此心自做主宰处。"③ "敬"同时也是一种约束身体、规范身体的工夫，朱熹将"坐如尸，立如齐"以及"头容直，目容端，足容重，手容恭，口容止，气容肃"，均归之于"敬之目。"④ 这些被列为敬之目的工夫，基本上属于在身体容貌上做工夫。朱熹特别强调"敬"包括的身心工夫，身、心二者之间是互动的。他认为心的恭敬必然导致身的收敛，而身的收敛也会引发心的恭敬。他将主敬看作是由存心到身敛的过程，说："心无不敬，则四体自然收敛，不待十分着意安排，而四体自然舒适。"⑤ 即，心的居敬能够影响身体收敛，达到身体也恭敬的效果。另一方面，身体的收敛或整齐严肃亦可导致心灵的警觉或常惺惺状态。他肯定一个人的外在形体的整齐严肃，可以引起内在心灵的常惺惺状态。

其二，四书学是儒家的内圣之学，身心之学虽然吸收了佛教的生存

---

① 朱熹撰，朱杰人、严佐之等主编：《朱子语类》卷12，《朱子全书》第14册，上海古籍出版社、安徽教育出版社2002年版，第371页。
② 朱熹撰，朱杰人、严佐之等主编：《朱子语类》卷12，《朱子全书》第14册，上海古籍出版社、安徽教育出版社2002年版，第371页。
③ 朱熹撰，朱杰人、严佐之等主编：《朱子语类》卷12，《朱子全书》第14册，上海古籍出版社、安徽教育出版社2002年版，第371页。
④ 朱熹撰，朱杰人、严佐之等主编：《朱子语类》卷12，《朱子全书》第14册，上海古籍出版社、安徽教育出版社2002年版，第373页。
⑤ 朱熹撰，朱杰人、严佐之等主编：《朱子语类》卷12，《朱子全书》第14册，上海古籍出版社、安徽教育出版社2002年版，第373页。

智慧，但是其核心思想仍然是儒家的德性修养。理学家所讲的身心工夫，首先是一种道德修身工夫。但是他们希望建构一套合道德理性与生存智慧为一体身心工夫论。"反身而诚，乃为大乐""身与心俱安"的人生境界。这样，宋明儒家的身心之学，就不仅仅是一种道德修身的学问，同样也是一种个体存在的学问。当理学家大讲个体身心的舒泰、自在、安乐时，他们所张扬的同时是一种关于个体存在的人生智慧与精神境界。许衡在解《大学》"德润身，心广体胖"时说："那有德的人，他中无愧怍，心里宽大广平，身体自然舒泰，这便是德润身处。"[①] 他认为，儒家的德性修养也就是一种身心工夫，故而既可以影响心灵"宽大广平"，又可以导致身体"自然舒泰"。无论是生活日用，还是澄心静坐，或者是阅读书籍，均应该是一种切己的身心工夫，正如魏晋名士强调身心一体、形神互依一样，宋儒所讲的身心之学也是肯定这种身心一体的关系。而且无论是从道德修身还是从个体生存的角度来考察，身心均是一体互动的关系。

从思想内涵来说，宋儒的身心之学包含着道德修养与个体生存双重思想，故而必然面临社会关怀、个体安顿如何统一的难题。宋儒一方面努力追求关怀现实、心忧天下的仁德，实现博施济众的经世事业；另一方面则又向往安乐、自在的心态，希望具有从容洒落的人生。宋儒始终在思考和探讨社会关切的忧患意识与个体身心的安乐自在的统一问题。应该说，这也是宋儒身心之学所面临的一个重大思想挑战。

第二节　内圣之道与宋儒的性理之学

宋代四书学的兴起，满足了宋儒对内圣之道的思想需求。宋儒将这一种内圣之学解释为"身心性命之学"，其具体内容包括"身心之学"与"性命之学"这两个既有关联又有区别的问题。我们已经讨论了宋儒四书学的"身心之学"，现在进一步讨论宋儒的"性理之学"，探讨的重点是人性与天道及其关系问题，涉及宇宙与人生的终极依据问题。

[①] 许衡：《鲁斋遗书》卷4《大学直解》，《景印文渊阁四库全书》第1198册，台北：商务印书馆1986年版，第327页。

许多研究者注意到，宋学的发展过程，经历了一个由"义理之学"转化为"性理之学"的过程。① 其实，一字之差的背后是学术旨趣的重要转向。"义理""性理"虽然均有儒家经学的学术背景，但是"义理"关注的是经典中人间性道义与治理内容，而"性理"关注的是经典中超越信仰即人性与天道问题。宋儒创建了人性与天理结合的"性理之学"，其实是希望为重建内圣之道提供一个终极依据。

所以，我们需要对宋儒四书学中的"天理"作一思想溯源，首先从六经关于"天"的信仰开始，进而探讨早期儒家"天道"的理性化，进一步阐发宋儒的天理论以及性理之学的理性与信仰的意义，以考察宋儒四书学"内圣之道"的终极依据问题。

一　六经的信仰：天

儒家思想的基本内容是关于人间理想及其实现路径，关注的问题始终是如何建立一个和谐的人伦社会与政治秩序。但是，儒家还须回答建立这个人间秩序的最终依据是什么？儒家的思想依据是六经，故而从六经原典确立一个终极存在的依据，那就是"天"。

各个民族的经典在表达关于终极实在的崇拜对象时，其外在标识和内在精神是十分多样的。就在古希伯来人信仰"上帝"的时候，古代中国人信仰的是"天"。将儒家经典的"天"与希伯来经典的"上帝"做一比较，可以发现二者作为信仰对象的相同之处："天"与"上帝"都被各自的经典记述为宇宙天地、人类社会的创造者和主宰者，故而都是终极实在的信仰对象。由于这一根本特征的相通，使得人们在翻译"耶和华"（Jehovah）时，就选择六经体系的崇拜对象"上帝"。

但是二者的不同是更值得关注的问题。由于文明形态、历史道路等不同，儒家的"天"与基督教的"上帝"存在一系列重要差别。探讨二者的差别，需要探讨六经之"天"信仰形成的历史过程。根据出土文献的记载，只能够追溯到殷、周时期"天"的形成与演变过程。关于中国上古天道观的形成与演变，一直是现代史学家、哲学家关注的重要问题，并且产生了许多重要学术成果。由于近代以来甲骨文、青铜文的大量发

---

① 徐洪兴：《思想的转型——理学发生过程研究》"引论"，上海人民出版社1996年版。

现，现代学者的研究，往往会突破传世典籍的记载，更加客观追溯先秦天道观的来源与演化。

新石器时代大量考古文物表明，从悠久的远古开始，华夏先民的精神世界一直以万物有灵的原始宗教为开端。一方面，华夏先民相信丰富的自然神，充满对日、月、星、辰、风、雨、雷、电等各种自然神灵的崇拜；另一方面，华夏先民也有大量对人自身、人类社会的神灵崇拜，形成与人相关的生殖崇拜、鬼魂崇拜、母系或父系先祖崇拜等。随着社会等级的形成扩大，华夏先民的信仰对象也逐渐由万物有灵的多神崇拜转化为统率诸神的最高之神的崇拜，他们从人类多样化的生殖崇拜、鬼魂崇拜、先祖崇拜中产生出本氏族最高地位之神"帝"的崇拜，从多样化自然崇拜中逐渐产生出最高地位之神"天"的崇拜。郭沫若、陈梦家等历史学家、考古学家研究殷墟甲骨文和西周青铜文，发现殷墟卜辞记载了殷人对"帝"的普遍信仰，而两周金文记载了周人对"天"的普遍信仰。所以，学界一度形成了殷人信仰"帝"、周人信仰"天"的一般看法。

但是，随着学界进一步深入研究殷墟甲骨、西周金文，并且将殷墟甲骨、西周金文与六经原典结合起来考察，发现殷人崇拜的"帝"与周人崇拜的"天"之间并不是截然二分的，殷人崇拜的不仅仅是"帝"，同时还包涵了"天"的内涵；而周人信仰的"天"，同样也兼含了"帝"的内涵。早在殷商时期，对"帝"与"天"的崇拜往往在祭祀仪式中逐渐融合和发展，形成所谓的"天帝""上帝"等新意义的崇拜对象，最终形成了中国人关于"天"的信仰特点。这里拟进一步探讨，殷商时期的"帝"与"天"为什么会实现历史融合？

结合"帝"字溯源与殷墟卜辞内容，会发现殷人的"帝"与"天"具有融合为一的可能性与现实性。晁福林认为，卜辞中的"帝"其实与"天"相关，因为"帝"的造字本义为柴祭之形，《说文》训"柴"为"烧柴祭天也"。既然"帝"的造字本义即为柴祭于天，而甲骨文字表明柴祭于天即是"帝"[①]。殷墟卜辞中有大量对"帝"的贞问，贞问的内容包括"帝"是否"令雨""令雷""令风""降旱"等。本来，华夏先民

[①] 晁福林：《说商代的"天"和"帝"》，《史学集刊》2016年第3期。

就有对风、雨、雷、电的自然崇拜，并逐渐看作是出于统一天神的主宰，而到了殷墟卜辞中，就可能将对"天"的贞问转化为对居住在天上的祖宗神"帝"的卜问。所以，从"帝"字溯源出发并进一步研究殷墟卜辞内容，会发现殷人的"帝"与"天"有相通性，故而最终能够融合为一。

与此同时，可以看到殷墟卜辞中确有将"天"作为天神崇拜的思想。研究者发现，殷墟卜辞包括王者卜辞与非王卜辞，大量王者卜辞是对"帝"的贞问，但是在非王卜辞中发现了一些对"天"的贞问。可见，殷墟卜辞并不全部是对"帝"的崇拜，也包括对"天"的崇拜。所以研究者指出："商代社会的至上神信仰是在王室和民间两个阶级层面上展开的：在王室这一阶级层面上，信仰的至上神是'帝'；在民间这个阶级层面上，有自己独家的信仰，就是'天'。"① 笔者认为还可以从王者卜辞贞问"帝"与非王卜辞贞问"天"的差别中，作其他的理解。若如上所说殷人崇拜对象"帝"与"天"逐渐融合，那么可以理解殷人崇拜的其实是同一个对象：王者强调自己与崇拜对象有直接血缘关系而称之为"帝"，非王室的群体则强调其普遍意义故称为"天"，二者合起来就是"天帝"。

由于上述殷人崇拜的"帝"开始了对"天"的融合过程，此后西周确立对"天"的信仰，其实便包括殷人的祖宗崇拜在内。从郭沫若、侯外庐等学者开始，就意识到殷人的至上神信仰对周人的影响问题，如郭沫若认为："由卜辞看来可知殷人的至上神是有意志的一种人格神，上帝能够命令，上帝有好恶，一切天时上的风雨晦冥，人事上的吉凶祸福，如年岁的丰啬，战争的胜败，城邑的建筑，官吏的黜陟，都是由天所主宰。"② 他在《青铜时代》一书中，通过对青铜铭文、《尚书》文献的研究，肯定周人对天的信仰也继承了殷人的信仰形态。西周人确立的关于"天""天命"的信仰形态，不仅奠定了后来儒学的核心思想，同时也奠

---

① 董莲池：《非王卜辞中的"天"字研究——兼论商代民间尊"天"为至上神》，《中国文字研究》2007 年第 1 辑（总第 8 辑）。

② 郭沫若：《先秦天道观之进展》，《郭沫若全集》（历史编）第 1 卷，人民出版社 1982 年版，第 324 页。

定了中华文明独特信仰体系与思维方式。

这里，重点探讨六经体系的"天""天命"，特别是通过"天"信仰与"上帝"信仰的比较文明视角，考察"天"的信仰形态特点，以此为基点再进一步解释"天"为什么会演化为儒家的"天道""天理"。

首先，儒家的"天"与基督教的"上帝"作为宇宙最高主宰者的存在形态不同。在《圣经》及其相关诠释中，一直强调"上帝"是非物质的纯粹精神实体，即所谓"上帝是个灵"（《圣经》约4：24）。从犹太教的上帝观念形成，到基督教形成发展，信仰者往往强调"上帝"是纯灵的存在，具有一切物质所不具有的精神特性，即所谓无形、无质、无分量、无广延，没有人能够看见上帝耶和华。但是西周人所信仰的"天""天命"，一开始就具有不同于"耶和华"的特点。"天"是兼容了日、月、星、辰、风、雨、雷、电的自然存在，同时又是有意识、有意志的人格化的精神存在，总之，"天"是一种自然物质和灵魂精神一体不分的最高主宰和终极存在。所以，六经的"天"既是一种苍苍在上的自然存在，保留了其作为自然物质的特点；同时又是一种神灵，是一种主宰宇宙天地的精神存在而具有神灵的特点。人们可以在六经中读到许多从自然与神灵两个方面描述"天"的文献记载，如《诗经·周颂·敬之》："敬之敬之，天维显思，命不易哉！无曰高高在上，陟降厥士，日监在兹。"[1] 这个"天"，既是"转运日月"的苍苍自然之天，是一种人们能够感知的自然存在；又是"命不易哉""日监在兹"的神灵之天，是人们必须服从的精神主宰。

其次，"天"与"上帝"创造宇宙天地、人类社会的方式不同。《圣经》开篇的"创世纪"，论述了上帝创造天地的宇宙起源，创造了亚当和夏娃的人类起源。根据"创世纪"，上帝通过"说"的意志表达而创造了天地自然，通过"造"的工艺制作而创造了亚当夏娃，都是强调一个由意志完成的制作过程。而六经原典以及相关传记中，认为"天"化生天地自然、人类社会，完全是一个自然性"生"的过程，更加强调天地自然、人类社会是自然完成的化育过程。"天"之所以能够"生"，则必须

---

[1] 孔颖达：《毛诗正义》卷19《敬之》，见李学勤主编《十三经注疏》第3册，北京大学出版社1999年版，第1348页。

联系华夏先民早期的生殖崇拜、母祖崇拜、父祖崇拜等与"生"相关的"帝"的信仰传统。《周易·系辞传》有所谓"天地之大德曰生""生生之谓易"。《易传》虽然晚出,但是它关于"天生人"的论述,其实恰恰根源于三代时期祖宗神"帝"与自然神"天"的合一。所以,尽管先秦"天"的思想内涵十分丰富——冯友兰曾经说"天"包含着"主宰之天""自然之天""义理之天""命运之天"的多种不同意义——其实,"天"的最重要意义是"生物之天"。所以,西周人将祭天与祭祖配合起来,《礼记·郊特牲》云:"万物本乎天,人本乎祖,此所以配上帝也。"① 祭天、祭祖作为中国人最重要的祭祀仪式,就是源于天与祖均是"生之本"。

最后,"天"与"上帝"创世方式不同,导致上帝、天与人类之间的关系不同。"上帝"只是以自己的外在模样制作人类,而精神并不相同,所以被制作的人很快成为上帝的异己存在,上帝不得不通过盟约的方式控制人类。在"旧约"中,上帝与人类制定了伊甸之约、亚当之约、诺亚之约、亚伯拉罕之约等七个约定,但是人类均没有守约,后来上帝不得不派他的儿子耶稣来到人间,重新与人类制定"新约"。由此可见,上帝和人总是处于一种对立关系,这就导致基督教的"彼岸"与"此岸","上帝之城"与"凡俗现实"成为截然分明的两个世界。加尔文说:"人永远也不能够清楚地认识他自己,除非他首先仰望上帝。"② 而六经的"天"与人类的关系不同,因为人是"天"以"自然"的方式"生"出,故而"天"与"人"有着学脉相通的关系,类似父母与子女的关系,特别"人"能够被赋予"天"具有的完整禀赋,天道的法则会以"德"的形式赋予人性,《诗经·烝民》说:"天生烝民,有物有则。民之秉彝,好是懿德。"③ "天"主宰天下人既依靠建立外在的"有物有则",同时将其赋予为人的内在"懿德"。所以,西周人总是将天之命与人之德联系起来:

---

① 孔颖达:《礼记正义》卷26《郊特牲》,见李学勤主编《十三经注疏》第6册,北京大学出版社1999年版,第801页。

② 丁光训、金鲁贤:《基督教大辞典》,上海辞书出版社2010年版,第493页。

③ 孔颖达:《毛诗正义》卷18《烝民》,见李学勤主编《十三经注疏》第3册,北京大学出版社1999年版,第1218页。

> 惟不敬厥德，乃早坠厥命。①
> 肆惟王其疾敬德。王其德之用，祈天永命。②
> 惟天不畀不明厥德。③

在西周人看来，人只要具有"明德""敬德"的自觉，就能够"以德配天"，成为"天"关爱、保护的人。

这就是六经记载的关于"天"的信仰形态，由此影响到中华民族精神文明的建构。可以发现，中国人信仰的"天"，既是具有自然物质与神秘精神一体化的存在，也是自然崇拜的"天"与祖宗崇拜的"帝"合为一体的存在。所以，中国人很早就形成一个合"彼岸"与"此岸"，"上帝之城"与"凡俗现实"为一体的"一个世界"。这是中国人信仰不同于基督教信仰的最大差别。正由于上述原因，一旦中国人的理性能力、特别是人文理性提升之后，原本是代表宗教信仰的"天"，就可能转化、发展为自然法则与人文法则合一的"天道""天理"，转化、发展为源于自然禀赋而又具有道德本质的"人性""人心"。而且，不像西方人信仰的"上帝"永远是一个超然的存在，儒家信仰的"天"逐渐能够衍生出偏正结构的"天道""天理"等一系列兼有神灵信仰与自然法则、自然规律与道德法则的复合概念，这恰恰均源于上述"天"的一系列特性。

二 四书原典理性化信仰："天道"

原始儒家在继承三代文献、思想的基础上，不断创新发展。体现在思想信仰方面，原始儒家创造出兼有神灵信仰与人文价值为一体的复合概念："天道"。"天"的信仰观念在思想史发展过程中，实现了新意义的叠加。这一"天道"的新概念不会否定、排斥原来的信仰意义，但是又会通过不断的思想创造而凸显新的意义，实现中国思想史的变革发展。

---

① 《尚书正义》卷15《召诰》，见李学勤主编《十三经注疏》第2册，北京大学出版社1999年版，第399页。
② 《尚书正义》卷15《召诰》，见李学勤主编《十三经注疏》第2册，北京大学出版社1999年版，第400页。
③ 《尚书正义》卷16《多士》，见李学勤主编《十三经注疏》第2册，北京大学出版社1999年版，第424页。

孔子及其早期儒家通过整理、诠释六经，积极从事讲学著书，创立了儒家学派。早期儒家将三代信仰的"天"，发展为"天道"，正好代表"天"在中国的思想传统、人文理性的发展过程和历史阶段。"天"与"天道"之间具有密切联系，但是二者又有明显区别，反映了中国人关于"天"的精神信仰的不同思想内涵与演变发展过程。

六经体系信仰的"天""帝"，是自然世界、人类社会的主宰力量，体现出人格化特质。但是，古代中国人开始逐渐意识到，这一人格化的"天"并不是一个任性的暴君，而是一个具有道德理性的主宰力量。故而周人将恭敬德性、体察民意，看作是服从上天之命、获得上天福佑的条件。早期儒家继承了西周人的这一重要思想，以孔子为代表的原始儒学就是在诠释六经活动中产生的重要学派，他们不但继承而且发展了西周人关于"天""天命"的思想信仰，进一步推动了"天""天命"的理性化进程。春秋战国时期，思想界出现了一个表达人类道德精神、价值理性追求的概念，即是"道"。最初，"道"的本义就是一个人的行走之路，逐渐衍化为人的规则、价值与目标，也就是人之道。此价值目标的人之"道"如果与最高主宰的"天"结合起来，就成为"天道"。所以，春秋时期开始大量出现"天道"的观念，就是将"天"的主宰力量和"道"的价值目标结合起来，从而确立了"天道"这一具有价值理性的信仰形态。我们在《国语》《左传》中可以读到许多"天道"的提法：

> 君人执信，臣人执共（恭），忠、信、笃、敬，上下同之，天之道也。①

这里的"天道"，其实就是在继承西周人"以德配天"思想的基础上，进一步强调"天"的道德内涵、价值目标，故而将"天"直接归结为"道"。在这个"天道"的观念系统中，"天"作为宇宙世界的创造者和主宰者的意义仍然得到保留，但是更进一步突出了"道"作为

---

① 《左传正义》卷35 襄公二十二年，见李学勤主编《十三经注疏》第7册，北京大学出版社1999年版，第981页。

人文精神的道德法则、价值目标。由于"天道"的主词是"道"而不是"天","道"具有价值目的性意义,"天"则形容"道"的崇高性和必然性。

孔子表达出将主宰性的"天"与道义性的"道"统一起来的思想追求。孔子一生以追求"道"、实现"道"为终极目标,他说:"朝闻道,夕死可矣。"这一个"道"就是他追求的价值目标,他说:"天下有道,丘不与易也。"但是,孔子仍然信仰"天""天命",他曾说:"获罪于天,无所祷也。"(《论语·八佾》)"畏天命。"(《论语·季氏》)孔子主张君子在"天命"面前,必须保持敬畏、虔诚的态度,显然是信仰这样一种主宰性、神圣性的"天""天命"。但是另一方面,孔子说自己"五十而知天命",这个"知"正是建立在勤勉学习、知识理性基础之上。他还说:"下学而上达,知我者其天乎!"(《论语·宪问》)所谓"下学"就是日用中的学习、思考,而最终是为了上达于"天",实现"我"与"天"的相互理解和相互沟通。孔子意识到,作为命运得失主宰者的"天"与道德善恶的"天"并不一定完全统一,他曾经感叹"道"与"天命"的不一致,说:"道之将行也与,命也;道之将废也与,命也。"(《论语·宪问》)但是,儒家的文化使命,就是要解决主宰性的"天"与义理性的"道"的统一问题。孔子"天生德于予"的夫子自道就体现了这一信仰问题的重要性。所以,孔子虽然少讲"性与天道"问题,但是孔门弟子必然对此问题作进一步思考和论证。

在表达早期儒家思想的文献典籍中,一方面具有主宰意义的"天"与体现价值理性的"道"结合得越来越紧密;另一方面"天"作为创造、主宰世界的意义逐渐淡化,而其人道化的道德伦理、人文理性的意义体现得更加突出。

《易传》表达了早期儒家努力将"道"作普遍性、必然性提升,以建构一个将价值目标与宇宙法则结合起来的思想信仰。在《易传·系辞传》中,早期儒家已经将人必须遵循的"道"看作是一种天地万物普遍存在的法则,故而提出一种普遍性的"天地之道":

> 《易》与天地准,故能弥纶天地之道。……与天地相似,故不违。知周乎万物,而道济天下,故不过。旁行而不流,乐天知命,

故不忧。安土敦乎仁，故能爱。①

这里的《易》道就是天地之道，既体现为人类的仁爱之道，也体现为万物的自然之道。人类、万物之所以能够统一于"天地之道"，源于中国人对"天"的信仰。《易传》中就深藏着中国先民关于"天"的信仰："是故天生神物，圣人则之。天地变化，圣人效之。天垂象，见吉凶，圣人象之。河出图，洛出书，圣人则之。"② 所以，必须将主宰者的"天"与价值目标的"道"合为一体，成为儒家理性化的"天道"，才能够确立"天道"这一具有价值理性的信仰形态。

儒家士大夫作为"师儒"的重要身份和特别使命，就是体认和践行"天道"，将实现"天下有道"看作是自己的神圣使命。《中庸》一书在表达人文价值之"道"与天地主宰之"天"合一的基础上，也强化了儒者的神圣使命：

> 君子之道，造端乎夫妇，及其至也，察乎天地。③
> 诚者，天之道也；诚之者，人之道也。④

人文价值的君子之道、德性之诚，本来均是"人之道"，但是子思认为，此"人之道"来源于、依据于"天"，故而可以称为"天之道"。可见，早期儒家通过对六经的不断诠释，使得具有主宰意义的"天"与体现为价值追求的"道"得以很好地结合起来，使得早期儒家子学典籍中"天"的人格意义逐渐淡化，而"道"的道德价值、人文理性意义则日益凸显。

原始儒学还有一个与信仰相关的重要概念，即"性"以及"性命""天性"。先秦儒家有关"性""性命""天性"的学说有两条脉络：一条

---

① 《周易正义》卷7《系辞上》，见李学勤主编《十三经注疏》第1册，北京大学出版社1999年版，第266—267页。

② 《周易正义》卷7《系辞上》，见李学勤主编《十三经注疏》第1册，北京大学出版社1999年版，第290页。

③ 《中庸章句》第十二章，《朱子全书》第6册，上海古籍出版社、安徽教育出版社2002年版，第38页。

④ 《中庸章句》第二十章，《朱子全书》第6册，上海古籍出版社、安徽教育出版社2002年版，第48页。

是沿着人生而有之的自然情欲寻求其天命依据，一条是沿着人的内在道德情感寻求其天命依据。因为上古文献记载的"性"总是与"生"的意义相关，"生"就可能是生命得以产生、生命得以维持的自然情感欲望。但是，春秋战国时期的思想家还发现与道德相关的"恻隐""羞恶"之情也是生而有之，也称之为"性""天性"。郭店楚简有《性自命出》一篇，正是早期儒学的重要文献，反映了孔门弟子有关"性"与"命""天"之间关系的基本看法："凡人虽有性，心亡定志，待物而后作，待悦而后行，待习而后定。喜怒哀悲之气，性也。及其见于外，则物取之也。性自命出，命自天降。"① 《性自命出》肯定了"性自命出，命自天降"的关系，将"性"纳入"天""命"的哲学思考和宗教信仰的思想世界，也就肯定了"性命"与"天性"的存在。但是，"性"的内容是什么呢？这一篇文章仅仅提出"喜怒哀悲"的情感欲望属于"性"，而没有明确生而有之即同样来自"命""天"的道德情感是否属于"性"。

孟子对这一问题作了深入思考，并提出了一套新的"性命"理论。孟子对人性及天命问题表达了他的独特见解：

> 口之于味也，目之于色也，耳之于声也，鼻之于臭也，四肢之于安佚也，性也，有命焉，君子不谓性也。仁之于父子也，义之于君臣也，礼之于宾主也，知之于贤者也，圣人之于天道也，命也，有性焉，君子不谓命也。（《孟子·尽心下》）

在这里，孟子肯定了两种生而有之、即同样来自"天命"的性：一方面，他肯定生而有之的声色臭味情感欲望属于生而有的人性；另一方面，他认为人的先天道德情感也是人生而有之的人性。但是，孟子认为在"性"的问题上应该采纳君子的看法，只将仁义礼智的道德情感看作是自己追求、完善的人性。因为在孟子看来，声色臭味的情感欲望是人生而有之的自然要求，故而应称为"性"，但是这只是一种常识的看法，具有独立人格的君子认为是否获得这些情感欲望的满足得受命运的限制，所以不能以此作为自己应该努力追求和自觉实现的"性"。那么，君子眼中的

---

① 李零：《郭店楚简校读记》（增订本），中国人民大学出版社2007年版，第136页。

"性"是什么呢？他认为恰恰是人心对仁、义、礼、智的德性追求，即以心之"生"德为性。所以孟子说："君子所性，仁义礼智根于心，其生色也，睟然见于面，盎于背，施于四体，四体不言而喻。"（《孟子·尽心上》）具体来说，君子的恻隐、羞恶、辞让、是非之心是其内在德性的体现，德性之所以会源源不绝地呈现于人的形色、四体之中，是因为它源于最高主宰的"天"。孟子对人的"性""命"问题作了进一步论述，他强调君子认同的"性"是人所独有的道德本性，这一道德本性仍然有着一个超越的依据——天。所以，孟子说："尽其心者，知其性也，知其性，则知天矣。存其心，养其性，所以事天也"。（《孟子·尽心上》）可见，孟子是以仁心之生的性命学说，取代了情欲之生的性命学说。其实，孟子的性命论植根于"天生人"的深厚思想传统和精神信仰。

由此可见，早期儒学及其四书原典是在继承六经关于"天""性"的思想基础上，提出了德性来自于"天""天命"的思想，创造性地建构了一种由人文追求而上达信仰的思想体系——这是儒家信仰的"天"不同于基督教信仰的"上帝"的重要之处。儒家经典的"天"被不断诠释，其最高主宰意义的"天"不断演变，并衍生出一些偏正结构的"天道""天性"表述。

三 宋儒的天理论建构

宋儒本来就是以复兴早期儒学的价值与信仰为学术宗旨的，为了进一步推动"天"的人文化、理性化，他们将"天""天道"转化、发展为"天理"，使"天理"成为一个宋代以后思想文化的核心概念。宋儒之所以将"天道"转化为"天理"，源于唐宋转型过程中儒家道德理性的强化，值得我们进一步探究。

宋代思想文化领域出现一个崇尚"道理最大"的思想潮流，从朝廷的政治话语和士大夫的内心世界来看，一个普遍尊崇"道理"的思潮出现在宋初。应该说，"道理最大"思潮对"天理"信仰的形成与对性理学哲学的出现，均起到了积极的推动作用。

据《梦溪笔谈·续笔谈十一篇》记载："太祖皇帝尝问赵普曰：'天下何物最大？'普熟思未答间，再问如前，普对曰：'道理最大。'

上屡称善。"① 应该说，这一段对话的政治意义大于宗教哲学意义，因为宋太祖之问、赵普之答的关键点在于：在最高权力者的心目中什么是必须服从的"最大"？在"经学时代"的两汉，对于汉武帝、董仲舒而言，最高权力者必须服从的"最大"只能够是"天"，这就是六经记载的"天"，即是一个创造宇宙世界、同时又主宰宇宙世界的最高神灵。而且，董仲舒特别强调"天"会监督掌握国家最高政治权力的帝王，会通过祥瑞对帝王的善行表示赞赏，会通过灾异对做坏事的帝王做出"谴告"。而到了"理学时代"的两宋，人们的思想信仰开始发生变化，如强调"半部《论语》治天下"的赵普和重视文治的宋太祖，他们的思想信仰由"天"而转化为"道理"。宋代君臣相信"道理最大"，而宋代皇帝对"道理"的服从，几乎达到敬畏神灵的地步。如宋太宗曾经对宰相说："统制区夏，自有道理。若得其要，不为难事。必先正其身，则孰敢不正？若恣情放志，何以使人凛惧！朕每自勉励，未尝少懈。"② 宋太宗面对"道理"，能够达到"每自勉励，未尝少懈"的"凛惧"程度，可见"道理"在人们思想中具有的权威性、神圣性。

所以，到了北宋中期，学术界出现了一种以"天理"为最高主宰的学术形态，即主导后来中国数百年的"理学"。理学奠基人二程称"天理"二字是他们自己体贴出来的，作为信仰对象的"天"只是一个最高主宰的修饰语，而作为理性思考对象的"理"才是主词。所以，他们相信，通过格物致知而认知的"天理"，不仅是宇宙间的根本存在，而且主宰着世界的秩序和变化。故而，"天理"又成为一个普遍、永恒的主宰者："天者理也，神者妙万物而为言者也。"③ 由于二程以"天"与"理"相互诠释，从而实现了"天"与"理"的统一，构造了一个新的思想信仰形态。《程氏遗书》记载："问：'天道如何？'曰：'只是理，理便是天道也。且如说皇天震怒，终不是有人在上震怒，只是理如此。'"④ 在二

---

① 沈括撰，金良年点校：《梦溪笔谈·续笔谈》，上海古籍出版社 2015 年版，第 327 页。
② 李焘：《续资治通鉴长编》卷 25，中华书局 2004 年版，第 590 页。
③ 程颢、程颐著，王孝鱼点校：《二程集》，《河南程氏遗书》卷 11，中华书局 2004 年版，第 132 页。
④ 程颢、程颐著，王孝鱼点校：《二程集》，《河南程氏遗书》卷 22，中华书局 2004 年版，第 290 页。

程这里，天理成为贯通天与人、自然与社会的最高主宰和形上存在，"天理"既有"皇天震怒"的权威性、神圣性，又有"理当如此"的合理性。这一点，正是二程对理学奠基的一个最重要贡献。

早期儒家及四书均是以"天命""天道"作为宇宙的主宰，宋代理学家以"天理"代替"天命""天道"。这里，关键是"天理"之"理"与"天道"之"道"之间的差别。如果将"理"与"道"做一比较，会发现它们均具有最高主宰的思想含义。但是，我们进一步深究，就可以发现在儒学体系中，"理"与"道"有一些不一样的特点：其一，"道"由人走的道路，演化为人的价值理想、人文目标，如孔子追求"天下有道"，"道"代表的是儒家的价值理想、人文目标；而"理"由"治玉"的工艺生产拓展为政治治理，故而后来演化成兼有自然规律与人文价值含义的概念。其二，"道"哲学化后，逐渐具有天地宇宙的本源性、整体性特点，而"理"只具有表达万事万物法的具体性、多样性的特点，所以韩非子说："万物各异理而道尽。稽万物之理。"[1]

隋唐以来，中国思想史发生重大变化。一方面，佛道二家获得了强势的发展，佛、道学说之所以具有强大的影响力，在于其学说是建立在精深的、思辨的形而上的天道论基础之上，这对儒学构成了重要的挑战。另一方面，科学技术得到了重要发展，作为国家意识形态的儒家学说不能够依赖于汉代天人感应的思想体系，而需要兼容新的科学技术的思想成果。所以，宋代儒学的进一步发展，迫切需要能够更加充分表达出万事万物的多样化、精确化的要求，故而创造出一个比"道"更加具体化、精确化的"理"来。所谓"理"，就是世界万物所以然之故、所当然之则的必然法则。朱熹在诠释《大学》时说："至于天下之物，则必各有所以然之故，与其所当然之则，所谓理也。"[2] 这样，人们在日用伦常中必须遵循的道德法则、天地万物所必然实现的自然法则，均成为主宰世界一切的"理"。"理"也因此成为日月星辰、山川草木、君臣父子、人伦日用等一切自然的、社会的事物中普遍存在的本质与法则。

---

[1] 王先慎撰，钟哲点校：《韩非子集解》卷6《解老》，中华书局1998年版，第147页。
[2] 朱熹撰，朱杰人、严佐之等主编：《大学或问》卷上，《朱子全书》第6册，上海古籍出版社、安徽教育出版社2002年版，第512页。

宋代理学家是通过重新诠释四书而建构天理论的。一方面，为了强调"理"的必然性、主宰性，宋儒进一步吸收了五经中作为信仰对象的"天"，这样，"天理"首先应该是人们信仰的对象，具有与一般道理不一样的神圣性。另一方面，理学家发展了早期儒家的人文理性，他们通过诠释四书而创造性地将"天""天道"解释为"理"，建构了以四书为原典依据的理学体系。所以，宋儒将四书中的"天命""天道"诠释为"天理"，使那个神圣而又模糊的"天"落实于更加具体、精确的"理"。《孟子·梁惠王下》中有"以大事小者，乐天者也；以小事大者，畏天者也。乐天者保天下，畏天者保其国"一句，[①] 孟子在这里所言的"天"，是对上古传承下来的信仰对象的称谓，象征着那个神圣而又超越的最高主宰者。而朱熹则将"天"诠释为"理"，他说："天者，理而已矣。大之字小，小之事大，皆理之当然也。自然合理，故曰乐天。不敢违理，故曰畏天。"[②] 朱熹所诠释的"理"，是人文世界之中的"所当然之则"，是自然世界中的必然法则。可见，宋儒在将"天"诠释为"理"的同时，兼容了自然、社会中普遍的法则与规范，同时也保留了"天"作为信仰对象的神圣性特点。

总之，宋儒重新建构的"天理"具有"理"的规律性、平常性，又体现"天"的强制性、神圣性。朱熹通过诠释四书，将其解释为一种"一"与"万"之间的关系。《论语·里仁》中"吾道一以贯之"强调"道"的统一性[③]，但是朱熹解释说："夫子之一理浑然而泛应曲当，譬则天地之至诚无息，而万物各得其所也。……盖至诚无息者，道之体也，万殊之所以一本也；万物各得其所者，道之用也，一本之所以万殊也。"[④] 朱熹用"理一分殊"的原理，说明统一性的"道"是可以多样化呈现的，解决了"一"与"万"之间既有统一又有差别、既神圣又平凡的矛盾统一。

[①] 杨伯峻译注：《孟子译注》，中华书局1960年版，第30页。

[②] 朱熹撰，朱杰人、严佐之等主编：《孟子集注》卷2《梁惠王下》，《朱子全书》第6册，上海古籍出版社、安徽教育出版社2002年版，第262页。

[③] 杨伯峻译注：《论语译注》，中华书局1980年版，第39页。

[④] 朱熹撰，朱杰人、严佐之等主编：《论语集注》卷2《里仁》，《朱子全书》第6册，上海古籍出版社、安徽教育出版社2002年版，第96页。

可见，从北宋早期帝王、士大夫普遍相信"道理最大"，到南宋理学体系的全面完成，其中确实有着历史的脉络和思想的关联。所以，南宋后期许多理学士大夫在论述天理论的理学为什么会在宋代产生时，往往均会联想到宋初帝王、士大夫普遍相信"道理最大"，认为这个"道理"，其实就是理学家建构的以"天理"为核心的理学体系。宋末元初学者王义山在其《宋史类纂·序》中说："尝谓洙泗而下，理学之粹惟宋朝为盛。自国初'道理最大'之言一发，至仁宗天圣四年赐新进士《大学》篇，于后又与《中庸》间赐，著为式。自是而天下士始知有《庸》《学》。厥后周程诸子出焉，至晦翁而集大成。理学遂大明于天下后世。"[①] 关于宋太祖、赵普说的"道理最大"与理学及其四书之间的历史脉络和思想关联，为后来许多儒家士大夫特别关心和认同。可见，"天理"观念的出现，确实具有"哲学"与"宗教"的双重特质。天理论体系可以成为一种能够既包容又超越一切具体知识的哲学体系；同时也可能成为人们劝诫、传教的信仰体系。

四 四书诠释与性理之学

在宋学演变过程中，从北宋时期盛行的"义理之学"，发展到南宋盛行的"性理之学"，反映了两宋思想的重大变迁，特别表达了宋代士大夫对"内圣之道"的追求。两宋时期，宋代士大夫的政治理念、思想世界、生活态度发生了重大变化，他们总是表达出前所未有的、既能够进取担当又能够旷达超然的人生态度和精神境界，故而他们更向往一种"圣贤气象"的人格理想，表现出一种心忧天下的入世追求和从容洒落的超然境界。在唐宋学术文化演变过程中形成的性理之学，可以看作是宋代士大夫对内圣之道的学术表达。四书学的兴起和发展，与宋儒为了强化对内圣之学的建构有密切关系。所以，建立"天理"论，还只是诠释四书的第一步。还有一步更加关键，就是要将外在超越的"天理"与人内在本质的"性"结合起来，建立起四书学的核心理论，即性理之学。

在《中庸》《孟子》等四书原典中，为了提升士君子、圣贤的精神人

[①] 王义山：《稼村类稿》卷4《宋史类纂序》，《景印文渊阁四库全书》第1193册，台北：商务印书馆1986年版，第28—29页。

格，特别强调人性与天道之间的内在联系。儒家思孟学派倡导，一切追求士君子、圣贤人格精神的人，均可以从自己的内在之"性"中，上达超越性的"天""天道"。所以，早期儒家思孟学派特别关注"性与天道"的联结，在子思、孟子那里，"天""天命""天道"既具有至高无上的主宰性意义，又与人之内在的心性相通。人们通过体认、践行的系列工夫，完成自己内在心性的要求，同时也是服从"天"的命令。正如《中庸》所说："唯天下至诚，为能尽其性；能尽其性，则能尽人之性；能尽人之性，则能尽物之性；能尽物之性，则可以赞天地之化育；可以赞天地之化育，则可以与天地参矣。"[1] 这些思想比较典型地体现先秦儒家天道观的特点，心、性、诚的内在精神是与"天""天道"相通的。思孟学派坚持性与天道的结合，表达的是君子、圣人的精神境界和人格提升。

两宋时期理学家将"天道"转化为"天理"，在先秦文献中，"理"主要是表达具体法则的概念，此"理"与超越之"天"统一为"天理"之后，就需要解决性与天道相通的精神境界如何可能的问题。宋儒通过"性即理"的命题，完成了超越之"天理"与内在之"人性"的哲学论证。《中庸》有"天命之谓性，率性之谓道，修道之谓教"的表述[2]，但是人性与天命的内在联系是如何建立起来的？朱熹对此作了进一步的哲学本体论诠释：

> 命，犹令也。性，即理也。天以阴阳五行化生万物，气以成形，而理亦赋焉，犹命令也。于是人物之生，因各得其所赋之理，以为健顺五常之德，所谓性也。率，循也。道，犹路也。人物各循其性之自然，则其日用事物之间，莫不各有当行之路，是则所谓道也。修，品节之也。性道虽同，而气禀或异，故不能无过不及之差，圣人因人物之所当行者而品节之，以为法于天下，则谓之教，若礼、乐、刑、政之属是也。盖人之所以为人，道之所以为道，圣人之所

---

[1] 朱熹撰，朱杰人、严佐之等主编：《中庸章句》第22章，《朱子全书》第6册，上海古籍出版社、安徽教育出版社2002年版，第50页。

[2] 王文锦译解：《礼记译解》，中华书局2001年版，第773页。

以为教，原其所自，无一不本于天而备于我。①

朱熹认为，世界万物是一个阴阳和合、生生不息、气以成形、理以成性中创造出来的，这样，"天命之谓性"的理念就获得了宇宙论的哲学论证。而且，在这一宇宙论背景中，阴阳五行的自然之理，礼乐刑政的人文之理，最终均统一于创生宇宙、主宰世界的"一理"。由于"理""无一不本于天而备于我"，从而论证了人之本性与超越天理的内在联系，建构了可以作为宋儒内圣之道哲学基础的"性理之学"。

宋儒通过对四书原典的诠释，建构了性理学的理论体系。朱熹在诠释《孟子》时，将"性"与"理"均看作是"形而上"者，以强调士大夫追求的内圣人格均具有形而上的依据。朱熹认为"气禀"之异，是人与物之间、人与人之间产生差别的根本原因，而"性"却是有差别万物具有统一性的依据。他说："性者，人物之所以禀受乎天也。……自其理而言之，则天以是理命乎人物谓之命，而人物受是理于天谓之性。"② 这个人物所禀受的"性"，也就是宇宙之中的理、太极、道，世界上任何具体事物的内在本质，均来源并统一于这个"理"。朱熹在诠释《孟子》"生之谓性"章时说："性者，人之所得于天之理也；生者，人之所得于天之气也。性，形而上者也；气，形而下者也。人物之生，莫不有是性，亦莫不有是气。"③ 他认为性就是理，因此性、理均是形而上者，构成人物之间差异的原因是气禀之异。正如他在诠释《大学》时说的："天降生民，则既莫不与之以仁义礼智之性矣。然其气质之禀或不能齐，是以不能皆有以知其性之所有而全之也。"④ 朱熹在诠释四书时，将具体人物之性与宇宙一理的关系，解释为"一本"与"万殊"之间的关系。譬如，他在解释《论语·里仁》中"吾道一以贯之"时说："夫子之一理浑然

---

① 朱熹撰，朱杰人、严佐之等主编：《中庸章句》第 1 章，《朱子全书》第 6 册，上海古籍出版社、安徽教育出版社 2002 年版，第 32 页。

② 朱熹撰，朱杰人、严佐之等主编：《晦庵先生朱文公文集》卷 56《答郑子上》，《朱子全书》第 23 册，上海古籍出版社、安徽教育出版社 2002 年版，第 2688 页。

③ 朱熹撰，朱杰人、严佐之等主编：《孟子集注》卷 11《告子上》，《朱子全书》第 6 册，上海古籍出版社、安徽教育出版社 2002 年版，第 396 页。

④ 朱熹撰，朱杰人、严佐之等主编：《大学章句序》，《朱子全书》第 6 册，上海古籍出版社、安徽教育出版社 2002 年版，第 13 页。

而泛应曲当，譬则天地之至诚无息，而万物各得其所也。……盖至诚无息者，道之体也，万殊之所以一本也；万物各得其所者，道之用也，一本之所以万殊也。"[1] 朱熹以理一分殊的哲学思辨，提升了孔子"吾道一以贯之"的形上意义。而"理一分殊"的哲学思想，恰恰是宋儒性理之学建构的理论基础。

尽管宋儒建构的性理之学体系十分庞大，其目的则是解决人性与天道的关系问题，为内圣之道提供一个内在本性与外在超越的形而上本体，最终重建儒家理想人格的终极依据。

第三节　四书的忧乐情怀与宋儒的内圣之道

中国哲学是以人文关怀、人生意义为出发点的。关于中国哲学、中国文化的特质，存在两个完全不同的看法：徐复观、牟宗三用"忧患意识"概括，而李泽厚却以"乐感文化"表达。这两种观点影响均很大，究竟哪一种说法更为合理？庞朴综合上述两种说法，认为忧、乐两种精神的结合，构成了中国人文精神特质。

宋儒既有强烈的忧患意识，同时又追求"孔颜乐处"的超然境界。理学家通过挖掘四书的思想资源，以表达自己对人文世界的忧患与喜乐的进一步思考，进而建构出一种既有人文关怀又有精神超越的内圣之道。质而言之，宋代士大夫推动儒家内圣之道的哲学建构，其出发点正是一种与忧乐相关的人文情怀。

一　四书的忧患意识与宋儒的社会关切

宋代士大夫普遍具有浓厚的忧患意识，既有四书记载的儒家士人的精神传统，又有着现实的社会政治原因。

我们首先考察四书的士人精神传统。在早期儒家的子学著作中，记载了大量孔子及其弟子们有关君王无德、士人无耻、天下无道的强烈忧患意识。孔子深刻表达了他对天下无道的关切，他一直强调"天下有道，

---

[1] 朱熹撰，朱杰人、严佐之等主编：《论语集注》卷2《里仁》，《朱子全书》第6册，上海古籍出版社、安徽教育出版社2002年版，第96页。

丘不与易也",还进一步思考天下无道的原因,认为是由于社会普遍缺乏仁爱精神,而仁爱精神的推广又离不开教育。所以孔子反复强调:"德之不修,学之不讲,闻义不能徙,不善不能改,是吾忧也。"[1] "君子忧道不忧贫。"[2] 可见,孔子已经将自己对社会政治的忧患,转化为对文化教育的忧患。《孟子》一书也大量记载了孟子对于社会政治、文化思想方面的种种忧患,并进一步指出忧患意识的价值与意义。他说:"君子有终身之忧,无一朝之患也。"[3] 孟子相信,人无远虑,必有近忧。因而君子不能够消极地忧患灾患的来临,而应积极保持防患于未然的心理准备。所以忧患意识的重要价值,就是强调持久、不变的戒惕心理,即所谓保持一种"终身之忧"的精神状态,最终才达到"无一朝之患"的结果。《孟子·告子下》:"生于忧患而死于安乐。"[4] 也是强调忧患的精神状态是为了使人提高警觉,心存戒惕而临危不乱。

四书原典奠定了的儒家士人的精神传统,特别是对宋代士大夫形成的忧患意识有直接影响。如果说汉唐时期的儒家士族因文化垄断而演化为"准贵族"的话,宋代士大夫主要于白衣秀才,是一个从民间士人上升到庙堂士大夫的政治—文化社会群体,他们与先秦儒家诸子既有着完全一致的精神文化的血缘联系,又有着更为相似的人生经历和文化情怀,故而自然地和早期儒家士人的人格精神十分一致。他们从四书原典中寻找人格典范、思想资源,《论语》《子思子》《孟子》表达出来的士君子的忧患意识和人格精神,成为宋代士大夫的精神源泉与效法典范。早期儒家士人表现出来的关怀现实、心忧天下的人格精神,对宋代士大夫产生了深刻的影响。

当然,宋代士大夫拥有强烈的忧患意识,还与两宋面临的内忧外患的严峻现实分不开。宋代有一个政治现象值得注意:在士大夫处于政治核心地位的两宋时期,恰恰面临内忧外患的严重政治局面。士大夫群体在承担与君主"共治天下"政治权力的同时,相应地也承担了重大的政

---

[1] 杨伯峻译注:《论语译注·述而》,中华书局1980年版,第67页。
[2] 杨伯峻译注:《论语译注·卫灵公》,中华书局1980年版,第168页。
[3] 杨伯峻译注:《孟子译注·离娄下》,中华书局1960年版,第197页。
[4] 杨伯峻译注:《孟子译注·告子下》,中华书局1960年版,第298页。

治责任,这一重大政治责任很快转化为士大夫群体对内忧外患局面的忧患意识。一方面,宋朝面临严重的内忧,宋初为了防范割据势力和各种政治力量篡权,强化中央集权,从而推动政治、军事、科举等方面的变革。他们为防止地方割据势力而强化中央集权的同时,却又产生了许多新的积弊,特别是出现了冗官、冗兵和冗费等问题,逐渐导致国力贫弱、民生艰难。另一方面,宋朝面临外患,宋开国虽然结束了五代十国分裂割据局面,却又相继陷入了辽、西夏、金和元蒙政权的威胁,宋朝立国后的数百年间,始终受到外患的侵扰,游牧民族的南下侵夺始终是两宋的大患。所以,在宋朝建国后不久,内忧外患的矛盾开始显现,处于政治中心的宋代士大夫看到了问题的严重性,他们普遍持有一种浓厚的忧患意识。本来,两宋时期士大夫群体是凭借自己拥有的文化知识、政治理念、价值信仰而参与政治的,并且获得了与君主共治天下的机遇,所以他们能够成为参与朝政的政治主体,而且往往会成为一种政治清流,并不会像其他如军阀、后宫、宦官等权贵政治力量一样,容易导致对权力的贪婪与对民众的傲慢。相反,士大夫群体坚守自己的政治理想与价值理念,必然会积极推动对内忧外患严峻现实的变革。所以,士大夫越是成为政治主体,他们感到的责任也越大,随之他们的忧患意识也越强。两宋以来内忧外患的严峻现实,确实引发了士大夫的强烈忧患与革新意识。范仲淹向仁宗帝呈上《答手诏条陈十事》,指出明黜陟、抑侥幸、精贡举等十项政治、经济、军事和文化教育等方面的改革办法。范仲淹则谓:"立朝益务劲雅,事有不安者,极意论辩,不畏权幸,不蹙忧患。故屡亦见用,然每用必黜之。黜则欣然而去,人未始见其有悔色。"[①] 王安石一直怀有很强烈的忧患意识,他说:"顾内不能无以社稷为忧,外则不能无患于夷狄,天下之财力日益穷困,而风俗日以衰坏。"[②] 他主导的熙宁变法,就是为了解决这一"常恐天下之不久安"的严重忧患而展开的。

由于四书就是一套充满士人忧患意识的儒家经典,宋儒可以通过诠释四书来表达自己的人格理想。在宋儒对四书的诠释传统中,特别强调士人的人文情怀、政治责任,也特别强调士人的家国情怀、天下担当,希望能

[①] 富弼:《范文正公仲淹墓志铭》,《全宋文》卷610,巴蜀书社1991年版,第58页。
[②] 王安石:《临川先生文集》,中华书局1959年版,第438页。

够唤起宋代士大夫的忧患意识。二程将《论语》中记载的孔子、子由、颜子等人表现出来的责任承担及其忧患意识，统统理解为"圣贤气象"：

> 凡看文字，非只是要理会语言，要识得圣贤气象。如孔子曰："盍各言尔志。"而由曰："愿车马，衣轻裘，与朋友共，敝之而无憾。"颜子曰："愿无伐善，无施劳。"孔子曰："老者安之，朋友信之，少者怀之。"观此数句，便见圣贤气象大段不同。①

孔子、子由、颜子等人表现出来的无非是士人从政所应该承担的政治责任与忧患情怀，但是二程将这种本来是士人期望承担的政治责任与忧患意识，提升为一种"圣贤气象"，以作为士大夫效法的人格典范。宋儒的这一看法，其实有着重要的历史原因。

由此可见，宋代士大夫在社会政治、思想文化领域的全面崛起，以及他们拥有的强烈政治责任、忧患意识，一方面与他们的政治地位、社会身份的提升有密切关系，另一方面与他们自觉继承先秦儒家士人的人格精神有密切关系。宋儒在诠释早期儒家士人的子学典籍，即四书原典时，实现了他们在现实中面临的内忧外患与四书文本忧患意识的精神沟通和心灵对话。两宋以来内忧外患的严峻现实，是宋代士大夫激发起忧患意识的现实原因；而一千多年前儒家士君子的人格精神，则是宋代士大夫激发起忧患意识的精神源泉。所以，宋代士大夫忧患意识的精神渊源，可以在先秦儒家士人的子学系统及经典传记之中找到，特别是在《论语》《孟子》《大学》《中庸》中找到。宋代士大夫从早期儒家子学中获得相关的思想资源，《论语》《子思子》《孟子》表现出来的士人精神传统，既为宋代士大夫精神崛起提供了丰富的思想资源，同时也激发了宋代士大夫重建与自己精神契合的四书学。由此可见，以四书学为代表的宋学之所以蓬勃兴起，不仅仅是一种新的知识传统的建构，更重要的是表达了一种新的士大夫精神传统的建构。

所以，宋儒一方面仍然关怀现实、心忧天下，希望实现博施济众的

---

① 程颢、程颐著，王孝鱼点校：《河南程氏遗书》卷22上，《二程集》，中华书局2004年版，第284页。

经世事业，故而仍然关注国家政治治理；另一方面，宋儒的学术旨趣重心已经从汉代的"外王"转向宋代的"内圣"，宋儒往往相互劝勉、自我期许要成为"圣人"，普遍向往、追求"圣贤气象"的人格理想，使宋学具有"内圣之学"的特点。所谓"宋学精神"，其实也就是宋代士大夫精神。宋代士大夫坚持对知识、道德和功业的不懈追求，倡导一种有体有用的学术精神，特别强调由士大夫掌控的"道统"要主导由朝廷掌控的"治统"，这一切，均体现出宋代士大夫的政治自觉与文化自觉。由于宋学兴起代表了士大夫的文化自觉，他们无论是在庙堂执政，还是在学府执教，均表现出鲜明的政治自觉和文化自觉。他们倡导、建构一种体现士大夫主体意识的道统论，其实正是在推动一场士大夫主体意识的宋学运动。

二　四书的孔颜之乐与宋儒的精神超越

宋代士大夫追求的"圣贤气象"，还表现出另外一个侧面，即对"孔颜乐处"的精神超越、人格理想无限向往与不懈追求。在宋儒对"圣贤气象"的诠释中，"圣贤"不仅仅追求"以天下为己任"的"忧国忧民"，更应该具有"孔颜之乐"的超越精神和人格特质。宋代士大夫对"孔颜乐处"的精神境界、人格理想的追求，也是通过四书学的诠释来完成的。特别是《论语》《孟子》中记载了早期儒者积极入世的乐观精神和人生境界，往往成为宋代士大夫向往、仿效的典范。

"孔颜乐处"源于《论语》。《论语》中看多处记载孔子对精神快乐的追求，如孔子曾自述"饭疏食饮水，曲肱而枕之，乐亦在其中矣"[①]，"知之者不如好之者，好之者不如乐之者"[②]，"发愤忘食，乐以忘忧，不知老之将至"[③]。在这里我们可以看到，孔子并不因为事业困局、颠沛流离而忧伤、痛苦，恰恰相反，他坚持认为士君子应该将快乐学习、快乐生活作为自己人生目标。特别是孔子对学生颜回有一段评价是："一箪

[①] 杨伯峻译注：《论语译注·述而》，中华书局1980年版，第70—71页。
[②] 杨伯峻译注：《论语译注·雍也》，中华书局1980年版，第61页。
[③] 杨伯峻译注：《论语译注·述而》，中华书局1980年版，第71页。

食，一瓢饮，在陋巷，人不堪其忧，回也不改其乐。贤哉，回也！"① 孔子非常欣赏颜回能够超越物质生活条件、达到一种纯粹精神快乐的人生境界，肯定这一种"乐"的状态高于"忧"。"孔颜乐处"代表了作为个体存在、感性生命的儒家士人，一直将"乐"作为自己的生命本真和人生理想。

在汉唐儒家那里，并未对孔子、颜回关于人生之乐表达出特别的关注。但是，原始儒家追求"乐"的人生境界，在宋代士大夫那里得到了强烈的呼应。《论语》中有关"孔颜之乐"的问题，很快成为一个士大夫普遍关注、热烈讨论的重大问题。从两宋开始，士大夫群体普遍盛行以"孔颜之乐"的人生境界相劝勉，而且，他们也将"孔颜之乐"作为求圣之学的一个十分重要的、关键的学术问题。

一个十分有趣的思想史现象：北宋那些著名的、有创造性的新儒家学者，他们进入圣门，似乎都是从体悟"孔颜之乐"开始的。② 他们对"孔颜之乐"境界的体悟，又总是与《论语》《大学》《中庸》《孟子》的思想有着直接的联系。宋学学者群体中，几位有创始之功的学者，诸如范仲淹、胡瑗、周敦颐、张载、程颢、程颐等重要学者，他们进入圣学门槛、建构道学学术，往往总是与"孔颜乐处"的问题思考相关。张载年少时喜谈兵，范仲淹告诫他"儒者自有名教可乐，何事于兵"！范仲淹还将《中庸》作为领悟"名教可乐"的主要经典。胡瑗主讲太学时，就以《颜子所好何学论》为题试诸生。道学宗师周敦颐，就是一个追求"孔颜之乐"的士大夫，史书记载他"人品甚高，胸中洒落，如光风霁月。"③ 周敦颐也以这一种人生境界，来启发、培养弟子。程颢、程颐兄弟十四五岁从学于理学开山周敦颐，周子教他们"寻颜子、仲尼乐处，所乐何事"④。程颢、程颐由"孔颜之乐"的人生追求而走向道德性命的义理建构，从而成为理学的奠基人。

---

① 杨伯峻译注：《论语译注·雍也》，中华书局1980年版，第59页。
② 朱汉民：《玄学与理学的学术思想理路研究》第一章第二节，中国社会科学出版社2012年版。
③ 黄庭坚：《濂溪诗》，曾枣庄、刘琳主编《全宋文》第104册，卷2279，上海辞书出版社、安徽教育出版社2006年版，第249页。
④ 程颢、程颐著，王孝鱼点校：《河南程氏遗书》卷2上，《二程集》，中华书局2004年版，第16页。

为什么"孔颜之乐"会成为这些重要宋学开拓者普遍关注、深入思考、引发创新的重要学术问题？这一学术问题的思想史意义在哪里？宋代士大夫对"孔颜之乐"的普遍追求，往往将是否达到"乐"的境界作为得道与否的标志，表达的恰恰是这些承担着沉重政治责任、社会忧患的士大夫群体另一精神面向和思想追求。他们认定，从孔子、颜回到子思、孟子，都无不追求这种"心下快活"的人生境界，从个体存在、感性生命的角度来看，宋代士大夫同样会积极寻求爱莲观草、吟风弄月的快乐人生。宋儒认为，要达到这种精神上的"快乐""气象"，离不开四书体系的学术资源，包括身心修炼工夫与超越现实的精神境界。四书学之所以在宋代兴起，恰恰是因为它们能够满足宋代士大夫寻求"圣贤气象""社会忧患""孔颜之乐"的精神需求，成为这一个时代能够表达时代精神的经典依据。

　　正因为作为政治精英的士大夫不仅仅是社会角色，还是感性个体，他们也会面临个人的是非、得失、生死问题，他们意识到，个人的忧、苦、烦、闷等消极情绪，其实源于自己对得失是非荣辱的偏执。那么，他们应该如何处理自己个人的忧虑、烦恼等消极情感的问题？佛老之学提供的方案是以自己的内心平和为最高目标，故而主张通过精神修炼，以达到面临是非、得失、生死问题时"不动心""无情""空寂"的精神状态与心理状态。但是儒家思想的最高目标是以德配天，"正心诚意"的修身是为了"治国平天下"。所以，儒家人格理想的"圣贤""君子"，总是会充满家国情怀、天下牵挂。理学家胡宏谈到"圣人"时，认为他们和凡人一样有着丰富的个人情感与人生体验："凡天命所有而众人有之者，圣人皆有之。人以情为有累也，圣人不去情；人以才为有害也，圣人不病才；人以欲为不善也，圣人不绝欲；人以术为伤德也，圣人不弃术；人以忧为非达也，圣人不忘忧；人以怨为非宏也，圣人不释怨。"[①]他认为，圣人和众人一样，也是一个有着情、才、欲、忧、怨的个体存在，特别是儒家的圣贤、士君子必须承担起社会关切、家国情怀的忧患，他们如何可能像佛老一样，面对人间不平、痛苦，自己却保持"不动心""无情""空寂"的精神状态与心理状态？所以，儒家的圣贤、士君子作

[①] 朱熹：《知言疑义》，《胡宏集》附录一，中华书局1987年版，第333—334页。

为个体存在，需要有一套自己处理忧乐情感的观念和方法。唐宋以来，儒家士大夫也一直在深入思考，如何化解个人的忧、怨等不良情绪，提升喜、乐等积极情感。

应该说，魏晋隋唐以来，佛道对这些问题均有过深入的思考和实践，其中佛教更是积累了丰富的思想资源。魏晋隋唐佛教的大规模传入和发展，通过精神修炼而化解个体的不良情绪，对士大夫精神生活产生了深刻影响，进一步引导宋儒更加关切通过提升个人的精神境界，以化解忧怨等不良情绪和提升喜乐等积极情感。所以，从个体存在来说，新儒家精神修炼的目标就是所谓"寻乐""心下快活"，北宋儒林流行"寻孔颜乐处"，以及他们在修身中以是否"乐"为目标，即所谓"反身而诚，乃为大乐。"① 这些所谓的"乐"，其实是一种超越了个人忧、苦、烦、闷等各种消极情绪、从而达到身心的安泰、自在、舒展、洒落的超越境界，这一超越人生境界与天理论的人文信仰、哲学建构有关。宋儒罗大经说："吾辈学道，须是打叠教心下快活。古曰无闷，曰不愠，曰乐则生矣，曰乐莫大焉。夫子有曲肱饮水之乐，颜子有陋巷箪瓢之乐，曾点有浴沂咏归之乐，曾参有履穿肘见、歌若金石之乐，周程有爱莲观草、弄月吟风、傍花随柳之乐。"② 罗大经将修身目的确定为"教心下快活"，这既是一种"爱莲观草、弄月吟风、傍花随柳"的感性快乐，又实现了对自己感性生命的超越，是考察一个人是否"得道"的重要标志。所以，宋儒的"寻孔颜乐处"，首先必须能够超越个人忧、苦、烦、闷的消极情绪，通过修身使自己"世间一切声色嗜好洗得净，一切荣辱得失看得破"，这一精神超越的思想根基必然是哲学与信仰。

故而在两宋时期，四书学成为宋代士大夫特别关注、热烈讨论的核心经典。因为宋代士大夫特别在意是否达到"圣贤气象"的崇高境界，是否在承担重要政治责任的同时还能够具有洒落自得、闲适安乐的心境。他们通过阅读《论语》《大学》《中庸》《孟子》中孔子、颜子、曾子、

---

① 程颢、程颐著，王孝鱼点校：《河南程氏遗书》卷2上，《二程集》，中华书局2004年版，第17页。

② 罗大经：《鹤林玉露》卷2，《景印文渊阁四库全书》第865册，台北：商务印书馆1986年版，第270页。

子思、孟子等先圣先贤对"乐"的追求，进一步表达出自己对自由、自在、自得、自乐的向往与追求。理学开山祖周敦颐在《通书·颜子》中说："颜子'一箪食，一瓢饮，在陋巷，人不堪其忧，而不改其乐'。夫富贵，人所爱也。颜子不爱不求，而乐乎贫者，独何心哉？天地间有至贵至爱可求，而异乎彼者，见其大而忘其小焉尔。见其大则心泰，心泰则无不足，无不足则富贵贫贱处之一也。处之一则能化而齐。故颜子亚圣。"① 在这里，周敦颐通过对《论语》中"颜子之乐"的诠释，认为这是"见其大而忘其小"，其实是指颜回达到了人与天道合一的精神境界。这一个"大"，恰恰是周敦颐在《太极图说》《通书》中建构起来的"太极""诚"的宇宙本体。所以，这里所谓的"颜子之乐"，其实就是依据于"圣贤之道"而达到的崇高境界。譬如程颢也是通过挖掘《论语》《孟子》和《中庸》的思想资源，从而建构这样一种"颜子之乐"的精神境界他在描述仁者精神境界时说："学者须先识仁。仁者浑然与物同体……孟子言'万物皆备于我'，须反身而诚，乃为大乐。若反身未诚，则犹是二物有对，以己合彼，终未有之，又安得乐？"② 仁本来是《论语》中的核心道德思想，而宋儒进一步将仁提升为一种哲学意义的形而上之本体。我们注意到，程颢建构的仁学本体论，其首要目的并不是为仁学理论提供一种知识学依据，而是为他们满足"孔颜之乐"的情感需求，为"仁者浑然与物同体""乃为大乐"提供一种安顿精神的依据。所以，为了达到"浑然与物同体""反身而诚"的"乐"之心灵境界，程颢等道学家从早期儒家士人孔子、颜子、曾子、子思、孟子对"乐"的追求中，找到了自己精神安顿的依据，并由此走向内圣之道的哲学建构。

三 宋儒的忧乐意识与内圣之道的哲学建构

我们已经谈到，从北宋开始，士大夫群体非常向往"圣贤气象"的人格理想，追求一种"孔颜乐处"的生活态度与精神境界。宋儒特别强调，"圣贤气象"标志的不是外在的政治功业之"用"，而是一种内在的

---

① 周敦颐：《通书·颜子第二十三》，《周敦颐集》，中华书局2009年版，第32—33页。
② 程颢、程颐著，王孝鱼点校：《河南程氏遗书》卷2上，《二程集》，中华书局2004年版，第16—17页。

精神境界之"体"。这一"内圣"的心理状态、精神境界究竟是一种什么状态?从宋儒的学术论述和现实追求来看,"圣贤气象"往往体现为情感心理的忧与乐两个方面。尤其值得关注的是,宋儒之所以需要建构出一套有关内圣之道的心性之学,其实是源于生活世界的忧乐人生,宋儒哲学建构的精神动力、价值源泉来源于他们的人格理想、人文世界。

首先,宋儒之所以将自己的忧乐情怀归结为一种内圣之道,有一个基本的思想前提与价值承担,即他们的忧乐应该是与天下苍生休戚相关的情怀。在宋儒看来,尽管一切人均有忧与乐的情感,而圣贤表达出来的忧与乐,是应该不同于常人的。普通人的忧与乐可能是源于自己个人的利欲、需求与境遇,而圣人的忧乐却总是直接关联人民幸福、国家安泰、天下和美。所以,北宋时期的许多儒家士大夫,总是将圣贤、君子的忧与乐与天下人民的忧与乐联系起来。欧阳修曾经谈到圣人的忧乐情感所体现的精神境界:"圣人忧以天下,乐以天下。其乐也,荐之上帝祖考而已,其身不与焉。众人之豫,豫其身耳。圣人以天下为心者也,是故以天下之忧为己忧,以天下之乐为己乐。"[1] 欧阳修所推崇的"圣人忧以天下,乐以天下",正是强调圣人并无自己个人的忧与乐,而是将天下的忧与乐看作是自己的忧与乐。北宋时期得到士大夫普遍推崇的道德精神与人格理想,在范仲淹著名的《岳阳楼记》中表达得更加充分,即所谓"先天下之忧而忧,后天下之乐而乐"。其实,这一类思想,均是强调君子、圣贤的社会担当、天下情怀的责任意识,要求士大夫要有君子、圣贤的社会责任和天下情怀,将个人的忧乐和天下的忧乐联系起来。

但是,宋代士大夫不仅仅强调要将个人忧乐与天下忧乐联系起来,我们还可以追问:宋儒为什么会以"忧"与"乐"的两种不同类型的情感描述"圣贤气象"?这两种不同类型情感分别体现出什么不同的人文意义?

两宋时期的儒家士大夫作为政治主体和文化主体进入历史舞台,他们总是对自己的政治责任、社会使命有强烈的承担意识,所以他们对两宋的内忧外患十分敏感,完全可能因此而沉溺于忧虑、痛苦、烦恼等消极情绪之中难以自拔。我们从宋儒的思想言论和生活实践中会发现,当他们以君子、圣贤作为自己的人格典范时,必然会承担社会之苦、国家之难的沉重

---

[1] 欧阳修著,李逸安点校:《易童子问》卷1,《欧阳修全集》,中华书局2001年版,第1109页。

压力，故而忧患必然成为他们精神世界的焦点和重心。许多现代学者就是从这个意义上肯定儒家人格理想、中国文化特征是忧患意识。但是，为什么宋代士大夫总是不得不经历这样的人生磨难和生命悲苦？宋儒并不相信一个外在超越的来世，他们不能够依靠因果报应、上帝赏罚的宗教信仰来解决、化解他们面临的严峻精神问题。要如何才能够完成精神自我的救赎，以回归到生命本质的心灵平静、精神愉悦、身心安泰？

儒家超凡入圣的理想人格一旦落实在世俗的生活世界，君子、圣贤也应该是一种个体存在、感性生命；当他们希望回归生命本质时，又往往会以心灵平静、精神愉悦、身心安泰作为根本精神导向，这时候，"乐以忘忧""曾点之志""乐是心之本体"等思想观念就成为他们情感世界的追求和目标。可以说，宋代新儒家之所以追求"孔颜之乐"，恰恰在于他们有一个特别重要的精神向度，就是解决他们在社会关切、家国情怀中产生的忧患问题。他们之所以需要寻乐，是根源于内心深处的入世之忧；而他们也需要化解、超越内心沉重的忧患，故而迫切需要一种超然之乐。所以，"圣贤气象"既能够凸显宋代士大夫的责任意识，同时也能够表达士大夫的超然境界。许多现代学者就是从这个意义上，肯定儒家人格理想、中国文化特征是乐的精神。宋代士大夫"圣贤气象"的精神特征，既可能体现为"忧患意识"，更应该追求"孔颜之乐"。所以说，宋代士大夫并不希望永远陷于"忧患"之苦，也不希望溺于一己之"乐"，故而只能兼顾社会责任的忧患意识与个体生命本真的乐天精神，最终达到一种忧乐圆融的精神境界与理想人格。

而且，宋儒不仅仅拥有强烈的忧乐情怀，还以此忧乐情怀为基础，建立了一套系统的心性哲学。人们往往认为哲学是理性智慧的产物，而宋儒"致广大、尽精微"的高深哲学为什么会与"忧"与"乐"的情感世界相关联？

这时，我们就来到了理学"内圣之道"的问题意识与思想核心。宋代士大夫在面临现实问题时为什么必须具有浓厚的"忧患意识"？他们为什么能够在忧患处境中寻"孔颜乐处"？其实二者均与其"士志于道"的精神信仰有关。而恰恰是魏晋隋唐以来，儒家信仰之道受到了严重的挑战。许多士大夫或者出入佛老，在佛道的宗教信仰和空无哲学中寻求精神宁静。宋儒必须为自己的"忧患意识""孔颜乐处"找到信仰与哲学的依据，这样他们才能够超越"忧患"带来的困扰，才能够真正实现"孔颜之乐"的精神升华。所以，《周易》的宇宙哲学成为宋儒建构信仰、哲学依据的重要典籍。

这里列举宋儒解释《周易》中《困》卦的一个例子，能够使我们看到宋儒的宇宙哲学与忧乐意识的密切关系。《困》似乎象征作为政治主体的两宋士大夫面临的历史困局，他们必然具有强烈的忧患意识。但是他们心目中的"圣贤""君子"，却能够在困局与忧患中保持乐观的人生态度。范仲淹对于《困》卦的"泽无水"如此解释："困于险而又不改其说，其惟君子乎，能困穷而乐道哉！"① 胡瑗也是如此："惟君子处于穷困，则能以圣贤之道自为之乐，又能取正于大有德之人以为法则，故所行无不得其道，所以获吉而无咎矣。"② 程颐进一步强调："大人处困，不唯其道自吉，乐天安命，乃不失其吉也。"③ "君子当困穷之时，……知命之当然也，则穷塞祸患不以动其心，行吾义而已。"④ 可见，范仲淹、胡瑗、程颐在诠释《困》卦的卦义时，均强调两点：其一，任何穷塞祸患的困境均不可动摇坚守道义、不改志向的决心；其二，必须要在"君子困穷"的境遇中坚持以道自乐。可见，他们对《困》卦卦义的阐发，已经深入到理学内圣之道的核心问题，即如何以乐观、积极的态度，去面对、解决多灾多难的困局。程颐认为："以卦才言处困之道也。下险而上说，为处险而能说，虽在困穷艰险之中，乐天安义，自得其说乐也。时虽困也，处不失义，则其道自亨，困而不失其所亨也。能如是者，其唯君子乎！若时当困而反亨，身虽亨，乃其道之困也。"⑤ 君子虽然处于困穷艰险的时势，无法获得个人命运的亨通，但是他仍然应该通过坚守道

---

① 范能濬编集：《范文正公文集》卷7，《易义·困》，《范仲淹全集》，凤凰出版社2004年版，第125页。

② 胡瑗：《周易口义》卷8，《困》，《文津阁四库全书》第8册，商务印书馆1986年版，第375—376页。

③ 程颢、程颐著，王孝鱼点校：《周易程氏传》卷4，《经下·困》，《二程集》下册，中华书局2004年版，第940页。

④ 程颢、程颐著，王孝鱼点校：《周易程氏传》卷4，《经下·困》，《二程集》下册，中华书局2004年版，第941页。

⑤ 程颢、程颐著，王孝鱼点校：《周易程氏传》卷4，《经下·困》，《二程集》下册，中华书局2004年版，第941页。

义、乐天安义并自得其乐，这就是所谓的"孔颜之乐"。

为了坚定自己的"乐道"精神，宋儒重新建构了内圣之道，即建立一套以无极太极、理气道器的宇宙论为哲学基础的心性之学。宋儒建构了天人一体的心性之学与居敬穷理的修身工夫，他们坚持一切人均可通过心性修养而获得"圣贤气象"，这是宋代士大夫能够获得精神上的自我救赎的唯一可能。宋儒特别在四书的经典文本中，找到了他们迫切需要的如何能够达到忧中有乐、乐不忘忧、忧乐圆融生活态度和精神境界的哲学依据。

宋学本来是一种内圣外王之道，宋儒的初衷当然是希望在内圣之道和外王之道两方面均有进一步拓展。但是，在宋学的发展演变过程中，宋儒越来越意识到内圣的根本性，特别是宋代士大夫的忧乐情怀和对理想人格的向往，故而逐渐将内外兼顾的宋学转型为以内圣为主导的性理之学。什么是"性理之学"？元代理学家吴澄说："所谓性理之学，既知得吾之性，皆是天地之理。"[1] 当一个人体认到"吾之性"即是"天地之理"，由自我的内在心性可上达宇宙之理，他承担的"忧患意识"就具有了崇高的精神价值，而他的"孔颜之乐"才能够提升到一种真正的精神超越境界。所以，追求内圣之道的宋儒更加热衷于形而上维度的思想建构，对理气、道器、人心道心、天命之性气质之性等问题表现出特别的兴趣。他们将《周易》的宇宙哲学与四书人格哲学结合起来，建立起形而上性理与形而下生活紧密相连的内圣之道。可见，宋儒在追求内圣之道的过程中，其身心性命的形上思辨，源于他们喜怒哀乐的生活世界。

---

[1] 黄宗羲原著，全祖望补修：《草庐学案·草庐精语》，《宋元学案》卷92，中华书局1986年版，第3038页。

第三章

宋儒四书学对仁学的重建

自从宋儒从早期儒家典籍中确立四书以来，六经与四书的差异便引起了人们的关注。本书认为：六经是以"礼"为重心的典章制度体系，故而六经之学皆可以归结为礼学；四书则是以"仁"为中心的思想道德体系，故而四书之学则可以归结为仁学。而孔子及其弟子的早期儒学思想，既有对三代礼乐文明的继承，又体现出春秋战国仁义道德的构建，故而是礼与仁的结合。

宋儒从早期儒学的经典体系中选取了最为重要的四种而加以注释，从而确立了四书并建立了四书学。宋儒通过回归轴心文明的儒家经典而建构了四书学，宋儒四书学的核心价值重建，其实也就是致力于新仁学的重建。宋儒努力提升仁学的形上意义，将仁学纳入以天理论为核心的理学体系之中。宋儒的新仁学不仅完成了人道与天道合一的哲学建构，同时也强化了儒家文化价值的信仰。

第一节 六经之礼与四书之仁

宋儒将原始儒家文献分为六经体系与四书体系。六经原典主要记载上古三代的礼乐制度，而四书则主要表达原始儒家的仁义精神。六经之礼与四书之仁是一种相互补充的关系。但是，六经之礼与四书之仁之间还存在一些紧张，这种内在紧张还成为儒学内部产生思想分歧和学派纷争的重要原因。在儒学史上，仁与礼的紧张关系所引发的思想论战，一直延续下来。

儒学史上仁与礼的互补和紧张，一直影响着以后的两千年的儒学史。

所以，我们希望再次探讨这些相关问题：为什么说六经以"礼"为本？为什么说四书以"仁"为本？儒学经典体系中"礼"与"仁"为什么会形成一种既互补又紧张的关系？

一　六经以礼为本

六经是指《诗》《书》《礼》《乐》《易》《春秋》六部经典，形成于春秋战国时期。① 孔子及其弟子整理上古三代的历史文献，保存、传承先王治理国家的政治思想，逐渐形成了六经体系。历史上学者们普遍承认六经是三代先王之政典，然而，三代先王之政典的治理之本及学术旨趣是什么？

概括地说，六经的主体内容与学术旨趣就是礼。司马迁在《孔子世家》中，对孔子为了复兴西周礼乐文明而编六经的过程作了论述。他说："孔子之时，周室微而礼乐废，《诗》《书》缺。追迹三代之礼，序《书传》，上纪唐虞之际，下至秦缪，编次其事。曰：'夏礼吾能言之，杞不足征也。殷礼吾能言之，宋不足征也。足，则吾能征之矣。'观殷、夏所损益曰：'后虽百世可知也，以一文一质。周监二代，郁郁乎文哉。吾从周。'故《书传》《礼记》自孔氏。"② 司马迁在这里肯定了两个重要历史事实：其一，孔子在上古文献废弃缺少的情况下，开始致力于《诗》《书》《礼》《乐》的编撰，并且还为这些经典作了《传》《记》；其二，孔子是在"礼乐废"的背景下，希望整理、保存这些代表"三代之礼"的经典。可见，司马迁在《孔子世家》中，对孔子为了复兴西周礼乐文明而编六经的过程作了论述。

其实，六经以礼为本的说法由来已久。六经是孔子从三代王室文献档案中整理出来、作为民间教育的教材。孔子为什么要从事"六艺之教"？《礼记》中有《经解》一篇，就是对孔子"六艺之教"的解释。《经解》开篇即以孔子之语说道："入其国，其教可知也。其为人也温柔

---

① 因秦汉以后《乐》经不存，故又有五经之说。但是从汉至清的两千多年仍然称三代先王的典籍为六经，应该与六经以礼为本有关，"礼"不能够离开"乐"，故本文沿袭六经的习惯说法。

② 司马迁：《史记》卷47《孔子世家》，中华书局1982年版，第1935—1936页。

敦厚，《诗》教也。疏通知远，《书》教也。洁博易良，《乐》教也。洁静精微，《易》教也。恭俭庄敬，《礼》教也。属辞比事，《春秋》教也。故《诗》之失愚，《书》之失诬，《乐》之失奢，《易》之失贼，《礼》之失烦，《春秋》之失乱。其为人也温柔敦厚而不愚，则深于《诗》者也。疏通知远而不诬，则深于《书》者也。广博易良而不奢，则深于《乐》者也。洁静精微而不贼，则深于《易》者也。恭俭庄敬而不烦，则深于《礼》者也。属辞比事而不乱，则深于《春秋》者也。"① 根据孔子的上述看法，"六艺之教"各有其不同的功能和特点，但是，《经解》将六经教育的最终目的归结为礼教和礼治。因为孔子在讲完"六艺之教"的不同功效后，马上讲述礼治与礼教的重要性："安上治民，莫善于礼。"可见，孔子推行"六艺之教"的目的，就是希望恢复和推动礼教与礼治。《经解》谈到的《诗》教、《书》教、《乐》教、《易》教、《礼》教、《春秋》教的不同功效，恰恰是礼教的目的与礼治的实现；而"六艺之教"之所以具有这些功效，就在于六经就是以礼为本的经典。

《礼记·经解》关于"六艺之教"即礼教与礼治的观点，肯定了六经是以礼为本的重要事实，故而得到了以后经学家的肯定。汉代经学家郑玄说："《经解》者，以其记六艺政教得失。"② "六艺政教得失"其实就是礼教礼治的得失。所以，南朝经学家皇侃进一步解释《经解》六艺之教与礼教礼治的关系时说："此篇分析六经体教不同，故名曰《经解》也。六经其教虽异，总以礼为本，故记者录入于礼。"③ 皇侃根据前人的思想，更加明确地提出六经之教就是礼教、六经"总以礼为本"的思想。上述六经的主体内容可以归之于礼的看法，也得到了后世儒家学界的认同。两位晚清经学家曹元弼、皮锡瑞均继续提出同样的看法。曹元弼明确说："六经同归，其指在礼。《易》之象，《书》之政，皆礼也。《诗》之美辞，《春秋》之褒贬，于礼得失之迹也。《周官》，礼之纲领；而

---

① 孔颖达：《礼记正义》卷50《经解》，见李学勤主编《十三经注疏》第6册，北京大学出版社1999年版，第1368页。

② 孔颖达：《礼记正义》卷50《经解》，见李学勤主编《十三经注疏》第6册，北京大学出版社1999年版，第1368页。

③ 孔颖达：《礼记正义》卷50《经解》，见李学勤主编《十三经注疏》第6册，北京大学出版社1999年版，第1368页。

《礼记》，则其义疏也。《孝经》，礼之始；而《论语》，其微言大义也。"① 皮锡瑞《经学通论·三礼》中，专门列有"论六经之义礼为尤重"一节，也肯定六经与礼的关系。他说："六经之文，皆有礼在其中；六经之义，亦以礼为尤重。"② 既然六经是三代先王的政典，"礼"作为三代文明的核心，那么，六经之文皆有礼、六经之义礼尤重，完全是理所当然的事情。

当然，关于六经的性质，后世学者还有其他一些不同的看法。但是，如果我们回到六经文本的内容，应该承认，皇侃提出的"六经其教虽异，总以礼为本"的见解，确实是有见地的。为了进一步确认六经以礼为本的事实，我们不妨对六经与礼的关系做进一步的讨论。

最能够体现西周礼乐文明的经典文献，当然首先就是《礼经》。汉代以"礼"为经的典籍有"三礼"，分别是《仪礼》《周礼》《礼记》，它们成书于不同年代，但均是记载、表现、思考三代礼乐文明的重要典籍。当然，其中成书最早、文献价值最大、地位最高的是《仪礼》。《仪礼》的内容应该是西周一部分礼制文献的保存，但是又经过孔子及其弟子的整理。据《礼记·杂记下》云："恤由之丧，哀公使孺悲之孔子，学士丧礼。《士丧礼》于是乎书。"③ 因士之丧礼早已废弃，鲁哀公派孺悲向孔子学礼，孔子向他传授《士丧礼》，《士丧礼》由此而成书。现存《仪礼》"出残阙之余"，保存的主要是其中的士礼，而《士丧礼》又只是《仪礼》中的一篇。但这里反映了一个重要事实：《仪礼》的文献均应该是依据于西周之礼，但是其成书却与春秋时期的孔子及儒家学派有关。同时，完整的《仪礼》应该包括西周天子、诸侯、卿、大夫、士的不同仪礼，而汉代《仪礼》仅仅保存了士礼。为什么呢？其实，这不仅仅是秦火的偶然。六经成形与孔子及其儒家学派的讲学有关，事实上，孔子在"周室微而礼乐废"的春秋时期从事民间讲学，他讲学的目的就是培养"士"，所以他编撰《仪礼》的目的当然首先为培养"士"。后来形成

---

① 曹元弼：《礼经学》，《续修四库全书》第 94 册，上海古籍出版社 2002 年版，第 713 页。
② 皮锡瑞：《经学通论·三礼》，见吴仰湘编《皮锡瑞全集》第 6 册，中华书局 2015 年版，第 481 页。
③ 孔颖达：《礼记正义》卷 43《杂记下》，见李学勤主编《十三经注疏》第 6 册，北京大学出版社 1999 年版，第 1222 页。

的《仪礼》仅仅保存了士礼,就一点也不奇怪,倒是充分体现了士人在六经形成中的重要作用。

六经中的《乐》《诗》二经,完全是为配合礼、并成为了为礼乐文明系统的组成部分。礼是表达社会政治的不同身份、不同场合的仪式制度,这些仪式制度还要有相关的音乐匹配,这就是"乐"。所谓"乐"是由音乐和诗歌两个方面构成的,那些记载西周礼乐文化而作为音乐教材的书就叫作《乐》,而作为诗歌教材的书就是《诗》。孔子教育、培养士人特别强调"兴于诗,立于礼,成于乐"①,因而,他为了推动礼教、乐教、诗教,分别制作了相关教材,也就是后来儒家学者所称的《礼经》《乐经》《诗经》。司马迁也肯定了这一点,他说:"故孔子不仕,退而修《诗》《书》《礼》《乐》,弟子弥众,至自远方,莫不受业焉。"② 孔子修《诗》《书》《礼》《乐》完全是为了复兴礼乐文明,因为孔子制作了《乐经》,而《乐经》本来就完全是为了配合《礼》而成,历来儒家教育就是礼、乐并举。秦火之后《乐经》不存,但是在重视礼学的《荀子》一书中保存了《乐论》,《礼记》中也保留儒家学者的《乐记》,均是关于礼乐文化的重要著作。如《乐记》特别强调礼、乐之间的密切关系:"乐者,天地之和也。礼者,天地之序也。"③ 充分表达了《乐》以礼为本的事实。作为诗歌教材的书就是《诗》,也是为了配合礼而作的。司马迁对孔子编《诗经》有一个很好的论述,他说:"古者《诗》三千余篇,及至孔子,去其重,取可施于礼义,上采契、后稷,中述殷、周之盛,至幽、厉之缺,始于衽席,故曰:'《关雎》之乱以为《风》始,《鹿鸣》为《小雅》始,《文王》为《大雅》始,《清庙》为《颂》始。'"④ 孔子将《诗》三千余篇,去其重,取可施于礼义者,编成了《诗经》:"三百五篇,孔子皆弦歌之,以求合《韶》《武》《雅》《颂》之音。"⑤ 显然,孔子对音乐文献的整理是下过一番工夫的,经孔子整理过的《诗经》,充

---

① 杨伯峻译注:《论语译注》,中华书局1980年版,第81页。
② 司马迁:《史记》卷47《孔子世家》,中华书局1959年版,第1914页。
③ 孔颖达:《礼记正义》卷37《乐记》,见李学勤主编《十三经注疏》第6册,北京大学出版社1999年版,第1090页。
④ 司马迁:《史记》卷47《孔子世家》,中华书局1959年版,第1936页。
⑤ 司马迁:《史记》卷47《孔子世家》,中华书局1959年版,第1936页。

分体现了他复兴西周礼乐文明的强烈愿望。

在六经体系中,《周易》向来被看作是卜筮之书,作为卜筮之用的巫书与礼是什么关系呢?其实,从文化渊源来说,礼仪来源于巫术,大量历史学家、人类学家已经证明了这一点。六经的文献档案是史官所作,而史官源于巫官,有时史官与巫官一体不分,合称之为巫史。夏、商、周时期的巫史之官又称为"王官",而由他们记录、保存、讲授的典册即为"王官之学"。这些三代留存的"先王之陈迹""先王之政典",就是儒家主要经典——六经的原始形态。所以,《周易》作为一种典型形态的"巫史之学",它既保留了作为卜筮之书的巫术原始形态,又具有西周史官文化的历史理性特点,故而《周易》的卦爻辞既是原始卜筮记录,又体现出礼乐文化的特点。《系辞传》云:"圣人有以见天下之动,而观其会通,以行其典礼,系辞焉以断其吉凶,是故谓之爻。"爻辞、典礼与吉凶三者之间存在某种必然联系,爻能够"断其吉凶"故而具有巫术的特点,但是"以行其典礼"又体现出礼乐的精神。其实,在先秦时代的《左传》《国语》所记载的卜筮之例中,已经论述到《周易》卜筮与当时的礼制之间的关系问题,违礼则凶,守礼则吉,正是体现了巫术与礼仪的前后联系。如《左传·昭公二年》载:"晋侯使韩宣子来聘,且告为政而来见,礼也。观书于大史氏,见《易象》与《鲁春秋》曰:周礼尽在鲁矣。吾乃今知周公之德,与周之所以王也。"[1] 十分明显,从"见《易象》与《鲁春秋》"脱口而出"周礼尽在鲁矣",证明《周易》与《周礼》之间的内在联系。又如《礼记·礼运》载:"言偃复问曰:'夫子之极言礼也,可得而闻与?'孔子曰:'我欲观夏道,是故之杞,而不足征也。吾得《夏时》焉。我欲观殷道,是故之宋,而不足征也。吾得《坤乾》焉。《坤乾》之义,《夏时》之等,吾以是观之。'"[2] 孔子是通过《坤乾》《夏时》等阴阳变换、时节更替的《易》类典籍,来考察夏、殷的礼制沿革。总之,关于《周易》也是礼学之书的事实,可以在先秦文

---

[1] 《春秋左传正义》卷42,见李学勤主编《十三经注疏》第7册,北京大学出版社1999年版,第1172—1173页。

[2] 孔颖达:《礼记正义》卷21《礼运》,见李学勤主编《十三经注疏》第6册,北京大学出版社1999年版,第664—665页。

献中大量看到。

在六经体系中，《礼》《乐》《诗》《易》直接就是礼教教材，而《尚书》《春秋》均是史官编辑的史书，向来被看作是历史教材，后来学界还有"六经皆史"的说法。但是，《尚书》同样是以礼为本而编撰的。根据司马迁《史记》的说法，孔子"追迹三代之礼，序《书传》，上纪唐虞之际，下至秦缪，编次其事"，可见孔子编次《尚书》、为《尚书》作传，其目的就是"追迹三代之礼"。而《春秋》作为鲁国的编年史，绝不是一般的编年体史书，首先是一部记录鲁国政教典章、礼治秩序的政治教材。春秋时期，礼崩乐坏，整个社会出现君不君、臣不臣、父不父、子不子的非礼现象。孔子编《春秋》，就是要重振"先王政教典章，纲维天下"。一部"春秋"史，就是一部以周礼为准则，恢复礼治的书。所以，司马迁说："《春秋》者，礼义之大宗也。"①

由上可见，六经以礼为本确实是一个历史事实。六经之所以成为"经"，是因为它们是三代先王的政典，正如章学诚所说："六经初不为尊称，义取经纶为世法耳，六艺皆周公之政典，故立为经。"②"然所指专言六经，则以先王政教典章，纲维天下，故《经解》疏别六经，以为入国可知其教也。"③ 而所谓"礼"，恰恰是三代先王特别是西周文武周公"制礼作乐"的国家政治制度，是社会规范的全面建设，它构成了我们讲到的礼乐文明。所以，清人曹元弼著有《经礼曲礼说》一文，对此作了很好的论述："古者凡治天下之事，通谓之礼，故曰：为国以礼。《春秋左氏传》自吉、凶、宾、军、嘉而外，凡刑法、政俗，一切得失，皆断之'曰礼'、曰'非礼'，二戴《记》，于治天下之事无不备。然则礼者，王治之通名。析言，则宗伯所掌，谓之礼。统言，则六典皆谓之礼。"④

---

① 司马迁：《史记》卷130《太史公自序》，中华书局1982年版，第3298页。
② 章学诚著，叶瑛校注：《文史通义校注》卷1"经解下"，中华书局2000年版，第110页。
③ 章学诚著，叶瑛校注：《文史通义校注》卷1"经解上"，中华书局2000年版，第93页。
④ 曹元弼：《经礼曲礼说》，见《续修四库全书》第94册，上海古籍出版社2002年版。

二　四书以仁为本

儒家在六经经学体系之外,还建构了一个以儒者个人讲学、著述为形式的"诸子"学术体系。六经是三代先王的国家政典,而儒家子学则是民间士人的讲学之语。所以,春秋战国时期以孔子为首的儒家诸子留下了大量"语""论"的著作,这些著作往往直接以"子"命名,如《曾子》《子思子》《孟子》《荀子》等。

先秦儒家子学典籍很多,宋代儒者根据他们对儒家道统的理解,从其中选出以仁为本的《论语》《大学》《中庸》《孟子》四本书,合称四书。① 此后,在儒家经典体系中出现了在学术旨趣、思想内容有较明显区别的两个系统:六经系统和四书系统。这两个经典系统的思想内容有明显区别:如果说六经系统是以礼为本的话,那么四书系统则是以仁为本。显而易见,以仁为本在《论语》《孟子》中体现得特别充分,下面讨论的仁学思想的材料便主要出自《论语》《孟子》两书。但是,仁学绝不仅仅是《论语》《孟子》的核心思想,它同样是《大学》《中庸》的思想基础和价值前提。《大学》的重点是三纲八目,尤其关注修身的步骤和进路,但是以"仁"为中心的价值仍然是其思想基础和价值前提。所以,《大学》的明明德、亲民、止于至善的"三纲",其实就是仁道的展开。《大学》强调"尧舜帅天下以仁,而民从之""唯仁人为能爱人,能恶人",就是明显证据。《中庸》关注中庸之道,但是其价值核心仍然是仁道。《中庸》强调:"故为政在人,取人以身,修身以道,修道以仁"② "仁者,人也,亲亲为大"③。可见,《中庸》的核心范畴"中""诚",其实均以孔子倡导的仁为价值基础。

孔子及其早期儒家学者反复强调"仁者,人也"④。他们不仅以

---

① 原始儒家的主导思想是以礼归仁,故而先秦儒家子学典籍重仁成为主流,但是也有许多儒家诸子重视"礼",出现了"隆礼"的荀子学派。隆礼派的荀学影响了汉代儒学,重仁派的思孟学派影响了宋代儒学。另可参见梁涛《儒家道统说新探》,华东师范大学出版社2013年版。
② 王文锦译解:《礼记译解》,中华书局2001年版,第784页。
③ 王文锦译解:《礼记译解》,中华书局2001年版,第784页。
④ 王文锦译解:《礼记译解》,中华书局2001年版,第784页。

"人"来定义"仁",同时也以"仁"定义"人":"无恻隐之心,非人也。"①也就是说,无仁爱之心者,因不具有人的类属性,故而非人也。这样,"人"与"仁"可以相互定义。②孔子及其早期儒家建立起以"仁"为依据的人学思想,同样也是以"人"为依据的仁学思想。他们认为,人的一切生物本能不属于人的"类"本质特征,必须从人之为人的人格精神结构与特征去探寻人的"类"本质特征。孔子及其早期儒家建立"仁"的思想体系,特别体现出人的"类"本质特征的人格精神。由此出发,他们深入探讨"仁"的理念具有人的内在"类"本质依据。儒家之"仁"体现为三个基本精神要素,即仁的情感、仁的理性、仁的意志,它们体现出人不同于生物本能的、人格精神的"类"本质特征。

首先,"仁"是人的道德情感,它源于人与人相爱的先天情感。《论语·颜渊》载:"樊迟问仁。子曰:爱人。问知。子曰:知人。"③孔子论仁有许多不同的说法,这是其中的一个最为基本、最为重要的说法。孔子明确指出,"仁"是人具有的爱人情感。人为什么会具有这样的爱人情感?这恰恰是人不同于鸟兽等动物的"类"本质特征。《论语·微子》记载了孔子的话:"鸟兽不可与同群,吾非斯人之徒与而谁与?"④人永远是一种不可与鸟兽同群的社会存在,人不可能离开家庭、社会、国家这些社群组织,处在社群组织中的个人相依而存,不可能不具有相爱的情感。孔子特别指出,具有血缘关系的父母与子女、兄与弟之间的相爱,是仁爱情感确立的根本,人一旦有丧亲之痛,就会"食旨不甘,闻乐不乐,居处不安"⑤,这就体现出仁爱之情的本源性,也是人之为人的社会本能和先天情感。正是这一种社会本能和先天情感,确立了人之为仁的根本,孔子说:"孝弟也者,其为仁之本与!"⑥但是,儒家认为人不仅仅具有爱亲的社会本能和先天情感,人会从亲亲之爱进一步延伸拓展到对

---

① 杨伯峻译注:《孟子译注》,中华书局1960年版,第80页。
② 参见陈来《仁学本体论》,生活·读书·新知三联书店2014年版,第4页。
③ 杨伯峻译注:《论语译注》,中华书局1980年版,第131页。
④ 杨伯峻译注:《论语译注》,中华书局1980年版,第194页。
⑤ 杨伯峻译注:《论语译注》,中华书局1980年版,第188页。
⑥ 杨伯峻译注:《论语译注》,中华书局1980年版,第2页。

广大社群的爱，即达到所谓"泛爱众"①，这一种普遍性的"爱人"情感同样是人的先天情感。孟子对这一种人的普遍性"爱人"情感，作了一种人类学式的界定。他认为人之所以具有爱人的情感，源于人普遍具有的"恻隐之心"，即所谓"恻隐之心，人皆有之"②。孟子特别列举了一个十分典型的事例，即："今人乍见孺子将入于井，皆有怵惕恻隐之心。非所以内交于孺子之父母也，非所以要誉于乡党朋友也，非恶其声而然也。"他由此推出一个重要的结论："无恻隐之心，非人也。"③ 这是对人之爱人的普遍性先天情感的人类学界定。而作为情感经验形式的"恻隐之心"，其实就是人的"类"本质特征的仁，所以，孟子指出："恻隐之心，仁也。"④ 但是，这一种特殊经验的"恻隐之心"，如何可以成为一种普遍性的仁道法则呢？我们还要继续讨论仁的道德理性问题。

其次，早期儒家肯定，"仁"还是一种道德理性，它源于人与人通过以情絜情而实现的社会交往理性。孔子创立仁学，是依据人作为道德主体之间能够具有推己及人的情感推理，这是一种人与人得以相互理解、相互沟通的道德理性。人的爱人情感不会是个别经验和一厢情愿，人与人是一种互为主体的关系，是能够得到对方情感呼应的相互主体。作为相互主体的人具有欲望、情感、需求等推己及人的理性能力，在孔子这里叫作"忠恕之道""为仁之方"。所谓"忠道"的"为仁之方"，孔子认为是："夫仁者，己欲立而立人，己欲达而达人。能近取譬，可谓仁之方也已。"⑤ 所谓"恕道"，孔子的主张是："己所不欲，勿施于人。"⑥ 孔子在这里讲的"欲""不欲"，其实就是人人皆有的欲望、情感、需求。所谓"忠恕之道""为仁之方"，就是以人人皆有的欲望、情感、需求为基础、进而推己及人的社会交往理性。人作为社会实践活动的主体，应该具有相通的情感欲望、精神追求的心理动力，人是一种具有社会交往理性的主体，他能够从自己的情感、欲望、需求出发，进而推导并满足

---

① 杨伯峻译注：《论语译注》，中华书局1980年版，第4页。
② 杨伯峻译注：《孟子译注》，中华书局1960年版，第259页。
③ 杨伯峻译注：《孟子译注》，中华书局1960年版，第80页。
④ 杨伯峻译注：《孟子译注》，中华书局1960年版，第259页。
⑤ 杨伯峻译注：《论语译注》，中华书局1980年版，第65页。
⑥ 杨伯峻译注：《论语译注》，中华书局1980年版，第123页。

他人的情感、欲望、需求，最终实现相互理解、相互满足的社会交往理性。所以，在以四书为代表的早期儒家典籍中，存在不少这类以人人皆有的情感、欲望、需求而推己及人的道德理性。《大学》所讲的"絜矩之道"，就是一种以人之"恶"的情感来推导人人交往的原则："所恶于上，毋以使下；所恶于下，毋以事上；所恶于前，毋以先后；所恶于后，毋以从前；所恶于右，毋以交于左；所恶于左，毋以交于右。此之谓絜矩之道。"当然，人人皆有的情感欲望既是体现为喜怒哀乐的好恶情感，还包括亲亲爱人的道德情感，后一种情感也可以实现"以情絜情"的情感推理。如孟子提出："老吾老，以及人之老；幼吾幼，以及人之幼。"① 这就是将孝亲慈幼的亲亲之情，推广为一种普遍性的尊老爱幼之情，这种普遍性的尊老爱幼之情，在汉唐时期又被称为"博爱"。

最后，"仁"是人的道德意志，它依据人内心不得不去做的自觉行为。孔子认为仁是人的内在情感和理性的需求，当一个人能够意识到仁的这一种情感需求和应然法则，就会在内心形成不得不主动实践仁的道德意志。孔子说："仁远乎哉？我欲仁，斯仁至矣。"② 可见，仁是人的内在情感精神需求，而不是远于人的外在规范，每一个人均可以将"仁"转化为"我欲仁，斯仁至矣"的自觉行动，成为以仁为目的的道德意志。所以，"仁"的内在依据就是这一个行仁的道德意志。孔子总是通过强调为仁的个体自觉性，论述"仁"依据于人人不得不行仁的道德意志。孔子指出，实践仁其实是每一个人均具有的能力，他说："有能一日用其力于仁矣乎？我未见力不足者。盖有之矣，我未之见也。"③ 既然人人皆有行仁的能力与意志，那么，人人皆有的道德意志就成为仁的依据。当然，这一种道德意志并不是一种自发的行为，而是依赖于士人的自觉。孔子说："志士仁人，无求生以害仁，有杀身以成仁。"④ 可见，正是追求仁道的道德意志，使士君子选择了"杀身以成仁"。孔门弟子曾子说："士不可以不弘毅，任重而道远。仁以为己任，不亦重乎？死而后已，不亦远

---

① 杨伯峻译注：《孟子译注》，中华书局1960年版，第16页。
② 杨伯峻译注：《论语译注》，中华书局1980年版，第74页。
③ 杨伯峻译注：《论语译注》，中华书局1980年版，第36页。
④ 杨伯峻译注：《论语译注》，中华书局1980年版，第163页。

乎？"① 儒家士君子就是一个能够自觉承担仁道的社会群体。孟子特别强调仁是士君子以道德意志表现出来的人心，他说："君子所以异于人者，以其存心也。君子以仁存心，以礼存心。"② 孟子还将士君子的仁道意志称为"浩然之气"，他描述说："其为气也，至大至刚"，"其为气也，配义与道"③。这一"浩然之气"其实就是为"仁"的意志形成并呈现出来的一种巨大精神力量。

孔子及其早期儒家的四书体系，主要是一个以"仁"为中心的思想体系。孔子坚持从人的主体性精神结构中去寻找"仁"的内在依据。儒家四书论述的"仁"，具有人的情感、人的理性、人的意志三个基本的精神性要素，体现出人不同于生物本能的"类"本质特征。所以，早期儒家的《论语》《大学》《中庸》《孟子》，后来受到宋儒的特别关注与提升，塑造为独立的四书体系。

三 六经之礼与四书之仁的互补与紧张

从原典文献的形式来看，六经与四书不同，六经原本是三代王室的政典档案，而四书则是春秋战国孔子等儒家士人的个人讲学记录。与此相关，六经与四书的内容也不同，六经是以"礼"为中心的朝廷典章，而四书则是以"仁"为中心的士人思想。故而，"礼"与"仁"的文化特征不同："礼"是制度的、政治的，而"仁"是观念的、道德的。"礼"与"仁"的思想形态也不同："礼"是宗教的、国家的，"仁"是人文的、个体的。当孔子及早期儒家以"仁""释""礼"时，其实是希望以观念的、道德的、人文的、个体的"仁"，去补充完善制度的、政治的、宗教的、国家的"礼"。

确实，"礼"与"仁"的思想形态与文化特征的不同，恰恰可以令儒学内部的思想文化互补，使得儒学能够更好地发挥其强大的社会政治功能和思想文化功能。在两千多年的儒学演变发展历史上，六经之"礼"与四书之"仁"的结构，无论是思想内容还是学术形态，均形成了一种

---

① 杨伯峻译注：《论语译注》，中华书局1980年版，第80页。
② 杨伯峻译注：《孟子译注》，中华书局1960年版，第197页。
③ 杨伯峻译注：《孟子译注》，中华书局1960年版，第62页。

联系密切、多重效应的互补关系。"礼"与"仁"之间通过思想文化的多重互补，推动了儒教文明的历史建构，也强化了儒家文化的恒常生命。

儒家的"礼"与"仁"之间存在哪些互补作用？这当然是一个很大的题目，可以从许多不同方面加以论述和讨论。这里，我们首先讨论关于"礼"与"仁"之间思想内容方面的互补关系。

其一，"礼"与"仁"的互补体现为国家典章制度与个体思想道德的结合。"礼"主要体现为国家层面的典章制度、治理方式，而"仁"主要是精神层面的个体意志、内在人格，当孔子将"礼"与"仁"结合到一起时，就是希望最终实现政治社会的和谐与个体人格的完善。儒学思想体系庞大，但是最重要的是两个方面：一个是国家政治层面的典章制度，一个是个体存在层面的精神人格。对儒学而言，关于国家政治的典章制度固然十分重要，但是，在这些典章制度的制定、推广、执行过程中，永远离不开社会个体的接受、认同、实践，必然会进入个体存在与精神人格层面。所以，早期儒家在继承三代先王典章制度、礼乐文明的基础上，又开拓出个体精神层面的仁义思想，最终建立起"礼"与"仁"的互补型思想文化结构。这种"礼"与"仁"的互补，使国家政治层面的典章制度、礼乐文明落实到个人精神层面的身心性命、仁义道德。从理论意义上讲，这种"礼"与"仁"的互补使得儒家的政治学说与道德学说打通并连接为一体，广大的政治制度与精微的心性修养的结合，能够使儒学更充分地发挥其文化功能。从实践意义上讲，这种"礼"与"仁"的互补使得国家政治层面的典章制度、礼乐文明，能够与个体日用常行的生活世界、精神世界结合起来，从而能够将治国平天下的宏伟事业与正心诚意的个体安身立命结合为一体。这样，儒学可以成为一种既广大又精微的全方位文明体系。

其二，"礼"与"仁"的互补实现了宗教信仰与人文理性的融通。"礼"源于"事神致福"的宗教巫术，西周将崇奉天神上帝的巫术宗教演化为礼乐文化的典章制度之后，仍然具有浓厚的宗教信仰色彩。但是到了春秋战国时期，天神上帝的信仰受到怀疑，与宗教神灵相关的礼乐制度受到了严重的冲击。孔子及其早期儒家学者既是三代礼乐文明的继承者，同时也是三代礼乐文明的开拓者。"礼"不仅仅是中华先民的宗教仪式，同时还演变发展为政治制度、社会规范的总和。孔子及其早期儒家以"仁"释"礼",故而将"礼"的宗教信仰与"仁"的人文理性结合起来。他们意识到复兴礼乐文化不能够再依靠天神、上帝的宗教力量,故而主张从人的内在情感、道德理性来建立礼乐文化的合理性依据。孔子及其早期儒家学者建立的仁学体系,就体现出一种摆脱了外在天神的宗教崇拜,希望回归到人格精神与人文理性的倾向。所以,早期儒家学者一方面整理三代王室文献而成经典,希望通过六艺之教而传承礼乐文明;另一方面通过诠释六经和自由讲学,倡导仁义道德的人文理性。这样,作为"六经"核心的"礼"对人的各种社会行为的规范要求,均不是来自精神压迫、政治强制,而是依据于孔子所确立的"仁",依据于人性以及与人性相关的情感、理性、意志。总之,孔子及其早期儒家在人性、人情的精神要素中,找到了六经规定的礼的人本依据。儒家在诠释六经时,将礼乐归之人情、人性。从孔子开始,儒家学派就坚持以人的心理情感、人文理性作为礼乐的依据。孔子反复追问:"礼云礼云,玉帛云乎哉?乐云乐云,钟鼓云乎哉?"① 他显然认为,只有发自人的人文理性、内在情感的礼仪准则,才是真正有价值的、合理的。孔子将这种人的人文理性、内在情感称之为"仁","仁"就成了"礼"的人本基础,使得"礼"具有了价值的合理性的依据。但是,孔子的仁学不仅仅强调人文理性和主体精神,同时又希望保存"天""天命"的主宰性、必然性的外在形式。近代法国哲学家伏尔泰曾经将儒家"仁"与"礼"的结合称之为"人文宗教"。其实,将儒家"仁"与"礼"的结合称为"人文信仰"可能会更加准确,因为正是由于"礼"的信仰与"仁"的人文相互补充,才能够为早期儒家的人文信仰奠定思想文化的基础。总之,"礼"与"仁"的互补,也就是宗教信仰与人文理性的融通,最终形成了儒家的人文信仰。

六经之礼与四书之仁不仅仅形成一种思想内容的互补关系,同时也在学术形式方面形成一种互补关系。

四书的原典形态是《论语》《曾子》《子思子》《孟子》等儒家子学,子学通常是指春秋战国的士人通过讲学、议论、答问的形式表达作者个人的观点,并且最后由学者个人编纂的书。但是,由于儒家诸子总是以

---

① 杨伯峻译注:《论语译注》,中华书局1980年版,第185页。

六经原典为思想的源头和依据，他们的个人论学有大量诠解六经的内容，这样，这些子学著作便具有"转受经旨，以授于后"的功能，体现出尊经、解经的学术传统。尽管这些著作本来是子学文献，但是在后来被归类于传记之学。譬如，《论语》本身完全是一部子学著作，其内容、形式均具有子学特点，被认为是子学的开端。① 但是，在最早的文献分类中，如在《汉书·艺文志》中，《论语》被当成六经的传记，汉代有"传莫大于《论语》"②的说法。《孟子》是子书，但是在汉代获得了传记的地位。据汉赵岐《孟子题辞》所说，孝文帝时《孟子》作为传记之学，与《论语》《孝经》《尔雅》一道置为博士。《礼记》是先秦到秦汉时期的礼学文献汇编。作为《礼》经的传记之学，其内容包括对《仪礼》进行的思想诠释，大多是围绕礼学的通论，这也是《礼记》一书的精义之所在。先秦时期，礼学家们编写的"记"，重点是为了对《仪礼》进行意义诠释。这些"记"，在先秦时期是很多的，非一人一时之作，而是累世相传。《礼记》选编的材料中很大一部分为先秦诸子之文，如《礼记》的《坊记》《中庸》《表记》《缁衣》等选自《子思子》，《大戴礼记》的《曾子立事》等十篇选自《曾子》。

由此可见六经与四书的互补关系：从思想内容来看，是六经的礼乐制度与四书的仁义道德的互补；从典籍形式来看，则是六经的原典文本与作为六经传记的四书体系的互补。

但是，六经与四书、"礼"与"仁"之间不仅仅是互补关系。由于儒家六经之文与诸子之学存在明显的差别，礼学与仁学也存在明显的紧张，正是这些差异与紧张，最终导致后世儒学的思想纷争与学派分歧。在两千多年儒学演变发展过程中引发出的一系列问题，包括儒家学者的内部分化、儒家学派的学术争辩，甚至汉学与宋学以及相关的六经学与四书学的学术与思潮，往往均与礼学体系与仁学体系之间的紧张有关。"礼"与"仁"之间的一系列的紧张和分歧，构成儒学演变发展的内在原因，直到今天，这些问题仍然引起儒学学界的讨论和争辩。

譬如，儒家学者对"礼"与"仁"的研究差异，会导致他们的学术

---

① 蒋伯潜：《诸子通考》，上海古籍出版社2013年版，第225页。
② 班固：《汉书》卷87下《扬雄传》，中华书局1962年版，第3583页。

派别分歧。以"礼"为中心的典章制度，主要存在于上古三代并通过六经而保留下来，所以，重视礼学研究的学者，更为重视对六经作历史文献学的研究，注重对经典中有关三代礼仪的名物制度考订。而四书则是以"仁"为中心的思想道德，重视仁学研究的儒学学者，更为关注对四书仁义道德的自我体悟，注重通过人格修养而完善自我的精神生命，同时更为关注对道德义理的形上思辨。在两千多年的儒学演变发展历史上，六经之礼与四书之仁，往往代表了汉儒和宋儒的不同经典体系、不同思想旨趣、不同学术贡献，形成了历史上的所谓"汉宋之争"。"汉学"往往重视以六经为依据的礼学，两汉时期的今文经学与古文经学，其实均是以六经之礼的典章制度为研究目标。今文经学偏重于从六经中寻找为现实服务的政治制度、国家治理的借鉴，而古文经学偏重于考证六经的礼仪制度以还原上古的礼乐文明。"宋学"则重视以四书为依据的仁学，两宋时期的理学各派，通过对四书之仁的研究，建构一套人道与天道合一的义理体系，同时还强调个体人格修养而追求一种自觉的道德人格和崇高的精神境界。

又如，"礼"与"仁"的学术思想分歧还引发儒家学者的政治实践分歧。"礼"与"仁"之间的紧张，最初只是儒家学者个人内在的思想矛盾，但是后来却进一步引发儒家学派的外部政治实践分歧。在两千多年的儒学史上，儒家学者一直面临外王与内圣谁为主导的政治选择。儒家士大夫群体中，出现了注重礼法制度、政治治理的隆礼派，还出现了注重个体人格、心性修养的崇仁派。"礼"与"仁"的学术思想分歧，影响到儒家学者外王与内圣谁为主导的政治选择。在历史上，"礼"总是主要体现为国家层面的典章制度、政治治理，故而总是以国家权力为前提、以政治功利为目的，注重对现实政治的纲常等级秩序的维护。隆礼一派是坚持以外王功业、国家治理的追求为主导儒家学者和学派，他们总是以维护政统的政治权威为目标，故而也是礼治秩序的坚定维护者。荀学是典型的隆礼派，所以从荀学一派还衍生出以维护君权为目标的法家韩非子，汉代儒家也是从荀学一派衍生出来的。汉儒重视国家层面的典章制度建设、国家治理功效，他们研究、传播的六经之礼完全是为此服务的。汉儒为了外在的政治事功，往往强调与现实政治中的王权开展合作，在帝国体制、王权框架下实现治国平天下的经世大业。而"仁"主要是个体精神层面的情感需求、自由意志，故而总是以个体存在为前提、以道德精神为目的，特别强调个体人格的独立意志与自由选择。贵仁一派是以内圣精神追求为主导，宋明理学家就是典型的贵仁派。宋儒强调道统高于政统，喜欢以儒家道统的道德理想去批判现实政治权力。内圣一派注重个体精神层面的心性修养、道德情操，强调个体人格和精神境界的实现，他们却往往成为批判礼教的儒家士大夫。从孟子的"大丈夫""杀一夫"的仁者气度，到魏晋名士的反抗礼教的仁爱精神；从宋代儒家士大夫对汉唐君主的严厉批判，到阳明后学强调仁心之自然而非名教所能羁络，他们均是继承、发展了儒家仁学的独立人格、自由意志的精神。所谓"儒家的自由主义"思想传统，也主要由注重个体精神的内圣一派发展而来。

由此可见，原本是儒学思想的"礼"与"仁"的紧张，最后却引发后世儒家学者、儒家学派的重大思想分歧。

第二节 宋儒仁学：人格精神与宇宙法则

孔子及其弟子等早期儒学围绕礼与仁结合的主题，留下了大量私人讲学著述的典籍文献。宋儒从早期儒学的经典体系中选取了最为重要的四种而加以注释，从而确立了四书并建立了四书学。四书的核心理念原本就是"仁"，宋儒建构的四书学就是致力于新仁学的重建。他们不仅回归轴心文明的儒家经典，进而对"仁"作形而上的提升，同时将仁学纳入以天理论为核心的理学体系之中。这样，宋儒通过四书学而建构的新仁学，不仅完成了人道与天道合一的哲学建构，同时也完善了中国文化的价值信仰，使原始儒家最为人格精神的仁获得普遍、永恒的宇宙意义。

宋儒为什么要通过回归轴心文明而实现对"仁"的哲学提升？为什么会发生从六经到四书的核心经典的移位？宋儒的新仁学究竟是一种什么理论？

一 早期儒家的仁与天道

孔子信奉、实践主体性精神的仁，必然面临主体精神的外在依据问题。孔子倡导为仁之道首先依赖于君子的自觉追求，但是仁道的外在实现还可能依赖于天命。他曾发出感叹："道之将行也与，命也；道之将废也与，命也。"① 孔子曾多次讲到"天""天命"的主宰性力量，他说："获罪于天，无所祷也。"② "畏天命。"③ "天"是绝对不能获罪的，君子在"天命"面前必须保持敬畏、虔诚的态度，就是因为"天""天命"对主体精神有强力的约束。所以，孔子不仅主张"畏天命"，同时也倡导"知天命"，他相信这一种具有主宰力量的"天""天命"，应该是理性化的认知对象。可见，孔子的"仁"虽然能够确立"礼"的内在依据，但是，作为人的主体性精神的"仁"，如果希望它能够成为一种普遍性行为准则和客观性社会现实，就必须表达出形而上的主宰力量。一切具有为仁的情感、理性、意志的人，必须要寻找、信仰一个外在的超越依据和最高主宰。

孔子后学一直在努力探索人格精神与宇宙天道之间的联系，早期儒学的许多重要典籍，如《子思子》《孟子》《易传》，也在思考和探讨仁心与天道之间的联系。那些受到宋代儒家重视的早期儒家典籍，其实均是在探索仁心与天道联系方面做出了重要贡献的儒家子学著作，儒家诸子试图为孔子的主体精神的仁心确立天道依据。

早期儒家探索仁心与天道之间的联系方式有两种。

其一，从人道到天道，即从人的内在仁心领悟、提升出一种普遍性、崇高性的天道。《子思子》《孟子》论述了仁道的人性依据和最高主宰"天"的关系。孟子说：

> 尽其心者，知其性也，知其性则知天矣。存其心，养其性，所以事天也。④

在孟子那里，"天""天命"主要是作为仁心、仁性的外在依据。那么，

---

① 杨伯峻译注：《论语译注》，中华书局 1980 年版，第 157 页。
② 杨伯峻译注：《论语译注》，中华书局 1980 年版，第 27 页。
③ 杨伯峻译注：《论语译注》，中华书局 1980 年版，第 177 页。
④ 杨伯峻译注：《孟子译注》，中华书局 1960 年版，第 301 页。

究竟什么是"天""天命"呢?从《中庸》的论述中可以发现,"天""天命"是从主体性精神中提升起来的一种普遍性、崇高性的超越存在。《中庸》是这样论述"天""天道"的:

> 天命之谓性,率性之谓道,修道之谓教。①
>
> 诚者,天之道也;诚之者,人之道也。诚者不勉而中,不思而得,从容中道,圣人也。②
>
> 唯天下至诚,为能尽其性;能尽其性,则能尽人之性;能尽人之性,则能尽物之性;能尽物之性,则可以赞天地之化育;可以赞天地之化育,则可以与天地参矣。③

这些论述比较典型地体现出早期儒学努力探索仁之心性(人道)与天道之间的联系与特点。儒家思孟学派所讲的"天""天道"既不是一种自然宇宙论,也不是一种宗教创世论,而是与人的情感、理性、意志的道德精神密切相关的形而上存在,是一种希望通过主体性道德追求而提升出来的精神崇高性、价值普遍性。在《中庸》的思想中,"天道"无非是通过修炼而达到的"诚"的崇高人格,是一种"不勉而中,不思而得,从容中道"的精神境界。思孟学派肯定仁心、仁性是人的普遍性、崇高性特质,故而"天命之谓性"主要是强化仁心的精神崇高性、价值普遍性,以确立一种人文精神的信仰力量。

其二,从天道到人道,即从外在的自然天道论推导出仁义道德。《易传》是早期儒家探寻自然天道的哲学著作,它十分关心对宇宙自然之道的思考。《易传》在论述宇宙天道论的基础上,进一步推导出人道的要求。《易传·系辞》说:

> 天地之大德曰生,圣人之大宝曰位。何以守位?曰仁。

---

① 王文锦译解:《礼记译解》,中华书局2001年版,第773页。
② 王文锦译解:《礼记译解》,中华书局2001年版,第789页。
③ 王文锦译解:《礼记译解》,中华书局2001年版,第790页。

《易传·系辞》所描绘的宇宙自然是一个生生不息的过程，故而他们将"生"作为"天地之大德"。能够与"天地之大德""生"相配的是圣人之"仁"，显然，他们认为人的"仁"之德与天的"生"之德具有相通的共性。由于《易传》旨在建构一个自然宇宙论，"生"才是"天地之大德"，"仁"不过是对"生"的仿效、追随。所以，《易传·系辞》总是将"仁"纳入对"天地之大德"的仿效、追随之中："与天地相似，故不违；知周乎万物而道济天下，故不过；旁行而不流，乐天知命，故不忧；安土敦乎仁，故能爱。"原来，"仁爱"只不过是伟大天道的显现与功用（"显诸仁，藏诸用"），是"与天地相似""周乎万物而道济天下"的具体表现。总之，《易传·系辞》是通过自然天道论来证明仁义的人道论。

战国时期儒家学者探索了仁心与天道之间的联系，当然，他们的论证还存在一些不足。思孟学派是由人到天，《易传》是由天到人，但是这两种思想观念有什么关联？先秦儒家没有将两个不同理论体系打通，仁道论与天道论之间的内在联系还没有完全建立起来。而且，他们的天道论、人道论显得太粗略，还不是精深的哲学化形而上思辨。

两汉时期儒学成为国家意识形态，作为儒家核心价值的"仁"自然成为两汉儒家学者关注的重点。如何确立仁心与天道之间的联系，就成为汉儒必须面对的重要问题。汉儒并没有进一步将思孟学派由人到天或《易传》由天到人的哲思深入下去，而是采取回归三代时期信仰天神上帝的思想体系，以说明礼乐刑政制度、仁义道德思想的依据和来源。汉儒一方面继承了孔孟以来的仁学思想传统，探讨"仁"的理念具有人的精神性要素，即仁的情感、仁的理性、仁的意志。如汉儒董仲舒论述"仁"的一段话：

> 何谓仁？仁者憯怛爱人，谨翕不争，好恶敦伦，无伤恶之心，无隐忌之志，无嫉妒之气，无感愁之欲，无险诐之事，无辟违之行，故其心舒，其志平，其气和，其欲节，其事易，其行道，故能平易和理而无争也。如此者，谓之仁。[1]

---

[1] 董仲舒撰，曾振宇等注：《春秋繁露新注》，商务印书馆2010年版，第184页。

董仲舒所论述的"仁",完全是与人的心、志、气、欲等涉及人的情感欲望、精神意志等方面的因素有关,这正是对早期儒家仁学思想的继承。他特别突出地强调了关于仁之爱的观念,将孔子的"仁者爱人"作了进一步的论述,他强调:"故仁者所爱人类也。"① 这一种"爱人类"的"博爱"思想,是传承孔子的仁学思想。

但是,另一方面,汉儒在关于仁心与天道之间的联系方面,则是继承三代时期天神上帝的宗教信仰。董仲舒比战国时期的儒家学者更加明确地表达了仁与天神的关系,他说:"人之受命于天也,取仁于天而仁也。"② 在董仲舒看来,人所具有的仁的情感与意志,其实来源于"天"所具有的仁的情感与意志。而且,董仲舒吸收了西周时期"以德配天"思想,他所说的"天"完全是神灵之天。他认为"天"是具有仁的情感意志的"百神之大君",人格神的"天"可以通过各种灾异向人类表达他的情感与意志,即所谓"谴告"。董仲舒以"天人感应"宗教思想来建立仁心与天道之间的联系,显然继承了三代时期天神上帝信仰的体系,这与儒家的人文理性精神是不一致的。

二 北宋诸儒的新仁学

两宋儒家学者自觉承担"为往圣继绝学"的文化使命,在面临佛、道两教的严重挑战时,一方面回归儒家经典,努力恢复儒家仁学的人文精神传统,另一方面创立四书的新经典体系,推动儒学的创新性发展。宋儒在新的历史条件下重新建构仁学,通过对仁学的创造性诠释,进一步确立了仁的普遍性和永恒性。

北宋是理学的奠基时代,北宋理学家也是新仁学的奠基人。宋儒建构新仁学固然与佛教的心性论、道家道教的宇宙论的挑战有关,但是新仁学的学术资源却依据于先秦儒家经典。他们通过对儒家经典《易传》、四书的创造性诠释,论证天道与人道结合的新仁学。"北宋五子"对新仁学的最大贡献体现在两个方面:其一,就是从《周易》的宇宙天道论仁学引申出四书的人道论仁学,实现了《周易》的天道仁学与四书的人道

---

① 董仲舒撰,曾振宇等注:《春秋繁露新注》,商务印书馆2010年版,第183—184页。
② 董仲舒撰,曾振宇等注:《春秋繁露新注》,商务印书馆2010年版,第235页。

仁学的结合。其二，就是创造性地运用"体用之辨"的诠释方法，对四书的人道仁学做出形上层面的本体论诠释，大大提升了仁学的哲学意义和精神信仰意义。

首先，我们探讨"北宋五子"新仁学的第一个贡献，考察他们如何从《周易》的自然主义天道论出发，引申出四书的人道主义仁学，建构出一种天道和人道一体化的新仁学。

当代德国哲学人类学家米切尔·兰德曼认为，西方哲学史上一直存在两大类形而上学，一类是宇宙论的形而上学，一类是自我论的形而上学。① 而宋儒在重新建构新仁学时，则坚持将"宇宙论"与"自我论"两种形而上学统一起来，具体而言，就是将《周易》的天道仁学与四书的人道仁学结合起来。他们既发挥《周易》的宇宙论思想资源，从而建构更具自然主义色彩的天道仁学；又通过诠释四书的心性仁学，从人的内在仁心提升出一个形而上的依据。而且，宋儒通过大量引入《易传》的思想资源，对四书仁学进行创造性诠释，将思孟学派的心性仁学与《周易》的天道仁学结合起来，最终建构出一种天道和人道一体的新仁学。

周敦颐是理学奠基人，他的代表著作《太极图说》《通书》，均是将《周易》的宇宙论引申出仁义论的开创性著作。他的《太极图说》论述了太极的宇宙化生到圣人"立人极"的仁义道德的完成过程。周子《太极图说》云："无极而太极。太极动而生阳，动极而静，静而生阴。静极复动。……二气交感，化生万物。万物生生，而变化无穷焉。……惟人也，得其秀而最灵。形既生矣，神发知矣，五性感动，而善恶分，万事出矣。……圣人定之以中正仁义（原注：圣人之道，仁义中正而已矣），而主静（原注：无欲故静），立人极焉。"② 这一个宇宙论哲学源于先秦、两汉的易学，但是，周敦颐的重要贡献是将《周易》的宇宙论与四书的仁义论结合起来，四书的仁义道德成为这个宇宙论体系的组成部分。而且，仁义、主静是"立人极"的人道，它们与"无极而太极"的天道是

---

① 参见米切尔·兰德曼《哲学人类学》，上海译文出版社1988年版。
② 周敦颐著，陈克明点校：《周敦颐集》卷1《太极图说》，中华书局2009年版，第3—5页。

相通的。周敦颐的经典依据主要是易学,他努力将《周易》的宇宙论与四书的仁义论结合起来,恰恰体现了从天道到人道的仁学思想特色。

张载从《易》学中引进了"气"的概念,他经过一番学术探索和思想整理,建立起"太虚即气"的本体论。他力图在"天人一气"的自然宇宙论基础之上,为儒家仁学思想进行宇宙本体论的论证。张载由天道自然到人道仁爱,大大拓展了儒家的哲学思想。张载提出"民吾同胞,物吾与也"的博爱思想,这一仁爱思想的哲学基础却是"天人一气"的天道论。张载在论述仁者爱人的人道论时,处处表现出乾父坤母、天人一气的天道精神;同样,他在论述"乾坤""天地之塞""天地之帅"的天道原理时,其落脚点则是充满仁者爱人的人道精神。张载在《西铭》中论述为仁之道的人道精神时,无处不在地透露出这一种人道意识与天人一气的天道意识的密切关联。他写道:

> 乾称父,坤称母;予兹藐焉,乃混然中处。故天地之塞,吾其体;天地之帅,吾其性。民吾同胞,物吾与也。大君者,吾父母宗子;其大臣,宗子之家相也。尊高年,所以长其长;慈孤弱,所以幼吾幼。圣其合德,贤其秀也。凡天下疲癃残疾、茕独鳏寡,皆吾兄弟之颠连而无告者也。①

张载在《西铭》中表达出一种对普遍性和永恒性仁爱精神的追求,尽管《西铭》中的仁爱精神是建立在宋代士大夫的主体精神与自我存在基础之上的,但是,"吾"之所以能够达到"仁之体"的心理状况和精神境界,完全源于天人一气的天道宇宙论。一个具有"民吾同胞,物吾与也""凡天下疲癃残疾、茕独鳏寡,皆吾兄弟之颠连而无告者也"的仁爱精神的人,一定是能体认到天人一气的天道宇宙论的人。

二程也从《周易》的宇宙论出发,将《周易》的天理论与四书的仁义思想结合起来,从而取得了重大的理论进展。"理"就成为一个存在于自然、社会中一切具体事物的普遍法则,更为重要的是,理不仅存在于宇宙间一切事物之中,而且支配、主宰着世界的秩序和变化,故而,

---

① 张载著,章锡琛点校:《张载集》,中华书局1978年版,第62页。

"理"又成为一个普遍、永恒的主宰者。从其主宰的绝对性而言，它又可以被称为"天"，他们说："天者理也，神者妙万物而为言者也。"① 程颐还用"理一分殊"的新观点，来阐明"天理"在宇宙间的统一性问题。二程强调天与人、自然与社会乃至鬼神变化都依据于一个统一的天理。但是，天地之间的事物各有重要区别，君臣父子因尊卑长幼不同而具有不同的道德规范，事事物物各有其不同的道理。二程通过上述的学说论证，确立了一种以"天理"为中心的宇宙论，将天道和人道结合起来。

其次，我们探讨"北宋五子"新仁学的第二个贡献，即他们如何创造性地运用"体用之辨"的诠释方法，对四书的心性仁学做出本体论诠释，将四书的心性仁学上升到形而上之道，大大丰富了仁学的哲学意义。

中国传统天人合一的思维方式、理论建构有两种，一种是以汉儒为代表的天人同构、天人感应的思维方式、理论建构，一种是以宋儒为代表的体用之辨、同体异用的思维方式、理论建构。两宋时期，体用之辨成为宋儒诠释儒家经典的一个具有深刻哲学内涵和普遍意义的方法。宋儒通过诠释经典而为儒家的心性伦理建构起形而上的本体论思想体系，其建构本体论的基本方法就是体用论。通过宋儒的一系列本体论诠释，仁学的意义发生了重大变化：原来仁学所表达的意思是十分世俗而实用的，但是经过宋儒的诠释，这些人伦日用的仁学具有了形而上的意义，"仁"作为自然情感、交往理性、德性意志而有了形而上的升华，人道之体用就是天道之体用，人作为主体性的情感、理性、意志，最终可以与大本大源的天道、天理相通。

宋儒不满意汉儒以"天人感应"来建立仁心与天道之间的联系，他们重新回归到人的情感、理性、意志等精神要素，进一步确立"仁"的人道价值和意义。宋儒强调回归先秦儒学，因为从孔子开始，就强调人之所以必须有仁爱的情感，并不是因为"人之受命于天也"，而是人作为主体存在的内在需求和心性呈现。所以，宋儒希望回归四书经典，从人的道德主体精神中追溯仁的源头。在宋儒许多经典论著和命题中，"仁"的依据总是体现为人的主体性精神的"我""己""吾"。宋儒新

---

① 程颢、程颐著，王孝鱼点校：《二程集》，《河南程氏遗书》卷11，中华书局2004年版，第132页。

仁学从人道到天道的哲学建构，首先是在吸收先秦思孟学派心性仁学的基础上实现的。宋儒在回归孔子以人的主体精神论仁的基础上，重新将仁归之于人的道德情感、道德理性、道德意志的精神心理要素。

另外，他们努力提升主体存在的形而上意义和价值，确立了主体之"仁"的天道意义和依据。宋儒在继承思孟学派心性仁学的基础上，努力从人的内在仁心提升出一个超越性的依据。他们特别关注《中庸》《孟子》，因为思孟学派的仁学是以心性论为基础的。宋儒通过对四书心性仁学的创造性诠释，最终使人道之"仁"与天道之"理"结合起来，完成了仁的形上哲学的建构。宋儒在确立仁的形上意义时，反复讲到"仁之体"，即是将作为主体道德精神的"仁"提升为一种形而上的"体"。程颢认为《西铭》篇"意极完备，乃仁之体也"①，意指张载在《西铭》中表达出的仁爱精神就是一种普遍和永恒意义的"体"。但是，我们会发现，程颢所讲的"仁之体"，并不是一种外在天地自然或宇宙世界的形而上之"体"，而首先是人作为主体存在的形而上之体，是以个体意识为基础的内在主体精神的"体"。

我们进一步考察程颢对"仁之体"的论述。在这里，我们可以看到程颢运用"体用之辨"的诠释方法对仁学做出本体论诠释。程颢在一篇专门讨论仁学的文章中说道：

> 学者须先识仁。仁者，浑然与物同体。义、礼、知、信皆仁也。识得此理，以诚敬存之而已，不须防检，不须穷索。若心懈则有防，心苟不懈，何防之有？理有未得，故须穷索。存久自明，安待穷索？此道与物无对，大不足以名之，天地之用皆我之用。孟子言"万物皆备于我"，须反身而诚，乃为大乐。②

在这一段话中，程颢首先强调主体的"识仁"，"仁者"是一种"浑然与

---

① 程颢、程颐著，王孝鱼点校：《二程集》，《河南程氏遗书》卷2上，中华书局2004年版，第15页。
② 程颢、程颐著，王孝鱼点校：《二程集》，《河南程氏遗书》卷2上，中华书局2004年版，第16—17页。

物同体"的心理状况和精神境界。可见，对宋儒来说，"仁体"首先是一种主体性存在，"识仁"也就是主体通过自己的直觉、体悟，获得对人、物的形而上之本体存在的直觉、境界。程颢的"识仁"，不是一种心之外的"防检"，更非心之外的"穷索"，而是对自己内在之心的察识，直接意识到"万物皆备于我"，体悟到吾心之仁乃天地之仁，天地之仁亦吾心之仁。

由于宋儒对仁学采用了"体用之辨"的本体诠释方法，就更进一步融合了《周易》的天道仁学与四书的人道仁学，创建了一种本体论意义的天道和人道合一的新仁学。程颢之所以相信仁者可以达到一种"以天地万物为一体"的精神境界，是因为这一种精神境界有一个宇宙本体论的前提，即天和人背后有一个相通的、形而上意义的"体"。程颢等理学家认为，这一个"体"就是《易传》所说的"天地之大德曰生"，"生"具有超越社会功利、道德价值的形上意义。程颢在建构新仁学时，肯定这一个具有"生"的本体贯穿于天道和人道之中。他说：

> 医书言手足痿痹为不仁，此言最善名状。仁者以天地万物为一体，莫非己也。认得为己，何所不至，若不有诸己，自不与己相干。如手足不仁，气已不贯，皆不属己。故"博施济众"，乃圣之功用。仁至难言，故止曰"己欲立而立人，己欲达而达人，能近取譬，可谓仁之方也已"，欲令如是观仁，可以得仁之体。[①]

程颢这一段话十分重要，朱熹将其引入他的代表作《论语集注》的《雍也》篇中，可见这是理学家关于新仁学的思想共识。在这里，程颢采用了"体用之辨"的本体诠释方法，对"仁"作为天地万物之"体"和社会道德之"用"作了一个重要的区别：一方面，程颢以《易传》"天地之大德曰生"论仁，他提出所谓"手足痿痹为不仁""手足不"仁"，气已不贯"，就是从"生"的意义上论述对形而上之体的本体体认。他在多处既讲到人又讲到大自然的"生意"时，均视之以"仁"，如"人之一

[①] 程颢、程颐著，王孝鱼点校：《二程集》，《河南程氏遗书》卷2上，中华书局2004年版，第15页。

肢病，不知痛痒，谓之不仁。"① "万物之生意最可观，此元者善之长也，斯所谓仁也。"② "观鸡雏，此可观仁。"③ 这里的所谓"仁"，均是对作为"生"的"仁之体"的体认而言。另一方面，程颢谈到《论语》中的社会功利、道德方法方面的仁时，则强调这是仁之用。如孔子高度赞赏"博施济众"的外在功业，以及他终身行之的"己欲立而立人，己欲达而达人"，也是从"用"意义上的"为仁之方也已"。总之，无论是社会功利还是道德方法，如果从"体用之辨"的哲学角度来看，均是仁之体表现出来的不同"功用"而已。

程颐的仁学与程颢不一样④，但是，以"体用之辨"的本体诠释方法来建构新仁学，却是他们共同的特点。程颐的"体"是指"仁之理"，他同时主张："恕则仁之施，爱则仁之用也。"⑤ 程颐希望通过天理来构建天地万物的终极依据，而这个天理恰恰来之于名教本身，是名教得以建立礼仪秩序的规范与准则。程颐的"理"就是指社会道德的规范，也就是儒家所倡导的仁义。程颐为《艮卦·象传》作传时说："不失其时，则顺理而合义。在物为理，处物为义。……夫有物必有则，父止于慈，子止于孝，君止于仁，臣止于敬，万物庶事莫不各有其所，得其所则安，失其所则悖。"⑥ 而且，此理在普天之下具有绝对的主宰性，即所谓"父子君臣，天下之定理，无所逃于天地之间。"⑦ 程颐以"理"通天人、兼体用，完成了宋儒的天理论哲学建构。

---

① 程颢、程颐著，王孝鱼点校：《二程集》，《河南程氏外书》卷3，中华书局2004年版，第366页。

② 程颢、程颐著，王孝鱼点校：《二程集》，《河南程氏遗书》卷11，中华书局2004年版，第120页。

③ 程颢、程颐著，王孝鱼点校：《二程集》，《河南程氏遗书》卷3，中华书局2004年版，第59页。

④ 参见陈来主编《早期道学话语的形成与演变》，安徽教育出版社2007年版，第187页。

⑤ 程颢、程颐著，王孝鱼点校：《二程集》，《河南程氏遗书》卷15，中华书局2004年版，第153页。

⑥ 程颢、程颐著，王孝鱼点校：《二程集》，《周易程氏传》卷4，中华书局2004年版，第968页。

⑦ 程颢、程颐著，王孝鱼点校：《二程集》，《河南程氏遗书》卷5，中华书局2004年版，第77页。

三　南宋新仁学的完成

如前所述，张载、二程是新仁学的奠基者，他们对仁学做出了两个重要发展，既实现《周易》的天道仁学与四书的人道仁学的结合，又通过"体用"方法诠释仁学而提出了一些新的理念。但是，二程建构的新仁学又引发出许多新的矛盾。他们希望天道与人道合一，又以体用之辩来诠释仁学，原本是要提升仁学的思想深度和精神高度。但是，程门弟子在新仁学的理论建构过程中，围绕这一种新的仁学产生了许多歧义的理解，产生出许多新的思想困扰和理论纷争。

其一，一些程门弟子沿着老师的思想，进一步强调仁的天道意义，贬低仁的人道意义。本来，《周易》"天地之大德曰生"的天道与四书"仁者爱人""恻隐之心"的人道是有区别的。但是二程为了统合天道与人道，提升人道仁学的天道意义，故而凸显天道"生物"的崇高价值，甚至以宇宙自然"生"的意义代替人与人之间"爱"的意义。如程门弟子谢上蔡往往直接以"生"以及与"生"有关的"知觉""识"为"仁"，他认为天地自然的生生不息，特别是动物植物等有机体的生命现象就是"仁"。谢上蔡说："仁者何也？活者为仁，死者为不仁。今人身体麻痹不知痛痒谓之不仁，桃杏之核可种而生者谓之桃仁杏仁，言有生之意。推此仁可见矣。"[1]"有知觉、识痛痒便唤作仁。"[2] 这是将《周易》"天地之大德曰生"的天道引入人道而说"仁"，显然，这一种"仁"凸显的是生物的自然天道意义，而不是人人相亲的人道意义。与此相关，他们认为四书中有关人道之仁的"爱人""孝悌""博施济众"论述，不是他们所说的仁之体，谢上蔡说："孝弟非仁也。"[3]"博施济众，亦仁之功用。然仁之名，不于此得也。"[4] 也就是说，只有具有天道意义的仁，

---

[1] 谢良佐：《上蔡语录》卷1，《景印文渊阁四库全书》第698册，台北：商务印书馆1986年版，第567—568页。

[2] 黄宗羲原著，全祖望补修：《宋元学案》卷24《上蔡学案》，中华书局1986年版，第935页。

[3] 朱熹撰，朱杰人、严佐之等主编：《朱子全书》第14册，《朱子语类》卷20，上海古籍出版社、安徽教育出版社2002年版，第707页。

[4] 朱熹撰，朱杰人、严佐之等主编：《朱子全书》第15册，《朱子语类》卷33，上海古籍出版社、安徽教育出版社2002年版，第852页。

才可以直接称为"仁";而一切人道意义的仁,反而不能够称为仁。可见,谢上蔡为了提升"仁"的天道意义,反而贬低人道的仁。谢上蔡的看法并不是个别现象,这一看法影响了不少程门弟子。

其二,以体用之辨诠释仁学是为了提高仁的本体意义,但是一些程门弟子因此而贬低了仁学的道德意义,否定了日用道德实践的修养工夫。由于二程以体用诠释"仁",他们往往将仁看作是"天地之心"的形上本体,看作是"以天地万物为一体,莫非己也"的天地境界,而对于四书原典所讲的人道之仁,诸如"忠恕""爱人""孝悌""博施济众"等仁学的核心价值与修养工夫,均统言之以"用"。在"体用之辨"的思维方式、价值体系中,"忠恕""爱人""孝悌""博施济众"均归之于"功用"。与此同时,求仁工夫又可以分成追求天地境界的悟道工夫,和道德境界的实践工夫。四书原典所讲的求仁工夫主要是道德日用工夫,但是,有的程门弟子往往对追求天地境界的悟道工夫表现出更大兴趣。如谢上蔡直接以"知觉""识"为仁,"知觉""识"既是宇宙天地之"生"的本体,又是体悟宇宙天地之"生"的工夫,他理解的为仁之方是"知方所斯可以知仁,犹观天地变化草木蕃斯可以知天地之心矣。"① 这显然是一种体悟天地之道、天地之心的"知"。另如杨龟山也倡导静中体悟的求仁工夫,他说:"君子之学,求仁而已。……要以身体之,以心验之,雍容自尽于燕闲静一之中,默而识之,兼忘于书言意象之表,则庶乎其至矣。"② 这一种求仁工夫,主要是追求超越性天地境界的悟道工夫。事实上,许多儒家学者一味好高骛远,动辄讲"体天地万物为一体",而忽略了在日用伦常中的求仁工夫,甚至有些学者为显示自己的高明,而贬低日用伦常的求仁工夫。

朱熹是洛学的继承者,同时也是理学的集大成者。他在接受、综合北宋各家理学思想的同时,也批判、修正各种偏颇的思想言行。他希望这一正在蓬勃兴起的理学思潮,能够遵循儒家道德理性的发展理路。作

---

① 朱熹撰,朱杰人、严佐之等主编:《朱子语类》卷33,《朱子全书》第15册,上海古籍出版社、安徽教育出版社2002年版,第1198页。

② 杨时:《龟山集》卷17《寄翁好德其一》,《景印文渊阁四库全书》第1125册,台北:商务印书馆1986年版,第276—277页。

为他理学体系组成部分的仁学,就是北宋理学家群体新仁学的继承、发展和完善,他希望新儒学能够更好地完成自己的文化使命。经过与湖湘学派张栻等人交流、讨论、最终完成的《仁说》,为他进一步诠释四书的仁学,奠定了坚实的基础。我们从《仁说》一文中,可以看到朱熹为此所做出的种种努力。

朱熹首先以天人合一之道诠释仁学,努力完成天道与人道合一的仁学建构。朱熹《仁说》一文,将宋儒仁学从天道到人道、从人道到天道的两个过程作了论述,仁作为人道与天道的特征和相互关系论述得十分系统,是宋儒建构天道与人道结合的新仁学体系的典范。在朱熹的《仁说》一文中说:

> 盖天地之心,其德有四,曰元亨利贞,而元无不统。其运行焉,则为春夏秋冬之序,而春生之气无所不通。故人之为心,其德亦有四,曰仁义礼智,而仁无不包。其发用焉,则为爱恭宜别之情,而恻隐之心无所不贯。①

朱熹《仁说》一文中,继承了北宋理学思想的传统,将《易传》的天道论仁学与四书的人道论仁学统一起来。朱熹一方面确立了"仁"作为"天地之心"的天道建构,作为天道的"仁"具有"元亨利贞"之四德、并且体现为"春夏秋冬之序"的自然秩序;另一方面,朱熹《仁说》又确立了仁作为"人心之妙者"的人道建构,作为人道的"仁"其实就是"仁义礼智"之四德,并且体现为"爱恭宜别之情"的人伦情感。可见,朱熹以"仁之为道,乃天地生物之心"为思想前提,将仁既是天道又是人道的特点作了清晰的论述。在朱熹看来,人心中之仁来源于"天地之心",也就是如他所说:"天地以生物为心者也,而人物之生,又各得夫天地之心为心者也。"② 因此,人可以通过对人心之仁体认和实践,进而

---

① 朱熹撰,朱杰人、严佐之等主编:《晦庵先生朱文公文集》卷67《仁说》,《朱子全书》第23册,上海古籍出版社、安徽教育出版社2002年版,第3279—3280页。

② 朱熹撰,朱杰人、严佐之等主编:《晦庵先生朱文公文集》卷67《仁说》,《朱子全书》第23册,上海古籍出版社、安徽教育出版社2002年版,第3279页。

上达"天地之心"。可见,"天地以生物为心"体现出宇宙论意义的生生不息之天道,而"仁,人心也"的爱人之情,则是人"得夫天地之心为心"的人道。从生成论的角度,天道之仁产生了人道之仁;从道德论的角度,人道之仁的实践是遵循天道之仁的要求。

其次,朱熹又以体用之辨诠释仁学,进一步解释为什么仁可以实现天道和人道的相通。儒家的天道表达为"元亨利贞""春夏秋冬"的宇宙法则、自然秩序,它如何能够决定、主宰人道之仁呢?在理性主义的宋儒这里,"天道"不是一种神秘意志和人格力量,他们不相信神秘的天人感应。朱熹继承了二程以体用之辨诠释易学的思想传统,但是他特别强调以体用之辨诠释仁学。天道和人道能够相通的根本条件就在于"体"。朱熹在《仁说》一文接着说:

> 故论天地之心者,则曰乾元、坤元,则四德之体用不待悉数而足。论人心之妙者,则曰"仁,人心也",则四德之体用亦不待遍举而该。盖仁之为道,乃天地生物之心,即物而在,情之未发而此体已具,情之既发而其用不穷,诚能体而存之,则众善之源、百行之本,莫不在是。①

天道为什么能够体现出"天地生物之心"的仁道精神,源于其作为元亨利贞的"四德之体用";同样,作为"众善之源、百行之本"的"人心之妙",也是源于其仁义礼智的"四德之体用"。朱熹以体用之辨诠释仁学,特别强调应该从个体情感、社会伦常的"用"中,上达、完成形而上之"体"。因为仁之为体总是体现为"天地生物之心",这一个"仁之体"充盈宇宙天地、具体人物之中。任何个人均是"即物而在,情之未发而此体以具,情之既发而其用不穷"。那么,这一个作为统一天道和人道的形而上之"体"是什么?就是"理",仁之理。为什么《易传》以"天之大德曰生"是天道之仁?朱熹解释是"只天地生这物时便有个仁,它只知生而已。……缘他本原处有个仁爱温和之理如此,所以发之于用,

---

① 朱熹撰,朱杰人、严佐之等主编:《晦庵先生朱文公文集》卷67《仁说》,《朱子全书》第23册,上海古籍出版社、安徽教育出版社2002年版,第3279—3280页。

自然慈祥恻隐。"① 仁作为天道之理，总是通过万物生生不息来表达"仁爱温和之理"。同样，仁作为人道，也是仁之理在人伦日用、心理情感中的发用。朱熹在《仁说》一文解《论语》"克己复礼为仁"时说："言能克去己私，复乎天理，则此心之体无不在，而此心之用无不行也。"② 仁之理作为形而上之"体"，总是充盈于宇宙天地、万事万物、人生日用之中，它可以实现天道和人道的相通。

可见，朱熹通过天人合一、体用圆融之道诠释仁学，以推动新仁学的建构。与此同时，为了纠正程门弟子对新仁学的许多错误理解，他还在道学阵营内部，对一些道学家的仁学观点展开批判。朱熹在《仁说》一文中，在以天人合一、体用合一之道诠释仁学之后，又用了大量篇幅对程门弟子错误的仁学观展开了批判。

朱熹发现，许多程门弟子并没有理解二程通过天人合一、体用合一之道诠释仁学的本意，为追求形而上之道及其天地境界，而忽略了儒学的人伦依据、情感基础，故而将天道与人道、体与用割裂、对立起来。譬如，根据体用合一之道的原则，性之体的仁和情之用的爱必须是紧密相连、彼此相通的。但是，一些程门弟子并没有理解程子"爱，情；仁，性；不可以爱为仁"的意思，将爱之情从仁道中分离出去，这就完全背离了儒家仁学的思想传统。所以，朱熹鲜明地批判"离爱而言仁"的错误思想，他说："盖所谓情性者，虽其分域之不同，然其脉络之通，各有攸属者，则曷尝判然离绝而不相管哉！吾方病夫学者诵程子之言而不求其意，遂至于判然离爱而言仁，故特论此以发明其遗意。"③ 朱熹坚决反对将"仁"与"爱"二者"判然离绝""判然离爱而言仁"的观点，因为这一种思想完全违背了儒家坚持的"体用合一"的思想传统。朱熹强调应该从"仁"的心理情感之用中体悟到"心之全德，莫非天理"之体，仁既是体，又是用，是一种即用即体的道德情操和天理法则。

---

① 朱熹撰，朱杰人、严佐之等主编：《朱子语类》卷17，《朱子全书》第14册，上海古籍出版社、安徽教育出版社2002年版，第585页。

② 朱熹撰，朱杰人、严佐之等主编：《晦庵先生朱文公文集》卷67《仁说》，《朱子全书》第23册，上海古籍出版社、安徽教育出版社2002年版，第3280页。

③ 朱熹撰，朱杰人、严佐之等主编：《晦庵先生朱文公文集》卷67《仁说》，《朱子全书》第23册，上海古籍出版社、安徽教育出版社2002年版，第3280页。

与此相关，朱熹进一步批判了程门后学中追求天道而忽略人道的思想倾向。一些理学学者好高骛远，特别偏好那一种与高远的天道相关的哲学思辨、形而上境界，他们或者仅仅以"生"以及与"生"有关的"知觉""识"为仁，或者仅仅以"与万物一体"的天地境界为仁。朱熹在《仁说》一文中批判了这种为追求天道而忽略人道的思想倾向。他说：

> 彼谓物我为一者，可以见仁之无不爱矣，而非仁之所以为体之真也；彼谓心有知觉者，可以见仁之包乎智矣，而非仁之所以得名之实也。……抑泛言同体者，使人含胡昏缓而无警切之功，其弊或至于认物为己者有之矣；专言知觉者，使人张皇迫躁而无沉潜之味，其弊或至于认欲为理者有之矣。①

原来，朱熹之所以要作《仁说》，是由于他担心程门弟子和道学家群体"泛言同体""专言知觉"，希望回归儒家正学。所以，朱熹强调："为仁者，所以全其心之德也。盖心之全德，莫非天理，而亦不能不坏于人欲。故为仁者必有以胜私欲而复于礼，则事皆天理，而本心之德复全于我矣。"② 与此相关，仁既是天道，又是人道，是一种由人道而及天道的人文追求。那么，一切儒者必须坚持四书提出的求仁的下学工夫。可见，朱熹坚持体用圆融、天人合一的思想原则，将早期儒学的仁学思想提升为一种体用一源、天人合一的思想学说，凸显了儒家下学工夫的重要性。正如陈来先生所说，朱子"显然更注重仁说道德实践意义，即功夫意义，而不是仁说的境界意义"③。

在朱熹的《仁说》一文中，他将仁作为形而上与形而下、天道与人道的两个方面，作了很好的论述。为了充分表达天人合一、体用圆融之仁学、完成新仁学的建构，朱熹论"仁"时还提出"心之德而爱之理"的经典表述。他在《论语集注》中写道："仁者，爱之理，

---

① 朱熹撰，朱杰人、严佐之等主编：《晦庵先生朱文公文集》卷67《仁说》，《朱子全书》第23册，上海古籍出版社、安徽教育出版社2002年版，第3280—3281页。

② 朱熹撰，朱杰人、严佐之等主编：《论语集注》卷6《颜渊第十二》，《朱子全书》第6册，上海古籍出版社、安徽教育出版社2002年版，第167页。

③ 陈来主编：《早期道学话语的形成与演变》，安徽教育出版社2007年版，第218页。

心之德也"①，强调从人道出发、下学而上达的仁学思想。他认为，仁的表现形式是爱的情感、心的知觉，体现了仁的人道特点；但是，他又强调仁的内容实质是"理""德""性"，仁作为"理""德""性"其实就是天道的人间形态。这样，朱熹的仁学既从天道到人道、又从人道到天道。朱熹在论述仁为什么离不开"情""心""性"时，继承了四书的人道学说和"克己""存诚"等道德修身的下学工夫。朱熹在论述仁为什么是"理""德""性"时，继承了《易传》、汉儒的宇宙论仁学，借助于这一套宇宙论哲学，他建立起从天道到人道的仁学理论体系。宋儒建构的这种天道和人道合一的仁学，使得儒家的天道论与人道论均发生了重大的变化。这样，儒家的天道就不是一种冷漠的、死寂的、无意义的纯粹自然法则，而是具有美好情感、善意目的、正面意义的理性法则。另一方面，这一种具有美好情感、善意目的、正面意义的理性法则，又不是一种神秘意志和人格力量，不是人可以通过宗教仪式、神秘巫术、献媚祈求而实现的。宋儒建构了一种既有理性精神又有人文情感的天道哲学。

  儒家的人道论希望解决的是"仁义礼智""爱恭宜别"的人文法则、个人情感问题。但是，由于这一人道不仅仅是"恻隐之心"，而且能够体现"天地之心"的宇宙精神，这样，儒家的仁道就不仅仅是一种社会秩序、个体情感、求善目的的纯粹道德法则，而是具有形而上的、超越的、崇高精神的宇宙法则。以仁为中心的道德准则不会是一种功利的算计，也不仅仅是一种自然的情感，而是一种既扎根于人的心理情感的个体需求、宗法道德的社会需求，又能够充分表达一种超越个体心理情感、超越社会宗法道德，充分表达出仁道所具有的形而上意义、崇高目的、宇宙精神。

  宋儒通过诠释四书而建构完成的新仁学，不仅仅是一种哲学化建构，同时也是一种价值信仰的重建。这一种新仁学使得在中国人的精神世界中，人格精神的仁获得了普遍的、永恒的宇宙意义；与此同时，冷漠的宇宙也开始充满仁的温情。

---

① 朱熹撰，朱杰人、严佐之等主编：《论语集注》卷1《学而》，《朱子全书》第6册，上海古籍出版社、安徽教育出版社2002年版，第68页。

第三节　天理论体系的新仁学

以朱熹为代表的宋儒通过诠释四书,将早期儒家的仁学纳入天理论体系之中。一方面,他们将四书核心价值的"仁"作了形而上的提升,使道德主体性的仁学与以"生"为目的的天理宇宙论统一起来;另一方面,他们以一种哲学化的天理论统摄四书的思想体系,将周公之礼、孔子之仁均纳入天理论的思想体系之中。

但是这一种理学化的仁学,却一直是儒学史上一个饱受争议的问题。人们今天仍然在追问:这种天理论统摄的新仁学,在中国思想史上究竟具有什么意义?如何从儒家文化的历史演进的角度来理解、评价这一种理学化的新仁学?

一　天理论诠释的四书学

儒学的形成演变过程漫长,经历了一系列重大的变迁。但是,我们仍然可以将中国古代儒学发展过程做一个大的概括,将其简缩为三个基本的发展阶段:礼(周公)—仁(孔子)—理(朱熹)。三代先王及周公完成的礼乐文明是中国儒教文明的基础,孔子及其早期儒学创建的仁学则是儒学的成型,而宋儒及朱熹完成的天理论则是古典儒学的最高形态。

殷周之际历史发生巨大变迁,周公通过"制礼作乐"而创造了礼乐制度文明,六经就是礼乐文明的经典文献。春秋战国时期"礼崩乐坏",孔子以礼归仁,创造了仁义道德的精神文明,早期儒家诸子著作则是仁义道德的经典文献。从春秋战国到汉晋隋唐时期,记载上古典章制度的六经之学一直是经典体系的主体,而早期儒家的著作则只是依附六经的传记之学,或者是儒家学者个人的诸子之学。所以,汉唐时期的儒学、儒教思想文化被合称为"周孔之道"。"周公"创造的典章制度之"礼"是主体,是能够设置"博士"的专门之学,而以"孔子"为代表早期儒家学术的著作,均是只能够依附于六经的传记之学。"周孔之道"中"周"是主,"孔"是从。

唐宋之际,历史再次发生巨大变迁,表达"封建贵族""士族门第"

精神的礼教秩序不断受到冲击，以六经为代表的经学体系和学术教育制度受到普遍怀疑。代之而起的是"白衣秀才"这一宋代士大夫群体的崛起，他们追求、凸显一种文化主体性的仁义精神及其相关的义理之学，以早期儒家诸子之学为主体而创造了四书的新经学体系。两宋以后的儒学被合称为"孔孟之道"。"孔孟之道"的儒学核心思想已经从"礼仪""文章"转移到"仁义""心性"。"孔孟之道"其实是肯定儒家诸子之学已经成为儒家学术的主体，同时也强调儒家诸子之学已经逐渐成为儒家文明的主体。

历史上的儒学先后曾有过"周孔之道""孔孟之道"两个不同称呼，其实源于儒学在"礼—仁—理"的历史演变过程中思想重心的转移。早期儒家"礼—仁"建构的结果，就是形成了汉唐时期以周公礼乐制度为重心的"周孔之道"；而宋儒建构、完成的四书学思想体系，确立了"孔子—曾子—子思—孟子"另一个道统脉络，才形成了"孔孟之道"。可见，宋儒建构的四书学，不仅仅确立了仁义道德的"孔孟之道"是儒家文化的核心价值与学术重心，更加重要的是，宋儒将四书学纳入天理论的哲学体系与信仰体系中去，从而将儒学史上"礼—仁—理"的历史演变与时间过程，化为一种以"天理"统摄"礼—仁"的逻辑体系与空间结构。

所以，宋学的兴起是儒学史的一个重大演变和发展，在原典的四书思想体系中，"仁"是其中的核心价值与学术重心；而在宋儒建构的四书学思想体系中，"理"终于成为整个新经典体系的核心价值与学术重心。本来，在原典四书体系中，"礼"与"仁"均是十分重要的核心范畴，而且两者又是相互定义的关系。但是，宋儒在诠释四书时，将孔孟著作中的礼、仁均以一个"理"来概括，最终以"理"来统摄礼、仁。我们发现，先秦诸子只是偶然讲到的"理"，宋儒则将其提升、发展为一个普遍的、形而上意义的核心范畴。早期儒家倡导的仁、礼，作为人伦关系中的行为规范和准则，宋儒进一步将其抽象化、普遍化为"理"。一方面，宋儒将周公之礼抽象化、普遍化为"理"，朱熹在注解《论语·学而》"礼之用，和为贵"一章时说："礼者，天理之节文，人事之仪则也。"

"盖礼之为体虽严,而皆出于自然之理。"① 宋儒反复强调,他们所说的"理",其实就是在人类社会中体现为"制度品节之可见""人事之仪则"的礼。另一方面,宋儒也将孔子之仁抽象化、普遍化为"理",朱熹解《论语·颜渊》时说:"为仁者,所以全其心之德也。盖心之全德,莫非天理,而亦不能不坏于人欲。"② 其实,宋儒诠释的四书学,不仅仅是礼与仁,他们认为孔子提出的所有伦理道德均是"理"。朱熹将君臣、父子、夫妇、长幼、朋友的人伦之规范和准则,均看作是人伦日用不得不遵循的"理"。他在诠释《孟子》性善论时说:"以理言之,则仁义礼智之禀,岂物之所得而全哉?此人之性所以无不善,而为万物之灵也。"③ 可见,早期儒家提出来的仁、义、礼、智的行为规范和道德准则,宋儒统统归之于"理"。

在宋儒那里,"理"不仅仅是人文之理,同时还是自然之理,意义已经拓展到自然天地,成为既有普遍性、又具必然性的形而上意义的范畴。朱熹在《大学或问》中提出,"理"不仅仅是人类社会,还是天地自然的普遍性、必然性法则,他说:"至于天下之物,则必各有所以然之故,与其所当然之则,所谓理也。"④ 这样,"理"也因此成为日月星辰、山川草木、君臣父子、人伦日用等一切自然的、社会的事物中普遍本质与法则。为了说明统一的"理"和社会、自然中具体之理的关系,朱熹还提出"理一分殊"的思想,不仅将礼、仁的人文之理统一到"一理"之中,还将自然之理也统一到"一理"之中。朱熹在解《论语·里仁》"吾道一以贯之"时说:"夫子一理浑然而泛应曲当,譬则天地之至诚无息,而万物各得其所也。……盖至诚无息者,道之体也,万殊之所以一本也;

---

① 朱熹撰,朱杰人、严佐之等主编:《论语集注》卷1《学而》,《朱子全书》第6册,上海古籍出版社、安徽教育出版社2002年版,第72页。
② 朱熹撰,朱杰人、严佐之等主编:《论语集注》卷6《颜渊》,《朱子全书》第6册,上海古籍出版社、安徽教育出版社2002年版,第167页。
③ 朱熹撰,朱杰人、严佐之等主编:《孟子集注》卷11《告子章句上》,《朱子全书》第6册,上海古籍出版社、安徽教育出版社2002年版,第396页。
④ 朱熹撰,朱杰人、严佐之等主编:《四书或问·大学或问》上,《朱子全书》第6册,上海古籍出版社、安徽教育出版社2002年版,第512页。

万物各得其所者，道之用也，一本之所以万殊也。"① 根据朱熹的"理一分殊"原理，主宰天地自然、人类社会的均是同一个"理"，所以称为"理一"，而早期儒家倡导的仁、义、礼、智的行为规范和道德准则，却是"万殊"之理。同时，仁、义、礼、智的道德规范和行为准则还可以进一步分为更细致的"万殊"之理，如"礼"就包含着无数细致的具体节目。

由此可见，宋儒通过诠释四书而建构的新仁学，完成了以"理"为中心的知识、价值与信仰的重建。他们通过一系列哲学化的思辨，将"仁"作了形而上的提升，使原典儒学中作为人格精神的仁，重新获得了一种普遍的、永恒的宇宙意义。他们将原本是内心、本性的"仁"，纳入一个更加具有哲学性、系统性的天理论体系之中。所以，宋儒的四书学，已经大大不同于作为早期儒家诸子学的《论语》《大学》《中庸》《孟子》。如果说早期儒家的四书还是以"仁"为中心的价值体系的话，宋儒的四书学则已经建构了以"理"为中心的哲学体系和信仰体系。

二　天理论仁学的理论特色

宋儒四书学的建立，是儒学史的一个重大事件，同时也是中国思想史的一个重大事件。无论是将"仁"提升为一种普遍、永恒的宇宙精神，还是将"仁"纳入以"理"为中心的思想系统中去，均体现一个重要的思想史事实：孔子提出的仁爱思想已经被宋儒理学化。如果说"礼""仁"是原典儒学的核心范畴的话，那么，理学化仁学的建立，则代表了新儒学的思想演变与学术发展。

理学化仁学的最大特点，就是将仁纳入天理论的理学体系之中。这样，在宋儒的理学体系中，作为四书核心的"仁"逐渐发生一系列重要变化。那么，这一个新仁学究竟发生了哪些重大变化？

其一，仁爱情感的理性化。

在儒家思想传统中，"仁"明显是一种"情"与"理"相结合的道

---

① 朱熹撰，朱杰人、严佐之等主编：《论语集注》卷2《里仁第四》，《朱子全书》第6册，上海古籍出版社、安徽教育出版社2002年版，第96页。

德观念，也就是李泽厚先生经常讲到的"情理结构"①。早期儒家反复强调：一方面"仁"是一种"爱人""恻隐"的情感，这一种情感是先天的、自然的；另一方面"仁"又是做人而必须遵循的道理和原则，体现为人与人之间能够具有推己及人的情感推理，即一种推己及人的理性。在四书体系中，这一推己及人的情感推理有不同表述。《论语》强调这一种推己及人的为仁之方是"忠恕之道"，《大学》称之为"絜矩之道"，而《孟子》则将其看作是直觉性的"恻隐之心"。在四书体系中，仁的"情"与"理"是结合在一起的。早期儒家主张通过人人都有的情感来推导出自己做人的道德选择。在这里，"情"与"理"是结合在一起的。但是，在早期儒家的"仁"的"情理结构"中，"情"是仁道的存在基础和主导因素。人为什么会有仁爱？仁爱的动力来自于哪里？早期儒家肯定仁爱主要是一种人与人之间相爱的自然情感，即孟子所说的"恻隐之心"。孔子为什么说孝悌是为仁之本？因为孝悌之爱的情感源于自己的血缘关系，这是一种最自然、最强烈的爱。可见，在早期儒家的仁爱"情理结构"中，作为仁爱的本源、主导因素是"情"而不是"理"。

但是，宋儒一旦将仁爱纳入天理论的理学体系之中，"天理"成为统摄仁义礼智的最高存在，从而改造了"仁"的"情理结构"，不是"情"而是"理"已经成为这一"情理结构"的存在基础和主导因素。朱熹在《论语集注》中这样解释仁："仁者，爱之理，心之德也。"② 既然仁是"爱之理"，"理"已经成为定义仁的主词，"情理结构"的存在基础和主导因素就是理而不是情。那么，一个人遵循仁道原则，其道德源泉、精神动力就是来自对"天理"必须遵循的道德理性，而不是因为自己的内心情感、自然本性等情感自然因素。所以，朱熹强调："为仁者，所以全其心之德也。盖心之全德，莫非天理，而亦不能不坏于人欲。故为仁者必有以胜私欲而复于礼，则事皆天理，而本心之德复全于我矣。"③ 一个人之所以服从仁道，不是由于自己的内心情感、自然天性，而是因为他

---

① 李泽厚等：《什么是道德？李泽厚伦理学讨论班实录》，华东师范大学出版社2015年版。
② 朱熹撰，朱杰人、严佐之等主编：《论语集注》卷1《学而》，《朱子全书》第6册，上海古籍出版社、安徽教育出版社2002年版，第68页。
③ 朱熹撰，朱杰人、严佐之等主编：《论语集注》卷6《颜渊》，《朱子全书》第6册，上海古籍出版社、安徽教育出版社2002年版，第167页。

不得不遵循天理的道德理性，即所谓"心之全德，莫非天理"，他不得不以"天理"作为自己的道德意志去战胜自己的感情欲望。所以，在朱熹新"仁学"的"情理结构"中，"理"作为依据和主导，贯穿、主宰了"情"。这是新仁学的一个重大变化。

其二，仁义原则的普遍化。

在早期儒学中，"仁"完全是一种为人之道，而且首先是孝悌的爱亲之道。孔子及其早期儒家学者反复强调"仁者，人也"[1]，建立了一个人道论的仁学思想。儒家贵仁，"仁"一方面涉及人与人之间如何建立一种相爱的亲密关系，另一方面又强调这一种亲密关系的建立依赖于个体人格的独立和自觉。所以，儒家人道论的仁学，体现出人之为人的三个主体人格的精神要素，即仁的情感、仁的理性、仁的意志。可见，"仁"完全是以父子兄弟的爱亲为出发点，通过主体人格精神的开展，进而广泛地建立一种亲密的社会关系。

宋儒虽然也强调主体人格精神的开展，但是他们并不把仁的情感、仁的理性、仁的意志局限于建立一种亲密的社会关系，而是对主体仁心作了极大的拓展，从仁民拓展到爱物，从人道推广到天道。所以，宋儒心目中的"仁"，不仅仅体现为人与人之间的相亲相爱，还体现为人对大自然的热爱，特别体现为人与天地自然的一体不分。正如二程所说："万物之生意最可观，此元者善之长也，斯所谓仁也。人与天地一物也，而人特自小之，何耶？"[2] 程颢特别表彰张载《西铭》中"意极完备，乃仁之体也"[3] 一句。张载《西铭》表达的恰恰是仁道原则的普遍化，即所谓："故天地之塞，吾其体；天地之帅，吾其性。民吾同胞，物吾与也。大君者，吾父母宗子；其大臣，宗子之家相也。尊高年，所以长其长；慈孤弱，所以幼吾幼。圣其合德，贤其秀也。凡天下疲癃残疾、茕独鳏寡，皆吾兄弟之颠连而无告者也。"[4] 这是一种以亲情为基础、但是又完

---

[1] 王文锦译解：《礼记译解》，中华书局2001年版，第784页。

[2] 程颢、程颐著，王孝鱼点校：《二程集》，《河南程氏遗书》卷11，中华书局2004年版，第120页。

[3] 程颢、程颐著，王孝鱼点校：《二程集》，《河南程氏遗书》卷2上，中华书局2004年版，第15页。

[4] 张载著，章锡琛点校：《张载集》，中华书局1978年版，第62页。

全超越了亲情的仁爱，已经从仁民拓展到爱物，从人道推广到天道。宋儒统合人道与天道，提升人道仁学的天道意义，将四书"仁者爱人""恻隐之心"与《周易》的"天地之大德"的天道统一起来。这样，在宋儒的仁学体系中，仁道已经超越人道，获得了一种普遍化意义。

其三，仁道观念的形上化。

在先秦儒家那里，仁爱是一种生活日用的道德情感，仁义是一种人伦日用的道德要求，它们均是形而下的现象存在。《易传·系辞》有"形而上者谓之道，形而下者谓之器。"但是早期儒家只是将"天道"看作是"形而上者"，而将"仁"纳入对"天地之大德"的仿效、追随，"仁爱"只不过是伟大天道的显现与功用（"显诸仁，藏诸用"），是"与天地相似""周乎万物而道济天下"的具体表现。

但是，宋儒大大提升了"仁道"的形上意义，他们不仅将仁爱情感理性化、仁义原则普遍化，而且进一步将仁道观念的形上化。其实，宋儒强调仁是"爱之理"，已经从爱人的情感转化为爱人的理性原则，开始超越感性而进入形而上意义的追求。特别是宋儒强调仁是"民胞物与"的精神境界，仁已经从一般的道德意义转化为形而上意义的"仁之体"。程颢在一篇专门讨论仁学的文章中说道："学者须先识仁。仁者，浑然与物同体。……此道与物无对，大不足以名之，天地之用皆我之用。孟子言'万物皆备于我'，须反身而诚，乃为大乐。"[①] 程颢所讲的"识仁"，就是指"仁之道""仁之理"，在宋儒的思想体系中，此"仁之道""仁之理"均是形而上者。

由此可见，周公制礼作乐，创造了中华礼乐制度文明；孔子以礼归仁，创造了中华仁义道德的精神文明。而朱熹进一步提升礼与仁的哲学意义，他使仁爱情感的理性化、仁义原则的普遍化、仁道观念的形上化，建构了一种既包涵礼的制度与仁的精神，但是又具有天理哲学与天心信仰的文明体系。这是将"仁"纳入天理论的理学体系之中的最大特点。

---

① 程颢、程颐著，王孝鱼点校：《二程集》，《河南程氏遗书》卷2上，中华书局2004年版，第16—17页。

三 天理论仁学的反思

宋儒将原始儒学的"礼—仁"纳入天理论体系，导致儒学的学术体系、思想体系均发生了重大变化，同时引发后世的学术界、思想界的争议，这种争议一直延续到今天。在整个中国的思想界、学术界，对宋儒天理化仁学的否定评价常常会占据上风。人们肯定宋儒确实是改变了原始儒学的形态，但是，应该如何理解、评价这一种思想改变？宋儒的天理化仁学究竟是儒学演变过程中的歧路、堕落，还是儒学发展过程中的提升、发展？

当然，宋儒建构的天理化仁学，涉及许多重要的中国思想文化问题，特别涉及宋明儒学的中国近代思想文化的意义问题，我们不可能在此作全面探讨。这里，我们主要是从儒学史演变发展的视角、以儒家文化内在的评价尺度，对宋儒的天理化仁学作一粗略探讨。

从总体而言，我们应该充分肯定，宋儒的天理化仁学在儒学史上有重要的积极意义，表达了儒学演变发展的重要思想提升与理论完善。

其一，宋儒天理化仁学的最大贡献，就是强化、提升了儒家仁学的哲学意义。当然，儒学本来就不是一门具体的学科，而是全面涉及到中国人的精神世界、文化价值、生活方式、社会制度的文明体系，它广泛而深入地渗透到全体中国人和中国社会的信仰、哲学、道德、审美、政治、法律、经济、教育、习俗等各个方面。因此，儒学是涉及不同学科领域的全体大用之学，是集中代表中华文明、东亚文明知识体系的综合性学科。[1]虽然儒学并不能够等同于哲学，哲学只是儒学的精神维度之一，但哲学化确实是儒学的一个十分重要的学科维度。既然儒学是一门全体大用之学，深入探讨形而上之体与形而下之用关系的哲学化儒学，确实是一个非常重要的综合性思想维度。宋儒推动了仁学的重要发展，使仁爱情感理性化、仁义原则普遍化、仁道观念形上化，最终推动了仁学的哲学化。从价值体系来说，仁、仁义并没有发生重要变化，但是宋儒已经将这一套价值体系奠定在坚实的形而上学的基础之上。宋儒建构的新儒学，是一种包括理气论、道器论、理一分殊论、心统性情论、格

---

[1] 朱汉民：《儒学的多维视域·自序》，东方出版社2015年版，第1页。

物致知论的哲学体系。应该说，宋儒将原始儒学的仁道纳入理学体系之中，大大提升了儒家仁学的哲学意义。

其二，宋儒天理化仁学的重要贡献，就是强化、提升了儒家仁学的信仰功能。周公制礼作乐而创造礼乐文明，但是礼乐制度必须依据于天帝、祖宗的神灵信仰；孔子以礼归仁而创造了道德文明，从而淡化了三代的宗教信仰，强化了道德主体意识。但是，儒家礼乐文明不能仅仅建立在这一道德主体意识的基础上，还必须依托在终极实体的信仰基础上。所以两汉儒家通过回归三代的方式，建立一种对天、天道、天神信仰的文化体系，但是这一神秘化信仰一直受到理性精神的儒家士大夫的怀疑。所以，宋儒需要重建一种理性化的道德信仰，他们不仅将仁义与天理连接起来，而且将仁、理归结为一种最高意志、最终目的的"天地之心"，以强化仁学的信仰功能，解决仁义道德的终极意义问题。所以，宋儒强调仁义不仅仅是一种处理自我与他人关系的道德原则，而具有更加神圣的信仰意义。宋儒将"仁"看作是"天地之心"，他们论说天理、仁的目的性，如《朱子语类》载：

> 道夫言："向者先生教思量天地有心无心。近思之，窃谓天地无心，仁便是天地之心。若使其有心，必有思虑，有营为。天地曷尝有思虑来。然其所以'四时行，百物生'者，盖以其合当如此便如此，不待思惟，此所以为天地之道。"曰："如此则《易》所谓'复其见天地之心'，'正大而天地之情可见'，又如何？如公所说，只说得他无心处尔。若果无心，则须牛生出马，桃树上发李花，他又却自定。"①

可见，朱熹认为"仁""天心"既是无心的，没有人格神的那种思虑营为；又是有心的，体现着宇宙精神"自定"的目的。此即如朱熹所说："天地之心不可道是不灵，但不如人恁地思虑。"② 仁道经过这一种天理化

---

① 朱熹撰，朱杰人、严佐之等主编：《朱子语类》卷1，《朱子全书》第14册，上海古籍出版社、安徽教育出版社2002年版，第117页。
② 朱熹撰，朱杰人、严佐之等主编：《朱子语类》卷1，《朱子全书》第14册，上海古籍出版社、安徽教育出版社2002年版，第116—117页。

的提升，就更加具有神圣的信仰意义。朱熹要求个人由外到内均要保持对"仁义"等天理的虔敬态度，保存"对越上帝"的敬畏心理，即所谓"正其衣冠，尊其瞻视，潜心以居，对越上帝。"这显然是一种精神信仰的要求，这一种要求其实也强化了儒家仁学的宗教功能。

　　这里举一个例子。天理化仁学推动了仁学的哲学化、宗教化的提升，但是也带来另一方面观念的退化。譬如，儒家仁学的天理化完成，固然强化了仁学的理性化、普遍化、形上化，推动了仁学的哲学化提升。但是，仁学的哲学化提升，却淡化、消解了早期儒家仁学浓厚的情感因素与思想特色。具体来说，"仁"作为一种"情"与"理"相结合的"情理结构"，其中的"情"的分量与"理"的分量之间往往是互为消长的。由于宋儒新仁学"情理结构"的存在基础和主导因素已经是理而不是情，那么，一个人遵循仁道原则，其道德源泉、精神动力就来自于对"天理"必须遵循的道德理性，而不是因为自己内心的情感、自然的本性等情感心理因素。这种天理化仁学，往往使"仁"变得更加强制和威严，与原来的"礼"比较接近，而淡化了仁学作为道德主体的情感根基，也淡化了仁道主体意识对礼仪制度的反思态度和批判精神。而这种人情基础、批判精神的仁学，恰恰是儒家道德精神的源头活水，也是儒家仁学生命力的表现。

第四章

宋儒四书学对中道的重建

早在三千多年前,"中国"就开始成为华夏民族的国家命名;数千年文化历史的不断积累,使得"中"逐渐成为中华民族的文明形态、文化类型、思想体系的民族标识和认同依据。所以,中道在中国传统思想中居于重要地位,它既是中国传统的核心价值观念,又是中国传统的基本思维方式。

中道思想一直在中华经典上居于重要地位,早在上古留下的历史文献六经体系中,就保留了当时的中道思想。到了春秋战国的轴心文明时期,原始儒家又通过整理上古文献以及私人讲学的方式,确立了中庸之道的核心地位。而在宋儒所确立的四书学体系中,中庸之道的核心价值、思想体系得到进一步的提升。宋儒通过对四书原典的诠释,进一步推动中庸之道的文化拓展与思想重建,使得原本主要是道德价值、政治价值的中庸之道,进一步获得了超越性的哲学化、信仰化的重要意义。

第一节 早期儒家的中道

在中华民族的思想传统中,中道本来是一个有着十分悠久历史、深厚文化的重要思想观念。在早期儒家学者的思想提炼和理论升华之下,中庸之道开始成为古代中国的道德观念、政治理念、哲学智慧,并且渗透到中华民族的价值观念、思维方式、民族性格之中。

早在春秋战国的轴心文明时期,原始儒家就通过整理上古三代文献、私人讲学的方式,确立了中庸之道的核心地位。所以,我们必须厘清这些问题:五经时期的先王究竟提出了什么的中道思想?原始儒家如何继承发展"五经"中道思想？在原始儒家经、传、子的文献里中庸之道体现出什么特点？

一　六经原典的尚中思想

我们习惯于将中庸之道看作是儒家传统的思想,其实,中华文明是一个崇尚中道的文明,其尚中思想并不是儒家形成后才有的,而在此之前就有一个悠久历史渊源,经历了一个漫长的形成过程。我们可以追溯到远古文明时期,在那些不断出现的考古材料和文化遗迹中,我们便能找到先民崇尚中道的踪迹。但是,真正对原始儒家中道思想的形成产生直接影响的,则主要是前轴心文明时期的六经原典文献。由于六经原典对早期儒家中庸思想产生直接影响,从而导致了儒家中庸之道一系列显著的思想特点。

不像世界其他文明的经典总是具有神启的宗教特点,三代时期留下的六经原典,主要体现为政典化的文献类型与伦理化的思想特点。六经原典源于三代皇室文献档案的"典""则",正如《尚书·五子之歌》中所记载的："明明我祖,万邦之君。有典有则,贻厥子孙。"[1] 三代王朝治理天下而留下了大量典章制度、政治经验、宗教观念的文献典籍,它们既是历代王朝政治的文献档案,又是王室成员、贵族子弟必须学习的文化教材。春秋战国以前的中国文明形成期,被称为"前轴心文明"时期。作为一个崇尚中道的文明体系,中华民族的中道观念大量保存在那时留下的历史文献之中。孔子及其儒家学派整理六经作为私人讲学的教材,故而这些文献对儒家思想的形成产生了极其深刻的影响。儒家的中道思想即源于六经之中,六经原典包含的宗教信仰与实践理性一体的中道思想,恰恰直接影响了儒家中道思想的形成和发展。

六经的中道思想体现在什么地方？究竟具有什么特点？我们首先需要明确的是,六经"中"的思想观念其实与"礼"的宗教禁忌往往是联系在一起的。许多学者发现并指出,六经是以礼为本的。司马迁特别肯定孔子是为复兴三代礼乐而编六经的,他说："孔子之时,周室微而礼乐

---

[1]《尚书正义》卷7《五子之歌》,见李学勤主编《十三经注疏》第2册,北京大学出版社1999年版,第179页。

废,《诗》《书》缺。追迹三代之礼,序《书传》,上纪唐虞之际,下至秦缪,编次其事。"① 司马迁认为孔子整理《诗》《书》《礼》《乐》并作《传》《记》,完全是为了整理、保存这些代表了"三代之礼"的经典,肯定六经就是上古的礼学大典。又如清人曹元弼也说:"六经同归,其指在礼。《易》之象,《书》之政,皆礼也。"② 其实,六经以礼为本是历史上诸多儒家学者的共识。

但是值得注意的是,孔子之前的三代之礼与孔子以后的儒家之礼已经发生了很大的变化。孔子之前的三代之礼,主要是一种以鬼神信仰为依据、以巫术禁忌为形式、以宗法政治为内容的规范体系。李泽厚先生在《中国古代思想史论》中简称之为"巫术礼仪"。而孔子以后的礼,则是一种以人文信仰为依据、以道德政治为形式、以仁义中正为内核的规范体系。由于六经以礼为本,那么,六经中出现的"中行""设中""执中"等等,其实也与三代时期的礼文化密切相关。正因为三代时期的"礼"是一种集宗教禁忌与实践理性为一体的文化体系,使得六经的"中"也具有这一思想特点。

我们首先以群经之首的《周易》为例,来考察其独特的中道思想观念。上古先民相信、崇拜自然神、祖宗神等各种神灵力量,认为各种神灵能够主宰人间吉凶祸福。《周易》作为上古先民的卜筮之书,记载了上古时期的部落首领、王室贵族在面临对国之大事与人生选择时卜问神灵的筮占记录。一方面,《周易》的作者对未来的吉凶悔吝充满忧患,他们希望通过筮占的形式预测未来,故而表现出来的主导思想是一种鬼神崇拜和巫术禁忌。另一方面,《周易》作者在实践中逐渐发现、总结出了一些历史经验和理性法则,他们发现和认同这些历史经验和理性法则可以指导未来的社会政治实践。这样,《周易》就成为一种包含巫术禁忌与实践理性为一体的典籍。早期儒家为《周易》作传而重新解释其筮占内容和形式时,形成了一种独特的学术形态和思想体系。因此,《周易》可以看作是一部保存了中国先民有关中道思想萌芽、形成、发展的活化石。我们通过对《周易》八卦、六十四卦的卦象与卦爻辞的原始文本分析,

---

① 司马迁:《史记》卷47《孔子世家》,中华书局1982年版,第1935—1936页。
② 曹元弼:《礼经学》,《续修四库全书》第94册,上海古籍出版社2002年版,第713页。

可以看到远古先民的中道思想内容和特点。

我们先从《周易》的独特形式来作考察其中道思想。《周易》在形式上是一部卜筮之书，包括本为占筮而用的阴爻（- -）、阳爻（—）、八卦、六十四重卦、三百八十四爻而组成的象数体系；同时，《易经》还包括与六十四卦、三百八十四爻相对应的卦名、卦辞、爻辞。从《周易》的独特形式来看，这部卜筮之书包含着上古时期的历史经验和理性法则，其中包括丰富的中道思想。《易经》由卦爻所组合成的象数符号体系与卦爻辞文字体系，是《易经》的最早思想形态。一方面，《易经》的象数符号、卦辞爻辞总是与某种神秘的天神意志有着密切的关联，体现了他们有大事一定卜问神灵的鬼神崇拜和巫术禁忌；另一方面，《易经》的卦爻象数、卦辞爻辞所表达的吉凶悔吝之结果，又总是与客观的事理、理性的义理有密切关系，依赖于实践理性的把握。所以，《周易》卦爻辞对吉凶下的断语均可分为不同等次，依次是元吉、大吉、吉、无咎、悔、吝、厉、咎、凶。这些结果从形式上看似乎是取决于鬼神意志与巫术禁忌，但是从实质上来考察往往又依赖于历史经验和实用理性。《周易》表现出一个明显的思想："中"是鬼神意志与实践理性的结合。卦爻中出现的中正之位是"当位"或"得位"，也就是说，六爻中二爻是下卦中位，即地位；五爻是上卦中位，即天位，任何占据二位或五位都可称"得中"或"得正"。一个人如何让自己能够"得中"或"得正"，形式上取决于鬼神意志，其实又离不开理性把握。六十四卦中凡是处在"位登九五""九五之尊"的中正之位，往往与元吉、大吉、吉联系在一起，从形式上看这是鬼神的意志安排，但是每一卦的卦主之所以能够在不同情境中取得吉利的结果，总是离不开卦主的理性追求和实践完成。

我们可以进一步从《周易》的经文考察其中道思想的特点。《易经》经文部分共有十多处有"中"字，除了其中多处与中道思想无关之外，其他经文部分出现与中道思想有关的"中"字大多以"中行"出现，其实，这些"中行"正是我们要讨论的中道思想。譬如：

《泰·九二》：包荒，用冯河，不遐遗，朋亡。得尚于中行。①

《复·六四》：中行独复。②

《益·六三》：益之，用凶事，无咎。有孚中行，告公用圭。③

《益·六四》：中行，告公从，利用为依迁国。④

《夬·九五》：苋陆夬夬，中行无咎。⑤

《易经》这五处"中行"是什么含义？陈梦家先生《周易的构成时代书后》认为："所谓'中行'，见于《易》的五条，都当作行道的行。'中行'犹在道。中为副词，或是《诗》中逵即逵中之例，中行即行中。"⑥"中行即行中"的观点，应该说比较准确地反映了《易经》"中行"的含义。也就是说，所谓"中行"，就是指合乎"中"的要求、达到"中"的目标的那一类行动和实践。因为《易经》本来就是一部依据吉凶悔吝后果而决定行动选择的卜筮记录，作者特别强调合乎中道的理性实践，合乎中道的理性实践就会带来元吉、大吉、吉、无咎的结果，当然从形式上看还是取决于天神意志的主宰力量。《易经》的卦爻辞，鲜明地表达出"中行"的思想。可见，体现在《易经》卦爻辞的"尚中"思想，具有宗教禁忌与实践理性一体化的思想特点。

《周易》的卦爻辞虽然是卜筮记录，其实包含着大量殷周之际有关政治和社会生活的"典礼"内容。正如《系辞传》云："圣人有以见天下之动，而观其会通，以行其典礼，系辞焉以断其吉凶，是故谓之爻。"⑦

---

① 《周易正义》卷2《泰》，见李学勤主编《十三经注疏》第1册，北京大学出版社1999年版，第67页。

② 《周易正义》卷3《复》，见李学勤主编《十三经注疏》第1册，北京大学出版社1999年版，第114页。

③ 《周易正义》卷4《益》，见李学勤主编《十三经注疏》第1册，北京大学出版社1999年版，第178页。

④ 《周易正义》卷4《益》，见李学勤主编《十三经注疏》第1册，北京大学出版社1999年版，第178页。

⑤ 《周易正义》卷4《夬》，见李学勤主编《十三经注疏》第1册，北京大学出版社1999年版，第183页。

⑥ 转引自李镜池《周易探源》，中华书局1978年版，第136页。

⑦ 《周易正义》卷7《系辞上》，见李学勤主编《十三经注疏》第1册，北京大学出版社1999年版，第293页。

所以,《周易》的卦爻辞记载了典礼与吉凶之间存在某种必然联系,爻能够"断其吉凶"而具有巫术的特点,其维护的是"以行其典礼"的礼教精神。《周易》卜筮与当时的礼制之间的关系问题,违礼则凶,守礼则吉,正体现了巫术与礼仪的前后联系。也就是说,遵循、合乎典礼的行为,会取得吉利的结果;悖逆、违反典礼的行为,则会导致凶险的后果。① 这就说明,《易经》"尚中"思想体现出宗教信仰与实践理性一体化,其实是与礼紧密联系在一起的。

另外,《尚书》原典也包含大量中道思想。《尚书》是一部记载和保留了唐、虞、夏、商、周时期的档案文献,特别是那些能够体现、代表三代先王王道思想的诰言、誓辞和大事记等,这些文献记录了先王的政治实践和思想理念。在孔子及其儒家学者整理的《尚书》中,保留了不少上古时期的中道思想,能够让我们了解三代中道思想的内容和特点。譬如《商书·盘庚中》记载盘庚迁殷之事,以及盘庚对其臣民发布的命令,他说:

> 呜呼!今予告汝不易。永敬大恤,无胥绝远。汝分猷念以相从,各设中于乃心。②

从盘庚之语中可以看到,"中"确实是上古君王特别崇奉的思想理念。从盘庚迁殷说的"各设中于乃心"就可以发现:"中"不仅能够体现出一种德性与智慧,同时还表达出相关的巫术与信仰。从字面上看,盘庚要求臣民服从他的命令迁殷,应该在自己的内心确立"中"的意识,这样才能够做出恰当的行为选择,"中"在这里具有德性与智慧的含义。但是,"中"的背后还有两种外在强制力量:其一,政治暴力的力量。其二,神灵鬼巫的力量。盘庚"各设中于乃心"的背后,不仅有君主的政治命令,特别还有天神的精神强制。盘庚强调,先王之所以具有以"中道"为中心的德性与智慧,其实来自于"上帝"。他说:

---

① 兰甲云:《周易卦爻辞研究》,湖南大学出版社2006年版,第190页。
② 《尚书正义》卷9《盘庚中》,见李学勤主编《十三经注疏》第2册,北京大学出版社1999年版,第240—241页。

尔谓朕:"曷震动万民以迁?"肆上帝将复我高祖之德,乱越我家。朕及笃敬,恭承民命,用永地于新邑。肆予冲人,非废厥谋,吊由灵。各非敢违卜,用宏兹贲。①

根据孔安国传所说,盘庚迁殷不仅仅是源于高祖之德(为中之德),更是祖宗神之命,盘庚已经通过"决之于龟卜"而获得"上帝"(祖宗神)对此事的允诺,故而他以"各非敢违卜"的外在神灵鬼巫力量来推进此事。可见,盘庚要"群臣当分明相与谋念,和以相从,各设中正于汝心"②,亦是要求臣民服从"上帝"的意旨。

另外,我们还可以从《尚书》的其他篇章中,找到相关的"中道""中德"的论述,这些文献均将"中德"看作是君王应该具有的内在德性:

《商书·仲虺之诰》:王懋昭大德,建中于民,以义制事,以礼制心,垂裕后昆。③

《周书·酒诰》:丕惟曰,尔克永观省,作稽中德。④

《周书·蔡仲之命》:康济小民,率自中,无作聪明乱旧章。⑤

从上述引文中可以看到,"中"是上古君王特别崇奉的理念和德性。考察三代先王的中道观念,同时还可以发现:中道不仅能够体现他们的德性与智慧,同时还包含着他们的宗教与巫术,因为"中道""中德"均被看作是对"天意"的遵循。尽管如孔安国解释所说:"欲王自勉明大德,立

---

① 《尚书正义》卷9《盘庚下》,见李学勤主编《十三经注疏》第2册,北京大学出版社1999年版,第244页。
② 《尚书正义》卷9《盘庚中》,见李学勤主编《十三经注疏》第2册,北京大学出版社1999年版,第241页。
③ 《尚书正义》卷8《仲虺之诰》,见李学勤主编《十三经注疏》第2册,北京大学出版社1999年版,第198页。
④ 《尚书正义》卷14《酒诰》,见李学勤主编《十三经注疏》第2册,北京大学出版社1999年版,第376页。
⑤ 《尚书正义》卷17《蔡仲之命》,见李学勤主编《十三经注疏》第2册,北京大学出版社1999年版,第453页。

大中之道于民，率义奉礼垂优足之道示后世。中如字中或作忠非裕徐以树反。"其背后其实还有一个"天"的宗教权威在那里。

最近整理的清华简《保训》，"中"是其中的核心与关键。《保训》载："昔舜旧作小人，亲耕于历丘。恐求中，自稽厥志，不违于庶万姓之多欲。厥有它施于上下远迩，酒易位设稽，测阴阳之物，咸顺不逆。舜既得中，言不易实变名，身兹备惟允，翼翼不懈，用作三降之德。帝尧嘉之，用授厥绪。於呼！祗之哉！""昔微假中于河，以复有易，有易服厥罪。微亡害，乃归中于河。微志弗亡，传贻子孙，至于成汤，祗备不懈，用受大命。"①《保训》所说的"中"究竟是什么？学界已经是众说纷纭，而这恰恰体现了上古时期"中"的丰富性思想内涵。因为上古时期的"中"既可以是一种沟通鬼神，并且必须由巫才能够掌控的神异之物，也可能是一种三代先王才具有的德性天赋和理性能力，故而才有"舜恐而求中"，才有所谓"于上下远迩，酒易位设稽，测阴阳之物，咸顺不逆"。

二 早期儒家的中庸之道

春秋战国时期儒家诸子建立了比较成熟的中道思想，正是从六经原典的中道思想里发展而来。在春秋战国的儒家子学著作中，包括《论语》《子思子》《孟子》《荀子》的著作中，可以发现大量有关中道的论述。另外，在儒家学者为六经作传记的许多著作中，也同样可以发现大量有关中道的论述。当然，最为重要的是，儒家典籍中还出现了专门论述中庸之道的《中庸》一书。《中庸》一书原本既属于《子思子》这样的子学类著作，又被汉代学者编入《礼记》的经典传记类著作，它代表了早期儒家中庸之道的系统思想。《中庸》既是儒家子学又是六经传记的文献特点，反映了儒学与六经的内在联系。

前轴心文明的六经中道观念，与三代时期的宗教观念和政治经验有关，故而也鲜明体现出宗教巫术、经验操作的特点。而经过早期儒家的进一步思想提升，源于六经的中道观念发生了十分重要的变化，原始儒家的中庸之道，已经开始由一种宗教巫术的禁忌，转化为一种人文价值

---

① 李学勤主编：《清华大学藏战国竹简》（壹），中西书局2010年版，第143页。

的自觉；一种政治经验的累积，转化为道德理性的追求。总之，从六经原典到诸子思想，中国传统中道思想发生了一系列重大变化。我们通过《中庸》一书，同时也包括《论语》《孟子》《荀子》等著作，发现春秋战国的中道思想正在发生重大变化。

早期儒家中庸之道的思想变革，主要体现在下列两个方面。

其一，早期儒家消解了六经原典崇礼尚中的宗教巫术因素，将中庸之道发展为一种人文价值和道德理性。

在六经时代，尚中观念往往与宗教巫术融为一体，他们之所以选择"中行""中道"，主要是一种实用理性的得失成败，而且他们将得失成败的最终决定者归结为神灵的意志。如《周易》的象数符号、卦辞爻辞虽然包含了中道观念，但是这些中道观念总是与神秘的天神意志与宗教禁忌有着密切的关联。《周易》卦爻辞对"中行"的肯定，是与元吉、大吉、吉、无咎、悔、吝、厉、咎、凶等不同结果有关，他们将这些结果最终归之于天神意志。《周易》以"中行"作为"无咎"的充分条件，但是归根结底，吉、凶、悔、吝的结果还是由神意决定的，这是一种有大事一定要卜问神灵的鬼神崇拜和宗教信仰。《尚书》中记载的夏商周君王发布的种种诰命，要求遵循中道理念，这一个"中"也是与天神崇拜、巫术禁忌联系在一起的。如具有巫君合一特殊身份的盘庚提出"各设中于乃心"，其实他不仅仅是发出政治命令的君王，同时他也是一个通过"各非敢违卜"而宣告上天神灵意志的大巫。

但是，在早期儒家诸子著作《中庸》《孟子》《荀子》中，中庸之道与天神崇拜、巫术宗教已经没有多少关系，儒家已经从三代时期的神灵崇拜提升为一种普遍的人文价值和道德理性。所以，我们会发现，在《中庸》一书中，早期儒家消解了中道的神灵崇拜、巫术色彩，而是从道德价值和实践理性的要求出发，探讨如何实现中庸之道的道德化、理性化途径。与此同时，早期儒家诸子著作《中庸》《孟子》《荀子》中，中庸之道逐渐从三代时期的宗教巫术，提升为一种普遍性的人文价值和道德理性。所以，我们发现在《中庸》一书中，儒家的中庸之道是一种很高人文价值的德性。《中庸》记载孔子的话说："中庸其至矣乎！"[1] 可

---

[1] 王文锦译解：《礼记译解》，中华书局2001年版，第774页。

见，在孔子及其早期儒家来看，"中庸"也是一种至高的德性。所以，孔子以"中庸"作为君子小人之辨的人格标准。在《论语》中，孔子将一种原本是政治等级的君子小人之辨，转化为道德人格的君子小人之辨。《中庸》记载孔子的话说："君子中庸，小人反中庸，君子之中庸也，君子而时中；小人之中庸也，小人而无忌惮也。"① 与此同时，儒家的中庸之道也是一种实践理性的要求。《中庸》记载孔子的话说："舜其大知也与！舜好问而好察迩言，隐恶而扬善，执其两端，用其中于民。其斯以为舜乎！"② 中庸之道完全是舜帝的一种"大智慧"，这一种"大智慧"是通过"执其两端，用其中于民"实践理性的方法和程序获得的。

早期儒家将中庸之道由三代的宗教巫术提升为一种人文价值和实践理性，那么，士君子努力追求的普遍性、必然性"中道"的理性法则和道德法则是如何获得呢？《中庸》一书中有大量篇幅探讨了知识教育和道德修养的内容。其中指出，为了使一切希望成为君子的士人能够具有中庸之道的德性，必须开展连为一体的知识教育和道德修养：

> 知，仁，勇三者，天下之达德也，所以行之者一也。或生而知之，或学而知之，或困而知之，及其知之，一也。或安而行之，或利而行之，或勉强而行之，及其成功，一也。③
>
> 好学近乎知，力行近乎仁，知耻近乎勇。知斯三者，则知所以修身；知所以修身，则知所以治人；知所以治人，则知所以治天下国家矣。④
>
> 博学之，审问之，慎思之，明辨之，笃行之。有弗学，学之弗能弗措也。有弗问，问之弗知弗措也；有弗思，思之弗得弗措也；有弗辨，辨之弗明弗措也；有弗行，行之弗笃弗措也。人一能之，己百之；人十能之，己千之。果能此道矣，虽愚必明，虽柔必强。⑤
>
> 故君子尊德性而道问学，致广大而尽精微，极高明而道中庸，

---

① 王文锦译解：《礼记译解》，中华书局2001年版，第774页。
② 王文锦译解：《礼记译解》，中华书局2001年版，第775页。
③ 王文锦译解：《礼记译解》，中华书局2001年版，第784—785页。
④ 王文锦译解：《礼记译解》，中华书局2001年版，第786页。
⑤ 王文锦译解：《礼记译解》，中华书局2001年版，第789页。

温故而知新，敦厚以崇礼。①

在《中庸》作者看来，士君子追求的中庸之道，并不能够完全依赖先验的神性，也不等同于后天的经验，而是要通过上述的知识教育和德性修炼的后天艰苦学习才能够获得。可见，早期儒家的著作消解了六经之中的宗教巫术因素，使中庸之道提升为一种人文价值和道德理性。

其次，早期儒家将六经中先王崇礼尚中的政治经验与鬼神信仰，转化发展为一种士人的中道智慧与哲学建构。

六经时代形成的崇礼尚中文化，主要体现为一种先王的政治经验。六经原典所讲的"中行""中道"，均与先王有关。孔子也将中道的践行归结为上古先王，《论语·尧曰》记载："咨！尔舜！天之历数在尔躬，允执其中。四海困穷，天禄永终。"② 孔子肯定了中道思想源于远古时代的尧、舜，他们以"允执其中"作为治理国家的根本原则。先王之所以必须选择"中行""中道"，源于他们的政治经验。如《易经》中的《夬·九五》："中行，无咎。""中行"作为"无咎"的充分条件，这显然是卦主的一种重要的政治经验。《尚书》中记载的夏商周君王发布的种种诰命，要求遵循中道理念，也是三代先王政治经验的总结。当然，这一种政治经验最终还是与宗教巫术联系在一起的。

但是，孔子及早期儒家提出的中庸之道发生了重大变化，首先是主动追求中庸之道的主体不同。六经时代拥有中道的是先王，而春秋战国时期主动追求"中道"主体的是士人，三代先王的政治经验正在转化为士人群体的理性自觉。《论语·子路》记载孔子之语："不得中行而与之，必也狂狷乎！狂者进取，狷者有所不为也。"③ 这是孔子对士人的期许和要求，希望他们能够追求和达到"中行"的标准，但是孔子知道这是十分不容易的事情，所以他也赞同有一点偏离中行的"狂、狷"，肯定士人们的"狂者进取，狷者有所不为也"的合理性。孔子还希望中道能够成为普通民众的德行与智慧，故而《论语·雍也》还记载孔子的

---

① 王文锦译解：《礼记译解》，中华书局2001年版，第793页。
② 杨伯峻译注：《论语译注》，中华书局1980年版，第207页。
③ 杨伯峻译注：《论语译注》，中华书局1980年版，第141页。

话说："中庸之为德也，其至矣乎！民鲜久矣。"① 他虽然慨叹中庸之德"民鲜久矣"，但是在他的思想中，中庸之德确实是民众应该具备的德行。可见，孔子及其早期儒家的中道思想已经不同于六经时代，他们将原本是君王及其权贵的政治品德的中道，拓展为普通士人、民众的品德和智慧。

儒家不仅将中庸之道的主体作了重要转换，还进一步将"用中""执中"的这种以实践为本位的政治经验，进一步提升为一种具有普遍意义的实践法则，进而将人道的理性法则提升为天道的普遍原理，进而建构一种人道和天道合一的中道哲学。所以，《中庸》第一章的中庸之道，既是一种"人"的道德哲学，又是一种"天"的宇宙哲学：

> 天命之谓性，率性之谓道，修道之谓教。道也者，不可须臾离也，可离非道也。是故君子戒慎乎其所不睹，恐惧乎其所不闻。莫见乎隐，莫显乎微，故君子慎其独也。喜怒哀乐之未发谓之中；发而皆中节谓之和；中也者，天下之大本也；和也者，天下之达道也。致中和，天地位焉，万物育焉。②

《中庸》建构的思想体系，既深入个人心理情感的"戒慎""恐惧""慎独""喜怒哀乐"，表达出对道德主体性存在的关注；又上溯到宏大、伟岸、寥廓的"天命""天下之大本""天地位""万物育"，表达出对宇宙本源、形而上存在的探索。由于"中"是连接个体存在和宏大宇宙的一种具有普遍法则，这样，《中庸》的作者就建构出一种中庸之道的哲学体系，而取代了巫术礼仪的鬼神信仰。我们看看这一个天人合一的中庸哲学：

> 诚者，天之道也。诚之者，人之道也。诚者，不勉而中，不思而得，从容中道，圣人也。诚之者，择善而固执之者也。③

> 唯天下至诚为能尽其性；能尽其性则能尽人之性；能尽人之性

---

① 杨伯峻译注：《论语译注》，中华书局1980年版，第64页。
② 王文锦译解：《礼记译解》，中华书局2001年版，第773页。
③ 王文锦译解：《礼记译解》，中华书局2001年版，第789页。

则能尽物之性；能尽物之性则可以赞天地之化育，可以赞天地之化育则可以与天地参矣。①

中庸之道所表达的本质、原理是双重的，它既是人性、人道，也是物性、天道。所以，人通过合乎中道的道德实践，也就是合乎"赞天地之化育"的宇宙进程。这完全是一种中庸之道的哲学体系。

三 早期儒家中庸之道的特点

先秦儒家从记载三代礼乐制度的王室档案中整理出六经，并且从六经之礼提升出"中"，作为儒家思想的核心范畴，建立了系统的中庸之道学说。由于儒家中庸之道源于六经之礼，故而"中"与"礼"之间存在着深刻的内在联系。许慎《说文解字》云："礼者，履也。"也就是说，礼是一种实践型的观念形态，故而儒家的中道思想也必须依托于实践，会表现出知与行、主体与客体的一体互动的一系列特征。

所以，儒家哲学的中庸之道，其"中"与"道"其实是可以相互诠释的，即所谓"中行犹在道"。它们体现出儒家思想核心范畴的共同特点："中"与"道"其实均指人的实践活动中的过程正确和目的实现。"允执厥中"的"中"，也就是"道不可须臾离"的"道"，它们在六经体系中接近"礼"，都是指各种实践行动的适度、恰当、正确。与此相关，任何合乎"中""道"的政治行动、军事决策、日常行为，均是指实践者的行动的过程正确并实现目的。"礼"具有的思想文化特点深刻地影响着儒家的中庸之道。因此，儒家的"中"与"道"两个范畴是相通的，可以合为"中道""中庸之道"，即都是合乎"礼"的行为。

总之，儒家从六经之"礼"中提升出来的"中"，保留了与"礼"相通的实践型特点，故而当儒家学者建构中庸之道学术体系时，就形成了一系列独有的思想特色，它往往既是主客合一的，也是知行合一的，而且还是天人合一的。

其一，儒家中庸之道具有主客合一的思想特色。

中庸之道并不建立在主、客二分的基础上，而是一种主体作用于客

---

① 王文锦译解：《礼记译解》，中华书局2001年版，第790页。

体的实践活动。因此,"中"既不是独立存在的客观事物规律,也不是人的主观意识、理性认知,而是主客互动过程中的恰当、合宜、适度,故而"中"总是在主客互动的实践过程中才能够呈现出来。儒家学者的"中""道",本来就是源于三代先王的政治实践,体现为国家治理、军事行动、日常生活的正确过程和目的实现。因此,中庸之道并不是儒家确立的知识观念、哲学体系的逻辑起点或普遍原理,而只是表述人的实践活动的恰当、合宜、适度。这就决定了儒家学者的"中""道""度",只能够存在于人主客统一的实践活动中。所以,李泽厚先生认为:"'度'并不存在于任何对象(object)中,也不存在于意识(consciousness)中,而首先是出现在人类的生产—生活活动中,即实践—实用中。……从上古以来,中国思想一直强调'中''和'。"[1] 如果考察历史文献就可以发现,"中""和""度"首先是出现在生产、军事、政治的活动之中,特别是与这些活动有关的礼仪之中,虽然儒家学者将中道作了极大的思想提升,但是儒家思想的中道,仍然一直保留很强的实践性特色。在早期儒家的经、传、子的典籍中,"中"总是体现为"执中""中行""得中",其意均是指人的实践、行动合乎中道、达到目的。故而,"中"总是存在、依托于"行",体现为"行"的恰当、合理、适度。当然,在此实践、行动的基础上,"中"被儒家学者一步步抽象与提升,成为一种具有普遍性意义的行动准则,进一步产生了以"中"为本的规范、价值。但是,这一提升后的普遍性规范、价值,其实仍然依托于"行"。正如《荀子·儒效》所说:"先王之道,仁之隆也,比中而行之。"[2]"仁"是儒学以"先王之道"名义提出的价值理念、道德原则,但是荀子强调应该"比中而行之",即将其看作是一种比类中道的实践理性。可见,"中""和""度"等均是中国传统的核心价值与思维方式,并能够鲜明地表达中国思想传统的实践特色。

其二,儒家的中道具有知行合一的思想特色,故而"中"是确定性和不确定性的统一。

儒家中道是知行合一过程的动态性概念,"中"作为一种实践型的观

---

[1] 李泽厚:《历史本体论》,生活·读书·新知三联书店2002年版,第2—3页。
[2] 北京大学《荀子》注释组注释:《荀子新注》,中华书局1979年版,第91页。

念形态，总是依托于动态性的实践，故而"中"的确定往往是动态性的，没有一成不变的适度、恰当、正确的行动，而总是会随着时间、空间的改变而不断改变作为"中"的标准、形式、规则。一般而言，"知"是一种确定性的知识和观念，往往需要设定对象世界是处在不变的静止状态之中，这样才能够保证标准、形式、法则的确定性。但是，儒家的"中"是知行合一的过程，而不是静止的对象化存在，故而只能够在动态化的实践过程中呈现出来，一个人的实践活动是否达到适度、恰当、正确的标准，总会随着时间、空间的改变而不一样。尽管在实践活动的某一个静止时刻"中"是确定的，可以认定其行为是适度、恰当、正确；但是随着实践活动在时间、空间中的不断变化，"中"又是不确定的。这样的"中"，其实是运动和静止的统一，故而也是确定和不确定的统一。所以，《中庸》记载孔子将"中"界定为"时中"，就是说人的一切活动是否达到适度、恰当、正确，总是随着时间的改变而不断变化的。儒家经典《周易》一书的核心观念就是"变易"，《周易》探讨的义理又称为"时义"，"义"即"宜"，即"中"，"时义"也就是"时中"。可见，儒家所追求中庸之道，"中"在一个特定时间内是一种确定性的标准、形式、程序，但"中"又会随着时间、空间的改变而变得不确定。

其三，儒家的"中庸之道"具有天人合一的思想特色。

儒家的"中庸之道"既可以体现为人之为人的人之道，即成为一种人类社会的礼仪制度；也可以体现为天之道，是一种宇宙秩序的和谐状态。所以，一部《中庸》会大谈天人合一，就在于儒家的"中庸之道"的依据和目标均是天人合一的。在《中庸》及其早期儒家的著作中，特别强调"中"是人之道，他们总是将"中"与人的内在情、欲、心、性联系起来，肯定"中"其实源于人的情感欲求、内在心灵。在儒家看来，"中"与"礼"一样既是为了满足人的情感欲求，同时也是为了节制人的情感欲求。《礼记·礼运》说："饮食男女，人之大欲存焉。死亡贫苦，人之大恶存焉。故欲恶者，心之大端也。人藏其心，不可测度也，美恶皆在其心，不见其色也。欲一以穷之，舍礼何以哉！"[①] 对于饮食男女的

---

① 孔颖达：《礼记正义》卷22《礼运》，见李学勤主编《十三经注疏》第6册，北京大学出版社1999年版，第689页。

人之大欲，必须有一个合乎"中"的准则，既要能够合理满足人的情欲，又不能够让人的情欲破坏社会的秩序和稳定。圣人创造出"礼"就是这种具体的中道准则。又如《礼记·乐记》所说："人生而静，天之性也。感于物而动，性之欲也。物至知知，然后好恶形焉。好恶无节于内，知诱于外，不能反躬，天理灭矣。夫物之感人无穷，而人之好恶无节，则是物至而人化物也。人化物也者，灭天理而穷人欲者也。于是有悖逆诈伪之心，有淫泆作乱之事。是故强者胁弱，众者暴寡，知者诈愚，勇者苦怯，疾病不养，老幼孤独不得其所，此大乱之道也。是故先王之制礼乐，人为之节。衰麻哭泣，所以节丧纪也。钟鼓干戚，所以和安乐也。昏姻冠笄，所以别男女也。射、乡食飨，所以正交接也。礼节民心，乐和民声，政以行之，刑以防之。礼、乐、刑、政，四达而不悖，则王道备矣。"① 很明显，我们既要满足人的好恶情感欲望，又不能够放纵人欲而违背天理，故而"先王之制礼乐，人为之节"，礼乐使人们在一个合理的秩序中，实现了哭泣、安乐、男女、食飨等各种各样的情感欲望。这样我们就能够理解，为什么《中庸》首章要说："喜怒哀乐之未发，谓之中；发而皆中节，谓之和。"其实，"中和"总是与人的喜怒哀乐的情感欲望联系在一起的，如果人的喜怒哀乐处于"未发"状态，它们并没有突破礼的限制即都是合乎中道的，已发的喜怒哀乐如果能够"发而皆中节"，它们也合乎中道故而体现为"中和"。

"中"不仅仅是人之道，还是天之道。作为人道准则的"中"之所以具有那么崇高的权威，是因为"中"还是主宰天地宇宙的法则。所以，在儒家哲学中，"中庸之道"虽然与人生日用不可分离，完全是形而下的，是人"不可须臾离"的，但是，"中"还是天之道，是一种超越性的形上存在和宇宙法则，即如《中庸》说的："中也者，天下之大本也；和也者，天下之达道也。致中和，天地位焉，万物育焉。"② 这一个中庸之道又是形而上的，它体现出"莫见乎隐，莫显乎微"的形而上特点，而且具有主宰世界的意义，能够实现天地宇宙的最高目标和最终意义："致

---

① 孔颖达：《礼记正义》卷37《乐记》，见李学勤主编《十三经注疏》第6册，北京大学出版社1999年版，第1083—1085页。

② 王文锦译解：《礼记译解》，中华书局2001年版，第773页。

中和,天地位焉,万物育焉。"可见,"中庸之道"其实是一种通过人道的修炼和实践,最终达到、实现天道的天人合一境界。

第二节 宋儒《中庸》学的思想发展

在两汉经学时代,《中庸》并没有引起儒家学者的特别关注,它只是《礼记》中的一篇,而《礼记》是属于《礼经》的传记之学。然而到了两宋时代,《中庸》逐渐成为独立的核心经典,并且进入四书体系,这是中华经典体系的一个重大变化。《四库全书总目提要》的《经部》将训释《中庸》的典籍并入"四书类",并且作了一个特别的说明:"训释《大学》《中庸》者,《千顷堂书目》仍入'礼类',今并移入四书。以所解者四书之《大学》《中庸》,非《礼记》之《大学》《中庸》。学问各有渊源,不必强合也。"[1]

学界虽已关注到《四库全书总目》的这一个说法,但是我们仍然有一些相关的思考与疑问:为什么"四书之《大学》《中庸》,非《礼记》之《大学》《中庸》"?它们的"学问各有渊源"体现在何处?四书体系的《中庸》学究竟体现出什么思想创新?

一 《中庸》学与汉宋学术

我们要讨论四书学体系组成部分的《中庸》学,首先需要追溯两汉五经体系的《中庸》。在此基础上,再进一步关注思考唐宋以来有关《中庸》学的学术特色和思想贡献。具体而言,我们希望通过《中庸》在五经体系和四书体系的差别的思考,寻找儒学演进的历史进程和逻辑关联。

从文献学意义上讲,《中庸》是西汉戴圣辑录而成的《礼记》49篇中的一篇。在早期儒家经典体系中,"经"是三代先王制作,其地位最高;而"传""记"只是儒家学者为承传经典、阐发经义而作,其重要性显然低于"经"。汉代所谓的《礼经》,最初就是指《仪礼》,而《礼记》主要是阐发礼义的"记"。但是,《礼记》毕竟是汉代《礼经》学体系的组成部分,与汉代帝国的礼法政治制度密切相关。而且,汉代经学体系

---

[1] 永瑢等撰:《四库全书总目》卷21《经部》,中华书局1965年版,第176页。

与汉代政治体系是一种互动关系，汉帝国确立了以礼为本的五经学的独尊地位，而五经学则维系着两汉礼法政治制度的建设。

本来，在经学史上，学者认为五经学皆是以礼为本，皇侃明确提出六经之教皆是礼教、六经"以礼为本"的思想。而从属于《礼记》体系的《中庸》，也完全是一部礼学体系的著述。刘向《别录》将《中庸》等16篇列为礼学的"通论"，而郑玄在《三礼目录》中提出："名曰《中庸》者，以其记中和之为用也。庸，用也。孔子之孙子思伋作之，以昭明圣祖之德。"[1] 可见，《中庸》是属于"通论"礼学的著作，而且是通论作为礼之内在心性依据的"中和"。作为礼学的通论，必须重点讨论什么是礼之本的问题。

但是，在讨论什么是礼之本的问题上，儒家内部观点并不一样，特别是思孟学派和荀子学派的主张就非常不同。思孟学派代表儒家思想变革，以人的内在心、性、情为礼之本。而荀子继承西周思想传统，以外在的天、祖、君为礼之三本。与荀子以外在的天、祖、君师为礼之三本不一样，《中庸》所强调的"礼之中和"，主要是从人内在的性情立论。《中庸》首章即明确表述："喜怒哀乐之未发，谓之中；发而皆中节，谓之和。"显然，《中庸》以"中和"为礼之依据，而与"中和"直接相关的是人之"情"，具体体现为情的两种状态，即"喜怒哀乐之未发"与"喜怒哀乐之已发"。根据《礼记》文献和思孟学派的观点，"情"十分多样化，既包括喜、怒、哀、乐、爱、恶、惧的"七情"，也应该包括恻隐、羞恶、是非、辞让的"四端"之情。尽管均重视"情"，《中庸》重视喜怒哀乐的中节，而《孟子》重视恻隐羞恶的拓展。故而，《中庸》通过对喜怒哀乐之已发与未发的情感显露，思考人的情感合理性的哲学问题。在汉代学术体系中，《中庸》从属于五经的礼学系统，其目标是服务于外在的礼仪制度的要求。《中庸》主要探讨外在礼仪与内在性情的关系问题，以解决礼仪制度如何表达、调控人的内在情感问题。由于两汉以来儒学的重点在于外在的礼仪制度建设，故而偏重于内在性情和人格修养的《中庸》，并没有能够引起儒家学者的特别关注。

---

[1] 孔颖达：《礼记正义》卷52《中庸》，见李学勤主编《十三经注疏》第6册，北京大学出版社1999年版，第1422页。

但是，在唐宋以后的经学史上，《中庸》的地位逐渐发生变化。外在的礼仪制度建设完成后，必然面临内在精神文化建设问题，加之两晋隋唐以来佛老之学的挑战，《中庸》开始受到一些思想敏锐的儒家学者的密切关注，成为他们回应佛老之学挑战的思想武器和文化资源。值得注意的是，《中庸》最早受到关注并不是礼与中的思想，而是其中与佛学相对应的心性之学与修身论。

宋学兴起可以追溯到唐中叶以来的儒学复兴，特别是韩愈、李翱两位大儒。而他们两位恰恰表现出对《中庸》的特别重视。韩愈说：

> 夫圣人抱诚明之正性，根中庸之至德，苟发诸中形诸外者，不由思虑，莫匪规矩；不善之心，无自入焉；可择之行，无自加焉；故惟圣人无过。①

这篇文章还依据《中庸》"自诚明谓之性，自明诚谓之教"的心性修炼，说明颜子之所以"不贰过"的原因，以及韩愈之所以重视《中庸》学，与《中庸》包含了丰富的心性论、修身论思想有密切关联。李翱也对《中庸》这一部典籍表现出特别关注，而他重视《中庸》，与他积极回应佛教心性论、修身论的挑战、以推动儒学心性论、修身论思想的建设发展有关。李翱著《复性书》，对以《中庸》为主的儒家经典进行阐发，力图通过发挥其中的性命之道，建立起一套儒家身心修养的学问。在《复性书》中，李翱以《中庸》中"能尽其性则能尽人之性，能尽人之性则能尽物之性，能尽物之性则可以赞天地之化育，可以赞天地之化育则可以与天地参矣"②的思想来说明人之"复性"，即通过《中庸》论证儒家的"复性"也可以达到佛道宗教那样的精神境界。他为了论证天道与人性相通，对《中庸》的"诚""君子慎其独""诚则明"等思想资源作了哲学化的诠释，并以之作为体认、实现最高精神境界的方法。李翱通过对《中庸》思想的诠释，不仅提升了儒家性与天道的哲学思考，也进一步引起儒家士大夫对《中庸》一书的关注。

---

① 韩愈著，钱仲联、马茂元校点：《韩愈全集》，上海古籍出版社1997年版，第160页。
② 王文锦译解：《礼记译解》，中华书局2001年版，第790页。

所以，到了宋代，《中庸》很快就受到特别关注。许多儒家学者除了继续发挥《中庸》的思想之外，同时让《中庸》一书能够逐渐从《礼记》中独立出来，提升为独立的经典。宋代初年，太宗雍熙中进士陈充曾以"中庸子"自号，在其所作的《子思赞》中亦有"忧道失传，乃作《中庸》。力扶坠绪，述圣有功"①的表述。如此高度赞扬子思及其《中庸》，体现了宋初儒林对《中庸》的看法已经发生了很大的变化。这一点，在宋学兴起的庆历之时，体现得更为显著，因为《中庸》已为当时主流的儒家士大夫群体所特别推崇，已经表现出对其独立经典地位的认同。如被称为"宋初三先生"的胡瑗还撰有《中庸义》，讨论性情问题，胡瑗高足徐积曾谓："安定说《中庸》始于情性。"②另外，司马光也撰有独立的《中庸广义》，将《中庸》作为独立的儒家经典，以能够更加深入地挖掘《中庸》的思想资源。

特别值得一提的是，开宋学风气之先的范仲淹，曾勉励张载研读《中庸》，对张载成为宋学的代表人物和一代宗师起了很大作用。根据吕大临所作《横渠先生行状》和《宋史·范仲淹传》记载，范仲淹见到张载后，"知其远器，欲成就之，乃责之曰：'儒者自有名教，何事于兵！'因劝读《中庸》。"③可见，《中庸》一书，已经成为宋学思潮中两个重要人物范仲淹、张载信奉的儒学核心经典。事实上，《中庸》在张载开创的思想体系中占据重要地位，《宋史·张载传》记载："其学尊礼贵德、乐天安命，以《易》为宗，以《中庸》为体，以孔孟为法。"④张载自己还说："某观《中庸》义二十年，每观每有义，已长得一格。"⑤其实，张载是通过对《易》与《中庸》不同经典的相互诠释，贯通了原始儒家希望解决的"性与天道"的哲学问题。所以张载说："天人异用，不足以言诚；天人异知，不足以尽明。所谓诚明者，性与天道不见乎小大之别

---

① 陈充：《子思赞》，见曾枣庄、刘琳主编《全宋文》第101册，卷2279，上海辞书出版社、安徽教育出版社2006年版，第316页。

② 黄宗羲原著，全祖望补修：《宋元学案》卷1《安定学案》，中华书局1986年版，第39页。

③ 张载著，章锡琛点校：《张载集》，中华书局1978年版，第381页。

④ 脱脱等撰：《宋史》卷427《张载传》，中华书局1985年版，第12724页。

⑤ 张载著，章锡琛点校：《张载集》，中华书局1978年版，第277页。

也。"① 他还说："性与天道合一存乎诚。"② 这样，《中庸》之"诚"的心性思想，是沟通、解决"性与天道"一体的关键。

还有被道学群体尊为"道学宗主"的周敦颐，也是通过对《中庸》思想的大量吸收才创建了新的道学体系。周敦颐重视《周易》，其代表著作《太极图说》《通书》均是易学著作。周敦颐的《太极图说》，提出了所谓"大哉乾元，万物资始""一阴一阳之谓道""元亨利贞"等，均是《周易》对天地起源、万物法则的思考，表达的是一种宇宙变化的天道观。但是，其《通书》则是将《周易》与《中庸》思想结合起来，最终确立了《中庸》以"诚"为中心的本体论和修身论。他提出的所谓"诚者，圣人之本""诚，五常之本，百行之源"等等，均是《中庸》的儒家的人格本体论与修身论。周敦颐将《周易》与《中庸》结合起来，人道来之于天道，天道呈显于人道。周敦颐在提出自己的人性学说时也以"中"作为重要范畴。他说："性者，刚柔、善恶，中而已矣。""刚善，为义，为直，为断，为严毅，为干固；恶，为猛，为隘，为强梁。柔善，为慈，为顺，为巽；恶，为懦弱，为无断，为邪佞。"③ 在这里，他对"中""和"范畴内涵的阐释都受到《中庸》的影响。

《中庸》一书成形并列入《礼记》，最初只是以礼为本的六经体系的组成部分。《中庸》一书独立出来，体现出宋儒建构性与天道合一的思想追求。可见，《中庸》学在两汉经学体系和两宋理学体系中，分别承担了不同的学术使命，故而体现出汉宋学术的不同旨趣和思想演变。

二 《中庸》的理学化诠释

五经体系的《中庸》以人的性情之"中和"作为礼之本，目的是确定礼的人性人心之依据。而宋儒诠释的《中庸》，却是要进一步从人的内在心性探寻形而上的天理依据。宋儒对《中庸》学的推动，最重要的工作就是将中庸之道理学化，最终使《中庸》成为建构理学思想体系的核心经典。因此，《中庸》之书能够上承三代先王的中道智慧，下启宋明儒

---

① 张载著，章锡琛点校：《张载集》，中华书局1978年版，第20页。
② 张载著，章锡琛点校：《张载集》，中华书局1978年版，第20页。
③ 周敦颐著，陈克明点校：《周敦颐集》卷2《通书》，中华书局2009年版，第20页。

家的性理学说。

宋代理学体系的成型，以天理论体系完成为标志。而天理论的建构，又与《中庸》学的理解、诠释紧密联系在一起。宋儒通过对《中庸》的诠释，使中庸之道的思想不断发展，最终融入具有形而上思想高度的理学体系之中。

理学体系包括天理论、心性论、工夫论三大组成部分，无论是从理学家思想的形成过程而言，还是在他们思想体系中的重要程度而言，心性论一直是这一个思想体系的核心。理学的天理论、工夫论均是从心性论中体察、提升、推演出来的。而《中庸》的中和、心性、诚明等思想，恰恰成为他们构建理学体系的思想核心和理论基础。

宋儒论中庸之道有一个很大特点，就是将原本实践过程中主客统一的"中"主体化，特别强调是否合乎"中"取决于主体之"心"。程伊川在《与吕大临论中书》有一段重要的话：

> 中者，无过不及之谓也。何所准则而知过不及乎？求之此心而已。此心之动，出入无时，何从而守之乎？求之于喜怒哀乐未发之际而已。……此心所发，纯是义理，与天下之所同然，安得不和？[①]

在《中庸》及早期儒家的观念中，"中"就是指"无过与不及"的适度、合宜，但是要如何才能够达到"无过与不及"的"中"？这一个"无过与不及"的状态，可以称为"中"，还可以称为"理"。而且，无论称为"中"还是"理"，能够导致偏差的首先是人的喜怒哀乐已发之情，而能够掌控"情"的关键在"心"。

所以，二程建构理学体系的心性论，是以《中庸》的相关学说为起点的。二程通过阐释、发挥《中庸》，来建构理学的心性论。程颐认为性与情是未发与已发、静与动的关系，故而性是寂然不动，而情则是性之发动："其本也真而静，其未发也五性具焉，曰仁义礼智信。形既生矣，

[①] 程颢、程颐著，王孝鱼点校：《二程集》，《河南程氏文集》卷9《与吕大临论中书》，中华书局2004年版，第608页。

外物触其形而动于中矣。其中动而七情出焉，曰喜怒哀乐爱恶欲。"① 程颐在讨论《中庸》"喜怒哀乐未发谓之中，发而皆中节谓之和"时，特别注意从体用、动静、未发已发来谈心。他说："心一也，有指体而言者（寂然不动是也），有指用而言者（感而遂通天下之故是也）。"② 在程颐看来，心有体用，包含着已发与未发、动与静不同的状态，静态的心之体是性，动态的心之用是情。"中"是指人的"喜怒哀乐已发"之心能够实现"无过与不及"的本然状况，故而"中"又是对"性"的无过无不及本然状态的形容，他说："中也者，所以状性之体段。……盖中之为义，无过不及而立名。若只以中为性，则中与性不合，与'率性之谓道'其义自异。"③

为了建构理学的人格心性学说，二程又主要就《中庸》中未发已发、中和等思想资料探讨理学的修养学说。程颐认为，喜怒哀乐未发之"中"是不可求的："既思于喜怒哀乐未发之前求之，又却是思也。既思即是已发。（思与喜怒哀乐一般）才发便谓之和，不可谓之中也。"④ 求中之"思"与喜怒哀乐一样，既有思即属已发。因此通过已发之"思"，只可能求得属已发的东西，而不可能求得未发之中。由此程颐提出应当于喜怒哀乐未发之时进行"存养""涵养"："若言存养于喜怒哀乐未发之时，则可；若言求中于喜怒哀乐未发之前，则不可。"⑤ "于喜怒哀乐未发之前，更怎生求？只平日涵养便是。涵养久，则喜怒哀乐发自中节。"⑥ 在涵养过程中，他又强调"敬"的工夫："敬而无失，便是'喜怒哀乐未发

---

① 程颢、程颐著，王孝鱼点校：《二程集》，《河南程氏文集》卷8《颜子所好何学论》，中华书局2004年版，第577页。
② 程颢、程颐著，王孝鱼点校：《二程集》，《河南程氏文集》卷9《与吕大临论中书》，中华书局2004年版，第609页。
③ 程颢、程颐著，王孝鱼点校：《二程集》，《河南程氏文集》卷9《与吕大临论中书》，中华书局2004年版，第606页。
④ 程颢、程颐著，王孝鱼点校：《二程集》，《河南程氏遗书》卷18，中华书局2004年版，第200页。
⑤ 程颢、程颐著，王孝鱼点校：《二程集》，《河南程氏遗书》卷18，中华书局2004年版，第200页。
⑥ 程颢、程颐著，王孝鱼点校：《二程集》，《河南程氏遗书》卷18，中华书局2004年版，第201页。

之谓中'也。敬不可谓之中,但敬而无失,即所以中也。"① 这种强调在喜怒哀乐未发之时保持内心涵养之说,对后来理学发展产生了重大影响。

二程通过《中庸》学而建构的心性学说,也成为他们天理论的思想基础。"中"既是心性学说的理论依据,也成为天理论的思想资源。二程是天理论的创建者,并且提出理一分殊的理论说明一理合万理的关系。但是,二程认为他们的天理论、理一分殊论就是《中庸》学的根本旨意。程颢说:"《中庸》始言一理,中散为万事,末复合为一理。"②《中庸》能够表达"一理""万理",与这一部经典的核心思想"中"有关。二程认为:"中庸,天理也。天理固高明,不极乎高明,不足以道中庸。"③ 他们认为,"中"既是"极高明"的天理,又是"道中庸"日用常行之理,这样,"中"与"理"就统一起来。

通过《中庸》之义来建构理学体系,成为程朱理学的重要特点。二程的道南一脉从杨时到罗从彦、李侗、朱熹,就以《中庸》体验未发之中为学术宗旨,均是将《中庸》的心性理论和修身工夫作为道脉旨诀,由此可见《中庸》在程朱理学中的重要地位。这里进一步讨论朱熹是如何通过《中庸》学来建构理学的。根据朱熹的回忆,他和李侗见面,李侗即要求首先"体验喜怒哀乐未发时气象"。隆兴元年(1163),李侗去世。此后数年中,朱熹主要致力于对《中庸》中"未发已发"问题,亦即所谓"中和"问题的探究。从乾道二年(1166)的丙戌之悟,到乾道五年(1169)的己丑之悟,朱熹的"中和"思想经历了两次重要的演变。据朱熹《中和旧说序》称,他早年从李侗学,"受《中庸》之书,求喜怒哀乐未发之旨",后来又向张栻问胡宏之学,"钦夫告予以所闻,余亦未之省也,退而沉思,殆忘寝食。一日,喟然叹曰:'人自婴儿以至老死,虽语默动静之不同,然其大体莫非已发,特其未发者为未尝发尔。'

---

① 程颢、程颐著,王孝鱼点校:《二程集》,《河南程氏遗书》卷2,中华书局2004年版,第44页。
② 程颢、程颐著,王孝鱼点校:《二程集》,《河南程氏遗书》卷14,中华书局2004年版,第140页。
③ 程颢、程颐著,王孝鱼点校:《二程集》,《河南程氏外书》卷3,中华书局2004年版,第367页。

自此不复有疑，以为《中庸》之旨果不外乎此矣。"① 这一思想，他后来概括为"心为已发，性为未发"，一般称为"中和旧说"。然而，到乾道五年春，朱熹通过反复穷究《中庸》首章之旨，又推翻了自己的"中和旧说"，认为"前日之说，非惟心、性之名命之不当，而日用功夫全无本领"②。按照其新的中和说，心体流行可分为已发、未发两种状态，思虑未萌时的状态为未发，思虑萌发时的状态为已发。同时，未发为性，已发为情，无论是心的已发、未发还是性情的已发、未发，心都贯通其间。与此相联系，在修养方法上亦可分为未发的持敬工夫和已发的致知工夫。这一思想，一般称为"己丑之悟"。至此，朱熹生平学问大旨基本确立，理学思想的发展也随之进入了一个新的阶段。

在标志朱熹学术成熟的《四书章句集注》一书中，他对《中庸》首章"天命之谓性，率性之谓道，修道之谓教"③ 的命题，作了深刻而系统的论述，他解释说："命，犹令也。性，即理也。天以阴阳五行化生万物，气以成形，而理亦赋焉，犹命令也。于是人物之生，因各得其所赋之理，以为健顺五常之德，所谓性也。率，循也。道，犹路也。人物各循其性之自然，则其日用事物之间，莫不各有当行之路，是则所谓道也。修，品节之也。性道虽同，而气禀或异，故不能无过不及之差，圣人因人物之所当行者而品节之，以为法于天下，则谓之教，若礼、乐、刑、政之属是也。"④ 在这里，朱熹是通过天即理、性即理的性理哲学，解决了为何"天命之谓性"这一重大哲学问题，以说明"人之所以为人，道之所以为道，圣人之所以为教，原其所自，无一不本于天而备于我"⑤ 的根本问题。朱熹还对《中庸》"喜怒哀乐之未发，谓之中；发而皆中节，谓之和"的原典，做出理学化的心性论、工夫论的诠释。朱熹解释说：

---

① 朱熹撰，朱杰人、严佐之等主编：《晦庵先生朱文公文集》卷75《中和旧说序》，《朱子全书》第 24 册，上海古籍出版社、安徽教育出版社 2002 年版，第 3634 页。

② 朱熹撰，朱杰人、严佐之等主编：《晦庵先生朱文公文集》卷64《与湖南诸公论中和第一书》，《朱子全书》第 23 册，上海古籍出版社、安徽教育出版社 2002 年版，第 3130 页。

③ 王文锦译解：《礼记译解》，中华书局 2001 年版，第 773 页。

④ 朱熹撰，朱杰人、严佐之等主编：《中庸章句》，《朱子全书》第 6 册，上海古籍出版社、安徽教育出版社 2002 年版，第 32 页。

⑤ 朱熹撰，朱杰人、严佐之等主编：《中庸章句》，《四书章句集注·朱子全书》第 6 册，上海古籍出版社、安徽教育出版社 2002 年版，第 32 页。

"喜怒哀乐，情也。其未发，则性也，无所偏倚，故谓之中。发皆中节，情之正也，无所乖戾，故谓之和。"① 朱熹以未发言性、已发言情，心则贯通未发和已发，心统性情。所以，朱熹《中庸章句》开篇中就提出："此篇乃孔门传授心法。"② 这样，《中庸》的"中和"论就与理学的心性论统一起来了。

三 "礼—中—理"与儒学演进

通过对五经体系的《中庸》与四书体系的《中庸》的比较，可以发现中庸之道的思想发展和理论提升过程。同样是《中庸》，在五经体系里是"礼—中"的思想构架，而在四书体系却又发展出了"礼—中—理"的思想构架。《中庸》思想范畴和构架的变化，体现出儒学的思想演进和学术理路。

为什么说五经学体系的《中庸》是"礼—中"的思想构架？因为五经之学本来就是以礼为本，南朝经学家皇侃所说，"六经其教虽异，总以礼为本。"③ 而礼是具体、繁复、多样化的，即所谓"礼仪三百，威仪三千"。早期儒家从具体、繁复、多样化的礼中，提升出一个具有普遍性意义的重要概念"中"。早期儒学的"中"虽然具有普遍性意义，但仍然明显体现出"礼"的实践性思维特点。早期儒家诸子对五经相关的传记之学的著作中，从"礼"出发，对"中""中道"已经有了深入的阐发和论述。经过早期儒家对礼的思想提升而形成的中道，"礼"具有一系列与中道相关的思想内涵：其一，"中"是体现礼治的国家治理方法；其二，"中"是表达礼制的和谐社会秩序；其三，"中"是个体情感心理的适度状态。

宋儒通过对《中庸》的诠释，以"理"释"礼"与"中"，从而形成了"礼—中—理"为一体的新儒学思想体系，标志着儒学的时代发展。

---

① 朱熹撰，朱杰人、严佐之等主编：《中庸章句》，《四书章句集注·朱子全书》第6册，上海古籍出版社、安徽教育出版社2002年版，第33页。
② 朱熹撰，朱杰人、严佐之等主编：《中庸章句》，《四书章句集注·朱子全书》第6册，上海古籍出版社、安徽教育出版社2002年版，第32页。
③ 孔颖达：《礼记正义》卷50《经解》，见李学勤主编《十三经注疏》第6册，北京大学出版社1999年版，第1368页。

儒学史发展有一个重要特点,就是通过经典诠释来建立新的思想体系。儒家学者往往是借助于经典诠释,在继承、吸收、融通经典思想的基础上,根据时代的需要而做出一系列新的思想创造。所以,新经学往往能够将传统思想和新思想融为一体。确实,朱熹之所以能够通过《中庸》学的诠释,推动理学的建构和发展,就在于他以"理"诠释"礼"和"中",使宋代《中庸》学的思想内涵获得极大的丰富和发展。经过朱熹对《中庸》的诠释,《中庸》的思想内涵、学术形态均发生了重大变化。

首先,以朱熹为代表的宋儒通过诠释《中庸》,实现理对礼、中的统摄,代表他思想创新的"理",其实是包涵了原始儒学的"礼"和"中"的思想内涵和学术特色。

五经学体系的《中庸》是"礼—中"的思想构架。五经之礼是"礼仪三百,威仪三千"的多样化,《中庸》等早期儒家将"礼"表述为人类一切合乎、达到"中道"的行为。虽然说循礼的行为就是合乎中道的行为,合乎中道的行为一定是合礼的行为,但是二者有明显区别:"礼"比"中"更具具体性、实践性,"中"比"礼"更具普遍性、思想性。可见,《中庸》的特点是将五经之礼归结为"中",其实是将五经之礼作了普遍性、思想性的重要提升。这是从《仪礼》到《礼记》的思想发展,其实也是周公之礼到周孔之教的重要思想发展,是前轴心时代思想向轴心时代思想的重要发展。

宋儒将《中庸》从原来的《礼记》中抽出来,创立了四书学,并建构了"礼—中—理"为一体的新儒学思想体系,实现了儒家思想的再一次重要发展。朱熹通过诠释《中庸》,将"礼""中"诠释为"理"。在朱熹的《中庸》学的相关著作中,出现大量以理释礼、以理释中的思想。譬如郑玄曾经指出六经是以礼为本,而朱熹认为六经更具天理的意义,肯定六经是以理为本。朱熹说:"六经是三代以上之书,曾经圣人手,全是天理。"[1] 所以,朱熹在《中庸章句》中,引用程子的著名观点:"其

---

[1] 朱熹撰,朱杰人、严佐之等主编:《朱子语类》卷11,《朱子全书》第14册,上海古籍出版社、安徽教育出版社2002年版,第347页。

书始言一理，中散为万事，末复合为一理。"① 这样，使得新的《中庸》学的思想内涵、学术体系均发生了重大变化和转型。朱熹《中庸章句》中反复说到，作为宋儒哲学理论基础的"理"，其实是包括"礼"与"中"在内。因为朱熹的"理"是"一理"和"万理"的统一，这个"理"既可以看作是"天下之大本"的"中"，也可以看作是"礼仪三百，威仪三千"的"礼"。从本源上看"理"是"理一"，这个"理一"是由一个宇宙论为其哲学基础的，即他在《中庸章句》中说到的："天以阴阳五行化生万物，气以成形，而理亦赋焉，犹命令也。"②"理一"之义，当然涵盖和统合了"中也者，天下之大本也"的思想，表达了"中"的普遍化含义。但是，根据朱熹"理一分殊"的思想，"一理"是可以"散为万事"，而成为具体事物中的"万理"，所以，"理"还可以是具体事物中的分理，其实就是所谓的"礼仪三百，威仪三千"的"礼"，同时也是"发而皆中节"的"中"。朱熹通过《中庸》学提升出来的"理"，在实现对礼、中的统摄的同时，也受到礼、中思维方式的深刻影响。所以，朱熹的天理论并不是纯抽象化原理，同时也具有六经体系的"礼—中"的具体性、实践性的特点。

其次，宋儒通过《中庸》学的诠释和建构，最终要实现"理"对"礼""中"的超越，"理"具有"礼"和"中"并不具有的普遍性的道德理性和形上意义。

如果理仅仅是对礼、中的统摄，那么其作为四书学之一的《中庸》学的重要意义就小得多。程朱之所以要以"理"诠释"礼"和"中"，更加重要的是要通过"理"，实现对"礼"和"中"的思想超越，发展出"礼"和"中"并不具有的哲学意义和信仰意义。"礼"是一种合乎社会规范的行为实践，"中"是一种恰到好处的直觉体验，而"理"却可以成为通过理性思考而建立客观化的普遍法则。所以，朱熹在诠释《中庸》时，总是将"中庸"诠释为具有普遍性特点的"正道""定理"，并

---

① 朱熹撰，朱杰人、严佐之等主编：《中庸章句》，《四书章句集注·朱子全书》第6册，上海古籍出版社、安徽教育出版社2002年版，第32页。
② 朱熹撰，朱杰人、严佐之等主编：《中庸章句》，《四书章句集注·朱子全书》第6册，上海古籍出版社、安徽教育出版社2002年版，第32页。

特别强调"理"作为普遍性法则的特点，在《中庸章句》开篇朱熹即引程子的话说："中者，天下之正道；庸者，天下之定理。"① 表达了二程、朱熹希望将"礼"和"中"提升为一种具有普遍性"理"的理性追求。如何让学者的为学工夫由主要依靠对"中"的直觉体认，发展为主要依靠对"理"的知识积累和理性思考，宋儒从《礼记》中找到另一篇《大学》，亦列入到四书体系之中。他们通过对《大学》"格物致知"等求知工夫的诠释，将《中庸》学重点发展的"理"与《大学》重点发展的"知"统一起来，从而建立起儒家的致知论体系。

同时，"天理"还可以作为一种崇高感的信仰对象，实现了对"礼""中"的超越。"礼"注重外在的具体礼仪的条文，"中"表达恰到好处的合宜，其本身并不具有一种人不得不遵循的崇高价值和超越意义。而"天理"却不同，它吸收了五经体系对"天"的信仰，人体认天理往往要通过"正衣冠、尊瞻视"等礼仪条文的实践过程，"天理"本身具有天地法则、宇宙精神的超越意义，人在践行天理时会产生一种敬畏感、崇高感。正如朱熹所说："程子言敬，必以整齐严肃、正衣冠、尊瞻视为先，又言未有箕踞而心不慢者，如此乃是至论。而先圣说克己复礼，寻常讲说，于'礼'字每不快意，必训作'理'字然后已，今乃知其精微缜密，非常情所及耳。"② 人们在践行礼仪时，不仅仅是一种行为的规范，更加重要的是能够做到"整齐严肃、正衣冠、尊瞻视"的内外结合，而"'礼'字每不快意"，只有将"礼"训作"理"字，践行礼仪者的内心会对"天理"产生一种不得不服从的敬畏感、崇高感。这一点，正是宋儒之所以要建构"礼—中—理"为一体的新儒学思想体系，以推动儒家思想发展的根本原因之一。朱熹在《敬斋箴》中谈到对"天理"的崇拜、敬畏的状况："正其衣冠，尊其瞻视，潜心以居，对越上帝。足容必重，手容必恭，择地而蹈，折旋蚁封。出门如宾，承事如祭，战战兢兢，罔

---

① 朱熹撰，朱杰人、严佐之等主编：《中庸章句》，《四书章句集注·朱子全书》第 6 册，上海古籍出版社、安徽教育出版社 2002 年版，第 32 页。

② 朱熹撰，朱杰人、严佐之等主编：《晦庵先生朱文公文集》卷 43《答林择之》，《朱子全书》第 22 册，上海古籍出版社、安徽教育出版社 2002 年版，第 1969 页。

敢或易。"① "居敬"表达的是对"天理"像对某种神圣性主宰力量的敬畏，并在这种独特精神状态下获得对天理崇高的体验。

第三节　朱熹《中庸》学对中庸之道的拓展

自中唐至北宋的儒家学者如韩愈、张载、二程等将《中庸》从五经礼学体系中独立出来，并对其做出新的诠释，使《中庸》的经典地位和思想内涵开始发生变化。而到了南宋，朱熹进一步将《中庸》纳入四书的新经典体系，并通过以经解经的诠释方法，推动了《中庸》学的进一步发展。此后，中庸之道的思想高度得到进一步提升，《中庸》开始成为中华文明的核心经典。

在早期儒家《中庸》及相关典籍中，中庸之道主要体现为一种实践性智慧和德性，明显具有知行一体、主客互动、天人合一的思想特点。朱熹《中庸》学的突出特点和重大贡献，就是以"理"诠释"中"。他在诠释《中庸》一书时，继承了原典里的中道思想和智慧，但是他对原典的中庸之道做出了以理为依据的创造性诠释。这样，他讲的中庸之道已经不局限于原来的含义，而是纳入以"理"为核心的哲学系统、思想体系。故而他的中庸之道，能够从知行一体中拓展出知识理性，从主客互动中拓展出主体精神，从天人合一境界中拓展出天理哲学。总之，朱熹通过上述几个不同的思想维度，推进了中道之道的思想发展与哲学建构。

一　从知行一体拓展出知识理性

六经原典的"中"与"礼"密切联系，礼具有宗教禁忌与生活实践一体化的思想特点。到了春秋战国时期，儒家诸子进一步将六经的"中"提升为"中庸之道"。儒家诸子在建构中庸之道思想时，保留了与六经之"礼"相通的实践型特点。《中庸》记载孔子的话说："舜其大知也与！

---

① 朱熹撰，朱杰人、严佐之等主编：《晦庵先生朱文公文集》卷85《敬斋箴》，《朱子全书》第24册，上海古籍出版社、安徽教育出版社2002年版，第3996页。

……执其两端,用其中与民,其斯所以为舜乎!"可见,"中"既不是纯粹的知识,也不是纯粹的行动,而是人的自觉实践活动中的合宜、适当与恰到好处,"中"完全是知行一体的。

早期儒家的"中"源于三代先王的经世活动,故而其中道仍是一种知行一体的,其长处是强调知必须和行结合起来,坚持了儒学的实践务实品格。但是,这种知行一体难以使"中"成为确定性标准和知识化程序,普通学者并不容易把握"中道",他们对"中"的判断和执行,往往在观念上比较模糊而实践中难以捉摸。譬如,孔子及其儒家之所以将"中"称为"时中",因为他们意识到,实践活动的程序合理、行动恰当,总是与主体实践过程的具体时空联系在一起,并不是确定不变的。可见,怎样在不同时空实现"中"?并没有一个确定性标准,只能够在动态化知行过程中实现对"中"的直觉性领悟。儒家原典记载的"执中""中行",均是一种实践性的经验和体悟,对"中"的把握与确认必须依赖于人们在社会实践中感悟和直觉。如何从"中道"拓展出一种知识理性,以建构出一种普遍化、程序化的认识指导自己的社会实践?这就需要进一步开拓"中道"的知识理性。

宋儒在此走出一大步,朱熹建构的《中庸》学拓展了儒家的知识理性,他努力从一种实践理性的中庸之道,发展出了一种具有知识理性色彩的天理论和格物致知论。朱熹早年开始从李侗学,即"受《中庸》之书,求喜怒哀乐未发之旨,未达"[①],到晚年他的理学体系及其四书学的完成,终于将一种以直觉体悟为特征的中道,发展成一个包括自然、社会、宇宙等各种知识原理在内的百科全书式的学术体系,从而为新儒家奠定了知识理性的哲学基础。

朱熹《中庸》学的重大贡献,就是以"理"诠释"中"。朱熹将那一个原本会随着时空变化而改变的动态性、不确定性的"中",改变成为一个具有相对确定性标准、法则的"理"。朱熹诠释《中庸》时,逐渐将这一个不确定的"中",诠释为一套以"理"为核心的思想体系,使得他建构的中庸之道发生了很大变化。在《中庸章句》的篇首中,朱熹解释

---

① 朱熹撰,朱杰人、严佐之等主编:《晦庵先生朱文公文集》卷75《中和旧说序》,《朱子全书》第24册,上海古籍出版社、安徽教育出版社2002年版,第3634页。

了作为篇名的"中庸"的内涵,他说:

> 此篇乃孔门传授心法,子思恐其久而差也,故笔之于书,以授孟子。其书始言一理,中散为万事,末复合为一理。'放之则弥六合,卷之则退藏于密',其味无穷,皆实学也。①

这一段话既是对"中庸"两字的诠释,也是对全书中庸之道的诠释。其中有两个重要观点值得特别关注:其一,将全书的"中道"统一以"理"诠释之;其二,这一个"理"既可以是"一理",又可以是"万事万物"之中的"分殊之理"。这一对"中道"的诠释,表达和实现了朱熹对中庸之道的思想拓展与哲学提升。既然"中"就是万事万物之中存在的"万理",人们可以通过观察、积累、推理而建构起表现"万理"的知识体系。也就是说,对"一理"的把握靠精神信仰或哲学思辨,而对万事万物之"分理"的把握却只能够靠知识积累与理性思考。

由于朱熹《中庸章句》将"中"诠释为"理",以"理"为基础完全可以建立一套客观化、形式化的知识体系。他认为天下万事万物各有其理,这时,"中"就可能发展出相对独立的知识理性,建构以"理"为支撑的知识体系,正如他所说:

> 上而无极、太极,下而至于一草、一木、一昆虫之微,亦各有理。一书不读,则阙了一书道理;一事不穷,则阙了一事道理;一物不格,则阙了一物道理。须着逐一件与他理会过。②

朱熹的"格物""穷理"之所以是一种"知识理性"追求,是因为"穷理"与"执中"确实有极大的区别。"执中"是一种知行一体的动态过程,"中"是一种总是与主体实践过程的具体时空联系在一起的合理、恰

---

① 朱熹撰,朱杰人、严佐之等主编:《中庸章句》,《朱子全书》第6册,上海古籍出版社、安徽教育出版社2002年版,第32页。
② 朱熹撰,朱杰人、严佐之等主编:《朱子语类》卷15,《朱子全书》第14册,上海古籍出版社、安徽教育出版社2002年版,第477页。

当，而"穷理"探究的却是一种可以独立于"行"之外的"知"，"理"表述的是客观事物的规律、规范，朱熹说："'中'是虚字，'理'是实字。"① 这是朱熹以理释中的重要原因。

为什么"理是实字"？朱熹对"理"有一个解释："至于天下之物，则必各有所以然之故，与其所当然之则，所谓理也。"② "理"虽然在春秋战国时期已经是一个被诸子使用较多的概念，但是只有在两宋时期才成为兼容理性与信仰、自然与社会的核心概念，朱熹将其定位为天下之物的"所以然之故"与"所当然之则"，应该是推动了两宋中庸之道的重要发展。

首先，朱熹以"理"为"所以然之故"，其实包含万事万物的本质、规律、机制的意义③，这当然也与两宋时期科技发展有密切关系。众所周知，两宋是中国科学技术发展最繁荣的时代，在各个领域均取得了突出的成就。朱熹以"理"释"中"，确实与他的科技背景有密切联系。朱熹是一个十分关注当代科技发展的学者，他掌握了包括天文学、地质学、生物学、物理学、数学等诸多领域的知识学问，在某些领域还有特别的创建。譬如，朱熹对生物化石、地质变迁、宇宙演化的许多见解，都是走在当时世界科技界的前沿。④ 李约瑟曾经肯定，朱熹是一位"深入观察各种自然现象的人"⑤，他还进一步赞扬了朱熹在许多科技领域的重要思想贡献。朱熹的科技思想与两宋科技发展有密切联系。两宋时期，许多科技领域的学者就开始以客观精确的"理"来表达模糊的"中""宜"。《周官·考工记》有"天有时，地有气，材有美，工有巧。合此四者，然后可以为良"。所谓"巧"就相当于"中"，李泽厚将其称为人类"生产

---

① 朱熹撰，朱杰人、严佐之等主编：《朱子语类》卷62，《朱子全书》第16册，上海古籍出版社、安徽教育出版社2002年版，第2042页。

② 朱熹撰，朱杰人、严佐之等主编：《四书或问·大学或问上》，《朱子全书》第6册，上海古籍出版社、安徽教育出版社2002年版，第512页。

③ 陈来：《宋明儒学的"道""理"概念及其诠释》，见《中国近世思想史研究》，商务印书馆2003年版，第32页。

④ 参见乐爱国《朱子格物致知论研究》第5章《朱子的格致论与科学研究》，岳麓书社2010年版，第182—225页。本书对朱熹科学研究的方法及成就论之甚详。

⑤ [英]李约瑟，潘吉星主编：《李约瑟文集》，辽宁科技出版社1986年版，第521页。

技能中所掌握的'度'。"① 但是，到了北宋，科学家们往往称为"理"。沈括的《梦溪笔谈》中，就将中国古代先民在科技活动领悟的"中""宜"以"理"称之。"理"不是模糊的"中"，而是人们经过观察、积累、推理而认知的客观规律、本质。他提出："大凡物有定型，形有定数。……非深知造算之理者，不能与其微也。"② 掌握了自然界的"造算之理"就可以提升人们的科技知识。再如农学家陈旉《农书·天时之宜篇》提出："顺天地时利之宜，识阴阳消长之理，则百谷之成，斯可矣。"③ 从"顺天地时利之宜"的恰当、适度，转化为"识阴阳消长之理"的理性认知，表达了宋代科技知识水平的发展。

其次，朱熹"所当然之则"的理是从社会规范提升而来，与唐宋之际礼法制度的变革有关。六经是三代礼乐典章的记载，故而是"以礼为本"；《中庸》原本是《礼记》的一篇，是早期儒家以"中"诠释"礼"的重要典籍。因唐宋之际的重大历史变迁，宋儒希望重振儒家礼义文明，他们既希望复兴儒学又追求创新儒学，故而对汉唐礼乐制度采取有因有革的态度。但是，礼乐制度因革的标准如何确立？宋学强调礼仪有更根本的"礼意"，推动熙宁变法的王安石说："知礼者贵乎知礼之意。"④ 而寻求社会改革的理学派朱熹则进一步强调"礼意"就是"理"，礼仪制度必须是合乎"所当然之则"的道理。朱熹说："礼学是一大事，不可不讲，然亦须看得义理分明，有余力时及之乃佳。不然，徒弊精神，无补于学问之实也。"⑤ 礼学固然重要，然而义理是礼学的依据，这就是要将儒家礼乐制度重新奠定在天理基础上，但同时也是为唐宋之变的礼乐重建提供一个人文理性的依据。为了建设一个合"理"的礼仪制度，朱熹还编撰了《礼仪经传通解》《家礼》等著作。据朱熹的学生王过说：朱熹在编撰《仪礼经传通解》时，"欲以《中庸》《大学》《学记》等篇置之

---

① 李泽厚：《人类学历史本体论》，青岛出版社2016年版，第240页。
② 沈括著，胡道静校证：《梦溪笔谈校证》，上海古籍出版社1987年版，第304—305页。
③ 陈旉：《农书》卷上《天时之宜篇》，见《景印文渊阁四库全书》第730册，台北：商务印书馆1986年版，第175页。
④ 王安石：《王文公文集》卷29《礼论》，上海人民出版社1974年版，第338页。
⑤ 朱熹撰，朱杰人、严佐之等主编：《晦庵先生朱文公文集》卷59《答陈才卿》，《朱子全书》第23册，上海古籍出版社、安徽教育出版社2002年版，第2848页。

卷端为《礼本》。"①《中庸》《大学》之所以能够成为《礼本》,是因为它们均是朱熹以理诠释"礼"的核心经典,即礼必须合乎"所当然之则"的"理",才是宋代礼仪重建的理性依据。

由于朱熹的"分殊之理"是一个可以通过知识理性而掌握的对象,故而学者应通过博学、审问、慎思、明辨的知识化途径而获得。《中庸》原来就将中庸之道的实行分为两个不同的境界和方法:"自诚明,谓之性;自明诚,谓之教。"对于广大的士君子而言,均是"自明诚"的"贤人之学,由教而入者也"②。为了强化《中庸》学的知识理性,朱熹还将《中庸》博学、审问、慎思、明辨、笃行称为"为学之序",与《大学》的格物致知的"八目"结合起来,以拓展出来一种以理为本的知识理性。他在补《大学》"格物致知传"时说:"所谓致知在格物者,言欲致吾之知,在即物而穷其理也。盖人心之灵莫不有知,而天下之物莫不有理,惟于理有未穷,故其知有不尽也。"③朱熹强调"理"的多样性,天下之理是不可穷尽的,为此,他强调在广泛格物、大量积累的基础之上,达到一种豁然贯通的境界。但是,豁然贯通必须以逐渐积累为前提与基础,理存在于天下万事万物之中,应该以不同的认知方法去穷理,不断积累对于理的认识与把握。

正由于朱熹具有这一对知识理性的执着追求,使得他能够成为那一个时代最博学的百科全书式的学者。他不仅对经学、史学、诸子学、文学、宗教等传统知识有全面的了解和深刻的见解,同时也是自然科学领域最博学的学者。总之,在以朱熹为代表的宋儒这里,"天地时利之宜"的恰当、适度,能够转化为"所以然之故"的自然之理,以致明清以来形成以科技知识为主体的"格致学";而"人事之仪则"的恰当、适度,则转化为"所当然之则"的人文之理,强化了儒家智识主义传统,也推动了两宋以后学术史发展。

---

① 朱熹撰,朱杰人、严佐之等主编:《朱子语类》卷19,《朱子全书》第14册,上海古籍出版社、安徽教育出版社2002年版,第663页。

② 朱熹撰,朱杰人、严佐之等主编:《中庸章句》,《朱子全书》第6册,上海古籍出版社、安徽教育出版社2002年版,第49页。

③ 朱熹撰,朱杰人、严佐之等主编:《大学章句》,《朱子全书》第6册,上海古籍出版社、安徽教育出版社2002年版,第20页。

二 从主客互动中拓展出主体精神

儒学"中道"源于三代先王的政治实践,在早期儒家的经、传、子的典籍中,"中"广泛体现为圣王、君子无过与不及的政治实践。"中"作为主体与客体互动过程中的合宜与适度,既体现为人的目的性活动,又受制于客观事物的法则,体现出人的目的性与事物规律性的耦合关系,也就是《中庸》的"发而皆中节谓之和",即"中和"。

尽管儒家的"中"存在于主客互动的实践活动过程中,但是仍然可以分别有客体化礼义和主体化人心的不同体现,在儒学典籍中被分别称为"礼义之中"与"人心之中"①。六经体系是"以礼为本",六经倡导的主要是客体化的"礼义之中"。《尚书·商书·仲虺之诰》载:"王懋昭大德,建中于民,以义制事,以礼制心,垂裕后昆。"② 这个"中"就是"礼仪",所以才有"以义制事,以礼制心"之说。可见,在六经体系中,礼义才是中道的根本,"人心之中"必须依靠"礼义之中"才能够得到规定、制约("以礼制心")。在五经为主导的汉唐时期,"礼义之中"是儒家思想的主导,五经规定了"礼义之中"的中庸之道。

其实,早期儒家形成了重心性的思孟学派,子思的《中庸》就明显体现出将礼仪与心性联系起来的特点,他们发现了"人心之中"的重要性。但是,两汉经学的目标是要建立一套适应中央集权的礼法制度,子思以人心立中的思想并不被人们关注,所以《中庸》被看作五经中礼学的组成部分。而到了两宋时代,理学家重新发现并强烈认同"人心之中"的重要性。在"礼义之中"与"人心之中"的不同关系中,强调并确立人心之中的重要性,并进一步对如何达到人心之中的修身实践作了深入探讨。在以周敦颐、二程、张载、邵雍、朱熹为首的道学家群体中,心

---

① "礼义之中"的"礼义"大多指礼仪,与"仁义"中的"义"不同。如《礼记·乐记》:"是故先王本之情性,稽之度数,制之礼义。"在《汉书·礼乐志》就写作"制之礼仪。"(班固:《汉书》卷22《礼乐志二》,中华书局1962年版,第1037页。)又如汉贾谊《新书·胎教》:"然后,为太子悬弧之礼义。"(贾谊撰,阎振益、钟夏校注:《新书校注》卷1《过秦论》,中华书局2000年版,第391页。)王聘珍曰:"义,读为仪。"(贾谊撰,阎振益、钟夏校注:《新书校注》卷1《过秦论》,中华书局2000年版,第398页。)

② 《尚书正义》卷8《仲虺之诰》,见李学勤主编《十三经注疏》第2册,北京大学出版社1999年版,第198页。

性之学成为他们关注的核心思想,他们特别强调中庸之道的关键不再是礼法制度而是人的心性。由于《中庸》一书的核心思想就是将"中庸"归结为心性,故而子思《中庸》一书受到前所未有的重视。

朱熹将《中庸》列为四书的新经典体系时,首先强调《中庸》是讲"心法"的经典。他在《中庸章句》开篇即明确提出:"此篇乃孔门传授心法,子思恐其久而差也,故笔之于书。"① 朱熹以《中庸》为"孔门传授心法"之书,就是要强调儒家中庸之道的根本不是外在礼法,而是主体内在的"心性"。初看起来,朱熹大讲《中庸》"心法",似乎与陆王心学区别不明显。其实,朱熹、陆九渊的心性之学本有相同之处,比较汉学的"礼义之中"而言,宋学更为强调"人心之中"。但是,朱熹、陆九渊的"人心之中"又有重要区别。尽管朱熹特别重视"心",但是他又说:"这个典礼,自是天理之当然,欠他一豪(毫)不得,添他一豪(毫)不得。惟是圣人之心与天合一,故行出这礼,无一不与天合。"② 朱熹虽然强调"心"的主体性,但是"心"又依据"天理之自然",故而其"心"纳入到性理之学的体系中。根据朱熹"心统性情"的思想,作为主体的"心"是兼有并统摄"性"与"情"两个方面,虽然《中庸》的"心法"凸显了人的主体性,但是"心"必须依于形而上的性理,故而朱熹又称其为"道心"。显然,朱熹的"心法"不同于陆王那种不分"性""情",将形而上、形而下混同的"心即理"观点。

所以,朱熹把"人心之中"纳入理性化主体的"心统性情"中,在"礼义之中"与"人心之中"的不同中道中,朱熹强调并确立了"人心之中"的理性依据。朱熹将《古文尚书》的"人心惟危,道心惟微,惟精惟一,允执厥中",确定为尧舜禹三圣传授的十六字"心传",就因为这十六字"心传"将"允执厥中"与人心、道心联系起来。朱熹解释这一"心法"说:"心之虚灵知觉,一而已矣。而以为有人心、道心之异者,则以其或生于形气之私,或原于性命之正,而所以为知觉者不同,

---

① 朱熹撰,朱杰人、严佐之等主编:《四书章句集注·中庸章句》,《朱子全书》第6册,上海古籍出版社、安徽教育出版社2002年版,第32页。
② 朱熹撰,朱杰人、严佐之等主编:《朱子语类》卷84,《朱子全书》第17册,上海古籍出版社、安徽教育出版社2002年版,第2885页。

是以或危殆而不安，或微妙而难见耳。"① 虽然朱熹也标榜自己的学说是"心学"，但是他还从主体性之心中，确立了能够决定实践恰当、合理的天理依据。

朱熹在诠释《中庸》之书时，特别重视思孟学派"人心之中"思想，但是他又发展出一种凸显主体性精神的"心法"。所以，他认为礼、乐、刑、政体现出来的"礼法之中"，其实源于主体性之"人心之中"，他说：

> 人物各循其性之自然，则其日用事物之间，莫不各有当行之路，是则所谓道也。……圣人因人物之所当行者而品节之，以为法与天下，则谓之教，若礼、乐、刑、政之属是也。盖人之所以为人，道之所以为道，圣人之所以为教，原其所自，无一不本于天而备于我。②

朱熹认为"礼义之中"既是"本于天"的理，又是"备于我"的性。也就是说，礼、乐、刑、政体现"中道"只不过是我心中之理的制度化。从这个意义上说，朱熹中庸之道又可以称为"心法"。

正由于朱熹立足于中庸之道的"心法"，所以他在诠释《中庸》时，特别关注《中庸》所说："喜怒哀乐之未发，谓之中；发而皆中节，谓之和。中也者，天下之大本也；和也者，天下之达道也。"这里将人内在"心法"的"中和"与天下之"大本"的"中和"联系起来。朱熹明确诠释这一内在之中就是"吾之心"，并且明确指出"吾之心"能够主宰"天地之心""天地之气"。他说：

> 盖天地万物，本吾一体，吾之心正，则天地之心亦正矣；吾之气顺，则天地之气亦顺矣，故其效验至于如此。③

---

① 朱熹撰，朱杰人、严佐之等主编：《四书章句集注·中庸章句》，《朱子全书》第6册，上海古籍出版社、安徽教育出版社2002年版，第29页。
② 朱熹撰，朱杰人、严佐之等主编：《四书章句集注·中庸章句》，《朱子全书》第6册，上海古籍出版社、安徽教育出版社2002年版，第32页。
③ 朱熹撰，朱杰人、严佐之等主编：《四书章句集注·中庸章句》，《朱子全书》第6册，上海古籍出版社、安徽教育出版社2002年版，第33页。

我们注意到，朱熹在《中庸章句》之首解释"中"的意义时强调："中者，不偏不倚、无过不及之名。"显然，他论述的"中"，首先就是"心"的"不偏不倚、无过不及"。朱熹不仅特别凸显了中道的主体性精神，还将这一主体性精神的"心法"提高到形而上的层面，将它与宇宙意义的"天地之心""天地之气"联系起来。

在六经体系里，汉唐儒家探寻客体化的礼法制度即礼义之中，而到了四书体系里，宋儒强调主体性的道德自觉即"人心之中"。经过朱熹等诠释的《中庸》之义，则是继承了思孟学派"人心之中"的主体性精神，将其提升到为自然立法的思想高度。但是，朱熹诠释的《中庸》学，其"中"如何可以既是客观法则的"理"，又是主体精神的"心"？这是一个值得深思的问题。我们强调这几点理由。其一，从中庸之道的思想渊源来看，早期儒家的"中道"存在于主客互动的实践性活动，它具有客体和主体两方面因素，朱熹在提升中庸之道的思想时，既需要拓展其法则的客观性，又需要拓展其心法的主体性。其二，从中庸之道的文化功能来看，它也包含内圣外王之道的两方面表达，以"理"释"中"可以开拓"外王"开物成务的一面，而以"心"论"中"则可以开拓"内圣"心性修养的主体精神一面。其三，从中庸之道的哲学体系来看，它其实是儒家天人境界的哲学建构，"中"提升为"理"以后，"理"既可以是"天理"，也可以是"人性"，也就是我们将进一步讨论的，朱熹如何将中庸之道建构为形而上的天理哲学。

三 从天人境界建构出天理哲学

在早期儒学那里，中庸之道是在人的生活实践中总结、提升出来的。孔子提出的"过犹不及""乐而不淫，哀而不伤"，均是在两个极端中寻求适度、合宜的德性和智慧。子思进一步认为，人们应该"各循其性之自然"即可实现中庸之道，这一"性之自然"源于自己的内在主体，但也合乎外在客观法则。人的"性之自然"之所以如此完美，是因为它来自于伟大的天。《中庸》开篇提出："天命之谓性，率性之谓道，修道之谓教。"[①] 人的中道之性源于伟大的天命。但是，人性与天命的关联靠什

---

① 王文锦译解：《礼记译解》，中华书局2001年版，第773页。

么建立起来呢？《中庸》描述的其实只是一种天人合一的精神境界或神秘直觉。这一天人合一境界的哲学依据是什么？就成为后来儒家学者必须解决的一个重要问题。

汉代儒家主要是通过阴阳五行的自然哲学来思考天人之际的问题。汉儒建构了一套完整的礼法制度，形成了"礼法之中"的中庸之道。但是，他们认为，这一"礼法"并不是汉代儒家创造出来的，而是依据于阴阳五行的"天道"。也就是说，"礼法之中"的人道秩序，依据于"自然之中"的天道秩序。这就把礼法之中归结为阴阳五行的自然秩序，这一种天人合一的中庸之道主要是将人和天作外在形象和功能结构的比附。这是一种人与天的简单类比，在理论上还存在许多问题，在现实中也暴露出许多难以解答的问题。所以，汉唐儒学将中庸之道以及人性与天命的关系等重要的哲学问题，留给了后来的儒家学者。

由于受到佛道之学的挑战和启发，宋儒意识到以天人论中庸不能够仅仅是一种神秘直觉，两汉儒家的中庸之道将人和天作简单的比附，并不能真正解决中庸之道。隋代王通有《中说》一书专论中道，他的天人之论明显地体现出汉唐儒家通过阴阳五行的自然哲学来思考天人之际问题的思想特点。但是，北宋儒者阮逸为《中说》撰写序言时说：

> 大哉，中之为义，在《易》为二五，在《春秋》为权衡，在《书》为皇极，在《礼》为中庸。谓乎无形非中也；谓乎有象非中也，上不荡于虚无，下不局于器用；惟变所适，惟义所在，此中之大略也。《中说》者如是而已。①

阮逸之《序》明显表达出宋儒重建形上意义的哲学体系以阐发中庸之道的追求。他以无形和有象的统一说"中"，使中庸之道既不流于广漠的虚无，又不拘泥于具体的器用，这种说法讲"中庸之道"，恰恰体现出宋儒的思想追求和学术贡献。如何使得儒家中庸之道能够"上不荡于虚无，下不局于器用"，从而充分表达出中道是一种"谓乎无形，非中也；谓乎

---

① 阮逸：《文中子中说序》，见曾枣庄、刘琳主编《全宋文》第12册，卷479，上海辞书出版社、安徽教育出版社2006年版，第25页。

有象，非中也"的存在？宋儒必须能够做出一系列创造性的思想建构。宋初阮逸以无形和有象的统一说"中"，恰恰表达了宋儒创建的一种新的中庸之道哲学的登场。

《中庸》之"中"是"天下之大本""天下之达道"，一个与主体性实践活动相关的合宜、适度的行动，如何可能成为一种外在超越性、必然性的"天道"？程朱等宋儒"发明"了"天理"，他们在诠释"中"的时候，强调"中"就是形而上的"理"，并将"天命之中""礼法之中""人心之中"均以"一理"贯之。这样，原本是"天命之中""礼法之中""人心之中"的不同中道，通过一种哲学化的"理"而实现了统一。朱熹的《中庸》学不仅要解决"谓乎有象，非中也""下不局于器用"，故而论证了中庸之道与形而上之天道的联系；他还要解决中庸之道"谓乎无形，非中也""上不荡于虚无"的问题，他必须让"中道"回归到世俗社会的"平常"生活。儒家之学不同于佛老之学，就在于它的入世和平常。所以，朱熹等宋儒必须重建"中庸之道"平常与超越的合一，这正是宋代儒家士大夫的学术使命。

儒家的中庸之道本来就来自生活实践，"中"主要是"行"得恰当、合理、适度。以朱熹为代表的宋儒引入"理"来诠释"中"，"理"可以具有脱离"行"的相对独立性，但是，朱熹特别强调这一理学化了的中道仍然是一种"平常"之道。朱熹在解《中庸》的篇名时，以"不偏不倚、无过不及"解"中"，却特别以"平常"解"庸"，强调"庸，平常也。"[1] 因为"中"虽然是形而上的"一理"，但是在人类生活的现实世界，我们面对的总是形而下的器物，"理"总是以"分殊"的形态存在于万事万物之中。所以朱熹在诠释中道之"理"时，总是要反复强调"中"其实就是"平常之理"。他解释为什么"君子时中"时说："盖中无定体，随时而在，是乃平常之理也。"[2] 可见，"中"不仅能够上达于形而上的天道，而同样应该下学于生活日用，是一种我们时时刻刻不可须臾

---

[1] 朱熹撰，朱杰人、严佐之等主编：《四书章句集注·中庸章句》，《朱子全书》第6册，上海古籍出版社、安徽教育出版社2002年版，第32页。

[2] 朱熹撰，朱杰人、严佐之等主编：《四书章句集注·中庸章句》，《朱子全书》第6册，上海古籍出版社、安徽教育出版社2002年版，第32页。

离的"平常之理"。

经过朱熹的诠释,儒家"中庸之道"完全成为形而上之天道与形而下之器物合一的哲学理论。在他的《中庸》学的思想里,"中"既是一个与人的喜怒哀乐有关的心理情感,它总是表现为一种形而下的"平常"生活;又是一个超越的人的喜怒哀乐的本然存在,是一种形而上的"天理""天道"。这样,中庸之道就是一种"上不荡于虚无,下不局于器用"的存在,是平常与超越能够合一的普遍存在。朱熹通过对《中庸》原典的诠释,使中庸之道的核心价值、思维方式意义均发生了重要变化,使得原本主要是道德价值、政治价值的中庸之道,具有了不一样的思想视界和多元意义。特别是他们将中庸之道深入到精微的心性发端、情感念虑,并且提升到广大的宇宙化生、天地阴阳,还能够从人的内在心灵和外在宇宙中,同时追溯出一种超越世俗的形上价值,进一步使中庸之道获得了超越性的哲学化的重要意义。

朱熹在对《中庸》一书开篇的"天命之谓性,率性之谓道,修道之谓教"[①] 的诠释中,融入了一个具有形而上意义的宇宙论哲学,使早期儒学的这一个简约思想具有了形而上宇宙论理论背景新思想,故而其思想内容变得更加丰富、深刻、系统。他诠释说:

> 命,犹令也。性,即理也。天以阴阳五行化生万物,气以成形,而理亦赋焉,犹命令也。于是人物之生,因各得其所赋之理,以为健顺五常之德,所谓性也。率,循也。道,犹路也,人物各循其性之自然,则其日用事物之间,莫不各有当行之路,是则所谓道也。[②]

在朱熹看来,外在"天命"是天之理,内在"人性"是性之理,而人们生活实践的"中"就是中之理,他以"理"来表述人们实践、行动的恰当、合理、适度。当《中庸》的"天命""性""中"均被纳入一个以形而上之"理"为核心的宇宙本体论哲学中时,儒家的"中庸之道"就获

---

① 王文锦译解:《礼记译解》,中华书局2001年版,第773页。
② 朱熹撰,朱杰人、严佐之等主编:《四书章句集注·中庸章句》,《朱子全书》第6册,上海古籍出版社、安徽教育出版社2002年版,第34页。

得了系统的、哲学化的论证。于是，无论是个人的喜怒哀乐的主体之"中"，还是社会的礼乐刑政的客体之"中"，其实均因源于形而上的宇宙之"中"。从而不仅在学理上论证了中庸之道与宇宙天道的联系，也为儒家人文信仰奠定了理性的基础。

儒家的"中"与社会生活实践联系密切，"中"主要是一种社会生活实践的合宜、恰当、适度。所以，《中庸》以及早期儒学的中庸之道，体现出知行一体、主客互动、天人合一的思想特点。但是，宋儒将《中庸》从六经的礼学体系中单独抽出，将其纳入四书学的理学体系之后，儒家传统的中庸之道开始发生了一系列重要变化，中庸之道获得了重要的思想变化和理论提升。朱熹及其宋儒从中庸之道的知行一体中拓展出儒家的知识理性，从主客互动中拓展出主体精神，从天人合一境界中拓展出天人一理的哲学，使儒学发展到一个新的历史阶段，充分体现了宋代新儒家的思想开拓和知识创新的精神。

朱熹所确立、完成的四书学体系，其中庸之道的核心价值、思想体系得到进一步的提升。他通过对四书原典的诠释，进一步推动中庸之道的文化拓展与思想重建，使得原本主要是道德价值、政治价值的中庸之道，进一步发展为思辨性哲学与超越性信仰结合的思想体系。

第 五 章

宋儒四书学的道统论

宋代儒家创建的道统论思想，并不是凭空而起的，而是通过对儒家传统思想挖掘、激活，才逐渐演变和发展为一种新的思想。宋儒建立的道统思想，是以早期儒学道统思想为基础的。孔子为了传承三代先王之道，通过整理、传记六经，而建构了从尧舜到周孔的道统脉络；朱熹为了传承先秦儒家并重建儒学，通过诠释、结集四书，重新建构从孔孟到宋儒的道统脉络。

朱熹的四书学解决了中国思想史上的一个重要问题，就是在唐宋之际儒家思想统绪不明、思想纷纭之时，全面完成了儒家道统论的统一建构。四书之所以能够成为新经典体系，是因为它们被纳入数千年圣圣相传的儒家经典体系的道统脉络之中。朱熹不仅继续北宋儒家从人物谱系、思想内涵方面探讨道统传承，尤其是能够从经典文本方面全面确立道统论。

为了深入探讨宋儒的道统思想及其历史意义，我们首先对早期儒家的道统思想做一思想文化的探源。

第一节 儒家道统的思想探源

宋儒虽然将"道统"推到时代久远的上古时期，但是有关"道统"的思想理念完全是早期儒家学派建构起来的。孔子创立儒家的思想宗旨是"游文于六经之中，留意于仁义之际，祖述尧舜，宪章文武"，这一段话包括儒家道统论的三个基本元素：确立道统的核心思想（仁义）、追溯道统的人物谱系（尧舜文武）、整理道统的文献典籍（六经）。孔子的儒家学派就是通过建构上述道统而形成起来的。所以，溯源早期儒家的道统思想，也主要是上述三个方面的探讨：其一，确立先王之道的思想内容；其二，追溯先王之道的人物谱系；其三，与先王之道的思想、人物相关的文献典籍。

我们知道朱熹建构道统论，往往借助于为《论语》《大学》《中庸》《孟子》作序，以表达他建构道统论的经典依据。其实，孔子及早期儒家建构道统思想，也主要是通过为六经作《传》《记》《序》来表达的。在具有传记之学特点的儒家诸子学和《易传》《礼记》《尚书序》等文献中，均可以找到早期儒家的道统思想。

一 先王之道的核心思想

春秋战国时期，诸子百家并起，各家各派均提出自己救世的道术，而且，他们大多数均将自己提出的道术归之于三代甚至是远古时期的"先王"。但是，在诸子百家中，只有儒家学派是最崇敬三代先王的，因为史家早就肯定，诸子百家中唯儒家学派是通过"祖述尧舜，宪章文武"，进而创造性地建构和发展出一套以仁义为核心的思想体系。在独立表达自己思想见解的儒家子学著作中，或者是解释上古文献的传记之学，儒家从来不会忘记将自己的学说归之于"先王之道"。所以，我们在先秦、两汉儒家的子学、传记著作中，可以读到他们大量有关先王之道的论述，并且将自己的著书立说看作是对三代先王之道的传承。这样，所有早期儒家的诸子、传记之学的著作，均具有广义的"道统"意义。

早期儒家孜孜不倦地追溯、阐发、倡导"先王之道"，这些"道"的思想内容是什么？应该说，三代先王在治理天下时，积累了包括礼乐制度、德治观念、中道方法在内的政治经验和思想文化，但是，早期儒家将其中的思想精华概括为"先王之道"。在早期儒家诸子、传记典籍中，能够成为"先王之道"的内容，其实正是儒家许多重要的思想理念，如仁义、礼治、民本、中庸的原始形态。

首先，孔子和学生的讲学中经常讲到尧舜、文武、周公之道，他所说的这些先王之道的内容主要就是礼治、中道、仁道、孝悌等。先秦文献中经常可以看到先王之道就是中道，如《论语·尧曰》记载说："尧曰：'咨！尔舜！天之历数在尔躬。允执其中，四海困穷，天禄永终。'

舜亦以命禹。"① 这里非常明确指出，尧舜之道就是"允执其中"的中庸之道。《论语》记载的这一段话，应该有十分久远的来源。现存的《尚书·大禹谟》中有接近的记载。在清华简《保训》中，也有周文王临终授以"中"的记载。可见，在儒家产生以前的漫长历史文化中，就存在以"中"为核心价值的时代。其次，孔子也认为儒家倡导的"仁"是"先王之道"。《论语·子路》记载："子曰：'如有王者，必世而后仁。'"②就是说，"王者"的文化依据就是"仁"。事实上，孔子已经对上古的"霸""王"之道做出了明确的规定，"王道"就是"仁道"。正如《孟子·离娄上》记载孔子的话说："孔子曰：'道二：仁与不仁而已矣。'"最后，孔子认可的先王之道也是礼教，《论语》中记载了许多孔子对文武、周公之道推崇。他说："郁郁乎文哉，吾从周。"③（《八佾》）"文王既没，文不在兹乎"④ （《子罕》）"甚矣吾衰也！久矣吾不复梦见周公！"⑤（《述而》）他心目中的"周"，也是一种礼教、德治的典范，而礼教、德治就是他的文化理想和政治理想。另外，在早期儒家的大量文献中，往往将先王、王道看作是以民为本的典范。可见，孔子及其儒家的"先王之道"，其实就是尧舜、文武、周公等先王在治理国家过程中推行的中道、仁道、礼教、民本、德治等。

　　孔子以后，"祖述尧舜，宪章文武"，推崇先王之道，已经成为儒家后学的普遍思想特点。孟子就是一位推崇先王之道，将儒家的诸多核心价值归之于尧舜、文武的思想家。所以，《孟子·滕文公上》明确阐述"孟子道性善，言必称尧舜"⑥。孟子认为无论是为政还是为学，均必须继承"先王之道"，正如他所说："守先王之道，以待后之学者。"⑦ "为政不因先王之道，可谓智乎？"⑧ 孟子所讲的"先王之道"，无非是儒家倡导的中道、仁道、礼教、民本、德治等核心价值。如孟子特别倡导仁义，

---

① 杨伯峻译注：《论语译注》，中华书局1980年版，第207页。
② 杨伯峻译注：《论语译注》，中华书局1980年版，第137页。
③ 杨伯峻译注：《论语译注》，中华书局1980年版，第28页。
④ 杨伯峻译注：《论语译注》，中华书局1980年版，第88页。
⑤ 杨伯峻译注：《论语译注》，中华书局1980年版，第67页。
⑥ 杨伯峻译注：《孟子译注》，中华书局1960年版，第112页。
⑦ 杨伯峻译注：《孟子译注》，中华书局1960年版，第146页。
⑧ 杨伯峻译注：《孟子译注》，中华书局1960年版，第162页。

同时认为仁义是先王留下来的王者之道。他说:"三代之得天下也,以仁,其失天下也,以不仁,国之所以废兴存亡者亦然。"① 孟子将仁义思想看作是关系到"国之所以废兴存亡"的重要价值。在孟子看来,与仁义相关的仁政、民本的价值理念,也是涉及有关"国之所以废兴存亡"的核心价值,均是三代先王曾经身体力行、努力倡导的。他赞扬周文王行仁政,关心人民的疾苦说:"昔者文王之治岐也,耕者九一,仕者世禄,关市讥而不征,泽梁无禁,罪人不孥。老而无妻曰鳏,老而无夫曰寡,老而无子曰独,幼而无父曰孤。此四者,天下之穷民而无告者。文王发政施仁,必先斯四者。"② 他还特别赞赏文王善养老者:"西伯善养老者,制其田里,教之树畜,导其妻子使养其老",所以"文王之民无冻馁之老者"③。可见,仁政、民本的价值理念也来源于三代先王。甚至作为家庭道德的孝弟也被归之于先王之道,譬如孟子说:"尧舜之道,孝弟而已矣。"④ 将儒家孝悌之道也提升为先王之道。

战国后期的荀子学派,也是一位推崇先王之道的儒家学者。他要求学者在学问上应该"法先王",他说:"不闻先王之遗言,不知学问之大也。"⑤ 他更是要求君主在政治上应该"法先王","凡言不合先王,不顺礼义,谓之奸言;虽辩,君子不听。"⑥ 他曾对秦昭王说:"儒者法先王,隆礼义,谨乎臣子而致贵其上者也。"⑦ 虽然基于一种务实主义的政治态度,荀子对"王道"和"霸道""法先王"与"法后王"同样推崇,但是他作为一个重要的儒家学者,总是将儒家有关礼治、中道、仁义、民本的核心价值归之于"先王之道"。作为早期儒家学者,荀子当然将"仁义之统"看作是先王之道,他说:"今以夫先王之道,仁义之统,以相群居,以相持养,以相藩饰,以相安固邪?"⑧ "况夫先王之道,仁义之统,

---

① 杨伯峻译注:《孟子译注》,中华书局1960年版,第166页。
② 《孟子·梁惠王下》,杨伯峻译注《孟子译注》,中华书局1960年版,第36页。
③ 《孟子·尽心上》,杨伯峻译注《孟子译注》,中华书局1960年版,第310页。
④ 杨伯峻译注:《孟子译注》,中华书局1960年版,第276页。
⑤ 北京大学《荀子》注释组注释:《荀子新注》,中华书局1979年版,第2页。
⑥ 北京大学《荀子》注释组注释:《荀子新注》,中华书局1979年版,第59页。
⑦ 北京大学《荀子》注释组注释:《荀子新注》,中华书局1979年版,第88页。
⑧ 北京大学《荀子》注释组注释:《荀子新注》,中华书局1979年版,第44页。

《诗》《书》、礼乐之分乎。"① 荀子不仅肯定内在的"仁义之统"是先王之道，还特别强调外在的礼义秩序是先王之道。其实，在荀子那里，儒家道统更加是礼义之统。他在论述"先王之道"时说："先王之道，仁之隆也，比中而行之。曷谓中？曰：礼义是也。"② 这是荀子对"先王之道"的重要看法，全面包含着儒家的核心价值仁道、礼义、中行等等。可见，荀子虽然同样推崇"法后王"，也曾经批评"俗儒"的一种粗略的"法先王"之说，但是对先王之道的推崇仍然是他的思想基础，他说："法先王，统礼义，一制度。以浅持博，以古持今，以一持万，苟仁义之类也。"③ 其实，荀子对先王之道的推崇，就是他倡导的礼治、仁义。荀子对先王之道的具体内容有诸多论述，他说："故尚贤使能，等贵贱，分亲疏，序长幼，此先王之道也。……故仁者，仁此也；义者，分此者也；节者，死生此者也；忠者，惇慎此者也。"④ 总之，荀子的"先王之道"，无非是尚贤使能的政治、贵贱亲疏的礼制、仁义节忠的道德等内容，这正是儒家反复倡导的核心价值和基本思想。

除了这里所说的孔子、孟子、荀子之外，孔门其他诸多弟子、再传弟子其实均遵循着孔子通过倡导尧舜、文武、周公之道，以表达自己对有关中道、仁道、礼教、民本、德治等核心价值的推崇。儒家学派还特别通过对三代文献典籍的传记，包括在《易传》《书传》《礼记》等儒家重要的经典传记中阐发"先王之道"，表达儒家之学的"道统"价值。

还有一个十分重要的问题需要说明：中庸、仁义、礼教、民本、德治的"先王之道"，究竟是儒家学派创建的，还是三代先王提出的？这就涉及儒家核心思想与三代礼乐文明的关系问题，实际上也就是儒家"道统"的建构是否有历史依据的问题。这应该从两方面来看。一方面，在中华轴心文明产生之前，有一个漫长而又早熟的"前轴心文明"，并且产生了能够代表那个历史时期的政治文明。作为中国"轴心文明""哲学突破"代表人物的孔子、孟子、荀子等儒家学派，恰恰是一批自称"叙而

---

① 北京大学《荀子》注释组注释：《荀子新注》，中华书局1979年版，第47页。
② 北京大学《荀子》注释组注释：《荀子新注》，中华书局1979年版，第91页。
③ 北京大学《荀子》注释组注释：《荀子新注》，中华书局1979年版，第105页。
④ 北京大学《荀子》注释组注释：《荀子新注》，中华书局1979年版，第408页。

不作，信而好古"之士，他们总是通过整理三代文献，从上古先哲那里去寻找智慧。因此，早期儒家所讲的"先王之道"，与上古时期华夏民族的思想文化，特别是与西周时期的礼乐文化、以德配天的政治文明，有着非常明显的继承关系。从这一种思想文化连续性来看，"道统"观念有其历史依据和思想合理性。

另一方面，儒家是诸子百家的一家，他们开始打破"学在官府"的禁锢，是一批具有独立思想创造的学者，他们的思想均是所谓"轴心文明""哲学突破"的表现。他们提出了中庸、仁道、民本、德治的思想，其实是将三代时期的一些具有人文价值、实践经验的思想萌芽作了极大的思想提升。譬如，三代时期留下的六经虽然出现了"执中""以德配天""天听自我民听"等的重要思想，但是这些思想还是一种政治经验，特别是还依附于天命鬼神的宗教信仰之中。而儒家诸子及其传记之学中，中庸、仁道、民本、德治已经提升为一种由独立思考的士人提出的思想体系。儒家诸子及其传记之学体现了那个时代的精神创造力，大大提升了三代文化的思想高度和理论深度，对两千多年的中国思想文化均产生深刻的历史影响。

二　先王之道的传承谱系

"道统"思想不仅仅是确立有关"道"的思想内容，关键是传承道统的人物谱系。早期儒学推崇仁义、礼治、民本、中庸、德教、孝悌、修身等核心价值，并且将其看作是"先王之道"。并不像古希腊的苏格拉底、柏拉图通过逻辑学、辩证法推演出一系列美德来，儒家倡导的这一些价值理念被称为"先王之道"，它们呈现在历史长河中，是先王们以自己鲜活的历史过程和思想言行，来证明这些核心价值的必要性和合理性。这样，究竟谁才是先王之道的代表人物和传递者，历来是儒家道统思想的重要组成部分。

崇拜"先王""往圣"并不是儒家独有的，而是中国传统文化、春秋战国时期的一个普遍现象。中华早期国家形态是与宗法氏族组织联系、渗透在一起的，所以，在前轴心文明的中华早期宗教形态中，祖宗神崇拜一直居于诸多宗教崇拜的核心，具有祖宗神意义的"先王""往圣"一直在现实世界、思想世界中居于崇高地位。当中华文化进入"轴心文明"

的春秋战国时期，诸子百家创造了具有"哲学突破"意义的思想、理念。但是，由于文化传统的影响，诸子百家均将自己创造、倡导的思想理念归之于"先王""往圣"。《淮南子·修务训》说："世俗之人，多尊古而贱今，故为道者，必托之于神农、黄帝。乱世暗主，高远其所从来，因而贵之。为学者蔽于论，而尊其所闻，相与危坐而称之，正领而诵之。"其实，之所以"为道者必托之于神农、黄帝"，应该说与中国传统祖宗崇拜的宗法文化有密切关系。

所以，华夏民族崇拜的诸多"往圣""先王"，包括伏羲、神农、黄帝、炎帝、尧、舜、禹、商汤、周文王、周武王、周公等等，均成为诸子百家倡导的不同思想理念的体现者和承担者。除了儒家"祖述尧舜，宪章文武"之外，其他诸如墨家、道家、农家等，均有承担各种不同价值理念的"往圣""先王"。譬如墨家同样以三代圣王作为自己政治理想的代表，说："然则富贵为贤以得其赏者，谁也？曰：若昔者三代圣王尧舜禹汤文武者是也。"[1] 墨家还特别崇拜大禹，因为传说中的大禹恰恰是吃苦耐劳、俭朴为民的墨家之道的体现者。道家崇拜的"往圣""先王"比儒家、墨家要早，因为道家崇尚的"自然之道"是先于儒家、墨家的道德人文之道。在《庄子·大宗师》中记载："夫道有情有信，无为无形，……狶韦氏得之，以挈天地；伏戏氏得之，以袭气母……黄帝得之，以登云天。"[2] 这里的"狶韦氏""伏戏氏""黄帝"就是道家之道的承担者，他们是道家十分崇拜的"先王""往圣"。而且，道家还将自己的学问直接归之于黄帝。《道德经》不仅仅具有关于"道法自然"的自然哲学，还有一套"君人南面之术"的政治哲学。战国时期道家内部产生"黄老之学"，就是以"黄帝"作为道家之道的体现者。在代表"黄老之学"的《黄帝四书》中，黄帝既是顺应自然之道的往圣，又是具有君人南面之术的先王。现在人们见到的《黄帝四书》虽然出土自西汉初年的马王堆汉墓，但是经考证，学界大多认为其成书应该在战国中期。也就是说，在道家学派大盛的战国时期，推崇华夏民族的祖宗神"黄帝"已经是道家的突出特点。另外，农家学派崇拜"神农"，他们以"神农"作

---

[1] 吴毓江撰，孙启治点校：《墨子校注》卷2《尚贤中》，中华书局2006年版，第78页。
[2] 陈鼓应注译：《庄子今注今译》，中华书局1983年版，第181页。

为自己思想学说的代表和体现者。

但是，在诸子百家中只有儒家学派的"往圣""先王"观念最强，因为他们崇拜的"往圣""先王"最多，包括伏羲、神农、黄帝、炎帝、尧、舜、禹、商汤、周文王、周武王、周公等，尽可能将诸子百家崇拜的对象纳入到自己的道统脉络之中，并将这些人物作为儒家价值理想的体现。其实，儒家学派是在孔子"祖述六经"的基础上发展而来的，所以儒家学者会将自己的思想传统，追溯到尧、舜、禹、汤、文、武、周公时代。但是，我们如果进一步考察就会发现，儒家崇拜的"往圣""先王"传道谱系，有一个逐步演变拓展的过程。

人们早就发现，在先秦儒家典籍中记载的三代先王、往圣的人物、谱系是不同的。在《论语》《子思子》《孟子》中记载的早期儒者思想中，他们所列举三代时期的圣君、先王，主要是尧、舜、禹、商汤、文王、武王、周公等，将这些先王看作是儒家核心价值的代表者、传递者，由此强调儒家之道具有悠久的历史根源。所以，《论语》有这样的记载："子畏于匡。曰：'文王既没，文不在兹乎？天之将丧斯文也，后死者不得与于斯文也？天之未丧斯文也，匡人其如予何？'"① 也就是说，孔子承担的儒家之道，其实是与文、武、周公等先王创造的思想文化联系在一起的。

与《论语》《子思子》《孟子》记载的早期儒家道统谱系相一致的，是他们整理的前轴心文明的经典《尚书》。《尚书》包括《虞书》《夏书》《商书》《周书》。《尚书》意即"上古帝王之书"②，这和早期儒家道统谱系均是与上古圣王相一致。《尚书》所录，为虞、夏、商、周各代王室文献，涉及的先王包括尧、舜、禹、汤、文、武、周公等先秦儒家经常谈到的上古圣王。可见，《尚书》编撰原则与道统理念是直接相关的。上古原有那么多重要的王室文献档案，但是早期儒家仅仅选出数十篇文献，编成汉代流行的《尚书》，是希望当世君王能够效法尧、舜、禹、汤、文、武之道。可见，早期儒家道统谱系建构与他们的《尚书》整理工作

---

① 杨伯峻译注：《论语译注》，中华书局1980年版，第88页。
② 王充著，张宗祥校注，郑绍昌标点：《论衡校注》卷28《正说》，上海古籍出版社2010年版，第552页。

是一个整体的文化工程。

但是，我们发现，儒家的道统授受谱系还在拓展，从尧、舜、禹又进一步追溯到伏羲、神农、黄帝。相传为孔子所作的《周易·系辞下传》就有关于《易经》来源的论述："古者包羲氏之王天下也，仰则观象于天，俯则观法于地，观鸟兽之文与地之宜，近取诸身，远取诸物，于是始作八卦，以通神明之德，以类万物之情。作结绳而为网罟，以佃以渔，盖取诸离。包羲氏没，神农氏作，斫木为耜，揉木为耒，耒耨之利，以教天下，盖取诸益。日中为市，致天下之货，交易而退，各得其所，盖取诸噬嗑。神农氏没，黄帝、尧、舜氏作，通其变，使民不倦，神而化之，使民宜之。"①在这一篇《系辞传》中，儒家大大拓展了自己的道统谱系，从时间上已经将道统追溯到"结绳而为网罟"的远古渔猎时代；从人物上已经涉及文明诞生初期的氏族部落首领包羲氏、神农氏、轩辕氏。

这就出现一个问题：儒家建立的道统谱系本来是与中道、仁道、礼教、民本、德治等核心价值联系在一起的。儒家之所以推崇尧、舜、禹、汤、文、武、周公等上古圣王，是因为这些先王的历史活动、思想言论总是与中道、仁道、礼教、民本、德治等核心价值相关。那么，儒家这么拓展其道统谱系，其原因和意义在哪里？我们需要进一步探讨儒家道统思想的目的。

我们已经注意到，春秋战国的诸子百家均将自己的道术归之于上古时期的"先王"，是为了为自己和本学派倡导的思想观念、治理方法确立历史"合法性"与文化"理据性"的思想基础。儒家将中庸、仁义、礼教、民本等核心价值与尧、舜、禹、汤、文、武、周公等上古圣王统一起来，就是为了确立这一种历史"合法性"与文化"有根性"的儒家道统论。但是，这只是儒家道统思想的目的之一。事实上，儒家道统思想还有一个重要的目的，就是要承担传承华夏文明的历史使命。儒学在历史发展过程中，经历了一个从"祖述尧舜"，进而拓展到认同伏羲、神农、黄帝的过程。其实，认同炎黄，总是与相关的伏羲、神农、黄帝的

---

① 《周易正义》卷7《系辞下》，见李学勤主编《十三经注疏》第1册，北京大学出版社1999年版，第298—300页。

历史贡献、文明意义相关的。这一些上古人物是与"作结绳而为网罟，以佃以渔""斫木为耜，揉木为耒，耒耨之利""日中为市，致天下之货，交易而退，各得其所"等生产劳动、商业活动等物质文明联系在一起的。当儒家学者将尧、舜、禹、汤、文、武、周公等创造的精神文明、制度文明与伏羲、神农、黄帝创造的物质文明结合在一起时，就构成了完整的中华文明。所以，儒家将其道统谱系从尧、舜、禹、汤、文、武拓展到伏羲、神农、黄帝的时候，其实是拓展了儒家的文明意义。儒家传承的不仅仅是仁道、礼教等道德观念、治理方法，而是上古以来华夏民族创造的文明体系。这样，我们来理解儒家道统思想的文化价值和历史意义时，不应该局限于德治、民本的政治意义，而是要拓展为精神、制度和物质之全体文明体系的意义。

三 先王之道的文献典籍

先秦诸子百家有一个共同的思想特点：他们总是将自己和本学派倡导的思想观念、治理方法追溯到很远，归之于上古伏羲、神农、黄帝、炎帝、尧、舜、禹、商汤、周文王、周武王、周公等"往圣""先王"，让这些先王就成为本学派的思想理念的发明者和先行者。但是，我们会发现，儒家以外的其他诸子学派并没有因此而建立起一个系统的道统论。他们残缺的不仅仅是授受谱系，更加重要的原因是他们没有通过整理上古历史文献而建立自己的思想体系，所以他们并没有一个记载他们核心思想和授受谱系的历史文献，故而无法像儒家那样将自己的思想体系建立在中华经典体系的基础之上。

在春秋战国时期的诸子百家中，只有孔子及其儒家学派是通过收集、整理三代时期的档案材料、历史文献来建立自己的经典体系和学术思想的。儒家将自己推崇的核心价值、授受谱系与整理三代文献结合起来，经孔子及其弟子整理后逐步成型的"六经"，即《诗》《书》《礼》《乐》《易》《春秋》的原典，就是承载儒家核心价值及其授受谱系的文献典籍。儒家所倡导的中庸、仁义、礼乐、民本等核心价值均渊源于这些文献典籍。孔子及其门人通过对上古先王们留下的文献典籍学习，获得了先王的政治、道德方面的王道思想和政治智慧，虞、夏、商、周先王的"以德配天""民为邦本"等道德思想、政治理念，为儒家学派提供了一整套关于治理国家、平定天下的指导思想，奠定了儒家治学、讲学的思想基础。与此同时，六经原典的作者，又是与尧、舜、禹、汤、文、武、周公等先王、往圣的名字联系在一起的，体现出先王之道的一代代积累和传承的历史过程，可以理解为一种授受谱系。

所以，我们会发现儒家与其他诸子的一个明显区别：道、墨、法各家学派的弟子们均是将本学派创始人的重要原创典籍称为"经"，故而出现了由诸子撰写的《道德经》《墨经》《法经》。但是，儒家学派却有更加明确的文献整理与思想传承的自觉意识，主动从三代文献中寻求历史智慧、价值理念、文化传统，并将这些重要历史文献尊崇为经。他们坚持以三代历史文献作为华夏文明的经典，将自己的讲学、著作作为那些经典的传记。所以，只有三代先王遗留的"典"与"则"，才是孔子及其儒家学派建构"经"的文献基础，他们将这些"典""则"整理为《诗》《书》《礼》《乐》《易》《春秋》，并强调这些典籍是先王的治世大法、恒常之道，故而称为"经"。

事实上，文献典籍对道统论的确立非常重要，六经的确立，使得儒家的道统授受谱系不会是一种凭空臆想，而是具有这些上古历史文献典籍的坚实基础。六经包含的丰富档案和历史典籍，使得尧、舜、禹、汤、文、武、周公之道成为有文献依据的思想体系，对确立和强化孔子及其儒家建构起来的道统思想起了重大作用。为了进一步说明六经原典是承载儒家之道的核心价值、体现儒家之道的授受谱系的文献典籍，我们列举其中的《尚书》，看它是如何体现儒家之道的核心价值和授受谱系。

《尚书》是上古时期王室档案文献的汇编。上古时期记载君王言行的史官文化很发达，正如《汉书·艺文志》所说："古之王者世有史官，君举必书，所以慎言行，昭法式也。左史记言，右史记事，事为《春秋》，言为《尚书》。"[1] 史官包括记事与记言的不同，这一类"记言"的就成为"书"一类文献，并且具有很高的地位，所以有"周公旦朝读《书》百篇"[2]之说。到了春秋战国时期，孔子和儒家学派从记载帝王言行的"书"一类的文献中选取、整理出一部分，这就是后来所称的《尚书》。

---

[1] 班固：《汉书》卷30《艺文志第十》，中华书局1962年版，第1715页。
[2] 吴毓江撰，孙启治点校：《墨子校注》卷12《贵义》，中华书局2006年版，第687页。

孔子收集、整理的《书》只是历朝历代众多"书"中的极少一部分，主要选取唐、虞、夏、商、周的那一些体现三代先王王道的文献。一方面，这些文献中许多均可以与儒家经常讲到的尧、舜、禹、汤、文、武、周公之道相对应，就是说，这些文献就是记载尧、舜、禹、汤、文、武、周公之言，如其中最早的篇目就是《尧典》《舜典》《大禹谟》等。另一方面，儒家之道的核心价值就可以从这些文献中找到其中的思想来源，包括以德配天、重民思想、中道观念等。这样，《尚书》就成为承载儒家之道的核心价值和授受谱系的典籍。

当然，孔子及早期儒家不仅通过编六经以间接表达承载儒家之道、体现授受谱系的意图，更加重要的是，他们还通过为六经作传记，以论述其建立道统的目的。孔子及早期儒家的道统思想，主要在为六经所作的《传》《记》《序》中得到了更加明确、完整的论述。在《易传》《礼记》《尚书序》以及具有传记之学特点的儒家子学著作中，均可以找到早期儒家道统思想的论述。司马迁在《史记》的《孔子世家》中，对孔子创"传记之学"作了充分肯定。他说："孔子之时，周室微而礼乐废，《诗》《书》缺。追迹三代之礼，序《书传》，上纪唐虞之际，下至秦缪，编次其事。……故《书传》《礼记》自孔氏。"① 司马迁指出，孔子以《诗》《书》《礼》《乐》教育弟子，同时也融入了自己对经典的理解，故而有《书传》《礼记》等传记之学的出现，并且对儒家道统思想有进一步发挥。

《诗》《书》《礼》《乐》主要源于西周，记载了文王、周公的制礼作乐的重要文献。所以，有关《诗》《书》《礼》《乐》的传记就明确表明这些文献与儒家道统的联系。但是，儒家特别强调其道统的来源十分悠久，故而将儒家经典与上古先王系统的关系作了进一步探讨。譬如，作为群经之首的《周易》，其内容包括卦象、卦爻辞等丰富内容，其来源十分悠久。但是，这些卦象、卦爻辞究竟来源于何处？它们与先王、往圣是什么关系？《周易》的经文本身没有解答这些问题，而先秦儒家可以通过《周易·系辞下传》，对《易经》卦象、卦爻辞的来源作了探讨，他们将《周易》卦象、卦爻辞追溯到"结绳而为网罟"的远古渔猎时代，并

---

① 司马迁：《史记》卷47《孔子世家》，中华书局1982年版，第1935—1936页。

且肯定《周易》的作者是伏羲、神农、黄帝、尧、舜、禹、文王、周公等先王、往圣。这样，儒家能够将中华文明的缘起与道统思想结合起来，丰富了儒家道统思想的价值内涵，强化了儒家道统在中华文明的核心地位。

《礼记》《易传》等传记著作对儒家道统的建构得到了儒家的普遍肯定。西汉孔安国为《尚书》作《序》，就将儒家道统谱系、思想内涵作了拓展，并且将其与上古文献结合起来。他的《尚书序》说："古者伏牺氏之王天下也，始画八卦，造书契，以代结绳之政，由是文籍生焉。伏羲、神农、黄帝之书，谓之《三坟》，言大道也。少昊、颛顼、高辛、唐、虞之书，谓之《五典》，言常道也。至于夏商周之书，虽设教不伦，雅诰奥义，其归一揆，是故历代宝之，以为大训。"[1] 这里已经涉及上古时期的伏羲、神农、黄帝、少昊、颛顼、高辛、唐尧、虞舜及其夏、商、周的诸多圣王，同时涉及《三坟》《五典》《八索》《九丘》等"上世帝王遗书"。由孔安国的《尚书序》可以发现，虽然《三坟》《五典》《八索》《九丘》等"上世帝王遗书"还不能够全部得到确实可靠的文献支持，但是，这确实体现出早期儒家的一个努力追求，就是希望将道统思想建立在上古文献的坚实基础之上。

总之，孔子整理六经、为六经作传记，其实也就是奠定了儒家道统思想的基础。事实上，六经学确立后，就不仅是从经典文本，同时也在授受脉络、思想内涵几个方面，为后来的道统论奠定了思想文化的基础。

第二节　宋儒道统论与士大夫主体意识

宋代已经完全打破汉唐的"士族门第"的政治等级和知识垄断，进入一个主要通过科举制而平等上升、实现社会流动性的时代，形成了一个出身"白衣秀才"、但又能够集政治精英、社会精英、文化精英为一体的士大夫群体。这样，汉代以来由门阀士族主导的准贵族政治衰落，平民出身的士大夫政治力量强化，一种新的所谓"士大夫与君主共治天下"

---

[1] 《尚书注疏》卷1《尚书序》，见李学勤主编《十三经注疏》第2册，北京大学出版社1999年版，第1—6页。

的政治格局逐渐形成。

在唐宋时期社会变革的大背景下，宋儒推动儒学复兴并完成了四书学的建构，与此同时，他们也完成了儒家道统论的重建。唐宋变革过程中的宋代士大夫群体能够以政治主体和文化主体的姿态进入历史舞台，强化了他们以"道"的承担者自居的使命感，也进一步使他们的学术视野、政治情怀、人格理想发生重大变化。宋代士大夫群体推动了儒学的文化重建，他们作为"道"的承担者和主体力量，积极推动道统论的建构，宋儒的道统论其实正是士大夫主体意识的表达和体现。宋儒提出并希望解决这一系列问题：儒、佛、道三教中，究竟哪一家才是中国思想文化正统？在儒学复兴过程中产生许多不同宋学流派，究竟哪一派才是儒家正统？在道统与政统、儒生与君王的共治结构中，该谁主导国家秩序？宋儒提出的道统论，特别是朱熹通过诠释四书而建构的道统论，对这些问题做出了明确回答，恰恰是宋代崛起的儒家士大夫主体意识以及相关"道"的承担意识的学术表达。

一 儒、佛、道并起，谁是中国文化的正统？

儒家道统思想兴起于春秋战国、发展于两宋时期，因为这两个时期的儒家均需要深入挖掘传统文化资源，从先圣先贤那里寻求思想依据，以解决现实政治和文化问题。道统思想体现出他们自觉继承历史文化、深入挖掘传统资源的精神追求。

春秋战国时期的原始儒家针对诸子百家的学术争鸣，就提出了"祖述尧舜"的道统思想。在唐宋儒学复兴的大背景下，宋儒最初也是针对唐代兴盛的佛道两教，提出了"道统论"。他们关心的问题是：在儒、佛、道三教并盛之时，哪一家才是中国文化正统？从中唐到宋初，诸多大儒纷纷提出自己的道统思想，均与这一问题有关。这一时期的儒家学者希望解决儒学本身的正统地位问题，即在佛、老思想大盛时期，强调只有儒家才能够代表中国思想文化的正统。他们提出的道统论是与儒学复兴运动联系在一起的，体现了儒家士大夫面临佛道挑战时的一种文化自觉。由于这一阶段的儒家学者还没有能够对儒学做出鲜明的思想创新，故而他们主要还是沿袭早期儒家提出的道统谱系、道统内涵，将先秦、汉唐以来的有一定地位的儒者，统统纳入到自己编排的道统授受谱系之中。

　　两汉时期，中国思想界、学术界确立了儒学独尊的局面。但是，到了魏晋、隋唐以来，外来的佛教在社会各个不同层面产生深远影响，佛、道两家与儒家并起而呈鼎立之势。从民间的社会民众到士大夫精英群体、历代朝廷君王，他们往往会在儒、佛、道三教中徘徊，影响到唐宋之际的思想文化界，故而不断发生儒佛之争、儒道之争、佛道之争这类历史事件。随着儒佛之争的不断深入，中唐以来一些儒家士大夫领袖人物继承原始儒学的道统思想，正式提出了道统学说。道统论的提出就和这一个十分尖锐的问题相关：究竟哪一家思想教义才是中国思想文化正统的代表？可见，由于儒、佛、道三教并起而地位未定，唐宋之际儒家士大夫大讲道统论，就是基于佛老思想大盛的文化挑战，他们强调只有儒家才是代表中国思想文化的正统，希望重新确立儒家文化作为中华文化的正统，这正是儒家士大夫的文化主体意识不断上升和日益强化的体现。

　　最早关注并试图解决这一问题的儒家人物，就是唐代古文运动的领袖、唐宋时期复兴儒学文化思潮的倡导者韩愈。韩愈为了复兴儒学，推动了以"文以载道"为宗旨的古文运动，并且明确提出了道统的思想，《原道》则是其道统思想的纲领。韩愈追溯道统，就是为了明确儒家之"道"与佛、老之"道"的根本区别，即如他说："吾所谓道也，非向所谓老与佛之道也。"韩愈指出儒家之道的核心是"仁义"，这是儒与佛、老区别的根本。他特别强调，中华大地的儒家之道有一个源远流长的授受谱系，即"尧以是传之舜，舜以是传之禹，禹以是传之汤，汤以是传之文、武、周公，文、武、周公传之孔子，孔子传之孟轲。轲之死，不得其传焉。"[1] 韩愈强调中华文明的核心是从尧舜传之孔孟的一以贯之的"道"，其实是强调儒家仁义有着十分悠久的文化根基。因此他所谓"原道"，就是要从悠久的中华文明历史脉络中确立以儒家"仁义"为核心的中华之道。他认为自孟子以后的一千多年此道统已经断绝，故而才有魏晋、隋唐以来佛教的鼎盛及对儒家思想的冲击，他由此表明了自己将要继承儒家道统、复兴儒学的文化使命。韩愈的"道统论"和"文以载道"

---

[1] 韩愈撰，马其昶校注，马茂元整理：《韩昌黎文集校注》卷1《原道》，上海古籍出版社1986年版，第18页。

论,十分鲜明地表达了唐宋之际儒家士大夫复兴儒学的文化主体意识,对宋代理学思潮的勃兴产生了很大的影响。

韩愈在其名篇《原道》中,提出尧、舜、禹、汤、文、武、周公、孔子、孟子一脉相承的道统学说。韩愈提出的道统的人物谱系,明显针对佛教的"法统""传灯"。韩愈的道统谱系有一个突出特点,就是强调道统的核心思想就是"仁义",他以儒家之道的思想内涵"仁义",来对抗佛老的"空""无"之道。故而特别提出"孔孟之道"的道统谱系,并认为"轲之死,不得其传焉",与宋代道学一派的观点十分接近,所以,后来讲宋儒道统论,总是要追溯到韩愈的《原道》。其实,韩愈和宋代道学家的道统论明显不同,韩愈本人并没有建构发展出一套新的学术体系,他也没有在儒学内部确立一种他认同的正统儒学。所以,韩愈的道统论并不是十分确定的,事实上,他在其他的论述中也将荀子、扬雄列入传承孔子的儒家道统中来。① 可见,韩愈的思想重点是以"原道"为旗帜而倡导复兴儒学,就是为了确立中华文化的正统是儒学而不是佛老之学,通过道统建构而引发了一场深刻的儒学复兴运动。

到了北宋,儒家道统论很快就形成了一股普遍的社会思潮。宋初著名儒家士大夫范仲淹、胡瑗、孙复、石介、欧阳修等人,他们纷纷继承韩愈批判佛老、复兴儒家、建构道统论的思想传统。如孙复一方面通过唐宋古文运动文以载道的宗旨,宣扬道统论,他说:"文者,道之用也;道者,教之本也。"他另一方面力辟背离儒家正统的杂学特别是佛老之学,他接着说:"自西汉至李唐其间鸿生硕儒,摩肩而起以文垂世者众矣,然多杨墨佛老虚无报应之事,沈谢徐庚妖艳邪侈之言。"② 他认为,春秋战国以来的杨墨之学、佛老之学、辞章之学皆背离了文以载道的原则,他力图通过弘扬士大夫的文化主体意识而复兴儒家之道。石介著有《辨惑篇》,也是为了反对佛道二教,倡导复兴儒家之道。石介反复宣讲道统论和批判佛道,其目的就是为了强调中国文化必须确立儒学的主体性。所以,他专门著有《中国论》一文,表达了他希望实现中国文化主

---

① 周炽成:《唐宋道统新探》,《哲学研究》2016 年第 3 期。
② 孙复:《孙明复小集》,《景印文渊阁四库全书》第 1090 册,台北:商务印书馆 1986 年版,第 173 页。

体性建构的目标。他说:"夫中国者,君臣所自立也,礼乐所自作也,衣冠所自出也,冠昏祭祀所自用也,缞麻丧泣所自制也,果蓏菜茹所自殖也,稻麻黍稷所自有也。……非君臣、父子、夫妇、兄弟、宾客、朋友之位,是悖人道也。苟天常乱于上,地理易于下,人道悖于中,国不为中国矣。闻乃有巨人名曰佛,自西来入我中国;有庞眉名曰聃,自胡来入我中国。各以其人易中国之人,以其道易中国之道,以其俗易中国之俗,以其书易中国之书,以其教易中国之教,以其居庐易中国之居庐,以其礼乐易中国之礼乐,以其文章易中国之文章,以其衣服易中国之衣服,以其饮食易中国之饮食,以其祭祀易中国之祭祀。"① 石介的《中国论》以广泛的文明视角,希望确立儒学在中华文化体系中的独特价值和重要地位。其实,他积极倡导的儒家道统论,正是他的《中国论》的理论深化和核心组成部分。石介所讲的道统论就是要强调儒家文明的源远流长和恒常价值,他说:"夫尧、舜、禹、汤、文王、武王、周、孔之道,万世常行,不可易之道也。"② 他在这里所说的道统虽然源于早期儒学,但是他重新倡导和强调这一道统授受脉络,其实包含着抵御佛道、确立儒家文化正统的积极意义,显然,这正是一种儒家士大夫主体意识的表达。

从唐中叶到北宋初期,儒家士大夫提出的道统论呈现出一种多元化的倾向,与后来南宋时期的道统论出现单一化的"心传"不太一样。其实,这一种多元化道统思想,在道统论初期的北宋时期是一个比较普遍的现象。如孙复就说:"自夫子没,诸儒学其道、得其门而入者鲜矣,唯孟轲氏、荀卿氏、扬雄氏、王通氏、韩愈氏而已。彼五贤者,天俾夹辅于夫子者也。"③ 石介也说:"周室衰,诸侯畔,道大坏也,孔子存之。孔子殁,杨、墨作,道大坏也,孟子存之。战国盛,仪、秦起,道大坏也,荀况存之。汉祚微,王莽篡,道大坏也,扬雄存之。七国弊,王纲弛,

---

① 石介著,陈植锷点校:《徂徕石先生文集》卷10《中国论》,中华书局1984年版,第116—117页。
② 石介著,陈植锷点校:《徂徕石先生文集》卷5《怪说下》,中华书局1984年版,第63页。
③ 孙复:《上孔给事书》,见曾枣庄、刘琳主编《全宋文》第19册,卷401,上海辞书出版社、安徽教育出版社2006年版,第292页。

道大坏也，文中子存之。齐、梁来，佛、老炽，道大坏也，吏部存之。"①苏轼则提出了由孔孟、韩愈而欧阳修的一脉相承的新道统。他认为，孔孟之后，"五百余年而后得韩愈，学者以愈配孟子，盖庶几焉。愈之后三百有余年，而后得欧阳子，其学推韩愈、孟子，以达于孔氏。"② 这一现象的出现，不完全是因为道统思想初期的不成熟，更加重要的原因是儒家面临和希望解决的问题不同：在儒、佛、道并起的唐宋之际，他们急需确立儒学在中国文化思想的正统地位。他们面临的共同敌人是佛道宗教，在佛、老思想大盛时期，强调只有儒家才是代表中国思想文化的正统。

可见，道统论的出现由于儒学复兴运动，而儒学复兴运动的推动者恰恰是儒家士大夫。由于宋代士大夫群体的社会来源、政治出身均发生了变化，故而他们所要承担的政治责任、文化情怀、学术使命均发生了重要变化。他们推动唐宋文化转型、建立道统论的思想动力，完全来自他们内心"天下有道"的政治责任和文化情怀。可见，由于唐宋之际士大夫主体意识崛起，导致儒家士大夫内心的一场深刻文化自觉，当他们面对"佛老炽，道大坏也"的局面时大讲道统论，强调只有儒家才是中国思想文化的正统，在中华文化体系中居于核心地位，其实正是儒家士大夫的文化主体意识的体现。

二 儒学学统四起：谁是正学？

宋代儒家道统说提出，还与儒学学统四起之际谁是儒学正宗的问题密切相关。通过一代代大儒的努力，儒学复兴的局面逐渐定型。在儒学复兴、理学大盛的形势下，宋学思潮中逐渐形成了许多学术主张各异的不同学派。虽然儒学一直是中国的正统思想、主流学术，以儒学作为中国文化正统已经成为各界人士的思想共识，但是，由于儒家思想本来就是丰富多彩的，儒学的丰富性往往会通过儒学学派的多样化呈现出来。所以，这时又出现了一个新的重要问题：儒家内部的诸多流派中，究竟哪一家才是儒家的思想正统？特别是在南宋时期，新的儒学形态正在走

---

① 石介著，陈植锷点校：《徂徕石先生文集》，中华书局1984年版，第84页。
② 苏轼撰，茅维编：《苏轼文集》卷10《六一居士集叙》，中华书局1986年版，第316页。

向集大成阶段，儒家内部诸多流派的思想差异更加鲜明，他们不断展开激烈的学术争鸣，宋学思潮中究竟谁是儒学正宗的问题日益突出。在儒学全面复兴的大格局中，儒学学统四起，究竟哪一家、哪一派才是儒学的正统，就成为儒家学者特别关注的重大问题。

在两宋诸多不同以地域命名的学派中，包括泰山学、涑水学、百源学、荆公学、濂溪学、关学、洛学、蜀学、湖湘学、赣学、闽学、浙学等等，各个学派均是以传承孔子、弘扬儒学为旗帜，但是他们的思想观念、核心价值差别很大，究竟谁才是儒学的正统？宋学思潮经过较长时期的学术思考和理论建构，不同学派的学术体系已经成型，他们的思想差异、学术分歧也日益明显。于是，宋学内部的不同学派与学者开始强调自己认同的儒家核心价值、代表人物以及相关的典籍文献，并提出与自己的价值取向、代表人物、经典体系的道统论。

由于宋学的立场和视角是士大夫的，宋学兴起源于士大夫的文化自觉。宋学的学术旨趣一方面仍然关怀现实，希望成就当世的经世事业，故而关注国家制度、政治治理；但是另一方面，由于佛道思想的刺激，宋代士大夫也特别关注心性之学，他们希望具有从容洒落的人生，表达出宋代士大夫关于个体人格的精神追求。宋学其实既重视"外王"也重视"内圣"，但是各派有不同的侧重。特别是南宋以来不同学派学术争鸣现象更加突出，不同学派的学术宗旨、思想价值的区别凸显。其中朱熹理学、象山心学、浙东事功之学三大派的学术宗旨各异、思想差异明显。与此相关，这些不同学派和学者均明确提出自己的道统论，并坚持自己认可的儒家之道的思想核心、授受脉络和经典文献。

在诸多学派中，朱熹理学一派的道统论影响最大。朱熹理学一派源于二程兄弟，他们以继承圣人之道相标榜。程颢逝世之后，程颐作《墓表》称："周公没，圣人之道不行，孟轲死，圣人之学不传。……圣人之道得先生而后明，为功大矣。"[①] 程颐十分关注儒家内部的判教，他的道统论将荀子、董仲舒、扬雄、韩愈统统逐出儒家道统。与此同时，他明确将自己作为这一个道统脉络的继承者，其实也是将北宋其他学派排除

[①] 程颢、程颐著，王孝鱼点校：《二程集》，《河南程氏文集》卷11《明道先生墓表》，中华书局2004年版，第640页。

在道统脉络之外。朱熹是二程的四传弟子,是宋代道学派的集大成者。朱熹继承了二程的理学思想体系,同时继承和完善了二程的道统论,成为宋代道学派的道统论的完成者。朱熹自觉传承早期儒家确立的道统,建构了一个"尧舜—孔曾子孟—程朱"的道统系列。而且,朱熹进一步从儒学的经典文本、授受脉络、思想内涵三个方面,全面确立了新历史时期的儒学道统论。朱熹也是儒家新经典体系——四书学的完成者,他之所以能够确立道统论,是因为他在《四书章句集注》的几篇重要序言中,以宏大的文化视野全面而系统地表达了他的道统论思想。朱熹的《四书章句集注》成为宋儒道统论的经典文本,他真正从儒学的经典文本、授受脉络、思想内涵三个方面,全面确立了新历史时期的儒学道统论。

陆九渊建立的象山心学提出了自己的道统论。他曾谈到儒家之道的授受脉络问题,《语录》载:詹子南问其师陆九渊:"先生之学,亦有所受乎?"陆九渊答道:"因读《孟子》而自得之。"[①] 朱熹将北宋周敦颐、二程作为孔孟道统的继承人。就是将本学派作为道统继承人,陆九渊显然不同意这种道统论,在孔孟之道已经成为南宋儒学普遍共识的情况下,他将自己的学术思想直接追溯到孟子,肯定自己的学说是直承孟子,就是为了表明自己才是孔孟道统的真正传人。后来,与陆学一脉相承的明儒王守仁,也坚持陆九渊在儒家道统中的正统地位,认为陆氏之学乃"孟氏之学也"。王阳明认为陆象山是孟子之学的真正继承者,从而肯定心学派在道统中的至尊地位。陆九渊本人将自己的学说归之于先秦的孟子,与朱熹的道统论相违,故而受到朱熹的否认。从学术传承的学统论来看,陆九渊之学与孟子之学是有重要学术继承关系的。孟子关心道德本心、精神人格、内心修养的思想,对陆九渊之学的形成产生了深刻的影响。陆学中的许多重要概念、思想、方法等,均与孟子有着直接的继承关系。陆九渊仁义礼智源于人心"四端",可见他关于"心即理"的重要思想,就是以此为其理论基础。陆九渊在论述心性修养的方法时,也直接照着孟子的说法讲,包括"存心""养心""求放心""先立乎其大者""积善""集义"等等,均来自孟子的思想学说。由于陆九渊最鲜明

---

① 陆九渊著,钟哲点校:《陆九渊集》卷35《语录下》,中华书局1980年版,第471页。

地继承、发展了孟子的学说,故全祖望说:"象山之学,先立乎其大者,本乎《孟子》。"①

浙东学派叶适则提出另一种类型的道统论。② 叶适对儒家之道有一番自己的理解,他也肯定从尧舜到孔子的儒家之道的授受谱系。他说:"孔子哀先王之道将遂湮没而不可考而自伤其莫能救也。迹其圣贤忧世之勤劳而验其成败因革之故,知其言语文字之存者犹足以为训于天下也,于是定为《易》《诗》《书》《春秋》之文,推明礼、乐之器数而黜其所不合,又为之论述其大意,使其徒相与共守之,以遗后之人。"③ 叶适的道统论仍然坚持早期儒家的道统思想,即遵照尧舜、文武、孔子的授受谱系、以六经为经典文本、以政统教的思想内涵。所以,叶适论述"道统"往往"都具有明确的政治语境,道统被解释为'以道为治'而非哲学性的谱系。"④ 而且,他还具体批评了"孔子—曾子孟"的道统观念,他认为孔子以教其徒而所受各不同,"自尧、舜、禹、汤、文、武、周公、孔子所传皆一道,孔子以教其徒,而所受各不同,以为虽不同而皆受之于孔子则可,以为尧、舜、禹、汤、文、武、周公、孔子之所以一者,而曾子独受而传之人大不可也。"⑤ 叶适还进一步对程朱学派提出的从孔子到程朱的道统谱系提出批评。叶适在为其弟子所撰墓志铭指出:"时诸儒以观心空寂名学,徒默视危拱,不能有论诘,猥曰道已存矣。君固未信,质于余,余为言学之本统,古今伦贯物变终始,所当究极。"⑥ 所以,叶适特别不赞成程朱一派对道统的解释权,认为这是一种"以观心空寂名学"的道统论,他在《同安县学朱先生祠堂记》中,特别将吕祖谦列入道统的最后一个接续者,确实是大大弱化了程朱主导的道统论,而将浙

---

① 黄宗羲原著,全祖望补修:《宋元学案》卷58《象山学案》,中华书局1986年版,第1884页。
② 参见何俊《叶适论道学与道统》,《中山大学学报》(社会科学版)2009年第1期。
③ 叶适著,刘公纯等点校:《叶适集·水心别集》卷5《总义》,中华书局2010年版,第694页。
④ [德]苏费翔、[美]田浩:《文化权力与政治文化——宋金元时期的〈中庸〉与道统问题》,中华书局2018年版,第92—93页。
⑤ 叶适:《习学记言》卷13《论语》,《景印文渊阁四库全书》第849册,台北:商务印书馆1986年版,第442页。
⑥ 叶适:《水心集》卷25《宋厩父墓志铭》,《景印文渊阁四库全书》第1164册,台北:商务印书馆1986年版,第439页。

东学派的地位作了提升。①

除了上述三个主要学派，其他学派在道统论方面还有大同小异的差别。譬如朱熹和张栻都是二程四传弟子，对儒家道统的思想内涵、经典文本、授受谱系十分接近，但是朱熹、张栻的弟子往往偏重于对本师的推崇，故而在道统的当世传人有不同看法。如张栻弟子彭龟年对本学派先师会特别推崇，强调张栻为周程道统的真正继承人，他在《挽南轩先生》一诗中写道："世无邹孟氏，圣道危如丝。学者迷统绪，扰扰徒外驰。况有释老辈，窃窥如鬼魑。若彼疑似说，陷我高明资。伟然周与程，振手而一麾。源流虽未远，淆浊亦已随。公如一阳复，寒烈已可知。斯文续以传，岁晚非公谁？伤哉后来者，此世亡此师。"② 认为周敦颐、二程之学是孟轲道统的延续，这是道学家群体的一般看法。在南宋各派皆争正宗之时，各派往往都把本学派老师看作周程道统的继承人。而彭龟年把老师张栻的学说看作周程道统的正传，显然希望强化张栻的道统地位。

应该说，南宋时期儒学学派林立，各家各派均认同自己的道统论，特别强调自己才是儒家道统的真正传人，恰恰表达出宋代士大夫一种文化担当的主体意识。只有在宋代士大夫崛起的特殊历史时期，才会有那么多的儒家士大夫争先恐后地表达自己传承道统的精神渴求和文化担当。在诸多不同学派中，程朱学派建构的道统论逐渐得到学界的普遍认同，成为道统论的标准版本，这并不是偶然的。恰恰是因为朱熹以四书为核心的道统论，能够更加鲜明地表达出儒家士大夫的文化主体意识。

三 道统与政统，该谁主导政教秩序

唐宋儒家之所以建构道统论，不仅仅与三教谁是中国文化正统、哪一流派是儒家正宗的问题有关，同时还与另外一个重要问题，即代表文化权力的士大夫与代表政治权力的君主该谁主导政教秩序的问题紧密相

---

① ［德］苏费翔、［美］田浩：《文化权力与政治文化——宋金元时期的〈中庸〉与道统问题》，中华书局2018年版，第94页。

② 彭龟年：《止堂集》卷16《挽南轩先生》，《景印文渊阁四库全书》第1155册，台北：商务印书馆1986年版，第917页。

关。这是道统论在政治领域的体现,在此领域尤其凸显出儒家士大夫主体意识。

从唐宋之际道统思想兴起,到朱熹建构以四书学为经典依据的道统论,有关道统的学说为什么会成为一种得到普遍关注的重要话题?道统论问题除了源于士大夫的文化忧患之外,同时还源于他们内心的政治忧患。秦汉以来中央集权的帝制确立以后,尽管在名义上以五经为代表的儒学成为历代王朝的主流意识形态,但是由于以君王代表的政统永远处于强势地位,他们因种种原因而采取"儒表法里"的策略,并不愿意真正按照儒家士大夫期望的那样通过遵循儒家之道而行王道、做圣君。宋代士大夫群体面对道统与政统的分裂,就自然会表现出一种深刻的政治忧虑。北宋道学家张载就表达有关政术与道学分离的忧患,他说:"朝廷以道学政术为二事,此正自古之可忧者。"[1] "道学、政术为二事"其实就是指政统与道统的分离,这是从孔子创立儒家学派以来士大夫面对的政治困局,这一点,也为强调道统论的宋儒所关注。南宋朱熹对政统与道统分离的政治困局非常失望,他经常严厉批判汉祖、唐宗以来的政统,他说:"但以儒者之学不传,而尧、舜、禹、汤、文、武以来转相授受之心不明于天下,故汉唐之君虽或不能无暗合之时,而其全体都只在利欲上。此其所以尧舜三代。自尧舜三代,汉祖、唐宗自汉祖、唐宗,终不能合而为一也。"[2] 三代君主皆是由内圣而外王、由道德而事功,故而合乎政统与道统合一的儒家理想。而秦汉以来虽然出现了汉高祖、唐太宗等杰出的英雄豪杰,他们能够治国安邦,创造事功,但是儒家期望的道统和政统合一的局面从来就没有再出现过。在宋儒看来,这些具有最高政治权力、创造巨大事功的政统代表人物,其实无一不是缺乏君道的帝王,故而政统总是严重背离道统。宋代道学批判汉唐之君的政统背离道统,其实也同时否定了当朝的宋代君主。

面对道统和政统的分裂,如何才能够回归三代尧舜时代政统与道统的合一?既然历史证明汉唐君主"终不能合而为一",那么,政统与道统

---

[1] 张载著,章锡琛点校:《张载集》,中华书局1978年版,第349页。
[2] 朱熹撰,朱杰人、严佐之等主编:《晦庵先生朱文公文集》卷36《答陈同书》,《朱子全书》第21册,上海古籍出版社、安徽教育出版社2002年版,第1558页。

合一的伟大理想显然只能够靠儒家士大夫自己。作为传承儒家之道的士大夫，必须能够自觉承担起这一个重要的历史使命。他们意识到，要推动政统与道统的合一，一方面儒家士大夫群体要主动承担起道统传承的文化使命，坚持以复兴孔孟之道为己任；另一方面要承担与君主共治天下的政治责任，既要坚持以"师"的身份引君当道，还要以"士大夫"身份治国以道。

宋儒建构的四书学，就是这一种能够满足儒家士大夫承担道统传承、复兴孔孟之道的经典体系。从中唐韩愈的《原道》，到南宋朱熹的四书诸序，在经历了三百多年的思想探索和历史建构之后，一个系统而完整的道统论终于成型。这就是朱熹建构的以四书为经典文献依据、以仁义中正为核心思想、以尧舜孔孟程朱为授受谱系的道统论。朱熹建构的四书学道统论，其目的就是回应如何回归政统与道统合一的三代传统这一问题。四书学道统论既体现出宋儒如何以"士"的文化身份在文化思想领域承担起道统传承的责任；同时也体现出宋儒如何以"帝师""大夫"的双重身份，在政治领域以道统教育帝王、以道统治理国家。

所以，宋儒四书学的道统论承担着十分重要的政治使命，必须解决这样的重要问题：文化权力的道统与政治权力的政统该谁主导政教程序？四书学道统论从以下两个方面，对这一问题做出了回答。

其一，宋儒四书学的道统论，在坚持儒家思想体系的内圣与外王、教与治、心性与政治两个不同侧面的同时，特别强调内圣对外王、教对治、心性对政治的主导地位，故而在凸显道统思想内涵的同时，强调以道为职的"师""士"的士大夫的传道责任和道统使命。

四书学作为一种新的儒学形态和经典体系，兼有儒家思想体系的内圣与外王、教与治、心性与政治两个不同侧面。应该说，无论是六经学体系，还是四书学体系，均是追求内圣与外王、教与治、心性与政治合一的。一般来说，六经学偏重外王的国家治理，但是仍然离不开内圣品德、道德教化、心性修养，否则就会失去其价值基础和信仰支撑，外王的国家治理、经世致用就会失去目标和方向。同样，四书学偏重内圣的人格修养，但是离不开外王的经世目标、政治治理，否则其内圣人格、心性修养、价值理想就永远无法落地，是一种空泛的道德理想。宋儒四书学之一的《大学》，之所以会由朱熹的《大学章句》，发展推演为真德秀的《大学衍义》，再发展为邱濬的《大学衍义补》，就是在四书学的学术框架里，建构一个将内圣人格与外王事功、价值理想与国家治理、心性修养与礼法制度统一起来的经典体系。

但是，宋儒的四书学之所以不同于汉儒的六经学，从思想史的角度来说，就在于二者在内圣人格与外王事功、价值理想与国家治理、心性修养与礼法制度的关系问题上，对哪一方处于更为优先、更为重要、更为根本的地位的理解有所不同。汉儒的六经原本是三代先王治理国家、礼法制度的王室档案和文献，其思想目标、内容主体无疑是外王事功、国家治理、礼法制度。而宋儒的四书学则将此完全颠倒过来，他们强调内圣人格、道德教化、心性修养必须处于更为优先、更为重要、更为根本的地位，内圣品德决定外王事功，德治是完成国家治理的根本，心性修养高于礼法制度的建设。

所以，宋儒建构的四书学道统论，充分肯定并发展了儒学的内圣、德教、心性之学的重要思想资源。宋儒从四书中挖掘自己的心性论思想资源，使早期儒学的内圣、德教、心性之学的资源得到了极大开发。早期儒家思孟学派的著作，如《礼记》中的《大学》《中庸》，加上《孟子》，就包含了丰富的内圣、德教、心性等学术资源。譬如，《大学》一书中就提出了明明德、亲民、止于至善、格物致知、正心诚意、修身齐家、治国平天下的"三纲八目"；《中庸》一书就提出了未发、已发、慎独、尊德性、道问学、道中庸、极高明等；《孟子》一书中就提出了性善、良知、良能、尽心、知性等。朱熹及其宋儒以体与用、形而上与形而下的思辨方法对这一些心性论资源做出本体诠释。这样，在汉唐六经体系中，作为儒教核心理念的是礼乐、王治、圣功；而在朱熹的四书学体系中，仁义、中道、心法均是"体"，故而成为道统的核心，而六经体系的礼乐、王治、圣功反而是"用"，只是"体"的外在表现和功能。他们将《尚书》中"人心惟危，道心惟微。惟精惟一，允执厥中"作为道统授受的"心法"。这里，"中"的关键不再是礼法制度的中和、合宜，而是所谓的"人心""道心"的"心法"。不是礼法制度塑造良知德性，而是良知德性决定礼法制度。故而以内圣之道、心性之学为核心的道统论成为两宋学术思想界的主流，宋代士大夫群体正是这一内圣之道、心性之学的承担者。因此，宋代士大夫在面对文化权力的道统与政治权力的政统该谁主导国家程序的问题时，他们的道统论高扬文化权力的内圣之道、心性之学，恰恰是强调儒家士大夫对道统承担的主体精神与主导地位。

其二，宋儒四书学的道统论在确立儒家内圣外王之道的同时，进一步强调儒家士大夫是内圣外王之道的主体。他们不仅是文化主体，更是政治主体，从而强化了士大夫与君主共治天下的政治理念，提升了儒家士大夫的政治主体性地位，使宋儒可以以"帝师""大夫"的双重身份，在政治领域以道学教育帝王、以道统制约政统。

儒家道统本来就蕴含着一种强烈的政治参与要求，儒家士大夫的道统论体现为引君以道、治国以道。宋儒在建构道统论的时候，特别重视治、教合一的政治目标，他们推动君主主导的治理和儒生主导的道统的合一，希望以此达到君主与士大夫共治天下的理想目标。

以六经为经典依据的道统谱系，就是从伏羲神农黄帝到文王、武王、周公的传道脉络，并且主要具有这样的特点：其一，三代时期的教、治一体，是以"治"统"教"；其二，三代时期君、师一体，是以"君"为"师"；其三，三代时期礼乐文明建构主体是有位有德的先王。所以，那些制作六经的三代先王，他们既是政治主体，又是文化主体。那么，以六经为经典依据的道统，必然是以"治"统"教"、以"君"为"师"，先王治理天下的政治活动同时也就是教化天下的道统传递。而到了以四书为经典依据的道统谱系中，四书原典的作者主要是孔子、曾子、子思、孟子等儒家士人，而注释、解说四书的是宋代儒家士人如周敦颐、二程、杨时、谢良佐、朱熹等。所以，在以四书为经典依据的道统谱系中，道统授受主体主要具有这样的特点：其一，因春秋战国以后治、教分离，儒家士人强调以"教"统"治"；其二，春秋战国以后君、师分立，儒家士人主张师道尊严，"师"应教"君"；其三，春秋战国以来，礼乐文明建构主体是士大夫的教、治合一。所以，在四书以后的时代，主导中华文明的儒家士大夫首先是文化主体，同时也应该是政治主体。以四书为经典依据的道统，必然是以"教"帅"治"、以"师"教"君"，士大夫以道教天下的文化过程、教育过程，也就是道统天下的政治过程。

可见，汉唐儒家强调五经体系的道统论，而两宋儒家强调的是四书体系的道统论。他们对道统谱系强调得不一样，其实是源于他们代表了不同的经典体系和思想体系。所以，两个时期的道统授受主体不同。五经体系道统论确定的道统代表人物是上古圣王，他们均首先是有位的王者，如果离开他们掌握的政治权力就不能够成为道统的主体。而四书体系道统论确定的道统代表人物是士大夫，他们首先是掌握儒家之道的士大夫，他们必须借助于自己掌握的知识权力才能够成为道统的主体。因此，两个时期道统的授受方式也在改变：三代圣王以治为本，"道"依附于"政"；春秋战国以后的儒家士大夫以"教"为本，希望"政"能够依托于"教"。

第三节　四书经典化与儒家道统建构

孔子及早期儒家通过整理六经，为六经作《传》《记》《序》，而建构了从尧舜到周公的道统脉络，奠定了早期儒家的道统思想。同样，朱熹及宋儒也是通过结集四书，分别为《大学章句》《中庸章句》《孟子集注》《论语集注》作序，从而重新建构从孔孟到程朱的道统脉络，完成了宋儒的道统论思想体系。在《四书集注》诸篇序说中，朱熹集中表达了他希望继承孔子整理、诠释六经而确立儒家道统的思想传统，而他主要是通过结集、诠释四书而建构理学，同时推动儒家道统论思想的成型。

可见，朱熹通过确立儒家新经典体系的四书学，同时将孔子、曾子、子思、孟子纳入数千年圣圣相传的儒家文明传道的脉络之中，实现对儒家道统论的重建。儒家道统论必须体现在人物谱系、思想内涵、经典文本之中，朱熹《四书章句集注》的序言，也就是从经典文本、人物谱系、思想内涵三个方面，全面而系统地重建了新儒家的道统论。

一　道统论与四书经典体系

考察儒学历史，道统思想总是与载道的经典体系紧密联系在一起的。如果要真正实现道统论的重建，就必须把新的道统论与经典体系的诠释与建构结合起来。从中唐韩愈重提道统论，到宋初儒家学者倡导不同的道统谱系，道统问题成为宋学学者普遍关注的重要问题。但是，从中唐到宋初，他们的道统谱系没有与相应的经典体系结合起来，其道统论就显得没有学术根基。

朱熹道统论的最大特点,是将儒家道统人物谱系与新经典体系的诠释与建构统一起来。朱熹一生作学问甚勤,然而他用力最多的却是四书学研究。他在与友人的信中说:"熹于《论》《孟》《大学》《中庸》,一生用功。"① 朱熹一生如此用功于四书,在于他认为:五经记载的先圣道统是由四书传承下来的,而他以及理学家群体注解四书,就是传承孔孟道统。朱熹在《四书章句集注》的几篇重要序言中,将道统论与新经典体系即他集注的四书联系起来。

儒学文献分为经典、诸子与传记这些不同类型,在儒学史上,"经""传""子"的区分既是十分明确的,但又是可以转换的。为了推动儒学发展和思想更新,一些儒家的"子学"著作,可以转变为六经的"传"与"记","传"与"记"又可能转变为独立"经典"。儒家"经""传""子"的文献转换,往往根据儒学学术史、思想史演变的需求。为了推动儒学史的发展,汉儒确立和尊崇五经体系,同时将《论语》《大学》《中庸》《孟子》等儒家子学著作先后提升为传记著作;同样为了儒学史的发展,朱熹将汉代作为传记的《论语》《大学》《中庸》《孟子》提升为独立经典。但是,这不仅仅是文献形式的变换,中间蕴含着一个重要的思想史变化:前轴心文明的先王政典的地位在下降,而轴心时期儒家诸子的著作与思想,越来越居于儒家文献与儒家思想体系的主导地位。

《中庸》《大学》作为先秦儒家的子学著作,已经在汉代编入《礼记》,尽管以后《礼记》也逐渐由传记之学演变为《礼》经,但唐以前《中庸》《大学》均不是独立经典,其思想的内涵、意义与四书学区别很大。宋儒开始了重建经典的行动,是由于儒家道统授受脉络,必须通过"载道之文"的经典体系才能够确立;反过来说,要将《论语》《大学》《中庸》《孟子》等子学著作提升为独立经典,需要一个儒家道统脉络的依据。于是,《论语》《大学》《中庸》《孟子》的"四书",开始由儒家子学和五经传记,逐渐演变、发展为独立经典,并组合成为一个新的四书学经典体系。

---

① 朱熹撰,朱杰人、严佐之等主编:《晦庵先生朱文公文集》卷53《答胡季随》,《朱子全书》第22册,上海古籍出版社、安徽教育出版社2002年版,第2506页。

所以，朱熹要将《论语》《大学》《中庸》《孟子》确立为经典体系，必须确立这四部书是如何承接三代先王之道的。朱熹在四书的序说中，说明了每一部书在传承三代先王之道上的道统论意义。

孔子是儒学的创建者，他是六经的整理者，也是先王之道的自觉传承者，他的道统地位是儒家的基本共识。《论语》是孔门弟子记载孔子讲学的记录，是孔子思想的最重要著作。所以，我们在《论语集注》书前的《论语序说》《读论语孟子法》中可以看到，朱熹并没有对《论语》这一部书作更多道统论的说明，而主要将道统的代表经典，放到了其他三部著作的阐述上。朱熹在《论语序说》《读论语孟子法》中，主要是通过引述司马迁《史记·孔子世家》对孔子、二程对《论语》的看法，进一步说明《论语》在传承道统上的重要性。朱熹在《读论语孟子法》引述程子的说法："学者当以《论语》《孟子》为本。《论语》《孟子》既治，则六经可不治而明矣。……句句而求之，昼诵而味之，中夜而思之，平其心，易其气，阙其疑，则圣人之意可见矣。"① 这是二程、朱熹的一个重要主张，即《论语》《孟子》是儒家经典之本，这与汉儒以六经为儒家经典之本、《论语》只是所谓"小经"有很大区别。特别是他们强调"《论语》《孟子》既治，则六经可不治而明矣"，不仅强调了《论语》的重要地位，甚至可以代替六经，这就更加强化了《论语》的道统论意义。另外，在《语孟精义序》中，朱熹即称是书："明圣传之统，成众说之长，折流俗之谬，则窃亦妄意其庶几焉。"② 也是进一步说明《论语》一书在道统史上的重要性。

《大学》是《礼记》中的一篇，朱熹对这一篇文献的道统价值，作了不一般的处理和论证。朱熹《大学章句序》一文，对《大学》文献在道统谱系上的地位，作了特别的强调。一方面，朱熹强调治、教合一在道统史上的意义，他肯定从伏羲、神农、黄帝到尧、舜等先王有一个共同特点，就是"君师"一体、"教治"合一，这体现出"继天立极"的道

---

① 朱熹撰，朱杰人、严佐之等主编：《四书章句集注·论语集注》，《朱子全书》第6册，上海古籍出版社、安徽教育出版社2002年版，第61页。
② 朱熹撰，朱杰人、严佐之等主编：《晦庵先生朱文公文集》卷75《语孟集义序》，《朱子全书》第24册，上海古籍出版社、安徽教育出版社2002年版，第3631页。

脉传承，儒家学说就是继承了上古圣王"教治"合一的传统，朱熹强调"《大学》之书，古之大学所以教人之法也"①，就是强调《大学》是记载三代"教治"合一的传道之文。另一方面，朱熹强调《大学》一书是孔子传道曾子的重要典籍，他说："及周之衰，圣贤之君不作，学校之政不休，教化陵夷，风俗颓败，时则有若孔子之圣，而不得君师之位以行其政教，于是独取先王之法，诵而传之，以诏后世。……而曾氏之传独得其宗，于是作为传义，以发其意。"② 朱熹引用程子的说法，认为"《大学》，孔氏之遗书"③，故而他将《大学》分成经一章、传十章，认为"经一章，盖孔子之言，而曾子叙之"，"其传十章，则曾子之意而门人记之也。"④ 所以，朱熹从上述两个方面，充分肯定这一部"古之大学所以教人之法"的书，既保留了远古以来"君师"一体、"教治"合一的圣王之道，又是体现孔子、曾子二人传道精神的重要文献。应该说，朱熹对整理、诠释《大学》一书下工夫最多，包括将《大学》文本分成经、传，为"格物致知"章补传，其实均是为了强调《大学》在道统谱系上的重要地位。

《中庸》也是《礼记》中的一篇，朱熹对这一篇文献的道统价值，同样作了不一般的论证。在儒家典籍中，一直就有尧、舜、禹在传位的同时也传道的记载。《论语·尧曰》有尧帝语于舜帝之言："咨！尔舜。天之历数在尔躬。允执其中。四海困穷，天禄永终。"⑤ 舜亦以命禹。《尚书·大禹谟》也载有"允执其中"。应该说，以中道作为儒家道统授受的思想核心，是儒家一贯的思想传统，也是《中庸》这一部著作的核心思想。所以，朱熹通过《中庸章句序》以系统阐述儒家道统思想。一方面，朱熹强调"中道"在儒家道统史上的意义，他肯定道统史上中庸之道是

---

① 朱熹撰，朱杰人、严佐之等主编：《四书章句集注·大学章句》，《朱子全书》第6册，上海古籍出版社、安徽教育出版社2002年版，第13页。
② 朱熹撰，朱杰人、严佐之等主编：《四书章句集注·大学章句》，《朱子全书》第6册，上海古籍出版社、安徽教育出版社2002年版，第14页。
③ 朱熹撰，朱杰人、严佐之等主编：《四书章句集注·大学章句》，《朱子全书》第6册，上海古籍出版社、安徽教育出版社2002年版，第16页。
④ 朱熹撰，朱杰人、严佐之等主编：《四书章句集注·大学章句》，《朱子全书》第6册，上海古籍出版社、安徽教育出版社2002年版，第17页。
⑤ 杨伯峻译注：《论语译注》，中华书局1980年版，第207页。

一脉相承的，即尧传之舜、舜传之禹，"自是以来，圣圣相承，若成汤、文、武之为君，皋陶、伊、傅、周、召之为臣，既皆以此而接夫道统之传"①；另一方面，则是孔子、颜子、曾子、子思在"不得其位"的情况下承接了中庸之道统，"若吾夫子，则虽不得其位，而所以继往圣、开来学，其功反而有贤于尧、舜。"孔子是"继往圣、开来学"的重要道统人物，再经过颜子、曾子之传，道统传到了子思，"子思惧夫愈久而愈失其真也，于是推本尧、舜以来相传之意，质以平日所闻父师之言，更互演绎。作为此书，以诏后之学者。"② 由此可见，《中庸》一书在道统史上十分重要，它是代表尧、舜、禹、汤、文、武等圣王"允执其中"的道统之传，又是体现孔子、颜子、曾子、子思传承道统的文本。而且，《中庸》一书也分为两个部分：第二章至第十一章是"子思引夫子之言"③，其余各章则是"子思述所传之意以立言"④。因此，朱熹也是从两个方面，肯定《中庸》一书是"子思子忧道学之失其传而作也"⑤ 的书，是记载孔子、子思传道的重要文献，在道统谱系上具有重要地位。

《孟子》原来是子学著作，但是唐宋以来，越来越多的儒家学者认为孟子继承了孔子之道，所以，《孟子》一书就成为道统谱系上的重要文献，继而上升为经典。像《论语序说》一样，朱熹在《孟子序说》中，也是通过引述司马迁《史记·孟子列传》对孟子的评价，以及韩愈对《孟子》的看法，说明《孟子》在传承道统上的重要性。譬如，朱熹引司马迁《史记·孟子列传》所说，孟子"退而与万章之徒序《诗》《书》，述仲尼之意，作《孟子》七篇。"⑥ 朱熹还引韩愈的评价："自孔子没，

---

① 朱熹撰，朱杰人、严佐之等主编：《四书章句集注·大学章句》，《朱子全书》第 6 册，上海古籍出版社、安徽教育出版社 2002 年版，第 30 页。
② 朱熹撰，朱杰人、严佐之等主编：《四书章句集注·大学章句》，《朱子全书》第 6 册，上海古籍出版社、安徽教育出版社 2002 年版，第 30 页。
③ 朱熹撰，朱杰人、严佐之等主编：《四书章句集注·大学章句》，《朱子全书》第 6 册，上海古籍出版社、安徽教育出版社 2002 年版，第 34 页。
④ 朱熹撰，朱杰人、严佐之等主编：《四书章句集注·大学章句》，《朱子全书》第 6 册，上海古籍出版社、安徽教育出版社 2002 年版，第 33 页。
⑤ 朱熹撰，朱杰人、严佐之等主编：《四书章句集注·大学章句》，《朱子全书》第 6 册，上海古籍出版社、安徽教育出版社 2002 年版，第 29 页。
⑥ 朱熹撰，朱杰人、严佐之等主编：《四书章句集注·孟子集注》，《朱子全书》第 6 册，上海古籍出版社、安徽教育出版社 2002 年版，第 243 页。

独孟轲氏之传得其宗。故求观圣人之道者，必自《孟子》始"①。在《孟子序说》中，朱熹摘录韩愈有关儒家道统传授谱系的论述，突出了《孟子》的道统意义。《孟子》终篇《尽心下》末章载有孟子的一段感慨，历数由尧舜至于汤、由汤至于文王，由文王至于孔子，间隔均为五百余年，他们或见而知之，或闻而知之，但是却不断有后圣继起，他显然是在关注孔子之后能否有继之者这一重要现实问题。朱熹《孟子集注》即从道统论的立场出发作了解说，他说："此言虽若不敢自谓已得其传，而忧后世遂失其传，然乃所以自见其有不得辞者，而又以见夫天理民彝不可泯灭，百世之下，必将有神会而心得之者耳。故于篇终，历序群圣之统，而终之以此，所以明其传之有在，而又以俟后圣于无穷也，其指深哉！"②

朱熹因孟子而发的"故于篇终，历序群圣之统"的感慨，显然是对孟子千年之后的道统是否有继之者这一现实问题的追问。而他本人之所以会以毕生精力从事四书学的诠释与建构，就是传承孔子、曾子、子思、孟子以来的道统。事实上，朱熹对孔子以来的士人传道经典重视程度，显然已经超过三代先王传道经典。

二 四书学与道统人物谱系

本来，所谓的"道统"就是指传道的人物统绪。但是，在关于道统的人物统绪问题上，儒家向来存在一些差别，这些差别既包括孔子以前的道统谱系，也包括孔子以后的道统谱系。孔子是六经的整理者，孔子以前的道统谱系与儒家六经有关。儒家道统谱系依据六经中两部不同的经典：一部是《尚书》系统的依据，作为"人君辞诰之典"③，《尚书》文献的作者从尧、舜、禹开始到夏、商、周的先王，代表了儒家"祖述尧舜，宪章文武"其人物谱系；另一个是《周易》系统，《易传》有伏羲

---

① 朱熹撰，朱杰人、严佐之等主编：《四书章句集注·孟子集注》，《朱子全书》第6册，上海古籍出版社、安徽教育出版社2002年版，第243页。
② 朱熹撰，朱杰人、严佐之等主编：《四书章句集注·孟子集注》，《朱子全书》第6册，上海古籍出版社、安徽教育出版社2002年版，第459页。
③ 《尚书正义·尚书正义序》，见李学勤主编《十三经注疏》第2册，北京大学出版社1999年版，第2页。

氏画八卦，周文王演为六十四卦并作经文上下篇，而孔子则作传文以解经，故而早有"人更三圣，世历三古"之说。这两套系统既有相同点，又有重要的差别。孔子以后的道统谱系更是存在很大差别：一则是孔子之后，儒分为八，诸多不同思想倾向的儒家学者中哪些能够列入道统谱系？二则是儒学创建以后，历经先秦、两汉、魏晋、隋唐的不同朝代，儒学学术思潮不同，儒家学者旨趣各异，究竟谁才是儒学道统的代表，向来就是一个见仁见智的问题。

唐宋时期儒家士大夫面临复兴儒学、重建儒学的问题，故而他们特别需要一个强调、建构一个合乎时代需要的道统论。唐代韩愈的《原道》是道统论的重要文献，他的观点十分明确：道统上溯至尧舜，下传至孟子。但是，韩愈在另外的文章中又肯定荀子在道统史上的重要地位。其实，不仅仅是韩愈，唐代有许多儒家学者，包括长孙无忌、魏徵、杨倞、卢照邻、裴度等均认同"周孔荀孟"的道统人物谱系。[①] 到了北宋初年的儒学复兴运动中，道统谱系仍然十分多元化，他们不但对三代先王的道统谱系有互不相同的看法，尤其是对孔子以后能够列入道统人物谱系的儒家学者有大相径庭的见解。譬如，宋初理学先驱孙复、石介的道统说，就是在韩愈之说的基础之上，在尧之前加上了伏羲、神农、黄帝、少昊、颛顼、高辛六位传说中的圣人，在孟子之后加进了荀子、扬雄、王通、韩愈四位贤人。而苏轼则提出由孔孟、韩愈而欧阳修的一脉相承的新道统。他认为，孔孟之后，"五百余年而后得韩愈，学者以愈配孟子，盖庶几焉。愈之后三百有余年，而后得欧阳子，其学推韩愈、孟子，以达于孔氏"[②]。其实，道统人物谱系的观念，反映了那一个时代及其儒家学者的儒学思想状况。宋初道统人物谱系的多元化，体现出这一时期儒学复兴要求的强烈，以及新儒学思想建设尚处于初级阶段。

但是，随着宋学的不断发展，宋学不同学派争鸣的同时，道学思想体系渐趋成型，道学派的道统论逐渐成熟并日益占据主导地位。在程颢逝世之后，程颐作《墓表》称："周公没，圣人之道不行，孟轲死，圣人之学不传，……先生生千四百年之后，得不传之学于遗经，志将以斯道

[①] 周炽成：《唐宋道统新探》，《哲学研究》2016年第3期。
[②] 苏轼撰，茅维编：《苏轼文集》卷10《六一居士集叙》，中华书局1986年版，第316页。

觉斯民。"① 这样，程颐就以程颢直承孔孟，作为圣人之道在宋代的继承者，正式确立了道学派的道统论。在程门弟子的推动下，特别是南宋朱熹、张栻的倡导下，一种新的道统论确立并成为思想主流。

如前所述，程朱学派道统论的最大特点，是将儒家道统人物谱系与新经典体系的确立统一起来。朱熹在《四书章句集注》的几篇重要序言中，对四书中每一本书的作者作了介绍和论述。但是，这不是一般的学术推介，因他的序言是为了确立一套新经典体系，而确立新经典体系的前提条件，就是要将这些书的作者纳入上古时期的道统谱系。六经之所以成为经典，就在于它们是由三代圣王的道统人物而"作"，朱熹在四书诸序中对每一位作者做出说明时，势必会将他与道的授受脉络联系起来。"道统"这个词在朱熹以前已经有人提出，但是，真正赋予这一个概念完整的道统论意义、特别是将道统的授受谱系与经典系统结合起来的，还是朱熹的四书诸序。朱熹于淳熙十六年（1189）在《中庸章句序》中使用了"道统"，并且从几个不同方面对其作了详细论证，因此朱熹被学界看作是宋学道统论的真正完成者。

我们进一步考察朱熹《四书章句集注》的几篇序言，看他如何建立起孔子以后的道统谱系。为了强化这一道统人物谱系，朱熹在《大学章句序》中，将道统授受谱系分为三个阶段。

第一阶段，道统人物是"君师"合一的上古圣王，他们创造了"教治"合一的道统。朱熹提出："此伏羲、神农、黄帝、尧、舜所以继天立极，而司徒之职、典乐之官所由设也。"② 既是为了对抗佛教的法统，同时也是为了强调儒学在中华文明史上的地位，朱熹显然吸收了《易传》的思想，将伏羲、神农、黄帝列为尧、舜之前的道统人物谱系。另外在《中庸章句序》中，朱熹追溯《中庸》的思想渊源，对儒家道统的先王传授作了详尽的阐述。他认为，自上古以来道统便圣圣相传，尧传之舜，舜传之禹，"自是以来，圣圣相承；若成汤、文、武之为君，皋陶、伊、

---

① 程颢、程颐著，王孝鱼点校：《二程集》，《河南程氏文集》卷11《明道先生墓表》，中华书局2004年版，第640页。

② 朱熹撰，朱杰人、严佐之等主编：《四书章句集注·大学章句》，《朱子全书》第6册，上海古籍出版社、安徽教育出版社2002年版，第13页。

傅、周、召之为臣,既皆以此而接夫道统之传。"① 在《尚书·洪范》《论语》中,均记载有尧、舜、禹授受"允执厥中"的事实,故而朱熹主要以《尚书》为依据,列出了一个尧、舜、禹、汤、文、武的道统人物谱系。另外,朱熹在《孟子说序》中,也特别引证了韩愈《原道》的观点,即以尧、舜、禹、汤、文、武、周公、孔子、孟子作为儒家一脉相承的道统学说。

第二个阶段,春秋战国时期的孔子及其诸弟子的道统授受谱系,他们均是无"君师之位"但是却能够兴道统之教,故而是重要的道统人物。朱熹在《论语序说》中引述司马迁的看法,肯定孔子在道统史上具有重要地位。朱熹还在《论语集注》的终篇《尧曰》中,进一步阐发了关于孔子在道统谱系中的地位,他引述杨时的言论说:"《论语》之书,皆圣人微言,而其徒传守之,以明斯道者也。故于终篇,具载尧舜咨命之言,汤武誓师之意,与夫施诸政事者,以明圣学之所传者,一于是而已。所以著明二十篇之大旨也。"② 显然,朱熹在这里引述杨时之言,就是以道统论解说孔子及其《论语》"明圣学之所传者",即应该从道统的角度"著明二十篇之大旨"。《大学》的作者历史上说法不一,这不利于道统谱系的确立。朱熹以《大学》包括孔子的经一章,曾子作传十章,进一步确立了《大学》的道统谱系。朱熹肯定曾子是《大学》的作者,主要是从道统论建构方面考虑的。在《中庸章句序》中,朱熹特别强调"子思子忧道学失其传而作"的道统意义,他说:"若吾夫子,则虽不得其位,而所以继往圣,开来学,其功反有贤于尧舜者。然当是时,见而知之者,惟颜氏、曾氏之传得其宗。及曾氏之再传,而复得夫子之孙子思。"③ 朱子在道统人物谱系上,特别强调孟子的重要地位,在《孟子集注序说》中,朱熹引《史记·孟子列传》介绍孟子生平,重点阐释孟子的道统地位。他说:"而孟轲乃述唐、虞、三代之德,是以所如者不合。退而与万

---

① 朱熹撰,朱杰人、严佐之等主编:《四书章句集注·中庸章句》,《朱子全书》第6册,上海古籍出版社、安徽教育出版社2002年版,第30页。

② 朱熹撰,朱杰人、严佐之等主编:《四书章句集注·论语集注》卷10《尧曰》,《朱子全书》第6册,上海古籍出版社、安徽教育出版社2002年版,第240页。

③ 朱熹撰,朱杰人、严佐之等主编:《四书章句集注·中庸章句》,《朱子全书》第6册,上海古籍出版社、安徽教育出版社2002年版,第30页。

章之徒序《诗》《书》，述仲尼之意，作《孟子》七篇。"① 然后，朱熹又通过引用韩愈、二程、杨时，进一步对孟子道统地位做出充分肯定。朱熹在《孟子说序》中，特别引证了韩愈《原道》的观点，即"自孔子没，独孟轲氏之传得其宗。故求观圣人之道者，必自《孟子》始"②。可见，在朱熹心目中他们所继承的儒家之道，是由孔子、曾子、子思、孟子而上承先王之道。

最关键是第三个阶段，就是宋学人物在道统史上的重要地位，这也是朱熹的《四书章句集注》诸序讨论的重点。在《大学章句序》中，朱熹将宋代道学学派列入孔孟之道的道统脉络中来，他说："于是河南程氏两夫子出，而有以接乎孟氏之传，……虽以熹之不敏，亦幸私淑而与有闻焉。"③ 在同样讲义理之学的宋学学派中，程朱道学派特别重视《大学》，他们通过诠释《大学》而建构道学，就具有重要的道统谱系意义。另外，朱熹在《中庸章句序》中也特别强调程朱道学派在传授《中庸》学的道统意义。所以，《中庸章句序》和《大学章句序》一样，均凸显了程朱道学在道统谱系中的独特地位。这一点，尤其体现在《四书章句集注》中所选的注文。朱熹的《四书章句集注》集中了汉宋诸儒的注释，但是，朱熹最重视程门诸子的思想。在《语孟集义序》中，朱熹曾经阐明《语孟精义》的原则，就是将二程之说"搜辑条流，以附本章之次。既又取夫学之有同于先生者，与其有得于先生者，若横渠张公、若范氏、二吕氏、谢氏、游氏、杨氏、侯氏、尹氏，凡九家之说，以附益之。"④ 而朱熹在《四书章句集注》中，更是将程门道学之说作为其最基本的思想主张，引述特别集中。据陈荣捷先生统计，《四书章句集注》共引用了32个学者的语录731条，其中居前三位的为二程225条，尹焞为90条，杨时

---

① 朱熹撰，朱杰人、严佐之等主编：《四书章句集注·孟子集注》，《朱子全书》第6册，上海古籍出版社、安徽教育出版社2002年版，第243页。

② 朱熹撰，朱杰人、严佐之等主编：《四书章句集注·孟子集注》，《朱子全书》第6册，上海古籍出版社、安徽教育出版社2002年版，第243页。

③ 朱熹撰，朱杰人、严佐之等主编：《四书章句集注·大学章句》，《朱子全书》第6册，上海古籍出版社、安徽教育出版社2002年版，第14页。

④ 朱熹撰，朱杰人、严佐之等主编：《晦庵先生朱文公文集》卷75《论孟集义序》，《朱子全书》第24册，上海古籍出版社、安徽教育出版社2002年版，第3631页。

73条。① 不计程门其他学者,仅引自二程、尹焞、杨时的语录即已达388条,占引用总数的一半以上。朱熹四书学以二程一派为依归的特点,恰恰体现出朱熹的四书学其实就是确立了程朱理学在道统史上的重要地位。

从朱熹所述的道统论来看,道统授受分为三个阶段,即上古圣王、春秋战国的孔孟、宋代的程朱。这是朱熹在四书诸序中论述道统人物谱系的特点。但是,如果从性质上看,朱熹所述的道统论只可以看作是两个阶段,即有"君师之位"的圣王道统与无"君师之位"的士人道统,这两种道统虽然有联系,但是其中的区别要特别关注。朱熹及宋儒将代表士人道统的四书提升为儒家核心经典,就是突出了士人群体承担道统的重要意义。

三 四书学与道统核心思想

"道统"不仅仅要有传道的经典文献、人物谱系,更关键的是要有"道"的核心思想。唐中叶韩愈在面临佛教、道教的盛行而作《原道》时,特别强调儒家之道的核心思想是"仁义"。到了宋代,无论是面对儒学外部的不同思想信仰,还是儒学内部的不同学术流派,均是努力重建新儒学的士大夫必须解答的问题。

程朱确立四书的新经典体系,就是认同四书体系里儒家之道的价值观。朱熹在《四书章句集注》的几篇重要序言中,对四书体系中每一本书的基本宗旨与核心思想作了论述。早期儒家孔子、曾子、子思、孟子的共同思想特点,就是在继承三代礼乐文明的基础上,做出一系列创造性的思想提升和理论建构,其思想成果体现为三个重要的核心价值:仁义、中庸、教育。

三代先王留给儒家学者的文化遗产就是礼乐文明,这包括一整套宗教化的政治制度、社会准则、思想观念,早期儒家继承和改造了这一套礼仪规范,并且对这一套礼仪规范做出理性化的思想诠释和价值提升,创造出了"以礼归仁""以礼制中""以礼为教"的思想,形成了以仁义、中庸、教育为儒家之道的核心思想。所谓"以礼归仁",就是将

---

① 转见黎昕:《从〈四书集注〉看朱熹对杨时理学思想的批判和继承》,《福建论坛》(文史哲版)1989年第1期。

"礼"的外在规范制度提升为"仁"的内在情感情操，以"仁"的道德情操、道德理想去衡量、评价"礼"的规范制度。所谓"以礼制中"，也是将"礼"的外在规范制度提升为"中"的普遍性的价值原则和思维方式，以"中"的价值原则和思维方式衡量、评价"礼"的规范制度和治理方法。所谓"以礼为教"，就是通过道德教化，将"礼"的强制规范制度化解为个体道德自觉与社会优良风俗，以"教"的道德自觉与优良风俗完成"礼"的规范秩序和国家治理。

所以，宋儒所确立的四书学，其核心价值是仁义、中庸、教育。他们选择、结集、诠释四书的目的，就是传承、弘扬、发展仁义、中庸、教化的价值体系。四书的每一本书既有对某一价值理念的特别关注与论述，又有对仁、中、教的价值体系的整体追求。

《论语》准确而全面地记载了孔子的思想和言行。孔子"祖述尧舜，宪章文武"，通过对三代礼乐、先王之道的深刻思考，推动了"礼—仁""礼—中""礼—教"的思想体系的建立，从而确立了儒家的核心价值：仁、中、教。这些核心思想也就是道统的思想理念和核心价值。在《论语》一书中，孔子对仁道、中庸、教育均有全面而深入的论述，所以，孔子是早期儒家仁、中、教的价值体系的奠基人。但是，如何深化、展开儒家仁、中、教的思想理念和核心价值，孔门诸弟子各有不同的发展方向和思想创造。唐宋以来的儒家士大夫特别重视《大学》《中庸》《孟子》，恰恰在于这一些早期儒家文献对儒家的核心价值仁、中、教做出了重要的理论创新。

《孟子》成为儒家道统典籍的核心价值是仁义。从唐中叶韩愈的《原道》开始，就将孟子推举为孔子道统的继承者，后世始有"孔孟之道"的说法。而且，韩愈《原道》的观点十分明确，他们传承的道统内容就是"仁义"。宋儒继承了这一观点，朱熹在《孟子说序》中引证了韩愈《原道》以"仁义"为儒家道统核心思想的观点。同时，朱熹又引证程子的观点说："孟子有功于圣门，不可胜言。仲尼只说一个仁字，孟子开口便说仁义。"[1] 由此可见，从韩愈到二程、朱熹，均认可一个相通的观点，

---

[1] 朱熹撰，朱杰人、严佐之等主编：《四书章句集注·孟子集注》，《朱子全书》第 6 册，上海古籍出版社、安徽教育出版社 2002 年版，第 244 页。

就是孔子与孟子传递的道统内容就是"仁"和"仁义"。但是，宋儒也发展了这一观点，韩愈仅仅肯定孔孟之道的内容是仁义，而程朱认为孟子"有大功于世"，不仅包括性善、恻隐等心性论，还包括养气、存心等修身工夫论，这恰恰是孟子对孔子仁学思想的拓展，也是宋儒需要进一步诠释和发展的思想。孟子拓展了孔子的仁学，孟子以人的道德情感为经验基础，通过性善、恻隐等心性论思想，从人的内在的、情感的方面确立了儒家关于仁的核心价值；孟子又以义理之天为超验依据，将仁义与超越性的天道结合起来。另外，孟子还关注君子仁人如何自我修养，故而提出养气、存心等实践仁义的修身工夫论。程朱确立了孟子的道统地位，就是希望以孟子的仁学理论为基础，进一步拓展仁学的不同思想维度。朱熹在《孟子说序》中重点引证道学宗师二程、杨时对《孟子》一书的见解，因为朱熹就是继承了二程、杨时关于《孟子》一书的核心价值及其对仁学的理论化、实践化的拓展。

《中庸》能够成为儒家道统典籍的核心价值是"中庸"。《中庸》是由子学、传记之学的文献提升为宋代核心经典的。这样一部原本普通的诸子学文献，如何能够自唐宋以来上升为核心经典？其中有两个重要原因：其一，这一本书集中讨论了儒家文化的核心思想即中道；其二，这一本书对中道作了多维度的探讨，有利于中庸之道的哲学提升。可见，《中庸》潜在的思想文化价值决定了后来的地位提升。朱熹的《中庸章句序》，是他关于道统论的最重要文献，也是研究宋儒道统论必引的论著。这一篇文章通篇论述道统问题，将"中"认定为上古以来圣圣相传的道统内容，从而确立了中道在儒家道统授受过程中的特别价值。在《中庸章句序》中，朱熹说："盖上古圣神，继天立极，而道统之传有自来矣。其见于经，则'允执厥中'者，尧之所以授舜也；'人心惟危，道心惟微，惟精惟一，允执厥中'者，舜之所以授禹也。尧之一言，至矣尽矣；而舜复益之以三言者，则所以明夫尧之一言，必如是而后可庶几也。"[1]在这里，朱熹明确提出"人心惟危，道心惟微，惟精惟一，允执厥中"这十六字乃尧舜禹三圣传授心法，亦即自尧、舜、禹、汤、文、武、周

---

[1] 朱熹撰，朱杰人、严佐之等主编：《四书章句集注·中庸章句》，《朱子全书》第6册，上海古籍出版社、安徽教育出版社2002年版，第30页。

公、孔子一脉相承的道统的精神核心。"中"作为一种核心价值和思维方式，有两个思想来源。一个是近的思想来源，"中"是西周"礼"的价值提升和哲学提升；一个是远的思想渊源，"中"是全面涉及传统中国的社会生活、科学技术、宗教信仰、艺术创造、思维方式的价值提升和哲学提升。而儒家思想，恰恰既继承了西周礼乐文明的传统，也继承了华夏中道思想文化的传统。所以，儒家将以"中道"为核心的道统追溯到三代时期，就不是没有依据的想象，而是有着久远文化渊源。特别在儒家的六经及诸子、传记中，"中道"思想均有着十分重要的地位，朱熹为弘扬儒家思想体系中的"中道"思想，将其作为儒家道统的内容。特别是朱熹还提升了《中庸》的核心价值，将儒家中道与心性、天理统一起来。

《大学》能够成为儒家道统典籍的核心价值是"教"。《大学》也是由子学、传记之学的文献提升为宋代核心经典的，它之所以能够上升为核心经典，在于它强调了"君师"合一、"教治"合一的儒家崇教传统，彰显了儒家核心价值理念的"教"。在《大学章句序》中，朱熹强调《大学》之教其实就是体现了三代时期"教治"合一的思想传统，这也是儒家推崇的道统。但是，这一种将德性教化与政治治理合一的思想传统在不同历史阶段有不同的体现。朱熹在《大学章句序》中，首先就提出："《大学》之书，古之大学所以教人之法也。"[①] 这一个"教人之法"的《大学》之教，源于"君师"合一、"教治"合一的儒家道统。从上古的伏羲、神农、黄帝到尧、舜等道统脉络的人物，其实均是"继天立极"的"君师"。到了春秋战国时期，孔子虽然无"君师"之位，但是继承先王道统而推行"先王之法"，故而有《大学》经一章留下来。然后通过曾子之传，而将此先王之道传递下来。《大学》只是古代先王的"教人之法"，其教人的内容其实就是《论语》《孟子》《中庸》的相关内容，就是仁义礼智信的核心价值。所以，《论语》《孟子》《中庸》倡导的价值理念其实均可以纳入《大学》的大框架之中。朱熹对《大学》为什么应该列入四书之首，作了一个重要的解释，他说："是以是书（指《大学》）之规模虽大，然其首尾该备，而纲领可寻，节目分明，而工夫有

[①] 朱熹撰，朱杰人、严佐之等主编：《四书章句集注·大学章句》，《朱子全书》第 6 册，上海古籍出版社、安徽教育出版社 2002 年版，第 13 页。

序,无非切于学者之日用。"① 他认为,《大学》一书提出的"八目",其实是一套完整的"修己治人之方",而其他儒家经典所列的具体修身工夫,其实均可纳入到这个体系之中来,即如朱熹所说:"《大学》是为学纲目。先通《大学》,立定纲领,其他经皆杂说在里许。通得《大学》了,去看他经,方见得此是格物致知事;此是正心诚意事;此是修身事;此是齐家治国平天下事。"② 学者如果首先掌握了《大学》的"修己治人之方",就可以对宋儒的"内圣外王之道"有一个基本的了解。

---

① 朱熹撰,朱杰人、严佐之等主编:《大学或问上》,《朱子全书》第6册,上海古籍出版社、安徽教育出版社2002年版,第515页。
② 朱熹撰,朱杰人、严佐之等主编:《朱子语类》卷14,《朱子全书》第14册,上海古籍出版社、安徽教育出版社2002年版,第422页。

下 篇

四书学思想的社会整合

第 一 章

四书学与宋代士人思想的整合

理学原本只是宋学的一派，朱熹的《四书章句集注》也只是注解《论语》《孟子》《大学》《中庸》的一家。但是，宋学发展的最终结果，理学演变发展为宋学的学术主流，朱熹注释的四书成为两宋后期士人普遍信奉的核心经典体系。

为什么会出现这一种结果？我们不认为历史是一种偶然性现象，这需要两个重要条件：其一，客观条件，理学及其四书学满足了唐宋变革后的对思想文化的新需求。其二，主观条件，理学家能够完成理学及其四书学的思想整合，使其成为士人的普遍化思想共识。这里分别对上述两个问题做一阐述。

第一节 从学统四起到理学独尊

唐宋历史变革使中国传统的经济关系、政治制度、文化思想等不同领域均发生了重大变化。特别是两宋时期在学术思想领域，出现了春秋战国时期那样的百家争鸣局面。但是，在经历了两百多年的思潮变迁、学派论战、士人党争之后，南宋后期的学术思想领域，又出现了一个理学定于一尊的历史局面。

在思想纷呈的两宋时代，为什么经历了唐宋变革之后的帝国王朝没有选择富国强兵的外王事功之学？为什么以道统自居、与皇权不甚相合的程朱理学最后却能够定于一尊？本章试图考察理学的内在学术与外在影响,进一步探讨这一个问题。

一　宋学兴起及其学术旨趣

我们会发现,两宋时期的学术繁荣、思想丰富,特别是学派林立、学术争鸣,与春秋战国时期十分类似。如果说,在夏商周三代文明的母体内,孕育出了春秋战国的诸子百家的话;那么,也可以说从汉唐儒家文明的演化过程中,孕育出了两宋时期的宋学。

自从汉代儒学独尊以来,在儒家士大夫与朝廷的密切配合、真诚合作下,儒家经学成为汉唐时期定于一尊的国家学术与普遍认同的意识形态。但是,不同的时代精神总会产生不同的学术思想,唐宋时期发生了重要的历史变革,体现在政治上,汉唐时期由门阀士族主导的准贵族政治衰落和终结,代之以平民出身的士大夫政治力量强化;体现在经济上,魏晋隋唐以来的经济关系也发生重大变化,相对自由的农民与地主的租佃制关系取代依附门阀士族的农奴制度;体现在思想学术上,出现了宋代士大夫推动的学术思想转型及文化教育下移等一系列重要的历史转型。

宋学作为一种断代学术思潮,思想内涵十分丰富,学派争鸣此起彼落。如果将宋代各个不同学派、学者作为一个整体的学术思潮思考的话,可以发现他们表现出宋学的学术思潮与学术范式等一系列相同的特点。宋学既强调复兴先秦儒学思想传统,又能够在新的历史条件下有重要学术发展。

儒学之所以会从汉学形态发展到宋学形态,是因为新的历史变革对思想文化提出了新的要求,宋儒在应对新的时代变革时,不得不对儒学形态做出相应的变革。质而言之,宋学思潮的形成,首先是由于唐宋变革的历史发展,作为主导国家意识形态的儒学,正在面临政治、社会、思想的变革需求,原来的汉唐经学已经不能够适应新的时代要求,儒学必须通过自身形态的变革,才能够重新成为宋代以后思想文化的主体,以引领时代的变革发展。加之,魏晋隋唐以来佛学的传入,其学理的精致、境界的高超,对当时的思想精英均产生很大影响,对居于主体地位的儒学构成强大思想挑战。所以,儒学必须进一步丰富和发展自己的学术思想,才可能继续承担中华思想文化主体的任务。表面上看,宋儒是因为对汉唐儒学不满而提出了学术变革要求,故而宋学是以复兴先秦儒学为旗帜的。其实，原始儒学的所谓"复兴"，主要是激活早期儒学的一部分能够满足新时期的思想文化需求，至于汉唐儒学中仍然能够满足社会需求的内容，还是会继续保留下来。

如果按照梁启超的说法，中国传统学术其实就是一套"内圣外王之道"，宋学作为一种儒学形态，首先体现在对儒学内圣之道的继承与发展。宋儒努力挖掘早期儒学的内圣之道思想资源，以纠正过分依附王权的政治儒学，同时反对将儒学理解为纯学术的章句训诂之学。宋学建构的儒家内圣之道具有一系列新的思想特点。宋儒的内圣之道继承、弘扬了原始儒学提出的士君子"志于道"的精神传统，将原道、学道、行道作为宋代士大夫的普遍精神追求，建构了以孔孟之道为根本宗旨的学术形态。在原始儒学那里，"道"所代表的主要是一种合乎人道本质的人伦秩序，儒家倡导一种追求"天下有道"的积极人生哲学。孔子强调儒家士君子必须能够"仁以为己任"，故而应该是一种关心大众、参与社会、心忧天下的社会精英，具有拯救世界的救世志向。宋儒希望恢复先秦儒学士人这一种以道为志的精神，他们批判汉唐儒林出现的依附皇权、政治功利、章句训诂等一系列严重弊病，引导士人追求独立精神的内圣之道，以重新塑造士人"仁以为己任"的人格精神。宋儒往往将这一种关怀人文、参与社会、心忧天下的得道之人称之具有"圣贤气象"。

然而，宋学不仅仅是满足于内圣之道的复兴，还特别强调外王之道的建设。宋学之所以能够开展出来一套外王之道，与宋代的士大夫政治地位的提升有关。宋初宰相文彦博与宋神宗提出过帝王"与士大夫治天下"[①]之说，是一个特别值得注意的政治现象。两宋士大夫积极参与政治、推动政治改革，表现出前所未有的主体性自觉。柳诒徵先生说："盖宋之政治，士大夫之政治也。政治之纯出于士大夫之手者，惟宋为然。"[②]宋代形成了君主与士大夫共治天下的政治格局，宋代士大夫开始作为一个具有特殊使命的政治主体，参与到宋代政治体系之中。宋代儒家士大夫大量进入庙堂、成为执政集团核心成员，其中特别突出的代表是执掌宰相大权的范仲淹、王安石等人，而恰恰是他们成为了宋学的重要开拓

---

① 李焘：《续资治通鉴长编》卷221，中华书局2004年版，第5370页。
② 柳诒徵编著：《中国文化史》下册，中国人民大学出版社2011年版，第601页。

者。庆历四年（1044）以后，范仲淹担任了枢密副使、右谏议大夫、参知政事等重要职务，他以白衣秀才出身而进入朝廷的权力核心，他能够更加系统地提出自己有关革新政令的主张。在《答手诏条陈十事》中，范仲淹提出了包括明黜陟、抑侥幸、精贡举、择官长、均公因、厚农桑、修武备、减徭役、覃恩信、重命令等在内的"十事"，全面启动了历史上著名的"庆历新政"。面对北宋初年已形成的一系列积弊，范仲淹认为最根本的是学术思想、文化教育的问题。他在天圣五年的《上执政书》中写道："今天下久平，修理政教，制作礼乐，以防微杜渐者，道也。"① 他希望在文化思想领域复兴儒家之道，以"修理政教，制作礼乐"，建立一个长治久安的国家。

当然，推动新政的宋代士大夫也吸收了汉儒的思想传统，包括继承了汉儒"儒法互补""王霸杂之"的政治传统。他们在与君主密切合作的过程中，将儒家的以礼治国、以德服人的王道政治与"以刑治国""以力制人"的霸道政治结合起来。所以，他们的"新政"必须采取一种"经世务"的政治功利主义的态度。譬如，王安石的外王之术就大量吸收了法家思想。历史上有人指出，"安石平居之间，则口笔丘、旦；有为之际，则身心管、商"②。应该说，宋代士大夫一旦卷入实际政治，也会如同汉儒一样走上"儒法互补"的经世道路。

由此可见，宋学兴起的初期阶段，还是一个有着丰富思想内涵的学术思潮与知识形态。故而在宋学的形成过程中，出现了思想非常丰富、学术旨趣各异的不同学派。尽管宋学的思想主张十分多样化，但是由于宋学形成和发展过程中分化成为不同的地域化学统，而且，宋代的学统与朋党密切联系，导致宋学的学术群体发生与党争密切联系的政治冲突。这样，宋代学术思想的发展，呈现出复杂多变的势态。

二　两宋的学统四起与朋党政治

为了适应唐宋变革的历史变迁，宋学兴起并希望重建儒家的"内圣

---

① 范能濬编集：《范文正公文集》卷9《上执政书》，《范仲淹全集》，凤凰出版社2004年版，第184页。
② 王明清：《挥尘录》后录余话卷1，上海书店出版社2001年版，第225页。

外王之道"。由于儒家内圣外王之道的丰富性,加之宋学形成于自下而上的民间讲学方式,故而导致宋学形成了学术旨趣不同的学派与多样性地域学统。加之宋儒有很强的经世追求,并且形成了政治观点相同的"朋党",这一种学派并起与朋党政治结合起来,构成了两宋时代复杂多变的学辩与政争现象。

所以,唐宋以来,中国学术领域、思想领域空前活跃,儒家士大夫群体作为建构学术思想的文化主体得到了充分体现。在整个两宋时期,学术界似乎再次出现了春秋战国时期那样学派林立、学术争鸣的局面。主要是北宋庆历新政之后,学界出现了"学统四起"的学术繁荣。全祖望描述了当时的学术盛况:

> 庆历之际,学统四起。齐、鲁则有士建中、刘颜夹辅泰山(孙复)而兴;浙东则有明州杨、杜五子,永嘉之儒志(王开祖)经行(丁昌期)二子,浙西则有杭之吴存仁,皆与安定(胡瑗)湖学相应。闽中又有章望之、黄晞,亦古灵一辈人也。关中之申、侯二子,实开横渠之先。蜀有宇文止止,实开范正献公之先。筚路蓝缕,用启山林,皆序录者所不当遗。①

北宋时期影响较大的区域性学统较多,包括齐鲁学统(孙复)、濂溪学统(周濂溪)、蜀学学统(三苏)、关中学统(张载)、洛学学统(二程)、浙学学统(胡瑗)等等。因为这些不同区域均产生了影响力大的著名学者,他们在从事学术研究与传播的同时,还形成了有影响的地域学派,推动了全国各地学术的多元化发展。而到了南宋乾道、淳熙之间,儒学学术进一步大盛,还推动了几个大的地域性学派、学统的产生和发达,包括闽学,湖湘学、江西学、浙学(又可进一步分为婺学、永嘉学、永康学)。还有一个特别值得注意的现象:在学统四起的两宋之时,那些希望在体制外振兴儒学、重建儒学的新儒家学者们,纷纷创建、主持了书院、书堂、精舍等民间性的学术教育机构。这些学术教育机构成为各个

---

① 黄宗羲原著,全祖望补修:《士刘诸儒学案》,《宋元学案》卷6,中华书局1986年版,第251—252页。

地域的学术中心与教育中心,故而进一步强化了地域性的学派的形成和发展。

尽管所有的宋学学者均主张儒学应该是完整的内圣外王之道、明体达用之学,但是宋学内部的不同学派在内圣之道与外王之道方面各有侧重。加之两宋时期的学统还与朋党有密切关联。两宋出现了突出的士大夫党争现象,宋代的同一儒学学派不仅仅在学术思想上相通,而且往往政治主张也十分一致,故而学术上一致的学派,往往也是政治一致的党派。儒家向来有"君子不党"的说法,但是,两宋士大夫的政治意识空前强烈,他们作为与君主共治天下的政治主体性得到了空前凸显。所以,宋代士大夫一点也不讳言其"朋党"的政治圈子,关键在于是什么类型的"朋党",即主张作为"君子"应该通过结成"朋党"而实现自己的政治理想。如王禹偁明确提出了"君子之党"的观点,他认为"朋党之来远矣,自尧舜时有之。八元、八凯,君子之党也。"① 以后,欧阳修也撰有影响很大的《朋党论》一文,继续倡导"君子与君子以道为朋"的"君子之党"的主张。所以,两宋士大夫群体不仅在学术上形成不同学派、发展不同学统,在政治上也形成不同党派、引发激烈党争。而且,宋代儒学的学派、学统与政治的朋党、党争之间有密切联系,学派往往也就是党派。如荆公新学是一个很大的学派,荆公新党也是一个很重要的党派,他们是同一个士大夫群体。与之相对立的洛学、蜀学、朔学均是不同学术思想的宋学学派,同时也是有不同政治主张的洛党、蜀党、朔党等政治朋党。按照邵伯温的看法,"然虽贤者不免以类相从,故当时有洛党、川党、朔党之语"② 。由于士大夫群体的学术、政治思想存在很大差别,这一思想分歧导致政治观点的差别和政治利益的冲突,也就是所谓"党争"。熙宁新政期间,士大夫群体分为新旧两党。新党在政治上处于的优势地位,旧党受到严重压制和打击。但是在旧党击败新党之后,旧党内部又出现分化,分裂为洛党、蜀党、朔党,这几个党派之间同样相互攻伐。南宋时期,士大夫群体的朋党对峙和斗争一直延续,南宋党

---

① 王禹偁:《朋党论》,见曾枣庄、刘琳主编《全宋文》第 8 册,卷 155,上海辞书出版社、安徽教育出版社 2006 年版,第 43 页。

② 邵伯温,康震校注:《邵氏闻见录》卷 13,三秦出版社 2005 年版,第 175 页。

争最终酿成"庆元党禁"的严重党祸,理学派既被认定为"伪学",又被称为"逆党",受到朝廷权臣的严重打压。

与以前的历史比较,两宋时期无论学统四起,还是朋党林立,均具有两宋时代的突出特点。首先,我们可以考察宋学学统四起的学术特色。春秋战国时期诸子百家的思想宗旨完全不同,各家各派崇奉的"经"也不同。宋学初兴时期天下学统四起、书院遍地,他们只是儒家内部的不同学术派别,均是宋代儒家学者,各家各派均同讲尧舜之道、孔孟之学,特别是他们有共尊的儒家经典,五经仍然是各家各派重点注释的经典,而《论语》《孟子》《大学》《中庸》并不是程朱理学一派所重视的经典。其实在程朱理学形成之前,《论语》《孟子》《大学》《中庸》已经受到儒林的普遍重视。《大学》《中庸》在宋初就已经成为独立的经典,由皇帝赐给新及第进士;而《论语》《孟子》两书,在北宋熙宁新政时被作为科举考试必考的经典。可见,两宋时期的不同学统与学派均可以看作儒家的"宋学"阶段,均可以纳入以复兴先秦儒学、重建儒学为目标的新儒学思潮中来。宋学学派不同,主要是他们对儒家经典的理解不同。

两宋时期的党群林立也具有两宋时期的突出特点。尽管宋代出现了士大夫的"朋党"政治,还爆发了激烈的党争,但是宋代的"朋党""党争"显然不同于汉、唐与明、清。汉、唐与明、清的士大夫"党争"大多与行使皇权的宦官集团有明显联系,宦官集团引发、操纵着"党争"的发生、进程和结局。而两宋时期的"朋党""党争"不同。由于宋代士大夫的政治地位空前提高,所谓士大夫与帝王共治天下已经成为一个重要的政治格局,所以不可能发生士大夫集团与宦官集团的斗争和冲突问题。但是,在如何治理国家的问题上,士大夫群体因在政治体系中的身份不同,并且各自拥有不同的政治经验、对经典有不同的理解,故而他们的思想观念、政治主张存在很大差别。他们不同的学术思想及相关的政治观念,导致他们形成不同的政治"朋党"。由于这些不同"朋党"最终会涉及与皇权的亲疏远近差别,为了实现自己的政治理想,不同党群必须主动接近皇权、依赖皇权,使得本来以"君子"相交的士大夫"朋党",最终也纳入到皇权的政治纠纷之中。

可见,宋代士大夫的政治与学术的关系非常密切,学统的差别导致政治思想的差别,政治思想的差别又导致朋党政治的形成,而朋党政治又导致严酷的党争。两宋时期，由于宋学领域的士大夫秉持"外王之道"的巨大差别，事实上难以实现对二者的整合，故而不断发生士大夫"朋党"之间的思想紧张和政治冲突。如北宋哲宗时期，因熙宁变法引发的党群矛盾，就是两种不同外王之道的思想紧张和政治冲突，最终导致"元丰党人"与"元祐党人"的政治对立与权力冲突，后来发生得势一方打击、迫害失势一方的政治悲剧。

三 理学定于一尊

宋学分化成为不同的地域化学统，并且与朋党政治密切联系，导致宋学的学术群体发生与党争密切联系的政治冲突。北宋熙宁时期，王安石在政治上得到宋神宗的重用，"荆公新学"因王安石执掌宰相大权而成为国家学术，他的《三经新义》也成为官学学府、科举考试的必读经典，而反对变法的洛学旧党一派却很不得势。甚至到南宋庆元时期，发生了禁止道学家讲学的"庆元党禁"。可见学统与朋党的密切联系，导致学术受到政治的严重干扰。但是到了南宋理宗时代，历史又发生了戏剧性的变化。朝廷重新肯定并表彰理学派人士，理学的代表人物纷纷得到封赐而进入文庙，他们的学术也逐渐成为国家学术。而王安石则被赶出文庙，其《三经新义》也被废弃不用。

两宋发生的学术变迁，引发我们对这一历史演变的思考和反省：为什么重视现实、推崇政治功利主义的王安石之学，不能够像汉代儒学一样得到朝廷接受而持续成为国家学说？而大谈道德理想、人格修炼并以天理去批判王权的理学一派反而能够得到王权的持续支持，成为南宋以后数百年的主流学术和国家意识形态？

确实，宋代理学一派在发展过程中，他们一直强调自己在道德精神、学术传统上的优势地位，特别是他们通过道统论的建构，而明确自己有一种儒家正统的精神优势。但是，理学家的这一以道统自居的态度，既可能遭到许多掌握政治权力的权臣不满，更可能引起以社稷为其私产的诸多帝王的不快。所以，尽管理学家群体可能是饱览诗书、学问超群、追求德性之士，但是他们并不能够得到朝廷相应的重用。从北宋熙宁新政时洛党的遭冷落，到南宋乾淳以后的道学被围攻，理学家们总是面临严重的困局。特别是庆元年间发生的党禁事件，道学家不仅没有得到与其道德学问相对应的地位和尊重,甚至还遭受朝廷、权臣斥为"伪学""逆党"的严厉政治打击。

但是,不久之后,历史发生了一个前所未有的大逆转。南宋嘉定以后,党禁开始废弛;特别是南宋理宗之后,道学家群体开始受到表彰,纷纷进入文庙;理学家的著作,特别是朱熹集注的四书列为学校的指定教科书;理学化四书学被规定为科举考试的标准答案。以后,尽管传统中国经历了之后的漫长历史,无论是蒙古人统治的元代,还是汉人夺回政权的明朝,或者是满族人建立的清朝,均没有扭转理学以及四书学地位的不断提升。也就是说,放到一个较长的历史时期来看,理学似乎是与宋代以后的学术思想需求是相适应的,在意识形态领域,理学及其四书学的地位一直在稳步上升。

如何理解这一特别的历史文化现象?美国汉学家刘子健在其《中国转向内在:两宋之际的文化转向》一书中认为:"向国家正统的抬升不是取决于学术考量,而是取决于政治上的利害权衡。"[1] 按照刘子健的说法,理学被历代朝廷提升为儒家正统、国家哲学的原因,主要是与他们在"政治上的利害权衡"有密切关系。对于理学成为正统与后期帝国有政治利害关系这一个观点,本文也持这一观点,但是,对于作者提出理学"向国家正统的抬升不是取决于学术考量"的说法,本文恰恰认为有作进一步讨论的必要。我们认为,理学之所以能够被提升为国家哲学,进而使宋以后的中华文明演变为一种以理学为中心的形态,应该与理学的学术深度、思想内涵、文化功能有着密不可分的关系。而且,后代朝廷之所以因为"政治上的利害权衡"而肯定理学,与理学学术取得的巨大成功是密不可分的。所以,我们并不认同理学"向国家正统的抬升不是取决于学术考量"的看法,恰恰相反,理学能够成为正统,确实有其内在的学术原因。理学凭借其对儒学的文化传承、思想创新与学术发展,转化成为作为政治—文化精英即士人、士大夫的普遍共识,并形成一种巨大的思想文化力量,这是任何威风凛凛的政治权力无可比拟的,也是一时之利的权谋算计无法对抗的。最后,掌握最高政治权力的帝王,往往是只能够设法顺应这一新儒家的思想,而

---

[1] [美]刘子健:《中国转向内在:两宋之际的文化转向》,江苏人民出版社2012年版,第144页。

不能够对抗这一种巨大的精神权威和文化力量。

理学为什么能够形成这样一种特别的精神权威和文化力量？这确实与理学的思想建构有密切关系。宋学兴起本来就是为了使儒学能够满足唐宋变革以后国家政治、社会精英对思想发展、学术变革的迫切需求，理学虽然只是众多学派之一，但是理学却有其他学派所未有的优势，因为理学体现出宋代学术演变发展的内在要求，也可以说理学是宋学精神的特别实现。

首先，理学进一步开拓和发展了宋学的内圣之学。理学全面传承、弘扬了宋学兴起的基本精神，理学家将早期儒学"天下有道"的政治理想与文化理想作为自己的使命，呼吁"为天地立心，为生民立命，为往圣继绝学，为万世开太平"，他们以原道、学道、行道作为自己的精神追求和终极目标。但是，理学家不仅仅能够继承宋初儒家士大夫参与政治、忧国忧民的思想传统，同时还追求一种身心自在、精神洒落的精神境界。宋代本来就是一个内忧外患的时代，处在风口浪尖的儒家士大夫往往是如履薄冰、如临深渊，他们无不面临种种社会忧患、政治变局，同时他们还面临个人的毁誉、得失、成败、生死的人生问题，故而他们比任何时代的士大夫更加需要在精神上安顿自己，他们实现身心自在、精神洒落等精神需求就更加迫切。所以，理学的内圣之学密切关注、努力解决经世治国与精神安顿的统一问题，需要建构出一种能够将入世忧患与超然境界结合起来的理想人格。他们一方面努力追求关心家国、心忧天下的政治情怀，号召宋代士大夫努力去从事博施济众的经世事业；另一方面理学家又向往安乐自在的精神境界，希望具有从容洒落的人生。社会关切的忧患意识如何能够与个体身心的安乐自在统一起来，一直是理学内圣之学思考并解决的重大问题。[①] 宋儒经常提到，士大夫既应该忧国忧民，又要追求"孔颜乐处"。而理学家最为关注的方面和首要贡献，就是在内圣之道的超越意识，他们挖掘、复兴原始儒学通过修身以成君子和圣贤的学说，同时吸收佛、道的思想精华，重建了一种合乎唐宋变革需求的新内圣之道。所以，理学的内圣之道出现了一些新的变化，他们不仅对自己的道德人格、社会责任有强烈的使命感，同时对自己的生命意

---

① 参见拙著《玄学与理学的学术思想理路研究》第二章，中国社会科学出版社 2012 年版。

识、个体存在有深切的关怀；不仅关怀、探究人道，同时还关怀、探究天道。故而，宋儒对晋唐以来佛道宗教在超然的精神境界和闲适的人生态度有广泛的汲取，对"六合之外""性与天道"的形而上哲学有深刻的思考。他们追求"圣贤气象"的理想人格，既体现为忧国忧民的政治情怀，又包括"孔颜乐处"的身心自在。他们追求、向往的理想人格、理想人生，应该能够将入世情怀与出世超然结合起来，将世俗世界的人道与神圣世界的天道结合起来。可见，理学建构的"内圣之学"，强调复兴儒学的积极入世的精神和情怀，强调士君子应该以天下为己任，承担传道济民的政治责任和文化使命。由于两宋时期的特殊政治背景，宋儒积极入世的愿望、传道济民的追求更加强烈。同时，宋儒在内圣之道的方面，还建构了一种源于儒家、又吸收佛道智慧的理学型的内圣之道。

其次，理学在外王之道、外王之治方面也有很大拓展，尽管他们强调内圣之道的根本性、优先性，但是他们仍然将治国平天下看作是内圣的落实与实现。一方面，理学的外王之道主要是一套理想主义的政治制度设计与治理方案，他们对宋代现实社会政治的种种弊端，提出了系统的政治改革方案和措施。理学家们的制度设计与治理方案，其实就是理想化的三代之治，他们主张恢复三代的封建、井田、选士的政治经济制度，去解决宋代政治、经济、教育、科举等制度方面的种种弊端。尽管理学家提出的封建、井田、选士并不一定具有可行性，但是他们思考现实问题具有针对性。另一方面，虽然理想主义的理学家未能成为朝廷重臣甚至宰相，但是他们往往能够站在"道统"的高度，以言事、谏议、舆论的方式和途径直接参与朝廷政治；或者是以经筵讲席的身份为帝王、太子讲学，以"天理""道心"制约帝王的政治权力和个人贪欲，实现理学家对政治的参与。理学家常常以"天理人欲之辨"去批判汉唐以来的帝王，或者是以其警告当朝君主必须存理灭欲，做一个合乎儒家道德要求的君主。原始儒学大多是以一种"议而不治"的方式，对现实的政治制度、政治活动展开反思与批判。理学家们继承了孔孟之道"议而不治"的政治理念和道德学说。理学群体主要以对政治展开反思和批判见长，故而能够开拓、发展出一种特殊形态的外王之道。张载明确提出："朝廷以道学政术为二事，此正自古之可忧者。"[①] 这是理学家群体的共同心愿，就是要将历史上"道"与"治"已经分裂的严重局面扭转过来，回归"道治一体"与"明体达用"的政治理想。理学家还有一个特别值得肯定的经世活动，他们虽然不能够或者是不愿意在朝廷担任要职，但是他们往往会以地方官员或者乡绅身份，从事地方的社会治理、家族文化、社会教化的工作，还推动社仓、族学、家礼等社会制度、民间文化的建设，而这恰恰是儒家外王之道的重要组成部分。理学完成了对早期儒学、汉代儒学的吸收，使宋代理学的"外王之道"既可以是一种"议而不治"的政治反思和批判，也可以是一种"既议且治"的治理方法和现实对策。

总之，在理学家那里，"内圣"与"外王"是一体的。虽然他们强调"内圣"才是根本的、决定性的"有体之学"，但是他们也强调和发挥儒学的"外王"的实践性、功用性。在内圣之道方面，满足了士大夫人生哲学、人格理想在入世与超脱两方面的需求；在外王之道的方面，也能够满足参与政治与批判政治的双重需要。总之，宋学是一种能够满足唐宋变革以后国家政治、社会精英对儒学多维思想及学术需求的学问。

所以，北宋时期的理学只不过是学统四起的学派之一，而且，由于理学家总是站在道德高地批判政治，故而总是为当朝帝王所厌恶和排斥。但是经过一百多年的传承、发展、传播以后，已经发生了一个很大的变化。到了南宋乾道、淳熙年之后，一方面理学思想体系进一步发展完善，成为一种博大精深的新儒学体系，另一方面理学家通过民间书院的传播方式，使得这一种新的学说能够在民间儒林产生很大影响。到了南宋中期，理学逐渐在民间社会产生越来越大的影响，已经是一种政治权力已无法压抑的思想文化力量，以致后来的许多有见识的帝王不得不顺应时代的思想潮流，通过扶持理学以得到士大夫群体的支持。

四 理学的哲学、经典与道统

为了说明理学之所以能够成为正统，确实与内在的学术原因有关，我们还要进一步讨论理学的哲学、经典与道统等重要问题。理学思潮表达了唐宋变革后思想需求，他们建构了一整套"内圣外王之道"，以解决

[①] 张载：《答范巽之书》，见章锡琛点校《张载集》，中华书局1978年版，第349页。

宋代以后政治、社会问题。与当时其他学派比较而言，理学还有一个特别的思想优势，就是他们的"内圣外王之道"还通过一个精深而系统的哲学体系、经典体系及道统体系得以呈现出来。这一切，恰恰体现了唐宋变革以来对儒学新发展的要求，也是士大夫普遍推崇理学、后世帝王不得不接受理学、以顺应历史思想潮流的主要原因。

首先，理学成为中国思想史上最为系统、最为深刻表达新儒家"内圣外王之道"的哲学体系。从先秦到汉唐，儒家的"内圣之道"主要是一种道德学说与修身方法，儒家的"外王之道"主要是一种治理方法与礼法制度，而"内圣外王之道"的终极依据主要是靠直觉把握的宇宙主宰之"天"或"天道"。而两宋时期，朝廷上下普遍相信主宰天下的力量应该是"道理最大"，为了确立这一套最大的"道理"，理学家建立了一套以"天理"为终极依据的哲学体系，故而在历史上被称为"理学"。理学是一套包括理气论、心性论、工夫论在内的系统哲学，并且以理气、道器、体用、形上形下、天理之性与气质之性、道心与人心、穷理居敬、致知力行等一系列范畴和命题，解释了宇宙本原、万物化生、人类历史、道德社会、心性情感等一系列哲学的根本问题。理学吸收了佛道二家的宇宙哲学、思辨方法、修身工夫，使儒学的"内圣外王之道"成为一套系统理论、精深思辨的哲学体系。这样，理学的哲学体系不是一种凭空搭建的理论构架，而是有儒家的伦理道德（内圣）、政治治理（外王）的坚实思想文化根基；儒家思想也不再只是一种传统的伦理政治，而建立在一种具有形而上的系统哲学基础之上。这一套哲学体系，成为东亚儒家文明的思想核心，也成为能够成为东方哲学的典范。

其次，理学不仅仅创建了一套前所未有的儒家"内圣外王之道"的哲学体系，同时还将这一套哲学体系与受到朝廷、士大夫普遍重视的新经典体系——《论语》《孟子》《大学》《中庸》"四书"结合起来，使得这一套新的哲学体系并不空泛或突兀，而是具有儒家文化的经典依据。汉唐确立的"五经"体系，能够为汉唐帝国的礼法制度、治理体系提供儒家经典的依据，但是，唐宋变革以来，思想文化界的学术观念、价值信仰均发生重大变化，"五经"体系已经不能够满足宋代以来各个阶层对宋学文化的需要，《论语》《孟子》《大学》《中庸》等开始逐渐演化为宋代士大夫崇奉的经典。早在宋天圣五年（1027），仁宗曾经赐进士《中庸》，三年后又赐《大学》。而在熙宁新政时期的科举改革中，《论语》《孟子》已经成为进士考试的必选科目。但是，我们应该强调朱熹《四书章句集注》的学术与思想的重要意义。只有朱熹完全顺应了时代对新经典的需求，并且对新经典体系做了一系列重要工作：其一，朱熹首次将时间不同、观点各异的《论语》《孟子》《大学》《中庸》合为一体，与原来的"五经"体系并列，以四书称之，代表一个新经典体系的形成；其二，更加重要的是，朱熹用以"理"为核心的哲学体系重新诠释四书，将新儒学体系与新经典体系融为一体。

所以，朱熹不仅仅创建了一套儒家"内圣外王之道"的哲学体系，还建立了以"四书"为核心的新经典体系，与此同时，朱熹还将这一套哲学体系、经典体系建立在儒家士大夫授受谱系的道统论基础之上。朱熹将儒家的哲学体系、经典体系纳入到孔子、曾子、子思、孟子、二程、朱熹等上千年圣圣相传的儒家传道的脉络之中。朱熹《四书章句集注》的序言，也就是从思想内涵、经典文本、道统谱系三个方面，全面而系统地重建新儒家的道统论。朱熹是宋代道学派的道统论的完成者，他确立了一个"尧舜—孔曾子孟—程朱"的道统脉络，并且从儒家的经典文本、授受脉络、思想内涵三个方面，重新建构了儒学道统论。这样，在学统四起的两宋时期，理学群体通过这一个系统的道统学说，将宋学思潮中其他的不同学派与学统，统统排斥在道统之外。理学的道统论说服了儒林大量致力于儒学复兴的新儒家学者，故而最终能够在宋学思潮中异军突起而进入核心地位。与此同时，理学家还以道统论包含的道德武器批判傲慢的皇权，他们以孔孟之道批评掌握最高政治权力的历代帝王，认为这些政统人物缺乏德性，偏离了先王的道统。作为传承儒家之道的理学家则是一批承担道统使命的士人，他们强调只有靠自己才能够推动政统与道统的合一。这是程朱四书学能够从学统四起发展到理学独尊的内在条件。

当然，仅仅只有内在条件还是不够的。整个两宋时期，一直就是一种学统四起、思想多元的状态，广大士人群体总是根据自己的个人思想倾向，而表现出对不同学派的学术态度。应该说，那些热爱哲学思辨、声称继承道统的理学派最初还只是一个小众群体，他们能够让这一个小众的思想拓展成为儒林的普遍共识，既在于理学学术的内在条件，也在于理学家致力于民间的书院教育，故而最终使理学的哲学与经典，成为两宋士林的思想基础与普遍共识。理学实现了唐宋变革以来对儒学发展的要求，后世帝王接受、推崇理学，反映了他们为顺应时代思想潮流的不得不采用的政策。

第二节　四书学教育与士人思想整合

两宋时期，在复兴儒学、回归儒家之道的思想背景下，理学派成为其中的中坚力量，但是理学家的思想主张并不能够得到朝廷的认可，因此理学及其四书学主要通过书院教育等民间教育、地方学术的方式传播和推广。恰恰由于这一种民间教育、地域学术的形态和途径，推动了理学的广泛传播与推广，促进了宋代士人的思想整合，推进了两宋时期士大夫群体思想共识的形成。

我们拟通过书院的理学化四书学教育，进一步探讨宋代儒学的思想整合问题。理学从学术初起到繁荣发展，均与宋儒建立的书院教育、学术传播与思想整合有密切关系。

一　理学初兴与书院教育

汉代经学的兴起，完全是朝廷"罢黜百家，表章六经"、自上而下学术推动的结果，并主要借助于太学以及相关的博士制度。而理学初兴，却主要依靠儒家士大夫自下而上的学术传播，主要借助于民间学术——教育机构的书院。

书院是唐宋时期兴起的一种新的学术—教育组织形式。"书院"萌芽于唐，盛行于宋。最早的唐代书院还只是皇家的藏书之地，后来又逐步演变成民间的藏书、读书之地。到了宋初，"书院"逐渐演化为民间的私人讲学的教育机构，以后进一步发展为教书、写书、出书的重要学术教育机构。

宋代书院不是偶然出现的，而是千余年来中国传统教育形式不断发展、演化的结果。书院吸收了先秦私学争鸣、汉代精舍研经、魏晋谈玄析理、隋唐寺院禅修的学术与教育传统，满足了宋代士人自由讲学、研究经典、学术辩论、修身养性的不同文化任务，这些历史上不同的讲学形式、修身方法,在宋代书院的教育制度和教学方法中均可以找到。可见,书院之所以能够成为延续千年的教育—学术机构,缘于其集传统教育形式之大成。宋代书院作为一种新的教育组织,不仅仅在教育组织形式方面集传统之大成,其传播的思想内容理学及其四书学也是如此。宋代书院形成后,面临一个重要的历史机遇,即唐宋之际学术变革、理学及其新经典体系的形成,理学家急于寻找一种新的教育组织与学术传播的组织机构。宋儒不仅希望批判佛道二教,也努力摆脱汉唐经学的约束,希望实现宋代儒学的重建。宋代书院的发展过程,就是与宋代文化复兴、重建儒学思潮紧密联系在一起的。

考察宋代学术史可以发现,书院的兴起与理学思潮几乎是同时发生的。宋代学术初兴于庆历之际,被认为广义的"道学"(理学)先驱人物包括范仲淹、孙复、石介、胡瑗等士大夫集团[1],他们既是早期道学的倡导者,也是宋代早期书院教育的推动者。早在北宋时期,以范仲淹为首的庆历士大夫集团,均是推动宋代儒学复兴的推动者,同时也是创办书院以改革教育的教育家。天圣四年(1026),范仲淹丁忧居南京,应晏殊聘请掌教应天府书院。他通过掌教应天府书院以推动端正士风的教育改革,据《年谱》记载:"公常宿学中,训督学者,皆有法度,勤劳恭谨,以身先之,由是四方从学者辐辏,其后以文学有声名于场屋、朝廷者,多其所教也。"[2] 范仲淹在应天府书院的教育实践,推进了书院教育的发展与完善,也推动了书院与宋学的紧密联系,特别是培养了著名的"宋初三先生"孙复、石介与胡瑗,这三个人又成为北宋教育改革的重要人物。其中胡瑗是推动地方官学改革、创立"苏湖教法"的著名人物,他推动地方学校以"经义""治事"的分斋教学,以培养有体有用之人才,促进了宋代儒学的复兴和发展。孙复、石介则致力于书院教育的改革,使书院成为宋学兴起的学术和教育大本营。孙复是范仲淹掌教应天府书院时培养的杰出人物,后来他又在应天府书院任教,并长期居泰山讲学

---

[1] 笔者赞同李存山先生的观点,广义的"新儒学"应该包括范仲淹、孙复、石介、胡瑗等在内。笔者还认为,这一个广义的"新儒学",也就是以"义理之学"为主要学术范式的"宋学"。参见李存山《宋代的"新儒学"与"理学"》,《中原文化研究》2019年第2期。

[2] 范能濬编集:《范文正公年谱·天圣五年》,《范仲淹全集》,凤凰出版社2004年版,第720页。

读书，创建了著名的泰山书院。孙复长期主持泰山书院，被称为"泰山先生"。石介也是如此，曾求学于应天府书院，但他后来又拜孙复为师，执弟子礼。石介推动了宋学和书院的共同发展，创办和主持了徂徕书院。石介有非常明确的"道学"目标的追求和鲜明的传承和复兴儒家之道的道统意识，并且将此道统意识与书院建设结合起来。他在《泰山书院记》中，就将道统承传与书院使命统一起来，他说："夫尧、舜、禹、汤、文王、武王、周、孔之道，万世常行不可易之道也。……吾学圣人之道，有攻我圣人之道者，吾不可不反攻彼也。"① 由于石介长期在徂徕并主持书院讲学，学者称他为"徂徕先生"。范成大《石鼓山记》将徂徕列为北宋四大书院。他说："始诸郡未命教时，天下有书院四：徂徕、金山、石鼓、岳麓。"② 从范成大的说法中，可以看到石介等宋初儒者在书院教育进程中的重要地位。

熙宁变法以后，王安石的"荆公新学"通过官学途径而获得极大发展。王安石扶持官学的发展，特别通过在中央官学和地方官学推行"三舍法"，强调一切士人均须通过官办学校才能够获得仕进的机会，还以《三经新义》统一学校教学和选拔官员。这样，就使得作为宋学学派之一的"荆公新学"的地位发生了重大变化，获得了官方儒学的地位，也成为一切士人必须学习的基本科目和教材。王安石的"荆公新学"不仅抑制了理学的发展，同时也抑制了书院的发展。但是，就在王安石"荆公新学"如日中天的时候，理学派被迫进一步开启民间教育的模式。理学家未能够通过官学传播自己的学术，他们开始探讨以非官方的书院教育形式，以推动理学及四书学的传播。

关于北宋理学派的书院讲学活动，从留下的文献记载来看，理学开山周敦颐晚年隐居庐山，创办濂溪书堂，在此读书讲学。据潘兴嗣《周敦颐墓志铭》记载，周敦颐"曾过浔阳，爱庐山，因筑室溪上，名之曰濂溪书堂。每从容为予言：……此濂溪者，异时与子相从于其上，歌咏

---

① 石介著，陈植锷点校：《徂徕石先生文集》卷5《怪说下》，中华书局1984年版，第63页。

② 全祖望撰，朱铸禹汇校集注：《鲒埼亭集外编》卷45《答张石痴征士问四大书院帖子》，《全祖望集汇校集注》中册，上海古籍出版社2000年版，第1722页。

先王之道，足矣"①！据度正《周敦颐年谱》记载，濂溪书堂始建于嘉祐六年（1061），而且周敦颐在此书堂实现其"与子相从于其上，歌咏先王之道"的专门从事学术和教育的人生理学。他在书堂"汲汲于传道受业"，同时也与同道人士相与讲学论道，如度正《周敦颐年谱》记载北宋治平二年（1065）江南西路转运使李大临"以诗谒先生于濂溪"②。由此可见，周敦颐晚年隐居庐山的濂溪书堂，也是新儒家学者通过"书堂""书院"形式，从事学术研究、思想传播的重要基地。

以书院为基地从事民间讲学，成为理学派的一个传统。周敦颐之学的继承和发扬者、理学的奠基人是程颢、程颐两兄弟，他们也是通过书院研究与传播理学。与二程兄弟讲学活动有关的书院有两所，一所是原有的嵩阳书院，一所是新创建伊皋书院。嵩阳书院是北宋著名的四大书院之一，二程兄弟长期以家乡洛阳为基地从事学术、教育活动，故而史上称为"洛学"。嵩阳书院创建于北宋初年，许多大儒在此讲学，它同时也成为二程兄弟的讲道之所。后代学者对此事有许多追记。当然，二程"洛学"讲学更多的书院，应该是"伊皋书院"。元丰五年（1082），文彦博曾经赠送程颐一处庄园，程颐在此创办了伊皋书院。后改名"伊川书院"，程颐"伊川"之名号与此有关。二程兄弟的学术教育活动虽然是洛理学的私人教育，并没有强大的政府资源，其办学条件也非常有限，但是却凭借其思想的影响力、学术的说服力，影响了一大批有思想、有才华的有志青年。程门弟子学术思想特别活跃，由于他们继承了二程这一种私人讲学的传统，使得北宋形成的理学能够大盛于南宋。

可见，书院的民间性质，更能够让民间学术的理学获得更多自由发展的空间，故使得理学成为当时最有影响的宋学学派。理学派真正能够成为朝野士人、士大夫比较普遍关注、认真学习、逐渐认同的思想学说，是到了南宋时期，这与理学家进一步在民间社会创办、运用书院教育、全面推广和传播理学及四书学有密切联系。

---

① 潘兴嗣：《周敦颐墓志铭》，《周敦颐集》，陈克明点校，中华书局1990年版，第91页。
② 度正：《周敦颐年谱》，《周敦颐集》，陈克明点校，中华书局1990年版，第108页。

二 南宋书院的四书教育

南渡以后，东南理学出现大盛的局面，南宋的不同学统大多是二程洛学之传的结果。而且，南宋理学之所以发达、且在社会知识界形成一个广泛的政治力量与文化力量，与理学家充分借助书院作为理学及四书学的学术重镇和教育基地密不可分。他们将理学的内圣外王之道广泛传播于民间社会，深刻影响了朝野的士人、士大夫群体。南宋理学繁荣，书院发达，理学成为了大多数书院的主要学统。

南宋初年最早创办书院、并在民间社会从事理学的学术研究、人才培养的，是胡安国、胡宏父子。南宋建炎四年（1130），胡安国、胡宏父子从荆门隐居湖南湘潭碧泉，创办了碧泉书院。胡宏为碧泉书院写的上梁文提出："伏愿上梁以后，远邦朋至，近地风从；袭稷下以芬芳，继杏坛而跄济。"[①] 书院建成后，许多志学求道的青年，皆来此求教于胡宏，故而碧泉书院具有典范意义：即以书院组织开拓地域性理学的"学统"。通过书院教育以创建理学学统，成为南宋以后的重要教育形式和主要学术形态。

南宋乾道、淳熙年间进入理学发展的大盛时期，同时也进入了书院教育的大盛时期。当时，著名理学家朱熹、张栻、吕祖谦、陆九渊等均通过创办书院，以培养理学人才，推动理学学术的发展。与此相关，理学化的四书学教育，也一直和书院有着密切的联系。

南宋乾道初，张栻主持北宋四大书院之一的岳麓书院。张栻希望这一所书院能够成为理学学术和人才培养的基地。张栻在他撰写的《潭州重修岳麓书院记》中，认为岳麓书院应该避免官学教育的种种弊端，回归儒家的"为己之学""学以成人"的教育理念。他希望将岳麓书院办成不同于官学的一种儒家教育的典范，不能够以科举利禄为教育目标，而是应该追求"成就人材，传道以济斯民也"。因此，以内圣之学为重点的四书学自然成为岳麓书院的主要教材。张栻特别强调以《论语》《孟子》《大学》《中庸》教育学生的重要性，为了书院教育需要，他专门撰写了《孟子说》《论语解》作为书院教学的讲义。他在《孟子说序》中说：

[①] 胡宏著，吴仁华点校：《胡宏集》，《碧泉书院上梁文》，中华书局1987年版，第202页。

"岁在戊子（乾道四年），栻与二三学者，讲诵于长沙之私塾，窃不自揆，缀所见为《孟子说》。"乾道九年（1173）刻写成书，正式作为岳麓书院教学讲义。他在书前作《孟子讲义序》（又为《讲义发题》）一篇，对学生说："栻以所见与诸君共讲之，愿无忽深思焉。"并在"讲义序"中主张"义利之辨"为入学首要课程。这一年，他还完成了代表作《论语解》，"辑《论语解》为同志者切磋之资"，并要求学生"所当终身尽心者，宜莫先乎此也"①。可见，理学化四书成为书院教育的重要特色。

朱熹更是推动书院教育创新和发展的著名理学家。乾道年间，他开始在福建创建精舍和书院讲学。乾道六年（1170），他于福建建阳创建寒泉精舍，五年后与理学家吕祖谦在此讨论、编撰《近思录》。淳熙十年（1183）于武夷山建武夷精舍。绍熙五年（1194）又于建阳建竹林精舍，因学徒增多而不能容，故加以扩建并改名为沧州精舍。朱熹虽不明称其为书院，而实际上却仍把它们与书院等同视之，有时甚至直接称之为书院。如《朱子语类》卷九十载其所说："新书院告成，明日欲祀先圣先师，古有释菜之礼。"此处所言"新书院"即是新扩建的沧州精舍。朱熹通过在福建创办的诸多书院，奠定了闽学学统。朱熹推动书院教育，是为了进一步实现他的教育理念，所以他也是一边在书院从事四书学研究，一边以四书为教材培养生徒，《四书章句集注》《四书或问》就是他在书院的学术成果和教育成果。而且，朱熹不仅以他注释的四书作为书院教材，还将四书的基本教育理念、教学方法，浓缩为书院的学规、学箴、教学法，落实为书院的教育制度和教学实践。南宋淳熙七年（1180）朱熹知南康军时，主持修复白鹿洞书院，书院落成后，朱熹即往书院给学生讲授《中庸》首章之义。②另外，朱熹还请著名理学家陆九渊于书院讲《孟子》，"君子小人喻义利章发论"这一内容，后来被编成《白鹿洞书堂讲义》。同时，朱熹在沧州精舍讲学时，还要求学者"将《大学》《论语》《中庸》《孟子》及《诗》《书》《礼记》，程、张诸书分明易晓处，

---

① 张栻著，杨世文点校：《南轩先生文集》卷14《论语说序》，《张栻集》第3册，中华书局2015年版，第969页。
② 朱熹撰，朱杰人、严佐之等主编：《晦庵先生朱文公文集》卷34《答吕伯恭》，《朱子全书》第21册，上海古籍出版社、安徽教育出版社2010年版，第1502页。

反复读之,更就自己身心上存养玩索,著实行履。"① 特别值得一提的是,朱熹选取四书学教育思想的精髓,制订了《白鹿洞书院揭示》。《揭示》首先以《孟子》一书提出的"父子有亲,君臣有义,夫妇有别,长幼有序,朋友有信",作为白鹿洞书院育人的"五教之目";《揭示》又以《中庸》一书提出的"博学之,审问之,慎思之,明辨之,笃行之",作为白鹿洞书院教学的"为学之序";《揭示》还以《论语》中的"言忠信,行笃敬"以及《孟子》中的"惩忿窒欲,迁善改过",作为白鹿洞书院生徒的"修身之要";《揭示》还以《论语》《孟子》中的"己所不欲,勿施于人;行有不得,反求诸己",作为白鹿洞书院生徒的"接物之要"。由此可见,朱熹制定的《白鹿洞书院揭示》,通过对为学目的、内容、方法的规定,将书院教育完全纳入了理学化四书的轨道。《揭示》出现后,不断为其他书院所采用,到南宋后期,几乎为天下书院所共遵,对书院教育乃至公立学校教育都产生了深刻影响。

陆九渊则在江西贵溪创建象山精舍讲学,学术和教育活动皆达到极盛。陆九渊也重视四书学,他提出,除了《孟子》特别重要外,其他"如《中庸》《大学》《论语》诸书,不可不时读之,以听其发扬告教"②。可以说,在其思想体系建构过程中,陆九渊对儒家四书均有大量的吸收,其中,尤其以《孟子》为多,是其学术建构的主要资源。全祖望肯定陆九渊之学源于《孟子》,他说:"象山之学,先立乎其大者,本乎《孟子》。"③ 陆九渊在主持象山精舍时,学术也很盛,据陆九渊的《年谱》记载:"郡县礼乐之士,时相谒访,喜闻其化,故四方学徒大集……居山五年,阅其簿,来见者逾数千人。"④ 陆九渊讲学注重《孟子》学的"发明本心"。陆九渊的《年谱》还记载了讲学的具体情景:"首诲以收敛精神,涵养德性,虚心听讲,诸生皆俯首拱听。非徒讲经,每启发人之本

---

① 朱熹撰,朱杰人、严佐之等主编:《晦庵先生朱文公文集》卷74《沧州精舍谕学者》,《朱子全书》第24册,上海古籍出版社、安徽教育出版社2010年版,第3593—3594页。
② 陆九渊著,钟哲点校:《陆九渊集》卷5《与戴少望》,中华书局1980年版,第63页。
③ 黄宗羲原著,全祖望补修:《宋元学案》卷58《象山学案》,中华书局1986年版,第1884页。
④ 陆九渊著,钟哲点校:《陆九渊集》卷36《年谱》,中华书局1980年版,第501—502页。

心也,间举经语为证,音吐清响,听者无不感动兴起。"① 象山精舍从学陆九渊者人数之多,并且形成了以象山精舍为基地的象山学统。

全祖望所说:"朱学以格物致知,陆学以明心,吕学则兼取其长,而复以中原文献之统润色之。"② 乾淳四君子之一的吕祖谦,系浙江婺州人,他所创立的学派称"婺学"或"金华学派"。吕祖谦晚年在婺州明招山创建丽泽书堂,据史书记载,他晚年"会友于丽泽书院,既殁,郡人即而祠之"③。吕祖谦在丽泽书院讲经史之学时,留下了一些讲义。据吕祖谦"附录"卷一的《年谱》记载,他于淳熙六年(1179)编有《尚书讲义》,便是主持丽泽书院的讲义。在《宋元学案·东莱学案》中,收录有吕祖谦的《丽泽讲义》,内容包括《论语》《孟子》《中庸》《大学》等四书内容,同时也包括《周易》《诗经》《周礼》等儒家经典。

全祖望说:"故厚斋(王应麟)谓岳麓、白鹿以张宣公(栻)朱子(熹)而盛,而东莱(吕祖谦)之丽泽、陆氏(九渊)之象山并起齐名,四家之徒遍天下。则又南宋之四大书院也。"④ 南宋四大书院教学卓有成果,成为闻名全国的教育重镇,它们标志着中国书院史发展到了一个新的历史时期。与此同时,四书逐渐成为培养、教育士人、士大夫的教材,并被提升为儒家经典文本。

三 四书学的教育宗旨

南宋书院教育的成功,在于这些理学化书院的精神吸引力和学术创造力。而宋代书院之所以能够做到这一点,在于它们很好地贯彻和实践了理学化的四书学教育宗旨。为了说明这一点,我们需要进一步探讨、解析理学化的四书学教育宗旨。

宋代以后,儒学往往又被称为"圣学",但是在不同历史语境与不同

---

① 陆九渊著,钟哲点校:《陆九渊集》卷36《年谱》,中华书局1980年版,第501页。
② 黄宗羲原著,全祖望补修:《宋元学案》卷51《东莱学案》,中华书局1986年版,第1653页。
③ 顾允成:《小辨斋偶存》卷7,《文津阁四库全书》第1296册,商务印书馆2006年版,第688页。
④ 全祖望撰,朱铸禹汇校集注:《鲒埼亭集外编》卷45《答张石痴征士问四大书院帖子》,《全祖望集汇校集注》中册,上海古籍出版社2000年版,第1723页。

经典体系中,"圣"的意义是不同的。早期儒家讲的"圣"是圣王,他们认为六经的制作者即三代先王才是"圣",上古时期的尧、舜、禹、汤、文、武、周公通过治理国家、征服天下,并以其"德"而配天而成为"圣王";但是,宋代以后,宋儒所讲的"圣"是儒者士人的"圣学",四书作者孔曾子孟等是儒家士人圣贤的典范,宋儒主张普通士子通过学习、实践四书而"成圣"。所以,四书学成为一切普通士人如何成"圣"的"圣典"。

两宋时期,理学家通过民间书院的推广和教育,逐渐使理学化四书成为宋代士人普遍接受的思想共识,以推动宋代士人思想的整合。《论语》《孟子》《大学》《中庸》本出于先秦儒家子学,本来就是儒家创办私学教学之用。宋代士大夫从五经之学回归先秦儒学,恰恰就是希望从先秦儒家子学中,寻求新的思想资源。可见,无论是先秦作为子学的《论语》《子思子》《孟子》,还是到了两宋作为民间学术思潮的四书学,其知识创造、价值承担的主体一直是士人群体。宋代士人对这一类士人之学表现出特别的兴趣,他们纷纷以这些典籍作为自己或门徒"学以成圣"的基本经典,故而建立了一种新的经典体系,即四书学体系。

宋代士大夫群体以四书学著作为典范,启动以"求道"为目标的"修身""成人""成圣"的人生历程。而且,他们特别强调,四书的学习和研究并不是那一种学识炫耀、功利追求的"为人之学",朱熹在《中庸章句序》中强烈批判了秦汉以来学术界出现的种种弊端,他说:"秦汉以来,圣学不传,儒者惟知章句训诂之为事,而不知复求圣人之意以明夫性命道德之归。"[1] 宋儒希望建立的四书教育体系,就是希望士人们通过四书学习而能够成就内在人格、实现自我完善,也就是说,他们推动的四书学教育完全是一种"为己之学"。

宋代士大夫之所以提出回归先秦儒家的"为己之学",是因为宋初以来,尽管士大夫的政治地位大大提升,他们的政治主体意识、文化主体意识大大增强,但是他们整体的道德素质、人格精神有待进一步提升和完善。宋初以来,从中央的太学到地方官学,主要存在几个重要的弊端。

---

[1] 朱熹撰,朱杰人、严佐之等主编:《晦庵先生朱文公文集》卷75《中庸集解序》,《朱子全书》第24册,上海古籍出版社、安徽教育出版社2010年版,第3640页。

其一，就是所谓"自汉儒至于庆历间，谈经者守训故而不凿"①，从宋初朝廷规定国子监学习"五经"，到后来拓展到"九经"，其实均是将汉代以来经学的章句训诂作为主要教学内容。皮锡瑞说："经学自唐以至宋初，已陵夷衰微矣。然笃守古义，无取新奇，各承师傅，不凭胸臆，犹汉、唐注疏之遗也。"②士子沉溺其中而不能自拔，更不用说能够以经典修身，提升自己的精神人格。其二，宋代朝廷努力将学校教育与科举选拔结合起来，使学校教育成为科举的附庸，功利之习占据学校的主导地位。朱熹针对这一现象批评说："所谓太学者，但为声利之场，而掌其教事者不过取其善为科举之文，而尝得隽于场屋者耳。士之志于义理者，既无所求于学，其奔趋辐辏而来者，不过为解额之滥、舍选之私而已。师生相视漠然如行路之人，间相与言，亦未尝开之以德行道艺之实，而月书季考者，又只以促其嗜利苟得、冒昧无耻之心，殊非国家之所以立学教人之本意也。"③上述两个原因，使得士林风习出现种种缺乏德性、争名夺利等一系列急于改善的现象，具有忧患意识的宋儒倡导重读先秦儒家的《论语》《孟子》《大学》《中庸》，将这些儒家子学看作士大夫群体的"为己之学"，确实是一种有感而发的教育主张。宋代四书学的兴起，始于宋代士大夫倡导一系列新的文化理想与教育理念，理学及四书形成后，他们需要在民间书院进一步从事学术推广和思想整合，希望形成一种以理学化四书学的思想共识。

中国传统的教育与学术向来是一体的。孔子整理六经、为六经作传记的学术研究，其实是为培养儒家士人教育服务的。所以，六经及其传记之学既是儒学的学术成果，又是儒教的教育成果。宋儒不满汉唐儒家的五经之学，批判这一种经学教育让士子沉溺于章句训诂的知识教育，故而致力于四书学的经典诠释和义理建构，这些与四书相关的解义、讲义、章句、集注、答问等，同样既是四书学的学术成果，又是从事教育的教学成果。

---

① 王应麟，栾保群、田松青、吕宗力校点：《困学纪闻》卷8《经说》，上海古籍出版社2008年版，第1094页。
② 皮锡瑞著，周予同注释：《经学历史》卷8《经学变古时代》，中华书局1959年版，第220页。
③ 朱熹撰，朱杰人、严佐之等主编：《晦庵先生朱文公文集》卷69《学校贡举私议》，《朱子全书》第23册，上海古籍出版社、安徽教育出版社2010年版，第3363页。

所以，从书院教育的视角考察宋儒建构的四书学成为士人普遍接受的基本教材，对确立士人基础知识、建构士大夫价值信仰、塑造士大夫人格均产生了深刻影响。宋儒建构的四书学，显然不等同于孔子、曾子、子思、孟子的思想，而是经过宋儒创造性诠释而建构的四书学。那么，宋儒注释的四书学，究竟是以什么核心思想、价值信仰来塑造两宋以来的士人呢？

理学家诠释的四书学，其根本宗旨就是把四书看作是培养士人"学为圣人"之书。在汉代经学体系中，五经体系是以三代圣王之治的典范引导当朝帝王仿效，所以说，汉代以来已经奠定的五经体系其实是"先王之政典"的帝王之学。五经的核心是以先王为目标的国家治理和礼法制度，士大夫研究五经学，就是从五经中寻求治理国家的制度和方法，以协助、成就帝王的政治事业。而《论语》《孟子》《大学》《中庸》只是由士人之书而提升为五经的传记之学，故而宋儒建构的四书学体系，应该首先是一种士大夫之学。四书主要是以孔、颜、曾、孟等为典范，引导后来的士人仿效他们"学以成圣"，即是鼓励士人自己开启以"成圣"为目标的"修身"历程。无论是先秦作为子学的《论语》《曾子》《子思子》《孟子》，还是汉代作为五经的传记之学，或者是两宋作为独立经典的四书学，其知识创造、价值承担的主体一直是士人群体。理学家一直强调，他们之所以推动四书的学习和研究，其目标并不是一种学识炫耀、功利追求的"为人之学"，而完全是为了自己内在的人格精神、理想追求、自我完善，也就是一种"为己之学"。

所以，宋儒主张以四书作为培养士人的基本教材，特别强调四书"学以成圣"的教育宗旨。他们要求士人群体必须让自己确立一个高远的目标，就是通过四书的学习，而达到孔、颜、曾、孟那样思想高度的"君子""圣贤"。所以，那些积极推动四书教育的宋儒，其实均是强调四书是士人的成圣之书。程颐说："修身，当学《大学》之序。《大学》，圣人之完书也。"[①] "《论语》为书，传道立言，深得圣人

---

① 程颢、程颐著，王孝鱼点校：《二程集》第3册，中华书局2004年版，第311页。

之学者矣。"① "《中庸》之书，决是传圣人之学不杂。"② 张载也认为："要见圣人，无如《论》《孟》为要。"③ 到了南宋，特别是经过朱子作《四书集注》之后，这一观点已经成为宋代儒学的主流观点。他们将四书完全看作是士人群体如何成圣的"圣贤之书"：

> 圣贤之书，要旨每寓于篇首。《大学》之首，揭明德、新民、止至善之要领；《孟子》之首，辨仁义与利之界限；《中庸》之首，明性、道、教之一原，皆要旨也。至若《论语》一书，孔门弟子记诸善言，隐然自有次序。④

由此可见，在宋儒的集体意识、思想共识中，四书学之所以特别重要，就在于其核心思想是指导士人"学为圣贤"。

宋儒奠定了四书体系，希望宋代士人能够仿效孔、颜、曾、孟等先秦士人，开启宋代士人以"成圣"为教育目标，四书的核心是圣化士人。人们会问，宋代四书学鼓励士人"学以成圣"的历史原因是什么？我们必须将这一个问题植入唐宋变革、士大夫崛起的大历史背景之中，才能够对宋代出现的这一种"学以成圣"思潮做出合理的解释。其实，希望士人"学以成圣"，其中包括确立士人的两个重要目标。

其一，宋儒四书学鼓励士人"学以成圣"，是希望崛起的宋代士大夫具有崇高的道德人格，能够承担起与君主共治天下的重大责任。我们知道，唐宋变革之际，宋代士大夫群体的社会出身、政治地位发生了变化，使得他们承担的政治责任、历史使命更重，与这一种责任意识、使命意识相关的就是对士人的道德要求和人格期望。宋儒之所以将圣人作为自己的人生最高目标，表达出前所未有的进取担当意识，其原因即在于只有"圣贤"这样的道德境界和崇高人格，才能够承担得起"与君主共治天下"的政治责任。宋代士大夫迫切需要提升士人的道德要求和人格期

---

① 程颢、程颐著，王孝鱼点校：《二程集》第3册，中华书局2004年版，第44页。
② 程颢、程颐著，王孝鱼点校：《二程集》第3册，中华书局2004年版，第153页。
③ 张载著，章锡琛点校：《张载集》，中华书局1978年版，第272页。
④ 周应合：《景定建康志》卷29《建明道书院》，《景印文渊阁四库全书》第489册，商务印书馆1986年版，第325页。

望的思想资源，而四书等先秦儒家子学恰恰具有更加丰富的资源。所以，宋儒诠释的四书学，将四书的教育宗旨确定为"学以成圣"的目的，首先是要培养士人以"圣贤"为标准的道德境界和崇高人格，希望他们能够在未来承担起与君主共治天下的重大责任。

其二，宋代四书学鼓励士人"学以成圣"，还包含一个重要思想，就是希望宋代士大夫尽快推进"道治合一"政治理想，能够在与君主共治天下中完成自己的历史使命。所以，朱熹在《大学章句序》中，虽然首先肯定上古圣王"教治"合一的道统，但是他的主要目标则是强调春秋以来孔子及其诸弟子无"君师之位"，却能够兴道统之教。在《中庸章句序》中，朱熹特别强调"子思子忧道学失其传而作"的道统意义，他说："若吾夫子，则虽不得其位，而所以继往圣、开来学，其功反有贤于尧舜者。然当是时，见而知之者，惟颜氏、曾氏之传得其宗。及曾氏之再传，而复得夫子之孙子思。"[1] 宋儒建构的四书学，就是这一种能够满足儒家士大夫承担道统传承、复兴孔孟之道的经典体系。朱熹建构了以四书为经典文献依据、以孔孟程朱为授受谱系的道统论。朱熹建构的四书学道统论，希望"士"如何以"帝师""大夫"的双重身份，既以道统教育帝王又以道统治理国家。可见，宋儒的道统论包括两个阶段：有"君师之位"的圣王道统与无"君师之位"的士人道统，前者以五经为代表，后者以四书为代表。朱熹及其宋儒将代表士人道统的四书提升为儒家核心经典，就是突出了士人群体承担道统的重要意义。

四 宋代士人的思想整合

由上可见，宋儒四书学确定的"学以成圣"的书院教育目标，是为了鼓励士人崛起的宋代士大夫具有崇高的道德人格，能够承担起与君主共治天下的重大责任，在秦汉以后"君师"分离的条件下，能够承担起以道统教育帝王、以道学治理国家的重大责任。宋代书院鲜明地倡导"学以成圣"的教育理念，以满足作为政治主体、文化主体的宋代士人群体的普遍追求，推动了理学在民间社会的广泛传播，促进了宋代士人的

---

[1] 朱熹撰，朱杰人、严佐之等主编：《晦庵先生朱文公文集》卷76《中庸章句序》，《朱子全书》第24册，上海古籍出版社、安徽教育出版社2010年版，第3674页。

思想整合，最终推进了两宋时期士人群体的思想共识的形成。

南宋书院的理学及其四书学教育，其产生的思想整合作用和文化传播功能到底有多大呢？我们可以以庆元党禁历史事件为时间轴心来考察这一问题。

庆元党禁事件发生之前，由于南宋理学发展的大盛，推动了书院教育的大盛。南宋著名理学家朱熹、张栻、吕祖谦、陆九渊等均是曾创办书院的理学大家，他们不仅培养了大量推崇理学的士人，故而全祖望有所谓"四家之徒遍天下"之说，特别是能够将这一表达士大夫价值理想、人格理想的学说，发展成为民间士人普遍认同的思想学说。这一个以民间书院为依托的新儒学思潮的兴起，不仅仅是局限于谈论性理的少数道学家的事，而是体现出宋代士大夫群体崛起。而庆元党禁事件的发生，可以理解为君主、权臣的政统力量与士人、理学的道统力量的一场政治较量和文化博弈。这也能够从一个角度，反映出地方书院在宋代士人思想整合中所发挥的作用。

在庆元党禁事件中，以朱熹为代表的士大夫文化集团，不幸卷入韩侂胄、赵汝愚的朝廷党争之中。但是，从庆元党禁的演化过程和历史结局来看，均可以看出南宋新儒家文化集团已经成为君主、权臣的政统力量所警惕、防范与打击的政治力量。庆元党禁事件爆发后，首先受到打击的是所谓"道学之人"，他们统统均看作是"逆党""伪学"，理学家著作书籍被禁毁，科举考试中凡涉理学之义理者，一律不予录取，同时还包括理学家注释的六经和《论语》《孟子》《中庸》《大学》，均难逃厄运。特别是赵扩还下诏订立《伪学逆党籍》，入籍者除了宰执赵汝愚、留正、王蔺、周必大等人外，特别还包括了朱熹、徐谊、彭龟年、陈傅良、薛叔似、刘光祖、吕祖俭、叶适、杨简、袁燮、杨宏中、蔡元定、吕祖泰等学术活跃的儒家士大夫。看到《伪学逆党籍》的名单，可以发现庆元党禁打击的"伪学逆党"，将乾道、淳熙年以来体现学术大盛、学派林立的不同学派网罗殆尽，即除了朱熹闽学学派（朱熹、蔡元定等）之外，还包括张栻湖湘学派（彭龟年）、吕祖谦婺学学派（吕祖俭、吕祖泰等）、陆九渊象山学派（杨简、袁燮等），特别还有被看作是事功之学的浙东学派（陈傅良、叶适、徐谊等）著名学者。他们中有的罢官，有的被捕，有的充军，甚至还有的被迫害致死。也就是说，南宋朝廷的权力集团其实是将活跃在学术思想领域的不同学派均看作是自己的敌人。可见，庆元党禁实际上是南宋帝王、权臣构成的统治集团对宋代自由学术、民间书院的一次政治打击，使得乾道、淳熙年间的那种书院繁荣、学派林立的局面不再存在。

虽然在君主及权臣组合的政统力量与士人及书院组合的道统力量之间的政治较量中，政统力量取得了短暂的胜利，士人学术、民间书院的道统力量受到严重打击。但是，由儒家士大夫群体共识形成的道统力量却赢得长久的人心。庆元党禁事件只维持了几年之久，统治集团意识到士大夫反抗力量的强大，在所谓"真伪已别，人心归正"的大趋势下，伪学、逆党之禁全面废解。理学家纷纷得以平反，理学和书院均走向发达。此后，由理学家推动的书院教育得到更大的发展，理学及其四书学更成为书院教学的主要内容。

庆元党禁解除之后的书院，不仅仅数量大增，理学化程度也更高。朱熹理学及其四书学已经完全成为书院教育的主要内容。如南宋学者徐元杰在《延平郡学及书院诸学榜》中就规定，书院生徒"早上文公四书轮日自为常程，先《大学》、次《论语》、次《孟子》、次《中庸》。六经之书，随其所已读，取训释与经解参看。"① 这一规定，不仅强调了以朱熹《四书集注》为主要学习内容，而且还体现了朱熹所主张的研习次第。宋末建康明道书院则不仅规定"礼仪皆仿白鹿书院"②，而且从该书院的系列讲义可以看到，当时明道书院的讲学中，四书是最主要的内容。其中，程必贵于景定三年（1262）、胡崇于淳祐十一年（1251）、赵汝训于宝祐三年（1255）、胡立本于景定元年（1260）开堂讲《大学》，程必贵于景定三年（1262）、张显于开庆元年（1259）开堂讲《中庸》，吴坚、周应合于开庆元年（1259）开堂讲《论语》。③ 他们有关四书的阐释、发挥，均为继承程朱之说而来。甚至偏处四川郪县（今三台县）一隅，由

---

① 徐元杰：《梅野集》卷11《延平郡学及书院诸学榜》，见《景印文渊阁四库全书》，第1181册，台北：商务印书馆1986年版，第775—776页。
② 周应合：《景定建康志》卷29《建明道书院》，《景印文渊阁四库全书》第489册，台北：商务印书馆1986年版，第312页。
③ 周应合：《景定建康志》卷29《建明道书院》，《景印文渊阁四库全书》第489册，台北：商务印书馆1986年版，第325—328页。

该县士人杨子谟私人创建、存续于孝宗淳熙年间至理宗宝庆二年（1226）的云山书院①，其生徒也以四书为主要学习内容："吉月、月半诵《论》《孟》《中庸》《大学》语"②。南宋后期学者熊禾也谈到当时以四书学为核心的理学受到广大士人尊崇的情形说："孔孟后千五百余载，道未有如文公之尊。……四书衍洙泗之传，《纲目》接《春秋》之笔。当今寰海数州之内，何人不读其书。"③南宋著名藏书家、目录学家陈振孙《直斋书录解题》中特设《论语》《孟子》类，认为"今国家设科取士，《语》《孟》并列为经，而程氏诸儒训解二书，常相表里，故今合为一类。"④目录学中的这一变化，从一个侧面反映了理学四书学著作在当时学界广泛流传的历史状况。

　　理学及其四书即成为书院教学的主要内容。理学派通过书院而推动的四书学教育，更是使理学的四书学教育成为南宋士林普遍文化共识。应该说，作为士大夫之学的四书学教育，对宋代士人、士大夫群体的思想观念、道德水平的提升产生了积极作用。特别是南宋时期，从与金兵的对立，到反抗强悍的蒙古人，南宋士大夫群体表现出难得道德意志，"靖康之变，志士投袂，起而勤王，临难不屈，所在有之。乃宋之亡，忠节相望，班班可书，匡直辅翼之功，盖非一日之积也"⑤。如南宋末年，岳麓书院师生与潭州将士共同参加守城战斗，浴血奋战，全部战死在战场，鲜明反映出理学及四书教育产生的社会效果。

　　到了南宋后期，特别是到了元明清时期，理学及其四书学的地位一步步提升，上升到官方的国家学说与意识形态，成为每一个读书人必读的教科书。理学及其四书学之所以能够上升为国家学说与意识形态，应该是源于理学及四书学的学术声望、文化影响，而帝王及朝廷不过是顺应士人社会的主流思潮，以获得士大夫群体的广泛支持，进而提升自己

---

① 参见胡昭曦《四川书院史》，巴蜀书社 2000 年版，第 11 页。
② 魏了翁：《鹤山集》卷 74《杨公墓志铭》，《景印文渊阁四库全书》第 1173 册，商务印书馆 1986 年版，第 164 页。
③ 熊禾：《勿轩集》卷 4《重修武夷书院疏》，《景印文渊阁四库全书》第 1188 册，商务印书馆 1986 年版，第 800 页。
④ 陈振孙：《直斋书录解题》卷 3《语孟类》，《景印文渊阁四库全书》第 674 册，商务印书馆 1986 年版，第 572 页。
⑤ 脱脱等撰：《宋史》第 38 册卷 446《忠义传序》，中华书局 1985 年版，第 13149 页。

权力的声誉和影响而已。特别是提升理学地位最用力的是元朝、清朝，他们原本属于少数民族入主中原，故而更加需要借用理学及其四书学的声誉和地位以提升自己权力的合法性。他们处理理学思想与帝国政治存在的矛盾，又是通过对理学及四书学的不断修正、篡改来完成的。如四书学的士大夫道统论尽管与帝国皇权的政统就存在鲜明矛盾，而明清帝王却很轻易地将自己说成道统的代表。

第二章

四书学与帝王学的整合

以"修身""成人""内圣"为核心的四书学，它们原本是士人从自己的思想视角、表达自己的价值理念而提出来的一套"为己之学"。所以，宋以后，民间书院、官方学校均以四书学为基本的教材，科举也以四书学为重要的考试内容。我们看到，四书学成为宋代以后建构士人基础知识、奠定士大夫价值信仰、塑造士大夫人格的基本经典。

但是，四书学的出现还与所谓的"帝王之学"有密切关系。我们会发现，四书学成形还有一个重要的政治背景，它与宋代文治导向与经筵制度相关。[①] 士大夫与帝王通过经筵的平台，逐渐达成一种新的文化共识和政治共识，即建成了以《大学》为新"帝学"框架、以四书学为新经典体系的新帝学。这是一种从儒家士大夫的价值立场出发，为指导帝王为学修身、治国平天下的专门之学。宋代士大夫将原本是士大夫之学的四书学改造成为一种新的"帝学"，其实表达了宋代士大夫以自己的价值观念、思想体系去影响、改造以帝王为主导的权力体系的过程。

第一节 经筵制度与四书学

我们在讨论汉代儒学时已经谈到，汉代儒者为了取得与君王合作的机会，他们的价值体系、思想观念发生了变化，在依然保留一部分儒家政治理念的同时，由高调理想主义的"道"转变为现实功利主义的"治"，这是儒家士大夫寻求与君王开展政治合作过程中的思想调整。

---

① 参见姜鹏《北宋经筵与宋学的兴起》，上海古籍出版社2013年版。

但不同于汉代儒家士大夫的是，宋代儒家士大夫的政治地位、思想话语权已经发生了重大变化。他们作为政治主体身份的提升，必然影响到他们作为文化主体的思想观念。这在宋代文治导向与经筵制度中发挥了特别重要的作用，并且出现一个似乎是相反的方向发展：在宋儒的经筵制度形成过程中，儒学的目标由最初的现实功利主义的"治"，逐渐转向早期儒家高调理想主义的"道"。这一个历史转向过程十分值得深思。

一　学以求治的经筵制度

中国历史上的儒学形态与王朝政治总是紧密联系。《四库全书总目》提出儒学史上有两大学术形态：汉学与宋学。其实，汉学和宋学的特殊形态，有"汉"与"宋"各自不同的政治背景。

首先，汉学是与汉帝国的政治制度、国家治理需求紧密联系在一起的。从西周贵族政治的解体，到秦汉帝国政治的建立，经历了数百年的痛苦过程和艰难摸索。在这一历史过程中，掌握军政权力的帝王和拥有文化权力的儒家士人之间经历了一个相互认识、相互利用、相互磨合的过程。一直到西汉以后，才确立了汉武帝"罢黜百家，独尊儒术"的儒教中国的政治文化建构，君主与儒家士大夫共同建立了以儒家为主导的政治制度、治理结构的思想学说，儒学由追求"天下有道"的诸子学转化为汉代以国家治理为目标的五经学。此后，儒家经学进入国家制度体系而成为王官学，进而全面进入国家的政治法律制度而成为政典。这时，原始儒学中的高调理想主义的"道"转变为现实功利主义的"治"，汉代经学的代表性著作《春秋繁露》《白虎通义》均体现出浓厚的求"治"的政治诉求，是汉代儒家经典与帝国政典结合的政治成果和学术成果。儒家经典与帝国政治的结合，既强化了儒家文化的政治功能，又增加了帝国政治的儒家文明元素。

宋学的形成背景完全不一样。宋学同样也是与宋帝国的政治制度、国家治理需求紧密联系在一起的。由于宋太祖赵匡胤是通过龙袍加身的军事政变而登上皇帝宝座的，故而宋朝朝廷一直对武将防范甚严，而大力推行文治政策。宋初皇帝急于将自己以及臣僚从军阀武夫群体转变为读书崇文的君主，推行了一系列包括重用儒臣、倡导文治的基本国策。加之宋初几个皇帝均特别热爱读书，史书记载，宋太祖本人爱读书，"虽在军中，手不释卷"①。宋太宗也热爱读书："万机之暇，不废观书。"②当然，作为一代帝王，他们的读书目的，有着十分突出的求治目的。宋朝开国后的历代帝王，一直推行文治政策，强调文化教育在国家治理方面的主导作用，宋初历代帝王均盼望通过"学"以求"治"。而宋初帝王无不以身作则读书学习，就是希望通过"学"以求"治"，即探寻国家治理的"治术"。他们意识到："今日之学与不学，系天下他日之治乱。"③宋太祖不仅强调帝王本人要多读书，还进一步要求太子也要通过学习以掌握治乱的根本，他说："帝王之子，当务读经书，知治乱之大体。"④ 同时，他们还要求那些军阀出身的武官也要努力读书，希望他们由此懂得文治的道理："因谓侍臣曰：'今之武臣欲尽令读书，贵知为治之道。'"⑤

可见，汉学、宋学其实均有其独特的历史背景，与当时的帝国政治制度、国家治理需求紧密联系在一起。故而，汉、宋之学的学术形态有着明显不同的历史条件。如果说，汉代士大夫是通过上策建言、帝王采纳以及御前协商而确立了汉代《春秋》大义、《白虎通义》的周孔之教的话，那么，宋代士大夫则是通过"革新政令"政治改革、"创通经义"的文化重建而确立了一种具有士大夫精神的孔孟之道。我们看到，宋代士大夫一方面以政治主体的身份，推动了"庆历新政""熙宁新政"等一系列"革新政令"的政治改革，另一方面又以文化主体的身份，致力于"有体有用""内圣外王""义理之学"的宋学建构。

特别是宋代士大夫将政治主体和文化主体身份统一起来，他们利用宋朝的文治国策，通过经筵讲学的制度创新而致力于"引君与当道"，通过这一种主动与君王的思想互动，确立和完善了宋学的义理之学与心性之学。不像汉代士大夫通过向帝王上策建言、思想妥协而建立现实功利主义的"治道"，最终形成儒法互补的君主政治和治理结构；宋代士大夫则是以"帝师"身份和"圣道"的"名臣"，参与到"革新政令"与

---

① 李焘：《续资治通鉴长编》卷7，中华书局2004年版，第171页。
② 江少虞：《宋朝事实类苑》卷2《祖宗圣训》，上海古籍出版社1981年版，第12页。
③ 赵汝愚编：《宋朝诸臣奏议》卷6《上哲宗论学本于正心》，上海古籍出版社1999年版，第47页。
④ 司马光撰，邓广铭、张希清点校：《涑水记闻》，中华书局1989年版，第20页。
⑤ 范祖禹撰，陈晔校释：《帝学校释》，华东师范大学出版社2015年版，第72页。

"创通经义"的政治活动与文化活动之中,特别是参与到经筵讲学的制度建构和学术活动中去。所以,我们希望进一步通过对宋代经筵制度、经筵讲义的探讨,挖掘宋学缘起、演变的过程和特点。①

我们已经讨论到,宋代开国皇帝均热爱读书、重视教育,其实源于一种以"学"求"治"的政治目的。宋初的几场讲学,即可看到这一点。如端拱元年(988),宋太宗召学官李觉"讲《易》之'泰卦',从臣皆列作,觉因述天地感通,君臣相应之旨。"此次讲学受到太宗重视,他说:"昨听说'泰卦',文理深奥,足为君臣鉴戒,朕与卿等当遵守勿怠。"② 由于讲《周易》能够从易理的"天地感通",引申到"君臣相应之旨",其实也就是"君臣鉴戒"儒家礼治。又如北宋淳化五年(994),宋太宗曾经下召,请孙奭讲《尚书》,其原因也是如他所说的"《尚书》主言治世之道"③。可见,太宗皇帝心目中的经筵教学的目标,就在于是否有利于经邦治国的"治世之道"。如果从内容上来看,宋儒的经筵讲座最初仍然是延续汉儒的五经之学,也就是通过五经的诠释,从三代先王那里去寻求帝国礼法制度、政治治理的方法等。真宗时,选"通经义,知损益"的经筵官讲《尚书》④,并言:"勤学有益,最胜它事。且深资政理,无如经书。"⑤ 又如北宋景祐四年(1037),经筵官进讲《春秋》一经,宋仁宗就明确表示:"《春秋》自昭公之后,鲁道陵迟,家陪用政,记载虽众,而典要则寡,宜删去蔓辞,止取君臣政教事节讲之。"⑥ 所以他要求讲学者应该删去繁芜,只选择君臣政教之事讲读。而且,宋代帝王要求"每令讲读官敷经义于前,未尝令有讳避"⑦。即只要有利于治国理政,经筵官的讲学内容应该是无所避讳。

但是,以"学"求"治"的帝王文化意识,可能会进一步引发不同

---

① 参见姜鹏《北宋经筵与宋学的兴起》,上海古籍出版社2013年版。宋代经筵制度对宋学的兴起演化起到了重要作用。但是笔者认为,思想学术的兴起发展是一个十分复杂的现象,故而更愿意从唐宋变革的大历史来看待宋学、理学的出现。
② 范祖禹撰,陈晔校释:《帝学校释》,华东师范大学出版社2015年版,第77页。
③ 范祖禹撰,陈晔校释:《帝学校释》,华东师范大学出版社2015年版,第78页。
④ 范祖禹撰,陈晔校释:《帝学校释》,华东师范大学出版社2015年版,第78—79页。
⑤ 范祖禹撰,陈晔校释:《帝学校释》,华东师范大学出版社2015年版,第81页。
⑥ 范祖禹撰,陈晔校释:《帝学校释》,华东师范大学出版社2015年版,第95页。
⑦ 范祖禹撰,陈晔校释:《帝学校释》,华东师范大学出版社2015年版,第101页。

思想流派、学术形态的竞争关系。故而，究竟什么才是帝王应该学习的"帝王之学"，就成为以学求治的经筵制度必须首先确立的重大问题。

本来，汉儒面临的学术竞争特点十分突出。汉帝国面临春秋战国留下的法家、黄老道家、儒家、阴阳家、兵家等不同思想流派的文化遗产，汉初朝廷同样追求以"学"求"治"，但并不必然走向对儒学的推崇。如汉代帝王从秦帝国采用的就是法家学说、汉初尊崇的黄老道家，最终才转化"独尊儒学"治国理念。宋儒面临的学术竞争环境与汉儒也有相近之处。当宋代帝王追求以"学"求"治"的政治目的时，他们同样面临多种选择：其中既有汉代因儒法互补需要而接受的管、商、刑名之术，特别是东汉以后传入或者是发展起来的佛老之学，另外还包括汉唐以来流行的章句之学、辞章之学。事实上，从帝王本身的立场出发，为了满足帝王们"学"以求"治"的要求，"学"的范围完全可以是十分广泛的，无论是儒、道、佛之学，还是管、商、刑名之术，皆可纳入宋朝为追求国家治理的学习范围，帝王为了提升自己的综合文化素质也需要学习诗文、艺术等。所以宋代初年帝王的经筵讲学、阅读典籍的范围就包括儒、道、佛以及管、商、刑名之术，另外也包括章句之学、辞章之学等等。譬如，宋代帝王同时相信佛道，宋太宗就认为"浮屠氏之教有裨政治"[①]；宋孝宗还提出著名的"以佛修心，以道养生，以儒治世"之说，宋代诸多皇帝热衷诗词、书法、绘画等文学艺术。[②] 事实上，一些从现实功利主义需要出发的儒家士大夫，就将这些杂糅官商功利、佛老异端的学问纳入自己的学术系统，譬如"荆公新学"。

但是，北宋以来的儒家士大夫群体，却一直有一个强烈的儒家文化的自觉意识。从北宋初年的范仲淹、孙复、石介、胡瑗等人开始，到熙宁变法的宋神宗、宋哲宗时期，儒家士大夫就一直特别强调"中国文化"的"道统"。石介首次提出的《中国论》，就以广泛的文明视角，希望确立儒学在中华文化体系中的独特价值和重要地位。他的《中国论》其实就是倡导儒家道统论，即强调中华文化系统中儒家文明具有源远流长的

[①] 李焘：《续资治通鉴长编》卷24，中华书局2004年版，第554页。
[②] 王应麟：《玉海》卷32《淳熙御制论》，见《景印文渊阁四库全书》第943册，台北：商务印书馆1986年版，第756页。

恒常价值，他说："夫尧、舜、禹、汤、文王、武王、周、孔之道，万世常行不可易之道也。"① 他在这里重新倡导和强调儒家道统授受脉络，包含着抵御佛道、确立儒家文化正统的特别意义，这正是儒家士大夫主体意识的表达。

那些具有文化自觉意识的儒家士大夫不仅反对佛老，也反对商韩法家。他们一直强调，历史上人们往往将所谓的"帝王之学"理解为功利权谋之术。宋儒反思汉唐政治的治乱盛衰，认为汉唐帝王沉溺于功利权谋的政治技能，这一种"帝王之学"培养的帝王，往往会导致十分严重的政治问题。徽宗建中靖国元年（1101）上官均上奏："人主之学在乎简而知要，达而适用。知要在乎明道，明道在乎味五经之微言。适用在乎远观前世治乱盛衰之迹，而近稽祖宗圣明相继治天下之意。"② 宋儒考察历史上的治乱盛衰之迹，他们认定："岂有以帝王之学入阴谋诡计，而能造天下者乎？盖为天下国家，必有天下国家之材，如商鞅、孙膑、苏秦、张仪、稷下数公之说，皆闾阎市井商贾驵侩之材也。将以此辈为天下国家之材，宜乎乱亡相继，至秦而大坏也。"③ 所以，这些倡导儒家义理的士大夫坚定地认定，一切阴谋诡计、功利权谋之术均不是真正的帝王之学。

所以，宋学内部又分化出一种倡导与宋代圣王治理相关的道统意识，他们一直有一个强烈的文化回归意识，主张应该回归先秦儒学，其实也就是回归到子学形态的儒学。与此同时，他们倡导宋代的帝王之学应该回归早期儒家宣扬的三代之世、尧舜之德。

二 从"贵知为治之道"到"君德成就"

由于宋初士大夫在政治领域的主体地位得到确认，特别是他们的文化主体意识也进一步提升。这时，作为儒家士大夫，他们内心深处的理

---

① 石介著，陈植锷点校：《徂徕石先生文集》卷5《怪说下》，中华书局1984年版，第63页。

② 赵汝愚编：《宋朝诸臣奏议》卷6《上徽宗论治天下在好学广问》，上海古籍出版社1999年版，第51页。

③ 张九成：《孟子传》卷4，《景印文渊阁四库全书》第196册，台北：商务印书馆1986年版，第273页。

想、信念一步步凸显。他们相信，儒家一直向往和倡导的"修己以治人""为政以德""仁政"的伦理政治观念，以及"尧舜之道""三代之治"的政治理想已经近在眼前了。所以，北宋初年，宋代君王的经筵讲席经历了一个从"治世之术"的探求到"专心圣道"的追求的变化过程。在他们的经筵讲席的定位上和经筵讲义的选择上，他们开始强调只有以《大学》为核心的儒家"正学"，才是"不可不熟讲"的帝王之学。①

北宋初年建立完善的经筵讲学制度是为了实现学以求治的文治目标而建立起来的，但是，经筵讲学制度建立起来以后，经历了一个从"贵知为治之道"到"君德成就"的演变发展过程。从这一演变过程可以深入观察宋代思想史、学术史演变的过程和原因。

如前所述，宋初的经筵讲学的兴起，是当时帝王追求文治目标的结果，所以他们的讲学内容的范围往往是十分广泛的，既包含文化修养方面的诗词书画，也包括诸子方面的孙韩之学，还包括佛老之学。北宋士大夫群体，无论是在民间社会从事讲学著书、推动学术；还是在庙堂之上主持政务、推动变法，他们不约而同地致力于新儒学的复兴。所以，他们无论是通过经筵讲学致力于"帝王之学"的建构，还是从事民间教育的"士大夫之学"，均不约而同地表达出通过回归儒家经典而重建儒学的学术思潮。全祖望对宋初学术的总体情况，有一个比较准确的概述。他说：

> 有宋真、仁二宗之际，儒林之草昧也。当时濂、洛之徒方萌芽而未出，而睢阳戚氏在宋，泰山孙氏在齐，安定胡氏在吴，相与讲明正学，自拔于尘俗之中。亦会值贤者在朝，安阳韩忠献公、高平范文正公、乐安欧阳文忠公解卓然有见于道之大概，左提右挈，于是学校遍于四方，师儒之道以立，而李挺之、邵古叟辈共以经术和之。②

---

① 朱熹撰，朱杰人、严佐之等主编：《晦庵先生朱文公文集》卷11《壬午应诏封事》，《朱子全书》第20册，上海古籍出版社、安徽教育出版社2002年版，第571—572页。
② 全祖望撰，朱铸禹汇校集注：《鲒埼亭集》外编卷16《庆历五先生书院记》，《全祖望集汇校集注》，上海古籍出版社2000年版，第1037页。

北宋初年，学术文化领域孕育着一种回归儒家经典以"相与讲明正学"的思潮，全祖望从两个方面来概述这一重大历史过程：一部分儒家士大夫在民间或者是地方从事学术和讲学，包括戚同文、孙复、胡瑗等宋初著名学者；而另外一部分儒家士大夫则在庙堂之上直接推动儒学的复兴，其中包括韩琦、范仲淹、欧阳修。从推动宋代儒学复兴、致力于宋学学术建构的角度看，这两股力量确实是相互呼应、共同推动了宋代的回归儒家经典而重建新儒学的学术思潮。应该说，由于民间儒家学者的思想活力，为庙堂士大夫提供了广泛的学术基础；而庙堂士大夫则通过与权力的合作，使儒家士大夫的文化理想能够更加迅速地演变成现实。

确实，宋初儒家士大夫之所以能够形成回归儒家经典的普遍共识和学术目标，是希望从儒家经典中探寻"为治之道"。无论是民间的儒学学者，还是庙堂上位高权重的士大夫，他们均希望通过推动经学变革和儒学复兴，以解决现实政治中的问题。特别是在宋神宗熙宁变法之后，通过一系列变法的政治行为，对学术文化界产生了重大影响，推动了新儒学的复兴和发展。特别是宋神宗熙宁变法之中产生的"荆公新学"，对宋代学术的发展和转型起到了极大的推动作用。

为改变积贫积弱的局面，实现富国强兵，宋神宗即位后，于熙宁二年（1069）起用王安石为参知政事，设制置三司条例司，锐意变法，颁布了一些事关政治经济、社会文化、军事等方面的系列措施，如农田水利法、青苗法、均输法、保甲法、免役法、市易法、保马法、方田均税法，改革科举、整顿学校等措施。值得注意的是其中的科举改革，与宋代儒学转型有着密切的关系。王安石对神宗皇帝说："今人才乏少，且其学术不一，一人一义，十人十义，朝廷欲有所为，异论纷然，莫肯承听，此盖朝廷不能一道德故也。故一道德则修学校。欲修学校则贡举法不可不变。"[1] 为了统一思想道德，王安石推动了科举方面的变法，包括"罢明经及诸科，进士罢诗赋，各占治《诗》《书》《易》《周礼》《礼记》一经，兼以《论语》《孟子》，每试四场。初大经，次兼经，大义凡十道，次论一首，次策三道。礼部试即增二道。"[2]

---

[1] 马端临：《文献通考》卷31《选举考》四，中华书局1986年版，第293页。
[2] 马端临：《文献通考》卷31《选举考》四，中华书局1986年版，第293页。

王安石教育、学术与科举改革的重要内容,是希望"一道德",使"义理归一",力图用新学术观念改变当时思想学术领域道德不一的混乱局面,重新统一人们的思想,为变法张本。他们专门组织编写《三经新义》,由王安石之子王雱撰写《诗经义》与《尚书义》,王安石自撰《周礼义》,并做《三经义序》。《三经新义》完成后,经御批颁行全国,成为科举取士的重要内容与标准。此学后来被称为"荆公新学"。王安石的《三经新义》显然具有宋学以义理解经的特点,注重阐发经典中的古圣先贤奥义与道德性命之理,实开宋学言道德性命先河。但是,王安石的"荆公新学"虽然也讲"道德性命之理",却与同时代道学派二程四书的义理之学有着十分明显的区别。

二程四书的义理之学后面专门要讲,这里先讨论王安石的"荆公新学"的义理特点。为了富国强兵的现实政治的需要,王安石致力于变法。王安石的《三经新义》强调对经典义理的重新诠释,其实是与现实政治紧密联系在一起的。他曾经明确表达自己从事学术改革的目的,他说:"经术正所以经世务,但后世所谓儒者,大抵皆庸人,故世俗皆以为经术不可施于世务也。"① 可见,王安石一直将《三经新义》的义理探讨与"经世务"的政治变法联系在一起,故而"荆公新学"具有"通经致用"的政治功利性的鲜明特点。清代四库馆臣对《周官新义》有一段评价能够说明问题:"安石之意,本以宋当积弱之后,而欲济之以富强,又惧富强之说必为儒者所排击,于是附会经义以钳儒者之口,实非真信《周礼》为可行。"② 由于王安石将《三经新义》的义理探讨与"经世务"的政治功利联系在一起,所以,他这一"济之以富强"的义理之学就可能显得比较杂乱。他曾经说:

> 然世之不见全经久矣,读经而已,则不足以知经。故某自百家诸子之书,至《难经》《素问》《本草》、诸小说无所不读,农夫、女工无所不问,然后于经为能知其大体而无疑。盖后世学者,与先王之时异也,不如是,不足以尽圣人故也。扬雄虽为不好非圣人之

---

① 脱脱等撰:《宋史》卷 327《王安石传》,中华书局 1977 年版,第 10544 页。
② 永瑢等撰:《四库全书总目》卷 19《周官新义》,中华书局 1965 年版,第 150 页。

书，然而墨、晏、邹、庄、申、韩亦何所不读？彼致其知而后读，以有所去取，故异学不能乱也。惟其不能乱，故能有所去取者，所以明吾道而已。①

一方面，王安石重视回归儒家经典，他的《三经新义》就是为了追求复兴儒学即达到"明吾道"的学术目标；另一方面，他又追求"经世务"的政治功利，故而对孙韩、佛老之学仍然采取"有所去取"的态度。

在宋神宗熙宁变法期间，儒家士大夫内部对如何兴利除弊的变法、儒家义理之学的建构表现出明显的分歧，出现了推动熙宁变法的"新党""新学"与反对熙宁变法的"旧党""道学"的争论和斗争。从"道学""旧党"的立场来看，王安石"新法""新学"的最大问题仍然坚持秦汉以来儒法互补的立场，完全违背了儒家德治、仁政、天子应该以修身为本的儒家立场。他们纷纷指责王安石"丞相岂秦学邪？夫商鞅能行仁政，而为李斯解事，非秦学而何？"② 或者说"安石平居之间，则口必丘、旦；有为之际，则身心管、商。"③ 二程、司马光等"道学""旧党"人士，则猛烈批判王安石的管、商法家手段和功利主义的秦政立场。南宋时期朱熹在论述到熙宁变法时，进一步确定"道学""旧党"人士与王安石"新法""新学"的根本区别。他说："天下事有大根本，有小根本。正君心是大本。其余万事各有一根本，如理财以养民为本，治兵以择将为本。"④

王安石"新法""新学"一直受到司马光、吕公著、二程、范祖禹等"道学""旧党"人士的反对。在元丰八年（1085）神宗逝世后，年幼的哲宗继位。太皇太后高氏听政，起用"旧党"人士司马光、吕公著等，二程、范祖禹担任经筵讲官。所以，程颐针对王安石的法家手段和功利

---

① 王安石：《答曾子固书》，见曾枣庄、刘琳主编《全宋文》第64册，卷1389，上海辞书出版社、安徽教育出版社2006年版，第120页。
② 脱脱等撰：《宋史》卷346《陈次升传》，中华书局1977年版，第10969页。
③ 王明清：《挥尘录》后录余话卷1，上海书店出版社2001年版，第225页。
④ 黎靖德编，王星贤点校：《朱子语类》卷128，中华书局1986年版，第2678页。

主义的政治立场，针锋相对地提出了"天下治乱系宰相，君德成就责经筵。"① 程颐希望"以道学辅人主"，通过经筵讲学的机会解决"正君心是大本"的根本问题，实现"君德成就"的最高目标。特别是范祖禹担任哲宗的经筵讲官，希望太祖皇帝能够透过经文学习，领悟到仁义之道，成为"学尧舜之道，务知其大指，必举而措之天下之民"②的帝王典范。同时，范祖禹还于哲宗元祐五年（1090）向朝廷进呈了他的《帝学》，他提出"帝王之学谓之《大学》"，并将帝学与尧、舜、禹、汤、文、武、周公的儒家建构的道统联系起来。③ 与此同时，朱光庭也向哲宗提出"人主尽道在修身"，鼓励哲宗"专心圣道以致圣德"④。

三　四书学的新帝学意义

宋代经筵讲官还进一步区别经、史的差别，陈瓘说："臣窃谓人君稽古之学，一经一史。经则守之而治身，史则考之而应变。"⑤ 他强调"经"的目标是修身立德，"史"则是历代王朝兴衰治乱的治理经验，经与史的作用是各不相同的。宋代皇帝大多认可这一看法，如宋高宗说："朕观六经，皆论王道；如史书，多杂霸道。期间议论，又载一时捭阖辩士游说。"⑥ 高宗也认为人们所说的王道理想存在于经书中。对于追求三代理想的宋儒看来，必须规劝帝王归宗"正学"。因此，他们提出："劝学之道，莫尚宗经。宗经则道大，道大则才大，才大则功大。"⑦ 宋儒强调儒家经典的"修身""君德成就"功能，就经典的"修身"资源而言，四书系统显然要比六经系统丰富得多，这就为四书学成为帝王之学开拓

---

① 程颢、程颐著，王孝鱼点校：《二程集》，《河南程氏文集》卷6《论经筵第三劄子》，中华书局2004年版，第540页。
② 范祖禹撰，陈晔校释：《帝学校释》，华东师范大学出版社2015年版，第74页。
③ 范祖禹撰，陈晔校释：《帝学校释》，华东师范大学出版社2015年版，第31—32页。
④ 赵汝愚编：《宋朝诸臣奏议》卷6《上哲宗论人主尽道在修身修身在正学》，上海古籍出版社1999年版，第49页。
⑤ 赵汝愚编：《宋朝诸臣奏议》卷6《上徽宗乞读资治通鉴》，上海古籍出版社1999年版，第58页。
⑥ 刘琳、刁忠民、舒大刚等校点：《宋会要辑稿》，《崇儒七·经筵》，上海古籍出版社2014年版，第2886页。
⑦ 范仲淹：《范文正集》卷9《上时相议制举书》，《景印文渊阁四库全书》第1089册，台北：商务印书馆1986年版，第647页。

了道路。

　　这时，我们会发现，宋儒的经筵讲学确实不同于汉儒家的贤良方策，汉儒的"天人三策""《春秋》大义"，表达了与帝王开展政治合作的政治协商和政治盟约，为儒教帝国的建构奠定了基础。而宋儒通过经筵讲学，强化了"师道尊严"，儒家士大夫和宋代帝王的关系，演变成经筵讲堂上师生之间的传道解惑。所以，宋代师道观念得到了充分的发展。有一个有趣的现象。我们知道，王安石、程颐的政治理念与学术理念相差很大，是所谓"新法""新学"与"旧党""道学"的区别与对立。但是，王安石、程颐之间又存在一个十分相通的地方：他们不仅仅均希望通过经筵讲学，表达自己的政治理念与学术理念；同时，他们在强调"师道尊严"的问题上，也是完全一致。王安石的"荆公新学"确立后，他又通过自己的政治地位而掌控了影响帝王的经筵讲学。甚至在熙宁元年（1068）还发生过立讲与坐讲的争论，王安石等认为经筵官负有阐发经典中所蕴含的尧舜先王之道、以引导帝王修齐治平的职责，"师"之所传乃"道"之所在，因而"道之所存，礼则加异"，经筵官以坐讲为宜。这一次争论，体现了士大夫们力图利用经筵讲学的经典诠释的优先权，和以道统规范治统的努力。而程颐应邀担任哲宗的经筵讲官，不仅仅同样提出经筵官以坐讲为宜，并特别强调这是为了让帝王能够"知道畏义"。为了进一步提升士大夫的"道统"地位，程颐特别提出了所谓"天下治乱系宰相，君德成就责经筵"[①]。这一切，均为道学地位的提升、四书学成为帝王之学奠定了思想基础。

　　我们已经提到，从唐中叶到宋初，学术思想界出现了一种回归先秦儒家子学、重建新儒学的学术思潮，这一学术思潮，遍布宋初的民间社会，导致地域学术的"学统四起"局面。与此同时，《论语》《孟子》《大学》《中庸》等属于儒家子学或传记之学的典籍受到特别的重视。由于处于庙堂之高的儒家士大夫越来越强调经筵讲学以促使帝王"修身""君德成就"，故而，《论语》《孟子》《大学》《中庸》等属于儒家子学或传记之学的典籍的地位逐渐提升为一种新的"帝王之学"，以努力通过

[①] 程颢、程颐著，王孝鱼点校：《二程集》，《河南程氏文集》卷6《论经筵第三劄子》，中华书局1981年版，第540页。

经筵实现"圣贤之道"追求。程颐提出了所谓"天下治乱系宰相,君德成就责经筵"①,既然经筵教育的目标、功能已经由原来的治术学习转变为成就君德,那么,希望在史书中寻求治术可能就不是重点了,而那些以修身为本的《论语》《孟子》《大学》《中庸》等就逐渐成为经筵中的重点讲义。宋代儒家士大夫在内心深处希望在宋代真正能够实现"尧舜之道""三代之治"的政治理想,故而特别倡导"修己以治人""为政以德""仁政"的伦理政治观念。

由于宋儒将经筵讲学的目标定位在"君德成就",故而进一步提升了《大学》的地位。天圣八年(1030)仁宗皇帝曾经"赐新及第进士《大学》一篇"②,但是到了宋哲宗元祐五年(1090),《大学》才开始作为经筵讲义之用,右正言刘唐老正式提出《大学》应该作为经筵教材:"伏睹《大学》一篇,论入德之序,愿诏经筵之臣训释此书上进,庶于清燕之闲以备观览。从之。"③ 同年,范祖禹还进呈《帝学》,史载:"给事中兼侍讲范祖禹上《帝学》八篇,且言:'三皇之时,至质略矣,伏羲始开人文,神农以下皆有师,贤人之德,莫大于学,……今臣所录八篇,上起伏羲,下讫神宗,伏望陛下宪道于三皇,稽德五帝,轨仪于三代,法象于祖宗,集群贤之所行,体乾健之不息,则四海格于泰和,万年其永观矣。'"④ 值得注意的是,范祖禹在《帝学》中提出了"帝王之学谓之'大学'"的说法,并直接以《大学》之道充当帝王之学:"故学者所以致知、诚意、正心、修身、齐家、治国、明明德于天下,尧舜之道是也。帝王之学,所以学为尧舜也,尧舜亦学于古先圣王也。"⑤ 这一种以《大学》为"帝学"的理念,得到了宋代士大夫的认同。如程颢认为君心之正与不正决定了王、霸之别,故而要求帝王以《大学》格正君心;司马光也以《大学》为"人君"修身之学,要求君主内修"仁、明、武"之

---

① 程颢、程颐著,王孝鱼点校:《二程集》,《河南程氏文集》卷6《论经筵第三劄子》,中华书局1981年版,第540页。

② 刘琳、刁忠民、舒大刚等校点:《宋会要辑稿》,《选举二·贡举二》,上海古籍出版社2014年版,第5268页。

③ 李焘:《续资治通鉴长编》卷446,中华书局2004年版,第10742页。

④ 李焘:《续资治通鉴长编》卷447,中华书局2004年版,第10761—10762页。

⑤ 范祖禹撰,陈晔校释:《帝学校释》,华东师范大学出版社2015年版,第31—32页。

德,外施"用人、善功、罚罪"之策。①《大学》中有关正心诚意的修身思想受到特别重视,士大夫以这些思想作为正君心的经典依据。在宋哲宗时期的梁焘还引用《大学》,要求帝王"其始则正心诚意而不出方寸之间,其终则德业滂洋而遍满天下"②。可见,在宋神宗、宋哲宗时期,士大夫较多地将《大学》作为帝学的经典文本,体现了他们希望建立《大学》之道以引导帝王修身、齐家、治国、平天下的理念逐渐定型。

到了南宋时期,朱熹进一步确立了《大学》在"帝王之学"体系中的特殊地位。他通过经筵讲座对孝宗指出,帝王必须学习《大学》,以《大学》为纲,才可以"秉本执要,酬酢从容,取是舍非,赏善罚恶,而奸言邪说无足以乱其心术"③。为了让皇帝成为圣帝明君,成就王道政治,他认为必须按照《大学》的步骤,"正心以正朝廷,正朝廷以正百官,正百官以正万民"④。朱熹对儒家经典体系有一个重要的看法,提出"须熟究《大学》做间架,却以他书填补去"⑤,儒学的为学之序应该是"先读《大学》,以定其规模;次读《论语》,以立其根本;次读《孟子》,以观其发越;次读《中庸》,以求古人微妙之处"⑥,然后及乎六经。⑦ 朱熹肯定《大学》是帝学的纲领,所以他对儒家经典体系及先后次序的看法,同样适合于他建构的新帝王之学。

朱熹的弟子刘爚就鲜明表达了这一思想,他强调帝王之学应该以四书为本:"帝王之学当本之《大学》,探之《中庸》,参之《论语》《孟子》,然后质之《诗》《书》,玩之《周易》,证之《春秋》,稽之《周

---

① 赵汝愚编:《宋朝诸臣奏议》卷 2《上哲宗论人君修心治国之要三》,上海古籍出版社 1999 年版,第 21 页。
② 赵汝愚编:《宋朝诸臣奏议》卷 6《上哲宗论进学之时不可失》,上海古籍出版社 1999 年版,第 47—48 页。
③ 朱熹撰,朱杰人、严佐之等主编:《晦庵先生朱文公文集》卷 15《经筵讲义》,《朱子全书》第 20 册,上海古籍出版社、安徽教育出版社 2002 年版,第 710 页。
④ 朱熹撰,朱杰人、严佐之等主编:《晦庵先生朱文公文集》卷 11《庚子应诏封事》,《朱子全书》第 20 册,上海古籍出版社、安徽教育出版社 2002 年版,第 581 页。
⑤ 黎靖德编,王星贤点校:《朱子语类》卷 14,中华书局 1986 年版,第 250 页。
⑥ 黎靖德编,王星贤点校:《朱子语类》卷 14,中华书局 1986 年版,第 249 页。
⑦ 朱熹撰,朱杰人、严佐之等主编:《晦庵先生朱文公文集》卷 82《书临漳所刊四子后》,《朱子全书》第 24 册,上海古籍出版社、安徽教育出版社 2002 年版,第 3895 页。

官》,求之《仪礼》,博之《礼记》,于修身、治天下之道犹指掌矣。"①刘爚在这里将《大学》在四书学体系的地位,以及四书学与"帝王之学"的关系,作了鲜明的论述,代表了程朱理学派以理学化四书学整合帝王之学的文化使命和政治情怀。可见,宋儒为了实现"天下治乱系宰相,君德成就责经筵"的目标,使得原本是表达士大夫精神追求的四书学,开始演变为一种新的"帝王之学",这恰恰是宋儒推动四书学思想整合的结果。

第二节 四书学整合中道统与政统的博弈

经过两宋儒家的努力,新经典体系四书逐渐成为新儒家的核心经典。宋儒在建构四书学的过程中,同时以四书学去整合国家的意识形态和社会思想。但是,四书学本来是一种士大夫之学,四书学的价值理想、思想视角、政治理念均源于士人,代表的也是士人的"道统";而宋元明清是君主权力进一步强化的帝国时代,支配国家政治的是帝王的"政统"。由儒家学者推动的四书思想整合,引发了道统与政统两种不同权力的博弈,并一直延续到清末。

这里进一步探讨四书学整合过程中道统与政统博弈的历史现象,思考这一博弈的过程和结果,对进一步理解儒家思想的多样历史形态,以及儒家思想的多维价值视角具有重要意义。

一 南宋四书整合中的君、师博弈

在宋代思想史上,确立四书思想体系、经典地位的是南宋理学集大成者朱熹,同样,通过经筵讲席而影响、说服宋代君主接受四书学的也是朱熹。朱熹毕生精力建构的四书学,是一个蕴含着儒家士大夫主体意识的新经典体系,但是朱熹希望它不仅作为培养士大夫人格的经典,同时也希望完成以四书为思想核心的国家意识形态整合,他努力以《大学》作为培养帝王成为"圣君"的"帝王之学"。

---

① 朱彝尊:《经义考》卷296《通说》,《景印文渊阁四库全书》第680册,台北:商务印书馆1986年版,第786页。

第二章　四书学与帝王学的整合

朱熹开始研读四书很早，但真正研究四书学、为官学生员讲四书学，则在高宗绍兴二十四年（1154）以后。这一段时间内，他开始了《孟子集解》《论语集解》等著作的写作，开始确立了作为士大夫之学的四书学思想体系。但是，朱熹在以四书作为士人必须学习的教科书的同时，也致力于四书学的思想整合，希望它们能够成为新的"帝王之学"。绍兴三十二年（1162）孝宗即位，诏求直言，朱熹上了《壬午应诏封事》，朱熹在封事中对孝宗提出："帝王之学不可以不熟讲"，他以《大学》的"格物致知"与"诚意正心"的四书学工夫，作为帝王之学的根本。他认为帝王必须学习四书，方可知"体用之一原，显微之无间，而独得乎尧、舜、禹、汤、文、武、周公、孔子之所传"①，以最终成就君德帝业。

朱熹的《壬午应诏封事》不为孝宗接受，故没有产生实际的历史影响。但是朱熹与孝宗的思想差异和政治摩擦，却体现出南宋时期师道与王权的博弈，这一博弈内容涉及思想与政治两个方面。其一是思想文化方面，朱熹通过《壬午应诏封事》，表达了具有文化主体性的宋代士大夫，在帝王面前坚持道统的文化权力和优势地位。因为唐宋时期的帝王对儒、道、佛三教采取了并用的政策，因此，三教逐渐形成了鼎立的局面。宋孝宗也是一个主张三教并用的帝王，如他撰有《原道辨》，对韩愈《原道》持批评态度，他的结论是儒、佛、道各有所长，均可扶持："以佛修心，以道养生，以儒治世则可也，又何惑焉！愈之论从其迹而已，不言其所以同者，故作《原道辨》。"②这是一篇非常重要的关于三教关系的论辩文，反映了宋孝宗的文化态度。为了维护儒家道统论，朱熹直接批评了宋孝宗的文化态度，指出孝宗"欲求大道之要，又颇留意于老子释氏之说"，完全是一种错误的文化观念。同时朱熹进一步指出这一种思想观念、文化态度的危害："记诵华藻，非所以探渊源而出治道；虚无寂灭，非所以贯本末而立大中。"③ 显然，朱熹是站在儒家道统优势地位，

---

① 朱熹：《壬午应诏封事》，《朱文公文集》卷11，《朱子全书》第20册，上海古籍出版社、安徽教育出版社2002年版，第571—573页。

② 史浩：《原道辨》，见曾枣庄、刘琳主编《全宋文》第236册，卷5279，上海辞书出版社、安徽教育出版社2006年版，第297页。

③ 朱熹：《壬午应诏封事》，《朱文公文集》卷11，《朱子全书》第20册，上海古籍出版社、安徽教育出版社2002年版，第571—573页。以下所引均来自此篇。

居高临下地批评一个当朝皇帝，表达了儒家士大夫的文化主体性精神。

其二是政治方面，作为士大夫的朱熹并不满足于文化主体地位，还进一步提出革新政令、抗金攘夷的政治诉求。南宋孝宗时期，正值朝廷面临两大政治危机：一则是金兵占领中原，宋室南渡，宋朝处在严重的民族危机之中，但是朝廷中却出现一股安于现状、退守议和的主张；二则是朝廷中央政治腐败、权力勾结，宋朝面临急切的革新政令问题。上述两个问题涉及南宋政治的核心问题。朱熹给宋孝宗的上书，对这两个问题均给出了重要的建议，表达了宋代士大夫同时具有的政治主体性和经世致用精神。朱熹对孝宗提出的主战反和的基本国策建议，其政治诉求时是严厉而沉痛的："夫金于我有不共戴天之雠，则其不可和也义理明矣。"所以，他批评朝廷的苟安求和主张："谋国者惟恐失虏人之欢，而不为久远之计，进则失中原事机之会，退则沮忠臣义士之心。"朱熹还对孝宗进一步提出有针对性的任贤修政的革新政令方案，他特别将改革的目标指向了掌握了国家核心权力的朝廷，他对孝宗说："惟以正朝廷为先务，则其患可不日而自革。"

所以，朱熹的《壬午应诏封事》一文，表达了宋代士大夫兼有文化主体性和政治主体性的特征。然而，就在朱熹才开始致力于四书学的思想整合过程中，就面临了道统与政统的权力博弈。作为理学代表人物朱熹，他总是既坚持儒家士大夫的文化主体性，坚持要求理学家诠释的四书学居于核心文化、意识形态的最高地位；同时也强调士大夫的政治主体性，认为帝王应该与士大夫共治天下。但是，这只是宋代士大夫单方面的想法，宋孝宗与其他许多帝王一样，并不乐意接受以道统自居的道学家，他特别讨厌这一类坚持道德原则、清议朝廷大政与人物的理学家，而更喜欢那一种紧密配合自己意志、以事功为导向的权臣和官员。所以，宋孝宗时期，孝宗及其权臣屡屡压制和打击道学，导致道学派士大夫曲折的政治命运，他们只能够是政治上的在野派，道学也主要是在民间社会传播。

但是，随着道学势力在社会上影响日益扩大，终于在政治上形成一股独立的势力。在接下来的君、师博弈中引发了宋代政治史、文化史重大事件的"庆元党禁"，即是一场以帝王为核心的政统排斥、打击儒家士大夫道统的政治事件。宋宁宗时期，朱熹获得经筵讲席的机会，正式成为"帝师"。但是恰恰是在这个时期，朱熹与宋宁宗发生了权力博弈并引起矛盾激化，导致党禁事件的发生。朱熹建构的四书学是一种士大夫之学，包含着一个与君主政统相抗衡的道统论。这不仅是一种思想逻辑，也是一种政治现实。"庆元党禁"充分展现了士大夫的"道统"与帝王权力的"政统"之间相抗衡的政治现实，掌握"师道"的士大夫与掌握"君权"的帝王之间两种权力展开了公开的博弈。

宋光宗绍熙五年（1194），宋宁宗首辟经筵，由于彭龟年等极力推荐而征召朱熹入侍，于同年八月五日除朱熹为焕章阁待制兼侍讲。朱熹认为这是一个引君当道、整合四书学的极好机会，故而首选作为四书框架的《大学》，专门为宁宗作"经筵讲义"。十月十四日，朱熹受诏首讲《大学》，朱熹将其称之为"帝王之学"。朱熹尽心尽力为宁宗讲学，"务积诚意以感动上心，以平日所论著者敷陈开析，坦然明白，可举而行。讲毕，有可以开益上德者，罄竭无隐，上亦虚心嘉纳焉。"① 为了抓紧时间，强化效果，朱熹还特别奏乞"除朔、望、旬休及过宫日外，不以寒暑、双只月日诸色假故，并令逐日早晚进讲"②。之后，朱熹又在经筵进讲《大学》七次。

朱熹曾经给宋孝宗的上书，初露道统与政统博弈的端倪；而这一次给宋宁宗的经筵讲学，更是引发了道统与政统的冲突。

首先，朱熹坚持以文化主体的身份，为宋朝确立道学独尊的地位，即希望宋宁宗完全接受四书学的思想整合。朱熹以四书学的道统论为理论依据，认为四书学的孔孟之道才是正统儒学，因为孔孟之道的正统儒学恰恰来源于尧、舜、禹、汤、文、武、周公等上古圣王，千百年以来，"河南程颢及其弟颐始得孔孟以来不传之绪"以"开示学者"，孔孟之真精神才得以发扬光大并传之后世。③ 朱熹认为，只有二程兄弟代表了儒家"正学"与"道统"。朱熹以掌握圣王之道的"道统"的优势地位，居高临下地教训起这一个当朝皇帝，希望宁宗从帝王本人的身心上作道德工

---

① 佚名编，汝企何点校：《续编两朝纲目备要》，中华书局1995年版，第46页。
② 佚名编，汝企何点校：《续编两朝纲目备要》，中华书局1995年版，第45页。
③ 朱熹：《经筵讲义》，《晦庵先生朱文公文集》卷15，《朱子全书》第20册，上海古籍出版社、安徽教育出版社2002年版，第692页。

夫:"每出一言,则必反而思之曰:此与修身得无有所害乎?每行一事,则必反而思之曰:此与修身得无有所害乎?"朱熹还在《乞进德劄子》中对宁宗皇帝提出要求:"日用常行,语默动静,必求放心以为之本。"[1] 朱熹之所以将《大学》作为帝王首先学习的经典,是因为《大学》是帝王治学修身的纲领,帝王学习《大学》,就可以"秉本执要,酬酢从容,取是舍非,赏善罚恶,而奸言邪说无足以乱其心术。"[2] 这就是理学家的主张,帝王必以内圣为本,由内圣而外王。他在《大学经筵讲义》中指出:"意不自欺,则心之本体可以致虚而无不正矣。心得其正,则身之所处可不陷于其所偏而无不修矣。身无不修,则推之天下国家亦举而措之耳,岂外此耳求之智谋功利之末哉?"[3] 可见,以诚意正心指导修身立德,进而可治国、平天下。

其次,朱熹还继续以政治主体的身份,推动合乎自己政治理想的革新政令。朱熹希望利用经筵的难得机会,对宁宗讲一讲自己的政治主张。十月二十三日,朱熹在第三次进讲《大学》之后,还直接面奏一系列宫廷政务,其中包括罢修东宫之役、寿康定省之礼、朝廷纪纲、孝宗山陵之卜等。朱熹特别重视朝廷纲纪的问题,他在劄子中说:"今者陛下即位未能旬月,而进退宰执,移易台谏,甚者方骤进而忽退之,皆出于陛下之独断,而大臣不与谋,给舍不及议。"朱熹的政治观点指向了独断的君权,提出君主不能够不经大臣合议而独断专行,这会造成小人弄权、国家纲纪颓坏的严重后果。他希望宁宗能够带头严肃朝廷纲纪,"上自人主,以下至于百执事,各有职业,不可相侵。盖君虽以制命为职,然必谋之大臣,参之给舍,使之熟识,以求公议之所在。然后扬于王庭,明出命令而公行之。"[4]

朱熹以"道统"的优势地位参与朝政,不仅给宋宁宗带来极大不快,

---

[1] 朱熹:《乞进德劄子》,《朱文公文集》卷14,《朱子全书》第20册,上海古籍出版社、安徽教育出版社2002年版,第675页。

[2] 朱熹:《经筵讲义》,《朱文公文集》卷15,《朱子全书》第20册,上海古籍出版社、安徽教育出版社2002年版,第710页。

[3] 朱熹:《经筵讲义》,《朱文公文集》卷15,《朱子全书》第20册,上海古籍出版社、安徽教育出版社2002年版,第697—698页。

[4] 朱熹:《乞进德劄子》,《朱文公文集》,《朱子全书》第20册,上海古籍出版社、安徽教育出版社2002年版,第675页。

同时也得罪了以韩侂胄为首的近习。其时，朝廷正陷于韩侂胄、赵汝愚的政治斗争。所以，这首先引起"侂胄大怒，阴与其党谋：'去其为首者，则其余去之易尔。'所谓首者，盖指熹也。乃于禁中令优人效熹容止，荧惑圣听。"①朱熹因此而被韩侂胄视为道学党魁。闰十月十九日，朱熹入侍晚讲，利用经筵留身之际，再次申言前次经筵留身所陈之事。宁宗赵扩大怒，以一纸内批将朱熹逐出经筵："朕悯卿耆艾，方此隆冬，恐难立讲，已除卿宫观，可知悉。"②虽然赵汝愚还希望挽回局面，但是经努力仍然没有能够改变宁宗的态度。宁宗庆元元年（1195）六月，贡举刘德秀上书，希望宁宗"效法孝宗，考核真伪，以辨邪正"，于是，历史上著名的"庆元党禁"发动。这次"庆元党禁"的清洗运动，几乎网尽了赵汝愚、朱熹门下的所有儒家士大夫。庆元二年（1196）二月，刘德秀要求将道学正式定为"伪学"。这年科举开考，试卷只要稍涉义理就遭黜落，特别是朱熹推崇的四书学受到严厉禁抑，史载"《语》《孟》《中庸》《大学》之书，为世大禁。"③

尽管朱熹能够以"帝王师"的身份，致力于四书学的思想整合。他希望通过经筵讲学的平台，引导当代帝王全面接受四书学的思想，自觉以格物致知、诚意正心之学匡正君主的自我身心。但是，朱熹以"道统"自居的文化权力，显然抵不过帝王居于"政统"地位的王权。面对残酷的政治斗争，朱熹最终只能够远离朝廷，回到故乡考亭，隐居山林讲学。显然，朱熹只能够在精神领域，继续从事四书学的学术传承和思想整合，以传承尧、禹、汤、文、武、周公、孔、孟的道统为己任，但是在现实政治领域，他们则必须面对"庆元党禁"带来的严酷打击，四书学的命运自然也不能够例外。

二 元明清四书官学化与王、圣合一

"庆元党禁"事件的发生，反映了南宋士大夫的"道统"与帝王的

---

① 束景南：《朱熹年谱长编》，华东师范大学出版社2014年版，第1163页。
② 束景南：《朱熹年谱长编》，华东师范大学出版社2014年版，第1184—1185页。
③ 南宋无名氏：《庆元党禁》，见周春健《宋元明清四书学编年》，台北：万卷楼图书股份有限公司2012年版，第98页。

"政统"之间的紧张加剧。然而,到了宋理宗时期,局面很快发生了变化,朝廷对道学的"党禁"得以解除,以前被禁抑的士大夫纷纷得以平反,理学家注释的四书学也得到理宗的赞赏并逐渐成为士子的教科书。理宗淳祐元年(1241)春正月,理宗下诏表彰周敦颐、张载、程颢、程颐,特别表彰朱熹及其四书,肯定"朱熹精思明辨,表里混融,使《大学》《论》《孟》《中庸》之书,本末洞彻。"[1] 故而下令将理学五子分别封号,并供祀于学宫。

如果说庆元党禁的发生,是以朱熹为首的士大夫集团的文化权力与宁宗及其近臣的政治权力的矛盾紧张和权力冲突,那么,理宗与道学的相互肯定,是否意味着士大夫的道统征服了帝王的政统?

从表面上看,似乎是宋理宗代表的朝廷对士大夫的文化权力做出退让,他们将这些以道统自命的士大夫以崇高的文化地位,就是愿意让接受道统的文化权力。但是从实际的政治后果和历史演变来看,宋理宗接受道学的学术思想和话语体系,其实是为帝王的政统掌控道统创造了条件。为什么会这样?考察历史我们会发现,在确立理学正统地位的六百多年时间内,一直到帝制废除之前,士大夫的道统从没有能够去争取政统的地位,恰恰相反,帝王的政统一直在统领、吞并道统。到了清代,历朝帝王普遍自诩为道统继承者,完成了政统掌控道统的君师合一。

这需要从宋理宗时代讲起。理宗对理学及其四书的态度转化,与理学士大夫真德秀有很大关系,他作了许多重要的工作。南宋端平元年(1234),时任户部尚书的真德秀以《大学衍义》进呈理宗,理宗"欣然嘉纳"。应该说,真德秀此举与朱熹的做法一脉相承,即是将原本作为士大夫之学的四书学,借助于经筵讲席而提升为一种新帝王之学。但是,为什么朱熹的《大学经筵讲义》会导致他和宁宗的权力冲突,而真德秀的《大学衍义》,却使得理宗与道学士大夫集团达成共识与和解?这与士大夫集团与朝廷权力的双方态度转化有关系。

不像朱熹的道学群体特别强调自己的文化优势地位和对君王的道德教化责任,真德秀等士大夫集团特别强调"君尊臣卑"的政治地位差别。真德秀在《大学衍义》中对理宗说:"君尊臣卑,天下之定分。卑者宜弱

---

[1] 脱脱等撰:《宋史》卷42《理宗纪二》,中华书局1985年版,第821页。

而反强者，由尊者当强而反弱也。尊者何以弱？柔懦而不自立，怠惰而不自振，此其所以弱也。君既弱矣，威福之权必有所归，此臣之所以强也。"① 因为在政治关系上，士大夫首先是"臣"，士大夫在取得"帝师"的文化优势地位之前，首先必须在政治权力关系中确立和强化帝王的政治优势地位——这是道统能够取得政统承认的基本前提。也就是说，道统不但是不争政统，而且首先要强化政统，这是一个首要前提，后来一切愿意接受理学、承认道统的帝王首先要强化这一点。

反过来看，帝王在政治上拥有政治的优势地位后，再来肯定理学、承认士人的道统时，并没有牺牲帝王实际掌控的文化权力地位。在实际的政治关系中，作为文化的软权力，不得不服从政治的硬权力。真德秀在《大学衍义劄子》中，期盼帝王能够接受士大夫的人格教育学说："盖其所谓格物、致知、诚意、正心、修身者，体也；其所谓齐家、治国、平天下者，用也。人主之学，必以此为据，依然后体用之全，可以默识矣。"② 本来，理学家认为帝王与凡俗一样有德有欲，故而也必须接受有道之士的教育，但是，一旦"人主"像士大夫一样掌握了《大学》之道，就不仅可能在精神领域与士大夫平起平坐，而且可以居高临下地批评、指正士大夫的文化和道德。更加麻烦的是，他们还可以以"尧、舜、三王"自居，将自己看作是君师一体、圣王人格的人间代表。这并不是一种推理，而是明清以后历史的基本事实。

明清以后，四书学经历了一个地位日益提升的正统化过程。但是，一个十分重要的现象值得注意：四书学地位的提升，并没有带来相应儒家士大夫道统地位的提升。其原因如费孝通所说："道统不争政统，政统却可以压迫甚至消灭道统。"③ 其实，传统政治体系不允许道统争政统，但是政统却可以压迫甚至消灭道统，其最终的结果只有一个，就是政统取代道统。

明代初年，就出现了历史上著名的明太祖朱元璋下令臣下删削《孟

---

① 真德秀：《大学衍义》，华东师范大学出版社2010年版，第145页。
② 真德秀：《召除户书内引劄子》，见曾枣庄、刘琳主编《全宋文》第312册，卷7151，上海辞书出版社、安徽教育出版社2006年版，第310页。
③ 费孝通：《费孝通选集》，天津人民出版社1988年版，第148页。

子》之书的重大历史事件,这其实是一个非常典型的"政统压迫甚至消灭道统"的事件。但恰恰是这一个历史事件之后,四书学的地位还得到空前提高。

朱元璋与其他历朝的开国帝王一样,是靠自己的军队、暴力而获得天下,对他以为可以凌驾于帝王之上的任何权力都会有本能的反感。他最初相信儒学能够帮助自己维护统治秩序,故而接受了身边儒生关于推崇儒学的建议。但是,当他虔诚地阅读《孟子》一书时,便敏感地发现了孟子以道统自居而藐视王权的言论,《明史·钱唐传》中有如下一段记述:

> 钱唐,字惟明,象山人。博学敦行。洪武元年,举明经。对策称旨,特授刑部尚书。……帝尝览《孟子》,至"草芥""寇仇"语,谓非臣子所宜言,议罢其配享,诏有谏者以大不敬论。唐抗疏入谏曰:"臣为孟轲死,死有余荣。"时廷臣无不为唐危。帝鉴其诚恳,不之罪,孟子配享亦旋复。然卒命儒臣修《孟子节文》云。①

尽管此时朱元璋已经十分推崇四书,下令以四书命题试士,但是当他读到《孟子》"君之视臣如土芥,则臣视君如寇仇"之语时,就不能够容忍具有道统地位的孟子,故而下令废除孟子在孔庙中的配享位置。接下来,他又下令臣下删削《孟子》之书,把《孟子》中所有"非臣子所宜"的言论统统删去。据刘三吾《孟子节文题辞》所言:"《孟子》一书,中间词气之间,抑扬太过者八十五条,其馀一百七十余条,悉颁之中外校官,俾读是书者,知所本旨。自今八十五条之内,课试不以命题,科举不以取士,壹以圣贤中正之学为本,则高不至于抗,卑不至于诏矣。"② 在四书体系中,《孟子》体现的士人人格精神最为突出,只有在士大夫主体意识提升的宋代,《孟子》才可能由子学上升为经学。朱元璋

---

① 张廷玉等撰:《明史》卷 139,《列传》第 27,《钱唐传》,中华书局 1974 年版,第 3981—3984 页。
② 刘三吾辑:《孟子节文》,《北京图书馆古籍珍本丛刊》第 1 辑,北京图书馆出版社 2000 年版,第 955—956 页。

下令罢除孟子配享文庙、删削《孟子》之书，体现的正是"政统压迫甚至消灭道统"的权力傲慢。

其实，明代政统权力傲慢的同时，恰恰又是明代帝王以政统取代道统、推进治教一体与君师合一的过程。明代理学的地位日益提升，以《大学》为基本框架的四书学被后世帝王认定为"帝王之学"。而且，他们表彰理学与四书学，是与他们对自己"君师""王圣"为一体的身份紧密联系在一起的。

明洪武三年（1370）八月开科取士，朱元璋制定的科举考试制度规定："科目者，沿唐宋之旧，而稍变其试士之法，专取四子书及《易》《书》《诗》《春秋》《礼记》五经命题试士。盖太祖与刘基所定。其文略仿宋经义，然代古人语气为之，体用排偶，谓之八股，通谓之制义。"①明初制定的以四书为中心的科举考试制度一直延续到清代。特别是明永乐年间由朝廷直接主持纂修、颁布的《四书大全》，更加奠定了理学及其四书学的地位和思想体系。史载："永乐十五年颁"五经""四书""性理"《大全》书于六部，并两京国子监及天下郡县学。文皇谓礼部臣曰：'此书学者之根本，而圣贤精义悉具矣……尔礼部其以朕意晓谕天下学者，令尽心讲明，无徒视为虚文也。'"②此后，三部大全完全成为官方教科书，也成为读书人参加科考的标准答案。《明史·选举》记载："后颁科举定式，初场试四书义三道，经义四道。四书主朱子《集注》……永乐间，颁四书五经大全，废注疏不用。"③此后，《四书大全》成为官学规定的统编教材与科举内容。

与此同时，朱元璋也像宋理宗一样，将真德秀的《大学衍义》作为自己要学习的"帝王之学"。当朱元璋问宋濂"帝王之学，何书最要？"时，"先生（宋濂）请上读真德秀《大学衍义》。太上览而悦之，令左右命大书揭之两庑之壁时睒观之。"④明代历朝帝王均推崇理学家的四书学，也完全按照理学家的想法，将四书解读为一种"帝王之学"，但是这并不

---

① 张廷玉等撰：《明史》卷70，《志》第46，中华书局1974年版，第1693页。
② 俞汝楫：《礼部志稿》卷2，《景印文渊阁四库全书》第597册，第37页。
③ 张廷玉等撰：《明史》卷70，《志选举二》第46，中华书局1974年版，第1694页。
④ 徐紘编：《学士承旨潜溪宋公行状濂》《明名臣琬琰谈录》卷8，《景印文渊阁四库全书》第453册，台北：商务印书馆1986年版，第89页。

意味着政统向道统的归顺，相反体现出政统取代道统的君师一体的完成。我们可以考察君主是如何定义《大学》为本的"帝王之学"的。如明神宗曾经为邱浚的《大学衍义补》作《御制序》："朕惟帝王之学，有体有用，自仲尼作《大学》一经，曾子分释其义，以为十传，其纲明德、新民、止至善，其目格、致、诚、正、修、齐、治、平，阐尧、舜、禹、汤、文、武之正传，立万世帝王、天德王道之标准。……朕爰命儒臣，日以进讲，更数寒暑，至于终篇。然欲因体究用。而此书尤补《衍义》之阙，朕将细绎玩味，见诸施行，上溯祖宗圣学之渊源，且欲俾天下家喻户晓，用臻治平，昭示朕明德新民图治之意，爰命重梓以广其传，而为之序如此云。"① 明神宗接受了理学及其四书学的"有体有用"之学，并将其看作是"帝王之学"，但是，他完全将自己看作是道统传人，因为他既可以"爰命儒臣，日以进讲"，也可以"上溯祖宗圣学之渊源"。可见，明代"圣学"之统不在当时的大儒手中，而是在占据帝王之位的明神宗那里，所以，明神宗不仅具有政统的合法性，还有道统的合法性，他成为"尧、舜、禹、汤、文、武之正传"。可见，明代帝王在"压迫甚至消灭"士大夫的道统之后，又进一步以政统取代道统、推进君师合一的过程。

清朝进一步强化了以政统取代道统，推进了王圣、君师合一的过程。清朝前期帝王所做的第一步也是压制道统，贬低以道统自居的当代理学名臣。康熙帝曾经自拟《理学真伪论》题目，继而斥责魏象枢、李光地、熊赐履、汤斌、王鸿绪、高士奇等"理学名臣"是"伪道学"，他认为："道学之人又如此务虚名而事干渎乎？今将此等处不过谕尔等闻知，朕惟以治天下国家之道存之于心，此等人议论又何足较也。"② 清初的帝王认同儒家的"天生圣贤作君作师，万世道统之传即万世治统之所系也。"③ 他们表面上推崇理学的道统论，实际上否定当代理学名臣，最终是为了自己掌控道统。

所以，清初帝王毫不掩饰自己对道统的占有。与此同时，那些庙堂大儒也纷纷配合帝王的心愿，将原本属于士大夫的"道统"奉送给位高权重的帝王。孙奇逢在《四书近指》中说："或曰：问为邦，问'大道之

---

① 《大学衍义补·原序》，载《丘浚集》第1册，海南出版社2006年版，第3页。
② 《清圣祖实录》卷163，康熙三十三年夏四月癸酉，北京中华书局1985年影印。
③ 康熙：《刊刻日讲〈四书解义〉御制序》，《康熙政要》卷17，清宣统年间铅印本。

行,天下为公'之道统,治统也。夫子告之云云不数语,而圣帝明王礼乐刑政无不具备。盖夫子祖述尧舜而兼举禹汤,宪章文武而兼举周公,此其事也。非专为颜渊言也,亦以见夫子舍治统无道统也。"[1] 他承认没有治统就没有道统,治统才是天下根本。所以他在《四书近指》卷十三《尧曰·咨舜章》进一步指出:"治统即是道统也。"[2] 宋代理学家认为,宋代帝王居于权位而占有治统,而宋代士大夫则能够上接孔孟之道的"心传"而占有道统,以保留治统和道统的二元结构。尽管宋儒的理想也是道统和治统的合一,其目的是帝王的权力服从儒家的道德,政统皈依道统。但是,在明清时期,帝王通过强权而实现对道统的占有,所以他们可以自命为"圣王"。

三 四书学整合中的师道独立与君权批判

在四书学的整合过程中,士人的道统与帝王的治统形成了不一样的关系,出现了两种结果:其一是"治统即是道统",现实帝王通过强权而实现对道统的占有;其二是道统独立于治统,士人仍然坚持道统的独立性而展开对君权的批判。

历代帝王只能够通过权势实现对道统的占有,但是宋儒通过四书学而确立的士人道统并没有完全被消解。尽管许多庙堂之儒将士人建构并掌握的道统奉送给当朝帝王,而许多远离王权、身处山林的士人群体,仍然坚守儒家士人的独立道统精神,而且,他们通过对四书思想的诠释,以实现对士人独立道统的坚守和对王权的严厉批判。

以四书作为士人的精神支柱和批判武器,在宋元明清各个朝代均有体现。如前所述,早在南宋四书定型时,朱熹就以四书的道统批评、教育当朝帝王的治统,从而激化了道统和治统的矛盾,爆发了治统打压道统的"庆元党禁"的历史事件。明清之际以来,学界出现许多批判专制王权的重要思想家,他们仍然以四书为思想武器,对帝王的政治专制展

---

[1] 孙奇逢:《四书近指》卷11,《行夏之时章》,《景印文渊阁四库全书》第208册,台北:商务印书馆1986年版。

[2] 孙奇逢:《四书近指》卷13,《尧曰咨舜章》,《景印文渊阁四库全书》第208册,台北:商务印书馆1986年版。

开了严厉批判,他们不仅批判历代帝王的治统背离道统,同时还围绕如何防止帝王专权设计了相关政治制度。明清之际是政治剧变的时代,许多儒家学者继承了四书学的士人道统思想,以早期儒家的民本思想、仁义道德对两千多年的君主专制政治展开了激烈的批判。

这里首先以黄宗羲为例。黄宗羲的政治思想集中在其康熙年间完成的两部重要著作《明夷待访录》《孟子师说》中。《明夷待访录》《孟子师说》的政治思想相互发明,其实均继承自孟子的政治思想。按照黄宗羲的说法,《孟子师说》其实是他希望继承先师刘宗周阐发四书学的著作,他在《孟子师说》题辞中说:"先师子刘子于《大学》有《统义》,于《中庸》有《慎独义》,于《论语》有《学案》,皆其微言所寄,独《孟子》无成书。羲读《刘子遗书》,潜心有年,粗识先师宗旨所在,窃取其意,因成《孟子师说》七卷,以补所未备,或不能无所出入,以俟知先生之学者纠其谬云。"① 《孟子师说》通过直接诠释《孟子》,展开了对两千多年的君主专制政治的批判。黄宗羲继承孟子的思想,特别张扬士人独立人格的精神,这一精神的依托是其坚守的道统。但是,从春秋战国时期开始,就有许多游士为了个人富贵,成为君主的爪牙,于是"天子而豢养其臣下,人臣而自治以儓隶,其所行者皆宦官宫妾之事,君臣之礼,几于绝矣。"② 黄宗羲批判了这一种专门"揣摩人主之意"③ 的臣民人格。黄宗羲进一步张扬孟子倡导的士人独立人格精神,坚持认为士人不能够追求富贵而卖身求荣,必须坚守自己必须承担的道统,这一道统的内容就是"仁义",他说:"故国之所以治,天下之所以平,舍仁义更无他道。"他继承孟子的仁义之道,对战国以来的君主展开严厉的批判,他说:"及至战国,人心机智横生,人主之所讲求,策士之所揣摩,只在利害二字,而仁义反为客矣。"④ 与仁义密切相关的是民本

---

① 黄宗羲:《孟子师说·题辞》,见沈善洪主编《黄宗羲全集》第1册,浙江古籍出版社2005年版,第48页。
② 黄宗羲:《孟子师说》卷2,见沈善洪主编《黄宗羲全集》第1册,浙江古籍出版社2005年版,第72页。
③ 黄宗羲:《孟子师说》卷3,见沈善洪主编《黄宗羲全集》第1册,浙江古籍出版社2005年版,第83页。
④ 黄宗羲:《孟子师说》卷1,见沈善洪主编《黄宗羲全集》第1册,浙江古籍出版社2005年版,第49页。

思想，《孟子》一书继承了周武王具有政治自觉的"天视自我民视，天听自我民听"思想，孟子将这一种思想发展为士人的民本政治理念。而黄宗羲则进一步将孟子的仁义道德、民本思想提升为一种政治哲学。

黄宗羲继承了宋儒以"天人一体""民胞物与"论仁义、民本的思想传统。黄宗羲说："天地之生万物，仁也。帝王之养万民，仁也。宇宙一团生气，聚于一人，故天下归之，此是常理。"① 这样，黄宗羲政治哲学中的仁义、民本就具有不一样的意义："四时行，百物生，其间主宰谓之天。所谓主宰者，纯是一团虚灵之气，流行于人物。故民之视听，即天之视听，无有二也。"② 因此，黄宗羲不仅发展了孟子的仁义、民本思想，同时也重新诠释了《尚书》的"天视自我民视，天听自我民听"思想。同时，黄宗羲还对秦汉以来历代帝王不遵行仁义、民本却能够得天下做出进一步的解释，他说："自三代以后，往往有以不仁得天下者，乃是气化运行，当其过不及处，如日食地震，而不仁者应之，久之而天运复常，不仁者自遭陨灭。"③

清代另一位儒者吕留良也是以四书为思想武器，展开对帝王专制权力展开批判的著名人物之一。吕留良特别推崇宋儒的四书学，继承朱熹以儒家道统自认的文化意识和政治意识，其著述由门人辑为《四书语录》《四书讲义》。雍正在处理吕留良案时，特别严厉打击他这一种以道统自任的士人主体意识："且吕留良动以理学自居，谓己身上续周、程、张、朱之道统。夫周、程、张、朱世之大儒，岂有以无父无君为其道，以乱臣贼子为其学者乎？此其狎侮圣儒之教，败坏士人之心，真名教中之罪魁也。"④ 他与黄宗羲有密切交往，他也和黄宗羲一样，强调士人的独立人格精神，并特别将这一人格精神依托于朱熹四书学确立的孔孟程朱的道统意识之中。

---

① 黄宗羲：《孟子师说》卷4，见沈善洪主编《黄宗羲全集》第1册，浙江古籍出版社2005年版，第90页。
② 黄宗羲：《孟子师说》卷5，见沈善洪主编《黄宗羲全集》第1册，浙江古籍出版社2005年版，第123页。
③ 黄宗羲：《孟子师说》卷5，见沈善洪主编《黄宗羲全集》第1册，浙江古籍出版社2005年版，第124页。
④ 戴逸、李文海主编：《清通鉴》卷86，山西人民出版社2000年版，第2959页。

吕留良以四书学为思想武器，对秦汉以来的君主专制政治展开激烈的批判。他在《四书讲义》中，批判秦汉以来的历代君主背离儒家仁义、民本的道统精神，完全是以自私自利之心掌控国家、运用权力。他说："自秦并天下以后，以自私自利之心，行自私自利之政，历代因之。"① 他以四书学中的道统观念、仁义道德，批判了帝王为了满足自己的私心，故而创专权无道、尊卑之等的政治制度，以成全帝王个人的"一家之私产"。所以，他强调说："嬴秦无道，创为尊君卑臣之礼，上下相隔悬绝，并进退亦制于君而无所逃。而千古君臣之义为之一变。"② 吕留良在批判君主专制政治的政统时，进一步强调表达儒家士人独立精神的道统，他特别强调朱熹四书学确立的孔孟程朱的道统意识以及其蕴含的政治意义。他指出，秦汉以来的帝王政统总是背离儒家道统，进而倡导强化四书确立的孔孟程朱的士人之道统，他在《四书讲义》中说："孔孟程朱之所以忧而必争者正为此耳。虽终古必不能行，儒者不可不存此理以望圣人之复作。"③ 吕留良还对元明清以来许多庙堂之儒大讲"舍治统无道统"、让帝王以治统的权力占有士人的道统的现象，也作了严厉批判。

黄宗羲、吕留良等人的四书学思想均继承宋明理学而来，他们的学术与宋明时期的横渠之学、朱子之学、阳明之学有着学源的联系。而清代的主流是乾嘉汉学，还有一批著名的考据学家，他们虽然是反对、批判宋明理学，但是他们也是通过对四书的诠释、主张回归孔孟真传。这些学者包括毛奇龄、戴震、阎若璩、颜元等一大批清代学者，他们是程朱理学、陆王心学的严厉批判者。但是，他们仍然表现出对四书原典的特别尊崇，他们在批评宋明理学家注释的基础上，主张回归孔孟真传。所以，他们仍然将四书看作是圣贤授受的重要经典。毛奇龄也接受了宋儒关于四书的说法，同时将四书看作是儒家圣道之书，认为"四书与群

---

① 吕留良：《吕晚村先生四书讲义》卷34，《续修四库全书》第165册，上海古籍出版社2002年版，第609页。
② 吕留良：《吕晚村先生四书讲义》卷34，《续修四库全书》第165册，上海古籍出版社2002年版，第756页。
③ 吕留良：《吕晚村先生四书讲义》卷34，《续修四库全书》第165册，上海古籍出版社2002年版，第740页。

书相贯通，且圣道圣学尽存是书。"① 但是，清代的考据学家研究四书"孔孟之道"的方法不一样，他们强调通过考据原始经典以掌握孔孟之道。清初学者以考据学方法研究四书，留下了许多著作，如毛奇龄有《四书索解》《四书腾言》《四书腾言补》《四书改错》，阎若璩有《四书释地》《四书释地续》《四书释地又续》《四书释地三续》等。此外，《论语》《大学》《中庸》《孟子》的单篇考据著作更多：《大学》有陈确的《大学辨》、毛奇龄的《大学证文》、胡渭的《大学翼真》、李塨的《大学传注》《大学传注问》《大学辨业》；《中庸》有毛奇龄的《中庸说》、李塨的《中庸传注》与《中庸传注问》等；《论语》有毛奇龄的《论语稽求篇》、李塨《论语传注》等；《孟子》有黄宗羲《孟子师说》、戴震的《孟子字义疏证》等。这些著作不仅对理学家的四书学作文字、文献的考辨，特别重要的是，他们通过考辨而进一步阐发的义理。

毫无问题，理学家与汉学家研究四书的方法不同，就是人们经常讲到的"义理"与"考据"的区别。但是，清代汉学在对经典从事考据学研究时，同样追求对"义理"的探讨。② 而且，清儒的义理之学，与宋儒的义理之学有着密切的渊源关系。清儒章学诚的《文史通义》中对此有一深刻的识见。他说："今承朱氏数传之后，所见出于前人，不知即是前人之遗绪，是以后历而贬羲和也。……贬朱者之即出朱学，其力深沈，不以源流互质，言行交推。"③ 他认为清代许多贬朱者，其实他们的学说正好源于朱学。

我们不妨以清代考据汉学戴震为例。汉学重视五经，推崇周孔之教；程朱重视四书，推崇孔孟之道。汉学家戴震虽然重视五经的王道政治，但是同样特别重视四书的孔孟思想。戴震作《孟子字义疏证》，其目标同样是回归孔孟之道的本意，所以他自己最看重其《孟子》学著作。由于程朱以理学诠释的四书学官学化，在元明清以来总是被权势者利用，导致了一系列十分严重的政治后果。戴震《孟子字义疏证》将批判的矛头对准尊长的专制权力。戴震以"卑者、幼者、贱者"的视角批判了"尊

---

① 毛奇龄：《四书改错》卷1，清嘉庆十六年刻本。
② 参见林庆彰、张寿安《乾嘉学者的义理学》，台北："中研院"中国文哲研究所2003年。
③ 章学诚：《文史通义》上《内篇三·朱陆》，梁溪图书馆1926年版，第103页。

者、长者、贵者",他说:"尊者以理责卑,长者以理责幼,贵者以理责贱,虽失,谓之顺;卑者、幼者、贱者以理争之,虽得,谓之逆。于是下之人不能以天下之同情、天下所同欲达之于上;上以理责其下,而在下之罪,人人不胜指数。人死于法,犹有怜之者;死于理,其谁怜之?"①其实,戴震的价值倾向、政治态度、学术观念确实遵循着程朱理学的内在理路。如戴震仍然关注四书,故而精心撰述《孟子字义疏证》《中庸补注》《孟子私淑录》;他像宋儒一样,用心精研《论语》不太讲的"性与天道",建构了儒家重情的性理之学;他继承了朱子在《四书章句集注》的序中建构的孔孟道程朱的道统论,也在《孟子字义疏证》的序文中,继续建构尧舜禹汤文武周公孔孟的道统论,而且他的道统论也和朱熹一样,将重点放在孔孟之道。戴震特别希望以他建构的"孔孟—戴震"的道统论,去取代宋儒的"孔孟—程朱"的道统论。②

---

① 戴震:《孟子字义疏证》卷上《理》,中华书局1982年版,第10页。
② 李纪祥:《继孟思维下的道统视域》,见林庆彰、张寿安《乾嘉学者的义理学》下册,台北:"中研院"中国文哲研究所2003年,第453页。

第三章

四书学与民间思想的整合

四书学原本是士大夫之学，也就是以培养君子、圣贤的精神人格为目标的知识体系和价值体系。显然，宋代士人、士大夫并不满足于以四书学仅仅是作为士人学习、遵循、向往的价值目标，他们希望以士人的价值信仰、思想理念去整合国家共同体、社会共同体的思想意识。所以，他们首先通过经筵讲学的平台，将四书学提升为君主、士大夫必须共同学习的经典，以道学建构新的"帝王之学"；继而，他们又将四书学普及到民间社会，将四书学的知识和价值全面普及、渗透到民间社会生活之中，特别是让四书学的通俗化为童蒙幼学的教材，进入家训学族规的民间社会之中。

宋儒诠释的四书学，也成为士大夫群体传播、普及的重点内容。其中体现得特别充分的是，四书学影响、渗透到宋元明清的蒙学教育和家训族规之中，这使得四书学在整合士大夫群体、君主王族、广大民众等不同社会阶层的思想文化、推进民族文化演变发展过程中，发挥了特别巨大的作用。

第一节 四书学与蒙学教育

宋代士大夫向往以天下为己任的情怀，故而必然会以化民成俗作为自己的使命之一。很多学者曾注意到，"唐宋变革"以后，儒家士大夫一直致力于民间社会的文化建设，使得宋代社会生活领域出现了许多引人注目的新变化。魏晋以来形成的士族精英，其文化建设的重点目标在上层社会，他们关注士族阶层家族的礼制建设和儒家经典的知识垄断。而宋代以来的儒家士大夫精英,却将文化建设的重点目标放在社会基层,他们在社会基层和下层民众推进儒家礼仪的制度建设和经典普及。从都市到乡村,从中心地域到周边地区,原本是上层精英的士人群体开始全面推进"化民成俗"的文明化进程。应该说,文明扩张"可能既是宋代理学发生的土壤和背景,也是宋代理学作为士大夫认同的道德与伦理原则,渐渐由于制度化与世俗化而深入生活世界的结果。"[①]

宋儒诠释的四书学成为士大夫普及的重点内容,他们将四书学渗透到宋元明清的蒙学教育之中,使四书学能够成为不同社会阶层的共同思想。宋元明清的士大夫群体特别关注蒙学教材的编写,那么,士人们是如何将自己信奉的四书学思想、观念写入蒙学教材?编入蒙学教材之后的四书学思想具有什么新的特点?

一 宋代蒙学与四书学

严格说来,四书学是供"大学"程度学习的一种教材,即主要为社会上层人物以及未来的精英教育服务的。故而,宋儒注释的四书学教材,很快成为经筵讲席、各级官学、不同书院从事精英教育、培养国家治理人才的基本教材,同时也成为科举考试的标准答案。而幼儿童蒙另外有"小学"程度的蒙学教材,这些教材主要是一些知识粗浅的蒙学读物。但是,在中国古代,蒙学读物不仅仅供幼儿童蒙学习,它们也是文化水平低的社会民众初步接受文化知识的主要读物。故而蒙学教材在社会基层的文化影响非常大,远远超出一般教材的意义,蒙学教材建设就受到以化民成俗作为自己的使命的士大夫群体的特别关注。[②]

两宋时期既是四书学的形成时期,同时也是蒙学教材特别发达的时期。所以,宋儒在建构四书的新经典体系和四书学的思想体系的同时,开始将他们特别关注的具有系统学术与高深思想的四书学渗透到蒙学教材中去。其实,无论是四书学还是蒙学,它们均是作为中国传统社会文化主体的士大夫群体建立起来的。

---

① 葛兆光:《中国思想史》第 2 卷,复旦大学出版社 2001 年版,第 358 页。
② 陈来:《蒙学与世俗儒家伦理》,见《中国近世思想史研究》,商务印书馆 2003 年版,第 409 页。

由于儿童正处于思想观念、价值取向形成的奠基时期，对于思想学术的传播与社会化来说，儿童教育是不可忽视的途径，也往往是最有效的途径。有远见的思想家无不重视对儿童的教育与灌输。宋代的小学教育大致有识字、诗赋、经术三类，各类课程都有相应的教材。如识字教材有南朝梁周兴嗣编的《千字文》及宋人编的《百家姓》、宋末学者王应麟编的《三字经》等；诗赋教材有南宋时编的《千字诗》等，历史课本有唐李翰撰写的《蒙求》，南宋初胡寅《叙古千文》等；经学教材有南宋初吕本中编的《童蒙训》、朱熹及其学生刘清之编的《小学之书》、陈淳撰写的《启蒙初诵》、程端蒙《性理字训》等。[1]

通过诠释《论语》《大学》《中庸》《孟子》等四部书而建构理学体系，其实在宋代已经非常流行。但是，在宋儒中间，只有朱熹是四书体系的最终确立者和四书学的最终完成者。所以，从朱熹开始，宋儒更加关注的一个重要工作，就是进一步推动四书学的通俗化、普及化，将其中的知识和观念落实到蒙学教材中去。

古代学制有"小学""大学"之分，但是，通过对诸多历史文献的考察可以发现，"小学""大学"之分可以从年龄、程度、科目多方面来考虑。当然首先是年龄意义上的："小学"通常是指十五岁以前的学龄期少年儿童，而"大学"则是指十五岁以后阶段的青年学子。年龄的差别，导致了学子在校学习内容的难易程度、教学科目、教学方法方面的差别。"小学""大学"的难易程度、教学科目、教学方法差别究竟在哪里？不同历史阶段是不一样的。

考察历史，"小学""大学"的教学科目其实经历过三次重要的转向，分别是西周、两汉、两宋。上古时期就出现了"小学"与"大学"。据后来的文献记载，将古代学校学制分为"小学""大学"，至少在西周就已经确立。据元儒许衡说，因上古诸多经籍不存，当时"小学""大学"的教学内容不得知，无法考察古人为学之次第。两汉时期，儒家经学定于一尊，学校的知识化教学内容十分突出。从西汉开始，"大学"与"小学"的教学科目、教材内容的差别，体现为与知识程度相关的教材、方

---

[1] 袁征：《宋代教育——中国古代教育的历史性转折》，广东高教出版社1991年版，第76—93页。

法的差别。"小学"首先要解决认字的问题,故而汉代的"小学"以文字训诂为教授内容,《汉书·艺文志》说:"古者八岁入小学,故《周官》保氏掌养国子,教之六书,谓象形、象事、象意、象声、转注、假借,造字之本也。"① 后来"小学"成为文字学的别称。而"大学"阶段则以《诗》《书》《礼》《乐》《易》《春秋》为学习内容,并且借助六经学习而掌握有关国家的礼法制度、治理方法、思想信仰,可见"大学"主要是通过经典学习而掌握治理国家的知识和技能。

到了两宋时期,宋儒更加强调道德化教育,因此,这一段时期关于"小学""大学"的教学科目,出现了明显的思想转向。宋儒将教育的主要目标定义为道德人格的培养和教育,所以,他们将"小学""大学",看作是培养道德人格的两个阶段。其中最为典型的教育家就是朱熹。朱熹不仅仅以毕生精力从事四书学的诠释与建构,将四书学相关思想理论作为"大学"阶段的教学科目;与此同时,他又与弟子刘子澄于宋淳熙十四年(1187)一同编撰《小学》六卷,作为"小学"阶段的专门教材。朱熹关于"小学""大学"的教学科目,与汉儒区别非常明显。他在《题小学》中专门论述其编写宗旨中说:"古者小学,教人以洒扫应对进退之节、爱亲敬长隆师亲友之道,皆所以为修身、齐家、治国、平天下之本。而必使其讲而习之于幼稚之时,欲其习与智长,化与心成,而无扞格不胜之患也。……今颇蒐辑以为此书,授之童蒙,资其讲习,庶几有补于风化之万一云尔。"② 这是一个非常明显的思想转向,"小学"的教学科目不再是语言文字,而是"洒扫、应对、进退"等道德行为的实践养成。朱熹在其《大学·章句序》中,除了继续申明"小学"的"洒扫、应对、进退之节"外,进一步申明"大学"的任务是:"而教之以穷理正心修己治人之道。"③ 朱熹特别强调,如果没有做好小学工夫,一旦学《大学》,就无下手处。可见,朱熹将《小学》工夫,纳入到作为四书学框架的"穷理正心修己治人之道"的《大学》体系之中。

---

① 班固:《汉书》卷30《艺文志第十》,中华书局1962年版,第1720页。
② 朱熹撰,朱杰人、严佐之等主编:《小学·小学原序》,《朱子全书》第13册,上海古籍出版社、安徽教育出版社2002年版,第393页。
③ 朱熹撰,朱杰人、严佐之等主编:《四书章句集注·大学章句》,《朱子全书》第6册,上海古籍出版社、安徽教育出版社2002年版,第13页。

可以说，朱熹是以他诠释的四书学来重新定义《小学》的。所以，朱熹与门人刘清之合作编纂的《小学》之书，是一部旨在为儿童提供一条进登大学阶梯的蒙学教材。《小学》虽然是一部为儿童编写的蒙学读物，但完全是依照四书体系的"大学"思想框架建立起来的，且"所集之语多出四书五经"①，实际上，宋儒将《小学》看作是四书学体系的组成部分。所以，尽管《小学》主要是从经史文献中选取有关"洒扫应对进退之节、爱亲敬长隆师亲友之道"的礼仪教化的内容，但是其理论依据其实均来源于四书学的性理学说。朱熹在《小学题辞》中说道："元亨利贞，天道之常。仁义礼智，人性之纲。凡此厥初，无有不善。蔼然四端，随感而见。"②这一段话是《小学》的纲领和目标，同时也是四书学的性理哲学。所以，朱熹会在《小学》最前面几个篇章中，特别引用四书中有关性理学说的言论。如在《内篇·立教第一》中说：

　　子思子曰："天命之谓性，率性之谓道，修道之谓教。"则天明，遵圣法，述此篇俾为师者知所以教，而弟子知所以学。③

可见，宋儒之所以热衷建构《小学》，就是希望一切学者首先要解决"洒扫应对进退之节"的"学其事"，最终却是为了让他成人之后能够"穷其理"。"小学"阶段的学习内容、教育意义，均是由"大学"阶段的四书体系赋予的。

朱熹及其门人不仅十分重视四书学的训释，同时特别重视以四书学教育统摄蒙学教育，所以，朱熹及其门人专门为训蒙而编写了许多与四书学内容有关的蒙学读物。隆兴元年（1163），朱熹将《论语集解》加以删削修改，写成主要阐述义理的《论语要义》，同时又将删余的章句训诂另外编成一本《论语训蒙口义》，他认为这样做是为了"便于童子之习"。另外，朱熹曾经写过训蒙诗百首，亦即性理绝句百首。特别是朱熹门人

---

①　张伯行纂辑：《养正类编》卷2《陆桴亭论小学》，中华书局1985年版，第11页。
②　朱熹撰，朱杰人、严佐之等主编：《小学·小学题辞》，《朱子全书》第13册，上海古籍出版社、安徽教育出版社2002年版，第394页。
③　朱熹撰，朱杰人、严佐之等主编：《小学》卷1《内篇·立教第一》，《朱子全书》第13册，上海古籍出版社、安徽教育出版社2002年版，第395页。

程端蒙所著《性理字训》,就是以理学化四书为依据编写的蒙学读物,从中提炼出命、性、心、情、志、仁、义、礼、智、道、德、诚、信、忠、恕、中、和、敬、一、孝、悌、天理、人欲、谊、利、善、恶、公、私共三十个范畴,针对教育对象的特点加以简要、通俗的解释。其形式类似于字典,是一本供童蒙习用的四书入门之书。朱熹称赞说:"小学《字训》甚佳,言语虽不多,却是一部大《尔雅》也。"① 稍后,朱子后学程若庸以此书为蓝本著《性理学训讲义》,将三十个范畴增广为六门一百八十三条,成为南宋以后十分流行的蒙学教材。所以,"小学"阶段的儿童通过背诵《性理字训》,即可获得理学化四书的基本思想。诸如:

> 禀命之元,具爱之理,为心之德,其端恻隐,是之谓仁;禀命之亨,具恭之理,为心之敬,其端辞让,是之谓礼;禀命之利,具宜之理,为心之制,其端羞恶,是之谓义;禀命之贞,具别之理,为心之觉,其端是非,是之谓智。人伦事物,当然之理,公平广大,人所共由,是之谓道;道之界辨,精密有条,各止其所,确然不易,是之谓理;道得于心,蕴而不失,是之谓德;道著干事,积而有成,是之谓业。真实无妄,始终不息,表里不杂,天之道也,是之谓诚;循物无违,四端百行,必以其实,人之道也,是之谓信。静而未发,无所偏倚,为性之德,是之谓中;发必中节,无所乖戾,为情之正,是之谓和。性之所存,中而不偏,天下之理,皆由此出,是曰大本;情之所发,和而不乖,古今人物,所共由之,是曰达道。②

由此可见,这完全是一部理学化四书学的通俗化、简约化的普及读物,《性理字训》包括了朱熹《四书章句集注》中的天理论、心性论、修身工夫论的全部内容,由此完全可以了解原本属于精深思想内容的四书学和性理哲学。

---

① 朱熹撰,朱杰人、严佐之等主编:《朱文公文集》卷50《答程正思》,《朱子全书》第22册,上海古籍出版社、安徽教育出版社2002年版,第2330页。
② 程若庸:《性理字训》,见徐梓、王雪梅编《蒙学便读》,山西教育出版社1991年版,第128页。

另外，朱子门人陈淳为了方便幼儿入门学习《论语》《孟子》《孝经》等儒家经典，编写了《训蒙雅言》，其中也包含了大量的四书语言和思想。譬如："述而不作，信而好古。下学上达，好古敏求。发愤忘食，乐以忘忧。进礼退义，温良恭俭。若圣与仁，为之不厌。"这些话均直接源于《论语》。此《训蒙雅言》后来又改编成三字一句的《经学启蒙》，更成为了理学化四书学内容的蒙学读物。诸如：

> 天地性，人为贵，无不善，万物备。
> 仁义实，礼智端。圣与我，心同然。
> 性相近，道不远，君子儒，必自反。
> 学为己，明人伦，君臣义，父子亲。
> 夫妇别，男女正，长幼序，朋友信。①

除了这一类完全是理学化四书学的通俗读物和蒙学读本，宋代还出现许多以识字、常识为目标的蒙学读物。而这些读物中，也包含了大量理学化四书学的内容。如著名的蒙学识字读物《三字经》，就是朱熹四书学思想的普及版：

> 论语者，二十篇，群弟子，记善言。孟子者，七篇至；讲道德，说仁义。作中庸，乃孔伋，中不偏，庸不易。作大学，乃曾子，自修齐，至平治。②

《三字经》规定的童蒙儒家教育，完全按照朱熹所讲的《小学》四书六经的研习次序：

> 为学者，必有初。小学终，至四书。

---

① 徐梓、王雪梅编：《蒙学歌诗》，山西教育出版社1991年版，第78页。
② 王应麟：《三字经》，见夏初，惠玲校释《蒙学十篇》，北京师范大学出版社1990年版，第20页。

孝经通，四书熟，如六经，始可读。①

王应麟以简洁的语言，将朱熹有关《小学》四书六经的不同课程、不同阶段的教学思想，作了进一步的普及。《三字经》是宋元明清影响巨大的蒙学读物，对理学化四书学的普及发挥了巨大作用。

二　元明清的蒙学教材与四书学

宋代是蒙学教材的开拓阶段，出现了大量有影响、有地位的蒙学教材。而且，宋代蒙学教材有一个特点，就是许多大儒亲自动手编写或主持编写蒙学读物。两宋期间，包括张载、胡寅、朱熹、陈淳、王应麟等大儒均参与到蒙学教材的编撰队伍中来，这样做的好处是，大大提升了蒙学读物的学术性，特别有利于将"小学"的启蒙教育与"大学"的精英教育结合起来。但是，这些蒙学教材也存在一些问题。有些大学者不一定具有蒙学教育的经验，他们并没有注意到，他们编写的蒙学读物大多直接源于上古经典，明显显得过于古奥，那些年幼的学生或启蒙读者，是难以理解、接受这么深奥、古雅的读物的。譬如朱熹的《小学》、朱熹与程端蒙合著的《性理字训》等读物，就明显比较艰深，非一般幼儿能够阅读和理解。所以，这些蒙学读物流传不广，有违原来编蒙学读物的初衷。明清以来的学者注意到了这个问题，如明代理学家、教育家陆世仪就提出，宋代许多蒙学读物的缺点，从内容上看是"类引多古礼，不谐今俗"，从形式上看则"开卷多难字，不便童子"②。所以，明清以来，蒙学教材又有了很大发展。

元明清以来，蒙学教材得到进一步普及和发展。在宋儒编纂的蒙学教材的基础上，许多学者又续编了相关的教材，与此同时，许多学者又编了许多新的蒙学教材。可见，元明清以来蒙学教材的种类更加多样化，内容更加通俗化，更能够满足蒙学教育的需求。可见，明清以来，是蒙学教材的又一个大发展时期，在这一段时期内产生了许多流传比较广的

---

① 王应麟：《三字经》，见夏初、惠玲校释《蒙学十篇》，北京师范大学出版社1990年版，第20页。
② 陆世仪：《论小学》，见陈弘谋《五种遗规》，凤凰出版社2016年版，第49页。

蒙学教材。明清以来的蒙学读物不仅显得更加通俗,内容上更加接近幼童认知水平和大众文化心理,另外在形式上也更加畅晓明白、朗朗上口。

与两宋时期一样,元明清的蒙学教材也可以大体分为两大类:一大类属于思想品德教育类,包括道德礼仪、思想修养、人生价值等不同内容。另一大类属于文字知识教育类,包括认字、作文、自然知识、文史知识等不同内容。毫无疑问,在这些蒙学读物中,那些属于思想品德教育类的蒙学教材,显然深受理学化四书学的影响。我们考察理学化四书学对元明清的蒙学教材的渗透,主要体现为下列两种情况。

其一,直接将四书原典编入元明清的思想品德的蒙学教材。在儒家教育理念中,蒙学是为了"蒙以养正",即进行人格养成的德性培养。虽然《论语》《大学》《中庸》《孟子》属于"大学"阶段的人格教育教材,但是南宋朱熹认为,作为"小学"阶段的蒙学教育其实是与"大学"教育密切连接的。所以,元明清时期的许多蒙学教材,就直接以四书思想为指导,而编出一种合乎童蒙教育特点的教材。

譬如,明代著名劝善书籍《明心宝鉴》其实就是一部重要的蒙学教材,在明清蒙学教育中影响很大。这一部教材就将四书中提出的许多道德规范直接编成韵语,供童蒙在学习中实践。

> 凡语必忠信,凡行必笃敬。饮食必慎节,字画必楷正。容貌必端庄,衣冠必肃整。步履必安详,居处必正静。作事必谋始,出言必顾行。常德必固持,然诺必重应。见善如己出,见恶如己病。[①]

其实,这一类的蒙学教材特别多,影响大、传播广的教材也不少。譬如,清李毓秀的《弟子规》,就是一部影响大、传播广的蒙学教材,是中国古代三大蒙学读物之一。《弟子规》确立的道德规范,就是按照《论语》来确立的。《弟子规·总叙》规定:

> 弟子规,圣人训。首孝悌,次谨信。泛爱众,而亲仁。有余力,

---

① 王文宝主编:《中国儿童启蒙名著通览》,中国少年儿童出版社1997年版,第427页。

则学文。①

显然,《弟子规》的"首孝悌,次谨信。泛爱众,而亲仁。有余力,则学文"的道德规范、思想框架,均来自《论语》,完全是按照《论语》人格养成的德性培养要求而制定。可以说,《弟子规》其实是《论语》教育的普及版、通俗版。与此同时,《弟子规》里面的许多具体内容,也来源于《论语》。譬如其"首孝悌"章有规定:

> 事死者,如事生。兄道友,弟道恭,兄弟睦,孝在中。②

其"次谨信"规定:

> 见人善,即思齐,纵去远,以渐跻。见人恶,即内省,有则改,无加警。惟德学,为才艺,不如人,当自励。……闻过怒,闻誉乐,损友来,益友却。闻誉恐,闻过欣,直谅士,渐相亲。③

其"泛爱众,而亲仁"规定:

> 凡是人,均有爱,天同覆,地同载。……己不欲,即速已,恩欲报,怨欲忘。

应该说,《弟子规》全文倡导的基本道德规范,主体内容基本来自《论语》,对《论语》作了最广泛的思想普及。当然,《弟子规》充分考虑了儿童的特点,其道德教育更加注意具体礼仪规范,而不再讲一些高深的道理。同时,《弟子规》在从事道德教育时,比较强调对长辈、权威的服

---

① 李毓秀:《弟子规》,见夏初、惠玲校释《蒙学十篇》,北京师范大学出版社1990年版,第71页。

② 李毓秀:《弟子规》,见夏初、惠玲校释《蒙学十篇》,北京师范大学出版社1990年版,第72页。

③ 李毓秀:《弟子规》,见夏初、惠玲校释《蒙学十篇》,北京师范大学出版社1990年版,第75—76页。

从，而《论语》作为培养君子人格的教育，则更加强调主体性自觉。这一个问题，我们后面还要进一步讨论。

其二，将以四书为经典依据的理学思想编入元明清思想品德的蒙学教材中。蒙学教育不仅仅关注道德规范问题，即不仅仅引用四书原典的道德规范，同时将这些道德礼仪提升为一种价值观、人生观。所以，蒙学教材作为一种大众文化教育形式，必然会将宋儒诠释的四书学思想甚至是性理学说编入蒙学教材。这一类教材也不少，这里列举几个例子。

譬如，《围炉夜话》是清代学者王永彬所著的一本通俗读物，后来也广泛作为蒙学教材使用。《围炉夜话》思想丰富，是一部关于如何处世的警句格言之大成，共计二百多则，涉及道德、修身、立业等各个方面。在《围炉夜话》中，亦包含大量理学化四书的思想，可见理学化四书在民间社会确实已经渗透得很深。譬如：

> 程子教人以静，朱子教人以敬。静者，心不妄动之谓也。敬者，心常惺惺之谓也。又况静能延寿，敬则日强。为学之功在是，养生之道亦在是。静敬之益人大矣哉，学者可不务乎？①

程朱理学通过对四书的诠释，已经将四书的修身实践拓展为一种广泛的修身工夫论，这一种修身工夫论恰恰是理学化四书学的主要组成部分。关于儒家士大夫"静""敬"的修身工夫，《围炉夜话》对此作了精要的概括。但是，《围炉夜话》的理学普及并不仅仅在形式方面，同时在内容上也将理学的修身工夫与民间社会非常重视的"养生之道""延寿"联系在一起，将理学的"为学之功"与"养生之道"结合起来，满足了大众的广泛需求。又如：

> 紫阳补大学格致之章，恐人误入虚无，而必使之即物穷理，所以维正教也。阳明取孟子良知之说，恐人徒事记诵，而必使之反己省心，所以救末流也。②

---

① 王永彬著，李正西等评注：《围炉夜话》，安徽文艺出版社2004年版，第231页。
② 王永彬著，李正西等评注：《围炉夜话》，安徽文艺出版社2004年版，第210页。

宋明儒家在诠释四书时，有偏重《大学》"格物致知"的程朱一派，也有偏重《孟子》"良知"的陆王一派，儒家学者往往各执一端。但是，作为蒙学教材的《围炉夜话》并无门户之见，而对两派观点的积极意义均做了充分肯定。

如上所述，继两宋蒙学教材兴起之后，元明清以来的蒙学教材得到进一步普及和发展。与此相关，元明清的儒家士大夫继续从事四书原典及理学化四书学的普及，以实现精英文化和民间文化的思想整合。这样，宋元明清以来，既是中国古代蒙学教材发展得最为充分的历史时期，也是四书学的奠基、成型、传播、普及的历史时期。历代儒家士大夫在致力于蒙学教材的编写时，尽可能地将四书学的思想内容输入到蒙学教材体系之中。

三　蒙学教材体现的四书学思想特点

我们知道，四书学是"大学"程度的知识学问，是为了培养未来社会精英的士大夫之学；而蒙学教材是"小学"程度的教材，是为了幼童以及初等文化水平读者的启蒙读物。所以，这一种"大学"水平的四书学进入"小学"水平的蒙学读物时，会发生哪些变化？蒙学读物中的四书学知识和思想，到底具有什么特点？这是一个很值得探讨的问题。对这一个问题的思考，不仅能够帮助我们理解编撰蒙学读物要特别注意其知识和思想的独特性，更加重要的是，这一个问题还会特别引起我们的关注：原本是士大夫之学的四书学精英思想，一旦转化为蒙学读物就会影响到世俗社会生活层面，这些思想是否会发生一些变化？

我们认为，作为士大夫之学的四书学，与作为蒙学读物中的四书学思想，其基本价值体系、世界观念是一致的。也就是说，从思想信仰、伦理道德、社会礼仪、政治观念等方面来看，二者是一致的。儒家士大夫在致力于四书学传播时，尽可能地以蒙学教材为载体而推动四书学的普及和推广，这恰恰体现出他们为了完成意识形态、思想观念整合而做出的努力。尽管如此，作为士大夫之学的四书学，与作为蒙学读物中的四书学思想还有十分明显的区别。这里，我们主要谈谈下列几点区别。

其一，四书学作为士人之学，将对儒家道德的追求，归之于一种精神信念，满足于道德本身的快乐，即所谓"孔颜之乐"。四书体系是原始儒学的典籍，早期儒家孔孟对道义的追求，完全是一种"仁以为己任"的道义承担，"君子之仕也，行其义也。道之不行，吾知之矣"①。"君子谋道不谋食""君子忧道不忧贫"②，可见，早期儒家追求的是一种道德境界，而不是出于任何功利的考虑。事实上，孔子认为"生死有命，富贵在天"，他们并没有任何对道义担当的君子、圣贤许诺以功利富贵的福报。所以，深得孔子有关士人道德担当精神的大儒，包括汉代董仲舒、宋代朱熹均特别强调："正其义不谋其利，明其道不计其功"，他们均在努力切割道义与功利的关联。所以，整个四书体系，其实是在努力塑造一种超越世俗功利追求的理想人格和精神境界。所谓"圣贤气象"，就是一种不以任何功利实现、未来福报为目的的理想人格和精神境界，譬如，"孔颜乐处"的"乐"，既不是一种现实功利，也不是一种未来福报，而是一种超越成败、得失、毁誉的人生境界，故而成为宋代士大夫四书学追求的最高人生目标。由此可见，作为士人之学的四书学，代表的是一种崇高境界、理想人格的价值体系和思想追求。

但是，蒙学教材所说的道德追求，往往与现实功利或者未来福报结合起来，这是士大夫的道德理想与民间社会的世俗道德之间的最大区别。作为以普通大众和初学儿童为对象的蒙学读物，显然不能够引导他们马上追求这样的理想人格和精神境界。但是他们仍然需要传播四书学中的基本伦理价值的目标，他们必须改变四书学对精英士大夫的高要求，转而对普通大众和初学儿童遵循道德的行为许诺以功利富贵的福报。所以，在士人对民间普通大众及其对儿童的蒙学教材中，包含了大量有关善恶报应的警句和格言：

善有善报，恶有恶报，不是不报，日子未到。③

积善之家，必有余庆，积恶之家，必有余殃。

---

① 杨伯峻译注：《论语译注》，中华书局1980年版，第196页。
② 杨伯峻译注：《论语译注》，中华书局1980年版，第168页。
③ 《增广贤文》，见夏初、惠玲校释《蒙学十篇》，北京师范大学出版社1990年版，第124页。

积善有善报，积恶有恶报，报应有早晚，福祸自不错。①

命好心也好，富贵直到老。命好心不好，中途夭折了。心命都不好，贫苦直到老。②

我们从这些不同的蒙学读物中会发现，要让普通大众和初学儿童能够遵循善恶的道德行为，不能够仅仅以道德信念、崇高理想作为引导目标，而必须将这一种道德规则与福祸报应结合起来，才能够具有教育的效果。明清的蒙学读物确实具有教学的效果，它们将儒家道德与功利福报联系起来，对广大民众产生了巨大的影响。

其二，四书学作为士人之学，特别强调儒家道德的追求，源于一种内在自我的精神需求，强调一种为己之学的精神。同样，四书体系作为早期儒学的典籍，充分体现早期儒家孔孟对道义的追求，源于他们内在心性、自觉人格的精神追求。所以，孔子会反复强调："为仁由己，而由人乎哉？"③ "古之学者为己，今之学者为人。"④ 所以，早期儒家学者将人格的学习和修炼，看作是一种"为己之学"；将个体道德行为，看作是一种自觉行动。宋明理学的出现，其实强化了原始儒学从人的内在心性、自觉人格以实现道德价值的精神追求。从周敦颐的"圣人定之以中正仁义，而主静，立人极焉"⑤，到张载"为天地立心，为生民立命，为往圣继绝学，为万世开太平"；从二程"仁者，以天地万物为一体，莫非己也"⑥，到朱熹的"一旦豁然贯通，则吾心之全体大用无不明矣"⑦，均是对早期儒家"为己之学"的继承和发展。

---

① 《名贤集》，见夏初、惠玲校释《蒙学十篇》，北京师范大学出版社1990年版，第58页。
② 《神童诗卷首·安分》，见夏初、惠玲校释《蒙学十篇》，北京师范大学出版社1990年版，第102页。
③ 杨伯峻译注：《论语译注》，中华书局1980年版，第123页。
④ 杨伯峻译注：《论语译注》，中华书局1980年版，第154页。
⑤ 周敦颐著，陈克明点校：《周敦颐集》卷1《太极图说》，中华书局2009年版，第6页。
⑥ 程颢、程颐著，王孝鱼点校：《二程集》，《河南程氏遗书》卷2，中华书局2004年版，第15页。
⑦ 朱熹撰，朱杰人、严佐之等主编：《四书章句集注·大学章句》，《朱子全书》第6册，上海古籍出版社、安徽教育出版社2002年版，第20页。

但是，蒙学读物往往将这对道德礼仪的遵循，看作是一种外在权威的强制和要求。这是士大夫的道德理想与民间社会的世俗道德之间的第二个重要区别。在针对普通大众和初学儿童为对象的蒙学读物中，同样不能够要求他们到达如此高的理想人格和精神境界。编写蒙学教材的儒家士大夫，特别强调卑幼对尊长等外在权威的服从，并在相关的蒙学教材中，规定得十分具体。如朱熹在《小学题辞》中，首先提出："元亨利贞，天道之常。仁义礼智，人性之纲。"① 其《小学·立教第一》，也明确以性理哲学作为《小学》的思想指导。但是，一涉及《小学》的具体内容，则不再强调人的内在心性、自觉人格，而是强调对尊长等外在权威的服从。如有关《嘉言》就规定：

> 司马温公曰：凡诸卑幼，事无大小，毋得专行，必咨禀家长。又曰：凡子受父母之命，必籍记而佩之，时省而速行之，事毕则返命焉。或所命有不可行者，则和色柔声，具是非利害而白之，得父母之许，然后改之。若不许，苟于事无大害者，亦当曲从。②

朱熹在《小学》中，要求一切卑者、幼者必须尊重贵者、长者，显然，他不把内在心性、自觉人格作为蒙学对象的追求。

其三，四书学作为士人之学，总是要对儒家仁义礼智的道德规范的必要性和必然性做出系统的理论论证。这些儒家伦理规范，在儒家思想体系中，往往会上升到一种具有普遍与形上意义的天道、天理。经过宋儒诠释的四书学，儒家伦理与理气论、心性论、格物致知论等既广大、又精微的系统理论紧密联系在一起。程颢在一篇专门讨论仁学的文章中说道："学者须先识仁。仁者，浑然与物同体。……此道与物无对，大不足以名之，天地之用皆我之用。孟子言万物皆备于我，须反身而诚，乃

---

① 朱熹撰，朱杰人、严佐之等主编：《小学·小学题辞》，《朱子全书》第13册，上海古籍出版社、安徽教育出版社2002年版，第394页。
② 朱熹撰，朱杰人、严佐之等主编：《小学》卷7《外篇·嘉言》，《朱子全书》第13册，上海古籍出版社、安徽教育出版社2002年版，第440页。

为大乐。"① 程颢所讲的"识仁",就是指"仁之道""仁之理",在宋儒的思想体系中,此"仁之道""仁之理"均是形而上者。

但是,蒙学读物则往往将儒家伦理道德,具体化为一种可以模仿操作的行为模式、礼仪活动。蒙学读物特别重视儿童应该如何准确遵循这些礼仪规范,而不是讲一通为什么要遵循这些礼仪的道理。这是士大夫的精神道德与民间社会的世俗道德之间的第三个重要区别。

清代学者李毓秀编的《训蒙文》,后改为《弟子规》,成为中国古代三大蒙学读物之一。《弟子规》以《论语》中孔子提出的"首孝弟,次谨信,泛爱众,而亲仁,有余力,则学文"的道德规范为基本构架,通过一种通俗的三字韵的形式,阐述了做人、做事的礼仪规范。与宋儒诠释《论语》仁义孝悌道德哲学论证不同,《弟子规》告诉童蒙的均是十分具体的行为准则和礼仪规范。这里引其中两章的部分内容:

> 父母呼,应勿缓,父母命,行勿懒,父母教,须敬听,父母责,须顺承。冬则温,夏则凊,晨则省,昏则定。出必告,反必面,居有常,业无变。事虽小,勿擅为,苟擅为,子道亏。物虽小,勿私藏,苟私藏,亲心伤。亲所好,力为具,亲所恶,谨为去。身有伤,贻亲忧,德有伤,贻亲羞。

> 朝起早,夜眠迟,老易至,惜此时。晨必盥,兼漱口,便溺回,辄净手。冠必正,纽必结,袜与履,俱紧切。置冠服,有定位,勿乱顿,致污秽。衣贵洁,不贵华,上循分,下称家。对饮食,勿拣择,食适可,勿过则。年方少,勿饮酒,饮酒醉,最为丑。步从容,立端正,揖深圆,拜恭敬。②

《弟子规》的最大特点,就是将儒家孝弟、谨信、仁爱、学文的普遍化道

---

① 程颢、程颐著,王孝鱼点校:《二程集》,《河南程氏遗书》卷2上,中华书局2004年版,第16—17页。
② 《弟子规》,见夏初、惠玲校释《蒙学十篇》,北京师范大学出版社1990年版,第71—74页。

德规定，具体化为一种可以模仿操作的行为模式、礼仪活动，而不是讲一通为什么必须遵循这些伦理规范的道理，更不会将这些道德抽象化为一种形而上的性理哲学。对童蒙教育而言，这一个特点确实比较有效，这也是《弟子规》之所以流传甚广的一个原因。

第二节　四书学与家训家规

两汉魏晋以来士族集团垄断了儒家经典知识，他们一直将礼义文化建设的重点放在庙堂政治和士族社会。唐宋变革以后，原本由士族垄断的思想文化逐渐下移，儒家士大夫开始致力于民间社会、庶民家族的文化教育推广，使得宋代以后的社会生活、家族制度发生了许多引人注目的新变化。

宋儒建构的新经典体系是四书学，作为宋元明清时期的官学教材与科举内容，它也被普及到民间社会和家族基层。从宋代开始，四书不仅仅是经典学术和学校教材，还逐渐渗透到普通的平民社会，进入大众的家训家规之中，逐渐成为社会大众的共同思想。宋元明清的士大夫、士绅们使得四书经典与儒家礼仪全面普及，最终完成以四书为核心思想和主流价值的全社会的思想大整合。

一　四书学向家族文化渗透

唐宋变革以来，中国思想文化领域发生了两个重要变化：其一，经典学术的变化。宋儒诠释的四书体系逐渐上升到核心经典的地位，其在学术、教育方面的重要性已经超过五经；其二，东汉、魏晋以来由士族垄断经典解释的文化权力逐渐下移，士绅们在民间社会积极从事文化普及和道德教化，儒家礼教、德教被推广到下层民众生活，新经典的思想、话语通过家训、家范、家规、家谱的形式，逐渐进入到庶民家族。

在两宋以后的思想文化的研究领域，这两个问题均引起许多学者密切关注。特别是这些年来传统思想文化的研究兴盛，四书学、家训文化引起不同专业学者的关注，这两个领域已经成为学术热点，研究成果也越来越多。

首先，随着经学研究的热潮兴起，四书学研究受到越来越多的学者关注。特别是近十多年来，有关四书学的专题学术会议在不断召开，相关论文、著作方面的成果也越来越多。当然，由于学者们从不同的学术视角展开研究，他们从事的四书学研究往往为解决不同学术问题，譬如四书学与五经学的关系问题、四书学与理学建构、四书经典诠释方法等问题，均受到特别重视，学术成果也比较多。另外，学界还特别关注不同国家、不同时代、不同学派、不同学者的四书学思想差别和比较。特别是宋代学者的四书学研究，更是成为学术史的研究热点问题。[①]

其次，有关家训家教的研究方兴未艾。由于传统中国家国同构，产生了丰厚的家训家教文化资源，这吸引了不同专业学者的研究兴趣。一方面，有关家训、家范、家规、家谱的文献整理成果显著，学者们梳理、辑录家训、家规的历史文献，整理者还根据不同历史时期、不同内容整理出各种各样的家训、家范、家规、家谱的文献。此外，还有学者从传统家训文献中挑选、汇编一些名篇佳作，作文字内容的解释，以满足社会的需求。另一方面，也有大量家训、家范、家规、家谱的研究论文、著作成果问世，许多学者从历史学、文献学、教育学、社会学、政治学等不同学科研究家训、家范、家规、家谱，学界还特别关注传统家训家规的现代意义。[②]

但是，我们注意到，在四书学、家训文化两个领域引起学界关注、已经成为学术热点的同时，我们还应该特别关注一个重要问题，就是四书学与家训文化的关系。唐宋之际思想文化发生了重大变革，引发了四书学和平民家族文化的兴起，其实这两个领域之间存在密切联系。两宋以来思想文化的变革发展，推动了这两个领域之间的渗透和影响，引发了所谓大传统与小传统、或者是精英文化与大众文化的相互影响、相互渗透。

我们认为，当代学术研究领域，应该对有关四书学与家训家规之间的互动关系问题，作进一步的专门研究。其实，研究四书学对家训家规

---

① 可参见张丰乾《朱子学、四书学与诠释学——香港中文大学"朱子与四书"国际学术会议综述》，《哲学动态》2006年第11期；王凯立综述清华大学会议：《朱子学的返本开新——"朱子经学与四书学学术研讨会"会议综述》，《中国哲学史》2018年第1期。

② 参见赵玉芬《近20年中国传统家训文化研究综述》，《河南理工大学学报》（社会科学版）2017年第2期。

的渗透和影响,是有重要意义的。四书是两宋时期形成的经典学术,也是宋元明清官学的教材与科举的考试内容,体现的是中国近古时期的精英文化;而宋元明清家训家范家规,体现在广大平民的家庭家族之中,是百姓日用的大众文化。但是,在传统中国这两种文化并不是泾渭分明的,而是相互渗透、相互影响的。帝王、士大夫精英推崇的四书学,往往会通过士大夫以及民间社会的士绅、俚儒的工作,进一步将四书学的思想、观念、话语大量引入到家训家规之中,使之逐渐成为家庭教育、社会教育的共同思想基础。在大量家谱记载的家训、家范、家规中,包含着乡绅、俚儒对理学化四书思想的整合成果。家训、家规中的一系列向善性引导规范,以及坚持道德教育、自我修身的家国治理观念,其实均源于宋儒的四书学。应该说,对四书学与家训家规的相互渗透问题的探讨,能够使我们深化对"儒教"的认知:儒家不是宗教,没有专职的神职人员,但是儒家及其四书学经典,却可以如此顺利完成儒家核心思想和主流价值的思想大整合,建构出一个核心价值一致的文明体系。

二 两宋时期的四书思想与家训家规

两宋时期是以四书为核心价值的经典学术的形成期,同时也是书院、学校正式将其作为教材、列为教学内容的时期。与此同时,一些士大夫也将其引入家训家规之中,使其成为家庭教育的内容。四书作为一套系统教材,是在南宋朱熹的《四书章句集注》《四书或问》成书之后。但是,在此之前,《论语》《大学》《中庸》《孟子》已经成为许多士大夫家庭的重要家训家教内容。所以,我们在讨论宋明时期的四书思想与家训家规时,应该以朱熹的《四书章句集注》为分段时间点,分别论述作为家训家教的四书学。

北宋时期的儒家士大夫,一方面仍然重视和强调五经体系,特别因思想建构的需要而重视其中的《周易》《春秋》二学;另一方面也开始重视《论语》《大学》《中庸》《孟子》等早期儒家子学或传记之学。其中许多学者还将二者结合起来,以建构一种合乎时代需求的思想体系和学术体系。在这个时期,《论语》《大学》《中庸》《孟子》成为许多儒家士大夫的家训家范的内容。

司马光的《温公家范》就是一个著名的家范,司马光通过经典的援引,以教训家人通过自我修身而完善人格,建立和谐的社会关系。所以,《论语》《大学》《孝经》就成为重要的家训家范的内容。譬如,《温公家范》以《大学》作为家范的核心思想,强调说:

> 《大学》曰:"……自天子以至于庶人,壹是皆以修身为本。其本乱,而末治者否矣。其所厚者薄,而其所薄者厚,未之有也。"此谓知本,此谓知之至也。所谓治国必先齐其家。其家不可教而能教人者,无之。故君子不出家而成教于国。孝者所以事君也,弟者所以事长也,慈爱者所以使众也。①

司马光的《温公家范》重视《大学》的齐家与治国、修己与治人之间的内在联系,这恰恰是四书学的基本思想和核心价值。同时,《温公家范》还引用《论语》中孔子教育其子孔鲤"不学诗无以言""不学礼无以立",这也是在努力吸取原始儒家关于修己以治人的政治理念、道德理念。

其实,宋儒之所以要强调《论语》《大学》《中庸》《孟子》等早期儒家子学的重要性,就是为了进一步确立修己与治人之间的内在联系,强调道德修身、人格成长一定要优先于治国平天下。而宋代儒家士大夫的家训家范内容,均是从家庭教育的角度,强化《论语》《大学》《中庸》《孟子》等早期儒家典籍中道德修身、人格成长的思想资源。如以编《新唐书》闻名的北宋士大夫宋祁,他留下的《戒子通录》,也是一部重要的家训家范。宋祁对家人的训诫,就体现出强调道德修身、人格成长等孔孟四书确立的核心价值。宋祁在《戒子通录》一书中说:

> 故吾以此教若等,凡孝于亲,则悌于长、友于少、慈于幼,出于事君则为忠,于朋友则为信,于事为无不敬,无不敬则庶乎成人矣。②

---

① 司马光:《温公家范》,见陈明主编《中华家训经典全书》,新星出版社 2015 年版,第196页。
② 宋祁:《戒子通录》,见陈明主编《中华家训经典全书》,新星出版社 2015 年版,第185页。

"成人之教"是儒家教育对士人的内在道德、完善人格一种较高期许和要求,而宋祁对家人的训诫就提出这一期许和要求,体现出家训家范力求与国家教育、社会教育的一致性,以实现社会道德价值的整合要求。

与北宋司马光《温公家范》一样,在家训家范中有较大影响的还有南宋时期袁采的《袁氏世范》。其实《袁氏世范》本来也是"家范"一类的书,因作序者刘镇肯定此书"垂诸后世者可也",而建议命名为"世范"。《袁氏世范》一书包括"睦亲""处己""治家"三章,内容包括家庭道德、为人处世、人生哲学、读书学习等等,与一般的教训家范一样。但是,《袁氏世范》在提出家庭道德、为人处世、人生哲学的原理时,其基本立场、主要观点则体现出两宋时期对士人的内在道德、完善人格的期许和要求一致,体现出作为士人之学的四书学思想特点。譬如,《袁氏世范》的"处己"章就包括大量原始儒学有关"君子之学"的德性要求和行为准则,包括"性有所偏在救失""人贵中信笃敬""厚于责己而薄责人""处事当无愧心""君子有过必思改""觉人不善当自警""正己可以正人""见得思义则无过""抱怨以直乃公心"等。其实,这些如何"处己"的原则与规范,基本上来自于《论语》《大学》《中庸》《孟子》等早期儒家典籍。许多原则与规范完全是四书原话的通俗化、家训化。

除了这一类士大夫价值导向、道德训诫意义的家训家范外,还有许多成为规范制度形式的家规乡约,也表现出一种强调道德修身、人格成长等孔孟四书确立的核心价值、礼仪制度。北宋时期儒家士大夫吕大钧为了推动乡村、宗族的治理、建立一种村落自治的规约,于神宗熙宁年间制定和实施了中国历史上最早的乡约,后来称为《吕氏乡约》。《吕氏乡约》的内容包括德业相劝、过失相规、礼俗相交、患难相恤,主要通过民间教化、道德规劝,以实现民间社会的移风易俗、明礼劝善。《吕氏乡约》既注重外在的礼俗及其规范制度的建立,又特别推崇孔子导之以德的教化精神。所以,《吕氏乡约》其实是继承和发展了早期儒家四书学仁义道德的教化和引导,吕大钧对那些有志于民间教化的士绅、乡贤提出"愿与乡人共行斯道""成吾里仁之美"的要求。《吕氏乡约》在陕西地区推行后,"关中风俗为之一变"。这一类的乡约、家规、家礼在两宋时期特别流行,也受到宋儒的普遍关注。本来,将"礼"建立在"仁爱"的基础上,是四书学的基本思想。在此基础上,宋儒进一步坚持德教为本、德教礼教并重的社会教化思想。

这一点，在宋儒朱熹那里，本就体现得很充分。南宋理学大盛，理学化四书学已经完全成型、逐渐成为核心经典。朱熹是理学化四书学的完成者，他毕生精力从事四书学的研究和推广。在朱熹那里，四书学当然首先是士大夫之学；但与此同时，他也特别以四书的道德精神从事家族文化的建设。朱熹关于家族文化建设最有影响的文献主要有两个，即《朱子家礼》与《朱子家训》，其实二者有着密不可分的联系。《朱子家礼》一书涉及冠、婚、丧、祭等各种家礼，得到朝廷、儒者的特别赞许，故而曾经在民间广泛流传。朱熹在《朱子家礼》一书的"序"中说道："凡礼有本有文。自其施于家者言之，则名分之守、爱敬之实者，其本也；冠昏丧祭、仪章度数者，其文也。"可见，《朱子家礼》的冠、婚、丧、祭等家礼，均属于"文"；而《朱子家训》包括的仁义礼智信的爱敬之实，则属于"本"。这一个"本"，恰恰是四书倡导的道德价值。所以，《朱子家训》其实是将四书的核心价值普及到家训家范的重要文献。朱熹推出的《家训》不仅仅属于朱子家族，而且一个广为流传"世范"。所以，《朱子家训》特别强调四书中仁义礼智、自我修身的精神：

> 父之所贵者，慈也；子之所贵者，孝也。君之所贵者，仁也；臣之所贵者，忠也。兄之所贵者，爱也；弟之所贵者，敬也。夫之所贵者，和也；妇之所贵者，柔也。事师长，贵乎礼也；交朋友贵乎信也。
>
> 见老者，敬之；见幼者，爱之。有德者，年虽下于我，我必尊之；不肖者，年虽高于我，我必远之。……见不义之财勿取，遇合义之事则从。诗书不可不读，礼义不可不知。子孙不可不教，婢仆不可不恤。守我之分者，理也；听我之命者，天也。人能如是，天必相之。[①]

可见，《朱子家训》集中了"四书"中仁义礼智的道德精神。朱子通过家

[①] 曾枣庄、刘琳主编：《全宋文》第251册，卷5，上海辞书出版社、安徽教育出版社2006年版，第394页。

训的形式，将士人的道德规范、人格精神，普及到家庭教育之中，完成儒家道德的社会贯通、文化整合。

南宋理宗以后，特别是到了元明时期，理学的地位大大提升，已经成为国家意识形态，理学化四书成为学校的基本教材和科举考试的规范答案。所以，四书的经典学术加快了社会渗透、思想整合的步伐，以四书为核心思想和主流价值更加全面、深入进入到大众的家训家规之中，成为社会大众的共同思想，最终完成以四书为核心思想和主流价值的思想整合。

三　明清时期的四书思想与家训家规

理学化四书学到了明清时期，已经完成了其思想、学术、教育地位的全面提升，其作为国家哲学、意识形态的色彩更为浓厚。与此同时，理学化四书学作为一种官方学说、价值体系，更进一步向民间社会渗透，以完成全社会的思想整合。而精英化的四书思想如何进一步通过家训家规而影响社会，就成为了一个重要问题。而明清时期，恰恰是四书思想更加全面、深入渗透家训家范的时期。

明清时期的家训家范，更进一步吸收、整合了理学化四书思想。研究明清时期的家训家范，我们既可以在那些著名的儒家学者、士大夫精英的著作、文集中找到大量家训家范的文献资料，还可以在那些长期在民间社会的基层乡绅、俚儒编纂的家谱族谱中找到更多的家训家范资料。这两种类型的家训家范，其思想形式的特点和影响的深度广度略有差异，但均体现出整合理学化四书思想的重要意义。

首先，我们仍然来考察那些著名的儒家学者、士大夫精英的著作、文中的家训家范，看看他们在从事学术研究、精英教育的同时，是如何通过家训家范，整合、传播理学化四书思想的。明代学术分化为理学、心学两大派，此两大派在其家训家教中，都非常重视四书学的家教内容。

明代理学一派方孝孺、薛瑄等人，均十分重视通过家训家教以传播四书学思想。方孝孺留下《家人箴》、薛瑄留下《诫子书》等，均是明代重要的家训家范类著作。他们在家训家范中，仍然宣讲宋儒本来为士大夫设定的、以成圣成贤为目标的四书学。薛瑄在《诫子书》中对儿子说："汝曹既得天地之理气凝合、祖父之一气流传，生而为人矣，其可不思所以尽人之道乎？欲尽人道，必当于圣贤修道之教、垂世之典，若小学、若四书、若六经之类，诵读之、讲习之、思索之、体认之，反求诸日用人伦之间。"① 可见，薛瑄同样将理学化四书学列入诫子的家教内容中，所以他将四书学的五常之理作为家训的重点，他说："人之所以异于禽兽者，伦理而已。何为伦？父子、君臣、夫妇、长幼、朋友五者之伦序也。何为理？即父子有亲、君臣有义、夫妇有别、长幼有序、朋友有信，五者之天理是也。"② 与此一样，方孝孺的《家人箴》，也以理学化四书学的基本思想为依据，将儒家士大夫的修己之学、内圣人格作为家训的重点和核心，他说："夫学，可以为圣贤、侔天地，而不学，不免与禽兽同归。""古人之学，修己而已，未至圣贤，终身不止。"③

明代心学一派的代表人物是王阳明。王阳明之学虽然讲心学，但是其思想的起点、重心仍然是四书学，仍然是儒家士大夫的修己之学、内圣之学。所以，王阳明的家训家教离不开四书学的基本思想，他训诫其弟时说："夫所谓考诸古训者，圣贤垂训，莫非教人去人欲存天理之方，若五经、四书是已。"④ 王阳明训诫弟弟读的四书学，也完全继承了宋代理学诠释的四书学。所以，王阳明的家训仍然讲宋儒的修己之学、内圣之学："欲此心之纯乎天理而无人欲，则必去人欲而存天理；务去人欲而存天理，则必求所以去人欲存天理之方。"⑤ 王阳明以心为本的思想，其实源于《孟子》的修己之学、内圣之学。

我们不仅仅关注明清时期那些著名的儒家学者、士大夫精英的家训家范，考察他们如何通过家训家范整合理学化四书思想；与此同时，我们还关注民间社会的基层乡绅、俚儒编纂的家谱族谱，在这些家训家范

---

① 薛瑄：《诫子书》，见陈明主编《中华家训经典全书》，新星出版社 2015 年版，第 375 页。

② 薛瑄：《诫子书》，见陈明主编《中华家训经典全书》，新星出版社 2015 年版，第 375 页。

③ 方孝孺：《家人箴》，见陈明主编《中华家训经典全书》，新星出版社 2015 年版，第 363 页。

④ 王守仁：《示弟立志说》，见陈明主编《中华家训经典全书》，新星出版社 2015 年版，第 371 页。

⑤ 王守仁：《示弟立志说》，见陈明主编《中华家训经典全书》，新星出版社 2015 年版，第 371 页。

中也可以看到他们在整合理学化四书思想的努力。

中国古代有一种独特的历史文献资料，就是家谱（包括族谱、宗谱、家牒等）。宋代以来，私修家谱成为家谱的主流，到了明清时期，家谱发展十分迅速。据统计，国内外图书公藏机构有宋元明清的家谱资料四万多种，宋元版不足十种，明代三百种，其余均为清代家谱。[①] 在大量的清代家谱资料中，包含各种各样的家训、家范、家规，在这些家谱记载的家训、家范、家规中，可以看到这些民间乡绅、基层俚儒是如何整合理学化四书思想的。

所有家谱均记载有家训、家范、家规、条约、乡约等，是对家族内部成员的综合性规范。粗略而言，这些家族规范分为两种类型：引导向善性规范和禁抑趋恶性规范。一般而言，家训、家范大多以引导向善性规范为主，而家规、乡约则大多以禁抑趋恶性规范为主。但不是绝对的，大多数家训、家范、家规、条约、乡约，其实均有两个方面的规范。我们知道，早期儒家及其四书，均是认同、倡导士民的向善性引导，孔子提出："道之以德，齐之以礼，有耻且格。"[②] 就是坚信向善性引导的巨大、久远效果。所以，四书提出的性善论，就是这一引导向善性教育思想的理论基础；而宋儒之所以选择、结集四书并作注，就是希望推广这一向善性引导的思想。我们在清代家谱记载的家训、家范、家规、条约、乡约中，可以发现民间乡绅、基层俚儒倾向这一向善性引导思想，其实就是整合理学化四书思想的结果。限于篇幅，这里列举两点。

其一，崇儒重教。家训家范是一种训导式的教育形式，以德教为根本。所以，清代的家训、家范往往将"崇正学"作为重要的向善性引导规范，"正学"就是正统儒家学说，源于理学确定的道德教育与道统思想，故而往往列为家训家规之首。儒家以"建国君民，教学为先"，在家国一体的传统中国，家训、家范往往也将"德教"列为家风家治之首，所以"崇正学"就成为重要的引导性规范。湘潭颜氏家谱的《家规》，就将"崇正学"列入其中："学问关乎人品心术、士习民风，故君子必先正

---

① 陈建华、王鹤鸣主编：《中国家谱资料选编》，《家规族约卷上·总序》，上海古籍出版社2013年版，第3页。

② 杨伯峻译注：《论语译注》，中华书局1980年版，第12页。

其所学，然后有以正己。有以正己，然后有以正物。虽治国平天下之道，无过于此。……一语以格物致知、诚意正心工夫，目为迂阔，畏为疑难。"① 另外，在《娄底柳氏家规》中，也有相同的"崇正学"规范："学问关乎人品，行止关乎心术，故君子正己以正人也。宗族之子弟，不可不先讲乎正学也。"② 这一"正学"的内容，就是理学家道统化了的四书学。有的家训家诫将训诫子弟读书称为"体大道"。《南陵张氏九仪九诫、家规》中列有"体大道"条目："今人皆知要读书，但不知读书何为？……独不思朝廷选取之意，圣贤遗训之章，原要究心性之理，明修己治人之方，进德修业，做个圣贤。"③ 在理学化四书体系中，所谓"正学""学统"其实均是与道统论联系在一起的，源于对佛老"异端"之学的警惕，也源于对儒家内部章句训诂之学的不满，宋儒提出了"正学""道统"的问题，并且影响到民间的家规、家训之中。在《丹徒柳湖田氏家规、家训》中，也有"崇正学"的条目，进一步将"正学"与四书学道统论结合起来：

> 正学者，尧、舜、禹、汤、文、武相传，诚意正心之道，于以修身以立命之术也。老氏有仙学，释氏有佛学，世以此二者与吾儒之学称为三教。然仙佛之学，岂可以立教哉？是故学以吾儒为正。④

朱熹在《四书章句集注》的"序"中，确定了儒家道统论思想，也成为《丹徒柳湖田氏家规、家训》的重要内容。还有的家训倡导"崇圣学"，其实就是"正学"的更直接说法，即强调理学家建构的"道统"学说。《常州须氏家训、条约》中有"崇圣学"的表述："学尧、舜、禹、汤、文、武、周公、孔子、孟子，圣门诸贤，历代大儒之学。帝王有何运量？

---

① 《湘潭颜氏旧谱家规、禁议》，见陈建华、王鹤鸣主编《中国家谱资料选编·家规族约》卷上，上海古籍出版社2013年版，第329页。
② 《娄底柳氏家规》，见陈建华、王鹤鸣主编《中国家谱资料选编·家规族约》卷下，上海古籍出版社2013年版，第767页。
③ 《南陵张氏九仪九诫、家规》，见陈建华、王鹤鸣主编《中国家谱资料选编·家规族约》卷上，上海古籍出版社2013年版，第157页。
④ 《丹徒柳湖田氏家规、家训》，见陈建华、王鹤鸣主编《中国家谱资料选编·家规族约》卷上，上海古籍出版社2013年版，第309页。

以孝悌为运量之原。圣贤有何经济？以忠恕为经济之本。读阅经史，择取诸子，庶几不入于歧驱。"① 这些家训其实均肯定了理学家四书学的道统论和思想理念，以之作为"圣学"，而批判了其他的异端杂学。

其二，清代的家训、家范、家规，特别重视将自我"修身"作为重要内容，故而大量吸收儒家修身工夫论，引导家庭成员积极向善。自从《大学》被列为四书之首，"自天子以至于庶人，一是皆以修身为本"就成为普遍化思想。清代家训家规为了全面引导家人族人能够积极向善，往往将"修身"作为家训、家范的主要内容。如《丹徒柳湖田氏家规、家训》的基本内容，无非是"修身""齐家""睦族"三大类，就是来自于《大学》的修身、齐家、治国。而关于"修身"的诸多条目，即是理学化四书的工夫论内容，如"穷性命""明道德""端心术""修言行"等。这里引"穷性命"一条，可以发现其中均是理学化四书的工夫论：

在天为命，在人为性。故人之性，天之命也。原乎上天生人，气凝而形成，理寓而性成。然理为气主，惟理得则气自顺。亦性为形主，必性尽而形始全。故人而穷乎此，然后知五常五伦，皆吾所固有，而天下之道始一以贯之。②

这几乎就是朱熹《四书章句集注》内容的翻版。其他如"明道德""端心术""修言行"等均是如此，基本上是朱熹《四书章句集注》的思想。所以，在清代家训、家范、家规中，作为主体内容的"修身"内容，其基本条目大多来自四书原典，或者是来自宋儒对四书的解说。如《宜兴瀚渎徐氏宗规、家训》中列有《家训十条》，包括"务本""推恩""存诚""主敬""洁行""爱身""勤学"等，基本上来自于四书原典或宋儒的四书诠释。如"务本"源于《论语》"孝悌也者，为仁之本与"③。故《徐氏家训》说："孝悌乃为仁之本，即为人之本。仁者人也，舍孝悌无

---

① 《常州须氏家训、条约》，见陈建华、王鹤鸣主编《中国家谱资料选编·家规族约卷下》，上海古籍出版社2013年版，第622页。

② 《丹徒柳湖田氏家规、家训》，见陈建华、王鹤鸣主编《中国家谱资料选编·家规族约卷上》，上海古籍出版社2013年版，第309页。

③ 杨伯峻译注：《论语译注》，中华书局1980年版，第2页。

以为仁,即无以为人。"①"推恩"则来自《孟子》的"亲亲而仁民,仁民而爱物"②。至于"主敬"工夫,则是宋儒的最重要修身工夫,即如《徐氏家训》所说:"心不庄则操存易怠,故主敬次之。""是故内而意念,外而容貌,静而居处,动而出言,作事接人,无一不可弛吾敬也。"③这正是程朱理学以及理学化四书学的修身工夫论。

由此可见,清代家训、家范、家规,往往特别强调家庭教育的向善性引导,故而特别重视读书学习、道德修身,而这恰恰是理学化四书的基本思想理念。

四 家训家规中四书学思想的特点

《四书章句集注》原本为士子教育而编写,是一种士大夫之学,其教育培养目标是为传统社会培养政治精英,以有效地治理国家和社会。学校与书院的教育,将四书学列为核心课程和基础教育,其目的是培养一种具有仁义德性、君子人格的社会精英。尽管作为社会精英还需要学习许多从事政治治理的知识技能,故而需要学习其他的典籍和科目,但是,毫无疑问,以君子德性、圣贤人格为目标的四书学,必然是传统精英教育的核心课程。学校与书院的四书学教育,士子主要是学习四书原典与朱熹的"章句集注",因为四书原典及朱熹的"章句集注",原本是为培养社会政治精英的教育理念和培养方案,故而在内容方面,总是将《大学》的"三纲八目"作为培养士子修己治人的基本框架,即强调"明明德,亲民,止于至善",强调"格物、致知、诚意、正心、修身、齐家、治国、平天下";而四书学的其他思想,均可以装入这一个框架中来。

但是,宋儒又需要对四书学思想展开全面推广和深入普及,进而将其引入家训、家范这一种特殊的教育形态之中。其实,作为家庭教育的家训家范,原本是为家教而编,主要面向家族中不同阶层、不同身份、不同职业生涯的家族成员进行教育,可以说,家训家范本来应该涉及不

---

① 《宜兴瀚溪徐氏宗规、家训》,见陈建华、王鹤鸣主编《中国家谱资料选编·家规族约卷下》,上海古籍出版社2013年版,第501页。
② 杨伯峻译注:《孟子译注》,中华书局1960年版,第322页。
③ 《宜兴瀚溪徐氏宗规、家训》,见陈建华、王鹤鸣主编《中国家谱资料选编·家规族约卷下》,上海古籍出版社2013年版,第501页。

同人物、阶层。由于他们的文化水平、道德水平往往参差不齐，家谱族谱中的家训家范必须考虑更加广泛的实用性。这样，原本是培养社会精英、政治精英的四书学教育，一旦渗透到作为平民教育的家训家范，立刻体现出与作为士大夫之学的四书学的不同特点。与学校、书院的四书学教育相比，家训家规中四书思想具有诸多的差别，既有内容上的，又有形式上的。这里简要总结几点。

其一，家训家规特别注意对家族成员的内在德性的启发和道德人格教育，具有家庭教育的"家学"特点。家训家范包含以建立和谐家庭、健全人格为目标的家学思想。明清以来，受宋儒四书学注重自我修身、道德教育的思想倾向的深刻影响，家学更加体现出对人格培养、道德教育的重视。他们在家训家规中推广的"家学"，其实就是四书学的内容。如《新安王氏家范十条》专门列有"重家学"一条，内容是：

> 天下之本在国，国之本在家，家之本在身。诚意正心，所以修身也。故大学之道，必首之以明德。《易》曰："蒙以养正，圣功也。"所谓养正者，教之以正性也。家塾之师，必择正学端肃可为师法者为之。苟非其人，则童稚之幼以先人之言为主，教之不正，适为终身之误。①

事实上，明清以来的那些具有儒家思想信仰的民间士绅，总是在家训家规中充分体现出对人格培养、道德教育的重视，其实就是理学化四书的思想整合的结果。当然，由于家庭教育涉及不同阶层、不同身份、不同文化水平的家族成员，仅仅依靠受教育者的自我修身、道德教育显然不够，故而家范家规往往会将引导向善性道德和禁抑趋恶性规范结合起来。早期儒学本来就是一个礼、仁一体的思想体系，孔子在《论语》中提出的"道之以德、齐之以礼"②是家训家规的思想基础。宋儒建构的四书学继承和发展了这一思想传统。在宋儒这一思想的引导下，明清的家训家

---

① 《新安王氏家范十条》，见陈建华、王鹤鸣主编《中国家谱资料选编·家规族约》卷上，上海古籍出版社2013年版，第27页。

② 杨伯峻译注：《论语译注》，中华书局1980年版，第12页。

规不仅仅继续强调家庭教育就是通过"仁道"等内在精神的思想启发为重点，而且将内在人格的"仁"与外在规范的"礼"结合起来。坚持将对家族成员内在德性的人格教育与外在礼仪的行为规范结合起来，完全体现了宋儒四书学思想对家庭教育、宗法社会的思想整合。前面提到的《朱子家训》与《朱子家礼》，其实正表现出朱子的家教具有引导向善性的仁义道德和禁抑趋恶性的规范制度结合起来的特点。所以，《朱子家礼》一书涉及冠、婚、丧、祭等各种家礼："自其施于家者言之，则名分之守、爱敬之实者，其本也；冠昏丧祭仪章度数者，其文也。"① 后来那些民间士绅组织编写的家训家范，往往努力将内在德性的人格教育与外在礼仪的行为规范紧密结合起来。一般而言，家训注重内在人格的启发和教育，家规注重外在社会规范的约束和强制。所以，还有许多这一类禁抑趋恶性的家规，就直接称为"家禁""家戒"。湖南宁乡胡氏家族制定了《宁邑胡氏家禁、家戒、家规、家劝》，就体现出内在人格教育与外在礼仪规范结合的特点。"家劝"属于"家训"类的家教，主要源于四书学的思想，包括"劝存心贵仁""劝修身以道""劝敬祖用诚""劝事亲尽孝"等。至于家禁、家戒、家规则不同，主要是一些禁抑趋恶性的强制性规范。如"家戒"有"戒淫乱""戒酗酒""戒赌博""戒斗勇""戒健讼""戒多言""戒拖欠钱粮"等。这一类禁抑趋恶性的强制性规范不一定源于四书的核心思想，但是其基本教育理念还是一致的。② 还有许多家训家范直接就是四书体系中约束士人的道德规范，如长沙胡氏的《家训八则》，其内容就是孝、悌、忠、信、礼、义、廉、耻。对这"家训八则"的解释基本上就是四书学的思想。如"忠者，尽己之谓也""孔子言见义必为""孟子言舍生取义"等。③

其二，家训家规总是坚持以家庭道德教育的思想内容为主体，表现出对家族道德价值的特别重视。本来，既然叫家训家范，其目的就是家

---

① 朱熹撰，朱杰人、严佐之等主编：《家礼序》，《朱子全书》第 7 册，上海古籍出版社、安徽教育出版社 2002 年版，第 873 页。

② 《宁邑胡氏家禁、家戒、家规、家劝》，见陈建华、王鹤鸣主编《中国家谱资料选编·家规族约卷上》，上海古籍出版社 2013 年版，第 108—112 页。

③ 《长沙胡氏家训八则》，见陈建华、王鹤鸣主编《中国家谱资料选编·家规族约卷上》，上海古籍出版社 2013 年版，第 783 页。

族内部的道德教育，体现出中国传统社会特别重视家庭教育的文化特点。故而，家训家范的主体内容，就是以孝悌为核心的家庭道德规范，即以家族内部的秩序和谐为主要目标。因此，有关孝悌、尊长、教子、风化、睦族、恤孤、世系的相关内容，一直是所有家训家范不可或缺的主要内容，而且占据最为重要的地位。我们去读各种家谱、族谱记载和保留下来的那些家训家范，可以发现，其中的绝大部分内容，均是有关家族道德的内容，体现出传统家族对家族成员的道德要求，包括对父兄的孝悌、对尊长的恭谨、对子弟的教育、家庭宗族的和睦、照顾家族的孤独老人和失去父母的幼儿等。但是，信仰儒家的民间士绅往往会有明确的家国一体意识，故而他们在努力建立以家庭宗族为重点的道德体系的同时，进而会将家族道德辐射到社会政治的更加广大领域，使得具有十分鲜明的宗族文化特色的道德规范体系，进一步发展为广大社会政治的道德规范体系。他们制定的家训家规又进一步将家庭道德教育和社会政治道德教育结合起来。如《长沙朱氏续增家训》除家庭道德教育外，还包括"敬天地""尊朝廷""勤职业""宏气量""修典礼"等等。这些其实已经超出家庭道德的范围，已经涉及家族对内部成员的社会道德、健全人格的培养教育，正如其"敬天地"所说："以人参居两大，鼎立三才。上之希圣、希贤，次之立功立言，下之不失其朴茂、贞固之性，庶无负覆载之恩，其所以仰答天地者此也。"① 显然，这比一般的家庭教育面更加广泛，兼有四书的教育的内容。

其三，传统社会的家训家规，各种家训家规均具有语言简洁明白、易背易记的形式特点。家训家规一方面提倡四书学的基本思想和教育理念，故而从四书原典和宋儒的诠释中大量吸收思想营养；但是另一方面，为了使家训家规能够深入人心和广泛普及，儒家士绅制定的各种家训家规均具有语言简洁明白、易背易记的形式特点。家训家规的对象不是专门的读书人，而是家族内部全体成员。为了让这些文化水平不一致的不同人员能够理解、记住这些家训家规的诸多条目，家训家规一般都具有语言简洁明白、易背易记的形式特点。我们会发现，在家谱族谱中的家

---

① 《长沙朱氏续增家训、祠规》，见陈建华、王鹤鸣主编《中国家谱资料选编·家规族约卷下》，上海古籍出版社2013年版，第603页。

训家规，大量是三字句为条目之题，十分简洁而且易记。三字句家训家规条目往往是最多的，涉及家庭道德的有：敦孝悌、敬尊长、教子弟、崇风化、睦宗族、恤孤寡、救患难、明世系等；涉及读书修身的有：崇正学、存仁义、全忠信、亲师友、穷性命、明道德、端心术、修言行等；涉及生产生活的有：务本业、力农苗、广生息、省冗费、防饥馑、息纷争等。除三字句为条目之题外，还有大量二字和四字的条目。譬如，《宜兴瀚渎徐氏宗家训十则》就完全是二字句的条目，包括：务本、推恩、存诚、主敬、洁行、爱身、勤学、惜福、乐群、择交。① 另外，四字句的也有不少，如宜春南桥吴氏《家训十则》就均是四字句，包括：急公奉法、报本重祀、孝亲敬长、和邻睦族、尊师重儒、督耕课读、培风正俗、立品敦行、崇节尚俭、息争戒讼。② 明清以来的家训家规大量采用二字句、三字句、四字句为条目之题，主要是为了简洁明白、易背易记。但是，这些家教方面的二字句、三字句、四字句条目中的核心思想内容，却体现出四书学的深刻影响。十分明显，家训家规中的道德思想和教育理念，均明显来自四书学。如督促家族成员读书修身的相关内容，其实就是理学化四书学的基本思想，包括上面所说的崇正学、存仁义、全忠信、亲师友、穷性命、明道德、端心术、修言行等条目，基本上直接就来自理学化的四书学。其他有关家庭道德的敦孝悌、敬尊长、教子弟、崇风化、睦宗族、恤孤寡、救患难等内容，同样也是如此。可见，理学家注释的四书学，原本是一种经学典籍，而经过儒生、士绅将其改造成家训家规，就变得十分通俗易懂、好读好记。

宋代形成的四书学新经典体系，不仅仅是经典学术和学校教材，它还逐渐渗透到普通的平民社会的家规家训之中，使四书学成为社会大众、普通家族所接受的共同价值。宋元明清民间士绅推动了四书经典的全面普及，最终完成了四书学的精英核心思想与社会大众思想的整合。

---

① 《宜兴瀚渎徐氏宗规、家训》，见陈建华、王鹤鸣主编《中国家谱资料选编·家规族约卷下》，上海古籍出版社2013年版，第501—502页。

② 《宜兴石里登南桥吴氏宗规十则、家训十则》，见陈建华、王鹤鸣主编《中国家谱资料选编·家规族约卷下》，上海古籍出版社2013年版，第541页。

结　语

四书学：儒家思想传统的重建与整合

《论语》《大学》《中庸》《孟子》是产生于春秋战国时期的早期儒学重要著作，这些著作反映了早期儒家学者在继承三代文明的基础上，对时代精神与社会问题的思考和解决方案。这些著作对人性与人生意义、社会与国家治理等方面思考具有恒常价值与普遍意义，在中国思想史上具有重要地位，体现了中华轴心文明时期的重要思想成果，是塑造中国文明核心价值的基本典籍。

两宋时期，宋儒将这四部典籍辑合成为一个整体——四书，特别是对这些典籍做出重新诠释，从而使四书之间形成了一个具有内在联系的学术体系，而且更进一步发展了儒学的思想体系，提升了儒学的哲学体系，推动了中华传统知识体系与价值体系的重建，具有了任何单篇所无法比拟的思想系统和理论力量。因此，四书成为儒家学术体系中的核心经典，推动中国传统学术从以五经为核心经典体系的汉学过渡到以四书为核心经典体系的宋学。特别是南宋以后，随着程朱理学官学地位的确立，四书逐渐占据学术的正统与主流地位，被指定为科举考试的依据，同时，四书的思想通过大量蒙学教材以及家训家规而影响到社会各个阶层。所以，四书在中国古代学术史、思想史乃至整个社会生活领域均产生巨大影响。可见，四书学的形成是中国思想史的大事，标志着中国古典儒家文明的进一步发展和完善。

本书希望从学术思想的源头上，探讨四书的早期学术形态，即作为儒家诸子之学、传记之学的思想特点；进而探讨唐宋之际的社会变革和思想变革，引发了宋儒对四书的特别重视和重新诠释，由此而推动中国思想传统的重建；同时进一步探讨儒家士大夫如何将这一重要思想变革的成果，整合为包括帝王、士大夫、民众在内的社会思想，完成中国思想传统的全面转型。总之，本书通过对四书学研究，探讨唐宋变革引发的中国思想史发展，以解决宋代以后中国思想传统的重建和整合问题。

本书绪论首先探讨儒学史上，《论语》《大学》《中庸》《孟子》四书的文献形态先后发生变化，春秋战国时期它们是诸子之学，两汉时期是六经的传记之学，到了两宋时期演变为与"六经"同等地位甚至更加重要的经典体系即"四书"之学。在千年儒学史上，"四书"的学术形态不断变化，源于其思想内容的不断变化。

本书正文共分为三篇，一步步展开对四书学思想世界及儒学的经典转型与思想变革研究。

上篇首先讨论"四书"思想探源与早期儒学。

儒学体系包括六经之学、诸子之学、传记之学三种学术形态，各有其思想特点。六经是三代先王之政典，儒家诸子则是春秋战国士人的私人讲学，儒家学者通过"传记之学"，将六经之学与诸子之学整合为一个有机的儒家思想体系。这样，儒学既能够保留深厚的文化传统意识，又具有开拓的思想创新精神。在儒家思想的演变过程中，"经""传""子"的文献形态会在历史中不断改变。

西汉希望解决周、秦两种制度和文化结合的问题，故而在政治制度上实行秦制，而在文化上推行以周文化为本的五经之学。所以两汉在实际的政治治理方法上，实行"礼法并用、王霸杂之"的治术。汉唐五经学思想传统，其实就是为了解决帝国政治的礼法并用、王霸杂之的"帝王之学"。所以，汉唐经学推崇五经学，无论是发挥五经学微言大义的今文经学，还是注重五经学的名物制度考据的古文经学，其主导目标是直接为帝国政治服务的。

中篇是全书的重点，全面展开对四书学与儒家思想传统重建的研究。

唐宋时期的中国发生了重大变革，唐宋变革的主要力量是士大夫。宋代打破汉唐的"士族门第"，形成了一个来自民间社会、但又能够集政治精英、社会精英、文化精英为一体的士大夫群体。宋代士大夫作为政治主体和文化主体，他们的学术视野、政治情怀、人格理想均发生了重大变化，有力推动了唐宋之际的思想变革。宋代士大夫群体作为文化主体力量，主导了一种新型儒学的兴起和发展，终于形成了一种在中国思想学术史上影响深远的宋学。宋学是一种新型学术形态：它既强调回归传统经典，又追求思想创造；既追求现实政治功利，又向往超越性宗教情怀。宋代士大夫通过对唐宋学术转型的推动，创造出这一种崇尚"明体达用""内圣外王""义理之学"的"宋学"。

宋学作为一种学术形态，代表了儒家义理之学发展的最高阶段。义理之学并不等同于抽象道理的思辨、空虚德性的体悟，"义理"的本义就是探明"义"的应然道义与"理"的必然法则。宋儒从儒家经典中阐发义理，一开始就是包含着创通经义与革新政令、世道人心与经邦济世的双重目标。宋学思潮中不同学派的学者均强调自己的学术是一种"明体达用之学""内圣外王之学"，以解决历史上的人心世道、经邦治国的现实问题。

但是，自从熙宁新政失败以后，宋学明显开始了内圣化的演变和转向。后来的士大夫越来越强调内圣之道的重要性和根本性，认为必须首先解决道德思想问题，才可能实现国家治理的目标。宋儒集中追求"内圣之道"，提升了四书学的地位。宋代士大夫对内圣问题的关注，推动了四书学的发达，使宋代四书学成为士大夫内圣之道、身心之学的经典依据。

先秦儒家价值观为中国文化的价值体系奠定了基础，宋代四书学对先秦儒家价值观作了进一步的思想提升。他们通过对"四书"的宋代诠释，对《论语》《大学》《中庸》《孟子》原本就有的"仁义""中庸""修身"做出了新的诠释，使得这些儒家价值观念由人道上升到天道，重建了中华文明的核心价值观念。孔子提出了作为"礼"之依据的"仁"，但是"仁"要能够成为普遍性行为准则，还必须表达出必然性的力量。宋儒确立四书的新经典体系，其学术使命就是要重建"仁"的形而上意义，以确立"仁"的普遍性和必然性。宋儒通过对仁学的诠释与建构，把四书的心性仁学与《周易》的天道仁学结合起来，建构出一种天人合一、体用圆融的新仁学。宋儒还以"理"释"礼"和"中"，对原典的中庸之道做出了以理为依据的创造性诠释，故而能够从知行一体中拓展出知识理性，从主客互动中拓展出主体精神，从天人合一的精神境界建构出天人一理的哲学体系。宋儒通过对《中庸》的一系列创造性诠释，推动了儒家中庸之道的思想创新和哲学建构。

宋代士大夫不仅推动了儒学重建，他们作为"道"的承担者和主体力量，还积极致力于道统论的建构。不同于六经以先王为主体的道统论，宋儒的道统论是以士大夫为主体的。为了弘扬儒家士大夫主体意识，宋儒四书学解决了下列几个问题：在儒、佛、道三教并盛之时，只有儒学才是中国文化的正统；在儒学学统四起之际，对四书的正确诠释才是儒家正统；在道统与政统的关系中，必须由道统主导政治秩序。宋儒建构的道统论，鲜明地表达了宋代儒家士大夫的主体意识。

下篇进一步探讨四书学思想与社会整合问题。

宋代儒家士大夫不仅从事对四书的思想重建，还希望通过以四书为中心开展教育，包括书院与官学的士人教育、经筵讲学的帝王教育、蒙学与家训家范民间教育等不同形式，完成四书思想的全社会整合。

理学型士大夫首先推动士人精英集团的文化整合，以在士大夫群体内部获得思想共识。这种思想共识的整合，最初主要是通过书院等地方教育来完成的。由于宋儒的坚持，最终使地方教育确立了四书学的主导地位的确立。此后，一直延续到元明清各朝，四书学成为士大夫群体实现思想文化整合的思想基础。宋代士大夫还通过经筵讲学方式，向帝王宣传、传播四书学，影响最高统治者的思想观念，推动四书学的思想整合。最早倡导、建构四书学的宋儒很多均曾经主持经筵讲席，为宋代帝王讲四书学，并提出四书学就是"帝王之学"。士大夫群体作为传统社会的精英集团，还需要在基层社会发挥其文化整合作用，他们推动四书学的普及传播，主要通过蒙学教育、喻俗文、乡规民约、家谱家训，形成一种以四书学为核心价值的民间社会思想传统。

宋代士大夫建构了四书学思想体系，他们通过四书学的官学化、治术化、社会化，让四书学思想体系改造成为社会各个社会阶层均能够接受的思想文化，使四书学成为古代中国的帝王、士人、基层民众等不同社会群体的共同思想传统，建构了一种社会共同体的思想共识。这种四书学的共同体思想传统，导致一种新的儒教文明的成熟和发展。

本书探讨四书学与儒家传统思想关系，既是一个历史课题，同时也希望对当代中华思想文化建设具有启示意义。为了应对当代中国面临的现代化、全球化的挑战，如何进一步弘扬中华轴心文明的价值和智慧，同时努力吸收其他文明的思想成果,建构一种新时代的思想共识,实现中华文明的复兴,是我们面临的一项最重要的文化建设课题。关于四书学与儒家思想传统的重建和整合,应该能够给我们一些思想启示。

主要参考文献

一 古籍文献

班固：《汉书》，中华书局 1962 年版。

北京大学《荀子》注释组注释：《荀子新注》，中华书局 1979 年版。

陈邦瞻：《宋史纪事本末》，中华书局 1977 年版。

陈旉：《农书》，《景印文渊阁四库全书》，台北：商务印书馆 1986 年版。

陈傅良：《止斋集》，《景印文渊阁四库全书》，台北：商务印书馆 1986 年版。

陈鼓应注译：《庄子今注今译》，中华书局 1983 年版。

陈广忠、陈青远、付芮译注：《淮南子译注》，上海三联书店 2014 年版。

陈立撰，吴则虞点校：《白虎通疏证》，中华书局 1994 年版。

陈亮撰：《陈亮集》，中华书局 1974 年版。

陈明主编：《中华家训经典全书》，新星出版社 2015 年版。

陈寿撰：《三国志》，中华书局 1982 年版。

陈松长、廖名春：《帛书〈二三子问〉〈易之义〉〈要〉释文》，见陈鼓应主编《道家文化研究》第三辑，上海古籍出版社 1993 年版。

程颢、程颐著，王孝鱼点校：《二程集》，中华书局 2004 年版。

董仲舒撰，曾振宇等注：《春秋繁露新注》，商务印书馆 2010 年版。

董仲舒撰，张世亮等译注：《春秋繁露》，中华书局 2012 年版。

范能濬编集：《范仲淹全集》，凤凰出版社 2004 年版。

范晔撰：《后汉书》，中华书局 2000 年版。

范祖禹撰，陈晔校释：《帝学校释》，华东师范大学出版社 2015 年版。

房玄龄等撰：《晋书》，中华书局 1974 年版。

郭庆藩辑，王孝鱼整理：《庄子集释》，中华书局1961年版。

韩愈著，钱仲联、马茂元校点：《韩愈全集》，上海古籍出版社1997年版。

韩愈撰，马其昶校注，马茂元整理：《韩昌黎文集校注》，上海古籍出版社1986年版。

胡宏著，吴仁华点校：《胡宏集》，中华书局1987年版。

胡瑗：《周易口义》，《文津阁四库全书》，商务印书馆2006年版。

桓谭撰，朱谦之校辑：《新辑本桓谭新论》，中华书局2009年版。

皇侃：《论语义疏》，《儒藏（精华编）》，北京大学出版社2007年版。

黄震：《黄氏日抄》，《景印文渊阁四库全书》，台北：商务印书馆1986年版。

黄宗羲著，沈芝盈点校：《明儒学案》，中华书局2008年版。

黄宗羲原著，全祖望补修：《宋元学案》，中华书局1986年版。

贾谊撰，阎振益、钟夏校注：《新书校注》，中华书局2000年版。

蒋礼鸿撰：《商君书锥指》，中华书局1986年版。

荆门市博物馆编：《郭店楚墓竹简》，文物出版社1998年版。

黎靖德编，王星贤点校：《朱子语类》，中华书局1986年版。

黎翔凤撰，梁运华整理：《管子校注》，中华书局2004年版。

李焘：《续资治通鉴长编》，中华书局2004年版。

李觏：《李觏集》，中华书局1981年版。

李林甫等撰，陈仲夫点校：《唐六典》，中华书局1992年版。

李学勤主编：《清华大学藏战国竹简》，中西书局2010年版。

李学勤主编：《十三经注疏》，北京大学出版社1999年版。

李修生主编：《全元文》，凤凰出版社2005年版。

刘宗周撰，戴琏璋、吴光主编：《刘宗周全集》，台北："中研院"中国文哲研究所1996年版。

陆淳：《春秋集传纂例》，《文津阁四库全书》，商务印书馆2006年版。

陆九渊著，钟哲点校：《陆九渊集》，中华书局1980年版。

吕祖谦：《吕祖谦全集》，浙江古籍出版社2008年版。

罗大经：《鹤林玉露》，《景印文渊阁四库全书》，台北：商务印书馆1986年版。

欧阳修著，李逸安点校：《欧阳修全集》，中华书局2001年版。

彭龟年：《止堂集》，《景印文渊阁四库全书》，台北：商务印书馆1986年版。

皮锡瑞著，吴仰湘编：《皮锡瑞全集》，中华书局2015年版。

钱大昕：《嘉定钱大昕全集》，江苏古籍出版社1997年版。

邵伯温著，康震校注：《邵氏闻见录》，三秦出版社2005年版。

沈括著，胡道静校证：《梦溪笔谈校证》，上海古籍出版社1987年版。

石介著，陈植锷点校：《徂徕石先生文集》，中华书局1984年版。

司马迁：《史记》，中华书局1982年版。

苏轼撰，茅维编：《苏轼文集》，中华书局1986年版。

孙甫：《唐史论断》，《文津阁四库全书》本，商务印书馆2006年版。

孙复：《孙明复小集》，《文渊阁四库全书》本，上海古籍出版社1987年版。

脱脱等撰：《宋史》，中华书局1977年版。

王安石：《临川文集》，《文津阁四库全书》本，商务印书馆2006年版。

王充著，张宗祥校注，郑绍昌标点：《论衡校注》，上海古籍出版社2010年版。

王开祖：《儒志编》，《景印文渊阁四库全书》，台北：商务印书馆1986年版。

王明清：《挥尘录》，上海书店出版社2001年版。

王文宝主编：《中国儿童启蒙名著通览》，中国少年儿童出版社1997年版。

王文锦译解：《礼记译解》，中华书局2001年版。

王先慎撰，钟哲点校：《韩非子集解》，中华书局1998年版。

王义山：《稼村类稿》，《景印文渊阁四库全书》，台北：商务印书馆1986年版。

王应麟著，栾保群、田松青、吕宗力校点：《困学纪闻》，上海古籍出版社2008年版。

王永彬著，李正西等评注：《围炉夜话》，安徽文艺出版社2004年版。

吴兢撰，谢保成集校：《贞观政要集校》，中华书局2003年版。

吴毓江撰，孙启治点校：《墨子校注》，中华书局2006年版。

夏初、惠玲校释：《蒙学十篇》，北京师范大学出版社1990年版。

夏竦：《文庄集》，《景印文渊阁四库全书》，台北：商务印书馆1986年版。

谢良佐：《上蔡语录》，《景印文渊阁四库全书》，台北：商务印书馆1986年版。

熊禾：《熊勿轩先生文集》，商务印书馆1936年版。

徐梓、王雪梅编：《蒙学歌诗》，山西教育出版社1991年版。

徐梓、王雪梅编：《蒙学便读》，山西教育出版社1991年版。

许衡：《鲁斋遗书》，《景印文渊阁四库全书》，台北：商务印书馆1986年版。

杨伯峻译注：《论语译注》，中华书局1980年版。

杨伯峻译注：《孟子译注》，中华书局1960年版。

杨朝明、宋立林主编：《孔子家语通解》，齐鲁书社2009年版。

杨时撰，林海权点校：《杨时集》，福建人民出版社1993年版。

姚勉：《雪坡集》，《景印文渊阁四库全书》，台北：商务印书馆1986年版。

叶适著，刘公纯等点校：《叶适集》，中华书局2010年版。

永瑢等撰：《四库全书总目》，中华书局1965年版。

袁枚著，王英志主编：《袁枚全集》，江苏古籍出版社1993年版。

曾枣庄、刘琳主编：《全宋文》，上海辞书出版社、安徽教育出版社2006年版。

张伯行纂辑：《养正类编》，中华书局1985年版。

张栻著，杨世文点校：《张栻集》，中华书局2015年版。

张载著，章锡琛点校：《张载集》，中华书局1978年版。

章学诚著，叶瑛校注：《文史通义校注》，中华书局1994年版。

长孙无忌等撰：《唐律疏义》，中华书局1983年版。

赵汝愚编：《宋朝诸臣奏议》，上海古籍出版社1999年版。

赵彦卫撰，傅根清点校：《云麓漫钞》，中华书局1996年版。

真德秀撰：《西山先生真文忠公文集》，商务印书馆1937年版。

周敦颐著，陈克明点校：《周敦颐集》，中华书局1990年版。

周振甫译注：《周易译注》，中华书局1991年版。

朱长华主编：《中国文化经典研读读本》，湖北教育出版社2013年版。
朱熹撰，朱杰人、严佐之、刘永翔主编：《朱子全书》，上海古籍出版社、安徽教育出版社2002年版。

二　著作

陈来：《仁学本体论》，生活·读书·新知三联书店2014年版。
陈来主编：《早期道学话语的形成与演变》，安徽教育出版社2007年版。
陈来：《中国近世思想史研究》，商务印书馆2003年版。
陈寅恪：《陈寅恪集》，生活·读书·新知三联书店2001年版。
邓国光：《经学义理》，上海古籍出版社2011年版。
邓小南：《祖宗之法：北宋前期政治述略》，生活·读书·新知三联书店2006年版。
葛兆光：《中国思想史》，复旦大学出版社2001年版。
黄开国：《公羊学发展史》，人民出版社2013年版。
姜鹏：《北宋经筵与宋学的兴起》，上海古籍出版社2013年版。
蒋伯潜：《诸子通考》，上海古籍出版社2013年版。
兰甲云：《周易卦爻辞研究》，湖南大学出版社2006年版。
乐爱国：《朱子格物致知论研究》，岳麓书社2010年版。
李零：《郭店楚简校读记》（增订本），中国人民大学出版社2007年版。
李泽厚等：《什么是道德？李泽厚伦理学讨论班实录》，华东师范大学出版社2015年版。
李泽厚：《历史本体论》，生活·读书·新知三联书店2002年版。
李泽厚：《人类学历史本体论》，青岛出版社2016年版。
梁涛：《儒家道统说新探》，华东师范大学出版社2013年版。
柳诒徵编著：《中国文化史》，东方出版中心1988年版。
庞朴：《儒家精神：听庞朴讲传统文化》，中国华侨出版社2014年版。
钱穆：《国史新论》，生活·读书·新知三联书社2005年版。
钱穆：《中国近三百年学术史》，商务印书馆1997年版。
徐洪兴：《思想的转型——理学发生过程研究》，上海人民出版社1996年版。
阎步克：《士大夫政治演生史稿》，北京大学出版社1996年版。

袁征：《宋代教育——中国古代教育的历史性转折》，广东高教出版社1991年版。

朱汉民：《儒学的多维视域》，东方出版社2015年版。

朱汉民：《玄学与理学的学术思想理路研究》，中国社会科学出版社2012年版。

［美］包弼德：《历史上的理学》，浙江大学出版社2010年版。

［美］弗朗西斯·福山：《政治秩序的起源：从前人类时代到法国大革命》，广西师范大学出版社2014年版。

［美］刘子健：《中国转向内在：两宋之际的文化转向》，江苏人民出版社2012年版。

［德］苏费翔、［美］田浩：《文化权力与政治文化——宋金元时期的〈中庸〉与道统问题》，中华书局2018年版。

［英］李约瑟，潘吉星主编：《李约瑟文集》，辽宁科技出版社1986年版。

三　论文

龚延明：《新宋学　旧宋学》，《光明日报》国学版，2015年3月23日。

顾颉刚：《〈诗经〉在春秋战国间的地位》，见《古史辨》第三册下编，上海古籍出版社1982年版。

何俊：《叶适论道学与道统》，《中山大学学报》（社会科学版）2009年第1期。

胡适：《诸子不出于王官论》，欧阳哲生主编《胡适文集》第2册，北京大学出版社1998年版。

姜广辉、夏福英：《宋以后儒学发展的另一走向——试论"帝王之学"的形成与发展》，《哲学研究》2014年第8期。

黎昕：《从〈四书集注〉看朱熹对杨时理学思想的批判和继承》，《福建论坛》（文史哲版）1989年第1期。

牟发松：《"唐宋变革说"三题——值此说创立一百周年而作》，《华东师范大学学报》（哲学社会科学版）2010年第1期。

钱穆：《理学与艺术》，《宋史研究集》第7辑，台北：台湾书局1974年版。

王凯立：《朱子学的返本开新——"朱子经学与四书学学术研讨会"会议

综述》,《中国哲学史》2018 年第 1 期。

王琦:《论宋代经筵讲义的兴起》,《中国哲学史》2018 年第 2 期。

王瑞来:《将错就错:宋代士大夫"原道"略说——以范仲淹的君臣关系论为中心的考察》,《学术月刊》2009 年第 4 期。

张丰乾:《朱子学、四书学与诠释学——香港中文大学"朱子与四书"国际学术会议综述》,《哲学动态》2006 年第 11 期。

张国刚:《"唐宋变革"与中国历史分期问题》,《史学集刊》2006 年第 1 期。

张其凡:《"皇帝与士大夫共治天下"试析——北宋政治架构探微》,《暨南学报》(哲学社会科学版)2001 年第 6 期。

赵玉芬:《近 20 年中国传统家训文化研究综述》,《河南理工大学学报》(社会科学版)2017 年第 2 期。

周炽成:《唐宋道统新探》,《哲学研究》2016 年第 3 期。